OEUVRES COMPLÈTES

DE

M. DE BALZAC.

PARIS, IMPRIMÉ PAR BÉTHUNE ET PLON.

SCÈNES
DE
LA VIE PRIVÉE

TOME IV.

BÉATRIX (dernière partie). — LA GRANDE BRETÊCHE. — MODESTE MIGNON. HONORINE. — UN DÉBUT DANS LA VIE.

PARIS,

FURNE, | J.-J. DUBOCHET ET Cᴵᴱ,
RUE SAINT-ANDRÉ-DES-ARTS, 55; | RUE DE SEINE, 33;

J. HETZEL,
RUE DE MÉNARS, 10.

1845

LA
COMÉDIE HUMAINE,

QUATRIÈME VOLUME.

PREMIÈRE PARTIE,

ÉTUDES DE MOEURS.

PREMIER LIVRE.

PREMIER LIVRE,

SCÈNES DE LA VIE PRIVÉE.

BÉATRIX.

DERNIÈRE PARTIE.

Dans la semaine suivante, après la messe de mariage qui, selon l'usage de quelques familles du faubourg Saint-Germain, fut célébrée à sept heures à Saint-Thomas-d'Aquin, Calyste et Sabine montèrent dans une jolie voiture de voyage, au milieu des embrassements, des félicitations et des larmes de vingt personnes attroupées ou groupées sous la marquise de l'hôtel de Grandlieu. Les félicitations venaient des quatre témoins et des hommes, les larmes se voyaient dans les yeux de la duchesse de Grandlieu, de sa fille Clotilde qui toutes deux tremblaient agitées par la même pensée.

— La voilà lancée dans la vie ! Pauvre Sabine, elle est à la merci d'un homme qui ne s'est pas tout à fait marié de son plein gré.

Le mariage ne se compose pas seulement de plaisirs aussi fugitifs dans cet état que dans tout autre, il implique des convenances d'humeur, des sympathies physiques, des concordances de caractère qui font de cette nécessité sociale un éternel problème. Les filles à marier aussi bien que les mères connaissent les termes et les dangers de cette loterie, voilà pourquoi les femmes pleurent à un mariage, tandis que les hommes sourient. Les hommes croient ne rien hasarder, les femmes savent bien tout ce qu'elles risquent.

Dans une autre voiture qui précédait celle des mariés, se trouvait la baronne du Guénic à qui la duchesse vint dire : — Vous êtes mère quoique vous n'ayez eu qu'un fils, tâchez de me remplacer près de ma chère Sabine!

Sur le devant de cette voiture, on voyait un chasseur qui servait de courrier, et à l'arrière deux femmes de chambre à qui les cartons et les paquets mis par-dessus les vaches cachaient le paysage. Les quatre postillons, vêtus de leurs plus beaux uniformes, car chaque voiture était attelée de quatre chevaux, portaient tous des bouquets à leur boutonnière et des rubans à leurs chapeaux que le duc de Grandlieu eut mille peines à leur faire quitter, même en les payant, le postillon français est éminemment intelligent, mais il tient à ses plaisanteries, ceux-là prirent l'argent, et à la Barrière ils remirent leurs rubans.

— Allons, adieu, Sabine, dit la duchesse, souviens-toi de ta promesse, écris-moi souvent. Calyste, je ne vous dis plus rien, mais vous me comprenez!...

Clotilde, appuyée sur sa plus jeune sœur Athénaïs à qui souriait le vicomte Juste de Grandlieu, jeta sur la mariée un regard fin à travers ses larmes, et suivit des yeux la voiture qui disparut au milieu des batteries réitérées de quatre fouets plus bruyants que des pistolets de tir. En quelques secondes, le gai convoi atteignit à l'esplanade des Invalides, gagna par le quai le pont d'Iéna, la barrière de Passy, la route de Versailles, enfin le grand chemin de la Bretagne.

N'est-il pas au moins singulier que les artisans de la Suisse et de l'Allemagne, que les grandes familles de France et d'Angleterre obéissent au même usage et se mettent en voyage après la cérémonie nuptiale? Les grands se tassent dans une boîte qui roule. Les petits s'en vont gaiement par les chemins, s'arrêtant dans les bois, banquetant à toutes les auberges, tant que dure leur joie ou plutôt leur argent. Le moraliste serait fort embarrassé de décider où se trouve la plus belle qualité de pudeur, dans celle qui se cache au public en inaugurant le foyer et la couche domestiques comme font les bons bourgeois, ou dans celle qui se cache à la famille en se publiant au grand jour des chemins, à la face des inconnus? Les âmes délicates doivent désirer la solitude et fuir également le monde et la famille. Le rapide amour qui commence un mariage est un diamant, une perle, un joyau ciselé par le premier des arts; un trésor à enterrer au fond du cœur.

Qui peut raconter une lune de miel, si ce n'est la mariée? Et combien de femmes reconnaîtront ici que cette saison d'incertaine durée (il y en a d'une seule nuit!) est la préface de la vie conjugale. Les trois premières lettres de Sabine à sa mère accuseront une situation qui, malheureusement, ne sera pas neuve pour quelques jeunes mariées et pour beaucoup de vieilles femmes. Toutes celles qui se sont trouvées pour ainsi dire gardes-malades d'un cœur ne s'en sont pas, comme Sabine, aperçues aussitôt. Mais les jeunes filles du faubourg Saint-Germain, quand elles sont spirituelles, sont déjà femmes par la tête. Avant le mariage, elles ont reçu du monde et de leur mère le baptême des bonnes manières. Les duchesses jalouses de léguer leurs traditions, ignorent souvent la portée de leurs leçons quand elles disent à leurs filles : — Tel mouvement ne se fait pas. — Ne riez pas de ceci. — On ne se jette jamais sur un divan, l'on s'y pose. — Quittez ces détestables façons! — Mais cela ne se fait pas, ma chère! etc. Aussi de bourgeois critiques ont-ils injustement refusé de l'innocence et des vertus à des jeunes filles qui sont uniquement, comme Sabine, des vierges perfectionnées par l'esprit, par l'habitude des grands airs, par le bon goût, et qui, dès l'âge de seize ans, savaient se servir de leurs jumelles. Sabine, pour s'être prêtée aux combinaisons inventées par mademoiselle des Touches pour la marier, devait être de l'école de mademoiselle de Chaulieu. Cette finesse innée, ces dons de race rendront peut-être cette jeune femme aussi intéressante que l'héroïne des *Mémoires de deux jeunes mariées*, lorsqu'on verra l'inutilité de ces avantages sociaux dans les grandes crises de la vie conjugale, où souvent ils sont annulés sous le double poids du malheur et de la passion.

I.

A MADAME LA DUCHESSE DE GRANDLIEU.

Guérande, avril 1838.

« Chère mère, vous saurez bien comprendre pourquoi je n'a pu vous écrire en voyage, notre esprit est alors comme les roues.

Me voici, depuis deux jours, au fond de la Bretagne, à l'hôtel du Guénic, une maison brodée comme une boîte en coco. Malgré les attentions affectueuses de la famille de Calyste, j'éprouve un vif besoin de m'envoler vers vous, de vous dire une foule de ces choses qui, je le sens, ne se confient qu'à une mère. Calyste s'est marié, chère maman, en conservant un grand chagrin dans le cœur, personne de nous ne l'ignorait, et vous ne m'avez pas caché les difficultés de ma conduite. Hélas! elles sont plus grandes que vous ne le supposiez. Ah! chère maman, quelle expérience nous acquérons en quelques jours, et pourquoi ne vous dirai-je pas en quelques heures? Toutes vos recommandations sont devenues inutiles, et vous devinerez comment par cette seule phrase : J'aime Calyste comme s'il n'était pas mon mari. C'est-à-dire que si mariée à un autre, je voyageais avec Calyste, je l'aimerais et haïrais mon mari. Observez donc un homme aimé si complétement, involontairement, absolument, sans compter tous les autres adverbes qu'il vous plaira d'ajouter. Aussi ma servitude s'est-elle établie en dépit de vos bons avis. Vous m'aviez recommandé de rester grande, noble, digne et fière pour obtenir de Calyste des sentiments qui ne seraient sujets à aucun changement dans la vie : l'estime, la considération qui doivent sanctifier une femme au milieu de la famille. Vous vous étiez élevée avec raison sans doute contre les jeunes femmes d'aujourd'hui qui, sous prétexte de bien vivre avec leurs maris, commencent par la facilité, par la complaisance, la bonhomie, la familiarité, par un abandon un peu trop *fille*, selon vous (un mot que je vous avoue n'avoir pas encore compris, mais nous verrons plus tard), et qui, s'il faut vous en croire, en font comme des relais pour arriver rapidement à l'indifférence et au mépris peut-être. — «Souviens-toi que tu es une Grandlieu ! » m'avez-vous dit à l'oreille. Ces recommandations, pleines de la maternelle éloquence de Dédalus, ont eu le sort de toutes les choses mythologiques. Chère mère aimée, pouviez-vous supposer que je commencerais par cette catastrophe qui termine, selon vous, la lune de miel des jeunes femmes d'aujourd'hui.

» Quand nous nous sommes vus seuls dans la voiture, Calyste et moi nous nous sommes trouvés aussi sots l'un que l'autre en comprenant toute la valeur d'un premier mot, d'un premier regard, et chacun de nous, sanctifié par le sacrement, a regardé par sa portière. C'était si ridicule, que, vers la barrière, monsieur m'a débité, d'une voix peu troublée, un discours, sans doute préparé comme toutes les improvisations, que j'écoutai le cœur palpitant, et que je prends la liberté de vous abréger. « — Ma chère Sabine, je vous veux heureuse, et je veux surtout que vous soyez heureuse à votre manière, a-t-il dit. Ainsi dans la situation où nous sommes, au lieu de nous tromper mutuellement sur nos caractères et sur nos sentiments par de nobles complaisances, soyons tous deux ce que nous serions dans quelques années d'ici. Figurez-vous que vous avez un frère en moi, comme moi je veux voir une sœur en vous. » Quoique ce fût plein de délicatesse, comme je ne trouvai rien dans ce premier *speech* de l'amour conjugal qui répondît à l'empressement de mon âme, je demeurai pensive après avoir répondu que j'étais animée des mêmes sentiments. Sur cette déclaration de nos droits à une mutuelle froideur, nous avons parlé pluie et beau temps, poussière, relais et paysage, le plus gracieusement du monde, moi riant d'un petit rire forcé, lui très-rêveur.

» Enfin, en sortant de Versailles, je demandai tout bonnement à Calyste, que j'appelais mon cher Calyste, comme il m'appelait ma chère Sabine, s'il pouvait me raconter les événements qui l'avaient mis à deux doigts de la mort, et auxquels je savais devoir le bonheur d'être sa femme. Il hésita pendant long-temps. Ce fut entre nous l'objet d'un petit débat qui dura pendant trois relais, moi, tâchant de me poser en fille volontaire et décidée à bouder, lui, se consultant sur la fatale question portée comme un défi par les journaux à Charles X : *Le Roi cédera-t-il?* Enfin, après le relais de Verneuil et après avoir échangé des serments à contenter trois dynasties, de ne jamais lui reprocher cette folie, de ne pas le traiter froidement, etc., il me peignit son amour pour madame de Rochefide. — « Je ne veux pas, me dit-il en terminant, qu'il y ait de secrets entre nous ! » Le pauvre cher Calyste ignorait-il donc que son amie, mademoiselle des Touches et vous, vous aviez été obligées de me tout avouer, car on n'habille pas une jeune personne, comme je l'étais le jour du contrat, sans l'initier à son rôle. On doit tout dire à une mère aussi tendre que vous. Eh! bien, je fus profondément atteinte en voyant qu'il avait obéi beaucoup moins à mon désir qu'à son envie de parler de cette passion inconnue. Me blâmerez-vous, ma mère chérie, d'avoir voulu reconnaître l'étendue de ce chagrin, de cette vive plaie du cœur que vous m'aviez signalée? Donc, huit heures après avoir été bénis par le curé de

Saint-Thomas-d'Aquin, votre Sabine se trouvait dans la situation assez fausse d'une jeune épouse écoutant de la bouche même de son mari la confidence d'un amour trompé, les méfaits d'une rivale ! Oui, j'étais dans le drame d'une jeune femme apprenant officiellement qu'elle devait son mariage aux dédains d'une vieille blonde. A ce récit, j'ai gagné ce que je cherchais ! Quoi ?... direz-vous. Ah ! chère mère, j'ai bien vu assez d'amours s'entraînant les uns les autres sur des pendules ou sur des devants de cheminée, pour mettre cet enseignement en pratique ! Calyste a terminé le poème de ses souvenirs, par la plus chaleureuse protestation d'un entier oubli de ce qu'il a nommé sa folie. Toute protestation a besoin de signature. L'heureux infortuné m'a pris la main, l'a portée à ses lèvres, puis il l'a gardée entre ses mains pendant long-temps. Une déclaration s'en est suivie ; celle-là m'a semblé plus conforme que la première à notre état civil, quoique nos bouches n'aient pas dit une seule parole. J'ai dû ce bonheur à ma verveuse indignation sur le mauvais goût d'une femme assez sotte pour ne pas avoir aimé mon beau, mon ravissant Calyste....

» On m'appelle pour jouer à un jeu de cartes que je n'ai pas encore compris. Je continuerai demain. Vous quitter dans ce moment pour faire la cinquième à la *mouche*, ceci n'est possible qu'au fond de la Bretagne !...

mai.

» Je reprends le cours de mon Odyssée. La troisième journée, vos enfants n'employaient plus le *vous* cérémonieux, mais le *tu* des amants. Ma belle-mère, enchantée de nous voir heureux, a tâché de se substituer à vous, chère mère, et, comme il arrive à tous ceux qui prennent un rôle avec le désir d'effacer des souvenirs, elle a été si charmante, qu'elle a été presque vous pour moi. Sans doute elle a deviné l'héroïsme de ma conduite ; car, au début du voyage, elle cachait trop ses inquiétudes, pour ne pas les rendre visibles par l'excès des précautions.

» Quand j'ai vu surgir les tours de Guérande, j'ai dit à l'oreille de votre gendre : « — L'as-tu bien oubliée ? » Mon mari, devenu *mon ange*, ignorait sans doute les richesses d'une affection naïve et sincère, car ce petit mot l'a rendu presque fou de joie. Malheureusement le désir de faire oublier madame de Rochefide m'a menée trop loin... Que voulez-vous ? j'aime, et je suis presque portugaise, car je tiens plus de vous que de mon père. Calyste a tout accepté de moi, comme acceptent les enfants gâtés, il est fils unique d'abord. Entre nous, je ne donnerai pas ma fille, si jamais j'ai des filles, à un fils unique. C'est bien assez de se mettre à la tête d'un tyran, et j'en vois plusieurs dans un fils unique. Ainsi donc nous avons interverti les rôles, je me suis comportée comme une femme dévouée. Il y a des dangers dans un dévouement dont on profite, on y perd sa dignité. Je vous annonce donc le naufrage de cette demi-vertu... La dignité n'est qu'un paravent placé par l'orgueil et derrière lequel nous enrageons à notre aise. Que voulez-vous, maman ?.... vous n'étiez pas là, je me voyais devant un abîme. Si j'étais restée dans ma dignité, j'aurais eu les froides douleurs d'une sorte de fraternité qui certes serait tout simplement devenue de l'indifférence. Et quel avenir me serais-je préparé ? Mon dévouement a eu pour résultat de me rendre l'esclave de Calyste. Reviendrai-je de cette situation ? nous verrons ; quant à présent, elle me plaît. J'aime Calyste, je l'aime absolument avec la folie d'une mère qui trouve bien tout ce que fait son fils, même quand elle est un peu battue par lui.

15 mai.

« Jusqu'à présent donc, chère maman, le mariage s'est présenté pour moi sous une forme charmante. Je déploie toute ma tendresse pour le plus beau des hommes qu'une sotte a dédaigné pour un croque-note, car cette femme est évidemment une sotte et une sotte froide, la pire espèce de sottes. Je suis charitable dans ma passion légitime, je guéris des blessures en m'en faisant d'éternelles. Oui, plus j'aime Calyste, plus je sens que je mourrais de chagrin si notre bonheur actuel cessait. Je suis d'ailleurs l'adoration de toute cette famille et de la société qui se réunit à l'hôtel du Guénic, tous personnages nés dans des tapisseries de haute lice, et qui s'en sont détachés pour prouver que l'impossible existe. Un jour, où je serai seule, je vous peindrai ma tante Zéphirine, mademoiselle de Pen-Hoël, le chevalier du Halga, les demoiselles Kergarouët, etc. Il n'y a pas jusqu'aux deux domestiques qu'on me permettra, je l'espère, d'emmener à Paris, Mariotte et Gasselin, qui ne me regardent comme un ange descendu de sa place dans le ciel, et qui tressaillent encore quand je leur parle, qui ne soient des figures à mettre sous verre.

» Ma belle-mère nous a solennellement installés dans les appartements précédemment occupés par elle et par feu son mari. Cette scène a été touchante. — « J'ai vécu toute ma vie de femme, heureuse ici, nous a-t-elle dit, que ce vous soit un heureux présage, mes chers enfants. » Et elle a pris la chambre de Calyste. Cette sainte femme semblait vouloir se dépouiller de ses souvenirs et de sa noble vie conjugale pour nous en investir. La province de Bretagne, cette ville, cette famille de mœurs antiques, tout, malgré des ridicules qui n'existent que pour nous autres rieuses Parisiennes, a quelque chose d'inexplicable, de grandiose jusque dans ses minuties qu'on ne peut définir que par le mot *sacré*. Tous les tenanciers des vastes domaines de la maison du Guénic, rachetés comme vous savez par mademoiselle des Touches que nous devons aller voir à son couvent, sont venus en corps nous saluer. Ces braves gens, en habits de fête, exprimant tous une vive joie de savoir Calyste redevenu réellement leur maître, m'ont fait comprendre la Bretagne, la féodalité, la vieille France. Ce fut une fête que je ne veux pas vous peindre, je vous la raconterai. La base de tous les baux a été proposée par ces *gars* eux-mêmes, nous les signerons après l'inspection que nous allons passer de *nos* terres engagées depuis cent cinquante ans !... Mademoiselle de Pen-Hoël nous a dit que les gars avaient accusé les revenus avec une véracité peu croyable à Paris. Nous partirons dans trois jours, et nous irons à cheval. A mon retour, chère mère, je vous écrirai ; mais que pourrai-je vous dire, si déjà mon bonheur est au comble ? Je vous écrirai donc ce que vous savez déjà, c'est-à-dire combien je vous aime.

II.

DE LA MÊME A LA MÊME.

Nantes, juin.

» Après avoir joué le rôle d'une châtelaine adorée de ses vassaux comme si la révolution de 1830 et celle de 1789 n'avaient jamais abattu de bannières, après des cavalcades dans les bois, des haltes dans les fermes, des dîners sur de vieilles tables et sur du linge centenaire pliant sous des platées homériques servies dans de la vaisselle antédiluvienne, après avoir bu des vins exquis dans des gobelets comme en manient les faiseurs de tours, et des coups de fusil au dessert! et des Vive les du Guénic, à étourdir! et des bals dont tout l'orchestre est un *biniou* dans lequel un homme souffle pendant des dix heures de suite! et des bouquets! et des jeunes mariées qui se sont fait bénir par nous! et de bonnes lassitudes dont le remède se trouve au lit en des sommeils que je ne connaissais pas, et des réveils délicieux où l'amour est radieux comme le soleil qui rayonne sur vous et scintille avec mille mouches qui bourdonnent en bas-breton!... enfin, après un grotesque séjour au château du Guénic où les fenêtres sont des portes cochères, et où les vaches pourraient paître dans les prairies de la salle, mais que nous avons juré d'arranger, de réparer, pour y venir tous les ans aux acclamations des gars du clan de Guénic dont l'un portait notre bannière, je suis à Nantes!...

» Ah! quelle journée que celle de notre arrivée au Guénic! Le recteur est venu, ma mère, avec son clergé, tous couronnés de fleurs, nous recevoir, nous bénir en exprimant une joie..... j'en ai les larmes aux yeux en t'écrivant. Et ce fier Calyste, qui jouait son rôle de seigneur comme un personnage de Walter-Scott. Monsieur recevait les hommages comme s'il se trouvait en plein treizième siècle. J'ai entendu les filles, les femmes se disant : — Quel joli seigneur nous avons! comme dans un chœur d'opéra-comique. Les Anciens discutaient entre eux la ressemblance de Calyste avec les du Guénic qu'ils avaient connus. Ah! la noble et sublime Bretagne, quel pays de croyance et de religion! Mais le progrès la guette, on y fait des ponts, des routes; les idées viendront, et adieu le sublime. Les paysans ne seront certes jamais ni si libres ni si fiers que je les ai vus, quand on leur aura prouvé qu'ils sont les égaux de Calyste, si toutefois ils veulent le croire.

» Après le poème de cette restauration pacifique et les contrats signés, nous avons quitté ce ravissant pays toujours fleuri, gai, sombre et désert tour à tour, et nous sommes venus agenouiller ici notre bonheur devant celle à qui nous le devons. Calyste et moi nous éprouvions le besoin de remercier la postulante de la Visitation. En mémoire d'elle, il écartèlera son écu de celui des des Touches qui est : *parti coupé, tranché, taillé d'or et de sinople*. Il prendra l'un des aigles d'argent pour un de ses supports, et lui mettra dans le bec cette jolie devise de femme : *Souviègne-vous !* Nous sommes donc allés hier au couvent des dames de la Visitation où nous a menés l'abbé Grimont, un ami de la famille du Guénic, qui nous a dit que votre chère Félicité, maman, était une sainte ; elle ne peut pas être autre chose pour lui, puisque cette illustre conversion l'a fait nommer vicaire-général du diocèse.

» Mademoiselle des Touches n'a pas voulu recevoir Calyste, et n'a vu que moi. Je l'ai trouvée un peu changée ; pâlie et maigrie, elle m'a paru bien heureuse de ma visite. — « Dis à Calyste, s'est-elle écriée tout bas, que c'est une affaire de conscience et d'obéissance si je ne le veux pas voir, car on me l'a permis ; mais je préfère ne pas acheter ce bonheur de quelques minutes par des mois de souffrance. Ah ! si tu savais combien j'ai de peine à répondre quand on me demande : — A quoi pensez-vous ? La maîtresse des novices ne peut pas comprendre l'étendue et le nombre des idées qui me passent par la tête comme des tourbillons. Par instants je revois l'Italie ou Paris avec tous leurs spectacles, tout en pensant à Calyste qui, dit-elle avec cette façon poétique si admirable, et que vous connaissez, est le soleil de ces souvenirs... J'étais trop vieille pour être acceptée aux Carmélites, et je me suis donnée à l'ordre de Saint-François de Sales uniquement parce qu'il a dit : « — Je vous déchausserai la tête au lieu de vous déchausser les pieds ! » en se refusant à ces austérités qui brisent le corps. C'est en effet la tête qui pèche. Le saint évêque a donc bien fait de rendre sa règle austère pour l'intelligence et terrible contre la volonté !... Voilà ce que je désirais, car ma tête est la vraie coupable, elle m'a trompée sur mon cœur jusqu'à cet âge fatal de quarante ans où si l'on est pendant quelques moments quarante fois plus heureuse que les jeunes femmes, on est plus tard cinquante fois plus malheureuse qu'elles... Eh ! bien, mon enfant, es-tu contente ? m'a-t-elle demandé en cessant avec un visible plaisir de parler d'elle. — Vous me voyez dans l'enchantement de l'amour et du bonheur ! lui ai-je répondu. — Calyste est aussi bon et naïf qu'il est noble et beau, m'a-t-elle dit gravement. Je t'ai instituée mon héritière, tu possèdes, outre ma fortune, le double idéal que j'ai rêvé... Je m'applaudis de ce que j'ai fait, a-t-elle repris après une pause. Maintenant, mon enfant, ne t'abuse pas. Vous avez facilement saisi le bonheur, vous n'aviez que la main à étendre, mais pense à le conserver. Quand tu ne serais venue ici que pour en remporter les conseils de mon expérience, ton voyage serait bien payé. Calyste subit en ce moment une passion communiquée, tu ne l'as pas inspirée. Pour rendre ta félicité durable, tâche, ma petite, d'unir ce principe au premier. Dans votre intérêt à tous deux, essaie d'être capricieuse, sois coquette; un peu dure, il le faut. Je ne te conseille pas d'odieux calculs, ni la tyrannie, mais la science. Entre l'usure et la prodigalité, ma petite, il y a l'économie. Sache prendre honnêtement un peu d'empire sur Calyste. Voici les dernières paroles mondaines que je prononcerai, je les tenais en réserve pour toi, car j'ai tremblé dans ma conscience de t'avoir sacrifiée pour sauver Calyste, attache-le bien à toi, qu'il ait des enfants, qu'il respecte en toi leur mère... Enfin, me dit-elle d'une voix émue, arrange-toi de manière à ce qu'il ne revoie jamais Béatrix !... » Ce nom nous a plongées toutes les deux dans une sorte de torpeur, et nous sommes restées les yeux dans les yeux l'une de l'autre échangeant la même inquiétude vague. « — Retournez-vous à Guérande ? me demanda-t-elle. — Oui, lui dis-je. — Eh ! bien, n'allez jamais aux Touches.... J'ai eu tort de vous donner ce bien. — Et pourquoi ? — Enfant ! les Touches sont pour toi le cabinet de Barbe-Bleue, car il n'y a rien de plus dangereux que de réveiller une passion qui dort. »

» Je vous donne en substance, chère mère, le sens de notre conversation. Si mademoiselle des Touches m'a fait beaucoup causer, elle m'a donné d'autant plus à penser que, dans l'enivrement de ce voyage et de mes séductions avec mon Calyste, j'avais oublié la grave situation morale dont je vous parlais dans ma première lettre.

» Après avoir bien admiré Nantes, une charmante et magnifique ville, après être allés voir sur la place Bretagne l'endroit où Charette est si noblement tombé, nous avons projeté de revenir par la Loire à Saint-Nazaire, puisque nous avions fait déjà par terre la route de Nantes à Guérande. Décidément, un bateau à vapeur ne vaut pas une voiture. Le voyage en public est une invention du monstre moderne, le Monopole. Trois jeunes dames de Nantes assez jolies se démenaient sur le pont atteintes de ce que j'ai appelé le kergarouëtisme, une plaisanterie que vous comprendrez quand je vous aurai peint les Kergarouët. Calyste s'est très-bien comporté. En vrai gentilhomme, il ne m'a pas affichée. Quoique satisfaite de son bon goût, de même qu'un enfant à qui l'on a donné son premier tambour, j'ai pensé que j'avais une magnifique occasion d'essayer le système recommandé par Camille Maupin, car ce n'est certes pas la postulante qui m'avait parlé. J'ai pris un petit air boudeur, et Calyste s'en est très-gentiment alarmé. A cette demande : — Qu'as-tu ?... jetée à mon oreille, j'ai répondu la vérité : — Je n'ai rien ! Et j'ai bien reconnu là le peu de succès qu'obtient d'abord la Vérité. Le mensonge est une arme décisive dans les cas où la célérité doit sauver les femmes et les empires. Calyste est devenu très-pressant, très-inquiet. Je l'ai mené à l'avant du bateau, dans un tas de cordages; et là, d'une voix pleine d'alarmes, sinon de larmes, je lui ai dit les malheurs, les craintes d'une femme dont le mari se trouve être le plus beau des hommes !....

« — Ah ! Calyste, me suis-je écriée, il y a dans notre union un affreux malheur, vous ne m'avez pas aimée, vous ne m'avez pas choisie ! Vous n'êtes pas resté planté sur vos pieds comme une statue en me voyant pour la première fois ! C'est mon cœur, mon attachement, ma tendresse qui sollicitent votre affection, et vous me punirez quelque jour de vous avoir apporté moi-même les trésors de mon pur, de mon involontaire amour de jeune fille !... Je devrais être mauvaise, coquette, et je ne me sens pas de force contre vous... Si cette horrible femme, qui vous a dédaigné, se trouvait à ma place ici, vous n'auriez pas aperçu ces deux affreuses bretonnes, que l'octroi de Paris classerait parmi le bétail... » Calyste, ma mère, a eu deux larmes dans les yeux, il s'est retourné pour me les cacher, il a vu la Basse-Indre, et a couru dire au capitaine de nous y débarquer.

« On ne tient pas contre de telles réponses, surtout quand elles sont accompagnées d'un séjour de trois heures dans une chétive auberge de la Basse-Indre, où nous avons déjeuné de poisson frais dans une petite chambre comme en peignent les peintres de genre, et par les fenêtres de laquelle on entendait mugir les forges d'Indret à travers la belle nappe de la Loire. En voyant comment tournaient les expériences de l'Expérience, je me suis écriée : — Ah ! chère Félicité !.... Calyste, incapable de soupçonner les conseils de la religieuse et la duplicité de ma conduite, a fait un divin calembour; il m'a coupé la parole en me répondant : — Gardons-en le souvenir ? nous enverrons un artiste pour copier ce paysage. Non, j'ai ri, chère maman, à déconcerter Calyste et je l'ai vu bien près de se fâcher. — Mais, lui dis-je, il y a de ce paysage, de cette scène, un tableau dans mon cœur qui ne s'effacera jamais, et d'une couleur inimitable.

« Ah! ma mère, il m'est impossible de mettre ainsi les apparences de la guerre ou de l'inimitié dans mon amour. Calyste fera de moi tout ce qu'il voudra. Cette larme est la première, je pense, qu'il m'ait donnée, ne vaut-elle pas mieux que la seconde déclaration de nos droits?... Une femme sans cœur serait devenue dame et maîtresse après la scène du bateau, moi, je me suis reperdue. D'après votre système, plus je deviens femme, plus je me fais *fille,* car je suis affreusement lâche avec le bonheur, je ne tiens pas contre un regard de mon seigneur. Non! je ne m'abandonne pas à son amour, je m'y attache comme une mère presse son enfant contre son sein en craignant quelque malheur.

III.

DE LA MÊME A LA MÊME.

Juillet, Guérande.

« Ah! chère maman, au bout de trois mois connaître la jalousie! Voilà mon cœur bien complet, j'y sens une haine profonde et un profond amour! Je suis plus que trahie, je ne suis pas aimée!... Suis-je heureuse d'avoir une mère, un cœur où je puisse crier à mon aise!... Nous autres femmes, qui sommes encore un peu jeunes filles, il suffit qu'on nous dise : « Voici une clef tachée de sang, au milieu de toutes celles de votre palais, entrez partout, jouissez de tout, mais gardez-vous d'aller aux Touches! » pour que nous entrions là, les pieds chauds, les yeux allumés de la curiosité d'Ève. Quelle irritation mademoiselle des Touches avait mise dans mon amour! Mais aussi pourquoi m'interdire les Touches? Qu'est-ce qu'un bonheur comme le mien qui dépendrait d'une promenade, d'un séjour dans un bouge de Bretagne? Et qu'ai-je à craindre? Enfin, joignez aux raisons de madame Barbe-Bleue le désir qui mord toutes les femmes de savoir si leur pouvoir est précaire ou solide, et vous comprendrez comment un jour j'ai demandé d'un petit air indifférent : « — Qu'est-ce que les Touches ? — Les Touches sont à vous, m'a dit ma divine belle-mère. — Si Calyste n'avait jamais mis le pied aux Touches !... s'écria ma tante Zéphirine en hochant la tête. — Mais il ne serait pas mon mari, dis-je à ma tante. — Vous savez donc ce qui s'y est passé ? m'a répliqué finement ma belle-mère. — C'est un lieu de perdition, a dit mademoiselle de Pen-Hoël; mademoiselle des Touches y a fait bien des péchés dont elle demande maintenant pardon à Dieu. — Cela n'a-t-il pas sauvé l'âme de cette noble fille, et fait la fortune d'un couvent ? s'est écrié le chevalier du Halga, l'abbé Grimont m'a dit qu'elle avait donné cent mille francs aux dames de la Visitation. — Voulez-vous aller aux Touches ? m'a demandé ma belle-mère, ça vaut la peine d'être vu. — Non ! non, » ai-je dit vivement. Cette petite scène ne vous semble-t-elle pas une page de quelque drame diabolique ? elle est revenue sous vingt prétextes. Enfin, ma belle-mère m'a dit : « — Je comprends pourquoi vous n'allez pas aux Touches, vous avez raison. » Oh ! vous avouerez, maman, que ce coup de poignard involontairement donné vous aurait décidée à savoir si votre bonheur reposait sur des bases si frêles, qu'il dût périr sous tel ou tel lambris. Il faut rendre justice à Calyste, il ne m'a jamais proposé de visiter cette chartreuse devenue son bien. Nous sommes des créatures dénuées de sens, dès que nous aimons ; car ce silence, cette réserve m'ont piquée, et je lui ai dit un jour : « — Que crains-tu donc de voir aux Touches que toi seul n'en parles pas ?... — Allons-y, » dit-il.

» J'ai donc été prise comme toutes les femmes qui veulent se laisser prendre, et qui s'en remettent au hasard pour dénouer le nœud gordien de leur indécision. Et nous sommes allés aux Touches. C'est charmant, c'est d'un goût profondément artiste, et je me plais dans cet abîme où mademoiselle des Touches m'avait tant défendu d'aller. Toutes les fleurs vénéneuses sont charmantes, Satan les a semées, car il y a les fleurs du diable et les fleurs de Dieu ! nous n'avons qu'à rentrer en nous-mêmes pour voir qu'ils ont créé le monde de moitié. Quelles âcres délices dans cette situation où je jouais non pas avec le feu, mais avec des cendres !... J'étudiais Calyste ; il s'agissait de savoir si tout était bien éteint ; et je veillais aux courants d'air, croyez-moi ! J'épiais son visage en allant de pièce en pièce, de meuble en meuble, absolument comme les enfants qui cherchent un objet caché. Calyste m'a paru pensif, mais j'ai cru d'abord avoir vaincu. Je me suis sentie assez forte pour parler de madame de Rochefide que, depuis l'aventure du rocher au Croisic, j'appelle Rocheperfide. Enfin nous sommes allés voir le fameux buis où s'est arrêtée Béatrix quand il l'a jetée à la mer pour qu'elle ne fût à personne. — « Elle doit être bien légère pour être restée là, ai-je dit en riant. Calyste a gardé le silence. — Respectons les morts, ai-je dit en continuant. Calyste est resté silencieux. — T'ai-je déplu ? — Non, mais cesse de galvaniser cette passion, a-t-il répondu. » Quel mot !... Calyste, qui m'en a vu triste, a redoublé de soins et de tendresse pour moi.

Août.

» J'étais, hélas! au fond de l'abîme, et je m'amusais, comme les innocentes de tous les mélodrames, à y cueillir des fleurs. Tout à coup une pensée horrible a chevauché dans mon bonheur, comme le cheval de la ballade allemande. J'ai cru deviner que l'amour de Calyste s'agrandissait de ses réminiscences, qu'il reportait sur moi les orages que je ravivais, en lui rappelant les coquetteries de cette affreuse Béatrix. Cette nature malsaine et froide, persistante et molle, qui tient du mollusque et du corail, ose s'appeler Béatrix !... Déjà ! ma chère mère, me voilà forcée d'avoir l'œil à un soupçon quand mon cœur est tout à Calyste, et n'est-ce pas une grande catastrophe que l'œil l'ait emporté sur le cœur, que le soupçon enfin se soit trouvé justifié ? Voici comment. — « Ce lieu m'est cher, ai-je dit à Calyste un matin, car je lui dois mon bonheur, aussi te pardonné-je de me prendre quelquefois pour une autre... » Ce loyal Breton a rougi, je lui ai sauté au cou, mais j'ai quitté les Touches, et je n'y reviendrai jamais.

» A la force de la haine qui me fait souhaiter la mort de madame de Rochefide, oh ! mon Dieu naturellement d'une fluxion de poitrine, d'un accident quelconque, j'ai reconnu l'étendue, la puissance de mon amour pour Calyste. Cette femme est venue troubler mon sommeil, je la vois en rêve, dois-je donc la rencontrer ?... Ah ! la postulante de la Visitation avait raison !... Les Touches sont un lieu fatal, Calyste y a retrouvé ses impressions, elles sont plus fortes que les délices de notre amour. Sachez, ma chère mère, si madame de Rochefide est à Paris, car alors je resterai dans nos terres de Bretagne. Pauvre mademoiselle des Touches qui se repent maintenant de m'avoir fait habiller en Béatrix pour le jour du contrat, afin de faire réussir son plan, si elle apprenait jusqu'à quel point je viens d'être prise pour notre odieuse rivale?... que dirait-elle ! Mais c'est une prostitution ! je ne suis plus moi, j'ai honte. Je suis en proie à une envie furieuse de fuir Guérande et les sables du Croisic.

25 août.

» Décidément, je retourne aux ruines du Guénic. Calyste, assez inquiet de mon inquiétude, m'emmène. Ou il connaît peu le monde s'il ne devine rien, ou s'il sait la cause de ma fuite, il ne m'aime pas. Je tremble tant de trouver une affreuse certitude si je la cherche, que je me mets, comme les enfants, les mains devant les yeux pour ne pas entendre une détonation. Oh ! ma mère, je ne suis pas aimée du même amour que je me sens au cœur. Calyste est charmant, c'est vrai ; mais quel homme, à moins d'être un monstre, ne serait pas, comme Calyste, aimable et gracieux, en recevant toutes les fleurs écloses dans l'âme d'une jeune fille de vingt ans, élevée par vous, pure comme je le suis, aimante, et que bien des femmes vous ont dit être belle...

Au Guénic, 18 septembre.

» L'a-t-il oubliée ? Voilà l'unique pensée qui retentit comme un remords dans mon âme ! Ah ! chère maman, toutes les femmes ont-elles eu comme moi des souvenirs à combattre ?... On ne devrait marier que des jeunes gens innocents à des jeunes filles pures ! Mais c'est une décevante utopie, il vaut mieux avoir sa rivale dans le passé que dans l'avenir. Ah ! plaignez-moi, ma mère, quoiqu'en ce moment je sois heureuse, heureuse comme une femme qui a peur de perdre son bonheur et qui s'y accroche !... Une manière de le tuer quelquefois, dit Clotilde.

» Je m'aperçois que depuis cinq mois je ne pense qu'à moi, c'est-à-dire à Calyste. Dites à ma sœur Clotilde que ses tristes sagesses me reviennent parfois, elle est bien heureuse d'être fidèle à un mort, elle ne craint plus de rivale. J'embrasse ma chère Athénaïs, je vois que Juste en est fou, d'après ce que vous m'en dites dans votre dernière lettre, il a peur qu'on ne la lui donne pas. Cultivez cette crainte comme une fleur précieuse. Athénaïs sera la maîtresse, et moi qui tremblais de ne pas obtenir Calyste de lui-même, je serai servante. Mille tendresses, chère maman. Ah ! si mes terreurs n'étaient pas vaines, Camille Maupin m'aurait vendu sa fortune bien cher. Mes affectueux respects à mon père. »

Ces lettres expliquent parfaitement la situation secrète de la femme
et du mari. Si pour Sabine son mariage était un mariage d'amour,
Calyste y voyait un mariage de convenance, et les joies de la lune
de miel n'avaient pas obéi tout à fait au système légal de la communauté. Pendant le séjour des deux mariés en Bretagne, les travaux
de restauration, les dispositions et l'ameublement de l'hôtel du Guénic
avaient été conduits par le célèbre architecte Grindot, sous la surveillance de Clotilde, de la duchesse et du duc de Grandlieu. Toutes
les mesures avaient été prises pour qu'au mois de décembre 1838,
le jeune ménage pût revenir à Paris. Sabine s'installa donc rue de
Bourbon avec plaisir, moins pour jouer à la maîtresse de maison que
pour savoir ce que sa famille penserait de son mariage. Calyste, en
bel indifférent, se laissa guider volontiers dans le monde par sa
belle-sœur Clotilde, et par sa belle-mère, qui lui surent gré de
cette obéissance. Il y obtint la place due à son nom, à sa fortune
et à son alliance. Le succès de sa femme, comptée comme une
des plus charmantes, les distractions que donne la haute société,
les devoirs à remplir, les amusements de l'hiver à Paris, rendirent un peu de force au bonheur du ménage en y produisant à
la fois des excitants et des intermèdes. Sabine, trouvée heureuse
par sa mère et sa sœur qui virent dans la froideur de Calyste un
effet de son éducation anglaise, abandonna ses idées noires; elle entendit envier son sort par tant de jeunes femmes mal mariées, qu'elle
renvoya ses terreurs au pays des chimères. Enfin la grossesse de Sabine compléta les garanties offertes par cette union du genre neutre,
une de celles dont augurent bien les femmes expérimentées. En octobre 1839, la jeune baronne du Guénic eut un fils et fit la folie de
le nourrir, selon le calcul de toutes les femmes en pareil cas. Comment ne pas être entièrement mère quand on a eu son enfant d'un
mari vraiment idolâtré? Vers la fin de l'été suivant, en août 1840, Sabine était donc encore nourrice. Pendant un séjour de deux ans à Paris,
Calyste s'était tout à fait dépouillé de cette innocence dont les prestiges
avaient décoré ses débuts dans le monde de la passion. Calyste s'était
lié naturellement avec le jeune duc Georges de Maufrigneuse marié
comme lui nouvellement à une héritière, Berthe de Cinq-Cygne;
avec le vicomte Savinien de Portenduère, avec le duc et la duchesse
de Rhétoré, le duc et la duchesse de Lenoncourt-Chaulieu, avec
tous les habitués du salon de sa belle-mère. La Richesse a des heures funestes, des oisivetés que Paris sait, plus qu'aucune autre ca-

pitale, amuser, charmer, intéresser. Au contact de ces jeunes maris qui laissaient les plus nobles, les plus belles créatures pour les délices du cigare et du whist, pour les sublimes conversations du club, ou pour les préoccupations du *turf*, bien des vertus domestiques furent atteintes chez le jeune gentilhomme breton. Le maternel désir d'une femme qui ne veut pas ennuyer son mari, vient toujours en aide aux dissipations des jeunes mariés. Une femme est si fière de voir revenir à elle un homme à qui elle laisse toute sa liberté!...

Un soir, en octobre de cette année, pour fuir les cris d'un enfant en sevrage, Calyste, à qui Sabine ne pouvait pas voir sans douleur un pli au front, alla conseillé par elle aux Variétés où l'on donnait une pièce nouvelle. Le valet de chambre chargé de louer une stalle à l'orchestre l'avait prise assez près de cette partie de la salle appelée l'avant-scène. Au premier entr'acte, en regardant autour de lui, Calyste aperçut, dans une des deux loges d'avant-scène, au rez-de-chaussée, à quatre pas de lui, madame de Rochefide.

Béatrix à Paris! Béatrix en public! ces deux idées traversèrent le cœur de Calyste comme deux flèches. La revoir après trois ans bientôt! Comment expliquer le bouleversement qui se fit dans l'âme d'un amant qui, loin d'oublier, avait quelquefois si bien épousé Béatrix dans sa femme, que sa femme s'en était aperçu! A qui peut-on expliquer que le poème d'un amour perdu, méconnu, mais toujours vivant dans le cœur du mari de Sabine, y rendit obscures les suavités conjugales, la tendresse ineffable de la jeune épouse. Béatrix devint la lumière, le jour, le mouvement, la vie et l'inconnu; tandis que Sabine fut le devoir, les ténèbres, le prévu! L'une fut en un moment le plaisir, et l'autre l'ennui. Ce fut un coup de foudre. Dans sa loyauté, le mari de Sabine eut la noble pensée de quitter la salle. A la sortie de l'orchestre, il vit la porte de la loge entr'ouverte, et ses pieds l'y menèrent en dépit de sa volonté. Le jeune Breton y trouva Béatrix entre deux hommes des plus distingués, Canalis et Nathan, un homme politique et un homme littéraire. Depuis bientôt trois ans que Calyste ne l'avait vue, madame de Rochefide avait étonnamment changé; mais, quoique sa métamorphose eût atteint la femme, elle devait n'en être que plus poétique et plus attrayante pour Calyste. Jusqu'à l'âge de trente ans, les jolies femmes de Paris ne demandent qu'un vêtement à la toilette; mais en passant sous le porche fatal de la trentaine, elles cherchent des armes, des séductions, des embellissements dans les chiffons; elles se composent des grâces, elles y trouvent des moyens, elles y prennent un caractère, elles s'y rajeunissent, elles étudient les plus légers accessoires, elles passent enfin de la nature à l'art. Madame de Rochefide venait de subir les péripéties du drame qui, dans cette histoire des mœurs françaises au XIXe siècle, s'appelle la Femme Abandonnée. Elle avait été quittée la première par Conti; naturellement elle était devenue une grande artiste en toilette, en coquetterie et en fleurs artificielles.

— Comment Conti n'est-il pas ici? demanda tout bas Calyste à Canalis après avoir fait les salutations banales par lesquelles commencent les entrevues les plus solennelles quand elles ont lieu publiquement.

L'ancien grand poète du Faubourg-Saint-Germain, deux fois ministre et redevenu pour la quatrième fois un orateur aspirant à quelque nouveau ministère, se mit significativement un doigt sur les lèvres. Ce geste expliqua tout.

— Je suis bien heureuse de vous voir, dit chattement Béatrix à Calyste. Je me disais en vous reconnaissant là, sans être aperçue tout d'abord, que vous ne me renieriez pas, vous! — Ah! mon Calyste, pourquoi vous êtes-vous marié? lui dit-elle à l'oreille, et avec une petite sotte encore!...

Dès qu'une femme parle à l'oreille d'un nouveau venu dans sa loge en le faisant asseoir à côté d'elle, les gens du monde ont toujours un prétexte pour la laisser seule avec lui.

— Venez-vous, Nathan? dit Canalis. Madame la marquise me permettra d'aller dire un mot à d'Arthez, que je vois avec la princesse de Cadignan, il s'agit d'une combinaison de tribune pour la séance de demain.

Cette sortie de bon goût permit à Calyste de se remettre du choc qu'il venait de subir; mais il acheva de perdre son esprit et sa force en aspirant la senteur, pour lui charmante et vénéneuse, de la poésie composée par Béatrix. Madame de Rochefide, devenue osseuse et filandreuse, dont le teint s'était presque décomposé, maigrie, flétrie, les yeux cernés, avait ce soir-là fleuri ses ruines prématurées par les conceptions les plus ingénieuses de l'Article-Paris. Elle avait imaginé, comme toutes les femmes abandonnées, de se donner l'air vierge, en rappelant, par beaucoup d'étoffes blanches, les filles en *a* d'Ossian, si poétiquement peintes par Girodet. Sa chevelure blonde enveloppait sa figure allongée par des flots de boucles où ruisselaient les clartés de la rampe attirées par le luisant d'une huile parfumée. Son front pâle étincelait. Elle avait mis imperceptiblement du rouge dont l'éclat trompait l'œil sur la blancheur fade de son teint refait à l'eau de son. Une écharpe d'une finesse à faire douter que des hommes eussent ainsi travaillé la soie, était tortillée à son cou de manière à en diminuer la longueur, à le cacher, à ne laisser voir qu'imparfaitement des trésors habilement sertis par le corset. Sa taille était un chef-d'œuvre de composition. Quant à sa pose, un mot suffit, elle valait toute la peine qu'elle avait prise à la chercher. Ses bras maigris, durcis, paraissaient à peine sous les bouffants à effets calculés de ses manches larges. Elle offrait ce mélange de lueurs et de soieries brillantes, de gaze et de cheveux crêpés, de vivacité, de calme et de mouvement, qu'on a nommé *le je ne sais quoi*. Tout le monde sait en quoi consiste le *je ne sais quoi*. C'est beaucoup d'esprit, de goût et d'envie de plaire. Béatrix était donc une pièce à décor, à changement et prodigieusement machinée. La représentation de ces féeries qui sont aussi très-habilement dialoguées rend fous les hommes doués de franchise, car ils éprouvent par la loi des contrastes un désir effréné de jouer avec les artifices. C'est faux et entraînant, c'est cherché, mais agréable, et certains hommes adorent ces femmes qui jouent à la séduction comme on joue aux cartes. Voici pourquoi. Le désir de l'homme est un syllogiste qui conclut de cette science extérieure aux secrets théorèmes de la volupté. L'esprit se dit sans parole : — Une femme qui sait se créer si belle doit avoir de bien autres ressources dans la passion. Et c'est vrai. Les femmes abandonnées sont celles qui aiment, les conservatrices sont celles qui savent aimer. Or si cette leçon d'Italien avait été cruelle pour l'amour-propre de Béatrix, elle appartenait à une nature trop naturellement artificieuse pour ne pas en profiter.

— Il ne s'agit pas de vous aimer, disait-elle quelques instants avant que Calyste n'entrât, il faut vous tracasser quand nous vous tenons, là est le secret de celles qui veulent vous conserver. Les dragons gardiens des trésors sont armés de griffes et d'aîles !...

— On ferait un sonnet de votre pensée, avait répondu Canalis au moment où Calyste se montra.

En un seul regard, Béatrix devina l'état de Calyste, elle retrouva fraîches et rouges les marques du collier qu'elle lui avait mis aux Touches. Calyste, blessé du mot dit sur sa femme, hésitait entre sa dignité de mari, la défense de Sabine, et une parole dure à jeter dans un cœur d'où s'exhalaient pour lui tant de souvenirs, un cœur qu'il croyait saignant encore. Cette hésitation, la marquise l'observait, elle n'avait dit ce mot que pour savoir jusqu'où s'étendait son empire sur Calyste; en le voyant si faible, elle vint à son secours pour le tirer d'embarras.

— Eh! bien, mon ami, vous me trouvez seule, dit-elle quand les deux courtisans furent partis, oui, seule au monde!...

— Vous n'avez donc pas pensé à moi?... dit Calyste.

— Vous! répondit-elle, n'êtes-vous pas marié?... Ce fut une de mes douleurs au milieu de celles que j'ai subies, depuis que nous ne nous sommes vus. Non-seulement, me suis-je dit, je perds l'amour, mais encore une amitié que je croyais être bretonne. On s'accoutume à tout. Maintenant je souffre moins, mais je suis brisée. Voici depuis long-temps le premier épanchement de mon cœur. Obligée d'être fière devant les indifférents, arrogante comme si je n'avais pas failli devant les gens qui me font la cour, ayant perdu ma chère Félicité, je n'avais pas une oreille où jeter ce mot : — Je souffre! Aussi maintenant puis-je vous dire quelle a été mon angoisse en vous voyant à quatre pas de moi sans être reconnue par vous, et quelle est ma joie en vous voyant près de moi... Oui, dit-elle en répondant à un geste de Calyste, c'est presque de la fidélité! Voilà les malheureux? un rien, une visite est tout pour eux. Ah! vous m'avez aimée, vous, comme je méritais de l'être par celui qui s'est plu à fouler aux pieds tous les trésors que j'y versais! Et, pour mon malheur, je ne sais pas oublier, j'aime, et je veux être fidèle à ce passé qui ne reviendra jamais.

En disant cette tirade, improvisée déjà cent fois, elle jouait de la prunelle de manière à doubler par le geste l'effet des paroles qui semblaient arrachées du fond de son âme par la violence d'un torrent long-temps contenu. Calyste, au lieu de parler, laissa couler les larmes qui lui roulaient dans les yeux, Béatrix lui prit la main, la lui serra, le fit pâlir.

— Merci, Calyste! merci, mon pauvre enfant, voilà comment un véritable ami répond à la douleur d'un ami!... Nous nous entendons. Tenez, n'ajoutez pas un mot!... allez-vous-en, l'on nous regarde, et vous pourriez faire du chagrin à votre femme, si, par hasard, on lui disait que nous nous sommes vus, quoique bien innocemment, à la face de mille personnes... Adieu, je suis forte, voyez-vous!...

Elle s'essuya les yeux en faisant ce que dans la rhétorique des femmes on doit appeler une antithèse en action.

— Laissez-moi rire du rire des damnés avec les indifférents qui m'amusent, reprit-elle. Je vois des artistes, des écrivains, le monde que j'ai connu chez notre pauvre Camille Maupin, qui certes a peut-être eu raison ! Enrichir celui qu'on aime, et disparaître en se disant : Je suis trop vieille pour lui, c'est finir en martyre. Et c'est ce qu'il y a de mieux quand on ne peut pas finir en vierge.

Et elle se mit à rire, comme pour détruire l'impression triste qu'elle avait dû donner à son ancien adorateur.

— Mais, dit Calyste, où puis-je vous aller voir?

— Je me suis cachée rue de Chartres, devant le parc de Monceaux, dans un petit hôtel conforme à ma fortune, et je m'y bourre la tête de littérature, mais pour moi seule, pour me distraire. Dieu me garde de la manie de ces dames!.. Allez, sortez, laissez-moi, je ne veux pas occuper de moi le monde, et que ne dirait-on pas en nous voyant? D'ailleurs, tenez, Calyste, si vous restiez encore un instant, je pleurerais tout à fait.

Calyste se retira, mais après avoir tendu la main à Béatrix, et avoir éprouvé pour la seconde fois la sensation profonde, étrange, d'une double pression pleine de chatouillements séducteurs.

— Mon Dieu? Sabine n'a jamais su me remuer le cœur ainsi, fut une pensée qui l'assaillit dans le corridor.

Pendant le reste de la soirée, la marquise de Rochefide ne jeta pas trois regards directs à Calyste; mais il y eut des regards de côté qui furent autant de déchirements d'âme pour un homme tout entier à son premier amour repoussé.

Quand le baron du Guénic se trouva chez lui, la splendeur de ses appartements le fit songer à l'espèce de médiocrité dont avait parlé Béatrix, et il prit sa fortune en haine de ce qu'elle ne pouvait appartenir à l'ange déchu. Quand il apprit que Sabine était depuis long-temps couchée, il fut fort heureux de se trouver riche d'une nuit pour vivre avec ses émotions. Il maudit alors la divination que l'amour donnait à Sabine. Lorsqu'un mari, par aventure, est adoré de sa femme, elle lit sur ce visage comme dans un livre, elle connaît les moindres tressaillements des muscles, elle sait d'où vient le calme, elle se demande compte de la plus légère tristesse, et recherche si c'est elle qui la cause; elle étudie les yeux, pour elle les yeux se teignent de la pensée dominante, ils aiment ou ils n'aiment pas. Calyste se savait l'objet d'un culte si profond, si naïf, si jaloux, qu'il douta de pouvoir se composer une figure discrète sur le changement survenu dans son moral.

— Comment ferai-je, demain matin?... se dit-il en s'endormant, et redoutant l'espèce d'inspection à laquelle se livrait Sabine.

En abordant Calyste, et même parfois dans la journée, Sabine lui demandait : « — M'aimes-tu toujours ? » Ou bien : « — Je ne t'ennuie pas? » Interrogations gracieuses, variées selon le caractère ou l'esprit des femmes, et qui cachent leurs angoisses ou feintes ou réelles.

Il vient à la surface des cœurs les plus nobles et les plus purs des boues soulevées par les ouragans. Ainsi, le lendemain matin, Calyste, qui certes aimait son enfant, tressaillit de joie en apprenant que Sabine guettait la cause de quelques convulsions en craignant le croup et qu'elle ne voulait pas quitter le petit Calyste. Le baron prétexta d'une affaire et sortit en évitant de déjeuner à la maison. Il s'échappa comme s'échappent les prisonniers, heureux d'aller à pied, de marcher par le pont Louis XVI et les Champs-Élysées, vers un café du boulevard où il se plut à déjeuner en garçon.

Qu'y a-t-il donc dans l'amour ? La nature regimbe-t-elle sous le joug social? la nature veut-elle que l'élan de la vie donnée soit spontané, libre, que ce soit le cours d'un torrent fougueux, brisé par les rochers de la contradiction, de la coquetterie, au lieu d'être une eau coulant tranquillement entre les deux rives de la Mairie, de l'Église? A-t-elle ses desseins quand elle couve ces éruptions volcaniques auxquelles sont dus les grands hommes peut-être? Il eût été difficile de trouver un jeune homme élevé plus saintement que Calyste, de mœurs plus pures, moins souillé d'irréligion, et il bondissait vers une femme indigne de lui, quand un clément, un radieux hasard lui avait présenté dans la baronne du Guénic une jeune fille d'une beauté vraiment aristocratique, d'un esprit fin et délicat, pieuse, aimante et attachée uniquement à lui, d'une douceur angélique encore attendrie par l'amour, par un amour passionné malgré le mariage, comme l'était le sien pour Béatrix. Peut-être les hommes les plus grands ont-ils gardé dans leur constitution un peu d'argile; la fange leur plaît encore. L'être le moins imparfait serait donc alors la femme, malgré ses fautes et ses déraisons. Néanmoins madame de Rochefide, au milieu du cortège de prétentions poétiques qui l'entourait, et malgré sa chute, appartenait à la plus haute noblesse, elle offrait une nature plus éthérée que fangeuse, et cachait la courtisane qu'elle se proposait d'être sous les dehors les plus aristocratiques. Ainsi, cette explication ne rendrait pas compte de l'étrange passion de Calyste. Peut-être en trouverait-on la raison dans une vanité si profondément enterrée que les moralistes n'ont pas encore découvert ce côté du vice. Il est des hommes pleins de noblesse comme Calyste, beaux comme Calyste, riches et distingués, bien élevés, qui se fatiguent, à leur insu peut-être, d'un mariage avec une nature semblable à la leur, des êtres dont la noblesse ne s'étonne pas de la noblesse, que la grandeur et la délicatesse toujours consonnant à la leur, laissent dans le calme, et qui vont chercher auprès des natures inférieures ou tombées la sanction de leur supériorité, si toutefois ils ne vont pas leur mendier des éloges. Le contraste de la décadence morale et du sublime divertit leurs regards. Le pur brille tant dans le voisinage de l'impur! Cette contradiction amuse. Calyste n'avait rien à protéger dans Sabine, elle était irréprochable, les forces perdues de son cœur allaient toutes vibrer chez Béatrix. Si des grands hommes ont joué sous nos yeux ce rôle de Jésus relevant la femme adultère, pourquoi les gens ordinaires seraient-ils plus sages?

Calyste atteignit à l'heure de deux heures en vivant sur cette phrase : Je vais la revoir! un poème qui souvent a défrayé des voyages de sept cents lieues!... Il alla d'un pas leste jusqu'à la rue de Courcelles, il reconnut la maison quoiqu'il ne l'eût jamais vue, et il resta, lui, le gendre du duc de Grandlieu, lui riche, lui noble comme les Bourbons, au bas de l'escalier, arrêté par la question d'un vieux valet.

— Le nom de monsieur?

Calyste comprit qu'il devait laisser à Béatrix son libre arbitre, et il examina le jardin, les murs ondés par les lignes noires et jaunes que produisent les pluies sur les plâtres de Paris.

Madame de Rochefide, comme presque toutes les grandes dames qui rompent leur chaîne, s'était enfuie en laissant à son mari sa fortune, elle n'avait pas voulu tendre la main à son tyran. Conti, mademoiselle des Touches avaient évité les ennuis de la vie matérielle à Béatrix, à qui sa mère fit d'ailleurs à plusieurs reprises passer quelques sommes. En se trouvant seule, elle fut obligée à des économies assez rudes pour une femme habituée au luxe. Elle avait donc grimpé sur le sommet de la colline où s'étale le parc de Monceaux, et s'était réfugiée dans une ancienne petite maison de grand seigneur située sur la rue, mais accompagnée d'un charmant petit jardin, et dont le loyer ne dépassait pas dix-huit cents francs. Néanmoins, toujours servie par un vieux domestique, par une femme de chambre et par une cuisinière d'Alençon attachés à son infortune, sa misère aurait constitué l'opulence de bien des bourgeoises ambitieuses. Calyste monta par un escalier dont les marches en pierre avaient été poncées et dont les paliers étaient pleins de fleurs. Au premier étage le vieux valet ouvrit, pour introduire le baron dans l'appartement, une double porte en velours rouge, à losanges de soie rouge et à clous dorés. La soie, le velours tapissaient les pièces par lesquelles Calyste passa. Des tapis de couleurs sérieuses, des draperies entrecroisées aux fenêtres, les portières, tout à l'intérieur contrastait avec la mesquinerie de l'extérieur mal entretenu par le propriétaire. Calyste attendit Béatrix dans un salon d'un style sobre, où le luxe s'était fait simple. Cette pièce, tendue de velours couleur grenat rehaussé par des soieries d'un jaune mat, à tapis rouge foncé, dont les fenêtres ressemblaient à des serres, tant les fleurs abondaient dans les jardinières, était éclairée par un jour si faible qu'à peine Calyste vit-il sur la cheminée deux vases en vieux céladon rouge, entre lesquels brillait une coupe d'argent attribuée à Benvenuto Cellini, rapportée d'Italie par Béatrix. Les meubles en bois doré garnis en velours, les magnifiques consoles sur une desquelles était une pendule curieuse, la table à tapis de Perse, tout attestait une ancienne opulence dont les restes avaient été bien disposés. Sur un petit meuble, Calyste aperçut des bijoux, un livre commencé dans lequel scintillait le manche orné de pierreries d'un poignard qui servait de coupoir, symbole de la critique. Enfin, sur le mur, dix aquarelles richement encadrées, qui toutes représentaient les chambres à coucher des diverses habitations où sa vie errante avait fait séjourner Béatrix, donnaient la mesure d'une impertinence supérieure.

Le froufrou d'une robe de soie annonça l'infortunée qui se montra dans une toilette étudiée, et qui certes aurait dit à un roué qu'on l'attendait. La robe, taillée en robe de chambre pour laisser entrevoir un coin de la blanche poitrine, était en moire gris-perle, à grandes manches ouvertes d'où les bras sortaient couverts d'une double manche à bouffants divisés par des lisérés, et garnie de dentelles au bout. Les beaux cheveux que le peigne avait fait foisonner s'échappaient de dessous un bonnet de dentelle et de fleurs.

— Déjà?... dit-elle en souriant. Un amant n'aurait pas un tel empressement. Vous avez des secrets à me dire, n'est-ce pas?

Et elle se posa sur une causeuse invitant par un geste Calyste à se mettre près d'elle. Par un hasard cherché peut-être (car les femmes ont deux mémoires, celle des anges et celle des démons), Béatrix exhalait le parfum dont elle se servait aux Touches lors de sa rencontre avec Calyste. La première aspiration de cette odeur, le contact de cette robe, le regard de ces yeux qui, dans ce demi-jour attiraient la lumière pour la renvoyer, tout fit perdre la tête à Calyste. Le malheureux retrouva cette violence qui déjà faillit tuer Béatrix; mais, cette fois, la marquise était au bord d'une causeuse, et non de l'Océan, elle se leva pour aller sonner, en posant un doigt sur ses lèvres. A ce signe, Calyste rappelé à l'ordre se contint, il comprit que Béatrix n'avait aucune intention belliqueuse.

— Antoine, je n'y suis pour personne, dit-elle au vieux domestique. Mettez du bois dans le feu. — Vous voyez, Calyste, que je vous traite en ami, reprit-elle avec dignité quand le vieillard fut sorti, ne me traitez pas en maîtresse. J'ai deux observations à vous faire. D'abord, je ne me disputerais pas sottement à un homme aimé; puis je ne veux plus être à aucun homme au monde, car j'ai cru, Calyste, être aimée par une espèce de Rizzio qu'aucun engagement n'enchaînait, par un homme entièrement libre, et vous voyez où cet entraînement fatal m'a conduite? Vous, vous êtes sous l'empire du plus saint des devoirs; vous avez une femme jeune, aimable, délicieuse; enfin, vous êtes père. Je serais, comme vous l'êtes, sans excuse et nous serions deux fous...

— Ma chère Béatrix, toutes ces raisons tombent devant un mot: je n'ai jamais aimé que vous au monde, et l'on m'a marié malgré moi.

— Un tour que nous a joué mademoiselle des Touches, dit-elle en souriant.

Trois heures se passèrent pendant lesquelles madame de Rochefide maintint Calyste dans l'observation de la foi conjugale en lui posant l'horrible ultimatum d'une renonciation radicale à Sabine. Rien ne la rassurerait, disait-elle, dans la situation horrible où la mettrait l'amour de Calyste. Elle regardait d'ailleurs le sacrifice de Sabine comme peu de chose, elle la connaissait bien!

— C'est, mon cher enfant, une femme qui tient toutes les promesses de la fille. Elle est bien Grandlieu, brune comme sa mère la Portugaise, pour ne pas dire orange, et sèche comme son père. Pour dire la vérité, votre femme ne sera jamais perdue, c'est un grand garçon qui peut aller tout seul. Pauvre Calyste, est-ce là la femme qu'il vous fallait? Elle a de beaux yeux, mais ces yeux-là sont communs en Italie, en Espagne et en Portugal. Peut-on avoir de la tendresse avec des formes si maigres? Ève est blonde, les femmes brunes descendent d'Adam, les blondes tiennent de Dieu dont la main a laissé sur Ève sa dernière pensée, une fois la création accomplie.

Vers six heures Calyste, au désespoir, prit son chapeau pour s'en aller.

— Oui, va-t'en, mon pauvre ami, ne lui donne pas le chagrin de dîner sans toi!...

Calyste resta. Si jeune, il était si facile à prendre par ses côtés mauvais.

— Vous oseriez dîner avec moi? dit Béatrix en jouant un étonnement provocateur, ma maigre chère ne vous effrayerait pas, et vous auriez assez d'indépendance pour me combler de joie par cette petite preuve d'affection.

— Laissez-moi seulement, dit-il, écrire un petit mot à Sabine, car elle m'attendrait jusqu'à neuf heures.

— Tenez, voici la table où j'écris, dit Béatrix.

Elle alluma les bougies elle-même, et en apporta une sur la table afin de lire ce qu'écrirait Calyste.

« Ma chère Sabine...

— Ma chère! Votre femme vous est encore chère? dit-elle en le regardant d'un air froid à lui geler la moelle dans les os. Allez! allez dîner avec elle!.....

— Je dîne au cabaret avec des amis...

— Un mensonge. Fi! vous êtes indigne d'être aimé par elle ou par moi!... Les hommes sont tous lâches avec nous! Allez, monsieur, allez dîner avec votre chère Sabine.

Calyste se renversa sur le fauteuil, et y devint pâle comme la mort. Les Bretons possèdent une nature de courage qui les porte à s'entêter dans les difficultés. Le jeune baron se redressa, se campa le coude sur la table, le menton dans la main, et regarda d'un œil étincelant l'implacable Béatrix. Il fut si superbe, qu'une femme du nord ou du midi serait tombée à ses genoux en lui disant: —Prends-moi ! Mais Béatrix, née sur la lisière de la Normandie et de la Bretagne, appartenait à la race des Casteran, l'abandon avait développé chez elle les férocités du Franc, la méchanceté du Normand, il lui fallait un éclat terrible pour vengeance, elle ne céda point à ce sublime mouvement.

— Dictez ce que je dois écrire, j'obéirai, dit le pauvre garçon. Mais alors...

— Eh! bien, oui, dit-elle, car tu m'aimeras encore comme tu m'aimais à Guérande. Écris : Je dîne en ville, ne m'attendez pas !

— Et... dit Calyste qui crut à quelque chose de plus.

— Rien, signez. Bien, dit-elle en sautant sur ce poulet avec une joie contenue, je vais faire envoyer cela par un commissionnaire.

— Maintenant... s'écria Calyste en se levant comme un homme heureux.

— Ah ! j'ai gardé, je crois, mon libre arbitre ?... dit-elle en se retournant et s'arrêtant à mi-chemin de la table à la cheminée où elle alla sonner. — Tenez, Antoine, faites porter ce mot à son adresse. Monsieur dîne ici.

Calyste rentra vers deux heures du matin à son hôtel. Après avoir attendu jusqu'à minuit et demi, Sabine s'était couchée, accablée de fatigue ; elle dormait quoiqu'elle eût été vivement atteinte par le laconisme du billet de son mari ; mais elle l'expliqua !... l'amour vrai commence chez la femme par expliquer tout à l'avantage de l'homme aimé.

— Calyste était pressé, se dit-elle.

Le lendemain matin, l'enfant allait bien, les inquiétudes de la mère étaient calmées, Sabine vint en riant avec le petit Calyste dans ses bras, le présenter au père quelques moments avant le déjeuner en faisant de ces jolies folies, en disant ces paroles bêtesque font et que disent les jeunes mères. Cette petite scène conjugale permit à Calyste d'avoir une contenance, il fut charmant avec sa femme, tout en pensant qu'il était un monstre. Il joua comme un enfant avec monsieur le chevalier, il joua trop même, il outra son rôle, mais Sabine n'en était pas arrivée à ce degré de défiance auquel une femme peut reconnaître une nuance si délicate.

Enfin, au déjeuner, Sabine lui demanda : — Qu'as-tu donc fait hier ?

— Portenduère, répondit-il, m'a gardé à dîner et nous sommes allés au club jouer quelques parties de whist.

— C'est une sotte vie, mon Calyste, répliqua Sabine. Les jeunes gentilshommes de ce temps-ci devraient penser à reconquérir dans leur pays tout le terrain perdu par leurs pères. Ce n'est pas en fumant des cigares, faisant le whist, désœuvrant encore leur oisiveté, s'en tenant à dire des impertinences aux parvenus qui les chassent de toutes leurs positions, se séparant des masses auxquelles ils devraient servir d'âme, d'intelligence, en être la providence, que vous existerez. Au lieu d'être un parti, vous ne serez plus qu'une opinion, comme a dit de Marsay. Ah ! si tu savais combien mes pensées se sont élargies depuis que j'ai bercé, nourri ton enfant. Je voudrais voir devenir historique ce vieux nom de du Guénic ! Tout à coup, plongeant son regard dans les yeux de Calyste qui l'écoutait d'un air pensif, elle lui dit : — Avoue que le premier billet que tu m'auras écrit est un peu sec.

— Je n'ai pensé à te prévenir qu'au club...

— Tu m'as cependant écrit sur du papier de femme, il sentait une odeur que je ne connais pas.

— Ils sont si drôles les directeurs de club !...

Le vicomte de Portenduère et sa femme, un charmant ménage, avaient fini par devenir intimes avec les du Guénic au point de payer leur loge aux Italiens par moitié. Les deux jeunes femmes, Ursule et Sabine, avaient été conviées à cette amitié par le délicieux échange de conseils, de soins, de confidences à propos des enfants. Pendant que Calyste, assez novice en mensonge, se disait : — Je vais aller prévenir Savinien, Sabine se disait : — Il me semble que le papier porte une couronne !... Cette réflexion passa comme un éclair dans cette conscience, et Sabine se gourmanda de l'avoir faite; mais elle se proposa de chercher le papier que, la veille, au milieu des terreurs auxquelles elle était en proie, elle avait jeté dans sa boîte aux lettres.

Après le déjeuner, Calyste sortit en disant à sa femme qu'il allait rentrer, il monta dans une de ces petites voitures basses à un cheval par lesquelles on commençait à remplacer l'incommode cabriolet de nos ancêtres. Il courut en quelques minutes rue des Saints-Pères où demeurait le vicomte, qu'il pria de lui rendre le petit service de mentir à charge de revanche, dans le cas où Sabine questionnerait la vicomtesse. Une fois dehors, Calyste, ayant préalablement demandé la plus grande vitesse, alla de la rue des Saints-Pères à la rue de Chartres en quelques minutes, il voulait voir comment Béatrix avait passé le reste de la nuit. Il trouva l'heureuse infortunée sortie du bain, fraîche, embellie, et déjeunant de fort bon appétit. Il admira la grâce avec laquelle cet ange mangeait des œufs à la coque, et s'émerveilla du déjeuner en or, présent d'un lord mélomane à qui Conti fit quelques romances pour lesquelles le lord *avait donné ses idées*, et qui les avait publiées comme de lui. Il écouta quelques traits piquants dits par son idole dont la grande affaire était de l'amuser tout en se fâchant et pleurant au moment où il partait. Il crut n'être resté qu'une demi-heure, et il ne rentra chez lui qu'à trois heures. Son beau cheval anglais, un cadeau de la vicomtesse de Grandlieu, semblait sortir de l'eau tant il était trempé de sueur. Par un hasard que préparent toutes les femmes jalouses, Sabine stationnait à une fenêtre donnant sur la cour, impatiente de ne pas voir rentrer Calyste, inquiète sans savoir pourquoi. L'état du cheval dont la bouche écumait la frappa.

— D'où vient-il? Cette interrogation lui fut soufflée dans l'oreille par cette puissance qui n'est pas la conscience, qui n'est pas le démon, qui n'est pas l'ange; mais qui voit, qui pressent, qui nous montre l'inconnu, qui fait croire à des êtres moraux, à des créatures nées dans notre cerveau, allant et venant, vivant dans la sphère invisible des idées.

— D'où viens-tu donc, cher ange? dit-elle à Calyste au-devant de qui elle descendit jusqu'au premier palier de l'escalier. Abd-el-Kader est presque fourbu, tu ne devais être qu'un instant dehors, et je t'attends depuis trois heures....

— Allons, se dit Calyste qui faisait des progrès dans la dissimulation, je m'en tirerai par un cadeau. — Chère nourrice, répondit-il tout haut à sa femme en la prenant par la taille avec plus de câlinerie qu'il n'en eût déployé s'il n'eût pas été coupable, je le vois, il est impossible d'avoir un secret, quelque innocent qu'il soit, pour une femme qui nous aime...

— On ne se dit pas de secrets dans un escalier, répondit-elle en riant. Viens.

Au milieu du salon qui précédait la chambre à coucher, elle vit dans une glace la figure de Calyste qui ne se sachant pas observé laissait paraître sa fatigue et ses vrais sentiments en ne souriant plus.

— Le secret!... dit-elle en se retournant.

— Tu as été d'un héroïsme de nourrice qui me rend plus cher

encore l'héritier présomptif des du Guénic ; j'ai voulu te faire une surprise, absolument comme un bourgeois de la rue Saint-Denis. On finit en ce moment pour toi une toilette à laquelle ont travaillé des artistes, ma mère et ma tante Zéphirine y ont contribué...

Sabine enveloppa Calyste de ses bras, le tint serré sur son cœur, la tête dans son cou, faiblissant sous le poids du bonheur, non pas à cause de la toilette, mais à cause du premier soupçon dissipé. Ce fut un de ces élans magnifiques qui se comptent et que ne peuvent pas prodiguer tous les amours, même excessifs, car la vie serait trop promptement brûlée. Les hommes devraient alors tomber aux pieds des femmes pour les adorer, car c'est un sublime où les forces du cœur et de l'intelligence se versent comme les eaux des nymphes architecturales jaillissent des urnes inclinées. Sabine fondit en larmes.

Tout à coup, comme mordue par une vipère, elle quitta Calyste, alla se jeter sur un divan, et s'y évanouit. La réaction subite du froid sur ce cœur enflammé, de la certitude sur les fleurs ardentes de ce Cantique des cantiques faillit tuer l'épouse. En tenant ainsi Calyste, en plongeant le nez dans sa cravate, abandonnée qu'elle était à sa joie, elle avait senti l'odeur du papier de la lettre !... Une autre tête de femme avait roulé là, dont les cheveux et la figure laissaient une odeur adultère. Elle venait de baiser la place où les baisers de sa rivale étaient encore chauds !...

— Qu'as-tu ?... dit Calyste après avoir rappelé Sabine à la vie en lui passant sur le visage un linge mouillé, lui faisant respirer des sels...

— Allez chercher mon médecin et mon accoucheur, tous deux ! Oui, j'ai, je le sens, une révolution de lait... Ils ne viendront à l'instant que si vous les en priez vous-même...

Le *vous* frappa Calyste qui, tout effrayé, sortit précipitamment. Dès que Sabine entendit la porte-cochère se fermant, elle se leva comme une biche effrayée, elle tourna dans son salon comme une folle en criant : — Mon Dieu ! mon Dieu ! mon Dieu ! Ces deux mots tenaient lieu de toutes ses idées. La crise qu'elle avait annoncée comme prétexte eut lieu. Ses cheveux devinrent dans sa tête autant d'aiguilles rougies au feu des névroses. Son sang bouillonnant lui parut à la fois se mêler à ses nerfs et vouloir sortir par ses pores ! Elle fut aveugle pendant un moment. Elle cria : — Je meurs !

Quand à ce terrible cri de mère et de femme attaquée, sa femme de chambre entra ; quand prise et portée au lit, elle eut recouvré la vue et l'esprit, le premier éclair de son intelligence fut pour envoyer cette fille chez son amie, madame de Portenduère. Sabine sentit ses idées tourbillonnant dans sa tête comme des fétus emportés par une trombe. — J'en ai vu, disait-elle plus tard, des myriades à la fois. Elle sonna le valet de chambre, et, dans le transport de la fièvre, elle eut la force d'écrire la lettre suivante, car elle était dominée par une rage, celle d'avoir une certitude !...

A MADAME LA BARONNE DU GUÉNIC.

« Chère maman, quand vous viendrez à Paris, comme vous nous
» l'avez fait espérer, je vous remercierai moi-même du beau présent
» par lequel vous avez voulu, vous, ma tante Zéphirine et Calyste,
» me remercier d'avoir accompli mes devoirs. J'étais déjà bien payée
» par mon propre bonheur !... Je renonce à vous exprimer le plaisir
» que m'a fait cette charmante toilette, c'est quand vous serez près
» de moi que je vous le dirai. Croyez qu'en me parant devant ce
» bijou, je penserai toujours, comme la dame romaine, que ma
» plus belle parure est notre cher petit ange, etc. »

Elle fit mettre à la poste pour Guérande cette lettre par sa femme de chambre. Quand la vicomtesse de Portenduère entra, le frisson d'une fièvre épouvantable succédait chez Sabine à ce premier paroxisme de folie.

— Ursule, il me semble que je vais mourir, lui dit-elle.

— Qu'avez-vous, ma chère?

— Qu'est-ce que Savinien et Calyste ont donc fait hier après avoir dîné chez vous?

— Quel dîner? répartit Ursule à qui son mari n'avait encore rien dit en ne croyant pas à une enquête immédiate. Savinien et moi, nous avons dîné hier ensemble et nous sommes allés aux Italiens, sans Calyste.

— Ursule, ma chère petite, au nom de votre amour pour Savinien, gardez-moi le secret sur ce que tu viens de me dire et sur ce que je te dirai de plus. Toi seule sauras de quoi je meurs... Je suis trahie, au bout de la troisième année, à vingt-deux ans et demi !...

Ses dents claquaient, elle avait les yeux gelés, ternes, son visage prenait des teintes verdâtres et l'apparence d'une vieille glace de Venise.

— Vous, si belle !... Et pour qui ?...

— Je ne sais pas! Mais Calyste m'a fait deux mensonges... Pas un mot! Ne me plains pas, ne te courrouce pas, fais l'ignorante, tu sauras peut-être *qui* par Savinien. Oh! la lettre d'hier!...

Et grelottant, et en chemise, elle s'élança vers un petit meuble et y prit la lettre...

— Une couronne de marquise! dit-elle en se remettant au lit. Sache si madame de Rochefide est à Paris?... J'aurai donc un cœur où pleurer, où gémir!... Oh! ma petite, voir ses croyances, sa poésie, son idole, sa vertu, son bonheur, tout, tout en pièces, flétri, perdu!... Plus de Dieu dans le ciel! plus d'amour sur terre, plus de vie au cœur, plus rien... Je ne sais s'il fait jour, je doute du soleil... Enfin, j'ai tant de douleur au cœur que je ne sens presque pas les atroces souffrances qui me labourent le sein et la figure. Heureusement le petit est sevré, mon lait l'eût empoisonné!

A cette idée, un torrent de larmes jaillit des yeux de Sabine jusque-là secs.

La jolie madame de Portenduère, tenant à la main la lettre fatale que Sabine avait une dernière fois flairée, restait comme hébétée devant cette vraie douleur, saisie par cette agonie de l'amour, sans se l'expliquer, malgré les récits incohérents par lesquels Sabine essaya de tout raconter. Tout à coup Ursule fut illuminée par une de ces idées qui ne viennent qu'aux amies sincères.

— Il faut la sauver! se dit-elle. — Attends-moi, Sabine, lui cria-t-elle, je vais savoir la vérité.

— Ah! dans ma tombe, je t'aimerai, toi!... cria Sabine.

La vicomtesse alla chez la duchesse de Grandlieu, lui demanda le plus profond silence et la mit au courant de la situation de Sabine.

— Madame, dit la vicomtesse en terminant, n'êtes-vous pas d'avis que pour éviter une affreuse maladie, et, peut-être, que sais-je? la folie!... nous devons tout confier au médecin, et inventer au profit de cet affreux Calyste des fables qui pour le moment le rendent innocent.

— Ma chère petite, dit la duchesse à qui cette confidence avait donné froid au cœur, l'amitié vous a prêté pour un moment l'expérience d'une femme de mon âge. Je sais comment Sabine aime son mari, vous avez raison, elle peut devenir folle.

— Mais elle peut, ce qui serait pis, perdre sa beauté! dit la vicomtesse.

— Courons! cria la duchesse.

La vicomtesse et la duchesse gagnèrent fort heureusement quelques instants sur le fameux accoucheur Dommanget, le seul des deux savants que Calyste eût rencontré.

— Ursule m'a tout confié, dit la duchesse à sa fille, et tu te trompes... D'abord Béatrix n'est pas à Paris... Quant à ce que ton mari, mon ange, a fait hier, il a perdu beaucoup d'argent, et il ne sait où en prendre pour payer ta toilette...

— Et cela ?... dit-elle à sa mère en tendant la lettre.

— Cela ! s'écria la duchesse en riant, c'est le papier du Jockey-Club ; tout le monde écrit sur du papier à couronne, bientôt nos épiciers seront titrés...

La prudente mère lança dans le feu le papier malencontreux. Quand Calyste et Dommanget arrivèrent, la duchesse qui venait de donner des instructions aux gens, en fut avertie ; elle laissa Sabine aux soins de madame de Portenduère, et arrêta dans le salon l'accoucheur et Calyste.

— Il s'agit de la vie de Sabine, monsieur, dit-elle à Calyste, vous l'avez trahie pour madame de Rochefide...

Calyste rougit comme une jeune fille encore honnête prise en faute.

— Et, dit la duchesse en continuant, comme vous ne savez pas tromper, vous avez fait tant de gaucheries que Sabine a tout deviné ; mais j'ai tout réparé. Vous ne voulez pas la mort de ma fille, n'est-ce pas ?... Tout ceci, monsieur Dommanget, vous met sur la voie de la vraie maladie et de sa cause... Quant à vous, Calyste, une vieille femme comme moi conçoit votre erreur, mais sans la pardonner. De tels pardons s'achètent par toute une vie de bonheur. Si vous voulez que je vous estime, sauvez d'abord ma fille ; puis oubliez madame de Rochefide, elle n'est bonne à avoir qu'une fois !... sachez mentir ; ayez le courage du criminel et son impudence. J'ai bien menti, moi, qui serai forcée de faire de rudes pénitences pour ce péché mortel !...

Et elle le mit au fait des mensonges qu'elle venait d'inventer. L'habile accoucheur, assis au chevet de la malade, étudiait déjà dans les symptômes les moyens de parer au mal. Pendant qu'il ordonnait des mesures dont le succès dépendait de la plus grande rapidité dans l'exécution, Calyste assis au pied du lit tint ses yeux sur Sabine en essayant de donner une vive expression de tendresse à son regard.

— C'est donc le jeu qui vous a cerné les yeux comme ça ?..... dit-elle d'une voix faible.

Cette phrase fit frémir le médecin; la mère et la vicomtesse qui s'entre-regardèrent à la dérobée. Calyste devint rouge comme une cerise.

— Voilà ce que c'est que de nourrir, dit spirituellement et brutalement Dommanget. Les maris s'ennuient d'être séparés de leurs femmes, ils vont au club, et ils y jouent... Mais ne regrettez pas les trente mille francs que monsieur le baron a perdus cette nuit-ci.

— Trente mille francs !... s'écria bien niaisement Ursule.

— Oui, je le sais, répliqua Dommanget. On m'a dit ce matin chez la jeune duchesse Berthe de Maufrigneuse que c'est monsieur de Trailles qui vous les a gagnés, dit-il à Calyste. Comment pouvez-vous jouer avec un pareil homme? Franchement, monsieur le baron, je conçois votre honte.

En voyant sa belle-mère, une pieuse duchesse, la jeune vicomtesse, une femme heureuse, et un vieil accoucheur, un égoïste, mentant comme des marchands de curiosités, le bon et noble Calyste comprit la grandeur du péril, et il lui coula deux grosses larmes qui trompèrent Sabine.

— Monsieur, dit-elle en se dressant sur son séant et regardant Dommanget avec colère, monsieur du Guénic peut perdre trente, cinquante, cent mille francs s'il lui plaît, sans que personne ait à le trouver mauvais et à lui donner de leçons. Il vaut mieux que monsieur de Trailles lui ait gagné de l'argent que nous, nous en ayons gagné à monsieur de Trailles.

Calyste se leva, prit sa femme par le cou, la baisa sur les deux joues, et lui dit à l'oreille : — Sabine, tu es un ange !...

Deux jours après, on regarda la jeune femme comme sauvée. Le lendemain Calyste était chez madame de Rochefide, et s'y faisait un mérite de son infamie.

— Béatrix, lui disait-il, vous me devez le bonheur. Je vous ai livré ma pauvre petite femme, elle a tout découvert. Ce fatal papier sur lequel vous m'avez fait écrire, et qui portait votre nom et votre couronne que je n'ai pas vus !... Je ne voyais que vous !... Le chiffre heureusement, votre B. était effacé par hasard. Mais le parfum que vous avez laissé sur moi, mais les mensonges dans lesquels je me suis entortillé comme un sot ont trahi mon bonheur. Sabine a failli mourir, le lait est monté à la tête, elle a un érysipèle, peut-être en portera-t-elle les marques pendant toute sa vie...

3.

En écoutant cette tirade, Béatrix eut une figure plein Nord à faire prendre la Seine si elle l'avait regardée.

— Eh! bien, tant mieux, répondit-elle, ça vous la blanchira peut-être.

Et Béatrix, devenue sèche comme ses os, inégale comme son teint, aigre comme sa voix, continua sur ce ton par une kyrielle d'épigrammes atroces. Il n'y a pas de plus grande maladresse pour un mari que de parler de sa femme quand elle est vertueuse à sa maîtresse, si ce n'est de parler de sa maîtresse quand elle est belle à sa femme. Mais Calyste n'avait pas encore reçu cette espèce d'éducation parisienne qu'il faut nommer la politesse des passions. Il ne savait ni mentir à sa femme ni dire à sa maîtresse la vérité, deux apprentissages à faire pour pouvoir conduire les femmes. Aussi fut-il obligé d'employer toute la puissance de la passion pour obtenir de Béatrix un pardon sollicité pendant deux heures, refusé par un ange courroucé qui levait les yeux au plafond pour ne pas voir le coupable, et qui débitait les raisons particulières aux marquises d'une voix parsemée de petites larmes très-ressemblantes, furtivement essuyées avec la dentelle du mouchoir.

— Me parler de votre femme presque le lendemain de ma faute!... Pourquoi ne me dites-vous pas qu'elle est une perle de vertu! Je le sais, elle vous trouve beau par admiration! en voilà de la dépravation! Moi, j'aime votre âme! car, sachez-le bien, mon cher, vous êtes affreux, comparé à certains pâtres de la Campagne de Rome! etc.

Cette phraséologie peut surprendre, mais elle constituait un système profondément médité par Béatrix. A sa troisième incarnation, car à chaque passion on devient tout autre, une femme s'avance d'autant dans la rouerie, seul mot qui rende bien l'effet de l'expérience que donnent de telles aventures. Or, la marquise de Rochefide s'était jugée à son miroir. Les femmes d'esprit ne s'abusent jamais sur elles-mêmes; elles comptent leurs rides, elles assistent à la naissance de la patte d'oie, elles voient poindre leurs grains de millet, elles se savent par cœur, et le disent même trop par la grandeur de leurs efforts à se conserver. Aussi, pour lutter avec une splendide jeune femme, pour remporter sur elle six triomphes par semaine, Béatrix avait-elle demandé ses avantages à la science des courtisanes. Sans s'avouer la noirceur de ce plan, entraînée à l'emploi de ces moyens par une passion turque pour le beau Calyste, elle s'était promis de lui faire croire qu'il était disgracieux, laid, mal fait, et de se conduire comme si elle le haïssait.

Nul système n'est plus fécond avec les hommes d'une nature conquérante. Pour eux, trouver ce savant dédain à vaincre, n'est-ce pas le triomphe du premier jour recommencé tous les lendemains ? C'est mieux, c'est la flatterie cachée sous la livrée de la haine, et lui devant la grâce, la vérité dont sont revêtues toutes les métamorphoses par les sublimes poètes inconnus qui les ont inventées. Un homme ne se dit-il pas alors : — Je suis irrésistible ! Ou — J'aime bien, car je dompte sa répugnance.

Si vous niez ce principe deviné par les coquettes et les courtisanes de toutes les zones sociales, nions les pourchasseurs de science, les chercheurs de secrets, repoussés pendant des années dans leur duel avec les causes secrètes.

Béatrix avait doublé l'emploi du mépris comme piston moral, de la comparaison perpétuelle d'un chez soi poétique, comfortable, opposé par elle à l'hôtel du Guénic. Toute épouse délaissée qui s'abandonne abandonne aussi son intérieur, tant elle est découragée. Dans cette prévision, madame de Rochefide commençait de sourdes attaques sur le luxe du faubourg Saint-Germain, qualifié de sot par elle. La scène de la réconciliation, où Béatrix fit rejurer haine à l'épouse qui jouait, dit-elle, la comédie du lait répandu, se passa dans un vrai bocage où elle minaudait environnée de fleurs ravissantes, de jardinières d'un luxe effréné. La science des riens, des bagatelles à la mode, elle la poussa jusqu'à l'abus chez elle. Tombée en plein mépris par l'abandon de Conti, Béatrix voulait du moins la gloire que donne la perversité. Le malheur d'une jeune épouse, d'une Grandlieu riche et belle, allait être un piédestal pour elle.

Quand une femme revient de la nourriture de son premier enfant à la vie ordinaire, elle reparaît charmante, elle retourne au monde embellie. Si cette phase de la maternité rajeunit les femmes d'un certain âge, elle donne aux jeunes une splendeur pimpante, une activité gaie, un *brio* d'existence, s'il est permis d'appliquer au corps le mot que l'Italie a trouvé pour l'esprit. En essayant de reprendre les charmantes coutumes de la lune de miel, Sabine ne retrouva plus le même Calyste. Elle observa, la malheureuse, au lieu de se livrer au bonheur. Elle chercha le fatal parfum et le sentit. Enfin elle ne se confia plus ni à son amie ni à sa mère qui l'avaient si charitablement trompée. Elle voulut une certitude, et la Certitude ne se fit pas attendre; la Certitude ne manque jamais, elle est comme le soleil, elle exige bientôt des stores. C'est en amour une répétition de la fable du bûcheron appelant la Mort, on demande à la Certitude de nous aveugler.

Un matin, quinze jours après la première crise, Sabine reçut cette lettre terrible.

A MADAME LA BARONNE DU GUÉNIC.

Guérande.

« Ma chère fille, ma belle-sœur Zéphirine et moi, nous nous
» sommes perdues en conjectures sur la toilette dont parle votre
» lettre, j'en écris à Calyste et je vous prie de me pardonner notre
» ignorance. Vous ne pouvez pas douter de nos cœurs. Nous vous
» amassons des trésors. Grâce aux conseils de mademoiselle de Pen-
» Hoël sur la gestion de vos biens, vous vous trouverez dans quel-
» ques années un capital considérable, sans que vos revenus en aient
» souffert.

» Votre lettre, chère fille aussi aimée que si je vous avais portée
» dans mon sein et nourrie de mon lait, m'a surprise par son laco-
» nisme et surtout par votre silence sur mon cher petit Calyste; vous
» n'aviez rien à me dire du grand ; je le sais heureux; mais, etc. »

Sabine mit sur cette lettre en travers : *La noble Bretagne ne peut pas être tout entière à mentir !...* Et elle posa la lettre sur le bureau de Calyste. Calyste trouva la lettre, et la lut. Après avoir reconnu l'écriture et la ligne de Sabine, il jeta la lettre au feu, bien résolu de ne l'avoir jamais reçue. Sabine passa toute une semaine en des angoisses dans le secret desquelles seront les âmes angéliques ou solitaires que l'aile du mauvais ange n'a jamais effleurées. Le silence de Calyste épouvantait Sabine.

— Moi qui devrais être tout douceur, tout plaisir pour lui, je lui ai déplu, je l'ai blessé !... Ma vertu s'est faite haineuse ; j'ai sans doute humilié mon idole ! se disait-elle.

Ces pensées lui creusèrent des sillons dans le cœur. Elle voulait demander pardon de cette faute ; mais la Certitude lui décocha de nouvelles preuves.

Hardie et insolente, Béatrix écrivit un jour à Calyste chez lui, madame du Guénic reçut la lettre, la remit à son mari sans l'avoir ouverte ; mais elle lui dit, la mort dans l'âme, et la voix altérée :

— Mon ami, cette lettre vient du Jockey-club... Je reconnais l'odeur et le papier...

Cette fois Calyste rougit et mit la lettre dans sa poche.

— Pourquoi ne la lis-tu pas ?...

— Je sais ce qu'on me veut.

La jeune femme s'assit. Elle n'eut plus la fièvre, elle ne pleura plus ; mais elle eut une de ces rages qui, chez ces faibles créatures, enfantent les miracles du crime, qui leur mettent l'arsenic à la main, ou pour elles ou pour leurs rivales. On amena le petit Calyste, elle le prit pour le dodiner. L'enfant, nouvellement sevré, chercha le sein à travers la robe.

— Il se souvient, lui !... dit-elle tout bas.

Calyste alla lire sa lettre chez lui. Quand il ne fut plus là, la pauvre jeune femme fondit en larmes, mais comme les femmes pleurent quand elles sont seules.

La douleur, de même que le plaisir, a son initiation. La première crise, comme celle à laquelle Sabine avait failli succomber, ne revient pas plus que ne reviennent les prémices en toute chose. C'est le premier coin de la question du cœur, les autres sont attendus, le brisement des nerfs est connu, le capital de nos forces a fait son versement pour une énergique résistance. Aussi Sabine, sûre de la trahison, passa-t-elle trois heures avec son fils dans les bras, au coin de son feu, de manière à s'étonner quand Gasselin, devenu valet de chambre, vint dire : — Madame est servie.

— Avertissez monsieur.

— Monsieur ne dîne pas ici, madame la baronne.

Sait-on tout ce qu'il y a de tortures pour une jeune femme de vingt-trois ans, dans le supplice de se trouver seule au milieu de l'immense salle à manger d'un hôtel antique, servie par de silencieux domestiques, en de pareilles circonstances?

— Attelez, dit-elle tout à coup, je vais aux Italiens.

Elle fit une toilette splendide, elle voulut se montrer seule, et souriant comme une femme heureuse. Au milieu des remords causés par l'apostille mise sur la lettre, elle avait résolu de vaincre, de ramener Calyste par une excessive douceur, par les vertus de l'épouse, par une tendresse d'agneau pascal. Elle voulut mentir à tout Paris. Elle aimait, elle aimait comme aiment les courtisanes et les anges, avec orgueil, avec humilité. Mais on donnait *Otello !* Quand Rubini chanta : *Il mio cor si divide*, elle se sauva. La musique est souvent plus puissante que le poète et que l'acteur, les deux plus formidables natures réunies. Savinien de Portenduère accompagna Sabine jusqu'au péristyle et la mit en voiture, sans pouvoir s'expliquer cette fuite précipitée.

Madame du Guénic entra dès lors dans une période de souffrances particulière à l'aristocratie. Envieux, pauvres, souffrants, quand vous voyez aux bras des femmes ces serpents d'or à têtes de diamant, ces colliers, ces agrafes, dites-vous que ces vipères mordent, que ces colliers ont des pointes venimeuses, que ces liens si légers entrent au vif dans ces chairs délicates. Tout ce luxe se paie. Dans la situation de Sabine les femmes maudissent les plaisirs de la richesse, elles n'aperçoivent plus les dorures de leurs salons, la soie des divans est de l'étoupe, les fleurs exotiques sont des orties, les parfums puent, les miracles de la cuisine grattent le gosier comme du pain d'orge, et la vie prend l'amertume de la mer Morte.

Deux ou trois exemples peindront cette réaction d'un salon ou d'une femme sur un bonheur, de manière à ce que toutes celles qui l'ont subie y retrouvent leurs impressions de ménage.

Prévenue de cette affreuse rivalité, Sabine étudia son mari quand il sortait pour deviner l'avenir de la journée. Et avec quelle fureur contenue une femme ne se jette-t-elle pas sur les pointes rouges de ces supplices de Sauvage?... Quelle joie délirante s'il n'allait pas rue de Chartres! Calyste rentrait-il? l'observation du front, de la coiffure, des yeux, de la physionomie et du maintien prêtait un horrible intérêt à des riens, à des remarques poursuivies jusque dans les profondeurs de la toilette, et qui font alors perdre à une femme sa noblesse et sa dignité. Ces funestes investigations, gardées au fond du cœur, s'y aigrissaient et y corrompaient les racines délicates d'où s'épanouissent les fleurs bleues de la sainte confiance, les étoiles d'or de l'amour unique.

Un jour, Calyste regarda tout chez lui de mauvaise humeur, il y restait! Sabine se fit chatte et humble, gaie et spirituelle.

— Tu me boudes, Calyste, je ne suis donc pas une bonne femme?... Qu'y a-t-il ici qui te déplaise? demanda-t-elle.

— Tous ces appartements sont froids et nus, dit-il, vous ne vous entendez pas à ces choses-là.

— Que manque-t-il?
— Des fleurs.

— Bien, se dit en elle-même Sabine, il paraît que madame de Rochefide aime les fleurs.

Deux jours après, les appartements avaient changé de face à l'hôtel du Guénic, personne à Paris ne pouvait se flatter d'avoir de plus belles fleurs que celles qui les ornaient.

Quelque temps après, Calyste, un soir après dîner, se plaignit du froid. Il se tordait sur sa causeuse en regardant d'où venait l'air, en cherchant quelque chose autour de lui. Sabine fut pendant un certain temps à deviner ce que signifiait cette nouvelle fantaisie, elle dont l'hôtel avait un calorifère qui chauffait les escaliers, les antichambres et les couloirs. Enfin, après trois jours de méditations, elle trouva que sa rivale devait être entourée d'un paravent pour obtenir le demi-jour si favorable à la décadence de son visage, et elle eut un paravent, mais en glaces et d'une richesse israélite.

— D'où soufflera l'orage maintenant ? se disait-elle.

Elle n'était pas au bout des critiques indirectes de la maîtresse. Calyste mangea chez lui d'une façon à rendre Sabine folle, il rendait au domestique ses assiettes après y avoir *chipoté* deux ou trois bouchées.

— Ce n'est donc pas bon ? demanda Sabine au désespoir de voir ainsi perdus tous les soins auxquels elle descendait en conférant avec son cuisinier.

— Je ne dis pas cela, mon ange, répondit Calyste sans se fâcher, je n'ai pas faim ! voilà tout.

Une femme dévorée d'une passion légitime, et qui lutte ainsi, se livre à une sorte de rage pour l'emporter sur sa rivale, et dépasse souvent le but, jusque dans les régions secrètes du mariage. Ce combat si cruel, ardent, incessant dans les choses apercevables et pour ainsi dire extérieures du ménage, se poursuivait tout aussi acharné dans les choses du cœur. Sabine étudiait ses poses, sa toilette, elle se surveillait dans les infiniment petits de l'amour.

L'affaire de la cuisine dura près d'un mois. Sabine, secourue par Mariotte et Gasselin, inventa des ruses de vaudeville pour savoir quels étaient les plats que madame de Rochefide servait à Calyste. Gasselin remplaça le cocher de Calyste, tombé malade par ordre, Gasselin put alors camarader avec la cuisinière de Béatrix, et Sabine finit par donner à Calyste la même chère et meilleure, mais elle lui vit faire de nouvelles façons.

— Que manque-t-il donc?... demanda-t-elle.

— Rien, répondit-il en cherchant sur la table un objet qui ne s'y trouvait pas.

— Ah! s'écria Sabine le lendemain en s'éveillant, Calyste voulait de ces hannetons pilés, de ces ingrédients anglais qui se servent dans des pharmacies en forme d'huiliers, madame de Rochefide l'accoutume à toutes sortes de piments!

Elle acheta l'huilier anglais et ses flacons ardents; mais elle ne pouvait pas poursuivre de telles découvertes jusque dans toutes les préparations conjugales.

Cette période dura pendant quelques mois, l'on ne s'en étonnera pas si l'on songe aux attraits que présente une lutte. C'est la vie; elle est préférable avec ses blessures et ses douleurs aux noires ténèbres du dégoût, au poison du mépris, au néant de l'abdication, à cette mort du cœur qui s'appelle l'indifférence. Tout son courage abandonna néanmoins Sabine un soir qu'elle se montra dans une toilette comme en inspire aux femmes le désir de l'emporter sur une autre, et que Calyste lui dit en riant : — Tu auras beau faire, Sabine, tu ne seras jamais qu'une belle Andalouse!

— Hélas! répondit-elle en tombant sur sa causeuse, je ne pourrai jamais être blonde; mais je sais, si cela continue, que j'aurai bientôt trente-cinq ans.

Elle refusa d'aller aux Italiens, elle voulut rester chez elle pendant toute la soirée. Seule, elle arracha les fleurs de ses cheveux et trépigna dessus, elle se déshabilla, foula sa robe, son écharpe, toute sa toilette aux pieds, absolument comme une chèvre prise dans le lacet de sa corde qui ne s'arrête en se débattant que quand elle sent la mort. Et elle se coucha. La femme de chambre entra, qu'on juge de son étonnement.

— Ce n'est rien, dit Sabine, c'est monsieur!

Les femmes malheureuses ont de ces sublimes fatuités, de ces mensonges où de deux hontes qui se combattent la plus féminine a le dessus.

A ce jeu terrible, Sabine maigrit, le chagrin la rongea; mais elle ne sortit jamais du rôle qu'elle s'était imposé. Soutenue par une sorte de fièvre, ses lèvres refoulaient les mots amers jusque dans sa gorge quand la douleur lui en suggérait, elle réprimait les éclairs de ses magnifiques yeux noirs, et les rendait doux jusqu'à l'humilité. Enfin son dépérissement fut bientôt sensible. La duchesse, excellente mère, quoique sa dévotion fût devenue de plus en plus portugaise, aperçut une cause mortelle dans l'état véritablement maladif où se complaisait Sabine. Elle savait l'intimité réglée existant entre Béatrix et Calyste. Elle eut soin d'attirer sa fille chez elle pour essayer de panser les plaies de ce cœur, et de l'arracher surtout à son martyre; mais Sabine garda pendant quelque temps le plus profond silence sur ses malheurs, en craignant qu'on n'intervînt entre elle et Calyste. Elle se disait heureuse!... Au bout du malheur, elle retrouvait sa fierté, toutes ses vertus! Mais, après un mois pendant lequel Sabine fut caressée par sa sœur Clotilde et par sa mère, elle avoua ses chagrins, confia ses douleurs, maudit la vie, et déclara qu'elle voyait venir la mort avec une joie délirante. Elle pria Clotilde, qui voulait rester fille, de se faire la mère du petit Calyste, le plus bel enfant que jamais race royale eût pu désirer pour héritier présomptif.

Un soir, en famille, entre sa jeune sœur Athénaïs, dont le mariage avec le vicomte de Grandlieu devait se faire à la fin du carême, entre Clotilde et la duchesse, Sabine jeta les cris suprêmes de l'agonie du cœur, excités par l'excès d'une dernière humiliation.

— Athénaïs, dit-elle en voyant partir vers les onze heures le jeune vicomte Juste de Grandlieu, tu vas te marier, que mon exemple te serve. Garde-toi comme d'un crime de déployer tes qualités, résiste au plaisir de t'en parer pour plaire à Juste. Sois calme, digne et froide, mesure le bonheur que tu donneras sur celui que tu recevras! C'est infâme, mais c'est nécessaire. Vois?.. je péris par mes qualités. Tout ce que je me sens de beau, de saint, de grand, toutes mes vertus sont des écueils sur lesquels s'est brisé mon bonheur. Je cesse de plaire parce que je n'ai pas trente-six ans! Aux yeux de certains hommes, c'est une infériorité que la jeunesse! Il n'y a rien à deviner sur une figure naïve. Je ris franchement, et c'est un tort! quand, pour séduire, on doit savoir préparer ce demi-sourire mélancolique des anges tombés qui sont forcés de cacher des dents longues et jaunes. Un teint frais est monotone! l'on préfère un enduit de poupée fait avec du rouge, du blanc de baleine et du *cold cream*. J'ai de la droiture, et c'est la perversité qui plaît! Je suis loyalement passionnée comme une honnête femme, et il faudrait être manégée, tricheuse et façonnière comme une comédienne de province. Je suis ivre du bonheur d'avoir pour mari l'un des plus charmants hommes de France, je lui dis naïvement combien il est distingué, combien ses mouvements sont gracieux, je le trouve beau; pour lui plaire il faudrait détourner la tête avec une feinte horreur, ne rien aimer de l'amour, et lui dire que sa distinction est tout bonnement un air maladif, une tournure de poitrinaire, lui vanter les épaules de l'Hercule Farnèse, le mettre en colère et me défendre, comme si j'avais besoin d'une lutte pour cacher des imperfections qui peuvent tuer l'amour. J'ai le malheur d'admirer les belles choses, sans songer à me rehausser par la critique amère et envieuse de tout ce qui reluit de poésie et de beauté. Je n'ai pas besoin de me faire dire en vers et en prose, par Canalis et Nathan, que je suis une intelligence supérieure! Je suis une pauvre enfant naïve, je ne connais que Calyste. Ah! si j'avais couru le monde comme *elle*, si j'avais comme *elle* dit : — Je t'aime! dans toutes les langues de l'Europe, on me consolerait, on me plaindrait, on m'adorerait, et je servirais le régal macédonien d'un amour cosmopolite! On ne vous sait gré de vos tendresses que quand vous les avez mises en relief par des méchancetés. Enfin, moi, noble femme, il faut que je m'instruise de toutes les impuretés, de tous les calculs des *filles*!... Et Calyste qui est la dupe de ces singeries!... Oh! ma mère! oh! ma chère Clotilde, je me sens blessée à mort. Ma fierté est une trompeuse égide, je suis sans défense contre la douleur, j'aime toujours mon mari comme une folle, et pour le ramener à moi, je devrais emprunter à l'indifférence toutes ses clartés.

— Niaise, lui dit à l'oreille Clotilde, aie l'air de vouloir te venger...

— Je veux mourir irréprochable, et sans l'apparence d'un tort, répondit Sabine. Notre vengeance doit être digne de notre amour.

— Mon enfant, dit la duchesse à sa fille, une mère doit voir la vie un peu plus froidement que toi. L'amour n'est pas le but, mais le moyen de la famille; ne va pas imiter cette pauvre petite baronne de Macumer. La passion excessive est inféconde et mortelle. Enfin, Dieu nous envoie les afflictions en connaissance de cause... Voici le mariage d'Athénaïs arrangé, je vais pouvoir m'occuper de toi... J'ai déjà causé de la crise délicate où tu te trouves avec ton père et le duc de Chaulieu, avec d'Ajuda, nous trouverons bien les moyens de te ramener Calyste....

— Avec la marquise de Rochefide, il y a de la ressource! dit

Clotilde en souriant à sa sœur, elle ne garde pas long-temps ses adorateurs.

— D'Ajuda, mon ange, reprit la duchesse, a été le beau-frère de monsieur de Rochefide... Si notre cher directeur approuve les petits manéges auxquels il faut se livrer pour faire réussir le plan que j'ai soumis à ton père, je puis te garantir le retour de Calyste. Ma conscience répugne à se servir de pareils moyens, et je veux les soumettre au jugement de l'abbé Brossette. Nous n'attendrons pas, mon enfant, que tu sois *in extremis* pour venir à ton secours. Aie bon espoir! ton chagrin est si grand ce soir que mon secret m'échappe; mais il m'est impossible de ne pas te donner un peu d'espérance.

— Cela fera-t-il du chagrin à Calyste? demanda Sabine en regardant la duchesse avec inquiétude.

— Oh! mon Dieu! serai-je donc aussi bête que cela! s'écria naïvement Athénaïs.

— Ah! petite fille, tu ne connais pas les défilés dans lesquels nous précipite la vertu, quand elle se laisse guider par l'amour, répondit Sabine en faisant une espèce de fin de couplet tant elle était égarée par le chagrin.

Cette phrase fut dite avec une amertume si pénétrante que la duchesse éclairée par le ton, par l'accent, par le regard de madame du Guénic, crut à quelque malheur caché.

— Mes enfants, il est minuit, allez... dit-elle à ses deux filles dont les yeux s'animaient.

— Malgré mes trente-six ans, je suis donc de trop? demanda railleusement Clotilde. Et pendant qu'Athénaïs embrassait sa mère, elle se pencha sur Sabine et lui dit à l'oreille : — Tu me diras quoi!... J'irai demain dîner avec toi. Si ma mère trouve sa conscience compromise, moi, je te dégagerai Calyste des mains des infidèles.

— Eh! bien, Sabine, dit la duchesse en emmenant sa fille dans sa chambre à coucher, voyons, qu'y a-t-il de nouveau, mon enfant?

— Eh! maman, je suis perdue!

— Et pourquoi?

— J'ai voulu l'emporter sur cette horrible femme, j'ai vaincu, je suis grosse, et Calyste l'aime tellement que je prévois un abandon complet. Lorsque l'infidélité qu'il a faite sera prouvée, *elle* deviendra furieuse! Ah! je subis de trop grandes tortures pour pouvoir y résister. Je sais quand il y va, je l'apprends par sa joie ; puis sa maussaderie me dit quand il en revient. Enfin il ne se gêne plus ; je lui suis insupportable. Elle a sur lui une influence aussi malsaine que le sont en elle le corps et l'âme. Tu verras, elle exigera, pour prix de quelque raccommodement, un délaissement public, une rupture dans le genre de la sienne, elle me l'emmènera peut-être en Suisse, en Italie. Il commence à trouver ridicule de ne pas connaître l'Europe, je devine ce que veulent dire ces paroles jetées en avant. Si Calyste n'est pas guéri d'ici à trois mois, je ne sais pas ce qu'il adviendra... je le sais, je me tuerai !

— Malheureux enfant ! et ton âme ! Le suicide est un péché mortel.

— Comprenez-vous, elle est capable de lui donner un enfant ! Et si Calyste aimait plus celui de cette femme que les miens, oh ! là est le terme de ma patience et de ma résignation.

Elle tomba sur une chaise, elle avait livré les dernières pensées de son cœur, elle se trouvait sans douleur cachée, et la douleur est comme cette tige de fer que les sculpteurs mettent au sein de leur glaise, elle soutient, c'est une force !

— Allons, rentre chez toi, pauvre affligée. En présence de tant de malheurs, l'abbé me donnera sans doute l'absolution des péchés véniels que les ruses du monde nous obligent à commettre. Laisse-moi, ma fille, dit-elle en allant à son prie-Dieu, je vais implorer Notre-Seigneur et la sainte Vierge pour toi, plus spécialement. Adieu, ma chère Sabine, n'oublie aucun de tes devoirs religieux, surtout, si tu veux que nous réussissions...

— Nous aurons beau triompher, ma mère, nous ne sauverons que la Famille. Calyste a tué chez moi la sainte ferveur de l'amour en me blasant sur tout, même sur la douleur. Quelle lune de miel que celle où j'ai trouvé dès le premier jour l'amertume d'un adultère rétrospectif !

Le lendemain matin, vers une heure après-midi, l'un des curés du faubourg Saint-Germain désigné pour un des évêchés vacants en 1840, siége trois fois refusé par lui, l'abbé Brossette, un des prêtres les plus distingués du clergé de Paris, traversait la cour de l'hôtel de Grandlieu, de ce pas qu'il faudrait nommer un pas ecclésiastique, tant il peint la prudence, le mystère, le calme, la gravité, la dignité même. C'était un homme petit et maigre, d'environ cinquante ans, à visage blanc comme celui d'une vieille femme, froidi par les jeûnes du prêtre, creusé par toutes les souffrances qu'il épousait. Deux yeux noirs, ardents de foi, mais adoucis par une expression plus mystérieuse que mystique, animaient cette face d'apôtre. Il souriait presque en montant les marches du perron, tant il se méfiait de l'énormité des cas qui le faisaient appeler par son ouaille; mais, comme la main de la duchesse était trouée pour les aumônes, elle valait bien le temps que volaient ses innocentes confessions aux sérieuses misères de la paroisse. En entendant annoncer le curé, la duchesse se leva, fit quelques pas vers lui dans le salon, distinction qu'elle n'accordait qu'aux cardinaux, aux évêques, aux simples prêtres, aux duchesses plus âgées qu'elle et aux personnes de sang royal.

— Mon cher abbé, dit-elle en lui désignant elle-même un fauteuil et parlant à voix basse, j'ai besoin de l'autorité de votre expérience avant de me lancer dans une assez méchante intrigue, mais d'où doit résulter un grand bien, et je désire savoir de vous si je trouverai dans la voie du salut des épines à ce propos.

— Madame la duchesse, répondit l'abbé Brossette, ne mêlez pas les choses spirituelles et les choses mondaines, elles sont souvent inconciliables. D'abord, de quoi s'agit-il?

— Vous savez, ma fille Sabine se meurt de chagrin, monsieur du Guénic la laisse pour madame de Rochefide.

— C'est bien affreux, c'est grave; mais vous savez ce que dit à ce sujet notre cher saint François de Sales. Enfin songez à madame Guyon qui se plaignait du défaut de mysticisme des preuves de l'amour conjugal, elle eût été très-heureuse de voir une madame de Rochefide à son mari.

— Sabine ne déploie que trop de douceur, elle n'est que trop bien l'épouse chrétienne; mais elle n'a pas le moindre goût pour le mysticisme.

— Pauvre jeune femme! dit malicieusement le curé. Qu'avez-vous trouvé pour remédier à ce malheur?

— J'ai commis le péché, mon cher directeur, de penser à lâcher à madame de Rochefide un joli petit monsieur, volontaire, plein de mauvaises qualités, et qui certes ferait renvoyer mon gendre.

— Ma fille, nous ne sommes pas ici, dit-il en se caressant le menton, au tribunal de la pénitence, je n'ai pas à vous traiter en juge. Au point de vue du monde, j'avoue que ce serait décisif...

— Ce moyen m'a paru vraiment odieux !.. reprit-elle...

— Et pourquoi? Sans doute, le rôle d'une chrétienne est bien plutôt de retirer une femme perdue de la mauvaise voie que de l'y pousser plus avant ; mais quand on s'y trouve aussi loin qu'y est madame de Rochefide, ce n'est plus le bras de l'homme, c'est celui de Dieu qui ramène ces pécheresses, il leur faut des coups de foudre particuliers.

— Mon père, reprit la duchesse, je vous remercie de votre indulgence ; mais j'ai songé que mon gendre est brave et Breton, il a été héroïque lors de l'échauffourée de cette pauvre MADAME. Or, si monsieur de la Palférine, que je crois non moins brave, avait des démêlés avec Calyste, qu'il s'en suivît quelque duel....

— Vous avez eu là, madame la duchesse, une sage pensée, et qui prouve que, dans ces voies tortueuses, on trouve toujours des pierres d'achoppement.

— J'ai découvert un moyen, mon cher abbé, de faire un grand bien, de retirer madame de Rochefide de la voie fatale où elle est, de rendre Calyste à sa femme, et peut-être de sauver de l'enfer une pauvre créature égarée...

— Mais alors, à quoi bon me consulter? dit le curé souriant.

— Ah! reprit la duchesse, il faut se permettre des actions assez laides...

— Vous ne voulez voler personne?

— Au contraire, je dépenserai vraisemblablement beaucoup d'argent.

— Vous ne calomniez pas? vous ne...

— Oh!

— Vous ne nuirez pas à votre prochain?

— Hé, hé! je ne sais pas trop.

— Voyons votre nouveau plan? dit l'abbé devenu curieux.

— Si, au lieu de faire chasser un clou par un autre, pensai-je à mon prie-Dieu après avoir imploré la sainte Vierge de m'éclairer, je faisais renvoyer Calyste par monsieur de Rochefide en lui persuadant de reprendre sa femme ; au lieu de prêter les mains au mal pour opérer le bien chez ma fille, j'opérerais un grand bien par un autre bien non moins grand...

Le curé regarda la Portugaise et resta pensif.

— C'est évidemment une idée qui vous est venue de si loin que....

— Aussi, reprit la bonne et humble duchesse, ai-je remercié la Vierge! Et j'ai fait vœu, sans compter une neuvaine, de donner douze cents francs à une famille pauvre, si je réussissais. Mais quand j'ai communiqué ce plan à monsieur de Grandlieu, il s'est mis à rire et m'a dit: — A vos âges, ma parole d'honneur, je crois que vous avez un diable pour vous toutes seules.

— Monsieur le duc a dit en mari la réponse que je vous faisais quand vous m'avez interrompu, reprit l'abbé qui ne put s'empêcher de sourire.

— Ah! mon père, si vous approuvez l'idée, approuverez-vous les moyens d'exécution? Il s'agit de faire chez une certaine madame Schontz, une Béatrix du quartier Saint-Georges, ce que je voulais faire chez madame de Rochefide pour que le marquis reprît sa femme.

— Je suis certain que vous ne pouvez rien faire de mal, dit spirituellement le curé qui ne voulut savoir rien de plus en trouvant le résultat nécessaire. Vous me consulteriez d'ailleurs dans le cas où votre conscience murmurerait, ajouta-t-il. Si, au lieu de donner à cette dame de la rue Saint-Georges une nouvelle occasion de scandale, vous lui donniez un mari?...

— Ah! mon cher directeur, vous avez rectifié la seule chose mauvaise qui se trouvât dans mon plan. Vous êtes digne d'être archevêque, et j'espère ne pas mourir sans vous dire Votre Eminence.

— Je ne vois à tout ceci qu'un inconvénient, reprit le curé.

— Lequel?

— Si madame de Rochefide allait garder monsieur le baron tout en revenant à son mari?

— Ceci me regarde, dit la duchesse. Quand on fait peu d'intrigues, on les fait...

— Mal, très-mal, reprit l'abbé, l'habitude est nécessaire en tout. Tâchez de raccoler un de ces mauvais sujets qui vivent dans l'intrigue, et employez-le, sans vous montrer.

— Ah! monsieur le curé, si nous nous servons de l'enfer, le ciel sera-t-il avec nous?...

— Vous n'êtes pas à confesse, répéta l'abbé, sauvez votre enfant!

La bonne duchesse, enchantée de son curé, le reconduisit jusqu'à la porte du salon.

Un orage grondait, comme on le voit, sur monsieur de Rochefide qui jouissait en ce moment de la plus grande somme de bonheur que puisse désirer un Parisien, en se trouvant chez madame Schontz tout aussi mari que chez Béatrix ; et, comme l'avait judicieusement dit le duc à sa femme, il paraissait impossible de déranger une si charmante et si complète existence. Cette présomption oblige à de légers détails sur la vie que menait monsieur de Rochefide, depuis que sa femme en avait fait un *Homme Abandonné*. On comprendra bien alors l'énorme différence que nos lois et nos mœurs mettent, chez les deux sexes, entre la même situation. Tout ce qui tourne en malheur pour une femme abandonnée se change en bonheur chez un homme abandonné. Ce contraste frappant inspirera peut-être à plus d'une jeune femme la résolution de rester dans son ménage, et d'y lutter comme Sabine du Guénic en pratiquant à son choix les vertus les plus assassines ou les plus inoffensives.

Quelques jours après l'escapade de Béatrix, Arthur de Rochefide, devenu fils unique par suite de la mort de sa sœur, première femme du marquis d'Ajuda-Pinto qui n'en eut pas d'enfants, se vit maître d'abord de l'hôtel de Rochefide, rue d'Anjou-Saint-Honoré, puis de deux cent mille francs de rente que lui laissa son père. Cette opulente succession ajoutée à la fortune qu'Arthur possédait en se mariant, porta ses revenus, y compris la fortune de sa femme, à mille francs par jour. Pour un gentilhomme doté du caractère que mademoiselle des Touches a peint en quelques mots à Calyste, cette fortune était déjà le bonheur. Pendant que sa femme était à la charge de l'amour et de la maternité, Rochefide jouissait d'une immense fortune ; mais il ne la dépensait pas plus qu'il ne dépensait son esprit. Sa bonne grosse vanité, déjà satisfaite d'une encolure de bel homme à laquelle il avait dû quelques succès dont il s'autorisa pour mépriser les femmes, se donnait également pleine carrière dans le domaine de l'intelligence. Doué de cette sorte d'esprit qu'il faut appeler réflecteur, il s'appropriait les saillies d'autrui, celles des pièces de théâtre ou des petits journaux par la manière de les redire ; il semblait s'en moquer, il les répétait *en charge*, il les appliquait comme formules de critique ; enfin sa gaieté militaire (il avait servi dans la Garde Royale) en assaisonnait si à propos la conversation, que les femmes sans esprit le proclamaient homme spirituel, et les autres n'osaient pas les contredire. Ce système, Arthur le poursuivait en tout ; il devait à la nature le commode génie de l'imitation sans être singe, il imitait gravement. Ainsi, quoique sans goût, il savait toujours adopter et toujours quitter les modes le premier. Accusé de passer un peu trop de temps à sa toilette et de porter un corset, il offrait le modèle de ces gens qui ne déplaisent jamais à personne en épousant sans cesse les idées et les sottises de tout le monde, et qui toujours à cheval sur la circonstance, ne vieillissent point. C'est les héros de la médiocrité. On mari fut plaint, on trouva Béatrix inexcusable d'avoir quitté le meilleur enfant de la terre, et le ridicule n'atteignit que la femme. Membre de tous les clubs, souscripteur à toutes les niaiseries qu'enfantent le patriotisme ou l'esprit de parti mal entendus, complaisance qui le faisait mettre en première ligne à propos de tout, ce loyal, ce brave et très-sot gentilhomme, à qui malheureusement tant de riches ressemblent, devait naturellement vouloir se distinguer par quelque manie à la mode. Il se glorifiait donc principalement d'être le sultan d'un sérail à quatre pattes gouverné par un vieil écuyer anglais, et qui par mois absorbait de quatre à cinq mille francs. Sa spécialité consistait à *faire courir*, il protégeait la race chevaline, il soutenait une revue consacrée à la question hippique; mais il se connaissait médiocrement en chevaux, et depuis la bride jusqu'aux fers il s'en rapportait à son écuyer. C'est assez vous dire que ce demi-garçon n'avait rien en propre, ni son esprit, ni son goût, ni sa situation, ni ses ridicules; enfin sa fortune lui venait de ses pères! Après avoir dégusté tous les déplaisirs du mariage, il fut si content de se retrouver garçon, qu'il disait entre amis : — « Je suis né coiffé ! » Heureux surtout de vivre sans les dépenses de représentation auxquelles les gens mariés sont astreints, son hôtel, où depuis la mort de son père il n'avait rien changé, ressemblait à ceux dont les maîtres sont en voyage, il y demeurait peu, il n'y mangeait pas, il y couchait rarement. Voici la raison de cette indifférence.

Après bien des aventures amoureuses, ennuyé des femmes du monde qui sont véritablement ennuyeuses et qui plantent aussi par trop de haies d'épines sèches autour du bonheur, il s'était marié, comme on va le voir, avec la célèbre madame Schontz, célèbre dans le monde des Fanny-Beaupré, des Suzanne du Val-Noble, des Mariette, des Florentine, des Jenny Cadine, etc. Ce monde, de qui l'un de nos dessinateurs a dit spirituellement en en montrant le tourbillon au bal de l'Opéra : — « Quand on

4.

» pense que tout ça se loge, s'habille et vit bien, voilà qui donne » une crâne idée de l'homme! » ce monde si dangereux a déjà fait irruption dans cette histoire des mœurs par les figures typiques de Florine et de l'illustre Malaga d'*Une Fille d'Ève* et de *La Fausse Maîtresse;* mais, pour le peindre avec fidélité, l'historien doit proportionner le nombre de ces personnages à la diversité des dénoûments de leurs singulières existences qui se terminent par l'indigence sous sa plus hideuse forme, par des morts prématurées, par l'aisance, par d'heureux mariages, et quelquefois par l'opulence.

Madame Schontz, d'abord connue sous le nom de la Petite-Aurélie pour la distinguer d'une de ses rivales beaucoup moins spirituelle qu'elle, appartenait à la classe la plus élevée de ces femmes dont l'utilité sociale ne peut être révoquée en doute ni par le préfet de la Seine, ni par ceux qui s'intéressent à la prospérité de la ville de Paris. Certes, le Rat taxé de démolir des fortunes souvent hypothétiques, rivalise bien plutôt avec le castor. Sans les Aspasies du quartier Notre-Dame de Lorette, il ne se bâtirait pas tant de maisons à Paris. Pionniers des plâtres neufs, elles vont remorquées par la Spéculation le long des collines de Montmartre, plantant les piquets de leurs tentes, soit dit sans jeu de mots, dans ces solitudes de moellons sculptés qui meublent les rues européennes d'Amsterdam, de Milan, de Stockholm, de Londres, de Moscou, steppes architecturales où le vent fait mugir d'innombrables écriteaux qui en accusent le vide par ces mots: *Appartements à louer!* La situation de ces dames se détermine par celle qu'elles prennent dans ces quartiers apocryphes; si leur maison se rapproche de la ligne tracée par la rue de Provence, la femme a des rentes, son budget est prospère; mais cette femme s'élève-t-elle vers la ligne des boulevards extérieurs, remonte-t-elle vers la ville affreuse des Batignolles, elle est sans ressources. Or, quand monsieur de Rochefide rencontra madame Schontz, elle occupait le troisième étage de la seule maison qui existât rue de Berlin, elle campait donc sur la lisière du malheur et sur celle de Paris. Cette femme-fille ne se nommait, vous devez le pressentir, ni **Schontz** ni **Aurélie**! Elle cachait le nom de son père, un vieux soldat de l'empire, l'éternel colonel qui fleurit à l'aurore de ces existences féminines soit comme père, soit comme séducteur. Madame Schontz avait joui de l'éducation gratuite de Saint-Denis, où l'on élève admirablement les jeunes personnes, mais qui n'offre aux jeunes personnes ni maris ni débouchés au sortir de cette école, *admirable création* de l'Empereur à laquelle il ne manque qu'une seule chose : l'Empereur! — « Je serai là, pour pourvoir les filles de mes légionnaires, » répondit-il à l'observation d'un de ses ministres qui prévoyait l'avenir. Napoléon avait dit aussi : « — Je serai là! » pour les membres de l'Institut à qui l'on devrait ne donner aucun appointement plutôt que de leur envoyer *quatre-vingt-trois francs* par mois, traitement inférieur à celui de certains garçons de bureau. Aurélie était bien réellement la fille de l'intrépide colonel Schiltz, un chef de ces audacieux partisans alsaciens qui faillirent sauver l'Empereur dans la campagne de France, et qui mourut à Metz, pillé, volé, ruiné. En 1814, Napoléon mit à Saint-Denis la petite Joséphine Schiltz, alors âgée de neuf ans. Orpheline de père et de mère, sans asile, sans ressources, cette pauvre enfant ne fut pas chassée de l'établissement au second retour des Bourbons. Elle y fut sous-maîtresse jusqu'en 1827 ; mais alors la patience lui manqua, sa beauté la séduisit. A sa majorité, Joséphine Schiltz, la filleule de l'impératrice, aborda la vie aventureuse des courtisanes, conviée à ce douteux avenir par l'exemple fatal de quelques-unes de ses camarades, comme elle sans ressources, et qui s'applaudissaient de leur résolution. Elle substitua un *on* à l'*it* du nom paternel et se plaça sous le patronage de sainte Aurélie. Vive, spirituelle, instruite, elle fit plus de fautes que celles de ses stupides compagnes dont les écarts eurent toujours l'intérêt pour base. Après avoir connu des écrivains pauvres mais malhonnêtes, spirituels mais endettés; après avoir essayé de quelques gens riches aussi calculateurs que niais, après avoir sacrifié le solide à l'amour vrai, s'être permis toutes les écoles où s'acquiert l'expérience, en un jour d'extrême misère où chez Valentino, cette première étape de Musard, elle dansait vêtue d'une robe, d'un chapeau, d'une mantille d'emprunt, elle attira l'attention d'Arthur, venu là pour voir le fameux galop! Elle fanatisa par son esprit ce gentilhomme qui ne savait plus à quelle passion se vouer; et, alors, deux ans après avoir été quitté par Béatrix dont l'esprit l'humiliait assez souvent, le marquis ne fut blâmé par personne de se marier au treizième arrondissement de Paris avec une Béatrix d'occasion.

Esquissons ici les quatre saisons de ce bonheur. Il est nécessaire de montrer que la théorie du mariage au treizième arrondissement en enveloppe également tous les administrés. Soyez marquis et quadragénaire, ou sexagénaire et marchand retiré, six fois millionnaire ou rentier (Voir *Un Début dans la Vie*), grand seigneur ou bourgeois, la stratégie de la passion, sauf les différences inhérentes aux zones sociales, ne varie pas. Le cœur et la caisse sont toujours en rapports exacts et définis. Enfin, vous estimerez les difficultés que la duchesse devait rencontrer dans l'exécution de son plan charitable.

On ne sait pas quelle est en France la puissance des mots sur les gens ordinaires, ni quel mal font les gens d'esprit qui les inventent. Ainsi, nul teneur de livres ne pourrait supputer le chiffre des sommes qui sont restées improductives, verrouillées au fond des cœurs généreux et des caisses par cette ignoble phrase : — *Tirer une carotte!...* Ce mot est devenu si populaire qu'il faut bien lui permettre de salir cette page. D'ailleurs, en pénétrant dans le treizième arrondissement, il faut bien en accepter le patois pittoresque. Monsieur de Rochefide, comme tous les petits esprits, avait toujours peur d'être *carotté*. Le substantif s'est fait verbe. Dès le début de sa passion pour madame Schontz, Arthur fut sur ses gardes, et fut alors très-*rat*, pour employer un autre mot aux ateliers de bonheur et aux ateliers de peinture. Le mot *rat*, quand il s'applique à une jeune fille, signifie le convive; mais appliqué à l'homme, il signifie un avare amphitryon. Madame Schontz avait trop d'esprit et connaissait trop bien les hommes pour ne pas concevoir les plus grandes espérances d'après un pareil commencement. Monsieur de Rochefide alloua cinq cents francs par mois à madame Schontz, lui meubla mesquinement un appartement de douze cents francs à un second étage rue Coquenard, et se mit à étudier le caractère d'Aurélie qui lui fournit aussitôt un caractère à étudier en s'apercevant de cet espionnage. Aussi Rochefide fut-il heureux de rencontrer une fille douée d'un si beau caractère; mais il n'y vit rien d'étonnant : la mère était une Barnheim de Bade; une femme comme il faut! Aurélie avait été d'ailleurs si bien élevée !... Parlant l'anglais, l'allemand et l'italien, elle possédait à fond les littératures étrangères. Elle pouvait lutter sans désavantage contre les pianistes du second ordre. Et, notez ce point ! elle se comportait avec ses talents comme les personnes bien nées, elle n'en disait rien. Elle prenait la brosse chez un peintre,

la maniait par raillerie, et faisait une tête assez *crânement* pour
produire un étonnement général. Par désœuvrement, durant le
temps où elle dépérissait sous-maîtresse, elle avait poussé des pointes
dans le domaine des sciences; mais sa vie de femme entretenue
avait couvert ces bonnes semences d'un manteau de sel, et naturellement elle fit honneur à son Arthur de la floraison de ces germes
précieux, recultivés pour lui. Aurélie commença donc par être d'un
désintéressement égal à la volupté, qui permit à cette faible corvette
d'attacher sûrement ses grappins sur ce vaisseau de haut bord.
Néanmoins, vers la fin de la première année, elle faisait des tapages
ignobles dans l'antichambre avec ses socques en s'arrangeant pour
rentrer au moment où le marquis l'attendait, et cachait, de manière
à le bien montrer, un bas de sa robe outrageusement crotté. Enfin,
elle sut si parfaitement persuader à son *gros papa* que toute son
ambition, après tant de hauts et bas, était de conquérir honnêtement une petite existence bourgeoise que, dix mois après leur
rencontre, la seconde phase se déclara.

Madame Schontz obtint alors un bel appartement, rue Neuve-
Saint-Georges. Arthur, ne pouvant plus dissimuler sa fortune à madame Schontz, lui donna des meubles splendides, une argenterie
complète, douze cents francs par mois, une petite voiture basse à
un cheval, mais à location, et il accorda le tigre assez gracieusement. La Schontz ne sut aucun gré de cette munificence, elle découvrit les motifs de la conduite de son Arthur et y reconnut des
calculs de rat. Excédé de la vie de restaurant où la chère est la
plupart du temps exécrable, où le moindre dîner de gourmet coûte
soixante francs pour un, et deux cents francs quand on invite trois
amis, Rochefide offrit à madame Schontz quarante francs par jour
pour son dîner et celui d'un ami, tout compris. Aurélie accepta.
Après avoir fait accepter toutes ses lettres de change de morale,
tirées à un an sur les habitudes de monsieur de Rochefide, elle fut
alors écoutée avec faveur quand elle réclama cinq cents francs de
plus par mois pour sa toilette, afin de ne pas couvrir de honte son
gros papa dont les amis appartenaient tous au Jockey-Club.
« — Ce serait du joli, dit-elle, si Rastignac, Maxime de Trailles,
d'Esgrignon, La Roche-Hugon, Ronquerolles, Laginski, Lenon-
court, et autres vous trouvaient avec une madame Everard! D'ailleurs, ayez confiance en moi, mon gros père, vous y gagnerez! »
En effet, Aurélie s'arrangea pour déployer de nouvelles vertus dans

cette nouvelle phase. Elle se dessina dans un rôle de ménagère dont elle tira le plus grand parti. Elle nouait, disait-elle, les deux bouts du mois sans dettes avec deux mille cinq cents francs, ce qui ne s'était jamais vu dans le faubourg Saint-Germain du treizième arrondissement, et elle servait des dîners infiniment supérieurs à ceux de Rothschild, on y buvait des vins exquis à dix et douze francs la bouteille. Aussi, Rochefide émerveillé, très-heureux de pouvoir inviter souvent ses amis chez sa maîtresse en y trouvant de l'économie, disait-il en la serrant par la taille : — « Voilà un trésor!... » Bientôt il loua pour elle un tiers de loge aux Italiens, puis il finit par la mener aux premières représentations. Il commençait à consulter son Aurélie en reconnaissant l'excellence de ses conseils, elle lui laissait prendre les mots spirituels qu'elle disait à tout propos et qui, n'étant pas connus, relevèrent sa réputation d'homme amusant. Enfin il acquit la certitude d'être aimé véritablement et pour lui-même. Aurélie refusa de faire le bonheur d'un prince russe à raison de cinq mille francs par mois. — « Vous êtes heureux, mon cher marquis, s'écria le vieux prince Galathionne en finissant au club une partie de whist. Hier, quand vous nous avez laissés seuls, madame Schontz et moi, j'ai voulu vous la souffler; mais elle m'a dit: « Mon prince, vous n'êtes pas plus beau, mais vous êtes plus âgé que Rochefide; vous me battriez, et il est comme un père pour moi, trouvez-moi là le quart d'une bonne raison pour changer?... Je n'ai pas pour Arthur la passion folle que j'ai eue pour des petits drôles à bottes vernies, et de qui je payais les dettes; mais je l'aime comme une femme aime son mari quand elle est honnête femme. » Et elle m'a mis à la porte. ». Ce discours, qui ne sentait pas *la charge*, eut pour effet de prodigieusement aider à l'état d'abandon et de dégradation qui déshonorait l'hôtel de Rochefide. Bientôt, Arthur transporta sa vie et ses plaisirs chez madame Schontz, et il s'en trouva bien; car, au bout de trois ans, il eut quatre cent mille francs à placer.

La troisième phase commença. Madame Schontz devint la plus tendre des mères pour le fils d'Arthur, elle allait le chercher à son collége et l'y ramenait elle-même; elle accabla de cadeaux, de friandises, d'argent cet enfant qui l'appelait sa *petite maman*, et de qui elle fut adorée. Elle entra dans le maniement de la fortune de son Arthur, elle lui fit acheter des rentes en baisse avant le fameux traité de Londres qui renversa le ministère du

1ᵉʳ mars. Arthur gagna deux cent mille francs, et Aurélie ne demanda pas une obole. En gentilhomme qu'il était, Rochefide plaça ses six cent mille francs en actions de la Banque, et il en mit la moitié au nom de mademoiselle Joséphine Schiltz. Un petit hôtel, loué rue de la Bruyère, fut remis à Grindot le célèbre architecte avec ordre d'en faire une voluptueuse bonbonnière. Rochefide ne compta plus dès lors avec madame Schontz, qui recevait les revenus, et payait les mémoires. Devenue sa femme... de confiance, elle justifia ce titre en rendant son gros papa plus heureux que jamais ; elle en avait reconnu les caprices, elle les satisfaisait comme madame de Pompadour caressait les fantaisies de Louis XV. Elle fut enfin maîtresse en titre, maîtresse absolue. Aussi se permit-elle alors de protéger des petits jeunes gens ravissants, des artistes, des gens de lettres nouveau-nés à la gloire qui niaient les anciens et les modernes et tâchaient de se faire une grande réputation en faisant peu de chose. La conduite de madame Schontz, chef-d'œuvre de tactique, doit vous en révéler toute la supériorité. D'abord, dix à douze jeunes gens amusaient Arthur, lui fournissaient des traits d'esprit, des jugements fins sur toutes choses, et ne mettaient pas en question la fidélité de la maîtresse de la maison ; puis ils la tenaient pour une femme éminemment spirituelle. Aussi ces annonces vivantes, ces articles ambulants firent-ils passer madame Schontz pour la femme la plus agréable que l'on connût sur la lisière qui sépare le treizième arrondissement des douze autres. Ses rivales, Suzanne Gaillard qui, depuis 1838, avait sur elle l'avantage d'être devenue femme mariée en légitime mariage, pléonasme nécessaire pour expliquer un mariage solide, Fanny-Beaupré, Mariette, Antonia répandaient des calomnies plus que drolatiques sur la beauté de ces jeunes gens et sur la complaisance avec laquelle monsieur de Rochefide les accueillait. Madame Schontz, qui distançait de trois *blagues*, disait-elle, tout l'esprit de ces dames, un jour à un souper donné par Nathan chez Florine, après un bal de l'Opéra, leur dit, après leur avoir expliqué sa fortune et son succès, un : « — Faites-en autant ?... » dont on a gardé la mémoire. Madame Schontz fit vendre les chevaux de course pendant cette période, en se livrant à des considérations qu'elle devait sans doute à l'esprit critique de Claude Vignon, un de ses habitués. — « Je concevrais, dit-elle un soir après avoir long-temps cravaché les chevaux de ses plaisanteries, que les princes et les gens riches prissent à cœur l'hippiatrique; mais pour faire le bien du pays, et non pour les satisfactions puériles d'un amour-propre de joueur. Si vous aviez des haras dans vos terres, si vous y éleviez des mille à douze cents chevaux, si chacun faisait courir les meilleurs élèves de son haras, si tous les haras de France et de Navarre concouraient à chaque solennité ; ce serait grand et beau ; mais vous achetez des sujets comme des directeurs de spectacle font la traite des artistes, vous ravalez une institution jusqu'à n'être plus qu'un jeu, vous avez la Bourse des jambes comme vous avez la Bourse des rentes !... C'est indigne. Dépenseriez-vous par hasard soixante mille francs pour lire dans les journaux : « LÉLIA, *à monsieur de Rochefide, a battu d'une longueur* FLEUR-DE-GENÊT, *à monsieur le duc de Rhétoré?...* » vaudrait mieux alors donner cet argent à des poètes, ils vous feraient aller en vers et en prose à l'immortalité, comme feu Monthyon ! » A force d'être taonné, le marquis reconnut le creux du *turf*, il réalisa cette économie de soixante mille francs, et l'année suivante madame Schontz lui dit : — « Je ne te coûte plus rien, Arthur ! » Beaucoup de gens riches envièrent alors madame Schontz au marquis et tachèrent de la lui enlever ; mais, comme le prince russe, ils y perdirent leur vieillesse. — « Ecoute, mon cher, avait-elle dit quinze jours auparavant à Finot devenu fort riche, je suis sûr que Rochefide me pardonnerait une petite passion si je devenais folle de quelqu'un ; et l'on ne quitte jamais un marquis de cette bonne-enfance là pour un parvenu comme toi. Tu ne me maintiendrais pas dans la position où m'a mise Arthur ; il a fait de moi une demi-femme comme il faut ; et toi tu ne pourrais jamais y parvenir, même en m'épousant. » Ceci fut le dernier clou rivé qui compléta le ferrement de cet heureux forçat. Le propos parvint aux oreilles absentes pour lesquelles il fût tenu.

La quatrième phase était donc commencée, celle de l'*accoutumance*, la dernière victoire de ces plans de campagne, et qui fait dire d'un homme par ces sortes de femmes : « Je le tiens ! » Rochefide, qui venait d'acheter le petit hôtel au nom de mademoiselle Joséphine Schiltz, une bagatelle de quatre-vingt mille francs, en était arrivé, lors des projets formés par la duchesse, à tirer vanité de sa maîtresse qu'il nommait Ninon II ; en en célébrant ainsi la probité rigoureuse, les excellentes manières, l'instruction et l'esprit. Il avait résumé ses défauts et ses qualités, ses goûts, ses plaisirs par madame Schontz ; et il se trouvait à ce passage de la vie où, soit lassitude, soit indifférence, soit philosophie, un homme ne change plus, et s'en tient ou à sa femme ou à sa maîtresse.

On comprendra toute la valeur acquise en cinq ans par madame Schontz, en apprenant qu'il fallait être proposé long-temps à l'avance pour être présenté chez elle. Elle avait refusé de recevoir des gens riches ennuyeux, des gens tarés, elle ne se départait de ses rigueurs qu'en faveur des grands noms de l'aristocratie. — « Ceux-là, disait-elle, ont le droit d'être bêtes, parce qu'ils le sont *comme il faut!* » Elle possédait ostensiblement les trois cent mille francs que Rochefide lui avait donnés et qu'un *bon enfant d'agent de change*, Gobenheim, le seul qui fût admis chez elle, lui faisait valoir; mais elle manœuvrait à elle seule une petite fortune secrète de deux cent mille francs composée de ses bénéfices économisés depuis trois ans et de ceux produits par le mouvement perpétuel des trois cent mille francs; car elle n'accusait jamais que les trois cent mille francs connus. — « Plus vous gagnez, moins vous vous enrichissez, lui dit un jour Gobenheim. — L'eau est si chère, répondit-elle. — Celle des diamants? reprit Gobenheim. — Non, celle du fleuve de la vie. » Le trésor inconnu se grossissait de bijoux, de diamants qu'Aurélie portait pendant un mois et qu'elle vendait après; de sommes données pour payer des fantaisies passées. Quand on la disait riche, madame Schontz répondait, qu'au taux des rentes, trois cent mille francs donnaient douze mille francs et qu'elle les avait dépensés dans les temps les plus rigoureux de sa vie, alors qu'elle aimait Lousteau.

Cette conduite annonçait un plan; et madame Schontz avait en effet un plan, croyez-le bien. Jalouse depuis deux ans de madame du Bruel; elle était mordue au cœur par l'ambition d'être mariée à la Mairie et à l'Église. Toutes les positions sociales ont leur fruit défendu, une petite chose grandie par le désir au point d'être aussi pesante que le monde. Cette ambition se doublait nécessairement de l'ambition d'un second Arthur qu'aucun espionnage ne pouvait découvrir. Bixiou voulait voir le préféré dans le peintre Léon de Lora, le peintre le voyait dans Bixiou qui dépassait la quarantaine et qui devait penser à se faire un sort. Les soupçons se portaient aussi sur Victor de Vernisset, un jeune poète de l'école de Canalis, dont la passion pour madame Schontz allait jusqu'au délire; et le poète accusait Stidmann, un jeune sculpteur, d'être son rival heureux. Cet artiste, un très joli garçon, travaillait pour les orfévres, pour les marchands de bronzes, pour les bijoutiers, il espérait recommencer Benvenuto Cellini. Claude Vignon, le jeune comte de la Palférine, Gobenheim, Vermanton, philosophe cynique, autres habitués de ce salon amusant, furent tour à tour mis en suspicion et reconnus innocents. Personne n'était à la hauteur de madame Schontz, pas même Rochefide qui lui croyait un faible pour le jeune et spirituel La Palférine ; elle était vertueuse par calcul et ne pensait qu'à faire un bon mariage.

On ne voyait chez madame Schontz qu'un seul homme à réputation macairienne, Couture qui plus d'une fois avait fait hurler les Boursiers ; mais Couture était un des premiers amis de madame Schontz, elle seule lui restait fidèle. La fausse alerte de 1840 rafla les derniers capitaux de ce spéculateur qui crut à l'habileté du 1er mars ; Aurélie, le voyant en mauvaise veine, fit jouer, comme on l'a vu, Rochefide en sens contraire. Ce fut elle qui nomma le dernier malheur de cet inventeur des primes et des commandites, une *décoture*. Heureux de trouver son couvert mis chez Aurélie, Couture à qui Finot, l'homme habile, ou si l'on veut heureux entre tous les parvenus, donnait de temps en temps quelques billets de mille francs, était seul assez calculateur pour offrir son nom à madame Schontz qui l'étudiait, pour savoir si le hardi spéculateur aurait la puissance de se frayer un chemin en politique, et assez de reconnaissance pour ne pas abandonner sa femme. Couture, homme d'environ quarante-trois ans, très-usé, ne rachetait pas la mauvaise sonorité de son nom par la naissance, il parlait peu des auteurs de ses jours. Madame Schontz gémissait de la rareté des gens capables, lorsque Couture lui présenta lui-même un provincial qui se trouva garni des deux anses par lesquelles les femmes prennent ces sortes de cruches quand elles veulent les garder.

Esquisser ce personnage, ce sera peindre une certaine portion de la jeunesse actuelle. Ici la digression sera de l'histoire.

En 1838, Fabien du Ronceret, fils d'un président de chambre à la cour royale de Caen mort depuis un an, quitta la ville d'Alençon en donnant sa démission de juge, siége où son père l'avait obligé de perdre son temps, disait-il, et vint à Paris dans l'intention de faire son chemin en faisant du tapage, idée normande difficile à réaliser, car il pouvait à peine compter huit mille francs de rentes, sa mère vivant encore et occupant comme usufruitière un très-important immeuble au milieu d'Alençon. Ce garçon avait déjà, dans plusieurs voyages à Paris, essayé sa corde comme un saltimbanque, et reconnu le grand vice du replâtrage social de 1830 ; aussi comptait-il l'exploiter à son profit, en suivant l'exemple des finauds de la bourgeoisie. Ceci demande un rapide coup-d'œil sur un des effets du nouvel ordre de choses.

L'égalité moderne, développée de nos jours outre-mesure, a nécessairement développé dans la vie privée sur une ligne parallèle à la vie politique, l'orgueil, l'amour-propre, la vanité, les trois grandes divisions du Moi social. Les sots veulent passer pour gens d'esprit, les gens d'esprit veulent être des gens de talent, les gens de talent veulent être traités de gens de génie ; quant aux gens de génie, ils sont plus raisonnables, ils consentent à n'être que des demi-dieux. Cette pente de l'esprit public actuel, qui rend à la Chambre le manufacturier jaloux de l'homme d'État et l'administrateur jaloux du poète, pousse les sots à dénigrer les gens d'esprit, les gens d'esprit à dénigrer les gens de talent, les gens de talent à dénigrer ceux d'entre eux qui les dépassent de quelques pouces, et les demi-dieux à menacer les institutions, le trône, enfin tout ce qui ne les adore pas sans condition. Dès qu'une nation a très-impolitiquement abattu les supériorités sociales reconnues, elle ouvre des écluses par où se précipite un torrent d'ambitions secondaires dont la moindre veut encore primer; elle avait dans son aristocratie un mal, au dire des démocrates, mais un mal défini, circonscrit ; elle l'échange contre dix aristocraties contendantes et armées, la pire des situations. En proclamant l'égalité de tous, on a promulgué la *déclaration des droits de l'Envie*. Nous jouissons aujourd'hui des saturnales de la Révolution transportées dans le domaine, paisible en apparence, de l'esprit, de l'industrie et de la politique ; aussi, semble-t-il aujourd'hui que les réputations dues au travail, aux services rendus, au talent soient des priviléges accordés aux dépens de la masse. On étendra bientôt la loi agraire jusque dans le champ de la gloire. Donc, jamais dans aucun temps, on n'a demandé le triage de son nom sur le volet public à des motifs plus puérils. On se distingue à tout prix par le ridicule, par une affectation d'amour pour la cause polonaise, pour le système pénitentiaire, pour l'avenir des forçats libérés, pour les petits mauvais sujets au-dessus ou au-dessous de douze ans, pour toutes les misères sociales. Ces diverses manies créent des dignités postiches ; des présidents, des vice-présidents et des secrétaires de sociétés dont le nombre dépasse, à Paris, celui des questions sociales qu'on cherche à résoudre. On a démoli la grande société pour en faire un millier de petites à l'image de la défunte. Ces organisations parasites ne révèlent-elles pas la décomposition ? n'est-ce pas le fourmillement des vers dans le cadavre ? Toutes ces sociétés sont filles de la même mère, la Vanité. Ce n'est pas ainsi que procèdent la Charité catholique ou la vraie Bienfaisance, elles étudient les maux sur les plaies en les guérissant ; et ne pérorent pas en assemblée sur les principes morbifiques pour le plaisir de pérorer.

Fabien du Ronceret, sans être un homme supérieur, avait deviné par l'exercice de ce sens avide particulier à la Normandie, tout le parti qu'il pouvait tirer de ce vice public. Chaque époque a son caractère que les gens habiles exploitent. Fabien ne pensait qu'à faire parler de lui. — « Mon cher, il faut faire parler de soi pour être quelque chose! disait-il en partant au roi d'Alençon, à du Bousquier, un ami de son père. Dans six mois je serai plus connu que vous ! » Fabien traduisait ainsi l'esprit de son temps, il ne le dominait pas, il y obéissait. Il avait débuté dans la Bohême, un district de la topographie morale de Paris, (Voir *Un Prince de la Bohême*, Scènes de la Vie Parisienne), où il fut connu sous le nom de *l'héritier* à cause de quelques prodigalités préméditées. Du Ronceret avait profité des folies de Couture pour la jolie madame Cadine, une des actrices nouvelles à qui l'on accordait le plus de talent sur une des scènes secondaires, et à qui, durant son opulence éphémère, il avait arrangé, rue Blanche, un délicieux rez-de-chaussée à jardin. Ce fut ainsi que du Ronceret et Couture firent connaissance. Le Normand, qui voulait du luxe tout prêt et tout fait, acheta le mobilier de Couture et les embellissements qu'il était obligé de laisser dans l'appartement, un kiosque où l'on fumait, une galerie en bois rustiqué garnie de nattes indiennes et ornée de poteries pour gagner le kiosque par les temps de pluie. Quand on complimentait l'Héritier sur son appartement, il l'appelait *sa tanière*. Le provincial se gardait bien de dire que Grindot l'architecte y avait déployé tout son savoir-faire, comme Stidmann dans les sculptures, et Léon de Lora dans la peinture ; car il avait pour défaut capital cet amour-propre qui va jusqu'au mensonge dans le désir de se grandir. L'Héritier compléta ces magnificences par une serre qu'il établit le long d'un mur à l'exposition du midi, non qu'il aimât les fleurs, mais il voulut attaquer l'opinion publique par l'horticulture. En ce moment, il atteignait presque à son but. Devenu vice-président d'une société jardinière quelconque présidée par le duc de Vissembourg, frère du prince de Chiavari, le fils cadet du feu maréchal Vernon, il avait orné du ruban de la Légion-d'Honneur son habit de vice-président, après une exposition de produits dont le discours d'ouverture acheté cinq cents francs à Lousteau fut hardiment prononcé comme de son cru. Il fut remarqué pour une fleur que lui avait *donnée* le vieux Blondet d'Alençon, père d'Émile Blondet, et qu'il présenta comme obtenue dans sa serre. Ce succès n'était rien. L'Héritier, qui voulait être accepté comme un homme d'esprit, avait formé le plan de se lier avec les gens célèbres pour en refléter la gloire, plan d'une mise à exécution difficile en ne lui donnant pour base qu'un budget de huit mille francs. Aussi, Fabien du Ronceret s'était-il adressé tour à tour et sans succès à Bixiou, à Stidmann, à Léon de Lora pour être présenté chez madame Schontz et faire partie de cette ménagerie de lions en tous genres. Il paya si souvent à dîner à Couture, que Couture prouva catégoriquement à madame Schontz qu'elle devait acquérir un pareil original, ne fût-ce que pour en faire un de ces élégants valets sans gages que les maîtresses de maison emploient aux commissions pour lesquelles on ne trouve pas de domestiques.

En trois soirées madame Schontz pénétra Fabien et se dit : — Si Couture ne me convient pas, je suis sûre de bâter celui-là. Maintenant mon avenir va sur deux pieds ! » Ce sot de qui tout le monde se moquait devint donc le préféré, mais dans une intention qui rendait la préférence injurieuse; et ce choix échappait à toutes les suppositions par son improbabilité même. Madame Schontz enivrait Fabien de sourires accordés à la dérobée, de petites scènes jouées au seuil de la porte en le reconduisant le dernier lorsque monsieur de Rochefide restait le soir. Elle mettait souvent Fabien en tiers avec Arthur dans sa loge aux Italiens et aux premières représentations; elle s'en excusait en disant qu'il lui rendait tel ou tel service, et qu'elle ne savait comment le remercier. Les hommes ont entre eux une fatuité qui leur est d'ailleurs commune avec les femmes, celle d'être aimés absolument. Or, de toutes les passions flatteuses, il n'en est pas de plus prisée que celle d'une madame Schontz pour ceux qu'elles rendent l'objet d'un amour dit de cœur par opposition à l'autre amour. Une femme comme madame Schontz, qui jouait à la grande dame, et dont la valeur réelle était supérieure, devait être et fut un sujet d'orgueil pour Fabien qui s'éprit d'elle au point de ne jamais se présenter qu'en toilette, bottes vernies, gants paille, chemise brodée et à jabot, gilets de plus en plus variés, enfin avec tous les symptômes extérieurs d'un culte profond. Un mois avant la conférence de la duchesse et de son directeur, madame Schontz avait confié le secret de sa naissance et de son vrai nom à Fabien qui ne comprit pas le but de cette confidence. Quinze jours après, madame Schontz, étonnée du défaut d'intelligence du Normand, s'écria : — « Mon Dieu! suis-je niaise? il se croit aimé pour lui-même. » Et alors elle emmena l'Héritier dans sa calèche, au Bois, car elle avait depuis un an petite calèche et petite voiture basse à deux chevaux. Dans ce tête-à-tête public, elle traita la question de sa destinée et déclara vouloir se marier. — « J'ai sept cent mille francs, dit-elle, je vous avoue que, si je rencontrais un homme plein d'ambition et qui sût comprendre mon caractère, je changerais de position, car savez-vous quel est mon rêve? Je voudrais être une bonne bourgeoise, entrer dans une famille honnête, et rendre mon mari, mes enfants tous bien heureux! » Le Normand voulait bien être distingué par madame Schontz; mais l'épouser, cette folie parut discutable à un garçon de trente-huit ans que la révolution de juillet avait fait juge. En voyant cette hésitation, madame Schontz prit l'Héritier pour cible de ses traits d'esprit, de ses plaisanteries, de son dédain, et se tourna vers Couture. En huit jours, le spéculateur, à qui elle fit flairer sa caisse, offrit sa main, son cœur et son avenir, trois choses de la même valeur.

Les manéges de madame Schontz en étaient là, lorsque madame de Grandlieu s'enquit de la vie et des mœurs de la Béatrix de la rue Saint-Georges.

D'après le conseil de l'abbé Brossette, la duchesse pria le marquis d'Ajuda de lui amener le roi des coupe-jarrets politiques, le célèbre comte Maxime de Trailles, l'Archiduc de la Bohême, le plus jeune des jeunes gens, quoiqu'il eût quarante-huit ans. Monsieur d'Ajuda s'arrangea pour dîner avec Maxime au club de la rue de Beaune, et lui proposa d'aller faire un *mort* chez le duc de Grandlieu qui, pris par la goutte avant le dîner, se trouvait seul. Quoique le gendre du duc de Grandlieu, le cousin de la duchesse, eût bien le droit de le présenter dans un salon où jamais il n'avait mis les pieds, Maxime Trailles ne s'abusa pas sur la portée d'une invitation ainsi faite, il pensa que le duc ou la duchesse avaient besoin de lui. Ce n'est pas un des moindres traits de ce temps-ci que cette vie de club où l'on joue avec des gens qu'on ne reçoit point chez soi.

Le duc de Grandlieu fit à Maxime l'honneur de paraître souffrant. Après quinze parties de whist, il alla se coucher, laissant sa femme en tête-à-tête avec Maxime et d'Ajuda. La duchesse secondée par le marquis communiqua son projet à monsieur de Trailles, et lui demanda sa collaboration en paraissant ne lui demander que des conseils. Maxime écouta jusqu'au bout sans se prononcer, et attendit pour parler que la duchesse eût réclamé directement sa coopération.

— Madame, j'ai bien tout compris, lui dit-il alors après avoir jeté sur elle et sur le marquis un de ces regards fins, profonds, astucieux, complets, par lesquels ces grands roués savent compromettre leurs interlocuteurs. D'Ajuda vous dira que, si quelqu'un à Paris peut conduire cette double négociation, c'est moi, sans vous y mêler, sans qu'on sache même que je suis venu ce soir ici. Seulement, avant tout, posons les préliminaires de Léoben. Que comptez-vous sacrifier ?...

— Tout ce qu'il faudra.

— Bien, madame la duchesse. Ainsi, pour prix de mes soins, vous me feriez l'honneur de recevoir chez vous et de protéger sérieusement madame la comtesse de Trailles....

— Tu es marié ?... s'écria d'Ajuda.

— Je me marie dans quinze jours avec l'héritière d'une famille riche mais excessivement bourgeoise, un sacrifice à l'opinion, j'entre dans le principe même de mon gouvernement! Je veux faire peau neuve, ainsi madame la duchesse comprend de quelle importance serait pour moi l'adoption de ma femme par elle et par sa famille. J'ai la certitude d'être député par suite de la démission que donnera mon beau-père de ses fonctions, et j'ai la promesse d'un poste diplomatique en harmonie avec ma nouvelle fortune. Je ne vois pas pourquoi ma femme ne serait pas aussi bien reçue que madame de Portenduère dans cette société de jeunes femmes où brillent mesdames de La Bastie, Georges de Maufrigneuse, de l'Estorade, du Guénic, d'Ajuda, de Restaud, de Rastignac et de Vandenesse! Ma femme est jolie, et je me charge de la *désenbonnetdecotonner!...* Ceci vous va-t-il, madame la duchesse?... Vous êtes pieuse, et, si vous dites oui, votre promesse, que je sais être sacrée, aidera beaucoup à mon changement de vie. Encore une bonne action que vous ferez là!... Hélas! j'ai pendant long-temps été le roi des mauvais sujets; mais je veux bien finir. Après tout, nous portons *d'azur à la chimère d'or lançant du feu, armée de gueules et écaillée de sinople, au comble de contre-hermine*, depuis François Ier qui jugea nécessaire d'anoblir le valet de chambre de Louis XI, et nous sommes comtes depuis Catherine de Médicis.

— Je recevrai, je patronerai votre femme, dit solennellement la duchesse, et les miens ne lui tourneront pas le dos, je vous en donne ma parole.

— Ah! madame la duchesse, s'écria Maxime visiblement ému, si monsieur le duc daigne aussi me traiter avec quelque bonté, je vous promets, moi, de faire réussir votre plan sans qu'il vous en coûte grand'chose. Mais, reprit-il après une pause, il faut prendre sur vous d'obéir à mes instructions.... Voici la dernière intrigue de ma vie de garçon, elle doit être d'autant mieux menée qu'il s'agit d'une belle action, dit-il en souriant.

— Vous obéir?... dit la duchesse. Je paraîtrai donc dans tout ceci.

— Ah! madame, je ne vous compromettrai point, s'écria Maxime, et je vous estime trop pour prendre des sûretés. Il s'agit uniquement de suivre mes conseils. Ainsi, par exemple, il faut que du Guénic soit emmené comme un corps saint par sa femme, qu'il soit deux ans absent, qu'elle lui fasse voir la Suisse, l'Italie, l'Allemagne, enfin le plus de pays possible...

— Ah! vous répondez à une crainte de mon directeur, s'écria naïvement la duchesse en se souvenant de la judicieuse objection de l'abbé Brossette.

Maxime et d'Ajuda ne purent s'empêcher de sourire à l'idée de cette concordance entre le ciel et l'enfer.

— Pour que madame de Rochefide ne revoie plus Calyste, reprit-elle, nous voyagerons tous, Juste et sa femme, Calyste et Sabine, et moi. Je laisserai Clotilde avec son père...

— Ne chantons pas victoire, madame, dit Maxime, j'entrevois d'énormes difficultés, je les vaincrai sans doute. Votre estime et votre protection sont un prix qui va me faire faire de grandes saletés ; mais ce sera les...

— Des saletés? dit la duchesse en interrompant ce moderne *condottiere* et montrant dans sa physionomie autant de dégoût que d'étonnement.

— Et vous y tremperez, madame, puisque je suis votre procureur. Mais ignorez-vous donc à quel degré d'aveuglement madame de Rochefide a fait arriver votre gendre?... je le sais par Nathan et par Canalis entre lesquels elle hésitait alors que Calyste s'est jeté dans cette gueule de lionne! Béatrix a su persuader à ce brave Breton qu'elle n'avait jamais aimé que lui, qu'elle est vertueuse, que Conti fut un amour de tête auquel le cœur et le reste ont pris très-peu de part, un amour musical enfin!... Quant à Rochefide, ce fut du devoir. Ainsi, vous comprenez, elle est vierge! Elle le prouve bien en ne se souvenant pas de son fils, elle n'a pas depuis un an fait la moindre démarche pour le voir. A la vérité, le petit comte a douze ans bientôt et il trouve dans madame Schontz une mère d'autant plus mère que la maternité, vous le savez, est la passion de ces filles. Du Guénic se ferait hacher et hacherait sa femme pour Béatrix! Et vous croyez qu'on retire facilement un homme quand il est au fond du gouffre de la crédulité?... Mais, madame, le Yago de Shakspeare y perdrait tous ses mouchoirs. L'on croit qu'Othello, que son cadet Orosmane, que Saint-Preux, Réné, Werther et autres amoureux en possession de la renommée représentent l'amour! Jamais leurs pères à cœur de verglas n'ont connu ce qu'est un amour absolu, Molière seul s'en est douté. L'amour, madame la duchesse, ce n'est pas d'aimer une noble femme, une Clarisse, le bel effort, ma foi!... L'amour, c'est de se dire: « Celle que j'aime est une infâme, elle me trompe, elle me trompera, c'est une rouée, elle sent toutes les fritures de l'enfer... » Et d'y courir, et d'y trouver le bleu de l'éther, les fleurs du paradis. Voilà comme aimait Molière, voilà comme nous aimons, nous autres mauvais sujets ; car, moi, je pleure à la grande scène d'Arnolphe!... Et voilà comment votre gendre aime Béatrix!... J'aurai de la peine à séparer Rochefide de madame Schontz, mais madame Schontz s'y prêtera sans doute, je vais étudier son intérieur. Quant à Calyste et à Béatrix, il leur faut des coups de hache, des trahisons supérieures et d'une infamie si basse que votre vertueuse imagination n'y descendrait pas, à moins que votre directeur ne vous donnât la main... Vous avez demandé l'impossible, vous serez servie... Et, malgré mon parti pris d'employer le fer et le feu, je ne vous promets pas absolument le succès. Je sais des amants qui ne reculent pas devant les plus affreux désillusionnements. Vous êtes trop vertueuse pour connaître l'empire que prennent les femmes qui ne le sont pas...

— N'entamez pas ces infamies sans que j'aie consulté l'abbé Brossette pour savoir jusqu'à quel point je suis votre complice, s'écria la duchesse avec une naïveté qui découvrit tout ce qu'il y a d'égoïsme dans la dévotion.

— Vous ignorerez tout, ma chère mère, dit le marquis d'Ajuda.

Sur le perron, pendant que la voiture du marquis avançait, d'Ajuda dit à Maxime : — Vous avez effrayé cette bonne duchesse.

— Mais elle ne se doute pas de la difficulté de ce qu'elle demande !... — Allons-nous au Jockey-club ? Il faut que Rochefide m'invite à dîner pour demain chez la Schontz, car cette nuit mon plan sera fait et j'aurai choisi sur mon échiquier les pions qui marcheront dans la partie que je vais jouer. Dans le temps de sa splendeur, Béatrix n'a pas voulu me recevoir, je solderai mon compte avec elle, et je vengerai votre belle-sœur si cruellement qu'elle se trouvera peut-être trop vengée...

Le lendemain, Rochefide dit à madame Schontz qu'ils auraient à dîner Maxime de Trailles. C'était la prévenir de déployer son luxe et de préparer la chère la plus exquise pour ce connaisseur émérite que redoutaient toutes les femmes du genre de madame Schontz ; aussi songea-t-elle autant à sa toilette qu'à mettre sa maison en état de recevoir ce personnage.

A Paris, il existe presque autant de royautés qu'il s'y trouve d'arts différents, de spécialités morales, de sciences, de professions ; et le plus fort de ceux qui les pratiquent a sa majesté qui lui est propre, il est apprécié, respecté par ses pairs qui connaissent les difficultés du métier, et dont l'admiration est acquise à qui peut s'en jouer. Maxime était aux yeux des rats et des courtisanes un homme excessivement puissant et capable, car il avait su se faire prodigieusement aimer. Il était admiré par tous les gens qui savaient combien il est difficile de vivre à Paris en bonne intelligence avec des créanciers ; enfin il n'avait pas eu d'autre rival en élégance, en tenue et en esprit, que l'illustre de Marsay qui l'avait employé dans des missions politiques. Ceci suffit à expliquer son entrevue avec la duchesse, son prestige chez madame Schontz, et l'autorité de sa parole dans une conférence qu'il comptait avoir sur le boulevard des Italiens avec un jeune homme déjà célèbre, quoique nouvellement entré dans la Bohême.

Le lendemain, à son lever, Maxime de Trailles entendit annoncer Finot qu'il avait mandé la veille, il le pria d'arranger le hasard d'un déjeuner au Café Anglais où Finot, Couture et Lousteau babilleraient près de lui. Finot, qui se trouvait vis-à-vis du comte de Trailles dans la position d'un colonel devant un maréchal de France, ne pouvait lui rien refuser ; il était d'ailleurs trop dangereux de piquer ce lion. Aussi, quand Maxime vint déjeuner, vit-il Finot et ses deux amis attablés, la conversation avait déjà mis le cap sur madame Schontz. Couture, bien manœuvré par Finot et par Lousteau qui fut à son insu le compère de Finot, apprit au comte de Trailles tout ce qu'il voulait savoir sur madame Schontz.

Vers une heure, Maxime mâchonnait son cure-dents en causant avec du Tillet sur le perron de Tortoni où se tient cette petite Bourse, préface de la grande. Il paraissait occupé d'affaires, mais il attendait le jeune comte de La Palférine qui, dans un temps donné, devait passer par là. Le boulevard des Italiens est aujourd'hui ce qu'était le Pont-Neuf en 1650, tous les gens connus le traversent au moins une fois par jour. En effet, au bout de dix minutes, Maxime quitta le bras de du Tillet en faisant un signe de tête au jeune prince de la Bohême, et lui dit en souriant : — A moi, comte, deux mots !...

Les deux rivaux, l'un astre à son déclin, l'autre un soleil à son lever, allèrent s'asseoir sur quatre chaises devant le Café de Paris. Maxime eut soin de se placer à une certaine distance de quelques vieillots qui par habitude se mettent en espalier, dès une heure après midi, pour sécher leurs affections rhumatiques. Il avait d'excellentes raisons pour se défier des vieillards. (Voir *Une Esquisse d'après nature*, Scènes de la Vie Parisienne.)

— Avez-vous des dettes ?... dit Maxime au jeune comte.

— Si je n'en avais pas, serais-je digne de vous succéder ?... répondit La Palférine.

— Quand je vous fais une semblable question, je ne mets pas la chose en doute, répliqua Maxime, je veux uniquement savoir si le total est respectable, et s'il va sur cinq ou sur six?

— Six, quoi?

— Six chiffres! si vous devez cinquante ou cent mille?..... J'ai dû, moi, jusqu'à six cent mille.

La Palférine ôta son chapeau d'une façon aussi respectueuse que railleuse.

— Si j'avais le crédit d'emprunter cent mille francs, répondit le jeune homme, j'oublierais mes créanciers et j'irais passer ma vie à Venise, au milieu des chefs-d'œuvre de la peinture, au théâtre le soir, la nuit avec de jolies femmes, et...

— Et à mon âge, que deviendriez-vous? demanda Maxime.

— Je n'irais pas jusque-là, répliqua le jeune comte.

Maxime rendit la politesse à son rival en soulevant légèrement son chapeau par un geste d'une gravité risible.

— C'est une autre manière de voir la vie, répondit-il d'un ton de connaisseur à connaisseur. Vous devez...?

— Oh! une misère indigne d'être avouée à un oncle; si j'en avais un, il me déshériterait à cause de ce pauvre chiffre, six mille!...

— On est plus gêné par six que par cent mille francs, dit sentencieusement Maxime. La Palférine! vous avez de la hardiesse dans l'esprit, vous avez encore plus d'esprit que de hardiesse, vous pouvez aller très-loin, devenir un homme politique. Tenez... de tous ceux qui se sont lancés dans la carrière au bout de laquelle je suis et qu'on a voulu m'opposer, vous êtes le seul qui m'ayez plu.

La Palférine rougit, tant il se trouva flatté de cet aveu fait avec une gracieuse bonhomie par le chef des aventuriers parisiens. Ce mouvement de son amour-propre fut une reconnaissance d'infériorité qui le blessa; mais Maxime devina ce retour offensif, facile à prévoir chez une nature si spirituelle, et il y porta remède aussitôt en se mettant à la discrétion du jeune homme.

— Voulez-vous faire quelque chose pour moi, qui me retire du cirque olympique par un beau mariage, je ferai beaucoup pour vous, reprit-il.

— Vous allez me rendre bien fier, c'est réaliser la fable du rat et du lion, dit La Palférine.

— Je commencerai par vous prêter vingt mille francs, répondit Maxime en continuant.

— Vingt mille francs?... Je savais bien qu'à force de me promener sur ce boulevard... dit La Palférine en façon de parenthèse.

— Mon cher, il faut vous mettre sur un certain pied, dit Maxime en souriant, ne restez pas sur vos deux pieds, ayez-en six? faites comme moi, je ne suis jamais descendu de mon tilbury...

— Mais alors vous allez me demander des choses par-dessus mes forces!

— Non, il s'agit de vous faire aimer d'une femme, en quinze jours.

— Est-ce une fille?

— Pourquoi?

— Ce serait impossible; mais s'il s'agissait d'une femme très-comme il faut, et de beaucoup d'esprit...

— C'est une très-illustre marquise!

— Vous voulez avoir de ses lettres?... dit le jeune comte.

— Ah!... tu me vas au cœur, s'écria Maxime. Non, il ne s'agit pas de cela.

— Il faut donc l'aimer?...

— Oui, dans le sens réel...

— Si je dois sortir de l'esthétique, c'est tout à fait impossible, dit La Palférine. J'ai, voyez-vous, à l'endroit des femmes une certaine probité, nous pouvons les rouer, mais non les...

— Ah! l'on ne m'a donc pas trompé, s'écria Maxime. Crois-tu donc que je sois homme à proposer de petites infamies de deux sous?... Non, il faut aller, il faut éblouir, il faut vaincre. Mon compère, je te donne vingt mille francs ce soir et dix jours pour triompher. A ce soir, chez madame Schontz!...

— J'y dîne.

— Bien, reprit Maxime. Plus tard, quand vous aurez besoin de moi, monsieur le comte, vous me trouverez, ajouta-t-il d'un ton de roi qui s'engage au lieu de promettre.

— Cette pauvre femme vous a donc fait bien du mal? demanda La Palférine.

— N'essaye pas de jeter la sonde dans mes eaux, mon petit, et laisse-moi te dire qu'en cas de succès tu te trouveras de si puissantes protections que tu pourras, comme moi, te retirer dans un beau mariage, quand tu t'ennuieras de ta vie de Bohême.

— Il y a donc un moment où l'on s'ennuie de s'amuser? dit La Palférine, de n'être rien, de vivre comme les oiseaux, de chasser dans Paris comme les Sauvages et de rire de tout!...

— Tout fatigue, même l'Enfer, dit Maxime en riant. A ce soir!

Les deux roués, le jeune et le vieux, se levèrent. En regagnant son escargot à un cheval, Maxime se dit : — Madame d'Espard ne peut pas souffrir Béatrix, elle va m'aider... — A l'hôtel de Grandlieu, cria-t-il à son cocher en voyant passer Rastignac.

Trouvez un grand homme sans faiblesses?... Maxime vit la duchesse, madame du Guénic et Clotilde en larmes.

— Qu'y a-t-il? demanda-t-il à la duchesse.

— Calyste n'est pas rentré, c'est la première fois, et ma pauvre Sabine est au désespoir.

— Madame la duchesse, dit Maxime en attirant la femme pieuse dans l'embrasure d'une fenêtre, au nom de Dieu qui nous jugera, gardez le plus profond secret sur mon dévouement, exigez-le de d'Ajuda, que jamais Calyste ne sache rien de nos trames, ou nous aurions ensemble un duel à mort... Quand je vous ai dit qu'il ne vous en coûterait pas grand'chose, j'entendais que vous ne dépenseriez pas des sommes folles, il me faut environ vingt mille francs; mais tout le reste me regarde, et il faudra faire donner des places importantes, peut-être une Recette-générale.

La duchesse et Maxime sortirent. Quand madame de Grandlieu revint près de ses deux filles, elle entendit un nouveau dithyrambe de Sabine émaillé de faits domestiques encore plus cruels que ceux par lesquels la jeune épouse avait vu finir son bonheur.

— Sois tranquille, ma petite, dit la duchesse à sa fille, Béatrix payera bien cher tes larmes et tes souffrances, la main de Satan s'appesantit sur elle, elle recevra dix humiliations pour chacune des tiennes!...

Madame Schontz fit prévenir Claude Vignon qui plusieurs fois avait manifesté le désir de connaître personnellement Maxime de Trailles, elle invita Couture, Fabien, Bixiou, Léon de Lora, La Palférine et Nathan. Ce dernier fut demandé par Rochefide pour le compte de Maxime. Aurélie eut ainsi neuf convives tous de première force, à l'exception de du Roncerct; mais la vanité normande et l'ambition brutale de l'Héritier se trouvaient à la hauteur de la puissance littéraire de Claude Vignon, de la poésie de Nathan, de la finesse de La Palférine, du coup d'œil financier de Couture, de l'esprit de Bixiou, du calcul de Finot, de la profondeur de Maxime et du génie de Léon de Lora.

Madame Schontz, qui tenait à paraître jeune et belle, s'arma d'une toilette comme savent en faire ces sortes de femmes. Ce fut une pèlerine en guipure d'une finesse aranéide, une robe de velours bleu dont le fin corsage était boutonné d'opales, et une coiffure à bandeaux luisants comme de l'ébène. Madame Schontz devait sa célébrité de jolie femme à l'éclat et à la fraîcheur d'un teint blanc et chaud comme celui des créoles, à cette figure pleine de détails spirituels, de traits nettement dessinés et fermes dont le type le plus célèbre fut offert si long-temps jeune par la comtesse Merlin, et qui peut-être est particulier aux figures méridionales. Malheureusement la petite madame Schontz tendait à l'embonpoint depuis que sa vie était devenue heureuse et calme. Le cou, d'une rondeur séduisante, commençait à s'empâter ainsi que les épaules. On se repaît en France si principalement de la tête des femmes, que les belles têtes font long-temps vivre les corps déformés.

— Ma chère enfant, dit Maxime en entrant et en embrassant madame Schontz au front, Rochefide a voulu me faire voir votre nouvel établissement où je n'étais pas encore venu; mais, c'est presque en harmonie avec ses quatre cent mille francs de rente... Eh! bien, il s'en fallait de cinquante qu'il ne les eût, quand il vous a connue, et en moins de cinq ans vous lui avez fait gagner ce qu'une autre, une Antonia, une Malaga, Cadine ou Florentine lui auraient mangé.

— Je ne suis pas une fille, je suis une artiste! dit madame Schontz avec une espèce de dignité. J'espère bien finir, comme dit la comédie, par faire souche d'honnêtes gens...

— C'est désespérant, nous nous marions tous, reprit Maxime en se jetant dans un fauteuil au coin du feu. Me voilà bientôt à la veille de faire une comtesse Maxime.

— Oh! comme je voudrais la voir?... s'écria madame Schontz. Mais permettez-moi, dit-elle, de vous présenter monsieur Claude Vignon. — Monsieur Claude Vignon, monsieur de Trailles?...

— Ah! c'est vous qui avez laissé Camille Maupin, l'aubergiste de la littérature, aller dans un couvent?... s'écria Maxime. Après vous, Dieu!... Je n'ai jamais reçu pareil honneur. Mademoiselle des Touches vous a traité, monsieur, en Louis XIV...

— Et voilà comme on écrit l'histoire!.... répondit Claude Vignon, ne savez-vous pas que sa fortune a été employée à dégager les terres de monsieur du Guénic?... Si elle savait que Calyste est à son ex-amie... (Maxime poussa le pied au critique en lui montrant monsieur de Rochefide) ... elle sortirait de son couvent, je crois, pour le lui arracher.

— Ma foi, Rochefide, mon ami, dit Maxime en voyant que son avertissement n'avait pas arrêté Claude Vignon, à ta place, je rendrais à ma femme sa fortune, afin qu'on ne crût pas dans le monde qu'elle s'attaque à Calyste par nécessité.

— Maxime a raison, dit madame Schontz en regardant Arthur qui rougit excessivement. Si je vous ai gagné quelques mille francs de rentes, vous ne sauriez mieux les employer. J'aurai fait le bonheur de la femme et du mari, en voilà un chevron !...

— Je n'y avais jamais pensé, répondit le marquis; mais on doit être gentilhomme avant d'être mari.

— Laisse-moi te dire quand il sera temps d'être généreux, dit Maxime.

— Arthur?... dit Aurélie, Maxime a raison. Vois-tu, mon bon homme, nos actions généreuses sont comme les actions de Couture, dit-elle en regardant à la glace pour voir quelle personne arrivait, il faut les placer à temps.

Couture était suivi de Finot. Quelques instants après, tous les convives furent réunis dans le beau salon bleu et or de l'hôtel Schontz, tel était le nom que les artistes donnaient à leur auberge depuis que Rochefide l'avait achetée à sa Ninon II. En voyant entrer La Palférine qui vint le dernier, Maxime alla vers lui, l'attira dans l'embrasure d'une croisée et lui remit les vingt billets de banque.

— Surtout, mon petit, ne les ménage pas, dit-il avec la grâce particulière aux mauvais sujets.

— Il n'y a que vous pour savoir ainsi les doubler!... répondit La Palférine.

— Es-tu décidé ?

— Puisque je prends, répondit le jeune comte avec hauteur et raillerie.

— Eh! bien, Nathan, que voici, te présentera dans deux jours chez madame la marquise de Rochefide, lui dit-il à l'oreille.

La Palférine fit un bond en entendant le nom.

— Ne manque pas de te dire amoureux-fou d'elle; et, pour ne

pas éveiller de soupçons, bois du vin, des liqueurs à mort! Je vais dire à Aurélie de te mettre à côté de Nathan. Seulement, mon petit, il faudra maintenant nous rencontrer tous les soirs, sur le boulevard de la Madeleine, à une heure du matin, toi pour me rendre compte de tes progrès, moi pour te donner des instructions.

— On y sera, mon maître.... dit le jeune comte en s'inclinant.

— Comment nous fais-tu dîner avec un drôle habillé comme un premier garçon de restaurant? demanda Maxime à l'oreille de madame Schontz en lui désignant du Ronceret.

— Tu n'as donc jamais vu l'Héritier? Du Ronceret d'Alençon.

— Monsieur, dit Maxime à Fabien, vous devez connaître mon ami d'Esgrignon?

— Il y a long-temps que Victurnien ne me connaît plus, répondit Fabien; mais nous avons été très-liés dans notre première jeunesse.

Le dîner fut un de ceux qui ne se donnent qu'à Paris, et chez ces grandes dissipatrices, car elles surprennent les gens les plus difficiles. Ce fut à un souper semblable, chez une courtisane belle et riche comme madame Schontz, que Paganini déclara n'avoir jamais fait pareille chère chez aucun souverain, ni bu de tels vins chez aucun prince, ni entendu de conversation si spirituelle, ni vu reluire de luxe si coquet.

Maxime et madame Schontz rentrèrent dans le salon les premiers, vers dix heures, en laissant les convives qui ne gazaient plus les anecdotes et qui se vantaient leurs qualités en collant leurs lèvres visqueuses au bord des petits verres sans pouvoir les vider.

— Eh! bien, ma petite, dit Maxime, tu ne t'es pas trompée, oui, je viens pour tes beaux yeux, il s'agit d'une grande affaire, il faut quitter Arthur; mais je me charge de te faire offrir deux cent mille francs par lui.

— Et pourquoi le quitterais-je, ce pauvre homme?

— Pour te marier avec cet imbécile venu d'Alençon exprès pour cela. Il a été déjà juge, je le ferai nommer président à la place du père de Blondet qui va sur quatre-vingt-deux ans; et, si tu sais mener ta barque, ton mari deviendra député. Vous serez des personnages et tu pourras enfoncer madame la comtesse du Bruel...

— Jamais! dit madame Schontz, elle est comtesse.

— Est-il d'étoffe à devenir comte?...

— Tiens, il a des armes, dit Aurélie en cherchant une lettre dans un magnifique cabas pendu au coin de sa cheminée et la présentant à Maxime, qu'est-ce que cela veut dire? voilà des peignes.

— Il porte *coupé au un d'argent à trois peignes de gueules; deux et un, entrecroisés à trois grappes de raisin de pourpre tigées et feuillées de sinople, un et deux; au deux, d'azur à quatre plumes d'or posées en fret*, avec SERVIR pour devise et le casque d'écuyer. C'est pas grand'chose, ils ont été anoblis sous Louis XV; ils ont eu quelque grand-père mercier, la ligne maternelle a fait fortune dans le commerce des vins, et le du Ronceret anobli devait être greffier... Mais, si tu réussis à te défaire d'Arthur, les du Ronceret seront au moins barons, je te le promets, ma petite biche. Vois-tu, mon enfant, il faut te faire mariner pendant cinq ou six ans en province si tu veux enterrer la Schontz dans la présidente... Ce drôle t'a jeté des regards dont les intentions étaient claires, tu le tiens...

— Non, répondit Aurélie, à l'offre de ma main, il est resté, comme les eaux-de-vie dans le bulletin de la Bourse, très-calme.

— Je me charge de le décider, s'il est gris... Va voir où ils en sont tous...

— Ce n'est pas la peine d'y aller, je n'entends plus que Bixiou qui fait une de ses *charges* sans qu'on l'écoute; mais je connais mon Arthur, il se croit obligé d'être poli avec Bixiou; et, les yeux fermés, il doit le regarder encore.

— Rentrons, alors?...

— Ah! çà! dans l'intérêt de qui travaillerai-je, Maxime? demanda tout à coup madame Schontz.

— De madame de Rochefide, répondit nettement Maxime, il est impossible de la rapatrier avec Arthur tant que tu le tiendras; il s'agit pour elle d'être à la tête de sa maison et de jouir de quatre cent mille francs de rentes!

— Elle ne me propose que deux cent mille francs?... J'en veux trois cent, puisqu'il s'agit d'elle. Comment, j'ai eu soin de son moutard et de son mari, je tiens sa place en tout, et elle lésinerait avec moi! Tiens, mon cher, j'aurais alors un million. Avec ça, si tu me promets la présidence du tribunal d'Alençon, je pourrai faire ma tête en madame du Ronceret....

— Ça va, dit Maxime.

— M'embêtera-t-on dans cette petite ville-là?... s'écria philosophiquement Aurélie. J'ai tant entendu parler de cette province-là par d'Esgrignon et par la Val-Noble, que c'est comme si j'y avais déjà vécu.

— Et si je t'assurais l'appui de la noblesse?...

— Ah! Maxime, tu m'en diras tant!... Oui, mais le pigeon refuse l'aile....

— Et il est bien laid avec sa peau de prune, il a des soies au lieu de favoris, il a l'air d'un marcassin, quoiqu'il ait des yeux d'oiseau de proie. Ça fera le plus beau président du monde. Sois tranquille, dans dix minutes il te chantera l'air d'Isabelle au quatrième acte de *Robert-le-diable :* « Je suis à tes genoux !... » mais tu te charges de renvoyer Arthur à ceux de Béatrix...

— C'est difficile, mais à plusieurs on y parviendra....

Vers dix heures et demie, les convives rentrèrent au salon pour prendre le café. Dans les circonstances où se trouvait madame Schontz, Couture et du Ronceret, il est facile d'imaginer quel effet dut alors produire sur l'ambitieux Normand la conversation suivante que Maxime eut avec Couture dans un coin et à mi-voix pour n'être entendu de personne, mais que Fabien écouta.

— Mon cher, si vous voulez être sage, vous accepterez dans un département éloigné la Recette-générale que madame de Rochefide vous fera donner, le million d'Aurélie vous permettra de déposer votre cautionnement, et vous vous séparerez de biens en l'épousant. Vous deviendrez député si vous savez bien mener votre barque, et la prime que je veux pour vous avoir sauvé, ce sera votre vote à la chambre.

— Je serai toujours fier d'être un de vos soldats.

— Ah! mon cher, vous l'avez échappé belle! Figurez-vous qu'Aurélie s'était amourachée de ce Normand d'Alençon, elle demandait qu'on le fît baron, président du tribunal de sa ville et officier de la Légion-d'Honneur. Mon imbécile n'a pas su deviner la valeur de madame Schontz, et vous devez votre fortune à un dépit; aussi ne lui donnez pas le temps de réfléchir. Quant à moi, je vais mettre les fers au feu.

Et Maxime quitta Couture au comble du bonheur, en disant à La Palférine : — Veux-tu que je t'emmène, mon fils ?...

A onze heures Aurélie se trouvait entre Couture, Fabien et Rochefide. Arthur dormait dans une bergère, Couture et Fabien essayaient de se renvoyer sans y parvenir. Madame Schontz termina cette lutte en disant à Couture un : — A demain, mon cher ?.. qu'il prit en bonne part.

— Mademoiselle, dit Fabien tout bas, quand vous m'avez vu songeur à l'offre que vous me faisiez indirectement, ne croyez pas qu'il y eût chez moi la moindre hésitation; mais vous ne connaissez pas ma mère, et jamais elle ne consentirait à mon bonheur...

— Vous avez l'âge des sommations respectueuses, mon cher, répondit insolemment Aurélie. Mais, si vous avez peur de maman, vous n'êtes pas mon fait...

— Joséphine! dit tendrement l'Héritier en passant avec audace la main droite autour de la taille de madame Schontz, j'ai cru que vous m'aimiez?

— Après?

— Peut-être pourrait-on apaiser ma mère et obtenir plus que son consentement.

— Et comment?

— Si vous voulez employer votre crédit...

— A te faire créer baron, officier de la Légion-d'Honneur, président du tribunal, mon fils? n'est-ce pas... Écoute? j'ai tant fait de choses dans ma vie que je suis capable de la vertu! Je puis être une brave femme, une femme loyale, et remorquer très-haut mon mari; mais je veux être aimée par lui sans que jamais un regard, une pensée, soit détourné de mon cœur, pas même en intention... Ça te va-t-il?... Ne te lie pas imprudemment, il s'agit de ta vie, mon petit.

— Avec une femme comme vous, je tope sans voir, dit Fabien enivré par un regard autant qu'il l'était de liqueurs des îles.

— Tu ne te repentiras jamais de cette parole, mon bichon, tu seras pair de France... Quant à ce pauvre vieux, reprit-elle en regardant Rochefide qui dormait, d'aujourd'hui, n, i, ni, c'est fini!

Ce fut si joli, si bien dit, que Fabien saisit madame Schontz et l'embrassa, par un mouvement de rage et de joie où la double ivresse de l'amour et du vin cédait à celle du bonheur et de l'ambition.

— Songe, mon cher enfant, dit-elle, à te bien conduire dès à présent avec ta femme, ne fais pas l'amoureux, et laisse-moi me retirer convenablement de mon bourbier. Et Couture, qui se croit riche et receveur-général!

— J'ai cet homme en horreur, dit Fabien, je voudrais ne plus le voir.

— Je ne le recevrai plus, répondit la courtisane d'un petit air prude. Maintenant que nous sommes d'accord, mon Fabien, va-t'en, il est une heure.

Cette petite scène donna naissance, dans le ménage d'Aurélie et d'Arthur, jusqu'alors si complétement heureux, à la phase de la guerre domestique déterminée au sein de tous les foyers par un intérêt secret chez un des conjoints. Le lendemain même Arthur s'éveilla seul, et trouva madame Schontz froide comme ces sortes de femmes savent se faire froides.

— Que s'est-il donc passé cette nuit? demanda-t-il en déjeunant et en regardant Aurélie.

— C'est comme ça, dit-elle, à Paris. On s'est endormi par un temps humide, le lendemain les pavés sont secs, et tout est si bien gelé qu'il y a de la poussière, voulez-vous une brosse?...

— Mais qu'as-tu, ma chère petite?

— Allez trouver votre grande bringue de femme...

— Ma femme?... s'écria le pauvre marquis.

— N'ai-je pas deviné pourquoi vous m'avez amené Maxime?... Vous voulez vous réconcilier avec madame de Rochefide qui peut-être a besoin de vous pour un moutard indiscret... Et moi, que vous dites si fine, je vous conseillais de lui rendre sa fortune!... Oh! je conçois votre plan! au bout de cinq ans, monsieur est las de moi. Je suis bien en chair, Béatrix est bien en os, ça vous changera. Vous n'êtes pas le premier à qui je connais le goût des squelettes. Votre Béatrix se met bien d'ailleurs, et vous êtes de ces hommes qui aiment des porte-manteaux. Puis, vous voulez faire renvoyer monsieur du Guénic. C'est un triomphe!... Ça vous posera bien. Parlera-t-on de cela, vous allez être un héros!

Madame Schontz n'avait pas arrêté le cours de ses railleries à deux heures après midi, malgré les protestations d'Arthur. Elle se dit invitée à dîner. Elle engagea *son infidèle* à se passer d'elle aux Italiens, elle allait voir une première représentation à l'Ambigu-Comique et y faire connaissance avec une femme charmante, madame de La Baudraye, une maîtresse à Lousteau. Arthur proposa, pour preuve de son attachement éternel à sa petite Aurélie et de son aversion pour sa femme, de partir le lendemain même pour l'Italie et d'y aller vivre maritalement à Rome, à Naples, à Florence, au choix d'Aurélie, en lui offrant une donation de soixante mille francs de rentes.

— C'est des *giries* tout cela, dit-elle. Cela ne vous empêchera pas de vous raccommoder avec votre femme, et vous ferez bien.

Arthur et Aurélie se quittèrent sur ce dialogue formidable, lui pour aller jouer et dîner au club, elle pour s'habiller et passer la soirée en tête-à-tête avec Fabien.

Monsieur de Rochefide trouva Maxime au club, et se plaignit, en homme qui sentait arracher de son cœur une félicité dont les racines y tenaient à toutes les fibres. Maxime écouta les doléances du marquis comme les gens polis savent écouter, en pensant à autre chose.

— Je suis homme de bon conseil en ces sortes de matières, mon cher, lui répondit-il. Eh! bien, tu fais fausse route en laissant voir à Aurélie combien elle t'est chère. Laisse-moi te présenter à madame Antonia. C'est un cœur à louer. Tu verras la Schontz devenir bien petit garçon... elle a trente-sept ans, ta Schontz, et madame Antonia n'a pas plus de vingt-six ans! et quelle femme! elle n'a pas d'esprit que dans la tête, elle!... C'est d'ailleurs mon élève. Si madame Schontz reste sur les ergots de sa fierté, sais-tu ce que cela voudra dire?...

— Ma foi, non.

— Qu'elle veut peut-être se marier, et alors rien ne pourra l'empêcher de te quitter. Après six ans de bail, elle en a bien le droit, cette femme... Mais, si tu voulais m'écouter, il y a mieux à faire. Ta femme aujourd'hui vaut mille fois mieux que toutes les Schontz et toutes les Antonia du quartier Saint-Georges. C'est une conquête difficile; mais elle n'est pas impossible, et maintenant elle te rendrait heureux comme un Orgon! Dans tous les cas, il faut, si tu ne veux pas avoir l'air d'un niais, venir ce soir souper chez Antonia.

— Non, j'aime trop Aurélie, je ne veux pas qu'elle ait la moindre chose à me reprocher.

— Ah! mon cher, quelle existence tu te prépares!... s'écria Maxime.

— Il est onze heures, elle doit être revenue de l'Ambigu, dit Rochefide en sortant.

Et il cria rageusement à son cocher d'aller à fond de train rue de La Bruyère.

Madame Schontz avait donné des instructions précises, et monsieur put entrer absolument comme s'il était en bonne intelligence avec madame ; mais, avertie de l'entrée au logis de monsieur, madame s'arrangea pour faire entendre à monsieur le bruit de la porte du cabinet de toilette qui se ferma comme se ferment les portes quand les femmes sont surprises. Puis, dans l'angle du piano, le chapeau de Félicien oublié à dessein fut très-maladroitement repris par la femme de chambre, dans le premier moment de conversation entre monsieur et madame.

— Tu n'es pas allée à l'Ambigu, mon petit ?

— Non, mon cher, j'ai changé d'avis, j'ai fait de la musique.

— Qui donc est venu te voir ?... dit le marquis avec bonhomie en voyant emporter le chapeau par la femme de chambre.

— Mais personne.

Sur cet audacieux mensonge, Arthur baissa la tête, il passait sous les fourches caudines de la Complaisance. L'amour véritable a de ces sublimes lâchetés. Arthur se conduisait avec madame Schontz comme Sabine avec Calyste, comme Calyste avec Béatrix.

En huit jours, il se fit une métamorphose de larve en papillon chez le jeune, spirituel et beau Charles-Édouard, comte Rusticoli de La Palférine, le héros de la Scène intitulée *Un Prince de la Bohême* (voir les Scènes de la vie Parisienne), ce qui dispense de faire ici son portrait et de peindre son caractère. Jusqu'alors il avait misérablement vécu, comblant ses déficits par une audace à la Danton ; mais il paya ses dettes, puis il eut selon le conseil de Maxime une petite voiture basse, il fut admis au Jockey-club, au club de la rue de Grammont, il devint d'une élégance supérieure ; enfin il publia dans le *Journal des Débats* une nouvelle qui lui valut en quelques jours une réputation comme les auteurs de profession ne l'obtiennent pas après plusieurs années de travaux et de succès, car il n'y a rien de violent à Paris comme ce qui doit être éphémère. Nathan, bien certain que le comte ne publierait jamais autre chose, fit un tel éloge de ce gracieux et impertinent jeune homme chez madame de Rochefide, que Béatrix aiguillonnée par la lecture de cette nouvelle manifesta le désir de voir ce jeune roi des truands de bon ton.

— Il sera d'autant plus enchanté de venir ici, répondit Nathan, que je le sais épris de vous à faire des folies.

— Mais il les a toutes faites, m'a-t-on dit.

— Toutes, non, répondit Nathan, il n'a pas encore fait celle d'aimer une honnête femme.

Six jours après le complot ourdi sur le boulevard des Italiens entre Maxime et le séduisant comte Charles-Édouard, ce jeune homme à qui la nature avait donné sans doute par raillerie une figure délicieusement mélancolique, fit sa première invasion au nid de la colombe de la rue de Chartres, qui, pour cette réception, prit une soirée où Calyste était obligé d'aller dans le monde avec sa femme. Lorsque vous rencontrerez La Palférine ou quand vous arriverez au *Prince de la Bohême*, dans le Troisième Livre de cette longue histoire de nos mœurs, vous concevrez parfaitement le succès obtenu dans une seule soirée par cet esprit étincelant, par cette verve inouïe, surtout si vous vous figurez le bien-jouer du cornac qui consentit à le servir dans ce début. Nathan fut bon camarade, il fit briller le jeune comte, comme un bijoutier montrant une parure à vendre en fait scintiller les diamants. La Palférine se retira discrètement le premier, il laissa Nathan et la comtesse ensemble, en comptant sur la collaboration de l'auteur célèbre qui fut admirable. En voyant la marquise abasourdie, il lui mit le feu dans le cœur par des réticences qui remuèrent en elle des fibres de curiosité qu'elle ne se connaissait pas. Nathan fit entendre ainsi que l'esprit de La Palférine n'était pas tant la cause de ses succès auprès des femmes que sa supériorité dans l'art d'aimer, et il le grandit démesurément.

C'est ici le lieu de constater un nouvel effet de cette grande loi des Contraires qui détermine beaucoup de crises du cœur humain et qui rend raison de tant de bizarreries, qu'on est forcé de la rappeler quelquefois, tout aussi bien que la loi des Similaires. Les courtisanes, pour embrasser tout le sexe féminin qu'on baptise, qu'on débaptise et rebaptise à chaque quart de siècle, conservent toutes au fond de leur cœur un florissant désir de recouvrer leur liberté, d'aimer purement, saintement et noblement un être auquel elles sacrifient tout (Voir *Splendeurs et Misères des Courtisanes*). Elles éprouvent ce besoin antithétique avec tant de violence, qu'il est rare de rencontrer une de ces femmes qui n'ait pas aspiré plusieurs fois à la vertu par l'amour. Elles ne se découragent pas malgré d'affreuses tromperies. Au contraire, les femmes contenues par leur éducation, par le rang qu'elles occupent, enchaînées par la noblesse de leur famille, vivant au sein de l'opulence, portant une auréole de vertus, sont entraînées, secrètement bien entendu, vers les régions tropicales de l'amour. Ces deux natures de femmes si opposées ont donc au fond du cœur, l'une un petit désir de vertu, l'autre ce petit désir de libertinage que J.-J. Rousseau le premier a eu le courage de signaler. Chez l'une, c'est le dernier reflet du rayon divin qui n'est pas encore éteint; chez l'autre, c'est le reste de notre boue primitive. Cette dernière griffe de la bête fut agacée, ce cheveu du diable fut tiré par Nathan avec une excessive habileté. La marquise se demanda sérieusement si jusqu'à présent elle n'avait pas été la dupe de sa tête, si son éducation était complète. Le vice ?... c'est peut-être le désir de tout savoir.

Le lendemain, Calyste parut à Béatrix ce qu'il était, un loyal et parfait gentilhomme, mais sans verve ni esprit. A Paris, un homme spirituel est un homme qui a de l'esprit comme les fontaines ont de l'eau, car les gens du monde et les Parisiens en général sont spirituels; mais Calyste aimait trop, il était trop absorbé pour apercevoir le changement de Béatrix et la satisfaire en déployant de nouvelles ressources; il parut très-pâle au reflet de la soirée précédente, et ne donna pas la moindre émotion à l'affamée Béatrix. Un grand amour est un crédit ouvert à une puissance si vorace, que le moment de la faillite arrive toujours. Malgré la fatigue de cette journée, la journée où une femme s'ennuie auprès d'un amant, Béatrix frissonna de peur en pensant à une rencontre entre La Palférine, le successeur de Maxime de Trailles, et Calyste, homme de courage sans forfanterie. Elle hésita donc à revoir le jeune comte; mais ce nœud fut tranché par un fait décisif. Béatrix avait pris un tiers de loge aux Italiens, dans une loge obscure du rez-de-chaussée afin de ne pas être vue. Depuis quelques jours Calyste enhardi conduisait la marquise et se tenait dans cette loge derrière elle, en combinant leur arrivée assez tard pour qu'ils ne fussent aperçus par personne. Béatrix sortait une des premières de la salle avant la fin du dernier acte, et Calyste l'accompagnait de loin en veillant sur elle, quoique le vieil Antoine vînt chercher sa maîtresse. Maxime et La Palférine étudièrent cette stratégie inspirée par le respect des convenances, par ce besoin de cachoterie qui distingue les idolâtres de l'éternel Enfant, et aussi par une peur qui oppresse toutes les femmes autrefois les constellations du monde et que l'amour a fait choir de leur rang zodiacal. L'humiliation est alors redoutée comme une agonie plus cruelle que la mort; mais cette agonie de la fierté, cette avanie, que les femmes restées à leur rang dans l'Olympe jettent à celles qui en sont tombées, eut lieu dans les plus affreuses conditions par les soins de Maxime. A une représentation de la *Lucia* qui finit, comme on sait, par un des plus beaux triomphes de Rubini, madame de Rochefide qu'Antoine n'était pas venu prévenir arriva par son couloir au péristyle du théâtre dont les escaliers étaient encombrés de jolies femmes étagées sur les marches ou groupées en bas en attendant que leur domestique annonçât leur voiture. Béatrix fut reconnue par tous les yeux à la fois, elle excita dans tous les groupes des chuchotements qui firent rumeur. En un clin d'œil la foule se dissipa, la marquise resta seule comme une pestiférée. Calyste n'osa pas, en voyant sa femme sur un des deux escaliers, aller tenir compagnie à la réprouvée, et Béatrix lui jeta mais en vain par un regard trempé de larmes, à deux fois, une prière de venir près d'elle. En ce moment La Palférine, élégant, superbe, charmant, quitta deux femmes, vint saluer la marquise et causer avec elle.

— Prenez mon bras et sortez fièrement, je saurai trouver votre voiture, lui dit-il.

— Voulez-vous finir la soirée avec moi? lui répondit-elle en montant dans sa voiture et lui faisant place près d'elle.

La Palférine dit à son groom : « Suis la voiture de madame! » et monta près de madame de Rochefide à la stupéfaction de Calyste qui resta planté sur ses deux jambes comme si elles fussent devenues de plomb, car ce fut pour l'avoir aperçu pâle et blême que Béatrix fit signe au jeune comte de monter près d'elle. Toutes les colombes sont des Roberspierre à plumes blanches. Trois voitures arrivèrent rue de Chartres avec une foudroyante rapidité, celle de Calyste, celle de La Palférine, celle de la marquise.

— Ah! vous voilà?... dit Béatrix en entrant dans son salon appuyée sur le bras du jeune comte et y trouvant Calyste dont le cheval avait dépassé les deux autres équipages.

— Vous connaissez donc monsieur? demanda rageusement Calyste à Béatrix.

— Monsieur le comte de La Palférine me fut présenté par Nathan il y a dix jours, répondit Béatrix, et vous, monsieur, vous me connaissez depuis quatre ans...

— Et je suis prêt, madame, dit Charles-Édouard, à faire repentir jusque dans ses petits-enfants madame la marquise d'Espard, qui la première s'est éloignée de vous...

— Ah! c'est *elle!*... cria Béatrix, je lui revaudrai cela.

— Pour vous venger, il faudrait reconquérir votre mari, mais je suis capable de vous le ramener, dit le jeune homme à l'oreille de la marquise.

La conversation ainsi commencée alla jusqu'à deux heures du matin sans que Calyste, dont la rage fut sans cesse refoulée par des regards de Béatrix, eût pu lui dire deux mots à part. La Palférine, qui n'aimait pas Béatrix, fut d'une supériorité de bon goût, d'esprit et de grâce égale à l'infériorité de Calyste qui se tortillait sur les meubles comme un ver coupé en deux, et qui par trois fois se leva pour souffleter La Palférine. La troisième fois que Calyste fit un bond vers son rival, le jeune comte lui dit un : — « Souffrez-vous, monsieur le baron ?... » qui fit asseoir Calyste sur une chaise, et il y resta comme un terme. La marquise conversait avec une aisance de Célimène, en feignant d'ignorer que Calyste fût là. La Palférine eut la suprême habileté de sortir sur un mot plein d'esprit en laissant les deux amants brouillés.

Ainsi, par l'adresse de Maxime, le feu de la discorde flambait dans le double ménage de monsieur et de madame de Rochefide. Le lendemain, en apprenant le succès de cette scène par La Palférine au Jockey-club où le jeune comte jouait au wisk avec succès, il alla rue de La Bruyère, à l'hôtel Schontz, savoir comment Aurélie menait sa barque.

— Mon cher, dit madame Schontz en riant à l'aspect de Maxime, je suis au bout de tous mes expédients, Rochefide est incurable. Je finis ma carrière de galanterie en m'apercevant que l'esprit y est un malheur.

— Explique moi cette parole ?...

— D'abord, mon cher ami, j'ai tenu mon Arthur pendant huit jours au régime des coups de pied dans les os des jambes, des *scies* les plus patriotiques et de tout ce que nous connaissons de plus désagréable dans notre métier. — « Tu es malade, me disait-il avec une douceur paternelle, car je ne t'ai fait que du bien, et je t'aime à l'adoration. — Vous avez un tort, mon cher, lui ai-je dit, vous m'ennuyez. — Eh! bien, n'as-tu pas pour t'amuser les gens les plus spirituels et les plus jolis jeunes gens de Paris? » m'a répondu ce pauvre homme. J'ai été collée. Là, j'ai senti que je l'aimais...

— Ah! dit Maxime.

— Que veux-tu? c'est plus fort que nous, on ne résiste pas à ces façons-là. J'ai changé la pédale. J'ai fait des agaceries à ce sanglier judiciaire, à mon futur tourné comme Arthur en mouton, je l'ai fait rester là sur la bergère de Rochefide, et je l'ai trouvé bien sot. Me suis-je ennuyée?... il fallait bien avoir là Fabien pour me faire surprendre avec lui...

— Eh! bien, s'écria Maxime, arrive donc?... Voyons, quand Rochefide t'a eu surprise?...

— Tu n'y es pas, mon bonhomme. Selon tes instructions, les bans sont publiés, notre contrat se griffonne, ainsi Notre-Dame-de-Lorette n'a rien à redire. Quand il y a promesse de mariage, on peut bien donner des arrhes... En nous surprenant, Fabien et moi, le pauvre Arthur s'est retiré sur la pointe des pieds jusque dans la salle à manger, et il s'est mis à faire — « broum! broum! » en toussaillant et heurtant beaucoup de chaises. Ce grand niais de Fabien, à qui je ne peux pas tout dire, a eu peur...

Voilà, mon cher Maxime, à quel point nous en sommes....

Arthur me verrait deux, un matin en entrant dans ma chambre, il est capable de me dire : — Avez-vous bien passé la nuit, mes enfants?

Maxime hocha la tête et joua pendant quelques instants avec sa canne.

— Je connais ces natures-là, dit-il. Voici comment il faut t'y prendre, il n'y a plus qu'à jeter Arthur par la fenêtre et à bien fermer la porte. Tu recommenceras ta dernière scène avec Fabien?..

— En voilà une corvée, car enfin le sacrement ne m'a pas encore donné sa vertu...

— Tu t'arrangeras pour échanger un regard avec Arthur quand il te surprendra, dit Maxime en continuant, s'il se fâche, tout est dit. S'il fait encore broum! broum! c'est encore bien mieux fini...

— Comment?...

— Hé! bien, tu te fâcheras, tu lui diras : — « Je me croyais aimée, estimée; mais vous n'éprouvez plus rien pour moi; vous n'avez pas de jalousie. » Tu connais la tirade. « Dans ce cas-là, Maxime (fais-moi intervenir) tuerait son homme sur le coup. (Et pleure!) Et Fabien, lui (fais-lui honte en le comparant à Fabien), Fabien que j'aime, Fabien tirerait un poignard pour vous le plonger dans le cœur. Ah! voilà aimer! aussi, tenez, adieu, bonsoir, reprenez votre hôtel, j'épouse Fabien, il me donne son nom, lui! il foule aux pieds sa vieille mère. » Enfin, tu...

— Connu! connu! je serai superbe! s'écria madame Schontz. Ah! Maxime, il n'y aura jamais qu'un Maxime, comme il n'y a eu qu'un de Marsay.

— La Palférine est plus fort que moi, répondit modestement le comte de Trailles, il va bien.

— Il a de la langue, mais tu as du poignet et des reins! En as-tu supporté? en as-tu peloté? dit la Schontz.

— La Palférine a tout, il est profond et instruit; tandis que je suis ignorant, répondit Maxime. J'ai vu Rastignac qui s'est entendu sur-le-champ avec le Garde-des-Sceaux, Fabien sera nommé président, et officier de la Légion-d'Honneur après un an d'exercice.

— Je me ferai dévote! répondit madame Schontz en accentuant cette phrase de manière à obtenir un signe d'approbation de Maxime.

— Les prêtres valent mieux que nous, repartit Maxime.

— Ah! vraiment? demanda madame Schontz. Je pourrai donc rencontrer des gens à qui parler en province. J'ai commencé mon rôle. Fabien a déjà dit à sa mère que la grâce m'avait éclairée, et il a fasciné la bonne femme de mon million et de la Présidence, elle consent à ce que nous demeurions chez elle, elle a demandé mon portrait et m'a envoyé le sien, si l'Amour le regardait il en tomberait... à la renverse! Va-t'en, Maxime, ce soir je vais exécuter mon pauvre homme, ça me fend le cœur.

Deux jours après, en s'abordant sur le seuil de la maison du Jockey-club, Charles-Édouard dit à Maxime : — C'est fait! Ce mot, qui contenait tout un drame horrible, épouvantable, accompli souvent par vengeance, fit sourire le comte de Trailles.

— Nous allons entendre les doléances de Rochefide, dit Maxime, car vous avez touché but ensemble, Aurélie et toi! Aurélie a mis Arthur à la porte, et il faut maintenant le chambrer, il doit donner trois cent mille francs à madame du Ronceret et revenir à sa femme, nous allons lui prouver que Béatrix est supérieure à Aurélie.

— Nous avons bien dix jours devant nous, dit finement Charles-Édouard, et en conscience ce n'est pas trop; car, maintenant que je connais la marquise, le pauvre homme sera joliment volé.

— Comment feras-tu, lorsque la bombe éclatera?

— On a toujours de l'esprit quand on a le temps d'en chercher, je suis surtout superbe en me préparant.

Les deux joueurs entrèrent ensemble dans le salon et trouvèrent le marquis de Rochefide vieilli de deux ans, il n'avait pas mis son corset, il était sans son élégance, la barbe longue.

— Eh! bien, mon cher marquis?... dit Maxime.

— Ah! mon cher, ma vie est brisée...

Arthur parla pendant dix minutes et Maxime l'écouta gravement, il pensait à son mariage qui se célébrait dans huit jours.

— Mon cher Arthur, je t'avais donné le seul moyen que je connusse de garder Aurélie, et tu n'as pas voulu...

— Lequel?

— Ne t'avais-je pas conseillé d'aller souper chez Antonia?

— C'est vrai... Que veux-tu? j'aime... et toi, tu fais l'amour comme Grisier fait des armes.

— Écoute, Arthur, donne-lui trois cent mille francs de son petit hôtel, et je te promets de te trouver mieux qu'elle... Je te parlerai de cette belle inconnue plus tard, je vois d'Ajuda qui veut me dire deux mots.

Et Maxime laissa l'homme inconsolable pour aller au représentant d'une famille à consoler.

— Mon cher, dit l'autre marquis à l'oreille de Maxime, la duchesse est au désespoir, Calyste a fait faire secrètement ses malles, il a pris un passeport. Sabine veut suivre les fugitifs, surprendre Béatrix et la griffer. Elle est grosse, et ça prend la tournure d'une envie assez meurtrière, car elle est allée acheter publiquement des pistolets.

— Dis à la duchesse que madame de Rochefide ne partira pas, et que dans quinze jours tout sera fini. Maintenant, d'Ajuda, ta main? Ni toi, ni moi, nous n'avons jamais rien dit, rien su! nous admirerons les hasards de la vie!...

— La duchesse m'a déjà fait jurer sur les saints évangiles et sur la croix de me taire.

— Tu recevras ma femme dans un mois d'ici...

— Avec plaisir.

— Tout le monde sera content, répondit Maxime. Seulement, préviens la duchesse d'une circonstance qui va retarder de six semaines son voyage en Italie, je te dirai quoi, plus tard.

— Qu'est-ce!.., dit d'Ajuda qui regardait La Palférine.

— Le mot de Socrate avant de partir : nous devons un coq à Esculape, répondit La Palférine sans sourciller.

Pendant dix jours, Calyste fut sous le poids d'une colère d'autant plus invincible qu'elle était doublée d'une véritable passion. Béatrix éprouvait cet amour si brutalement, mais si fidèlement dépeint à la duchesse de Grandlieu par Maxime de Trailles. Peut-être n'existe-t-il pas d'êtres bien organisés qui ne ressentent cette terrible passion une fois dans le cours de leur vie. La marquise se sentait domptée par une force supérieure, par un jeune homme à qui sa qualité n'imposait pas, qui, tout aussi noble qu'elle, la regardait d'un œil puissant et calme, et à qui ses plus grands efforts de femme arrachaient à peine un sourire d'éloge. Enfin, elle était opprimée par un tyran qui ne la quittait jamais sans la laisser pleurant, blessée et se croyant des torts. Charles-Édouard jouait à madame de Rochefide la comédie que madame de Rochefide jouait depuis six mois à Calyste. Béatrix, depuis l'humiliation publique reçue aux Italiens, n'était pas sortie avec monsieur du Guénic de cette proposition :

— Vous m'avez préféré le monde et votre femme, vous ne m'aimez donc pas. Si vous voulez me prouver que vous m'aimez, sacrifiez-moi votre femme et le monde. Abandonnez Sabine et allons vivre en Suisse, en Italie, en Allemagne !

S'autorisant de ce dur *ultimatum,* elle avait établi ce blocus que les femmes dénoncent par de froids regards, par des gestes dédaigneux et par leur contenance de place forte. Elle se croyait délivrée de Calyste, elle pensait que jamais il n'oserait rompre avec les Grandlieu. Laisser Sabine à qui mademoiselle des Touches avait laissé sa fortune, n'était-ce pas se vouer à la misère? Mais Calyste, devenu fou de désespoir, avait secrètement pris un passe-port, et prié sa mère de lui faire passer une somme considérable. En attendant cet envoi de fonds, il surveillait Béatrix, en proie à toute la fureur d'une jalousie bretonne. Enfin, neuf jours après la fatale communication faite au club par La Palférine à Maxime, le baron, à qui sa mère avait envoyé trente mille francs, accourut chez Béatrix avec l'intention de forcer le blocus, de chasser La Palférine et de quitter Paris avec son idole apaisée. Ce fut une de ces alternatives terribles où les femmes qui ont conservé quelque peu de respect d'elles-mêmes s'enfoncent à jamais dans les profondeurs du vice; mais d'où elles peuvent revenir à la vertu. Jusque-là madame de Rochefide se regardait comme une femme vertueuse au cœur de laquelle il était tombé deux passions ; mais adorer Charles-Édouard et se laisser aimer par Calyste, elle allait perdre sa propre estime ; car, là où commence le mensonge, commence l'infamie. Elle avait donné des droits à Calyste, et nul pouvoir humain ne pouvait empêcher le Breton de se mettre à ses pieds et de les arroser des larmes d'un repentir absolu. Beaucoup de gens s'étonnent de l'insensibilité glaciale sous laquelle les femmes éteignent leurs amours ; mais si elles n'effaçaient point ainsi le passé, la vie serait sans dignité pour elles, elles ne pourraient jamais résister à la privauté fatale à laquelle elles se sont une fois soumises. Dans la situation entièrement neuve où elle se trouvait, Béatrix eût été sauvée si La Palférine fût venu ; mais l'intelligence du vieil Antoine la perdit.

En entendant une voiture qui arrêtait à la porte, elle dit à Calyste : — Voilà du monde ! et elle courut afin de prévenir un éclat.

Antoine, en homme prudent, dit à Charles-Édouard qui ne venait pas pour autre chose que pour entendre cette parole : — Madame la marquise est sortie !

Quand Béatrix apprit de son vieux domestique la visite du jeune comte et la réponse faite, elle dit : « — C'est bien ! » et rentra dans son salon en se disant : — « Je me ferai religieuse ! »

Calyste, qui s'était permis d'ouvrir la fenêtre, aperçut son rival.

— Qui donc est venu ? demanda-t-il.

— Je ne sais pas, Antoine est encore en bas.

— C'est La Palférine...

— Cela pourrait être...

— Tu l'aimes, et voilà pourquoi tu me trouves des torts, je l'ai vu !...

— Tu l'as vu ?...

— J'ai ouvert la fenêtre...

Béatrix tomba comme morte sur son divan. Alors elle transigea pour avoir un lendemain ; elle remit le départ à huit jours sous prétexte d'affaires, et se jura de défendre sa porte à Calyste si elle pouvait apaiser La Palférine, car tels sont les épouvantables calculs et les brûlantes angoisses que cachent ces existences sorties des rails sur lesquels roule le grand convoi social.

Lorsque Béatrix fut seule, elle se trouva si malheureuse, si profondément humiliée, qu'elle se mit au lit ; elle était malade, le combat violent qui lui déchirait le cœur lui parut avoir une réaction horrible, elle envoya chercher le médecin; mais, en même temps, elle fit remettre chez La Palférine la lettre suivante, où elle se vengea de Calyste avec une sorte de rage.

« Mon ami, venez me voir, je suis au désespoir. Antoine vous a
» renvoyé quand votre arrivée eût mis fin à l'un des plus horribles
» cauchemars de ma vie en me délivrant d'un homme que je hais,
» et que je ne reverrai plus jamais, je l'espère. Je n'aime que vous
» au monde, et je n'aimerai plus que vous, quoique j'aie le mal-
» heur de ne pas vous plaire autant que je le voudrais... »

Elle écrivit quatre pages qui, commençant ainsi, finissaient par une exaltation beaucoup trop poétique pour être typographiée, mais où Béatrix se compromettait tant qu'elle la termina par : « Suis-je
» assez à ta merci? Ah! rien ne me coûtera pour te prouver com-
» bien tu es aimé. » Et elle signa, ce qu'elle n'avait jamais fait ni pour Calyste ni pour Conti.

Le lendemain, à l'heure où le jeune comte vint chez la marquise, elle était au bain; Antoine le pria d'attendre. A son tour, il fit renvoyer Calyste, qui tout affamé d'amour vint de bonne heure, et qu'il regarda par la fenêtre au moment où il remontait en voiture désespéré.

— Ah! Charles, dit la marquise en entrant dans son salon, vous m'avez perdue!...

— Je le sais bien, madame, répondit tranquillement La Palférine. Vous m'avez juré que vous n'aimiez que moi, vous m'avez offert de me donner une lettre dans laquelle vous écririez les motifs que vous auriez de vous tuer, afin qu'en cas d'infidélité je pusse vous empoisonner sans avoir rien à craindre de la justice humaine, comme si des gens supérieurs avaient besoin de recourir au poison pour se venger. Vous m'avez écrit : *Rien ne me coûtera pour te prouver combien tu es aimé!*... Eh! bien, je trouve une contradiction dans ce mot : *Vous m'avez perdue !* avec cette fin de lettre... Je saurai maintenant si vous avez eu le courage de rompre avec du Guénic...

— Eh! bien, tu t'es vengé de lui par avance, dit-elle en lui sautant au cou. Et, de cette affaire-là, toi et moi nous sommes liés à jamais...

— Madame, répondit froidement le prince de la Bohême, si vous me voulez pour ami, j'y consens; mais à des conditions...

— Des conditions ?

— Oui, des conditions que voici. Vous vous réconcilierez avec monsieur de Rochefide, vous recouvrerez les honneurs de votre position, vous reviendrez dans votre bel hôtel de la rue d'Anjou, vous y serez une des reines de Paris, vous le pourrez en faisant jouer à Rochefide un rôle politique et en mettant dans votre conduite l'habileté, la persistance que madame d'Espard a déployée. Voilà la situation dans laquelle doit être une femme à qui je fais l'honneur de me donner...

— Mais vous oubliez que le consentement de monsieur de Rochefide est nécessaire.

— Oh ! chère enfant ! répondit La Palférine, nous vous l'avons préparé, je lui ai engagé ma foi de gentilhomme que vous valiez toutes les Schontz du quartier Saint-Georges, et vous me devez compte de mon honneur...

Pendant huit jours, tous les jours, Calyste alla chez Béatrix dont la porte lui fut refusée par Antoine qui prenait une figure de circonstance pour dire : « Madame la marquise est dangereusement malade. » De là, Calyste courait chez La Palférine dont le valet de chambre répondait : « Monsieur le comte est à la chasse ! » Chaque fois le Breton laissait une lettre pour La Palférine.

Le neuvième jour Calyste, assigné par un mot de La Palférine pour une explication, le trouva, mais en compagnie de Maxime de Trailles, à qui le jeune roué voulait donner sans doute une preuve de son savoir-faire en le rendant témoin de cette scène.

— Monsieur le baron, dit tranquillement Charles Édouard, voici les six lettres que vous m'avez fait l'honneur de m'écrire, elles sont saines et entières, elles n'ont pas été décachetées, je savais d'avance ce qu'elles pouvaient contenir en apprenant que vous me cherchiez partout, depuis le jour que je vous ai regardé par la fenêtre quand vous étiez à la porte d'une maison où la veille j'étais à la porte quand vous étiez à la fenêtre. J'ai pensé que je devais ignorer des provocations malséantes. Entre nous, vous avez trop de bon goût pour en vouloir à une femme de ce qu'elle ne vous aime plus. C'est un mauvais moyen de la reconquérir que de chercher querelle au préféré. Mais, dans la circonstance actuelle, vos lettres étaient entachées d'un vice radical, d'une *nullité,* comme disent les Avoués. Vous avez trop de bon sens pour en vouloir à un mari de reprendre sa femme. Monsieur de Rochefide

a senti. que la situation de la marquise était sans dignité. Vous ne
trouverez plus madame de Rochefide rue de Chartres, mais bien
à l'hôtel de Rochefide, dans six mois, l'hiver prochain. Vous vous
êtes jeté fort étourdiment au milieu d'un raccommodement entre
époux que vous avez provoqué vous-même en ne sauvant pas à
madame de Rochefide l'humiliation qu'elle a subie aux Italiens.
En sortant de là, Béatrix, à qui j'avais porté déjà quelques propositions amicales de la part de son mari, me prit dans sa voiture
et son premier mot fut alors : — Allez chercher Arthur !...

— Oh! mon Dieu !... s'écria Calyste, elle avait raison, j'avais
manqué de dévouement.

— Malheureusement, monsieur, ce pauvre Arthur vivait avec
une de ces femmes atroces, la Schontz, qui, depuis long-temps,
se voyait d'heure en heure sur le point d'être quittée. Madame
Schontz, qui, sur la foi du teint de Béatrix, nourrissait le désir de
se voir un jour marquise de Rochefide, est devenue enragée en
trouvant ses châteaux en Espagne à terre, elle a voulu se venger
d'un seul coup de la femme et du mari! Ces femmes-là, monsieur, se crèvent un œil pour en crever deux à leur ennemi ; la
Schontz, qui vient de quitter Paris, en a crevé six !... Et, si j'avais
eu l'imprudence d'aimer Béatrix, cette Schontz en aurait crevé huit.
Vous devez vous être aperçu que vous avez besoin d'un oculiste...

Maxime ne put s'empêcher de sourire au changement de figure
de Calyste qui devint pâle en ouvrant alors les yeux sur sa situation.

— Croiriez-vous, monsieur le baron, que cette ignoble femme a
donné sa main à l'homme qui lui a fourni les moyens de se venger ?... Oh ! les femmes !... Vous comprenez maintenant pourquoi
Béatrix s'est renfermée avec Arthur pour quelques mois à Nogent-
sur-Marne où ils ont une délicieuse petite maison, ils y recouvre-
ront la vue. Pendant ce séjour, on va remettre à neuf leur hôtel
où la marquise veut déployer une splendeur princière. Quand
on aime sincèrement une femme si noble, si grande, si gracieuse,
victime de l'amour conjugal au moment où elle a le courage de revenir à ses devoirs, le rôle de ceux qui l'adorent comme vous l'a-
dorez, qui l'admirent comme je l'admire, est de rester ses amis
quand on ne peut plus être que cela... Vous voudrez bien m'excuser si j'ai cru devoir prendre monsieur le comte de Trailles
pour témoin de cette explication ; mais je tenais beaucoup à être
net en tout ceci. Quant à moi, je veux surtout vous dire que si

j'admire madame de Rochefide comme intelligence, elle me déplaît souverainement comme femme...

— Voilà donc comme finissent nos plus beaux rêves, nos amours célestes! dit Calyste abasourdi par tant de révélations et de désillusionnements.

— En queue de poisson, s'écria Maxime. Je ne connais pas de premier amour qui ne se termine bêtement. Ah! monsieur le baron, tout ce que l'homme a de céleste ne trouve d'aliment que dans le ciel!.. Voilà ce qui nous donne raison à nous autres roués. Moi, j'ai beaucoup creusé cette question-là, monsieur; et, vous le voyez, je suis marié d'hier, je serai fidèle à ma femme, et je vous engage à revenir à madame du Guénic... dans trois mois. Ne regrettez pas Béatrix, c'est le modèle de ces natures vaniteuses, sans énergie, coquettes par gloriole, c'est madame d'Espard sans sa politique profonde, la femme sans cœur et sans tête, étourdie dans le mal. Madame de Rochefide n'aime qu'elle, elle vous aurait brouillé sans retour avec madame du Guénic, et vous eût planté là sans remords; enfin, c'est incomplet pour le vice comme pour la vertu.

— Je ne suis pas de ton avis, Maxime, dit La Palférine, elle sera la plus délicieuse maîtresse de maison de Paris.

Calyste ne sortit pas sans avoir échangé des poignées de main avec Charles-Édouard et Maxime de Trailles en les remerciant de ce qu'ils l'avaient opéré de ses illusions.

Trois jours après, la duchesse de Grandlieu, qui n'avait pas vu sa fille Sabine depuis la matinée où cette conférence avait eu lieu, survint un matin et trouva Calyste au bain, Sabine auprès de lui travaillait à des ornements nouveaux pour la nouvelle layette.

— Eh! bien, que vous arrive-t-il donc, mes enfants, demanda la bonne duchesse.

— Rien que de bon, ma chère maman, répondit Sabine qui leva sur sa mère des yeux rayonnant de bonheur, nous avons joué la fable des deux pigeons! voilà tout.

Calyste tendit la main à sa femme et la lui serra si tendrement en lui jetant un regard si éloquent qu'elle dit à l'oreille de la duchesse : — Je suis aimée, ma mère, et pour toujours!

1838—1844.

LA GRANDE BRETÈCHE.

(FIN DE AUTRE ÉTUDE DE FEMME.)

—Ah! madame, répliqua le docteur, j'ai des histoires terribles dans mon répertoire ; mais chaque récit a son heure dans une conversation, selon ce joli mot rapporté par Chamfort et dit au duc de Fronsac : — Il y a dix bouteilles de vin de Champagne entre ta saillie et le moment où nous sommes.

— Mais il est deux heures du matin, et l'histoire de Rosine nous a préparées, dit la maîtresse de la maison.

— Dites, monsieur Bianchon !... demanda-t-on de tous côtés.

A un geste du complaisant docteur, le silence régna.

— A une centaine de pas environ de Vendôme, sur les bords du Loir, dit-il, il se trouve une vieille maison brune, surmontée de toits très-élevés, et si complétement isolée qu'il n'existe à l'entour ni tannerie puante ni méchante auberge, comme vous en voyez aux abords de presque toutes les petites villes. Devant ce logis est un jardin donnant sur la rivière, et où les buis, autrefois ras qui dessinaient les allées, croissent maintenant à leur fantaisie. Quelques saules, nés dans le Loir, ont rapidement poussé comme la haie de clôture, et cachent à demi la maison. Les plantes que nous appelons mauvaises décorent de leur belle végétation le talus de la rive. Les arbres fruitiers, négligés depuis dix ans, ne produisent plus de récolte, et leurs rejetons forment des taillis. Les espaliers ressemblent à des charmilles. Les sentiers, sablés jadis, sont remplis de pourpier ; mais, à vrai dire, il n'y a plus trace de sentier. Du haut de la montagne sur laquelle pendent les ruines du vieux château des ducs de Vendôme, le seul endroit d'où l'œil puisse plonger sur cet enclos, on se dit que, dans un temps qu'il est difficile de déterminer ce coin de terre fit les délices de quelque gentilhomme occupé de roses, de tulipiers, d'horticulture en un mot, mais surtout gourmand de bons fruits. On aperçoit une tonnelle, ou plutôt les débris d'une tonnelle sous laquelle est encore une table que le temps n'a pas entièrement dévorée. A l'aspect de ce jardin qui n'est plus, les joies négatives de la vie paisible dont on jouit en province se devinent, comme on devine l'existence d'un bon négociant en lisant l'épitaphe de sa tombe. Pour compléter les idées tristes et douces qui saisissent l'âme, un des murs offre un cadran solaire orné de cette inscription bourgeoisement chrétienne : ULTIMAM COGITA ! Les toits de cette maison sont horriblement dégradés, les persiennes sont toujours closes, les balcons sont couverts de nids d'hirondelles, les portes restent constamment fermées. De hautes herbes ont dessiné par des lignes vertes les fentes des perrons, les ferrures sont rouillées. La lune, le soleil, l'hiver, l'été, la neige ont creusé les bois, gauchi les planches, rongé les peintures. Le morne silence qui règne là n'est troublé que par les oiseaux, les chats, les fouines, les rats et les souris libres de trotter, de se battre, de se manger. Une invisible main a partout écrit le mot : *Mystère*. Si, poussé par la curiosité, vous alliez voir cette maison du côté de la rue, vous apercevriez une grande porte de forme ronde par le haut, et à laquelle les enfants du pays ont fait des trous nombreux. J'ai appris plus tard que cette porte était condamnée depuis dix ans. Par ces brèches irrégulières, vous pourriez observer la parfaite harmonie qui existe entre la façade du jardin et la façade de la cour. Le même désordre y règne. Des bouquets d'herbes encadrent les pavés. D'énormes lézardes sillonnent les murs, dont les crêtes noircies sont enlacées par les mille festons de la pariétaire. Les marches du perron sont disloquées, la corde de la cloche est pourrie, les gouttières sont brisées. Quel feu tombé du ciel a passé par là ? Quel tribunal a ordonné de semer du sel sur ce logis ? — Y a-t-on insulté Dieu ? Y a-t-on trahi la France ? Voilà ce qu'on se demande. Les reptiles y rampent sans vous répondre. Cette maison, vide et déserte, est une immense énigme dont le mot n'est connu de personne. Elle était autrefois un petit fief, et porte le nom de *la Grande-Bretèche*. Pendant le temps de son séjour à Vendôme, où Desplein m'avait laissé pour soigner une riche malade, la vue de ce singulier logis devint un de mes plaisirs les plus vifs. N'était-ce pas mieux qu'une ruine ? A une ruine se rattachent quelques souvenirs d'une irréfragable authenticité ; mais cette habitation encore debout, quoique lentement démolie par une main vengeresse, renfermait un secret, une pensée inconnue; elle trahissait un caprice tout au moins. Plus d'une fois, le soir, je me fis aborder à la haie devenue sauvage qui protégeait cet enclos. Je bravais les égratignures, j'entrais dans ce jardin sans maître, dans cette propriété qui n'était plus ni publique ni particulière; j'y restais des heures entières à contempler son désordre. Je n'aurais pas voulu, pour prix de l'histoire à laquelle sans doute était dû ce spectacle bizarre, faire une seule question à quelque Vendomois bavard. Là, je composais de délicieux romans; je m'y livrais à de petites débauches de mélancolie qui me ravissaient. Si j'avais connu le motif, peut-être vulgaire, de cet abandon, j'eusse perdu les poésies inédites dont je m'enivrais. Pour moi, cet asile représentait les images les plus variées de la vie humaine, assombrie par ses malheurs : c'était tantôt l'air du cloître, moins les religieux; tantôt la paix du cimetière, sans les morts qui vous parlent leur langage épitaphique; aujourd'hui la maison du lépreux, demain celle des Atrides; mais c'était surtout la province avec ses idées recueillies, avec sa vie de sablier. J'y ai souvent pleuré, je n'y ai jamais ri. Plus d'une fois j'ai ressenti des terreurs involontaires en y entendant, au-dessus de ma tête, le sifflement sourd que rendaient les ailes de quelque ramier pressé. Le sol y est humide; il faut s'y défier des lézards, des vipères, des grenouilles qui s'y promènent avec la sauvage liberté de la nature; il faut surtout ne pas craindre le froid, car en quelques instants vous sentez un manteau de glace qui se pose sur vos épaules, comme la main du commandeur sur le cou de don Juan. Un soir j'y ai frissonné : le vent avait fait tourner une vieille girouette rouillée, dont les cris ressemblèrent à un gémissement poussé par la maison au moment où j'achevais un drame assez noir par lequel je m'expliquais cette espèce de douleur monumentalisée. Je revins à mon auberge, en proie à des idées sombres. Quand j'eus soupé, l'hôtesse entra d'un air de mystère dans ma chambre, et me dit : — Monsieur, voici monsieur Régnault. — Qu'est monsieur Regnault? — Comment, monsieur ne connaît pas monsieur Regnault? Ah! c'est drôle! dit-elle en s'en allant. Tout à coup je vis apparaître un homme long, fluet, vêtu de noir, tenant son chapeau à la main, et qui se présenta comme un bélier prêt à fondre sur son rival, en me montrant un front fuyant, une petite tête pointue et une face pâle, assez semblable à un verre d'eau sale. Vous eussiez dit de l'huissier d'un ministre. Cet inconnu portait un vieil habit, très-usé sur les plis; mais il avait un diamant au jabot de sa chemise et des boucles d'or à ses oreilles. — Monsieur, à qui ai-je l'honneur de parler? lui dis-je. Il s'assit sur une chaise, se mit devant mon feu, posa son chapeau sur ma table, et me répondit en se frottant les mains : — Ah! il fait bien froid. Monsieur, je suis monsieur Regnault. Je m'inclinai, en me disant à moi-même : — *Il bondo cani!* Cherche. — Je suis, reprit-il, notaire à Vendôme. — J'en suis ravi, monsieur, m'écriai-je, mais je ne suis point en mesure de tester, pour des raisons à moi connues. — Petit moment, reprit-il en levant la main comme pour m'imposer silence. Permettez, monsieur, permettez! J'ai appris que vous alliez vous promener quelquefois dans le jardin de la Grande Bretèche. — Oui, monsieur. — Petit moment! dit-il en répétant son geste, cette action constitue un véritable délit. Monsieur, je viens, au nom et comme exécuteur testamentaire de feu madame la comtesse de Merret, vous prier de discontinuer vos visites. Petit moment! Je ne suis pas un Turc et ne veux point vous en faire un crime. D'ailleurs, bien permis à vous d'ignorer les circonstances qui m'obligent à laisser tomber en ruines le plus bel hôtel de Vendôme. Cependant, monsieur, vous paraissez avoir de l'instruction, et devez savoir que les lois défendent, sous des peines graves, d'envahir une propriété close. Une haie vaut un mur. Mais l'état dans lequel la maison se trouve peut servir d'excuse à votre curiosité. Je ne demanderais pas mieux que de vous laisser libre d'aller et venir dans cette maison; mais, chargé d'exécuter les volontés de la testatrice, j'ai l'honneur, monsieur, de vous prier de ne plus entrer dans le jardin. Moi-même, monsieur, depuis l'ouverture du testament, je n'ai pas mis le pied dans cette maison, qui dépend, comme j'ai eu l'honneur de vous le dire, de la succession de madame de Merret. Nous en avons seulement constaté les portes et fenêtres, afin d'asseoir les impôts que je paye annuellement sur des fonds à ce destinés par feu madame la comtesse. Ah! mon cher monsieur, son testament a fait bien du bruit dans Vendôme! Là, il s'arrêta pour se moucher, le digne homme! Je respectai sa loquacité, comprenant à merveille que la succession de madame de Merret était l'événement le plus important de sa vie, toute sa réputation, sa gloire, sa Restauration. Il me fallait dire adieu à mes belles rêveries, à mes romans; je ne fus donc pas rebelle au plaisir d'apprendre la vérité d'une manière officielle. — Monsieur, lui dis-je, serait-il indiscret de vous demander les raisons de cette bizarrerie? A ces mots, un air qui exprimait tout le plaisir que ressentent les hommes habitués à monter sur le *dada*, passa sur la figure du notaire. Il releva le col de sa chemise avec une sorte de fatuité, tira sa tabatière, l'ouvrit, m'offrit du tabac; et, sur mon refus, il en saisit une forte pincée. Il était heureux! Un homme qui n'a pas de dada ignore tout le parti que l'on peut tirer de la vie. Un dada est le milieu précis entre la passion et la monomanie. En ce moment, je compris cette jolie expression de Sterne dans toute son étendue, et j'eus une complète idée de la joie avec laquelle l'oncle Tobie enfourchait, Trim aidant, son cheval de bataille. — Monsieur, me dit monsieur Regnault, j'ai été premier clerc de maître Roguin, à Paris. Excellente étude, dont vous avez peut-être entendu parler? non! cependant une malheureuse faillite l'a rendu célèbre. N'ayant pas assez de fortune pour traiter à Paris, au prix où les charges montèrent en 1816, je vins ici acquérir l'Étude de mon prédécesseur. J'avais des parents à Vendôme, entre autres une tante fort riche, qui m'a donné sa fille en mariage. — Monsieur, reprit-il après une légère pause, trois mois après avoir été agréé par Monseigneur le Garde des Sceaux, je fus mandé un soir, au moment où j'allais me coucher (je n'étais pas encore marié), par madame la comtesse de Merret, en son château de Merret. Sa femme de chambre, une brave fille qui sert aujourd'hui dans cette hôtellerie, était à ma porte avec la calèche de madame la comtesse. Ah! petit moment! Il faut vous dire, monsieur, que monsieur le comte de Merret était allé mourir à Paris deux mois avant que je ne vinsse ici. Il y périt misérablement en se livrant à des excès de tous les genres. Vous comprenez? Le jour de son départ, madame la comtesse avait quitté la Grande Bretèche et l'avait démeublée. Quelques personnes prétendent même qu'elle a brûlé les meubles, les tapisseries, enfin toutes les choses généralement quelconques qui garnissaient les lieux présentement loués par ledit sieur..... (Tiens, qu'est-ce que je dis donc? Pardon, je croyais dicter un bail.) Qu'elle les brûla, reprit-il, dans la prairie de Merret. Êtes-vous allé à Merret, monsieur? Non, dit-il en faisant lui-même ma réponse. Ah! c'est un fort bel endroit! Depuis trois mois environ, dit-il en continuant après un petit hochement de tête, monsieur le comte et madame la comtesse avaient vécu singulièrement; ils ne recevaient plus personne, madame habitait le rez-de-chaussée, et monsieur le premier étage. Quand madame la comtesse resta seule, elle ne se montra plus qu'à l'église. Plus tard, chez elle, à son château, elle refusa de voir les amis et amies qui vinrent lui faire des visites. Elle était déjà très-changée au moment où elle quitta la Grande Bretèche pour aller à Merret. Cette chère femme-là... (je dis chère, parce que ce diamant me vient d'elle, je ne l'ai vue, d'ailleurs, qu'une seule fois!) Donc, cette bonne dame était très-malade; elle avait sans doute désespéré de sa santé, car elle est morte sans vouloir appeler de médecins; aussi, beaucoup de nos dames ont-elles pensé qu'elle ne jouissait pas de toute sa tête. Monsieur, ma curiosité fut donc singulièrement excitée en apprenant que madame de Merret avait besoin de mon ministère. Je n'étais pas le seul qui s'intéressât à cette histoire. Le soir même, quoiqu'il fût tard, toute la ville sut que j'allais à Merret. La femme de chambre répondit assez vaguement aux questions que je lui fis en chemin; néanmoins, elle me dit que sa maîtresse avait été administrée par le curé de Merret pendant la journée, et qu'elle paraissait ne pas devoir passer la nuit. J'arrivai sur les onze heures au château. Je montai le grand escalier. Après avoir traversé de grandes pièces hautes et noires, froides et humides en diable, je parvins dans la chambre à coucher d'honneur où était madame la comtesse. D'après les bruits qui couraient sur cette dame (monsieur, je n'en finirais pas si je vous répétais tous les contes qui se sont débités à son égard!), je me la figurais comme une coquette. Imaginez-vous que j'eus beaucoup de peine à la trouver dans le grand lit où elle gisait. Il est vrai que, pour éclairer cette énorme chambre à frises de l'ancien régime, et poudrées de poussière à faire éternuer rien qu'à les voir, elle avait une de ces anciennes lampes d'Argant. Ah! mais vous n'êtes pas allé à Merret! Eh! bien, monsieur, le lit est un de ces lits d'autrefois, avec un ciel élevé, garni d'indienne à ramages. Une petite table de nuit était près du lit, et je vis dessus une *Imitation de Jésus-Christ,* que, par parenthèse, j'ai achetée à ma femme, ainsi que la lampe. Il y avait aussi une grande bergère pour la femme de confiance, et deux chaises. Point de feu, d'ailleurs. Voilà le mobilier. Ça n'aurait pas fait dix lignes dans un inventaire. Ah! mon cher monsieur, si vous aviez vu, comme je la vis alors, cette vaste chambre tendue en tapisseries brunes, vous vous seriez cru transporté dans une véritable scène de roman. C'était glacial, et mieux que cela, funèbre, ajouta-t-il en levant le bras par un geste théâtral et faisant une pause. A force de regarder, en venant près du lit, je finis par voir madame de Merret, encore grâce à la lueur de la lampe dont la clarté donnait sur les oreillers. Sa figure était jaune comme de la cire, et ressemblait à deux mains jointes. Madame la comtesse avait un bonnet de dentelles qui laissait voir de beaux cheveux, mais blancs comme du fil. Elle était sur son séant, et paraissait s'y tenir avec beaucoup de difficulté. Ses grands yeux noirs, abattus par la fièvre, sans doute, et déjà presque morts, remuaient à peine sous les os où sont les sourcils. — Ça, dit-il en me montrant l'arcade de ses yeux. Son front était humide. Ses mains décharnées ressemblaient à des os recouverts d'une peau tendre; ses veines, ses muscles se voyaient parfaitement bien; elle avait dû être très-belle; mais, en ce moment! je fus saisi de je ne sais quel sentiment à son aspect. Jamais, au dire de ceux qui l'ont ensevelie, une créature vivante n'avait atteint à sa maigreur sans mourir. Enfin, c'était épouvantable à voir! Le mal avait si bien rongé cette femme qu'elle n'était plus qu'un fantôme. Ses lèvres d'un violet pâle me parurent immobiles quand elle me parla. Quoique ma profession m'ait familiarisé avec ces spectacles en me conduisant parfois au chevet des mourants pour constater leurs dernières volontés, j'avoue que les familles en larmes et les agonies que j'ai vues n'étaient rien auprès de cette femme solitaire et silencieuse dans ce vaste château. Je n'entendais pas le moindre bruit, je ne voyais pas ce mouvement que la respiration de la malade aurait dû imprimer aux draps qui la couvraient, et je restai tout à fait immobile, occupé à la regarder avec une sorte de stupeur. Il me semble que j'y suis encore. Enfin ses grands yeux se remuèrent, elle essaya de lever sa main droite qui retomba sur le lit, et ces mots sortirent de sa bouche comme un souffle, car sa voix n'était déjà plus une voix. — « Je vous attendais avec bien de l'impatience. » Ses joues se colorèrent vivement. Parler, monsieur, c'était un effort pour elle. — « Madame, » lui dis-je. Elle me fit signe de me taire. En ce moment, la vieille femme de charge se leva et me dit à l'oreille : « Ne parlez pas, madame la comtesse est hors d'état d'entendre le moindre bruit; et ce que vous lui diriez pourrait l'agiter. » Je m'assis. Quelques instants après, madame de Merret rassembla tout ce qui lui restait de forces pour mouvoir son bras droit, le mit, non sans des peines infinies, sous son traversin; elle s'arrêta pendant un petit moment ; puis, elle fit un dernier effort pour retirer sa main ; et lorsqu'elle eut pris un papier cacheté, des gouttes de sueur tombèrent de son front. — « Je vous confie mon testament, dit-elle. Ah ! mon Dieu ! Ah ! » Ce fut tout. Elle saisit un crucifix qui était sur son lit, le porta rapidement à ses lèvres, et mourut. L'expression de ses yeux fixes me fait encore frissonner quand j'y songe. Elle avait dû bien souffrir ! Il y avait de la joie dans son dernier regard, sentiment qui resta gravé sur ses yeux morts. J'emportai le testament ; et, quand il fut ouvert, je vis que madame de Merret m'avait nommé son exécuteur testamentaire. Elle léguait la totalité de ses biens à l'hôpital de Vendôme, sauf quelques legs particuliers. Mais voici quelles furent ses dispositions relativement à la Grande Bretèche. Elle me recommanda de laisser cette maison pendant cinquante années révolues, à partir du jour de sa mort, dans l'état où elle se trouverait au moment de son décès, en interdisant l'entrée des appartements à quelque personne que ce fût, en défendant d'y faire la moindre réparation, et allouant même une rente afin de gager des gardiens, s'il en était besoin, pour assurer l'entière exécution de ses intentions. A l'expiration de ce terme, si le vœu de la testatrice a été accompli, la maison doit appartenir à mes héritiers, car monsieur sait que les notaires ne peuvent accepter de legs ; sinon, la Grande Bretèche reviendrait à qui de droit, mais à la charge de remplir les conditions indiquées dans un codicille annexé au testament, et qui ne doit être ouvert qu'à l'expiration desdites cinquante années. Le testament n'a point été attaqué, donc.... A ce mot, et sans achever sa phrase, le notaire oblong me regarda d'un air de triomphe, je le rendis tout à fait heureux en lui adressant quelques compliments. — Monsieur, lui dis-je en terminant, vous m'avez si vivement impressionné, que je crois voir cette mourante plus pâle que ses draps ; ses yeux luisants me font peur, et je rêverai d'elle cette nuit. Mais vous devez avoir formé quelques conjectures sur les dispositions contenues dans ce bizarre testament. — Monsieur, me dit-il avec une réserve comique, je ne me permets jamais de juger la conduite des personnes qui m'ont honoré par le don d'un diamant. Je déliai bientôt la langue du scrupuleux notaire vendomois, qui me communiqua, non sans de longues digressions, les observations dues aux profonds politiques des deux sexes dont les arrêts font loi dans Vendôme. Mais ces observations étaient si contradictoires, si diffuses, que je faillis m'endormir, malgré l'intérêt que je prenais à cette histoire authentique. Le ton lourd et l'accent monotone de ce notaire, sans doute habitué à s'écouter lui-même et à se faire écouter de ses clients ou de ses compatriotes, triompha de ma curiosité. Heureusement il s'en alla. — Ah! ah! monsieur, bien des gens, me dit-il dans l'escalier, voudraient vivre encore quarante-cinq ans; mais, petit moment! Et il mit, d'un air fin, l'index de sa main droite sur sa narine, comme s'il eût voulu dire : Faites bien attention à ceci? — Pour aller jusque-là, jusque-là, dit-il, il ne faut pas avoir la soixantaine. Je fermai ma porte, après avoir été tiré de mon apathie par ce dernier trait que le notaire trouva très-spirituel; puis, je m'assis dans mon fauteuil, en mettant mes pieds sur les deux chenets de ma cheminée. Je m'enfonçai dans un roman à la Radcliffe, bâti sur les données juridiques de monsieur Regnault, quand ma porte, manœuvrée par la main adroite d'une femme, tourna sur ses gonds. Je vis venir mon hôtesse, grosse femme réjouie, de belle humeur, qui avait manqué sa vocation; c'était une Flamande qui aurait dû naître dans un tableau de Teniers. — Eh! bien, monsieur? me dit-elle. Monsieur Regnault vous a sans doute rabâché son histoire de la Grande Bretèche. — Oui, mère Lepas. — Que vous a-t-il dit? Je lui répétai en peu de mots la ténébreuse et froide histoire de madame Merret. A chaque phrase, mon hôtesse tendait le cou, en me regardant avec une perspicacité d'aubergiste, espèce de juste milieu entre l'instinct du gendarme, l'astuce de l'espion et la ruse du commerçant. — Ma chère dame Lepas! ajoutai-je en terminant, vous paraissez en savoir davantage. Hein? Autrement, pourquoi seriez-vous montée chez moi? — Ah! foi d'honnête femme, et aussi vrai que je m'appelle Lepas... — Ne jurez pas, vos yeux sont gros d'un secret. Vous avez connu monsieur de Merret. Quel homme était-ce? — Dame, monsieur de Merret, voyez-vous, était un bel homme qu'on ne finissait pas de voir, tant il était long! un digne gentilhomme venu de Picardie, et qui avait, comme nous disons ici, la tête près du bonnet. Il payait tout comptant pour n'avoir de difficulté avec personne. Voyez-vous, il était vif. Nos dames le trouvaient toutes fort aimable. — Parce qu'il était vif! dis-je à mon hôtesse. — Peut-être bien, dit-elle. Vous pensez bien, monsieur, qu'il fallait avoir eu quelque chose devant soi, comme on dit, pour épouser madame de Merret qui, sans vouloir nuire aux autres, était la plus belle et la plus riche personne du Vendômois. Elle avait aux environs de vingt mille livres de rente. Toute la ville assistait à sa noce. La mariée était mignonne et avenante, un vrai bijou de femme. Ah! ils ont fait un beau couple dans le temps! —Ont-ils été heureux en ménage? — Heu, heu! oui et non, autant qu'on peut le présumer, car vous pensez bien que, nous autres, nous ne vivions pas à pot et à rôt avec eux! Madame de Merret était une bonne femme, bien gentille, qui avait peut-être bien à souffrir quelquefois des vivacités de son mari; mais quoiqu'un peu fier, nous l'aimions. Bah! c'était son état à lui d'être comme ça! Quand on est noble, voyez-vous... —Cependant il a bien fallu quelque catastrophe pour que monsieur et madame de Merret se séparassent violemment? — Je n'ai point dit qu'il y ait eu de catastrophe, monsieur. Je n'en sais rien. — Bien. Je suis sûr maintenant que vous savez tout. — Eh! bien, monsieur, je vais tout vous dire. En voyant monter chez vous monsieur Regnault, j'ai bien pensé qu'il vous parlerait de madame de Merret, à propos de la Grande Bretèche. Ça m'a donné l'idée de consulter monsieur, qui me paraît un homme de bon conseil et incapable de trahir une pauvre femme comme moi qui n'ai jamais fait de mal à personne, et qui se trouve cependant tourmentée par sa conscience. Jusqu'à présent, je n'ai point osé m'ouvrir aux gens de ce pays-ci, ce sont tous des bavards à langues d'acier. Enfin, monsieur, je n'ai pas encore eu de voyageur qui soit demeuré si long-temps que vous dans mon auberge, et auquel je pusse dire l'histoire des quinze mille francs... —Ma chère dame Lepas! lui répondis-je en arrêtant le flux de ses paroles, si votre confidence est de nature à me compromettre, pour tout au monde je ne voudrais pas en être chargé. — Ne craignez rien, dit-elle en m'interrompant. Vous allez voir. Cet empressement me fit croire que je n'étais pas le seul à qui ma bonne aubergiste eût communiqué le secret dont je devais être l'unique dépositaire, et j'écoutai. — Monsieur, dit-elle, quand l'Empereur envoya ici des Espagnols prisonniers de guerre ou autres, j'eus à loger, au compte du gouvernement, un jeune Espagnol envoyé à Vendôme sur parole. Malgré la parole, il allait tous les jours se montrer au Sous-Préfet. C'était un Grand d'Espagne! Excusez du peu? Il portait un nom en *os* et en *dia*, comme Bagos de Férédia. J'ai son nom écrit sur mes registres; vous pourrez le lire, si vous le voulez. Oh! c'était un beau jeune homme pour un Espagnol qu'on dit tous laids. Il n'avait guère que cinq pieds deux ou trois pouces, mais il était bien fait ; il avait de petites mains qu'il soignait, ah ! fallait voir. Il avait autant de brosses pour ses mains qu'une femme en a pour toutes ses toilettes ! Il avait de grands cheveux noirs, un œil de feu, un teint un peu cuivré, mais qui me plaisait tout de même. Il portait du linge fin comme je n'en ai jamais vu à personne ; quoique j'aie logé des princesses, et entre autres le général Bertrand, le duc et la duchesse d'Abrantès, monsieur Decazes et le roi d'Espagne. Il ne mangeait pas grand'chose ; mais il avait des manières si polies, si aimables, qu'on ne pouvait pas lui en vouloir. Oh ! je l'aimais beaucoup, quoiqu'il ne disait pas quatre paroles par jour et qu'il fût impossible d'avoir avec lui la moindre conversation ; si on lui parlait, il ne répondait pas ; c'était un tic, une manie qu'ils ont tous, à ce qu'on m'a dit. Il lisait son bréviaire comme un prêtre, il allait à la messe et à tous les offices régulièrement. Où se mettait il (nous avons remarqué cela plus tard) ? à deux pas de la chapelle de madame de Merret. Comme il se plaça là dès la première fois qu'il vint à l'église, personne n'imagina qu'il y eût de l'intention dans son fait. D'ailleurs, il ne levait pas le nez de dessus son livre de prières, le pauvre jeune homme ! Pour lors, monsieur, le soir il se promenait sur la montagne, dans les ruines du château. C'était son seul amusement à ce pauvre homme, il se rappelait là son pays. On dit que c'est tout montagnes en Espagne ! Dès les premiers jours de sa détention, il s'attarda. Je fus inquiète en ne le voyant revenir que sur le coup de minuit ; mais nous nous habituâmes tous à sa fantaisie ; il prit la clef de la porte, et nous ne l'attendîmes plus. Il logeait dans la maison que nous avons dans la rue des Casernes. Pour lors, un de nos valets d'écurie nous dit qu'un soir, en allant faire baigner les chevaux, il croyait avoir vu le Grand d'Espagne nageant au loin dans la rivière comme un vrai poisson. Quand il revint, je lui dis de prendre garde aux herbes ; il parut contrarié d'avoir été vu dans l'eau. — Enfin, monsieur, un jour, ou plutôt un matin, nous ne le trouvâmes plus dans sa chambre, il n'était pas revenu. A force de fouiller partout, je vis un écrit dans le tiroir de sa table où il y avait cinquante pièces d'or espagnoles qu'on nomme des portugaises et qui valaient environ cinq mille francs ; puis des diamants pour dix mille francs dans une petite boîte cachetée. Son écrit disait donc qu'au cas où il ne reviendrait pas, il nous laissait cet argent et ces diamants, à la charge de fonder des messes pour remercier Dieu de son évasion et pour son salut. Dans ce temps-là, j'avais encore mon homme, qui courut à sa recherche. Et voilà le drôle de l'histoire! il rapporta les habits de l'Espagnol qu'il découvrit sous une grosse pierre, dans une espèce de pilotis sur le bord de la rivière, du côté du château, à peu près en face de la Grande Bretèche. Mon mari était allé là si matin que personne ne l'avait vu. Il brûla les habits après avoir lu la lettre, et nous avons déclaré, suivant le désir du comte Férédia, qu'il s'était évadé. Le Sous-Préfet mit toute la gendarmerie à ses trousses ; mais, brust ! on ne l'a point rattrapé. Lepas a cru que l'Espagnol s'était noyé. Moi, monsieur, je ne le pense point, je crois plutôt qu'il est pour quelque chose dans l'affaire de madame de Merret, vu que Rosalie m'a dit que le crucifix auquel sa maîtresse tenait tant qu'elle s'est fait ensevelir avec, était d'ébène et d'argent ; or, dans les premiers temps de son séjour, monsieur Férédia en avait un d'ébène et d'argent que je ne lui ai plus revu. Maintenant, monsieur, n'est-il pas vrai que je ne dois point avoir de remords des quinze mille francs de l'Espagnol, et qu'ils sont bien à moi ? — Certainement. Mais vous n'avez pas essayé de questionner Rosalie ? lui dis-je. — Oh! si fait, monsieur. Que voulez-vous ! Cette fille-là, c'est un mur. Elle sait quelque chose ; mais il est impossible de la faire jaser. Après avoir encore causé pendant un moment avec moi, mon hôtesse me laissa en proie à des pensées vagues et ténébreuses, à une curiosité romanesque, à une terreur religieuse assez semblable au sentiment profond qui nous saisit quand nous entrons à la nuit dans une église sombre où nous apercevons une faible lumière lointaine sous des arceaux élevés ; une figure indécise glisse, un frottement de robe ou de soutane se fait entendre... nous avons frissonné. La Grande Bretèche et ses hautes herbes, ses fenêtres condamnées, ses ferrements rouillés, ses portes closes, ses appartements déserts, se montra tout à coup fantastiquement devant moi. J'essayai de pénétrer dans cette mystérieuse demeure en y cherchant le nœud de cette solennelle histoire, le drame qui avait tué trois personnes. Rosalie fut à mes yeux l'être le plus intéressant de Vendôme. Je découvris, en l'examinant, les traces d'une pensée intime, malgré la santé brillante qui éclatait sur son visage potelé. Il y avait chez elle un principe de remords ou d'espérance ; son attitude annonçait un secret, comme celle des dévotes qui prient avec excès ou celle de la fille infanticide qui entend toujours le dernier cri de son enfant. Sa pose était cependant naïve et grossière, son niais sourire n'avait rien de criminel, et vous l'eussiez jugée innocente, rien qu'à voir le grand mouchoir à carreaux rouges et bleus qui recouvrait son buste vigoureux, encadré, serré, ficelé par une robe à raies blanches et violettes. — Non, pensai-je, je ne quitterai pas Vendôme sans savoir toute l'histoire de la Grande Bretèche. Pour arriver à mes fins, je deviendrai l'ami de Rosalie, s'il le faut absolument.— Rosalie ! lui dis-je un soir. — Plaît-il, monsieur ?—Vous n'êtes pas mariée ? Elle tressaillit légèrement. — Oh ! je ne manquerai point d'hommes quand la fantaisie d'être malheureuse me prendra ! dit-elle en riant. Elle se remit promptement de son émotion intérieure, car toutes les femmes, depuis la grande dame jusqu'aux servantes d'auberge inclusivement, ont un sang-froid qui leur est particulier. — Vous êtes assez fraîche, assez appétissante pour ne pas manquer d'amoureux ! Mais, dites-moi, Rosalie, pourquoi vous êtes-vous faite servante d'auberge en quittant madame de Merret ? Est-ce qu'elle ne vous a pas laissé quelque rente ? — Oh ! que si ! Mais, monsieur, ma place est la meilleure de tout Vendôme. Cette réponse était une de celles que les juges et les avoués nomment *dilatoires*. Rosalie me paraissait située dans cette histoire romanesque comme la case qui se trouve au milieu d'un damier ; elle était au centre même de l'intérêt et de la vérité; elle me semblait nouée dans le nœud. Ce ne fut plus une séduction ordinaire à tenter, il y avait dans cette fille le dernier chapitre d'un roman ; aussi, dès ce moment, Rosalie devint-elle l'objet de ma prédilection. A force d'étudier cette fille, je remarquai chez elle, comme chez toutes les femmes de qui nous faisons notre pensée principale, une foule de qualités : elle était propre, soigneuse ; elle était belle, cela va sans dire ; elle eut bientôt tous les attraits que notre désir prête aux femmes, dans quelque situation qu'elles puissent être. Quinze jours après la visite du notaire, un soir, ou plutôt un matin, car il était de très bonne heure, je dis à Rosalie : — Raconte-moi donc tout ce que tu sais sur madame de Merret ? — Oh ! répondit-elle avec terreur, ne me demandez pas cela, monsieur Horace ! Sa belle figure se rembrunit, ses couleurs vives et animées pâlirent, et ses yeux n'eurent plus leur innocent éclat humide. — Eh ! bien, reprit-elle, puisque vous le voulez, je vous le dirai ; mais gardez-moi bien le secret ! — Va ! ma pauvre fille, je garderai tous tes secrets avec une probité de voleur, c'est la plus loyale qui existe.— Si cela vous est égal, me dit-elle, j'aime mieux que ce soit avec la vôtre. Là-dessus, elle ragréa son foulard, et se posa comme pour conter; car il y a, certes, une attitude de confiance et de sécurité nécessaire pour faire un récit. Les meilleures narrations se disent à une certaine heure, comme nous sommes là tous à table. Personne n'a bien conté debout ou à jeun. Mais s'il fallait reproduire fidèlement la diffuse éloquence de Rosalie, un volume entier suffirait à peine. Or, comme l'événement dont elle me donna la confuse connaissance se trouve placé, entre le bavardage du notaire et celui de madame Lepas, aussi exactement que les moyens termes d'une proportion arithmétique le sont entre leurs deux extrêmes, je n'ai plus qu'à vous le dire en peu de mots. J'abrège donc. La chambre que madame de Merret occupait à la Bretèche était située au rez-de-chaussée. Un petit cabinet de quatre pieds de profondeur environ, pratiqué dans l'intérieur du mur, lui servait de garde-robe. Trois mois avant la soirée dont je vais vous raconter les faits, madame de Merret avait été assez sérieusement indisposée pour que son mari la laissât seule chez elle, et il couchait dans une chambre au premier étage. Par un de ces hasards impossibles à prévoir, il revint, ce soir-là, deux heures plus tard que de coutume du Cercle où il allait lire les journaux et causer politique avec les habitants du pays. Sa femme le croyait rentré, couché, endormi. Mais l'invasion de la France avait été l'objet d'une discussion fort animée; la partie de billard s'était échauffée, il avait perdu quarante francs, somme énorme à Vendôme, où tout le monde thésaurise, et où les mœurs sont contenues dans les bornes d'une modestie digne d'éloges, qui peut-être devient la source d'un bonheur vrai dont ne se soucie aucun Parisien. Depuis quelque temps monsieur de Merret se contentait de demander à Rosalie si sa femme était couchée; sur la réponse toujours affirmative de cette fille, il allait immédiatement chez lui, avec cette bonhomie qu'enfantent l'habitude et la confiance. En rentrant, il lui prit fantaisie de se rendre chez madame de Merret pour lui conter sa mésaventure, peut-être aussi pour s'en consoler. Pendant le dîner, il avait trouvé madame de Merret fort coquettement mise; il se disait, en allant du Cercle chez lui, que sa femme ne souffrait plus, que sa convalescence l'avait embellie, et il s'en apercevait, comme les maris s'aperçoivent de tout, un peu tard. Au lieu d'appeler Rosalie, qui dans ce moment était occupée dans la cuisine à voir la cuisinière et le cocher jouant un coup difficile de la brisque, monsieur de Merret se dirigea vers la chambre de sa femme, à la lueur de son falot qu'il avait déposé sur la première marche de l'escalier. Son pas facile à reconnaître retentissait sous les voûtes du corridor. Au moment où le gentilhomme tourna la clef de la chambre de sa femme, il crut entendre fermer la porte du cabinet dont je vous ai parlé ; mais, quand il entra, madame de Merret était seule, debout devant la cheminée. Le mari pensa naïvement en lui-même que Rosalie était dans le cabinet ; cependant un soupçon qui lui tinta dans l'oreille avec un bruit de cloches le mit en défiance ; il regarda sa femme, et lui trouva dans les yeux je ne sais quoi de trouble et de fauve. — Vous rentrez bien tard, dit-elle. Cette voix ordinairement si pure et si gracieuse lui parut légèrement altérée. Monsieur de Merret ne répondit rien, car en ce moment Rosalie entra. Ce fut un coup de foudre pour lui. Il se promena dans la chambre, en allant d'une fenêtre à l'autre par un mouvement uniforme et les bras croisés. — Avez-vous appris quelque chose de triste, ou souffrez-vous ? lui demanda timidement sa femme pendant que Rosalie la déshabillait. Il garda le silence. — Retirez-vous, dit madame de Merret à sa femme de chambre, je mettrai mes papillotes moi-même. Elle devina quelque malheur au seul aspect de la figure de son mari, et voulut être seule avec lui. Lorsque Rosalie fut partie, ou censée partie, car elle resta pendant quelques instants dans le corridor, monsieur de Merret vint se placer devant sa femme, et lui dit froidement : — Madame, il y a quelqu'un dans votre cabinet ! Elle regarda son mari d'un air calme, et lui répondit avec simplicité : — Non, monsieur. Ce non navra monsieur de Merret, il n'y croyait pas ; et pourtant jamais sa femme ne lui avait paru ni plus pure ni plus religieuse qu'elle semblait l'être en ce moment. Il se leva pour aller ouvrir le cabinet, madame de Merret le prit par la main, l'arrêta, le regarda d'un air mélancolique, et lui dit d'une voix singulièrement émue : — Si vous ne trouvez personne, songez que tout sera fini entre nous ! L'incroyable dignité empreinte dans l'attitude de sa femme rendit au gentilhomme une profonde estime pour elle, et lui inspira une de ces résolutions auxquelles il ne manque qu'un plus vaste théâtre pour devenir immortelles. — Non, dit-il, Joséphine, je n'irai pas. Dans l'un et l'autre cas, nous serions séparés à jamais. Écoute, je connais toute la pureté de ton âme, et sais que tu mènes une vie sainte, tu ne voudrais pas commettre un péché mortel aux dépens de ta vie. A ces mots, madame de Merret regarda son mari d'un œil hagard. — Tiens, voici ton crucifix, ajouta cet homme. Jure-moi devant Dieu qu'il n'y a là personne, je te croirai, je n'ouvrirai jamais cette porte. Madame de Merret prit le crucifix et dit : — Je le jure. — Plus haut, dit le mari, et répète : Je jure devant Dieu qu'il n'y a personne dans ce cabinet. Elle répéta la phrase sans se troubler. — C'est bien, dit froidement monsieur de Merret. Après un moment de silence : — Vous avez une bien belle chose que je ne connaissais pas, dit-il en examinant ce crucifix en ébène incrusté d'argent, et très-artistement sculpté. — Je l'ai trouvé chez Duvivier, qui, lorsque cette troupe de prisonniers passa par Vendôme l'année dernière, l'avait acheté d'un religieux espagnol. — Ah ! dit monsieur de Merret en remettant le crucifix au clou, et il sonna. Rosalie ne se fit pas attendre. Monsieur de Merret alla vivement à sa rencontre, l'emmena dans l'embrasure de la fenêtre qui donnait sur le jardin, et lui dit à voix basse : — Je sais que Gorenflot veut t'épouser, la pauvreté seule vous empêche de vous mettre en ménage, et tu lui as dit que tu ne serais pas sa femme s'il ne trouvait moyen de s'établir maître maçon... eh ! bien, va le chercher, dis-lui de venir ici avec sa truelle et ses outils. Fais en sorte de n'éveiller que lui dans sa maison ; sa fortune passera vos désirs. Surtout sors d'ici sans jaser, sinon.... Il fronça le sourcil. Rosalie partit, il la rappela. — Tiens, prends mon passe-partout, dit-il. — Jean, cria monsieur de Merret d'une voix tonnante dans le corridor. Jean, qui était tout à la fois son cocher et son homme de confiance, quitta sa partie de brisque, et vint. — Allez vous coucher tous, lui dit son maître en lui faisant signe de s'approcher ; et le gentilhomme ajouta, mais à voix basse : — Lorsqu'ils seront tous endormis, *endormis*, entends-tu bien ? tu descendras m'en prévenir. Monsieur de Merret, qui n'avait pas perdu de vue sa femme, tout en donnant ses ordres, revint tranquillement auprès d'elle devant le feu, et se mit à lui raconter les événements de la partie de billard et les discussions du Cercle. Lorsque Rosalie fut de retour, elle trouva monsieur et madame de Merret causant très-amicalement. Le gentilhomme avait récemment fait plafonner toutes les pièces qui composaient son appartement de réception au rez-de-chaussée. Le plâtre est fort rare à Vendôme, le transport en augmente beaucoup le prix ; le gentilhomme en avait donc fait venir une assez grande quantité, sachant qu'il trouverait toujours bien des acheteurs pour ce qui lui resterait. Cette circonstance lui inspira le dessein qu'il mit à exécution. — Monsieur, Gorenflot est là, dit Rosalie à voix basse. — Qu'il entre! répondit tout haut le gentilhomme picard. Madame de Merret pâlit légèrement en voyant le maçon. — Gorenflot, dit le mari, va prendre des briques sous la remise, et apportes-en assez pour murer la porte de ce cabinet; tu te serviras du plâtre qui me reste pour enduire le mur. Puis attirant à lui Rosalie et l'ouvrier : — Écoute, Gorenflot, dit-il à voix basse, tu coucheras ici cette nuit. Mais, demain matin, tu auras un passe-port pour aller en pays étranger dans une ville que je t'indiquerai. Je te remettrai six mille francs pour ton voyage. Tu demeureras dix ans dans cette ville; si tu ne t'y plaisais pas, tu pourrais t'établir dans une autre, pourvu que ce soit au même pays. Tu passeras par Paris, où tu m'attendras. Là, je t'assurerai par un contrat, six autres mille francs qui te seront payés à ton retour au cas où tu aurais rempli les conditions de notre marché. A ce prix, tu devras garder le plus profond silence sur ce que tu auras fait ici cette nuit. Quant à toi, Rosalie, je te donnerai dix mille francs qui ne te seront comptés que le jour de tes noces, et à la condition d'épouser Gorenflot; mais, pour vous marier, il faut se taire. Sinon, plus de dot. — Rosalie, dit madame de Merret, venez me coiffer. Le mari se promena tranquillement de long en large, en surveillant la porte, le maçon et sa femme, mais sans laisser paraître une défiance injurieuse. Gorenflot fut obligé de faire du bruit. Madame de Merret saisit un moment où l'ouvrier déchargeait des briques et où son mari se trouvait au bout de la chambre, pour dire à Rosalie: — Mille francs de rente pour toi, ma chère enfant, si tu peux dire à Gorenflot de laisser une crevasse en bas. Puis, tout haut, elle lui dit avec sang-froid : — Va donc l'aider! Monsieur et madame de Merret restèrent silencieux pendant tout le temps que Gorenflot mit à murer la porte. Ce silence était calcul chez le mari, qui ne voulait pas fournir à sa femme le prétexte de jeter des paroles à double entente; et chez madame de Merret ce fut prudence ou fierté. Quand le mur fut à la moitié de son élévation, le rusé maçon prit un moment où le gentilhomme avait le dos tourné pour donner un coup de pioche dans l'une des deux vitres de la porte. Cette action fit comprendre à madame de Merret que Rosalie avait parlé à Gorenflot. Tous trois virent alors une figure d'homme sombre et brune, des cheveux noirs, un regard de feu. Avant que son mari ne se fût retourné, la pauvre femme eut le temps de faire un signe de tête à l'étranger pour qui ce signe voulait dire : — Espérez! A quatre heures, vers le petit jour, car on était au mois de septembre, la construction fut achevée. Le maçon resta sous la garde de Jean, et monsieur de Merret coucha dans la chambre de sa femme. Le lendemain matin, en se levant, il dit avec insouciance : — Ah ! diable, il faut que j'aille à la mairie pour le passe-port. Il mit son chapeau sur sa tête, fit trois pas vers la porte, se ravisa, prit le crucifix. Sa femme tressaillit de bonheur. — Il ira chez Duvivier, pensa-t-elle. Aussitôt que le gentilhomme fut sorti, madame de Merret sonna Rosalie; puis, d'une voix terrible : — La pioche, la pioche, s'écria-t-elle, et à l'ouvrage ! J'ai vu hier comment Gorenflot s'y prenait, nous aurons le temps de faire un trou et de le reboucher. En un clin d'œil, Rosalie apporta une espèce de *merlin* à sa maîtresse, qui, avec une ardeur dont rien ne pourrait donner une idée, se mit à démolir le mur. Elle avait déjà fait sauter quelques briques, lorsqu'en prenant son élan pour appliquer un coup encore plus vigoureux que les autres, elle vit monsieur de Merret derrière elle; elle s'évanouit. — Mettez madame sur son lit, dit froidement le gentilhomme. Prévoyant ce qui devait arriver pendant son absence, il avait tendu un piége à sa femme; il avait tout bonnement écrit au maire, et envoyé chercher Duvivier. Le bijoutier arriva au moment où le désordre de l'appartement venait d'être réparé. — Duvivier, lui demanda le gentilhomme, n'avez-vous pas acheté des crucifix aux Espagnols qui ont passé par ici ? — Non, monsieur. — Bien, je vous remercie, dit-il en échangeant avec sa femme un regard de tigre. — Jean, ajouta-t-il en se tournant vers son valet de confiance, vous ferez servir mes repas dans la chambre de madame de Merret, elle est malade, et je ne la quitterai pas qu'elle ne soit rétablie. Le cruel gentilhomme resta pendant vingt jours près de sa femme. Durant les premiers moments, quand il se faisait quelque bruit dans le cabinet muré et que Joséphine voulait l'implorer pour l'inconnu mourant, il lui répondait, sans lui permettre de dire un seul mot : — Vous avez juré sur la croix qu'il n'y avait là personne.

Après ce récit, toutes les femmes se levèrent de table, et le charme sous lequel Bianchon les avait tenues fut dissipé par ce mouvement. Néanmoins quelques-unes d'entre elles avaient eu quasi froid en entendant le dernier mot.

MODESTE MIGNON.

A UNE ÉTRANGÈRE.

Fille d'une terre esclave, ange par l'amour, démon par la fantaisie, enfant par la foi, vieillard par l'expérience, homme par le cerveau, femme par le cœur, géant par l'espérance, mère par la douleur et poète par les rêves; à toi, qui es encore la Beauté, cet ouvrage où ton amour et ta fantaisie, ta foi, ton expérience, ta douleur, ton espoir et tes rêves sont comme les chaînes qui soutiennent une trame moins brillante que la poésie gardée dans ton âme, et dont les expressions visibles sont comme ces caractères d'un langage perdu qui préoccupent les savants.

DE BALZAC.

Vers le milieu du mois d'octobre 1829, monsieur Simon Babylas Latournelle, un notaire, montait du Havre à Ingouville, bras dessus bras dessous avec son fils, et accompagné de sa femme, près de laquelle allait, comme un page, le premier clerc de l'Étude, un petit bossu nommé Jean Butscha. Quand ces quatre personnages, dont deux au moins faisaient ce chemin tous les soirs, arrivèrent au coude de la route qui tourne sur elle-même comme celles que les Italiens appellent des *corniches*, le notaire examina si personne ne pouvait l'écouter du haut d'une terrasse, en arrière ou en avant d'eux, et il prit le médium de sa voix par excès de précaution.

— Exupère, dit-il à son fils, tâche d'exécuter avec intelligence la petite manœuvre que je vais t'indiquer, et sans en rechercher le sens; mais si tu le devines, je t'ordonne de le jeter dans ce Styx que tout notaire ou tout homme qui se destine à la magistrature doit avoir en lui-même pour les secrets d'autrui. Après avoir présenté tes respects, tes devoirs et tes hommages à madame et mademoiselle Mignon, à monsieur et madame Dumay, à monsieur Gobenheim s'il est au Chalet; quand le silence se sera rétabli, monsieur Dumay te prendra dans un coin ; tu regarderas avec curiosité (je te le permets) mademoiselle Modeste pendant tout le temps qu'il te parlera. Mon digne ami te priera de sortir et d'aller te promener, pour rentrer au bout d'une heure environ, sur les neuf heures, d'un air empressé ; tâche alors d'imiter la respiration d'un homme essoufflé, puis tu lui diras à l'oreille, tout bas, et néanmoins de manière à ce que mademoiselle Modeste t'entende : — *Le jeune homme arrive!*

Exupère devait partir le lendemain pour Paris, y commencer son Droit. Ce prochain départ avait décidé Latournelle à proposer à son ami Dumay son fils pour complice de l'importante conspiration que cet ordre peut faire entrevoir.

— Est-ce que mademoiselle Modeste serait soupçonnée d'avoir une intrigue? demanda Butscha d'une voix timide à sa patronne.

— Chut! Butscha, répondit madame Latournelle en reprenant le bras de son mari.

Madame Latournelle, fille du greffier du tribunal de première instance, se trouve suffisamment autorisée par sa naissance à se dire issue d'une *famille parlementaire.* Cette prétention indique déjà pourquoi cette femme, un peu trop couperosée, tâche de se donner la majesté du tribunal dont les jugements sont griffonnés par monsieur son père. Elle prend du tabac, se tient roide comme un pieu, se pose en femme considérable, et ressemble parfaitement à une momie à laquelle le galvanisme aurait rendu la vie pour un instant. Elle essaye de donner des tons aristocratiques à sa voix aigre ; mais elle n'y réussit pas plus qu'à couvrir son défaut d'instruction. Son utilité sociale semble incontestable à voir les bonnets armés de fleurs qu'elle porte, les tours tapés sur ses tempes, et des robes qu'elle choisit. Où les marchands placeraient-ils ces produits, s'il n'existait pas des madame Latournelle ? Tous les ridicules de cette digne femme, essentiellement charitable et pieuse, eussent peut-être passé presque inaperçus ; mais la nature, qui plaisante parfois en lâchant de ces créations falottes, l'a douée d'une taille de tambour-major, afin de mettre en lumière les inventions de cet esprit provincial. Elle n'est jamais sortie du Hâvre, elle croit en l'infaillibilité du Hâvre, elle achète tout au Hâvre, elle s'y fait habiller ; elle se dit *Normande jusqu'au bout des ongles*,

MADAME LATOURNELLE.

Elle prend du tabac, se tient roide comme un pieu.... et
ressemble parfaitement à une momie.....

MODESTE MIGNON.

elle vénère son père et adore son mari. Le petit Latournelle eut la hardiesse d'épouser cette fille arrivée à l'âge anti-matrimonial de trente-trois ans, et sut en avoir un fils. Comme il eut obtenu partout ailleurs les soixante mille francs de dot donnés par le greffier, on attribua son intrépidité peu commune au désir d'éviter l'invasion du Minotaure, de laquelle ses moyens personnels l'eussent difficilement garanti, s'il avait eu l'imprudence de mettre le feu chez lui, en y mettant une jeune et jolie femme. Le notaire avait tout bonnement reconnu les grandes qualités de mademoiselle Agnès (elle se nommait Agnès), et remarqué combien la beauté d'une femme passe promptement pour un mari. Quant à ce jeune homme insignifiant, à qui le greffier imposa son nom normand sur les fonts, madame Latournelle est encore si surprise d'être devenue mère, à trente-cinq ans sept mois, qu'elle se retrouverait des mamelles et du lait pour lui, s'il le fallait, seule hyperbole qui puisse peindre sa folle maternité.

— Comme il est beau, mon fils !... disait-elle à sa petite amie Modeste en le lui montrant, sans aucune arrière-pensée, quand elles allaient à la messe et que son bel Exupère marchait en avant.

— Il vous ressemble, répondait Modeste Mignon comme elle eût dit : Quel vilain temps !

La silhouette de ce personnage, très-accessoire, paraîtra nécessaire en disant que madame Latournelle était depuis environ trois ans le chaperon de la jeune fille à laquelle le notaire et Dumay son ami voulaient tendre un de ces pièges appelés *souricières* dans la Physiologie du Mariage.

Quant à Latournelle, figurez-vous un bon petit homme, aussi rusé que la probité la plus pure le permet, et que tout étranger prendrait pour un fripon à voir l'étrange physionomie à laquelle le Havre s'est habitué. Une vue, dite tendre, force le digne notaire à porter des lunettes vertes pour conserver ses yeux, constamment rouges. Chaque arcade sourcilière, ornée d'un duvet assez rare, dépasse d'une ligne environ l'écaille brune du verre en en doublant en quelque sorte le cercle. Si vous n'avez pas observé déjà sur la figure de quelque passant l'effet produit par ces deux circonférences superposées et séparées par un vide, vous ne sauriez imaginer combien un pareil visage vous intrigue ; surtout quand ce visage, pâle et creusé, se termine en pointe comme celui de Méphistophélès que les peintres ont copié sur le masque des chats, car telle est la ressemblance offerte par Babylas Latournelle. Au-dessus de ces atroces lunettes vertes s'élève un crâne dénudé, d'autant plus artificieux que la perruque, en apparence douée de mouvement, a l'indiscrétion de laisser passer des cheveux blancs de tous côtés, et coupe toujours le front inégalement. En voyant cet estimable Normand, vêtu de noir comme un coléoptère, monté sur ses deux jambes comme sur deux épingles, et le sachant le plus honnête homme du monde, on cherche, sans la trouver, la raison de ces contre-sens physiognomiques.

Jean Butscha, pauvre enfant naturel abandonné, de qui le greffier Labrosse et sa fille avaient pris soin, devenu premier clerc à force de travail, logé, nourri chez son patron qui lui donne neuf cents francs d'appointements, sans aucun semblant de jeunesse, presque nain, faisait de Modeste une idole : il eût donné sa vie pour elle. Ce pauvre être, dont les yeux semblables à deux lumières de canon sont pressés entre des paupières épaisses, marqué de la petite-vérole, écrasé par une chevelure crépue, embarrassé de ses mains énormes, vivait sous les regards de la pitié depuis l'âge de sept ans : ceci ne peut-il pas vous l'expliquer tout entier? Silencieux, recueilli, d'une conduite exemplaire, religieux, il voyageait dans l'immense étendue du pays appelé, sur la carte de Tendre, Amour-sans-espoir, les steppes arides et sublimes du Désir. Modeste avait surnommé ce grotesque premier clerc le nain mystérieux. Ce sobriquet fit lire à Butscha le roman de Walter Scott, et il dit à Modeste : — Voulez-vous, pour le jour du danger, une rose de votre nain mystérieux? Modeste refoula soudain l'âme de son adorateur dans sa cabane de boue, par un de ces regards terribles que les jeunes filles jettent aux hommes qui ne leur plaisent pas. Butscha se surnommait lui-même le *clerc obscur*, sans savoir que ce calembour remonte à l'origine des panonceaux ; mais il n'était, de même que sa patronne, jamais sorti du Havre.

Peut-être est-il nécessaire, dans l'intérêt de ceux qui ne connaissent pas le Havre, d'en dire un mot en expliquant où se rendait la famille Latournelle, car le premier clerc y est évidemment inféodé.

Ingouville est au Havre ce que Montmartre est à Paris, une haute colline au pied de laquelle la ville s'étale, à cette différence près que la mer et la Seine entourent la ville et la colline, que le Havre se voit fatalement circonscrit par d'étroites fortifica-

BUTSCHA.

Modeste avait surnommé ce grotesque premier clerc,
le Nain mystérieux.

MODESTE MIGNON,

tions, et qu'enfin l'embouchure du fleuve, le port, les bassins, présentent un spectacle tout autre que celui des cinquante mille maisons de Paris. Au bas de Montmartre, un océan d'ardoises montre ses lames bleues figées; à Ingouville, on voit comme des toits mobiles agités par les vents. Cette éminence, qui, depuis Rouen jusqu'à la mer, côtoie le fleuve en laissant une marge plus ou moins resserrée entre elle et les eaux, mais qui certes contient des trésors de pittoresque avec ses villes, ses gorges, ses vallons, ses prairies, acquit une immense valeur à Ingouville depuis 1816, époque à laquelle commença la prospérité du Havre. Cette commune devint l'Auteuil, le Ville-d'Avray, le Montmorency des commerçants qui se bâtirent des villas, étagées sur cet amphithéâtre pour y respirer l'air de la mer parfumé par les fleurs de leurs somptueux jardins. Ces hardis spéculateurs s'y reposent des fatigues de leurs comptoirs et de l'atmosphère de leurs maisons serrées les unes contre les autres, sans espace, souvent sans cour, comme les font et l'accroissement de la population du Havre, et la ligne inflexible de ses remparts, et l'agrandissement des bassins. En effet, quelle tristesse au cœur du Hâvre et quelle joie à Ingouville! La loi du développement social a fait éclore comme un champignon le faubourg de Graville, aujourd'hui plus considérable que le Havre, et qui s'étend au bas de la côte comme un serpent.

A sa crête, Ingouville n'a qu'une rue; et, comme dans toutes ces positions, les maisons qui regardent la Seine ont nécessairement un immense avantage sur celles de l'autre côté du chemin auxquelles elles masquent cette vue, mais qui se dressent, comme des spectateurs, sur la pointe des pieds, afin de voir par-dessus les toits. Néanmoins il existe là, comme partout, des servitudes. Quelques maisons assises au sommet occupent une position supérieure ou jouissent d'un droit de vue qui oblige le voisin à tenir ses constructions à une hauteur voulue. Puis la roche capricieuse est creusée par des chemins qui rendent son amphithéâtre praticable; et, par ces échappées, quelques propriétés peuvent apercevoir ou la ville, ou le fleuve, ou la mer. Sans être coupée à pic, la colline finit assez brusquement en falaise. Au bout de la rue qui serpente au sommet, on aperçoit les gorges où sont situées quelques villages, Sainte-Adresse, deux ou trois saints-je-ne-sais-qui, et les criques où mugit l'Océan. Ce côté presque désert d'Ingouville forme un contraste frappant avec les belles villas qui regardent la vallée de la Seine. Craint-on les coups de vent pour la végétation? les négociants reculent-ils devant les dépenses qu'exigent ces terrains en pente?... Quoiqu'il en soit, le touriste des bateaux à vapeur est tout étonné de trouver la côte nue et ravinée à l'ouest d'Ingouville, un pauvre en haillons à côté d'un riche somptueusement vêtu, parfumé.

En 1829, une des dernières maisons du côté de la mer, et qui se trouve sans doute au milieu de l'Ingouville d'aujourd'hui, s'appelait et s'appelle peut-être encore *le Chalet*. Ce fut primitivement une habitation de concierge avec son jardinet en avant. Le propriétaire de la villa dont elle dépendait, maison à parc, à jardins, à volière, à serre, à prairies, eut la fantaisie de mettre cette maisonnette en harmonie avec les somptuosités de sa demeure, et la fit reconstruire sur le modèle d'un *cottage*. Il sépara ce cottage de son boulingrin orné de fleurs, de plates-bandes, la terrasse de sa villa, par une muraille basse le long de laquelle il planta une haie pour la cacher. Derrière le cottage, nommé, malgré tous ses efforts, le Chalet, s'étendent les potagers et les vergers. Ce Chalet, sans vaches ni laiterie, a pour toute clôture sur le chemin un palis dont les charniers ne se voient plus sous une haie luxuriante. De l'autre côté du chemin, la maison d'en face, soumise à une servitude, offre un palis et une haie semblables qui laissent la vue du Havre au Chalet. Cette maisonnette faisait le désespoir de monsieur Vilquin, propriétaire de la villa. Voici pourquoi. Le créateur de ce séjour dont les détails disent énergiquement : *Cy reluisent des millions!* n'avait si bien étendu son parc vers la campagne que pour ne pas avoir ses jardiniers, disait-il, dans ses poches. Une fois fini, le Chalet ne pouvait plus être habité que par un ami. Monsieur Mignon, le précédent propriétaire, aimait beaucoup son caissier, et cette histoire prouvera que Dumay le lui rendait bien, il lui offrit donc cette habitation. A cheval sur la forme, Dumay fit signer à son patron un bail de douze ans à trois cents francs de loyer, et monsieur Mignon le signa volontiers en disant : — Mon cher Dumay, songes-y? tu t'engages à vivre douze ans chez moi.

Par des événements qui vont être racontés, les propriétés de monsieur Mignon, autrefois le plus riche négociant du Havre, furent vendues à Vilquin, l'un de ses antagonistes sur la place. Dans la joie de s'emparer de la célèbre villa Mignon, l'acquéreur oublia de demander la résiliation de ce bail. Dumay, pour ne pas faire manquer la vente, aurait alors signé tout ce que Vilquin eût exigé ; mais, une fois la vente consommée, il tint à son bail comme à une vengeance. Il resta dans la poche de Vilquin, au cœur de la famille Vilquin, observant Vilquin, gênant Vilquin, enfin le taon des Vilquin. Tous les matins, à sa fenêtre, Vilquin éprouvait un mouvement de contrariété violente en apercevant ce bijou de construction, ce Chalet qui coûta soixante mille francs, et qui scintille comme un rubis au soleil. Comparaison presque juste !

L'architecte a bâti ce cottage en briques du plus beau rouge rejointoyées en blanc. Les fenêtres sont peintes en vert vif, et les bois en brun tirant sur le jaune. Le toit s'avance de plusieurs pieds. Une jolie galerie découpée règne au premier étage, et une varanda projette sa cage de verre au milieu de la façade. Le rez-de-chaussée se compose d'un joli salon, d'une salle à manger, séparés par le palier d'un escalier en bois dont le dessin et les ornements sont d'une élégante simplicité. La cuisine est adossée à la salle à manger, et le salon est doublé d'un cabinet qui servait alors de chambre à coucher à monsieur et à madame Dumay. Au premier étage, l'architecte a ménagé deux grandes chambres accompagnées chacune d'un cabinet de toilette, auxquelles la varanda sert de salon ; puis, au-dessus, se trouvent, sous le faîte, qui ressemble à deux cartes mises l'une contre l'autre, deux chambres de domestique, éclairées chacune par un œil de bœuf, et mansardées, mais assez spacieuses. Vilquin eut la petitesse d'élever un mur du côté des vergers et des potagers. Depuis cette vengeance, les quelques centiares que le bail laisse au Chalet ressemblent à un jardin de Paris. Les communs, bâtis et peints de manière à les raccorder au Chalet, sont adossés au mur de la propriété voisine.

L'intérieur de cette charmante habitation est en harmonie avec l'extérieur. Le salon, parqueté tout en bois de fer, offre aux regards les merveilles d'une peinture imitant les laques de Chine. Sur des fonds noirs encadrés d'or, brillent les oiseaux multicolores, les feuillages verts impossibles, les fantastiques dessins des Chinois. La salle à manger est entièrement revêtue en bois du Nord découpé, sculpté comme dans les belles cabanes russes. La petite antichambre formée par le palier et la cage de l'escalier sont peintes en vieux bois et représentent des ornements gothiques. Les chambres à coucher, tendues de perse, se recommandent par une coûteuse simplicité. Le cabinet où couchaient alors le caissier et sa femme est boisé, plafonné, comme la chambre d'un paquebot. Ces folies d'armateur expliquent la rage de Vilquin. Ce pauvre acquéreur voulait loger dans ce cottage son gendre et sa fille. Ce projet connu de Dumay pourra plus tard vous expliquer sa ténacité bretonne.

On entre au Chalet par une petite porte en fer, treillissée, et dont les fers de lance s'élèvent de quelques pouces au-dessus du palis et de la haie. Le jardinet, d'une largeur égale à celle du fastueux boulingrin, était alors plein de fleurs, de roses, de dahlias, des plus belles, des plus rares productions de la Flore des serres; car, autre sujet de douleur vilquinarde, la petite serre élégante, la serre de fantaisie, la serre, dite de Madame, dépend du Chalet et sépare la villa Vilquin, ou, si vous voulez, l'unit au cottage. Dumay se consolait de la tenue de sa caisse par les soins de la serre, dont les productions exotiques faisaient un des plaisirs de Modeste. Le billard de la villa Vilquin, espèce de galerie, communiquait autrefois par une immense volière en forme de tourelle avec cette serre; mais, depuis la construction du mur qui le priva de la vue des vergers, Dumay mura la porte de communication.

— Mur pour mur! dit-il.

— Vous et Dumay, vous murmurez! dirent à Vilquin les négociants pour le taquiner.

Et tous les jours, à la Bourse, on saluait d'un nouveau calembour le spéculateur jalousé.

En 1827, Vilquin offrit à Dumay six mille francs d'appointements et dix mille francs d'indemnité pour résilier le bail; le caissier refusa, quoiqu'il n'eût que mille écus chez Gobenheim, un ancien commis de son patron. Dumay, croyez-le, est un Breton repiqué par le Sort en Normandie. Jugez de la haine conçue contre ses locataires du Chalet par le normand Vilquin, un homme riche de trois millions! Quel crime de lèse-million que de démontrer aux riches l'impuissance de l'or ? Vilquin, dont le désespoir le rendait la fable du Havre, venait de proposer une jolie habitation en toute propriété à Dumay, qui de nouveau refusa. Le Havre commençait à s'inquiéter de cet entêtement, dont, pour beaucoup de gens, la raison se trouvait dans cette phrase : — Dumay est Breton. Le caissier, lui, pensait que madame et surtout mademoiselle Mignon eussent été trop mal logées partout ailleurs. Ses deux idoles habitaient un temple digne d'elles, et profitaient du moins de cette somptueuse chaumière où des rois déchus auraient pu conserver la majesté des choses autour d'eux, espèce de décorum qui manque souvent aux gens tombés.

Peut-être ne regrettera-t-on pas d'avoir connu par avance et l'habitation et la compagnie habituelle de Modeste; car, à son âge, les êtres et les choses ont sur l'avenir autant d'influence que le caractère, si toutefois le caractère n'en reçoit pas quelques empreintes ineffaçables. A la manière dont les Latournelle entrèrent au Chalet, un étranger aurait bien deviné qu'ils y venaient tous les soirs.

— Déjà, mon maître?... dit le notaire en apercevant dans le salon un jeune banquier du Havre, Gobenheim, parent de Gobenheim-Keller, chef de la grande maison de Paris.

Ce jeune homme à visage livide, un de ces blonds aux yeux noirs dont le regard immobile a je ne sais quoi de fascinant, aussi sobre dans sa parole que dans le vivre, vêtu de noir, maigre comme un phthisique, mais vigoureusement charpenté, cultivait la famille de son ancien patron et la maison de son caissier, beaucoup moins par affection que par calcul. On y jouait le whist à deux sous la fiche. Une mise soignée n'était pas de rigueur. Il n'acceptait que des verres d'eau sucrée, et n'avait aucune politesse à rendre en échange. Cette apparence de dévouement aux Mignon laissait croire que Gobenheim avait du cœur, et le dispensait d'aller dans le grand monde du Havre, d'y faire des dépenses inutiles, de déranger l'économie de sa vie domestique. Ce catéchumène du Veau d'or se couchait tous les soirs à dix heures et demie, et se levait à cinq heures du matin. Enfin, sûr de la discrétion de Latournelle et de Butscha, Gobenheim pouvait analyser devant eux les affaires épineuses, les soumettre aux consultations gratuites du notaire, et réduire les cancans de la place à leur juste valeur. Cet apprenti gobe-or (mot de Butscha) appartenait à cette nature de substances que la chimie appelle absorbantes. Depuis la catastrophe arrivée à la maison Mignon, où les Keller le mirent en pension pour apprendre le haut commerce maritime, personne au Chalet ne l'avait prié de faire quoi que ce soit, pas même une simple commission; sa réponse était connue. Ce garçon regardait Modeste comme il aurait examiné une lithographie à deux sous.

— C'est l'un des pistons de l'immense machine appelée Commerce, disait de lui le pauvre Butscha dont l'esprit se trahissait par de petits mots timidement lancés.

Les quatre Latournelle saluèrent avec la plus respectueuse déférence une vieille dame vêtue en velours noir, qui ne se leva pas du fauteuil où elle était assise, car ses deux yeux étaient couverts de la taie jaune produite par la cataracte. Madame Mignon sera peinte en une seule phrase. Elle attirait aussitôt le regard par le visage auguste des mères de famille dont la vie sans reproches défie les coups du Destin, mais qu'il a pris pour but de ses flèches, et qui forment la nombreuse tribu des Niobé. Sa perruque blonde bien frisée, bien mise, seyait à sa blanche figure froide comme celle de ces femmes de bourgmestre peintes par Holbein. Le soin excessif de sa toilette, des bottines de velours, une collerette de dentelles, le châle mis droit, tout attestait la sollicitude de Modeste pour sa mère.

Quand le moment de silence, annoncé par le notaire, fut établi dans ce joli salon, Modeste, assise près de sa mère et brodant pour elle un fichu, devint pendant un instant le point de mire des regards. Cette curiosité cachée sous les interrogations vulgaires que s'adressent tous les gens en visite, et même ceux qui se voient chaque jour, eut trahi le complot domestique médité contre la jeune fille à un indifférent; mais Gobenheim, plus qu'indifférent, ne remarqua rien, il alluma les bougies de la table à jouer.

L'attitude de Dumay rendit cette situation terrible pour Butscha, pour les Latournelle, et surtout pour madame Dumay qui savait son mari capable de tirer, comme sur un chien enragé, sur l'amant de Modeste. Après le dîner, le caissier était allé se promener, suivi de deux magnifiques chiens des Pyrénées soupçonnés de trahison, et qu'il avait laissés chez un ancien métayer de monsieur Mignon; puis, quelques instants avant l'entrée des Latournelle, il avait pris à son chevet ses pistolets et les avait posés sur la cheminée en se cachant de Modeste. La jeune fille ne fit aucune attention à tous ces préparatifs, au moins singuliers.

Quoique petit, trapu, grêlé, parlant tout bas, ayant l'air de s'écouter, ce Breton, ancien lieutenant de la Garde, offre la résolution, le sang-froid si bien gravés sur son visage, que personne, en vingt ans, à l'armée, ne l'avait plaisanté. Ses petits yeux d'un bleu calme, ressemblent à deux morceaux d'acier. Ses façons, l'air de son visage, son parler, sa tenue, tout concorde à son nom bref de Dumay. Sa force, bien connue d'ailleurs, lui permet de ne redouter aucune agression. Capable de tuer un homme d'un coup de poing, il avait accompli ce haut fait à Bautzen, en s'y trouvant sans armes, face à face avec un Saxon, en arrière de sa compagnie. En ce moment la ferme et douce physionomie de cet homme atteignit au sublime du tragique. Ses lèvres pâles comme son teint indiquèrent une convulsion domptée par l'énergie bretonne. Une sueur légère, mais que chacun vit et supposa froide, rendit son front humide. Le notaire, son ami, savait que, de tout ceci, pouvait résulter un drame en Cour d'Assises. En effet, pour le caissier, il se jouait, à propos de Modeste Mignon, une partie où se trouvaient engagés un honneur, une foi, des sentiments d'une importance supérieure à celle des liens sociaux, et résultant d'un de ces pactes dont le seul juge, en cas de malheur, est au ciel. La plupart des drames sont dans les idées que nous nous formons des choses. Les événements qui nous paraissent dramatiques ne sont que les sujets que notre âme convertit en tragédie ou en comédie, au gré de notre caractère.

Madame Latournelle et madame Dumay, chargées d'observer Modeste, eurent je ne sais quoi d'emprunté dans le maintien, de tremblant dans la voix que l'inculpée ne remarqua point, tant elle paraissait absorbée par sa broderie. Modeste plaquait chaque fil de coton avec une perfection à désespérer des brodeuses. Son visage disait tout le plaisir que lui causait le mat du pétale qui finissait une fleur entreprise. Le nain, assis entre sa patronne et Gobenheim, retenait ses larmes, il se demandait comment arriver à Modeste, afin de lui jeter deux mots d'avis à l'oreille. En prenant position devant madame Mignon, madame Latournelle avait, avec sa diabolique intelligence de dévote, isolé Modeste.

Madame Mignon, silencieuse dans sa cécité, plus pâle que ne la faisait sa pâleur habituelle, disait assez qu'elle savait l'épreuve à laquelle Modeste allait être soumise. Peut-être au dernier moment blâmait-elle ce stratagème, tout en le trouvant nécessaire. De là son silence. Elle pleurait en dedans.

Exupère, la détente du piége, ignorait entièrement la pièce où le hasard lui donnait un rôle. Gobenheim restait, par un effet de son caractère, dans une insouciance égale à celle que montrait Modeste.

Pour un spectateur instruit, ce contraste entre la complète ignorance des uns et la palpitante attention des autres eût été sublime. Aujourd'hui plus que jamais, les romanciers disposent de ces effets, et ils sont dans leur droit; car la nature s'est, de tout temps, permis d'être plus forte qu'eux. Ici, la nature, vous le verrez, la nature sociale, qui est une nature dans la nature, se donnait le plaisir de faire l'histoire plus intéressante que le roman, de même que les torrents dessinent des fantaisies interdites aux peintres, et accomplissent des tours de force en disposant ou léchant les pierres à surprendre les statuaires et les architectes.

Il était huit heures. En cette saison, le crépuscule jette alors ses dernières lueurs. Ce soir-là, le ciel n'offrait pas un nuage, l'air attiédi caressait la terre, les fleurs embaumaient, on entendait crier le sable sous les pieds de quelques promeneurs qui rentraient. La mer reluisait comme un miroir. Enfin il faisait si peu de vent que les bougies allumées sur la table à jouer montraient leurs flammes tranquilles, quoique les croisées fussent entr'ouvertes. Ce salon, cette soirée, cette habitation, quel cadre pour le portrait de cette jeune fille, étudiée alors par ces personnes avec la profonde attention d'un peintre en présence de la Margherita Doni, l'une des gloires du palais Pitti. Modeste, fleur enfermée comme celle de Catulle, valait-elle encore toutes ces précautions?... Vous connaissez la cage, voici l'oiseau.

Alors âgée de vingt ans, svelte, fine autant qu'une de ces sirènes inventées par les dessinateurs anglais pour leurs *livres de beautés*, Modeste offre, comme autrefois sa mère, une coquette expression de cette grâce peu comprise en France, où nous l'appelons *sensiblerie*, mais qui, chez les Allemandes, est la poésie du cœur arrivée à la surface de l'être et s'épanchant en minauderies chez les sottes, en divines manières chez les filles spirituelles. Remarquable par sa chevelure couleur d'or-pâle, elle appartient à ce genre de femmes nommées, sans doute en mémoire d'Eve, les blondes célestes, et dont l'épiderme satiné ressemble à du papier de soie appliqué sur la chair, qui frissonne sous l'hiver ou s'épanouit au soleil du regard, en rendant la main jalouse de l'œil. Sous ces cheveux, légers comme des marabous et bouclés à l'anglaise, le front, que vous eussiez dit tracé par le compas tant il est pur de modelé, reste discret, calme jusqu'à la placidité, quoique lumineux de pensée; mais quand et où pouvait-on en voir de plus uni, d'une netteté si transparente? il semble, comme une perle, avoir un orient. Les yeux d'un bleu tirant sur le gris, limpides comme des yeux d'enfants, en montraient alors toute la malice et toute l'innocence, en harmonie avec l'arc des sourcils à peine indiqué par des racines plantées comme celles faites au pinceau dans les figures chinoises. Cette candeur spirituelle est encore relevée autour des yeux et dans les coins, aux tempes, par des tons de nacre à filets bleus, privilége de ces teints délicats. La figure, de l'ovale si souvent trouvé par Raphaël pour ses madones, se distingue par la couleur sobre et virginale des pommettes, aussi douce que la rose de Bengale, et sur laquelle les longs cils d'une paupière diaphane jetaient des ombres mélangées de lumière. Le col, alors penché, presque frêle, d'un blanc de lait, rappelle ces lignes fuyantes, aimées de Léonard de Vinci. Quelques petites taches de rousseur, semblables aux mouches du dix-huitième siècle, disent que Modeste est bien une fille de la terre, et non l'une de ces créations rêvées en Italie par l'Ecole Angélique. Quoique fines et grasses tout à la fois, ses lèvres, un peu moqueuses, expriment la volupté. Sa taille, souple sans être frêle, n'effrayait pas la Maternité comme celle de ces jeunes filles qui demandent des succès à la morbide pression d'un corset. Le basin, l'acier, le lacet épuraient et ne fabriquaient pas les lignes serpentines de cette élégance, comparable à celle d'un jeune peuplier balancé par le vent. Une robe gris de perle, ornée de passementeries couleur de cerise, à taille longue, dessinait chastement le corsage et couvrait les épaules, encore un peu maigres, d'une guimpe qui ne laissait voir que les premières rondeurs par lesquelles le cou s'attache aux épaules.

A l'aspect de cette physionomie vaporeuse et intelligente tout ensemble, où la finesse d'un nez grec à narines roses, à méplats fermement coupés, jetait je ne sais quoi de positif; où la poésie qui régnait sur le front presque mystique était quasi démentie par la voluptueuse expression de la bouche; où la candeur disputait les champs profonds et variés de la prunelle à la moquerie la plus instruite, un observateur aurait pensé que cette jeune fille, à l'oreille alerte et fine que tout bruit éveillait, au nez ouvert aux parfums de la fleur bleue de l'Idéal, devait être le théâtre d'un combat entre les poésies qui se jouent autour de tous les levers de soleil et les labeurs de la journée, entre la Fantaisie et la Réalité. Modeste était la jeune fille curieuse et pudique, sachant sa destinée et pleine de chasteté, la vierge de l'Espagne plutôt que celle de Raphaël.

Elle leva la tête en entendant Dumay dire à Exupère : — Venez ici, jeune homme ! et après les avoir vus causant dans un coin du salon, elle pensa qu'il s'agissait d'une commission à donner pour Paris. Elle regarda ses amis qui l'entouraient comme étonnée de leur silence, et s'écria de l'air le plus naturel : — Eh ! bien, vous ne jouez pas ? en montrant la table verte que la grande madame Latournelle nommait l'*autel*.

— Jouons ? reprit Dumay qui venait de congédier le jeune Exupère.

— Mets-toi là, Butscha, dit madame Latournelle en séparant par toute la table le premier clerc du groupe que formaient madame Mignon et sa fille.

— Et toi, viens là ?... dit Dumay à sa femme en lui ordonnant de se tenir près de lui.

Madame Dumay, petite Américaine de trente-six ans, essuya furtivement des larmes, elle adorait Modeste et croyait à une catastrophe.

— Vous n'êtes pas gais, ce soir, reprit Modeste.
— Nous jouons, répondit Gobenheim qui disposait ses cartes.

Quelque intéressante que cette situation puisse paraître, elle le sera bien davantage en expliquant la position de Dumay relativement à Modeste. Si la concision de ce récit le rend sec, on pardonnera cette sécheresse en faveur du désir d'achever promptement cette scène, et à la nécessité de raconter l'argument qui domine tous les drames.

Dumay (Anne-François-Bernard), né à Vannes, partit soldat en 1799, à l'armée d'Italie. Son père, président du tribunal révolutionnaire, s'était fait remarquer par tant d'énergie, que le pays ne fut pas tenable pour lui lorsque son père, assez méchant avocat, eût péri sur l'échafaud après le 9 thermidor. Après avoir vu mourir sa mère de chagrin, Anne vendit tout ce qu'il possédait et courut, à l'âge de vingt-deux ans, en Italie, au moment où nos armées succombaient. Il rencontra dans le département du Var un jeune homme qui, par des motifs analogues, allait aussi chercher la gloire, en trouvant le champ de bataille moins périlleux que la Provence.

Charles Mignon, dernier rejeton de cette famille à laquelle Paris doit la rue et l'hôtel bâti par le cardinal Mignon, eut, dans son père, un finaud qui voulut sauver des griffes de la Révolution la terre de la Bastie, un joli fief du Comtat. Comme tous les peureux de ce temps, le comte de la Bastie, devenu le citoyen Mignon, trouva plus sain de couper les têtes que de se laisser couper la sienne. Ce faux terroriste disparut au Neuf Thermidor et fut alors inscrit sur la liste des émigrés. Le comté de la Bastie fut vendu. Le château déshonoré vit ses tours en poivrière rasées. Enfin le citoyen Mignon, découvert à Orange, fut massacré, lui, sa femme et ses enfants, à l'exception de Charles Mignon qu'il avait envoyé lui chercher un asile dans les Hautes-Alpes. Saisi par ces affreuses nouvelles, Charles attendit, dans une vallée du Mont-Genèvre, des temps moins orageux. Il vécut là jusqu'en 1799 de quelques louis que son père lui mit dans la main, à son départ. Enfin, à vingt-trois ans, sans autre fortune que sa belle prestance, que cette beauté méridionale qui, complète, arrive au sublime, et dont le type est l'Antinoüs, l'illustre favori d'Adrien, Charles résolut de hasarder sur le tapis rouge de la Guerre son audace provençale qu'il prit, à l'exemple de tant d'autres, pour une vocation. En allant au dépôt de l'armée, à Nice, il rencontra le Breton. Devenus camarades et par la similitude de leurs destinées et par le contraste de leurs caractères, ces deux fantassins burent à la même tasse, en plein torrent, cassèrent en deux le même morceau de biscuit, et se trouvèrent sergents à la paix qui suivit la bataille de Marengo.

Quand la guerre recommença, Charles Mignon obtint de passer dans la cavalerie et perdit alors de vue son camarade. Le dernier des Mignon de la Bastie était, en 1812, officier de la Légion-d'Honneur et major d'un régiment de cavalerie, espérant être renommé comte de la Bastie et fait colonel par l'Empereur. Pris par les Russes, il fut envoyé, comme tant d'autres, en Sibérie. Il fit le voyage avec un pauvre lieutenant dans lequel il reconnut Anne Dumay, non décoré, brave, mais malheureux comme un million de pousse-cailloux à épaulettes de laine, le canevas d'hommes sur lequel Napoléon a peint le tableau de l'Empire. En Sibérie, le lieutenant-colonel apprit, pour tuer le temps, le calcul et la calligraphie au Breton, dont l'éducation avait paru inutile au père Scévola. Charles trouva dans son premier compagnon de route un de ces cœurs si rares où il put verser tous ses chagrins en racontant ses félicités.

Le fils de la Provence avait fini par rencontrer le hasard qui cherche tous les jolis garçons. En 1804, à Francfort-sur-Mein, il fut adoré par Bettina Wallenrod, fille unique d'un banquier, et il l'avait épousée avec d'autant plus d'enthousiasme qu'elle était riche, une des beautés de la ville, et qu'il se voyait alors seulement lieutenant, sans autre fortune que l'avenir excessivement problématique des militaires de ce temps-là. Le vieux Wallenrod, baron allemand déchu (la Banque est toujours baronne), charmé de savoir que le beau lieutenant représentait à lui seul les Mignon de la Bastie, approuva la passion de la blonde Bettina, qu'un peintre (il y en avait un alors à Francfort) avait fait poser pour une figure idéale de l'Allemagne. Wallenrod, nommant par avance ses petits-fils comtes de la Bastie-Wallenrod, plaça dans les fonds français la somme nécessaire pour donner à sa fille trente mille francs de rente. Cette dot fit une très-faible brèche à sa caisse; vu le peu d'élévation du capital. L'Empire, par suite d'une politique à l'usage de beaucoup de débiteurs, payait rarement les semestres. Aussi Charles parut-il assez effrayé de ce placement, car il n'avait pas autant de foi que le baron allemand dans l'aigle impériale. Le phénomène de la croyance ou de l'admiration, qui n'est qu'une croyance éphémère, s'établit difficilement en concubinage avec l'idole. Le mécanicien redoute la machine que le voyageur admire, et les officiers étaient un peu les chauffeurs de la locomotive napoléonienne, s'ils n'en furent pas le charbon. Le baron de Wallenrod-Tustall-Bartenstild promit alors de venir au secours du ménage.

Charles aima Bettina Wallenrod autant qu'il était aimé d'elle, et c'est beaucoup dire; mais quand un Provençal s'exalte, tout chez lui devient naturel en fait de sentiment. Et comment ne pas adorer une blonde échappée d'un tableau d'Albert Durer, d'un caractère angélique, et d'une fortune notée à Francfort? Charles eut donc quatre enfants dont il restait seulement deux filles, au moment où il épanchait ses douleurs au cœur du Breton. Sans les connaître, Dumay aima ces deux petites par l'effet de cette sympathie, si bien rendue par Charlet, qui rend le soldat père de tout enfant! L'aînée, appelée Bettina-Caroline, était de 1805, l'autre, Marie-Modeste, de 1808.

Le malheureux lieutenant-colonel sans nouvelles de ces êtres chéris, revint à pied, en 1814, en compagnie du lieutenant, à travers la Russie et la Prusse. Ces deux amis, pour qui la différence des épaulettes n'existait plus, atteignirent Francfort au moment où Napoléon débarquait à Cannes. Charles trouva sa femme à Francfort, mais en deuil; elle avait eu la douleur de perdre son père, de qui elle était adorée et qui voulait toujours la voir souriant, même à son lit de mort. Le vieux Wallenrod ne survivait pas aux désastres de l'Empire. A soixante-douze ans, il avait spéculé sur les cotons, en croyant au génie de Napoléon, sans savoir que le génie est aussi souvent au-dessus qu'au-dessous des événements. Ce dernier Wallenrod, des vrais Wallenrod-Tustall-Bartenstild, avait acheté presque autant de balles de coton que l'Empereur perdit d'hommes pendant sa sublime campagne de France.

— *Che meirs tans le godon!...* dit à sa fille ce père, de l'espèce des Goriot, en s'efforçant d'apaiser une douleur qui l'effrayait, *ed che meirs ne teffant rienne à berzonne*, car ce Français d'Allemagne mourut en essayant de parler la langue aimée de sa fille.

Heureux de sauver de ce grand et double naufrage sa femme et ses deux filles, Charles Mignon revint à Paris où l'Empereur le nomma lieutenant-colonel dans les cuirassiers de la Garde, et le fit commandant de la Légion-d'Honneur. Le rêve du colonel, qui se voyait enfin général et comte au premier triomphe de Napoléon, s'éteignit dans les flots de sang de Waterloo. Le colonel, peu grièvement blessé, se retira sur la Loire et quitta Tours avant le licenciement.

Au printemps de 1816, Charles réalisa ses trente mille livres de rentes qui lui donnèrent environ quatre cent mille francs, et résolut d'aller faire fortune en Amérique, en abandonnant le pays où la persécution pesait déjà sur les soldats de Napoléon. Il descendit de Paris au Havre accompagné de Dumay, à qui, par un hasard assez ordinaire à la guerre, il avait sauvé la vie en le prenant en croupe au milieu du désordre qui suivit la journée de Waterloo. Dumay partageait les opinions et le découragement du colonel. Charles, suivi par le Breton comme par un caniche (le pauvre soldat idolâtrait les deux petites filles), pensa que l'obéissance, l'habitude des consignes, la probité, l'attachement du lieutenant en feraient un serviteur fidèle autant qu'utile, il lui proposa donc de se mettre sous ses ordres, au civil. Dumay fut très-heureux en se voyant adopté par une famille où il vivrait comme le guy sur le chêne.

En attendant une occasion pour s'embarquer, en choisissant entre les navires et méditant sur les chances offertes par leurs destinations, le colonel entendit parler des brillantes destinées que la paix réservait au Havre. En écoutant la dissertation de deux bourgeois, il entrevit un moyen de fortune, et devint à la fois armateur, banquier, propriétaire; il acheta pour deux cent mille francs de terrains, de maisons, et lança vers New-York un navire chargé de soieries françaises achetées à bas prix à Lyon. Dumay, son agent, partit sur le vaisseau. Pendant que le colonel s'installait dans la plus belle maison de la rue Royale avec sa famille, et apprenait les éléments de la Banque en déployant l'activité, la prodigieuse intelligence des Provençaux, Dumay réalisa deux fortunes, car il revint avec un chargement de coton acheté à vil prix. Cette double opération valut un capital énorme à la maison Mignon. Le colonel fit alors l'acquisition de la villa d'Ingouville, et récompensa Dumay en lui donnant une modeste maison, rue Royale.

Le pauvre Breton avait ramené de New-York, avec ses cotons, une jolie petite femme à laquelle plut, avant toute chose, la qualité de Français. Miss Grummer possédait environ quatre mille dollars, vingt mille francs que Dumay plaça chez son colonel. Dumay, devenu l'*alter Ego* de l'armateur, apprit en peu de temps la tenue des livres, cette science qui distingue, selon son mot, les sergents-majors du commerce. Ce naïf soldat, oublié pendant vingt ans par la Fortune, se crut l'homme le plus heureux du monde, en se voyant propriétaire d'une maison que la munificence de son chef garnit d'un joli mobilier, puis de douze cents francs d'intérêts qu'il eut de ses fonds, et de trois mille six cents francs d'appointement. Jamais le lieutenant Dumay, dans ses rêves, n'avait espéré situation pareille ; mais il était encore plus satisfait de se sentir le pivot de la plus riche maison de commerce du Havre. Madame Dumay, petite américaine assez jolie, eut le chagrin de perdre tous ses enfants à leur naissance, et les malheurs de sa dernière couche la privèrent de l'espérance d'en avoir ; elle s'attacha donc aux deux demoiselles Mignon, avec autant d'amour que Dumay qui les eût préférées à ses enfants. Madame Dumay, qui devait le jour à des cultivateurs habitués à une vie économe, se contenta de deux mille quatre cents francs pour elle et son ménage. Ainsi, tous les ans, Dumay plaça deux mille et quelques cents francs de plus dans la maison Mignon. En examinant le bilan annuel, le patron grossissait le compte du caissier d'une gratification en harmonie avec les services. En 1824, le crédit du caissier se montait à cinquante-huit mille francs. Ce fut alors que Charles Mignon, comte de la Bastie, titre dont on ne parlait jamais, combla son caissier en le logeant au Chalet, où, dans ce moment, vivaient obscurément Modeste et sa mère.

L'état déplorable où se trouvait madame Mignon, que son mari laissa belle encore, a sa cause dans la catastrophe à laquelle l'absence de Charles était due. Le chagrin avait employé trois ans à détruire cette douce Allemande ; mais c'était un de ces chagrins semblables à des vers logés au cœur d'un bon fruit. Le bilan de cette douleur est facile à chiffrer. Deux enfants, morts en bas âge, eurent un double *ci-gît* dans cette âme qui ne savait rien oublier. La captivité de Charles en Sibérie fut, pour cette femme aimante, la mort tous les jours. La catastrophe de la riche maison Wallenrod et la mort du pauvre banquier sur ses sacs vides, fut, au milieu des doutes de Bettina sur le sort de son mari, comme un coup suprême. La joie excessive de retrouver son Charles faillit tuer cette fleur allemande. Puis la seconde chute de l'Empire, l'expatriation projetée furent comme de nouveaux accès d'une même fièvre. Enfin, dix ans de prospérités continuelles, les amusements de sa maison, la première du Havre ; les dîners, les bals, les fêtes du négociant heureux, les somptuosités de la villa Mignon, l'immense considération, la respectueuse estime dont jouissait Charles, l'entière affection de cet homme, qui répondit par un amour unique à un unique amour, tout avait réconcilié cette pauvre femme avec la vie. Au moment où elle ne doutait plus, où elle entrevoyait un beau soir à sa journée orageuse, une catastrophe inconnue, enterrée au cœur de cette double famille et dont il sera bientôt question, fut comme une sommation du malheur.

En janvier 1826, au milieu d'une fête, quand le Havre tout entier désignait Charles Mignon pour son député, trois lettres, venues de New-York, de Paris et de Londres, furent chacune comme un coup de marteau sur le palais de verre de la Prospérité. En dix minutes, la ruine avait fondu de ses ailes de vautour sur cet inouï bonheur, comme le froid sur la Grande Armée en 1812.

En une seule nuit, passée à faire des comptes avec Dumay, Charles Mignon prit son parti. Toutes les valeurs, sans en excepter les meubles, suffisaient à tout payer.

— Le Havre, dit le colonel au lieutenant, ne me verra pas à pied. Dumay, je prends tes soixante mille francs à six pour cent...

— A trois, mon colonel.

— A rien alors, dit Charles Mignon péremptoirement. Je te ferai ta part dans mes nouvelles affaires. Le Modeste, qui n'est plus à moi, part demain, le capitaine m'emmène. Toi, je te charge de ma femme et de ma fille. Je n'écrirai jamais ! Pas de nouvelles, bonnes nouvelles.

9.

Dumay ne demanda rien à son patron, il ne lui fit pas de questions sur ses projets.

— Je pense, dit-il à Latournelle d'un petit air entendu, que mon colonel a son plan fait.

Le lendemain, il accompagna au petit jour son patron sur le navire le Modeste, partant pour Constantinople. Là, sur l'arrière du bâtiment, le Breton dit au Provençal : — Quels sont vos derniers ordres, mon colonel ?

— Qu'aucun homme n'approche du Chalet ! dit le père en retenant mal une larme. Dumay ! garde-moi mon dernier enfant, comme me le garderait un boule-dogue. La mort à quiconque tenterait de débaucher ma seconde fille ! Ne crains rien, pas même l'échafaud, je t'y rejoindrais.

— Mon colonel, faites vos affaires en paix. Je vous comprends. Vous retrouverez mademoiselle Modeste comme vous me la confiez, ou je serais mort ! Vous me connaissez et vous connaissez nos deux chiens des Pyrénées. On n'arrivera pas à votre fille. Pardon de vous dire tant de phrases !

Les deux militaires se jetèrent dans les bras l'un de l'autre comme deux hommes qui s'étaient appréciés en pleine Sibérie.

Le jour même, le *Courrier du Havre* contenait ce terrible, simple, énergique et honnête premier-Havre.

« La maison Charles Mignon suspend ses payements. Mais les li-
» quidateurs soussignés prennent l'engagement de payer toutes les
» créances passives. On peut, dès à présent, escompter aux tiers-
» porteurs les effets à terme. La vente des propriétés foncières cou-
» vre intégralement les comptes courants.

» Cet avis est donné pour l'honneur de la maison et pour empê-
» cher tout ébranlement du crédit sur la place du Havre.

» Monsieur Charles Mignon est parti ce matin sur le Modeste
» pour l'Asie-Mineure, ayant laissé de pleins pouvoirs à l'effet de
» réaliser toutes les valeurs, même immobilières.

» DUMAY (*liquidateur pour les comptes de banque*);
» LATOURNELLE, *notaire* (*liquidateur pour les biens*
» *de ville et de campagne*); GOBENHEIM (*liquidateur*
» *pour les valeurs commerciales*). »

Latournelle devait sa fortune à la bonté de monsieur Mignon, qui lui prêta cent mille francs, en 1817, pour acheter la plus belle Étude du Havre. Ce pauvre homme, sans moyens pécuniaires, premier clerc depuis dix ans, atteignait alors à l'âge de quarante ans et se voyait clerc pour le reste de ses jours. Il fut le seul dans tout le Havre dont le dévouement pût se comparer à celui de Dumay; car Gobenheim profita de la liquidation pour continuer les relations et les affaires de monsieur Mignon, ce qui lui permit d'élever sa petite maison de banque.

Pendant que des regrets unanimes se formulaient à la Bourse, sur le port, dans toutes les maisons; quand le panégyrique d'un homme irréprochable, honorable et bienfaisant, remplissait toutes les bouches, Latournelle et Dumay, silencieux et actifs comme des fourmis, vendaient, réalisaient, payaient et liquidaient. Vilquin fit le généreux en achetant la villa, la maison de ville et une ferme. Aussi Latournelle profita-t-il de ce bon premier mouvement en arrachant un bon prix à Vilquin.

On voulut visiter madame et mademoiselle Mignon; mais elles avaient obéi à Charles en se réfugiant au Chalet, le matin même de son départ qui leur fut caché dans le premier moment. Pour ne pas se laisser ébranler par leur douleur, le courageux banquier avait embrassé sa femme et sa fille pendant leur sommeil. Il y eut trois cents cartes mises à la porte de la maison Mignon. Quinze jours après, l'oubli le plus profond, prophétisé par Charles, révélait à ces deux femmes la sagesse et la grandeur de la résolution ordonnée.

Dumay fit représenter son maître à New-York, à Londres et à Paris. Il suivit la liquidation des trois maisons de banque auxquelles cette ruine était due, réalisa cinq cent mille francs de 1826 à 1828, le huitième de la fortune de Charles; et, selon des ordres écrits pendant la nuit du départ, il les envoya dans le commencement de l'année 1828, par la maison Mongenod, à New-York, au compte de monsieur Mignon. Tout cela fut accompli militairement, excepté le prélèvement de trente mille francs pour les besoins personnels de madame et de mademoiselle Mignon que Charles avait recommandé de faire et que ne fit pas Dumay. Le Breton vendit sa maison de ville vingt mille francs, et les remit à madame Mignon, en pensant que, plus son colonel aurait de capitaux, plus promptement il reviendrait.

— Faute de trente mille francs quelquefois on périt, dit-il à

Latournelle qui lui prit à sa valeur cette maison où les habitants du Chalet trouvaient toujours un appartement.

Tel fut, pour la célèbre maison Mignon du Havre, le résultat de la crise qui bouleversa, de 1825 à 1826, les principales places de commerce et qui causa, si l'on se souvient de ce coup de vent, la ruine de plusieurs banquiers de Paris, dont l'un présidait le Tribunal de Commerce.

On comprend alors que cette chute immense, couronnant un règne bourgeois de dix années, pût être le coup de la mort pour Bettina Wallenrod, qui se vit encore une fois séparée de son mari, sans rien savoir d'une destinée en apparence aussi périlleuse, aussi aventureuse que l'exil en Sibérie ; mais le mal qui l'entraînait vers la tombe est à ces chagrins visibles ce qu'est aux chagrins ordinaires d'une famille l'enfant fatal qui la gruge et la dévore. La pierre infernale jetée au cœur de cette mère était une des pierres tumulaires du petit cimetière d'Ingouville, et sur laquelle on lit :

BETTINA-CAROLINE MIGNON,
Morte à vingt-deux ans.
PRIEZ POUR ELLE.
1827.

Cette inscription est pour la jeune fille ce qu'une épitaphe est pour beaucoup de morts, la table des matières d'un livre inconnu. Le livre, le voici dans son abrégé terrible qui peut expliquer le serment échangé dans les adieux du colonel et du lieutenant.

Un jeune homme, d'une charmante figure, appelé Georges d'Estourny, vint au Havre sous le vulgaire prétexte de voir la mer, et il y vit Caroline Mignon. Un soi-disant élégant de Paris n'est jamais sans quelques recommandations ; il fut donc invité, par l'intermédiaire d'un ami des Mignon, à une fête donnée à Ingouville. Devenu très-épris et de Caroline et de sa fortune, le Parisien entrevit une fin heureuse. En trois mois, il accumula tous les moyens de séduction, et enleva Caroline. Quand il a des filles, un père de famille ne doit pas plus laisser introduire un jeune homme chez lui sans le connaître, que laisser traîner des livres ou des journaux sans les avoir lus. L'innocence des filles est comme le lait que font tourner un coup de tonnerre, un vénéneux parfum, un temps chaud, un rien, un souffle même. En lisant la lettre d'adieu de sa fille aînée, Charles Mignon fit partir aussitôt madame Dumay pour Paris. La famille allégua la nécessité d'un voyage subitement ordonné par le médecin de la maison qui trempa dans cette excuse nécessaire ; mais sans pouvoir empêcher le Havre de causer sur cette absence.

— Comment, une jeune personne si forte, d'un teint espagnol, à chevelure de jais !... Elle ? poitrinaire !...

— Mais, oui, l'on dit qu'elle a commis une imprudence.

— Ah ! ah ! s'écriait un Vilquin.

— Elle est revenue en nage d'une partie de cheval, et a bu à la glace ; du moins, voilà ce que dit le docteur Troussenard.

Quand madame Dumay revint, les malheurs de la maison Mignon étaient consommés, personne ne fit plus attention à l'absence de Caroline ni au retour de la femme du caissier.

Au commencement de l'année 1827, les journaux retentirent du procès de Georges d'Estourny, condamné pour de constantes fraudes au jeu par la Police correctionnelle. Ce jeune corsaire s'exila, sans s'occuper de mademoiselle Mignon, à qui la liquidation faite au Havre ôtait toute sa valeur. En peu de temps, Caroline apprit et son infâme abandon, et la ruine de la maison paternelle. Revenue dans un état de maladie affreux et mortel, elle s'éteignit, en peu de jours, au Chalet. Sa mort protégea du moins sa réputation. On crut assez généralement à la maladie alléguée par monsieur Mignon lors de la fuite de sa fille, et à l'ordonnance médicale qui dirigeait, disait-on, mademoiselle Caroline sur Nice.

Jusqu'au dernier moment, la mère espéra conserver sa fille ! Bettina fut sa préférence, comme Modeste était celle de Charles. Il y avait quelque chose de touchant dans ces deux élections. Bettina fut tout le portrait de Charles, comme Modeste est celui de sa mère. Chacun des deux époux continuait son amour dans son enfant. Caroline, fille de la Provence, tint de son père et cette belle chevelure noire comme l'aile d'un corbeau qu'on admire chez les femmes du midi, et l'œil brun, fendu en amande, brillant comme une étoile, et le teint olivâtre, et la peau dorée d'un fruit velouté, le pied cambré, cette taille espagnole qui fait craquer les basquines. Aussi le père et la mère étaient-ils fiers de la charmante opposition que présentaient les deux sœurs.

— Un diable et un ange ! disait-on sans malice, quoique ce fût une prophétie.

Après avoir pleuré pendant un mois dans sa chambre où elle voulut rester sans voir personne, la pauvre Allemande en sortit les yeux malades. Avant de perdre la vue, elle était allée, malgré tous ses amis, contempler la tombe de Caroline. Cette dernière image resta colorée dans ses ténèbres, comme le spectre rouge du dernier objet vu brille encore, après qu'on a fermé les yeux par un grand jour.

Après cet affreux, ce double malheur, Modeste devenue fille unique, sans que son père le sût, rendit Dumay, non pas plus dévoué, mais plus craintif que par le passé. Madame Dumay, folle de Modeste comme toutes les femmes privées d'enfant, l'accabla de sa maternité d'occasion, sans cependant méconnaître les ordres de son mari qui se défiait des amitiés féminines. La consigne était nette.

— Si jamais un homme de quelque âge, de quelque rang que ce soit, avait dit Dumay, parle à Modeste, la lorgne, lui fait les yeux doux, c'est un homme mort, je lui brûle la cervelle et je vais me mettre à la disposition du Procureur du Roi, ma mort la sauvera peut-être. Si tu ne veux pas me voir couper le cou, remplace-moi bien auprès d'elle, pendant que je suis en ville.

Depuis trois ans, Dumay visitait ses armes tous les soirs. Il paraissait avoir mis de moitié dans son serment les deux chiens des Pyrénées, deux animaux d'une intelligence supérieure; l'un couchait à l'intérieur et l'autre était posté dans une petite cabane d'où il ne sortait pas et n'aboyait point; mais l'heure où ces deux chiens auraient remué leurs mâchoires sur un quidam, eût été terrible!

On peut maintenant deviner la vie menée au Chalet par la mère et la fille. Monsieur et madame Latournelle, souvent accompagnés de Gobenheim, venaient à peu près tous les soirs tenir compagnie à leurs amis, et jouaient au whist. La conversation roulait sur les affaires du Havre, sur les petits événements de la vie de province. Entre neuf et dix heures du soir, on se quittait. Modeste allait coucher sa mère, elles faisaient leurs prières ensemble, elles se répétaient leurs espérances, elles parlaient du voyageur chéri. Après avoir embrassé sa mère, la fille rentrait dans sa chambre à dix heures. Le lendemain, Modeste levait sa mère avec les mêmes soins, les mêmes prières, les mêmes causeries. A la louange de Modeste, depuis le jour où la terrible infirmité vint ôter un sens à sa mère, elle s'en fit la femme de chambre, et déploya la même sollicitude, à tout instant, sans se lasser, sans y trouver de monotonie. Elle fut sublime d'affection, à toute heure, d'une douceur rare chez les jeunes filles, et bien appréciée par les témoins de cette tendresse. Aussi, pour la famille Latournelle, pour monsieur et madame Dumay, Modeste était-elle au moral la perle que vous connaissez. Entre le déjeuner et le dîner, madame Mignon et madame Dumay faisaient, pendant les jours de soleil, une petite promenade jusques sur les bords de la mer, accompagnées de Modeste, car il fallait le secours de deux bras à la malheureuse aveugle.

Un mois avant la scène, au milieu de laquelle cette explication fait comme une parenthèse, madame Mignon avait tenu conseil avec ses seuls amis, madame Latournelle, le notaire et Dumay, pendant que madame Dumay amusait Modeste par une longue promenade.

— Écoutez, mes amis, avait dit l'aveugle, ma fille aime, je le sens, je le vois... Une étrange révolution s'est accomplie en elle, et je ne sais pas comment vous ne vous en êtes pas aperçus...

— Nom d'un petit bonhomme! s'écria le lieutenant.

— Ne m'interrompez pas, Dumay. Depuis deux mois, Modeste prend soin d'elle, comme si elle devait aller à un rendez-vous. Elle est devenue excessivement difficile pour sa chaussure, elle veut faire valoir son pied, elle gronde madame Gobet, la cordonnière. Il en est de même avec sa couturière. En de certains jours, ma pauvre petite reste morne, attentive, comme si elle attendait quelqu'un ; sa voix a des intonations brèves comme si, quand on l'interroge, on la contrariait dans son attente, dans ses calculs secrets ; puis, si ce quelqu'un attendu, est venu...

— Nom d'un petit bonhomme!

— Asseyez-vous, Dumay, dit l'aveugle. Eh! bien, Modeste est gaie! Oh! elle n'est pas gaie pour vous, vous ne saisissez pas ces nuances trop délicates pour des yeux occupés par le spectacle de la nature. Cette gaieté se trahit par les notes de sa voix, par des accents que je saisis, que j'explique. Modeste, au lieu de demeurer assise, songeuse, dépense une activité folle en mouvements désordonnés... Elle est heureuse, enfin! Il y a des actions de grâce jusques dans les idées qu'elle exprime. Ah! mes amis, je me connais au bonheur aussi bien qu'au malheur... Par le baiser que me donne ma pauvre Modeste, je devine ce qui se passe en elle : si elle a reçu ce qu'elle attend, ou si elle est inquiète. Il y a bien des nuances dans les baisers, même dans ceux d'une fille innocente, car Modeste est l'innocence même, mais, c'est comme une innocence instruite. Si je suis aveugle, ma tendresse est clairvoyante, et je vous engage à surveiller ma fille.

Dumay devenu féroce, le notaire en homme qui veut trouver le mot d'une énigme, madame Latournelle en duègne trompée, madame Dumay qui partagea les craintes de son mari, se firent alors les espions de Modeste. Modeste ne fut pas quittée un instant. Dumay passa les nuits sous les fenêtres, caché dans son manteau comme un jaloux Espagnol; mais il ne put, armé de sa sagacité de militaire, saisir aucun indice accusateur. A moins d'aimer les rossignols du parc Vilquin, ou quelque prince Lutin, Modeste n'avait pu voir personne, n'avait pu recevoir ni donner aucun signal. Madame Dumay, qui ne se coucha qu'après avoir vu Modeste endormie, plana sur les chemins du haut du Chalet avec une attention égale à celle de son mari. Sous les regards de ces quatre argus, l'irréprochable enfant, dont les moindres mouvements furent étudiés, analysés, fut si bien acquittée de toute criminelle conversation, que les amis taxèrent madame Mignon de folie, de préoccupation. Madame Latournelle, qui conduisait elle-même à l'église et qui en ramenait Modeste, fut chargée de dire à la mère qu'elle s'abusait sur sa fille.

— Modeste, fit-elle observer, est une jeune personne très-exaltée, elle se passionne pour les poésies de celui-ci, pour la prose de celui-là. Vous n'avez pas pu juger de l'impression qu'a produite sur elle cette symphonie de bourreau (mot de Butscha qui prêtait de l'esprit à fonds perdu à sa bienfaitrice), appelée le *Dernier jour d'un Condamné;* mais elle me paraissait folle avec ses admirations pour ce monsieur Hugo. Je ne sais pas où ces gens-là (Victor Hugo, Lamartine, Byron sont ces *gens-là* pour les madame Latournelle) vont prendre leurs idées. La petite m'a parlé de Child-Harold, je n'ai pas voulu en avoir le démenti, j'ai eu la simplicité de me mettre à lire *cela* pour pouvoir en raisonner avec elle. Je ne sais pas s'il faut attribuer cet effet à la traduction; mais le cœur me tournait, les yeux me papillotaient, je n'ai pas pu continuer. Il y a là des comparaisons qui hurlent: des rochers qui s'évanouissent, les laves de la guerre!... Enfin, comme c'est un Anglais qui voyage, on doit s'attendre à des bizarreries, mais cela passe la permission. On se croit en Espagne, et il vous met dans les nuages, au-dessus des Alpes, il fait parler les torrents et les étoiles; et, puis, il y a trop de vierges!... c'en est impatientant! Enfin, après les campagnes de Napoléon, nous avons assez des boulets enflammés, de l'airain sonore qui roulent de page en page. Modeste m'a dit que tout ce pathos venait du traducteur et qu'il fallait lire l'anglais. Mais, je n'irai pas apprendre l'anglais pour lord Byron, quand je ne l'ai pas appris pour Exupère. Je préfère de beaucoup les romans de Ducray-Duminil à ces romans anglais! Moi je suis trop Normande pour m'amouracher de tout ce qui vient de l'étranger, et surtout de l'Angleterre.

Madame Mignon, malgré son deuil éternel, ne put s'empêcher de sourire à l'idée de madame Latournelle lisant Child-Harold. La sévère notaresse accepta ce sourire comme une approbation de ses doctrines.

— Ainsi donc, vous prenez, ma chère madame Mignon, les fantaisies de Modeste, les effets de ses lectures pour des amourettes. Elle a vingt ans. A cet âge, on s'aime soi-même. On se pare pour se voir parée. Moi, je mettais à feu ma pauvre petite sœur un chapeau d'homme, et nous jouions au monsieur... Vous avez eu, vous, à Francfort, une jeunesse heureuse; mais, soyons justes?... Modeste est ici, sans aucune distraction. Malgré la complaisance avec laquelle ses moindres désirs sont accueillis, elle se sait gardée, et la vie qu'elle mène offrirait peu de plaisir à une jeune fille qui n'aurait pas trouvé comme elle des divertissements dans les livres. Allez, elle n'aime personne que vous..... Tenez-vous pour très-heureuse de ce qu'elle se passionne pour les corsaires de lord Byron, pour les héros de roman de Walter Scott, pour vos Allemands, les comtes d'Egmont, Werther, Schiller et autres Err.

— Eh! bien, madame?... dit respectueusement Dumay qui fut effrayé du silence de madame Mignon.

— Modeste n'est pas seulement amoureuse, elle aime quelqu'un! répondit obstinément la mère.

— Madame, il s'agit de ma vie, et vous trouverez bon, non pas à cause de moi, mais de ma pauvre femme, de mon colonel et de vous, que je cherche à savoir qui de la mère ou du chien de garde se trompe...

— C'est vous, Dumay! Ah! si je pouvais regarder ma fille!... s'écria la pauvre aveugle.

— Mais qui peut-elle aimer? dit madame Latournelle. Quant à nous, je réponds de mon Exupère.

— Ce ne saurait être Gobenheim que, depuis le départ du colonel, nous voyons à peine neuf heures par semaine, dit Dumay. D'ailleurs il ne pense pas à Modeste, cet écu de cent sous fait homme! Son oncle Gobenheim-Keller lui a dit : « Deviens assez riche pour épouser une Keller. » Avec ce programme, il n'y a pas à craindre qu'il sache de quel sexe est Modeste. Voilà tout ce que nous voyons d'hommes ici. Je ne compte pas Butscha, pauvre petit bossu, je l'aime, il est votre Dumay, madame, dit-il à la notaresse. Butscha sait très-bien qu'un regard jeté sur Modeste lui vaudrait une *trempée* à la mode de Vannes... Pas une âme n'a de communication avec nous. Madame Latournelle qui, depuis votre... votre malheur, vient chercher Modeste pour aller à l'église et l'en ramène, l'a bien observée, ces jours-ci, durant la messe, et n'a rien vu de suspect autour d'elle. Enfin, s'il faut vous tout dire, j'ai ratissé moi-même les allées autour de la maison depuis un mois, et je les ai retrouvées le matin sans traces de pas...

— Les râteaux ne sont ni chers ni difficiles à manier, dit la fille de l'Allemagne.

— Et les chiens?... s'écria Dumay.

— Les amoureux savent leur trouver des philtres, répondit madame Mignon.

— Ce serait à me brûler la cervelle, si vous aviez raison, car je serais enfoncé!... s'écria Dumay.

— Et pourquoi, Dumay? demanda madame Mignon.

— Eh! madame, je ne soutiendrais pas le regard du colonel s'il ne retrouvait pas sa fille, surtout maintenant qu'elle est unique, aussi pure, aussi vertueuse qu'elle était quand, sur le vaisseau, il m'a dit : — Que la peur de l'échafaud ne t'arrête pas, Dumay, quand il s'agira de l'honneur de Modeste!

— Je vous reconnais bien là tous les deux! dit madame Mignon pleine d'attendrissement.

— Je gagerais mon salut éternel, que Modeste est pure comme elle l'était dans sa barcelonette, dit madame Dumay.

— Oh! je le saurai, dit Dumay, si madame la comtesse veut me permettre d'essayer d'un moyen, car les vieux troupiers se connaissent en stratagèmes.

— Je vous permets tout ce qui pourra nous éclairer sans nuire à notre dernier enfant.

— Et, comment feras-tu, Anne?... dit madame Dumay, pour savoir le secret d'une jeune fille, quand il est si bien gardé.

— Obéissez-moi bien tous, s'écria le lieutenant, j'ai besoin de tout le monde.

Ce précis rapide, qui, développé savamment, aurait fourni tout un tableau de mœurs (combien de familles peuvent y reconnaître les événements de leur vie), suffit à faire comprendre l'importance des petits détails donnés sur les êtres et les choses pendant cette soirée où le vieux militaire avait entrepris de lutter avec une jeune fille, et de faire sortir du fond de ce cœur un amour observé par une mère aveugle.

Une heure se passa dans un calme effrayant, interrompu par les phrases hiéroglyphiques des joueurs de whist.

— Pique! — Atout! — Coupe! — Avons-nous les honneurs? — Deux de *tri* (*sic*)! — A huit! — A qui à donner? Phrases qui constituent aujourd'hui les grandes émotions de l'aristocratie européenne.

Modeste travaillait sans s'étonner du silence gardé par sa mère. Le mouchoir de madame Mignon glissa de dessus son jupon à terre, Butscha se précipita pour le ramasser; il se trouva près de Modeste et lui dit à l'oreille : — Prenez garde!... en se relevant.

Modeste leva sur le nain des yeux étonnés dont les rayons, comme épointés, le remplirent d'une joie ineffable.

— Elle n'aime personne! se dit le pauvre bossu qui se frotta les mains à s'arracher l'épiderme.

En ce moment Exupère se précipita dans le parterre, dans la maison, tomba dans le salon comme un ouragan, et dit à l'oreille de Dumay : — Voici le jeune homme !

Dumay se leva, sauta sur ses pistolets et sortit.

— Ah! mon Dieu! Et s'il le tue?... s'écria madame Dumay qui fondit en larmes.

— Mais que se passe-t-il donc? demanda Modeste en regardant ses amis d'un air candide et sans aucun effroi.

— Mais il s'agit d'un jeune homme qui tourne autour du Chalet!... s'écria madame Latournelle.

— Eh! bien, reprit Modeste, pourquoi donc Dumay le tuerait-il?...

— *Sancta simplicita!*... dit Butscha qui contempla aussi fièrement son patron qu'Alexandre regarde Babylone dans le tableau de Lebrun.

Modeste alla vers la porte.

— Où vas-tu, Modeste? demanda la mère.

— Tout préparer pour votre coucher, maman, répondit Modeste d'une voix aussi pure que le son d'un harmonica.

Et elle quitta le salon.

— Vous n'avez pas fait vos frais! dit le nain à Dumay quand il rentra.

— Modeste est sage comme la vierge de notre autel, s'écria madame Latournelle.

— Ah! mon Dieu! de telles émotions me brisent, dit le caissier, et je suis cependant bien fort.

— Je veux perdre vingt-cinq sous, si je comprends un mot à tout ce que vous faites ce soir, dit Gobenheim, vous m'avez l'air d'être fous.

— Il s'agit cependant d'un trésor, dit Butscha qui se haussa sur la pointe de ses pieds pour arriver à l'oreille de Gobenheim.

— Malheureusement, Dumay, j'ai la presque certitude de ce que je vous ai dit, répéta la mère.

— C'est maintenant à vous, madame, dit Dumay d'une voix calme, à nous prouver que nous avons tort.

En voyant qu'il ne s'agissait que de l'honneur de Modeste, Gobenheim prit son chapeau, salua, sortit, en emportant dix sous, et regardant tout nouveau *rubber* comme impossible.

— Exupère et toi, Butscha, laissez-nous, dit madame Latournelle. Allez au Havre, vous arriverez encore à temps pour voir une pièce, je vous paye le spectacle.

Quand madame Mignon fut seule entre ses quatre amis, madame Latournelle, après avoir regardé Dumay, qui, Breton, comprenait l'entêtement de la mère, et son mari qui jouait avec les cartes, se crut autorisée à prendre la parole.

— Madame Mignon, voyons? quel fait décisif a frappé votre entendement?

— Eh! ma bonne amie, si vous étiez musicienne, vous auriez entendu déjà, comme moi, le langage de Modeste quand elle parle d'amour.

Le piano des deux demoiselles Mignon, se trouvait dans le peu de meubles à l'usage des femmes qui furent apportés de la maison de ville au Chalet. Modeste avait conjuré quelquefois ses ennuis en étudiant sans maître. Née musicienne, elle jouait pour égayer sa mère. Elle chantait naturellement, et répétait les airs allemands que sa mère lui apprenait. De ces leçons, de ces efforts, il en était résulté ce phénomène, assez ordinaire chez les natures poussées par la vocation, que, sans le savoir, Modeste composait, comme on peut composer sans connaître l'harmonie, des cantilènes purement mélodiques. La mélodie est, à la musique, ce que l'image et le sentiment sont à la poésie, une fleur qui peut s'épanouir spontanément. Aussi les peuples ont-ils eu des mélodies nationales avant l'invention de l'harmonie. La botanique est venue après les fleurs. Ainsi Modeste, sans rien avoir appris du métier de peintre, que ce qu'elle avait vu faire à sa sœur quand sa sœur lavait des aquarelles, devait rester charmée et abattue devant un tableau de Raphaël, de Titien, de Rubens, de Murillo, de Rembrandt, d'Albert Durer et d'Holbein, c'est-à-dire devant le beau idéal de chaque pays. Or, depuis un mois surtout, Modeste se livrait à des chants de rossignol, à des tentatives, dont le sens, dont la poésie avait éveillé l'attention de sa mère, assez surprise de voir Modeste acharnée à la composition, essayant des airs sur des paroles inconnues.

— Si vos soupçons n'ont pas d'autre base, dit Latournelle à madame Mignon, je plains votre susceptibilité.

— Quand les jeunes filles de la Bretagne chantent, dit Dumay redevenu sombre, l'amant est bien près d'elles.

— Je vous ferai surprendre Modeste improvisant, dit la mère, et vous verrez !.....

— Pauvre enfant, dit madame Dumay ; mais si elle savait nos inquiétudes, elle serait désespérée, et nous dirait la vérité, surtout en apprenant de quoi il s'agit pour Dumay.

— Demain, mes amis, je questionnerai ma fille, dit madame Mignon, et peut-être obtiendrai-je plus par la tendresse que vous par la ruse....

La comédie de la Fille mal gardée se jouait-elle, là comme partout et comme toujours, sans que ces honnêtes Bartholo, ces espions dévoués, ces chiens des Pyrénées si vigilants, eussent pu flairer, deviner, apercevoir l'amant, l'intrigue, la fumée du feu?... Ceci n'était pas le résultat d'un défi entre des gardiens et une prisonnière, entre le despotisme du cachot et la liberté du détenu, mais l'éternelle répétition de la première scène jouée au lever du rideau de la Création : Ève dans le paradis. Qui, maintenant, de la mère ou du chien de garde avait raison?

Aucune des personnes qui entouraient Modeste ne pouvait comprendre ce cœur de jeune fille, car l'âme et le visage étaient en harmonie, croyez-le bien ! Modeste avait transporté sa vie dans un monde, aussi nié de nos jours que le fut celui de Christophe-Colomb au seizième siècle. Heureusement, elle se taisait, autrement elle eut paru folle. Expliquons, avant tout, l'influence du passé sur Modeste.

Deux événements avaient à jamais formé l'âme comme ils avaient développé l'intelligence de cette jeune fille. Avertis par la catastrophe arrivée à Bettina, monsieur et madame Mignon résolurent, avant leur désastre, de marier Modeste. Ils avaient fait choix du fils d'un riche banquier, un Hambourgeois établi au Havre depuis 1815, leur obligé d'ailleurs. Ce jeune homme, nommé Francisque Althor, le dandy du Havre, doué de la beauté vulgaire dont se paient les bourgeois, ce que les Anglais appellent un mastok (de bonnes grosses couleurs, de la chair, une membrure carrée), abandonna si bien sa fiancée au moment du désastre, qu'il n'avait plus revu ni Modeste, ni madame Mignon, ni les Dumay.

Latournelle s'étant hasardé à questionner le papa Jacob Althor à ce sujet, l'Allemand avait haussé les épaules en répondant : — Je ne sais pas ce que vous voulez dire !

Cette réponse, rapportée à Modeste afin de lui donner de l'expérience, fut une leçon d'autant mieux comprise que Latournelle et Dumay firent des commentaires assez étendus sur cette ignoble trahison. Les deux filles de Charles Mignon, en enfants gâtés, montaient à cheval, avaient des chevaux, des gens, et jouissaient d'une liberté fatale. En se voyant à la tête d'un amoureux officiel, Modeste avait laissé Francisque lui baiser les mains, la prendre par la taille pour lui aider à monter à cheval ; elle accepta de lui des fleurs, de ces menus témoignages de tendresse qui encombrent toutes les cours faites à des prétendues ; elle lui avait brodé une bourse en croyant à ces espèces de liens, si forts pour les belles âmes, des fils d'araignée pour les Gobenheim, les Vilquin et les Althor. Au printemps qui suivit l'établissement de madame et de mademoiselle Mignon au Chalet, Francisque Althor vint dîner chez les Vilquin. En voyant Modeste par-dessus le mur du boulingrin, il détourna la tête. Six semaines après, il épousa mademoiselle Vilquin, l'aînée. Modeste, belle, jeune, de haute naissance, apprit ainsi qu'elle n'avait été, pendant trois mois, que mademoiselle *Million*.

La pauvreté connue de Modeste fut donc une sentinelle qui

défendit les approches du Chalet, aussi bien que la prudence des Dumay, que la vigilance du ménage Latournelle. On ne parlait de mademoiselle Mignon que pour l'insulter par des : — Pauvre fille, que deviendra-t-elle ? elle coiffera sainte Catherine.

— Quel sort ! avoir vu tout le monde à ses pieds, avoir eu la chance d'épouser le fils Althor et se trouver sans personne qui veuille d'elle.

— Avoir connu la vie la plus luxueuse, ma chère, et tomber dans la misère !

Et qu'on ne croie pas que ces insultes fussent secrètes et seulement devinées par Modeste ; elle les écouta, plus d'une fois, dites par des jeunes gens, par des jeunes personnes du Havre, en promenade à Ingouville ; et qui, sachant madame et mademoiselle Mignon logées au Chalet, parlaient d'elles en passant devant cette jolie habitation. Quelques amis des Vilquin s'étonnaient souvent que ces deux femmes eussent voulu vivre au milieu des créations de leur ancienne splendeur.

Modeste entendit souvent derrière ses persiennes fermées, des insolences de ce genre.

— Je ne sais pas comment elles peuvent demeurer là ! se disait-on en tournant autour du boulingrin, et peut-être pour aider les Vilquin à chasser leurs locataires.

— De quoi vivent-elles ? Que peuvent-elles faire là ?...

— La vieille est devenue aveugle !

— Mademoiselle Mignon est-elle restée jolie ? Ah ! elle n'a plus de chevaux ! Était-elle fringante ?...

En entendant ces farouches sottises de l'Envie, qui s'élance, baveuse et hargneuse, jusque sur le passé, bien des jeunes filles eussent senti leur sang les rougir jusqu'au front ; d'autres eussent pleuré, quelques-unes auraient éprouvé des mouvements de rage ; mais Modeste souriait comme on sourit au théâtre en entendant des acteurs. Sa fierté ne descendait pas jusqu'à la hauteur où ces paroles, parties d'en bas, arrivaient.

L'autre événement fut plus grave encore que cette lâcheté mercantile. Bettina-Caroline était morte entre les bras de Modeste, qui garda sa sœur avec le dévouement de l'adolescence, avec la curiosité d'une imagination vierge. Les deux sœurs, par le silence des nuits, échangèrent bien des confidences. De quel intérêt dramatique Bettina n'était-elle pas revêtue aux yeux de son innocente sœur? Bettina connaissait la passion par le malheur seulement, elle mourait pour avoir aimé. Entre deux jeunes filles, tout homme, quelque scélérat qu'il soit, reste un amant. La passion est ce qu'il y a de vraiment absolu dans les choses humaines, elle ne veut jamais avoir tort. Georges d'Estourny, joueur, débauché, coupable, se dessinait toujours dans le souvenir de ces deux filles comme le dandy parisien des fêtes du Havre, lorgné par toutes les femmes (Bettina crut l'enlever à la coquette madame Vilquin), enfin comme l'amant heureux de Bettina. L'adoration d'une jeune fille est plus forte que toutes les réprobations sociales. La Justice avait tort aux yeux de Bettina : comment avoir pu condamner un jeune homme par qui elle s'était vue aimée pendant six mois, aimée à la passion dans la mystérieuse retraite où Georges la cacha dans Paris, pour y conserver, lui, sa liberté. Bettina mourante inocula donc l'amour à sa sœur, elle lui communiqua cette lèpre de l'âme. Ces deux filles causèrent toutes deux de ce grand drame de la passion que l'imagination agrandit encore. La morte emporta dans sa tombe la pureté de Modeste, elle la laissa sinon instruite, au moins dévorée de curiosité. Néanmoins le remords avait enfoncé trop souvent ses dents aiguës au cœur de Bettina pour qu'elle épargnât les avis à sa sœur. Au milieu de ses aveux, jamais elle n'avait manqué de prêcher Modeste, de lui recommander une obéissance absolue à la famille. Elle supplia sa sœur, la veille de sa mort, de se souvenir de ce lit trempé de pleurs, et de ne pas imiter une conduite que tant de souffrances expiaient à peine. Bettina s'accusa d'avoir attiré la foudre sur la famille, elle mourut au désespoir de n'avoir pas reçu le pardon de son père. Malgré les consolations de la Religion attendrie par tant de repentir, Bettina ne s'endormit pas sans crier au moment suprême : Mon père! mon père! d'un ton de voix déchirant.

— Ne donne pas ton cœur sans ta main, dit Caroline à Modeste une heure avant sa mort, et surtout n'accueille aucun hommage sans l'aveu de notre mère ou de papa...

Ces paroles, si touchantes dans leur vérité textuelle, dites au milieu de l'agonie, avaient eu d'autant plus de retentissement dans l'intelligence de Modeste, que Bettina lui dicta le plus solennel serment. Cette pauvre fille, clairvoyante comme un prophète, tira de dessous son chevet un anneau, sur lequel elle avait fait graver au Havre par sa fidèle servante, Françoise Cochet : *Pense à Bettina!* 1827, la place de quelque devise. Quelques instants avant de rendre le dernier soupir, elle mit au doigt de sa sœur cette bague en la priant de l'y garder jusqu'à son mariage. Ce fut donc, entre ces deux filles, un étrange assemblage de remords poignants et de peintures naïves de la rapide saison à laquelle avaient succédé si promptement les bises mortelles de l'abandon ; mais où les pleurs, les regrets, les souvenirs furent toujours dominés par la terreur du mal.

Et cependant, ce drame de la jeune fille séduite et revenant mourir d'une horrible maladie sous le toit d'une élégante misère, le désastre paternel, la lâcheté du gendre des Vilquin, la cécité produite par la douleur de sa mère, ne répondent encore qu'aux surfaces offertes par Modeste, et dont se contentent les Dumay, les Latournelle, car aucun dévouement ne peut remplacer *la mère!*

Cette vie monotone dans ce Chalet coquet, au milieu de ces belles fleurs cultivées par Dumay, ces habitudes à mouvements réguliers comme ceux d'une horloge ; cette sagesse provinciale, ces parties de cartes auprès desquelles on tricotait, ce silence interrompu seulement par les mugissements de la mer aux équinoxes ; cette tranquillité monastique cachait la vie la plus orageuse, la vie par les idées, la vie du Monde Spirituel. On s'étonne quelquefois des fautes commises par des jeunes filles ; mais il n'existe pas alors près d'elle une mère aveugle pour frapper de son bâton sur un cœur vierge, creusé par les souterrains de la Fantaisie. Les Dumay dormaient, quand Modeste ouvrait sa fenêtre, en imaginant qu'il pouvait passer un homme, l'homme de ses rêves, le cavalier attendu qui la prendrait en croupe, en essuyant le feu de Dumay.

Abattue après la mort de sa sœur, Modeste s'était jetée en des lectures continuelles, à s'en rendre idiote. Elevée à parler deux langues, elle possédait aussi bien l'allemand que le français ; puis, elle et sa sœur avaient appris l'anglais par madame Dumay. Modeste, peu surveillée en ceci par des gens sans instruction, donna pour pâture à son âme les chefs-d'œuvre modernes des trois littératures anglaise, allemande et française. Lord Byron, Gœthe, Schiller, Walter-Scott, Hugo, Lamartine, Crabbe, Moore, les grands ouvrages du dix-septième et du dix-huitième siècles, l'Histoire et le Théâtre, le Roman depuis Rabelais jusqu'à Manon Lescaut, depuis les Essais de Montaigne jusqu'à Diderot, depuis les Fabliaux jusqu'à la Nouvelle Héloïse, la pensée de trois pays meubla d'images confuses cette tête sublime de naïveté froide, de virginité contenue, d'où s'élança brillante, armée, sincère et forte, une admiration absolue pour le génie. Pour Modeste, un livre nouveau fut un grand événement; heureuse d'un chef-d'œuvre à effrayer madame Latournelle, ainsi qu'on l'a vu; contristée quand l'ouvrage ne lui ravageait pas le cœur. Un lyrisme intime bouillonna dans cette âme pleine des belles illusions de la jeunesse. Mais, de cette vie flamboyante, aucune lueur n'arrivait à la surface, elle échappait et au lieutenant Dumay et à sa femme, comme aux Latournelle; mais les oreilles de la mère aveugle en entendirent les pétillements. Le dédain profond que Modeste conçut alors de tous les hommes ordinaires imprima bientôt à sa figure je ne sais quoi de fier, de sauvage qui tempéra sa naïveté germanique, et qui s'accorde d'ailleurs avec un détail de sa physionomie. Les racines de ses cheveux plantés en pointe au dessus du front semblent continuer le léger sillon déjà creusé par la pensée entre les sourcils, et rendent ainsi cette expression de sauvagerie peut-être un peu trop forte. La voix de cette charmante enfant, qu'avant son départ Charles appelait *sa petite babouche de Salomon*, à cause de son esprit, avait gagné la plus précieuse flexibilité à l'étude de trois langues. Cet avantage est encore rehaussé par un timbre à la fois suave et frais qui frappe autant le cœur que l'oreille. Si la mère ne pouvait voir l'espérance d'une haute destinée écrite sur le front, elle étudia les transitions de la puberté de l'âme dans les accents de cette voix amoureuse.

À la période affamée de ses lectures, succéda, chez Modeste, le jeu de cette étrange faculté donnée aux imaginations vives de se faire acteur dans une vie arrangée comme dans un rêve; de se représenter les choses désirées avec une impression si mordante qu'elle touche à la réalité, de jouir enfin par la pensée, de dévorer tout jusqu'aux années, de se marier, de se voir vieux, d'assister à son convoi comme Charles-Quint, de jouer enfin en soi-même la comédie de la vie, et, au besoin celle de la mort. Modeste jouait, elle, la comédie de l'amour. Elle se supposait adorée à ses souhaits, en passant par toutes les phases sociales. Devenue l'héroïne d'un roman noir, elle aimait, soit le bourreau, soit quelque scélérat qui finissait sur l'échafaud, ou, comme sa sœur, un jeune élégant sans le sou qui n'avait de démêlés qu'avec la Sixième Chambre. Elle se supposait courtisane, et se moquait des hommes au milieu de fêtes continuelles, comme Ninon. Elle menait tour à tour la vie d'une aventurière, ou celle d'une actrice applaudie, épuisant les hasards de Gil Blas et les triomphes des Pasta, des Malibran, des Florine.

Lassée d'horreurs, elle revenait à la vie réelle. Elle se mariait avec un notaire, elle mangeait le pain bis d'une vie honnête, elle se voyait en madame Latournelle. Elle acceptait une existence pénible, elle supportait les tracas d'une fortune à faire ; puis, elle recommençait les romans : elle était aimée pour sa beauté ; le fils de pair de France, jeune homme excentrique, artiste, devinait son cœur, et reconnaissait l'étoile que le génie des Staël avait mis à son front. Enfin, son père revenait riche à millions. Autorisée par son expérience, elle soumettait ses amants à des épreuves, où elle gardait son indépendance, elle possédait un magnifique château, des gens, des voitures, tout ce que le luxe a de plus curieux, et elle mystifiait ses prétendus jusqu'à ce qu'elle eût quarante ans, âge auquel elle prenait un parti. Cette édition des Mille et une Nuits, tirée à un exemplaire, dura près d'une année, et fit connaître à Modeste la satiété par la pensée. Elle tint trop souvent la vie dans le creux de sa main, elle se dit philosophiquement et avec trop amertume, avec trop de sérieux et trop souvent : — Eh ! bien, après ?... pour ne pas se plonger jusqu'à la ceinture en ce profond dégoût dans lequel tombent les hommes de génie empressés de s'en retirer par les immenses travaux de l'œuvre à laquelle ils se vouent. N'était sa riche nature, sa jeunesse, Modeste serait allée dans un cloître. Cette satiété jeta cette fille, encore trempée de Grâce catholique dans l'amour du bien, dans l'infini du ciel. Elle conçut la Charité comme occupation de la vie ; mais elle rampa dans des tristesses mornes en ne se trouvant plus de pâture pour la Fantaisie tapie en son cœur, comme un insecte venimeux au fond d'un calice. Et elle cousait tranquillement des brassières pour les enfants des pauvres femmes ! Et elle écoutait d'un air distrait les gronderies de monsieur Latournelle qui reprochait à monsieur Dumay de lui avoir *coupé une treizième carte*, ou de lui avoir tiré son dernier atout.

La foi poussa Modeste dans une singulière voie. Elle imagina qu'en devenant irréprochable, catholiquement parlant, elle arriverait à un tel état de sainteté, que Dieu l'écouterait et accomplirait ses désirs.

— La foi, selon Jésus-Christ, peut transporter des montagnes, le Sauveur a traîné son apôtre sur le lac de Tibériade ; mais, moi, je ne demande à Dieu qu'un mari, se dit-elle, c'est bien plus facile que d'aller me promener sur la mer.

Elle jeûna tout un carême, et resta sans commettre le moindre péché ; puis, elle se dit, qu'en sortant de l'église, tel jour elle rencontrerait un beau jeune homme digne d'elle, que sa mère pourrait agréer, et qui la suivrait amoureux fou. Le jour où elle avait assigné Dieu, à cette fin d'avoir à lui envoyer un ange, elle fut suivie obstinément par un pauvre assez dégoûtant, il pleuvait à verse, et il ne se trouvait pas un seul jeune homme dehors. Elle alla se promener sur le port, y voir débarquer des Anglais, mais ils amenaient tous des Anglaises, presque aussi belles que Modeste qui n'aperçut pas le moindre Child-Harold égaré. Dans ce temps-là, les pleurs la gagnaient quand elle s'asseyait en Marius sur les ruines de ses fantaisies. Un jour où elle avait *cité* Dieu pour la troisième fois, elle crut que l'élu de ses rêves était venu : dans l'église, elle contraignit madame Latournelle à regarder à chaque pilier, imaginant qu'il se cachait par délicatesse. De ce coup, elle destitua Dieu de toute puissance. Elle faisait souvent des conversations avec cet amant imaginaire, en inventant les demandes et les réponses, et elle lui donnait beaucoup d'esprit.

L'excessive ambition de son cœur, cachée dans ces romans, fut donc la cause de cette sagesse tant admirée par les bonnes gens qui gardaient Modeste ; ils auraient pu lui amener beaucoup de Francisque Althor et de Vilquin fils, elle ne se serait pas baissée jusqu'à ces manants. Elle voulait purement et simplement un homme de génie, le talent lui semblait peu de chose ; de même qu'un avocat n'est rien pour la fille qui se rabat à un ambassadeur. Aussi ne désirait-elle la richesse que pour la jeter aux pieds de son idole. Le fonds d'or sur lequel se détachèrent les figures de ses rêves, était moins riche encore que son cœur plein des délicatesses de la femme, car sa pensée dominante fut de rendre heureux et riche, un Tasse, un Milton, un Jean-Jacques Rousseau, un Murat, un Christophe Colomb. Les malheurs vulgaires émouvaient peu cette âme qui voulait éteindre les bûchers de ces martyrs souvent ignorés de leur vivant. Modeste avait soif des souffrances innommées, des grandes douleurs de la pensée. Tantôt, elle composait les baumes, elle inventait les recherches, les musiques, les mille moyens par lesquels elle aurait calmé la féroce misanthropie de Jean-Jacques. Tantôt, elle se supposait la femme de lord Byron, et devinait presque son dédain du réel en se faisant fantasque autant que la poésie de Manfred, et ses doutes en en faisant un catholique. Modeste reprochait la mélancolie de Molière à toutes les femmes du dix-septième siècle.

— Comment n'accourt-il pas, se demandait-elle, vers chaque homme de génie, une femme aimante, riche, belle qui se fasse son esclave comme dans Lara, le page mystérieux?

Elle avait, vous le voyez, bien compris *le pianto* que le poète anglais a chanté par le personnage de Gulnare. Elle admirait beaucoup l'action de cette jeune Anglaise qui vint se proposer à Crébillon fils, et qu'il épousa. L'histoire de Sterne et d'Éliza Draper fit sa vie et son bonheur pendant quelques mois. Devenue en idée l'héroïne d'un roman pareil, plus d'une fois elle étudia le rôle sublime d'Éliza. L'admirable sensibilité, si gracieusement exprimée dans cette correspondance, mouilla ses yeux des larmes qui manquèrent, dit-on, dans les yeux du plus spirituel des auteurs anglais.

Modeste vécut donc encore quelque temps par la compréhension, non-seulement des œuvres, mais encore du caractère de ses auteurs favoris. Goldsmith, l'auteur d'Obermann, Charles Nodier, Maturin, les plus pauvres, les plus souffrants étaient ses dieux; elle devinait leurs douleurs, elle s'initiait à ces dénûments entremêlés de contemplations célestes, elle y versait les trésors de son cœur; elle se voyait l'auteur du bien-être matériel de ces artistes, martyrs de leurs facultés. Cette noble compatissance, cette intuition des difficultés du travail, ce culte du talent est une des plus rares fantaisies qui jamais aient voleté dans des âmes de femme. C'est d'abord comme un secret entre la femme et Dieu; car là rien d'éclatant, rien de ce qui flatte la vanité, cet auxiliaire si puissant des actions en France.

De cette troisième période d'idées, naquit chez Modeste un violent désir de pénétrer au cœur d'une de ces existences anormales, de connaître les ressorts de la pensée, les malheurs intimes du génie, et ce qu'il veut, et ce qu'il est. Ainsi, chez elle, les coups de tête de la Fantaisie, les voyages de son âme dans le vide, les pointes poussées dans les ténèbres de l'avenir, l'impatience d'un amour en bloc à porter sur un point, la noblesse de ses idées quant à la vie, le parti pris de souffrir dans une sphère élevée au lieu de barboter dans les marais d'une vie de province, comme avait fait sa mère, l'engagement qu'elle maintenait avec elle-même de ne pas faillir, de respecter le foyer paternel et de n'y apporter que de la joie, tout ce monde de sentiments se produisit enfin sous une forme. Modeste voulut être la compagne d'un poëte, d'un artiste, d'un homme enfin supérieur à la foule des hommes; mais elle voulut le choisir, ne lui donner son cœur, sa vie, son immense tendresse dégagée des ennuis de la passion, qu'après l'avoir soumis à une étude approfondie.

Ce joli roman, elle commença par en jouir. La tranquillité la plus profonde régna dans son âme. Sa physionomie se colora doucement. Elle devint la belle et sublime image de l'Allemagne que vous avez vue, la gloire du Chalet, l'orgueil de madame Latournelle et des Dumay. Modeste eut alors une existence double. Elle accomplissait humblement et avec amour toutes les minuties de la vie vulgaire au Chalet, elle s'en servait comme d'un frein pour enserrer le poëme de sa vie idéale, à l'instar des Chartreux qui régularisent la vie matérielle et s'occupent pour laisser l'âme se développer dans la prière. Toutes les grandes intelligences s'astreignent à quelque travail mécanique afin de se rendre maîtres de la pensée. Spinosa dégrossissait des verres à lunettes, Bayle comptait les tuiles des toits, Montesquieu jardinait. Le corps ainsi dompté, l'âme déploie ses ailes en toute sécurité. Madame Mignon, qui lisait dans l'âme de sa fille, avait donc raison. Modeste aimait, elle aimait de cet amour platonique si rare, si peu compris, la première illusion des jeunes filles, le plus délicat de tous les sentiments, la friandise du cœur. Elle buvait à longs traits à la coupe de l'Inconnu, de l'Impossible, du Rêve. Elle admirait l'oiseau bleu du paradis des jeunes filles, qui chante à distance, et sur lequel la main ne peut jamais se poser, qui se laisse entrevoir, et que le plomb d'aucun fusil n'atteint, dont les couleurs magiques, dont les pierreries scintillent, éblouissent les yeux, et qu'on ne revoit plus dès que la Réalité, cette hideuse Harpie accompagnée de témoins et de monsieur le Maire, apparaît. Avoir de l'amour toutes les poésies sans voir l'amant! quelle suave débauche! quelle Chimère à tous crins, à toutes ailes!

Voici le futile et niais hasard qui décida de la vie de cette jeune fille.

Modeste vit à l'étalage d'un libraire le portrait lithographié d'un de ses favoris, de Canalis. Vous savez combien sont menteuses ces esquisses, le fruit de hideuses spéculations qui s'en prennent à la personne des gens célèbres, comme si leurs visages étaient des propriétés publiques. Or, Canalis, crayonné dans une pose assez byronienne, offrait à l'admiration publique ses cheveux en coup de vent, son cou nu, le front démesuré que tout barde doit avoir. Le front de Victor Hugo fera raser autant de crânes, que la gloire de Napoléon a fait tuer de maréchaux en herbe. Cette figure, sublime par nécessité mercantile, frappa Modeste, et le jour où elle acheta ce portrait, l'un des plus beaux livres de d'Arthès venait de paraître. Dût Modeste y perdre, il faut avouer qu'elle hésita long-temps entre l'illustre poète et l'illustre prosateur. Mais ces deux hommes célèbres étaient-ils libres?

Modeste commença par s'assurer la coopération de Françoise Cochet, la fille emmenée du Havre et ramenée par la pauvre Bettina-Caroline, que madame Mignon et madame Dumay prenaient en journée préférablement à toute autre, et qui demeurait au Havre. Elle emmena dans sa chambre cette créature assez disgraciée; elle lui jura de ne jamais donner le moindre chagrin à ses parents, de ne jamais sortir des bornes imposées à une jeune fille; quant à Françoise, plus tard, au retour de son père, elle lui assurerait une existence tranquille, à la condition de garder un secret inviolable sur le service réclamé. Qu'était-ce? peu de chose, une chose innocente. Tout ce que Modeste exigea de sa complice, consistait à mettre des lettres à la poste et à en retirer qui seraient adressées à Françoise Cochet.

Le pacte conclu, Modeste écrivit une petite lettre polie à Dauriat, l'éditeur des poésies de Canalis, par laquelle elle lui demandait, dans l'intérêt du grand poète, si Canalis était marié; puis elle le priait d'adresser la réponse à mademoiselle Françoise, poste restante, au Havre.

Dauriat, incapable de prendre cette épître au sérieux, répondit par des railleries de libraire, une lettre faite entre cinq ou six journalistes dans son cabinet et où chacun d'eux mit son mot.

« Mademoiselle,

« Canalis (baron de), Constant Cyr Melchior, membre de l'Aca-
» démie française, né en 1800, à Canalis (Corrèze), taille de cinq
« pieds quatre pouces, en très-bon état, vacciné, de race pure, a
» satisfait à la conscription, jouit d'une santé parfaite, possède une
» petite terre patrimoniale dans la Corrèze et désire se marier, mais
» très-richement.

» Il *porte mi-parti de gueules à la doloüère d'or et mi-*
» *parti de sable à la coquille d'argent, sommé d'une cou-*

» ronne de baron, pour supports deux mélèzes de sinople.
» *La devise :* OR ET FER, ne fut jamais aurifère.

» Le premier Canalis, qui partit pour la Terre-Sainte à la pre-
» mière croisade, est cité dans les chroniques d'Auvergne pour
» s'être armé seulement d'une hache, à cause de la complète indi-
» gence où il se trouvait et qui pèse depuis ce temps sur sa race.
» De là l'écusson sans doute. La hache n'a donné qu'une coquille.
» Ce haut baron est d'ailleurs célèbre aujourd'hui pour avoir dé-
» confit force infidèles, et mourut à Jérusalem, sans or ni fer, nu
» comme un ver, sur la route d'Ascalon, les ambulances n'existant
» pas encore.

» Le château de Canalis, qui rapporte quelques châtaignes, con-
» siste en deux tours démantelées, réunies par un pan de muraille
» remarquable par un lierre admirable, et paye vingt-deux francs
» de contribution.

» L'éditeur soussigné fait observer qu'il achète dix mille francs
» chaque volume de poésies à monsieur de Canalis, qui ne donne
» pas ses coquilles.

» Le chantre de la Corrèze, demeure rue de Paradis-Poissonnière,
» numéro 29, ce qui, pour un poète de l'École Angélique, est un
» quartier convenable. Les vers attirent les goujons. *Affranchir.*

» Quelques nobles dames du faubourg Saint-Germain prennent,
» dit-on, souvent le chemin du Paradis, et protègent le Dieu.
» Le roi Charles X considère ce grand poète au point de le croire
» capable de devenir administrateur; il l'a nommé récemment offi-
» cier de la Légion-d'Honneur, et, ce qui vaut mieux, Maître des
» Requêtes attaché au ministère des Affaires Étrangères. Ces fonc-
» tions n'empêchent nullement le grand homme de toucher une
» pension de trois mille francs sur les fonds destinés à l'encourage-
» ment des Arts et des Lettres. Ce succès d'argent cause en Librai-
» rie une huitième plaie à laquelle a échappé l'Égypte, *les vers!*

» La dernière édition des œuvres de Canalis, publiée sur cavalier
» vélin, avec des vignettes par Bixiou, Joseph Bridau, Schinner,
» Sommervieux, etc., imprimée par Didot, est en cinq volumes,
» du prix de neuf francs par la poste. »

Cette lettre tomba comme un pavé sur une tulipe. Un poète, Maître des Requêtes, émargeant au Ministère, touchant une pension, poursuivant la rosette rouge, adulé par les femmes du faubourg Saint-Germain, ressemblait-il au poète crotté, flânant sur les quais, triste, rêveur, succombant au travail et remontant à sa mansarde, chargé de poésie?... Néanmoins, Modeste devina la raillerie du libraire envieux qui disait : — J'ai fait Canalis! j'ai fait Nathan! D'ailleurs, elle relut les poésies de Canalis, vers excessivement pipeurs, pleins d'hypocrisie, et qui veulent un mot d'analyse, ne fût-ce que pour expliquer son engouement.

Canalis se distingue de Lamartine, le chef de l'École Angélique, par un patelinage de garde-malade, par une douceur traîtresse, par une correction délicieuse. Si le chef aux cris sublimes est un aigle; Canalis, blanc et rose, est comme un flamant. En lui, les femmes voient l'ami qui leur manque, un confident discret, leur interprète, un être qui les comprend, qui peut les expliquer à elles-mêmes. Les grandes marges laissées par Dauriat dans la dernière édition étaient chargées d'aveux écrits au crayon par Modeste qui sympathisait avec cette âme rêveuse et tendre. Canalis ne possède pas le don de vie, il n'insuffle pas l'existence à ses créations; mais il sait calmer les souffrances vagues, comme celles qui assaillaient Modeste. Il parle aux jeunes filles leur langage, il endort la douleur des blessures les plus saignantes, en apaisant les gémissements et jusqu'aux sanglots. Son talent ne consiste pas à faire de beaux discours aux malades, à leur donner le remède des émotions fortes, il se contente de leur dire d'une voix harmonieuse, à laquelle on croit :

— Je suis malheureux comme vous, je vous comprends bien; venez à moi, pleurons ensemble sur le bord de ce ruisseau, sous les saules?

Et l'on va! Et l'on écoute sa poésie vide et sonore comme le chant par lequel les nourrices endorment les enfants. Canalis, comme Nodier en ceci, vous ensorcèle par une naïveté, naturelle chez le prosateur et cherchée chez Canalis, par sa finesse, par son sourire, par ses fleurs effeuillées, par une philosophie enfantine. Il singe assez bien le langage des premiers jours, pour vous ramener dans la prairie des illusions. On est impitoyable avec les aigles, on leur veut les qualités du diamant, une perfection incorruptible; mais, avec Canalis, on se contente du petit sou de l'orphelin, on lui passe tout. Il semble bon enfant, humain surtout. Ces grimaces de poète angélique lui réussissent, comme réussiront toujours celles de la femme qui fait bien l'ingénue, la surprise, la jeune, la victime, l'ange blessé.

Modeste, en reprenant ses impressions, eut confiance en cette âme, en cette physionomie aussi ravissante que celle de Bernardin de Saint-Pierre. Elle n'écouta pas le libraire. Donc, au commencement du mois d'août, elle écrivit la lettre suivante à ce nouveau Dorat qui passe encore pour une des étoiles de la pléiade moderne.

I.

A MONSIEUR DE CANALIS.

« Déjà bien des fois, monsieur, j'ai voulu vous écrire, et pour» quoi ? vous le devinez : pour vous dire combien j'aime votre
» talent. Oui, j'éprouve le besoin de vous exprimer l'admiration
» d'une pauvre fille de province, seulette dans son coin, et dont
» tout le bonheur est de lire vos poésies. De René, je suis venue à
» vous. La mélancolie conduit à la rêverie. Combien d'autres femmes
» ne vous ont-elles pas envoyé l'hommage de leurs pensées secrè» tes ?... Quelle est ma chance d'être distinguée dans cette foule ?
» Qu'est-ce que ce papier, plein de mon âme, aura de plus que
» toutes les lettres parfumées qui vous harcèlent ? Je me présente
» avec plus d'ennuis que toute autre : je veux rester inconnue et de» mande une confiance entière, comme si vous me connaissiez de» puis long-temps.

» Répondez-moi, soyez bon pour moi. Je ne prends pas l'enga» gement de me faire connaître un jour, cependant je ne dis pas
» absolument non. Que puis-je ajouter à cette lettre ?... Voyez-y,
» monsieur, un grand effort, et permettez-moi de vous tendre la
» main, oh ! une main bien amie, celle de

» Votre servante
» O. D'ESTE-M.

» Si vous me faites là grâce de me répondre, adressez, je vous
» prie, votre lettre à mademoiselle F. Cochet, poste restante, au
» Havre. »

Maintenant, toutes les jeunes filles, romanesques ou non, peuvent imaginer dans quelle impatience vécut Modeste pendant quelques jours ! L'air fut plein de langues de feu. Les arbres lui parurent un plumage. Elle ne sentit pas son corps, elle plana dans la nature! La terre fléchissait sous ses pieds. Admirant l'institution de la Poste, elle suivit sa petite feuille de papier dans l'espace, elle se sentit heureuse, comme on est heureux à vingt ans du premier exercice de son vouloir. Elle était occupée, possédée comme au Moyen-âge. Elle se figura l'appartement, le cabinet du poète, elle le vit décachetant sa lettre, et elle faisait des suppositions par myriades.

Après avoir esquissé la poésie, il est nécessaire de donner ici le profil du poète.

Canalis est un petit homme sec, de tournure aristocratique, brun, doué d'une figure *vituline*, et d'une tête un peu menue, comme celle des hommes qui ont plus de vanité que d'orgueil. Il aime le luxe, l'éclat, la grandeur. La fortune est un besoin pour lui plus que pour tout autre. Fier de sa noblesse, autant que de son talent, il a tué ses ancêtres par trop de prétentions dans le présent. Après tout, les Canalis ne sont ni les Navarreins, ni les Cadignan, ni les Grandlieu, ni les Nègrepelisse. Et, cependant, la nature a bien servi ses prétentions. Il a ces yeux d'un éclat oriental qu'on demande aux poètes, une finesse assez jolie dans les manières, une voix vibrante; mais un charlatanisme naturel détruit presque ces avantages. Il est comédien de bonne foi. S'il avance un pied très-élégant, il en a pris l'habitude. S'il a des formules déclamatoires, elles sont à lui. S'il se pose dramatiquement, il a fait de son maintien une seconde nature. Ces espèces de défauts concordent à une générosité constante, à ce qu'il faut nommer le *paladinage*, en contraste avec la *chevalerie*. Canalis n'a pas assez de foi pour être don Quichotte; mais il a trop d'élévation pour ne pas toujours se mettre dans le beau côté des questions. Cette poésie, qui fait ses éruptions miliaires à tout propos, nuit beaucoup à ce poète qui ne manque pas d'ailleurs d'esprit; mais que son talent empêche de déployer son esprit; il est dominé par sa réputation, il vise à paraître plus grand qu'elle.

Ainsi, comme il arrive très-souvent, l'homme est en désaccord complet avec les produits de sa pensée. Ces morceaux câlins, naïfs, pleins de tendresse, ces vers calmes, purs comme la glace des lacs; cette caressante poésie femelle a pour auteur un petit ambitieux, serré dans son frac, à tournure de diplomate, rêvant une influence politique, aristocrate à en puer, musqué, prétentieux, ayant soif d'une fortune afin de posséder la rente nécessaire à son ambition, déjà gâté par le succès sous sa double forme : la couronne de laurier et la couronne de myrte. Une place de huit mille francs, trois mille francs de pension, les deux mille francs de l'Académie, et les mille écus du revenu patrimonial, écornés par les nécessités agronomiques de la terre de Canalis, au total quinze mille francs de fixe, plus les dix mille francs que rapportait la poésie, bon an, mal an ; en tout vingt-cinq mille livres. Pour le héros de Modeste, cette somme constituait alors une fortune d'autant plus précaire, qu'il dépensait environ cinq ou six mille francs au-delà de ses revenus ; mais la cassette du roi, les fonds secrets du ministère avaient jusqu'alors comblé ces déficits. Il avait trouvé pour le Sacre, un hymne qui lui valut un service d'argenterie. Il refusa toute espèce de somme en disant que les Canalis devaient leur hommage au Roi de France. Le Roi-Chevalier sourit, et commanda chez Odiot une coûteuse édition des vers de Zaïre.

> Ah ! Versificateur, te serais-tu flatté
> D'effacer Charles dix en générosité ?

Dès cette époque, Canalis avait, selon la pittoresque expression des journalistes, vidé son sac. Il se sentait incapable d'inventer une nouvelle forme de poésie. Sa lyre ne possède pas sept cordes, elle n'en a qu'une ; et, à force d'en avoir joué, le public ne lui laissait plus que l'alternative de s'en servir à se pendre ou de se taire. De Marsay, qui n'aimait pas Canalis, se permit une plaisanterie qui laissa dans le flanc du poëte sa pointe envenimée.

— Canalis, dit-il une fois, me fait l'effet de l'homme le plus courageux, signalé par le grand Frédéric après la bataille, *ce trompette qui n'avait cessé de souffler le même air dans son petit turlututu !*

Canalis, aux oreilles de qui cette épigramme arriva, voulut devenir général. Combien de fois un mot n'a-t-il pas décidé de la vie d'un homme ? L'ancien président de la république Cisalpine, le plus grand avocat du Piémont, Colla s'entend dire, à quarante ans, par un ami, qu'il ne connaît rien à la botanique ; il se pique, devient un Jussieu, cultive les fleurs, en invente, et publie la Flore du Piémont, en latin, l'ouvrage de dix ans.

— Après tout, Canning et Chateaubriand sont des hommes politiques, se dit le poète éteint, et de Marsay trouvera son maître en moi !

Canalis aurait bien voulu faire un grand ouvrage politique; mais il craignit de se compromettre avec la prose française, dont les exigences sont cruelles à ceux qui contractent l'habitude de prendre quatre alexandrins pour exprimer une idée. De tous les poètes de ce temps, trois seulement : Hugo, Théophile Gautier, de Vigny ont pu réunir la double gloire de poète et de prosateur que réunirent aussi Racine et Voltaire, Molière et Rabelais, une des plus rares distinctions de la littérature française et qui doit signaler un poète entre tous. Donc, le poète du faubourg Saint-Germain faisait sagement en essayant de remiser son char sous le toit protecteur de l'Administration.

En devenant maître de Requêtes, Canalis éprouva le besoin d'avoir un secrétaire, un ami qui pût le remplacer en beaucoup d'occasions, faire sa cuisine en librairie, avoir soin de sa gloire dans les journaux, et, au besoin, l'aider en politique, être enfin son âme damnée.

Beaucoup d'hommes célèbres dans les Sciences, dans les Arts, dans les Lettres, ont à Paris un ou deux caudataires, un capitaine des gardes ou un chambellan qui vivent aux rayons de leur soleil, espèces d'aides-de-camp chargés des missions délicates, se laissant compromettre au besoin, travaillant au piédestal de l'idole, ni tout à fait ses serviteurs ni tout à fait ses égaux, hardis à la réclame, les premiers sur la brèche, couvrant les retraites, s'occupant des affaires, et dévoués tant que durent leurs illusions ou jusqu'au moment où leurs désirs sont comblés. Quelques-uns reconnaissent un peu d'ingratitude chez leur grand homme, d'autres se croient exploités, plusieurs se lassent de ce métier, peu se contentent de cette douce égalité de sentiment, le seul prix que l'on doive chercher dans l'intimité d'un homme supérieur et dont se contentait Ali, élevé par Mahomet jusqu'à lui. Beaucoup se tiennent pour aussi capables que leur grand homme, abusés par leur amour-propre. Le dévoûment est rare, surtout sans solde, sans espérance, comme le concevait Modeste. Néanmoins, il se trouve des Menneval, et plus à Paris que partout ailleurs, des hommes qui chérissent une vie à l'ombre, un travail tranquille, des Bénédictins égarés dans notre société sans monastère pour eux. Ces agneaux courageux portent dans leurs actions, dans leur vie intime, la poésie que les écrivains expriment. Ils sont poètes par le cœur, par leurs méditations à l'écart, par la tendresse, comme d'autres sont poètes sur le papier, dans les champs de l'intelligence et à tant le vers! comme lord Byron, comme tous ceux qui vivent, hélas! de leur encre, l'eau d'Hippocrène d'aujourd'hui, par la faute du Pouvoir.

Attiré par la gloire de Canalis, par l'avenir promis à cette prétendue intelligence politique et conseillé par madame d'Espard, un jeune Référendaire à la Cour des Comptes se constitua le secrétaire bénévole du poète, et fut caressé par lui comme un spéculateur caresse son premier bailleur de fonds. Les prémices de cette camaraderie eurent assez de ressemblance avec l'amitié. Ce jeune homme avait déjà fait un stage de ce genre auprès d'un des ministres tombés en 1827; mais le ministre avait eu soin de le placer à la Cour des Comptes. Ernest de La Brière, jeune homme alors âgé de vingt-sept ans, décoré de la Légion-d'Honneur, sans autre fortune que les émoluments de sa place, possédait la triture des affaires, et savait beaucoup après avoir habité pendant quatre ans le cabinet du principal ministère. Doux, aimable, le cœur presque pudique et rempli de bons sentiments, il lui répugnait d'être sur le premier plan. Il aimait son pays, il voulait être utile, mais l'éclat l'éblouissait. A son choix, la place de secrétaire près d'un Napoléon lui eût mieux convenu que celle de premier ministre.

Ernest, devenu l'ami de Canalis, fit de grands travaux pour lui; mais, en dix-huit mois, il reconnut la sécheresse de cette nature si poétique par l'expression littéraire seulement. La vérité de ce proverbe populaire : *L'habit ne fait pas le moine* est surtout applicable à la littérature. Il est extrêmement rare de trouver un accord entre le talent et le caractère. Les facultés ne sont pas le résumé de l'homme. Cette séparation, dont les phénomènes étonnent, provient d'un mystère inexploré, peut-être inexplorable. Le cerveau, ses produits en tous genres, car dans les Arts la main de l'homme continue sa cervelle, sont un monde à part qui fleurit sous le crâne, dans une indépendance parfaite des sentiments, de ce qu'on nomme les vertus du citoyen, du père de famille, de l'homme privé. Ceci n'est cependant pas absolu. Rien n'est absolu dans l'homme. Il est certain que le débauché dissipera son talent, que le buveur le dépensera dans ses libations, sans que l'homme vertueux puisse se donner du talent par une honnête hygiène; mais il est aussi presque prouvé que Virgile, le peintre de l'amour, n'a jamais aimé de Didon, et que Rousseau le citoyen-modèle avait de l'orgueil à défrayer toute une aristocratie. Néanmoins, Michel-Ange et Raphaël ont offert l'heureux accord du génie, de la forme et du caractère. Le talent, chez les hommes est donc à peu près, quant au moral, ce qu'est la beauté chez les femmes, une promesse. Admirons deux fois l'homme chez qui le cœur et le caractère égalent en perfection le talent.

En trouvant sous le poète un égoïste ambitieux, la pire espèce de tous les égoïstes, car il en est d'aimables, Ernest éprouva je ne sais quelle pudeur à le quitter. Les âmes honnêtes ne brisent pas facilement leurs liens, surtout ceux qu'ils ont noués volontairement. Le secrétaire faisait donc bon ménage avec le poète quand la lettre de Modeste courait la poste; mais, comme on fait bon ménage, en se sacrifiant toujours. La Brière tenait compte à Canalis de la franchise avec laquelle il s'était ouvert à lui. D'ailleurs, chez cet homme, qui sera tenu grand pendant sa vie, qui sera fêté comme le fut Marmontel, les défauts sont l'envers de qualités brillantes. Ainsi, sans sa vanité, sans sa prétention, peut-être n'eût-il pas été doué de cette diction sonore, instrument nécessaire à la vie politique actuelle. Sa sécheresse aboutit à la rectitude, à la loyauté. Son ostentation est doublée de générosité. Les résultats profitent à la société, les motifs regardent Dieu. Mais, lorsque la lettre de Modeste arriva, Ernest ne s'abusait plus sur Canalis.

Les deux amis venaient de déjeuner et causaient dans le cabinet du poète, qui occupait alors, au fond d'une cour, un appartement donnant sur un jardin, au rez-de-chaussée.

— Oh! s'écria Canalis, je le disais bien l'autre jour à madame de Chaulieu, je dois lâcher quelque nouveau poème, l'admiration baisse, car voilà quelque temps que je n'ai reçu de lettres anonymes....

— Une inconnue? demanda La Brière.

— Une inconnue! une d'Este, et au Havre! C'est évidemment un nom d'emprunt.

Et Canalis passa la lettre à La Brière. Ce poème, cette exaltation cachée, enfin le cœur de Modeste fut insouciamment tendu par un geste de fat à ce petit Référendaire de la Cour des Comptes.

— C'est beau! s'écria le Référendaire, d'attirer ainsi à soi les sentiments les plus pudiques, de forcer une pauvre femme à sortir des habitudes que l'éducation, la nature, le monde lui tracent, à briser les conventions... Quel privilége le génie acquiert? Une lettre comme celle que je tiens, écrite par une jeune fille, une vraie jeune fille, sans arrière-pensée, avec enthousiasme...

— Eh ! bien ?... dit Canalis.

— Eh ! bien, on peut avoir souffert autant que le Tasse, on doit être récompensé, s'écria La Brière.

— On se dit cela, mon cher, à la première, à la seconde lettre, dit Canalis ; mais quand c'est la trentième !... Mais lorsqu'on a trouvé que la jeune enthousiaste est assez rouée ! Mais quand au bout du chemin brillant parcouru par l'exaltation du poète, on a vu quelque vieille Anglaise assise sur une borne et qui vous tend la main !... Mais quand l'ange de la poste se change en une pauvre fille médiocrement jolie en quête d'un mari !... Oh ! alors l'effervescence se calme.

— Je commence à croire, dit La Brière en souriant, que la gloire a quelque chose de vénéneux, comme certaines fleurs éclatantes.

— Et puis, mon ami, reprit Canalis, toutes ces femmes, même quand elles sont sincères, elles ont un idéal, et vous y répondez rarement. Elles ne se disent pas que le poète est un homme assez vaniteux, comme je suis taxé de l'être ; elles n'imaginent jamais ce qu'est un homme mal mené par une espèce d'agitation fébrile qui le rend désagréable, changeant ; elles le veulent toujours grand, toujours beau ; jamais elles ne pensent que le talent est une maladie ; que Nathan vit avec Florine, que d'Arthez est trop gras, que Béranger va très-bien à pied, que le Dieu peut avoir la pituite. Un Lucien de Rubempré, poète et joli garçon, est un phénix. Et pourquoi donc aller chercher de méchants compliments, et recevoir les douches froides que verse le regard hébété d'une femme désillusionnée ?...

— Le vrai poète, dit La Brière, doit alors rester caché comme Dieu dans le centre de ses mondes, n'être visible que par ses créations...

— La gloire coûterait alors trop cher, répondit Canalis. La vie a du bon. Tiens ! dit-il en prenant une tasse de thé, quand une noble et belle femme aime un poète, elle ne se cache ni dans les cintres ni dans les baignoires du théâtre, comme une duchesse éprise d'un acteur ; elle se sent assez forte, assez gardée par sa beauté, par sa fortune, par son nom pour dire comme dans tous les poèmes épiques : *Je suis la nymphe Calypso, amante de Télémaque.* La mystification est la ressource des petits esprits. Depuis quelque temps, je ne réponds plus aux masques...

— Oh! combien j'aimerais une femme venue à moi!... s'écria La Brière en retenant une larme. On peut te répondre, mon cher Canalis, que ce n'est jamais une pauvre fille qui monte jusqu'à l'homme célèbre; elle a trop de défiance, trop de vanité, trop de craintes! c'est toujours une étoile, une...

— Une princesse, s'écria Canalis en partant d'un éclat de rire, n'est-ce pas, qui descend jusqu'à lui... Mon cher, cela se voit une fois en cent ans. Un tel amour est comme cette fleur qui fleurit tous les siècles... Les princesses, jeunes, riches et belles, sont trop occupées, elles sont entourées, comme toutes les plantes rares, d'une haie de sots, de gentilshommes bien élevés, vides comme des sureaux! Mon rêve, hélas, le cristal de mon rêve, brodé de la Corrèze ici de guirlandes de fleurs, dans quelle ferveur!.... (n'en parlons plus), il est en éclats, à mes pieds, depuis long-temps.... Non, non, toute lettre anonyme est une mendiante! Et quelles exigences! Ecris à cette petite personne, en supposant qu'elle soit jeune et jolie, et tu verras! Tu n'auras pas autre chose à faire. On ne peut raisonnablement pas aimer toutes les femmes. Apollon, celui du Belvédère du moins, est un élégant poitrinaire qui doit se ménager.

— Mais quand une créature arrive ainsi, son excuse doit être dans une certitude d'éclipser en tendresse, en beauté, la maîtresse la plus adorée, dit Ernest, et alors un peu de curiosité...

— Ah! répondit Canalis, tu me permettras, trop jeune Ernest, de m'en tenir à la belle duchesse qui fait mon bonheur.

— Tu as raison, trop raison, répondit Ernest.

Néanmoins, le jeune secrétaire lut la lettre de Modeste, et la relut en essayant d'en deviner l'esprit caché.

— Il n'y a pourtant pas là la moindre emphase, on ne te donne pas du génie, on s'adresse à ton cœur, dit-il à Canalis. Ce parfum de modestie et ce contrat proposé me tenteraient...

— Signe-le, réponds, va toi-même jusqu'au bout de l'aventure je te donne là de tristes appointements, s'écria Canalis en souriant. Va, tu m'en diras des nouvelles dans trois mois, si cela dure trois mois...

Quatre jours après, Modeste tenait la lettre suivante, écrite sur du beau papier, protégée par une double enveloppe, et sous un cachet aux armes de Canalis.

11.

II.

A MADEMOISELLE O. D'ESTE—M.

« Mademoiselle,

» L'admiration pour les belles œuvres, à supposer que les mien-
» nes soient telles, comporte je ne sais quoi de saint et de candide
» qui défend contre toute raillerie et justifie à tout tribunal la dé-
» marche que vous avez faite en m'écrivant. Avant tout, je dois
» vous remercier du plaisir que causent toujours de semblables
» témoignages, même quand on ne les mérite pas ; car le faiseur
» de vers et le poète s'en croient intimement dignes, tant l'amour-
» propre est une substance peu réfractaire à l'éloge. La meilleure
» preuve d'amitié que je puisse donner à une inconnue, en échange
» de ce dictame qui guérirait les morsures de la critique, n'est-ce
» pas de partager avec elle la moisson de mon expérience, au ris-
» que de faire envoler vos vivantes illusions.

» Mademoiselle, la plus belle palme d'une jeune fille est la fleur
» d'une vie sainte, pure, irréprochable. Êtes-vous seule au monde?
» Tout est dit. Mais si vous avez une famille, un père ou une mère,
» songez à tous les chagrins qui peuvent suivre une lettre comme la
» vôtre, adressée à un poète que vous ne connaissez pas personnelle-
» ment. Tous les écrivains ne sont pas des anges, ils ont des défauts.
» Il en est de légers, d'étourdis, de fats, d'ambitieux, de débauchés ;
» et, quelque imposante que soit l'innocence, quelque chevaleres-
» que que soit le poète français, à Paris, vous pourriez rencon-
» trer plus d'un ménestrel dégénéré, prêt à cultiver votre affec-
» tion pour la tromper. Votre lettre serait alors interprétée autre-
» ment que je ne l'ai fait. On y verrait une pensée que vous n'y
» avez pas mise, et que, dans votre innocence, vous ne soupçonnez
» point. Autant d'auteurs, autant de caractères. Je suis excessive-
» ment flatté que vous m'ayez jugé digne de vous comprendre ;
» mais si vous étiez tombée sur un talent hypocrite, sur un rail-
» leur dont les livres sont mélancoliques et dont la vie est un car-
» naval continuel, vous auriez pu trouver au dénouement de votre
» sublime imprudence un méchant homme, quelque habitué des

» coulisses, ou un héros d'estaminet ! Vous ne sentez pas, sous les
» berceaux de clématite où vous méditez sur les poésies, l'odeur du
» cigare qui dépoétise les manuscrits ; de même qu'en allant au bal,
» parée des œuvres resplendissantes du joaillier, vous ne pensez pas
» aux bras nerveux, aux ouvriers en veste, aux ignobles ateliers
» d'où s'élancent, radieuses, ces fleurs du travail.

» Allons plus loin ?... En quoi la vie rêveuse et solitaire que vous
» menez, sans doute au bord de la mer, peut-elle intéresser un poète
» dont la mission est de tout deviner, puisqu'il doit tout peindre ?
» Nos jeunes filles à nous sont tellement accomplies, que nulle des
» filles d'Ève ne peut lutter avec elles ! Quelle Réalité valut jamais
» le Rêve ?

» Maintenant, que gagnerez-vous, vous, jeune fille élevée à de-
» venir une sage mère de famille, en vous initiant aux agitations
» terribles de la vie des poètes dans cette affreuse capitale, qui ne
» peut se définir que par ces mots : Un enfer qu'on aime ! Si c'est
» le désir d'animer votre monotone existence de jeune fille cu-
» rieuse qui vous a mis la plume à la main, ceci n'a-t-il pas l'appa-
» rence d'une dépravation ?

» Quel sens prêterai-je à votre lettre ? Êtes-vous d'une caste ré-
» prouvée, et cherchez-vous un ami loin de vous ? Êtes-vous affli-
» gée de laideur et vous sentez-vous une belle âme sans confident ?
» Hélas ! triste conclusion : vous avez fait trop ou pas assez. Ou
» restons-en là ; ou, si vous continuez, dites-m'en plus que dans
» la lettre que vous m'avez écrite.

» Mais, mademoiselle, si vous êtes jeune, si vous êtes belle, si
» vous avez une famille, si vous vous sentez au cœur un nard cé-
» leste à répandre, comme fit Madeleine aux pieds de Jésus ;
» laissez-vous apprécier par un homme digne de vous, et devenez
» ce que doit être toute bonne jeune fille : une excellente femme,
» une vertueuse mère de famille. Un poète est la plus triste con-
» quête que puisse faire une jeune personne, il a trop de vanités,
» trop d'angles blessants qui doivent se heurter aux légitimes va-
» nités d'une femme, et meurtrir une tendresse sans expérience de
» la vie. La femme du poète doit l'aimer pendant un long-temps
» avant de l'épouser, elle doit se résoudre à la charité des anges, à
» leur indulgence, aux vertus de la maternité. Ces qualités, ma-
» demoiselle, ne sont qu'en germe chez les jeunes filles.

» Écoutez la vérité tout entière, ne vous la dois-je pas en retour

» de votre enivrante flatterie ? S'il est glorieux d'épouser une
» grande renommée, on s'aperçoit bientôt qu'un homme supé-
» rieur est, en tant qu'homme, semblable aux autres. Il réalise
» alors d'autant moins les espérances, qu'on attend de lui des
» prodiges. Il en est alors d'un poète célèbre comme d'une femme
» dont la beauté trop vantée fait dire : — Je la croyais mieux, à
» qui l'aperçoit; elle ne répond plus aux exigences du portrait
» tracé par la fée à laquelle je dois votre billet, l'Imagination! En-
» fin, les qualités de l'esprit ne se développent et ne fleurissent
» que dans une sphère invisible, la femme du poète n'en sent
» plus que les inconvénients, elle voit fabriquer les bijoux au lieu
» de s'en parer. Si l'éclat d'une position exceptionnelle vous a fas-
» cinée, apprenez que les plaisirs en sont bientôt dévorés. On s'ir-
» rite de trouver tant d'aspérités dans une situation qui, à distance,
» paraissait unie, tant de froid sur un sommet brillant! Puis, comme
» les femmes ne mettent jamais les pieds dans le monde des diffi-
» cultés, elles n'apprécient bientôt plus ce qu'elles admiraient,
» quand elles croient en avoir, à première vue, deviné le maniement.

» Je termine par une dernière considération dans laquelle vous
» auriez tort de voir une prière déguisée, elle est le conseil d'un
» ami. L'échange des âmes ne peut s'établir qu'entre gens disposés
» à ne se rien cacher. Vous montrerez-vous telle que vous êtes à
» un inconnu ? Je m'arrête aux conséquences de cette idée.

» Trouvez ici, mademoiselle, les hommages que nous devons à
» toutes les femmes, même à celles qui sont inconnues et mas-
» quées. »

Avoir tenu cette lettre entre sa chair et son corset, sous son busc
brûlant, pendant toute une journée!... en avoir réservé la lecture
pour l'heure où tout dort, minuit, après avoir attendu ce silence
solennel dans les anxiétés d'une imagination de feu!... avoir béni
le poète; avoir lu par avance mille lettres, avoir supposé tout, excepté cette goutte d'eau froide tombant sur les plus vaporeuses formes de la fantaisie et les dissolvant comme l'acide prussique dissout
la vie!... il y avait de quoi se cacher, quoique seule, ainsi que le fit
Modeste la figure dans ses draps, éteindre la bougie et pleurer...

Ceci se passait dans les premiers jours d'août, Modeste se leva,
marcha par sa chambre, et vint ouvrir la croisée. Elle voulait de

l'air. Le parfum des fleurs monta vers elle, avec cette fraîcheur particulière aux odeurs pendant la nuit. La mer, illuminée par la lune, scintillait comme un miroir. Un rossignol chanta dans un arbre du parc Vilquin.

— Ah! voilà le poète, se dit Modeste dont la colère tomba.

Les plus amères réflexions se succédèrent dans son esprit. Elle se sentit piquée au vif, elle voulut relire la lettre, elle ralluma la bougie, elle étudia cette prose étudiée, et finit par entendre la voix poussive du Monde réel.

— Il a raison et j'ai tort, se dit-elle. Mais comment croire qu'on trouvera sous la robe étoilée des poètes un vieillard de Molière?...

Quand une femme ou une jeune fille est prise en flagrant délit, elle conçoit une haine profonde contre le témoin, l'auteur ou l'objet de sa faute. Aussi la vraie, la naturelle, la sauvage Modeste éprouva-t-elle en son cœur un effroyable désir de l'emporter sur cet esprit de rectitude et de le précipiter dans quelque contradiction, de lui rendre ce coup de massue. Cette enfant si pure, dont la tête seule avait été corrompue et par ses lectures, et par la longue agonie de sa sœur et par les dangereuses méditations de la solitude, fut surprise par un rayon de soleil sur son visage. Elle avait passé trois heures à courir des bordées sur les mers immenses du Doute. De pareilles nuits ne s'oublient jamais. Elle alla droit à sa petite table de la Chine, présent de son père, et écrivit une lettre dictée par l'infernal esprit de vengeance qui frétille au fond du cœur des jeunes personnes.

III.

A MONSIEUR DE CANALIS.

« Monsieur,

» Vous êtes certainement un grand poète, mais vous êtes quel-
» que chose de plus, vous êtes un honnête homme. Après avoir eu
» tant de loyale franchise avec une jeune fille qui côtoyait un abîme,
» en aurez-vous assez pour répondre sans la moindre hypocrisie,
» sans détour, à la question que voici.

» Auriez-vous écrit la lettre que je tiens en réponse à la mienne;
» vos idées, votre langage auraient-ils été les mêmes si quelqu'un
» vous eût dit à l'oreille ce qui peut se trouver vrai : Mademoiselle
» O. d'Este-M. a six millions et ne veut pas d'un sot pour maître?

» Admettez pour certaine et pendant un moment cette supposi-
» tion. Soyez avec moi comme avec vous-même, ne craignez rien,
» je suis plus grande que mes vingt ans, rien de ce qui sera franc
» ne pourra vous nuire dans mon esprit. Quand j'aurai lu cette
» confidence, si toutefois vous daignez me la faire, vous recevrez
» alors une réponse à votre première lettre.

» Après avoir admiré votre talent, si souvent sublime, permet-
» tez-moi de rendre hommage à votre délicatesse et à votre pro-
» bité, qui me forcent à me dire toujours

» Votre humble servante,

» O. D'ESTE-M. »

Quand Ernest de la Brière eut cette lettre entre les mains, il alla se promener sur les boulevards, agité dans son âme comme une frêle embarcation par une tempête où le vent parcourt tous les aires du compas, de moment en moment.

Pour un jeune homme comme on en rencontre tant, pour un vrai parisien, tout eût été dit avec cette phrase : C'est une petite rouée!... Mais pour un garçon dont l'âme est noble et belle, cette espèce de serment déféré, cet appel à la Vérité eut la vertu d'éveiller les trois juges tapis au fond de toutes les consciences. Et l'Honneur, le Vrai, le Juste, se dressant en pied, criaient énergiquement :

— Ah! cher Ernest, disait le Vrai, tu n'aurais certes pas donné de leçon à une riche héritière!... Ah! mon garçon, tu serais parti, et raide, pour le Havre, afin de savoir si la jeune fille était belle, et tu te serais senti très-malheureux de la préférence accordée au génie. Et si tu avais pu donner un croc-en-jambe à ton ami, te faire agréer à sa place, mademoiselle d'Este eût été sublime!

— Comment, disait le Juste, vous vous plaignez, vous autres gens d'esprit ou de capacité, sans monnaie, de voir les filles riches mariées à des êtres dont vous ne feriez pas vos portiers, vous déblatérez contre le positif du siècle qui s'empresse d'unir l'argent à l'argent, et jamais quelque beau jeune homme plein de talent, sans fortune, à quelque belle jeune fille noble et riche; en voilà une qui se révolte contre l'esprit du siècle?... et le poète lui répond par un coup de bâton sur le cœur...

— Riche ou pauvre, jeune ou vieille, belle ou laide, cette fille a raison, elle a de l'esprit, elle roule le poète dans le bourbier de l'intérêt personnel, s'écriait l'Honneur, elle mérite une réponse, sincère, noble et franche, et avant tout l'expression de la pensée ! Examine-toi? Sonde ton cœur, et purge-le de ses lâchetés? Que dirait l'Alceste de Molière?

Et La Brière, parti du boulevard Poissonnière, allait si lentement, perdu dans ses réflexions, qu'une heure après il atteignait à peine au boulevard des Capucines. Il prit les quais pour se rendre à la Cour des Comptes alors située auprès de la Sainte-Chapelle. Au lieu de vérifier des comptes, il resta sous le coup de ses perplexités.

— Elle n'a pas six millions, c'est évident, se disait-il; mais la question n'est pas là...

Six jours après, Modeste reçut la lettre suivante.

IV.

A MADEMOISELLE O. D'ESTE—M.

« Mademoiselle,

» Vous n'êtes pas une d'Este. Ce nom est un nom emprunté pour
» cacher le vôtre. Doit-on les révélations que vous sollicitez à qui
» ment sur soi-même ?

» Ecoutez? je réponds à votre demande par une autre : Êtes-vous
» d'une famille illustre? d'une famille noble? d'une famille bour-
» geoise?

» Certainement la morale ne change pas, elle est une; mais ses
» obligations varient selon les sphères. De même que le soleil éclaire
» diversement les sites, y produit les différences que nous admirons,
» elle conforme le devoir social au rang, aux positions. La pecca-
» dille du soldat est un crime chez le général, et réciproquement.
» Les observances ne sont pas les mêmes pour une paysanne qui
» moissonne, pour une ouvrière à quinze sous par jour, pour la
» fille d'un petit détaillant, pour la jeune bourgeoise, pour l'enfant

» d'une riche maison de commerce, pour la jeune héritière d'une
» noble famille, pour une fille de la maison d'Este. Un roi ne doit
» pas se baisser pour ramasser une pièce d'or, et le laboureur doit
» retourner sur ses pas pour retrouver dix sous perdus, quoique
» l'un et l'autre doivent obéir aux lois de l'Économie.

» Une d'Este riche de six millions peut mettre un chapeau à
» grands bords et à plumes, brandir sa cravache, presser les flancs
» d'un barbe et venir, amazone brodée d'or, suivie de laquais, à
» un poëte en disant : « J'aime la poésie, et je veux expier les torts
» de Léonore envers le Tasse ! » tandis que la fille d'un négociant
» se couvrirait de ridicule en l'imitant.

» A quelle classe sociale appartenez-vous ? Répondez sincèrement,
» et je vous répondrai de même à la question que vous m'avez posée.

» N'ayant pas l'heur de vous connaître, et déjà lié par une sorte
» de communion poétique, je ne voudrais pas vous offrir des hom-
» mages vulgaires. C'est déjà peut-être une malice victorieuse que
» d'embarrasser un homme qui publie des livres. »

Le Référendaire ne manquait pas de cette adresse que peut se permettre un homme d'honneur. Courrier par courrier, il reçut la réponse.

V

A MONSIEUR DE CANALIS.

« Vous êtes de plus en plus raisonnable, mon cher poëte. Mon
» père est comte. Notre principale illustration est un cardinal
» du temps où les cardinaux marchaient presque les égaux des
» rois. Aujourd'hui notre maison quasi-tombée, finit en moi ;
» mais j'ai les quartiers voulus pour entrer dans toutes les cours et
» dans tous les chapitres. Nous valons enfin les Canalis. Trouvez
» bon que je ne vous envoie pas nos armes. Tâchez de répondre
» aussi sincèrement que je le fais. J'attends votre réponse pour
» savoir si je pourrai me dire encore comme maintenant.

» Votre servante,
» O. D'ESTE—M. »

— Comme elle abuse de ses avantages, la petite personne!... s'écria de La Brière. Mais est-elle franche ?

On n'a pas été pendant quatre ans le secrétaire particulier d'un ministre, on n'habite pas Paris, on n'en observe pas les intrigues impunément; aussi l'âme la plus pure est-elle toujours plus ou moins grisée par la capiteuse atmosphère de cette impériale Cité. Heureux de ne pas être Canalis, le jeune Référendaire retint une place dans la malle-poste du Havre, après avoir écrit une lettre où il annonçait une réponse pour un jour déterminé, se rejetant sur l'importance de la confession demandée, et sur les occupations de son ministre. Il eut le soin de se faire donner, par le Directeur-général des Postes, un mot qui recommandait silence et obligeance au directeur du Havre. Ernest put ainsi voir venir au Bureau Françoise Cochet, et la suivit sans affectation. Remorqué par elle, il arriva sur les hauteurs d'Ingouville, et aperçut, à la fenêtre du chalet, Modeste Mignon.

— Eh! bien, Françoise? demanda la jeune fille.

A quoi l'ouvrière répondit : — Oui, mademoiselle, j'en ai une.

Frappé par cette beauté de blonde céleste, Ernest revint sur ses pas, et demanda le nom du propriétaire de ce magnifique séjour à un passant.

— Ça, répondit le passant en montrant la propriété.

— Oui, mon ami.

— Oh! c'est à monsieur Vilquin, le plus riche armateur du Havre, un homme qui ne connaît pas sa fortune.

— Je ne vois pas de cardinal Vilquin dans l'histoire, se disait le Référendaire en descendant vers le Havre pour retourner à Paris.

Naturellement, il questionna le directeur de la poste sur la famille Vilquin, il apprit que la famille Vilquin possédait une immense fortune. Monsieur Vilquin avait un fils et deux filles, dont une mariée à monsieur Althor fils. La prudence empêcha La Brière de paraître en vouloir aux Vilquin, le directeur le regardait déjà d'un air narquois.

— N'y a-t-il personne en ce moment chez eux, outre la famille ? demanda-t-il encore.

— En ce moment, la famille d'Hérouville y est. On parle du mariage du jeune duc avec mademoiselle Vilquin, cadette.

— Il y a eu le fameux cardinal d'Hérouville, sous les Valois, se dit La Brière, et sous Henri IV, le terrible maréchal qu'on a fait duc.

Ernest repartit, ayant assez vu de Modeste pour en rêver, pour penser que, riche ou pauvre, si elle avait une belle âme, il ferait d'elle assez volontiers madame de La Brière, et il résolut de continuer la correspondance.

Essayez donc de rester inconnues, pauvres femmes de France, de filer le moindre petit roman au milieu d'une civilisation qui note sur les places publiques l'heure du départ et de l'arrivée des fiacres, qui compte les lettres, qui les timbre doublement au moment précis où elles sont jetées dans les boîtes et quand elles se distribuent, qui numérote les maisons, qui configure sur le rôle-matrice des Contributions les étages, après en avoir vérifié les ouvertures, qui va bientôt posséder tout son territoire représenté dans ses dernières parcelles, avec ses plus menus linéaments, sur les vastes feuilles du Cadastre, œuvre de géant ordonnée par un géant! Essayez donc de vous soustraire, filles imprudentes, non pas à l'œil de la police; mais à ce bavardage incessant qui, dans la dernière bourgade, scrute les actions les plus indifférentes, compte les plats de dessert chez le préfet et voit les côtes de melon à la porte du petit rentier, qui tâche d'entendre l'or au moment où la main de l'Économie l'ajoute au trésor, et qui, tous les soirs, au coin du foyer, estime le chiffre des fortunes du canton, de la ville, du département! Modeste avait échappé, par un quiproquo vulgaire, au plus innocent des espionnages qu'Ernest se reprochait déjà. Mais quel Parisien voudrait être la dupe d'une petite provinciale? N'être la dupe de rien, cette affreuse maxime est le dissolvant de tous les nobles sentiments de l'homme.

On devinera facilement à quelle lutte de sentiments cet honnête jeune homme fut en proie par la lettre qu'il écrivit, et où chaque coup de fléau reçu dans la conscience a laissé sa trace.

A quelques jours de là, voici donc ce que lut Modeste à sa fenêtre, par une belle journée du mois d'août.

VI.

« A MADEMOISELLE O. D'ESTE —-M.

» Mademoiselle,

» Sans aucune hypocrisie, oui, si j'avais été certain que vous
» eussiez une immense fortune, j'aurais agi tout autrement. Pour-
» quoi? J'en ai cherché la raison, la voici.

» Il est en nous un sentiment inné, développé d'ailleurs outre
» mesure par la Société, qui nous lance à la recherche, à la pos-
» session du bonheur. La plupart des hommes confondent le bon-
» heur avec ses moyens, et la fortune est, à leurs yeux, le plus
» grand élément du bonheur. J'aurais donc tâché de vous plaire
» entraîné par le sentiment social qui, dans tous les temps, a fait
» de la richesse une religion. Du moins, je le crois. On ne doit
» pas attendre, chez un homme, jeune encore, cette sagesse qui
» substitue le bon sens à la sensation; et, devant une proie, l'in-
» stinct bestial caché dans le cœur de l'homme, le pousse en avant.
» Au lieu d'une leçon, vous eussiez donc reçu de moi des compli-
» ments, des flatteries. Aurais-je eu ma propre estime? j'en doute.
» Mademoiselle, dans ce cas, le succès offre une absolution; mais
» le bonheur?... c'est autre chose. Me serais-je défié de ma femme,
» si je l'eusse obtenue ainsi?... Bien certainement. Votre démarche
» eût repris tôt ou tard son caractère. Votre mari, quelque grand
» que vous le fassiez, finirait par vous reprocher de l'avoir avili;
» vous-même, tôt ou tard, peut-être arriveriez-vous à le mépriser.
» L'homme ordinaire tranche le nœud gordien que constitue un
» mariage d'argent avec l'épée de la tyrannie. L'homme fort par-
» donne. Le poète se lamente.

» Telle est, mademoiselle, la réponse de ma probité.

» Ecoutez-moi bien maintenant. Vous avez eu le triomphe de
» me faire profondément réfléchir, et sur vous que je ne connais
» pas assez, et sur moi que je connaissais peu. Vous avez eu le ta-
» lent de remuer bien des pensées mauvaises qui croupissent au
» fond de tous les cœurs; mais il en est sorti chez moi quelque
» chose de généreux; et je vous salue de mes plus gracieuses béné-

» dictions, comme on salue en mer un phare qui nous a montré les
» écueils où nous pouvions périr.

» Voici ma confession, car je ne voudrais perdre ni votre es-
» time ni la mienne, au prix de tous les trésors de la terre.

» J'ai voulu savoir qui vous étiez. Je reviens du Havre j'ai vu
» Françoise Cochet, je l'ai suivie à Ingouville, et vous ai vue au mi-
» lieu de votre magnifique villa. Vous êtes aussi belle que la femme
» des rêves d'un poète ; mais je ne sais pas si vous êtes mademoi-
» selle Vilquin cachée dans mademoiselle d'Hérouville, ou made-
» moiselle d'Hérouville cachée dans mademoiselle Vilquin. Quoique
» de bonne guerre cet espionnage m'a fait rougir, et je me suis ar-
» rêté dans mes recherches. Vous aviez éveillé ma curiosité, ne
» m'en voulez pas d'avoir été quelque peu femme, n'est-ce pas le
» droit du poète ?

» Maintenant, je vous ai ouvert mon cœur, je vous y ai laissé lire,
» vous pouvez croire à la sincérité de ce que je vais ajouter. Quelque
» rapide qu'ait été le coup d'œil que j'ai jeté sur vous, il a suffi pour
» modifier mon jugement. Vous êtes à la fois un poète et une poé-
» sie, avant d'être une femme. Oui, vous avez en vous quelque chose
» de plus précieux que la beauté, vous êtes le beau idéal de l'Art,
» la Fantaisie... La démarche, blâmable chez les jeunes filles vouées
» à une destinée ordinaire, change pour le caractère que je vous
» prête. Dans le grand nombre d'êtres, jetés par le hasard de la vie
» sociale sur la terre pour y composer une génération, il est des
» exceptions. Si votre lettre est la terminaison de longues rêveries
» poétiques sur le sort que la loi réserve aux femmes; si vous avez
» voulu, entraînée par la vocation d'un esprit supérieur et instruit,..
» apprendre la vie intime d'un homme à qui vous accordez le hasard
» du génie, afin de vous créer une amitié soustraite au commun
» des relations, avec une âme pareille à la vôtre, en échappant
» à toutes les conditions de votre sexe; certes, vous êtes une ex-
» ception ! La loi qui sert à mesurer les actions de la foule est
» alors très-étroite pour déterminer votre résolution. Mais, le mot
» de ma première lettre revient alors dans toute sa force : vous avez
» fait trop ou pas assez.

» Recevez encore des remerciements pour le service que vous
» m'avez rendu, en m'obligeant à me sonder le cœur; car vous
» avez rectifié chez moi cette erreur assez commune en France que
» le mariage est un moyen de fortune. Au milieu des troubles de ma

» conscience, une voix sainte m'a parlé. Je me suis juré, solennel-
» lement à moi-même, de faire ma fortune à moi seul, afin de n'être
» pas déterminé dans le choix d'une compagne par des motifs cu-
» pides. Enfin j'ai blâmé, j'ai réprimé la curiosité malséante que
» vous aviez excitée en moi. Vous n'avez pas six millions. Il n'y a
» pas d'incognito possible, au Havre, pour une jeune personne qui
» posséderait une pareille fortune, et vous seriez trahie par cette
» meute des familles de la Pairie que je vois à la chasse des héri-
» tières à Paris et qui jette le Grand-Écuyer chez vos Vilquin. Ainsi
» les sentiments que je vous exprime ont été conçus, abstraction
» faite de tout roman ou de la vérité, comme une règle absolue.

» Prouvez-moi maintenant que vous avez une de ces âmes aux-
» quelles on passe la désobéissance à la loi commune, vous donnerez
» alors raison dans votre esprit à cette seconde comme à ma première
» lettre. Destinée à la vie bourgeoise, obéissez à la loi de fer qui main-
» tient la société. Femme supérieure, je vous admire; mais je vous
» plains, si vous voulez obéir à l'instinct que vous devez réprimer :
» ainsi le veut l'État social. L'admirable morale de l'épopée domes-
» tique, intitulée *Clarisse Harlowe*, est que l'amour légitime et
» honnête de la victime la mène à sa perte, parce qu'il se conçoit,
» se développe et se poursuit, malgré la famille. La Famille a rai-
» son contre Lovelace. La Famille, c'est la Société.

» Croyez-moi, pour une fille, comme pour une femme, la gloire
» sera toujours d'enfermer dans la sphère des convenances les plus
» serrées, ses ardents caprices. Si j'avais une fille qui dût être ma-
» dame de Staël, je lui souhaiterais la mort à quinze ans. Supposez-
» vous votre fille exposée sur les tréteaux de la Gloire, et paradant
» pour obtenir les hommages de la foule, sans éprouver mille cui-
» sants regrets? A quelque hauteur qu'une femme se soit élevée
» par la poésie secrète de ses rêves, elle doit sacrifier ses supério-
» rités sur l'autel de la famille. Ses élans, son génie, ses aspirations
» vers le bien, vers le sublime, tout le poème de la jeune fille
» appartient à l'homme qu'elle accepte, aux enfants qu'elle aura.
» J'entrevois chez vous un désir secret d'agrandir le cercle étroit
» de la vie à laquelle toute femme est condamnée, et de mettre
» la passion, l'amour dans le mariage. Ah! c'est un beau rêve, il
» n'est pas impossible, il est difficile; mais il fut réalisé pour le
» désespoir des âmes, passez-moi ce mot devenu ridicule, dépa-
» reillées!

» Si vous cherchez une espèce d'amitié platonique, elle ferait le
» désespoir de votre avenir. Si votre lettre fut un jeu, ne le conti-
» nuez pas. Ainsi ce petit roman est fini, n'est-ce pas? Il n'aura pas
» été sans porter quelques fruits : ma probité s'est armée, et vous
» aurez, vous, acquis une certitude sur la vie sociale. Jetez vos
» regards vers la vie réelle, et jetez, dans les vertus de votre sexe,
» l'enthousiasme passager que la littérature y fit naître.

» Adieu, mademoiselle. Faites-moi l'honneur de m'accorder votre
» estime. Après vous avoir vue, ou celle que je crois être vous, j'ai
» trouvé votre lettre bien naturelle : une si belle fleur devait se
» tourner vers le soleil de la poésie. Aimez la poésie ainsi que vous
» devez aimer les fleurs, la musique, les somptuosités de la mer, les
» beautés de la nature, comme une parure de l'âme; mais songez
» à tout ce que j'ai eu l'honneur de vous dire sur les poètes. Gar-
» dez-vous d'épouser un sot, cherchez avec soin le compagnon que
» Dieu vous a fait. Il existe, croyez-moi, beaucoup de gens d'es-
» prit, capables de vous apprécier, de vous rendre heureuse.

» Si j'étais riche, et si vous étiez pauvre, je mettrais un jour ma
» fortune et mon cœur à vos pieds; car je vous crois l'âme pleine de
» richesses, de loyauté; je vous confierais enfin ma vie et mon hon-
» neur avec une pleine sécurité. Encore une fois, adieu, blonde
» fille d'Ève, la blonde. »

La lecture de cette lettre, dévorée comme une gorgée d'eau dans le désert, ôta la montagne qui pesait sur le cœur de Modeste. Elle aperçut les fautes qu'elle avait commises dans la conception de son plan, et les répara sur-le-champ en faisant à Françoise des enveloppes de lettres, sur lesquelles elle écrivit elle-même son adresse à Ingouville, en lui recommandant de ne plus venir au Chalet. Désormais Françoise, rentrée chez elle, mettrait chaque lettre arrivée de Paris sous une de ces enveloppes et la jetterait secrètement à la poste du Havre. Modeste se promit de recevoir à l'avenir le facteur elle-même, en se trouvant sur le seuil du Chalet à l'heure où il y passait. Quant aux sentiments que cette réponse, où le cœur du noble et pauvre La Brière battait sous le brillant fantôme de Canalis, excita chez Modeste, ils furent aussi multipliés que les vagues qui vinrent mourir une à une sur le rivage, pendant que les yeux attachés sur l'Océan, elle se livrait au bonheur d'avoir harponné, pour ainsi dire, une âme angélique dans la mer parisienne, d'avoir deviné que chez les hommes d'élite le cœur pouvait parfois être en harmonie avec le talent, et d'avoir été bien servie par la voix magique du pressentiment. Un intérêt puissant allait animer sa vie. L'enceinte de cette jolie habitation, le treillis de sa cage était brisé ! Sa pensée volait à pleines ailes.

— O mon père, se dit-elle en regardant à l'horizon, fais-nous bien riches !

La réponse que lut cinq jours après, Ernest de La Brière, en dira plus d'ailleurs que toute espèce de glose.

VII.

A MONSIEUR DE CANALIS.

« Mon ami, laissez-moi vous donner ce nom, vous m'avez ravie,
» et je ne vous voudrais pas autrement que vous êtes dans cette
» lettre, la première, oh ! qu'elle ne soit pas la dernière ? Quel
» autre qu'un poète aurait pu jamais excuser si gracieusement une
» jeune fille et la deviner.

» Je veux vous parler avec la sincérité qui, chez vous, a dicté
» les premières lignes de votre lettre. Et d'abord, fort heureu-
» sement, vous ne me connaissez point. Je puis vous le dire
» avec bonheur, je ne suis ni cette affreuse mademoiselle Vil-
» quin, ni la très-noble et très-sèche mademoiselle d'Hérouville
» qui flotte entre trente et cinquante ans, sans se décider à un
» chiffre tolérable. Le cardinal d'Hérouville a fleuri dans l'histoire de
» l'Eglise, avant le cardinal de qui nous vient notre seule grande il-
» lustration, car je ne prends pas des lieutenants-généraux, des abbés
» à petits volumes et à trop grands vers pour des célébrités. Puis je
» n'habite pas la splendide villa des Vilquin, il n'y a pas, Dieu merci,
» dans mes veines la dix-millionnième partie d'une goutte de ce
» sang froid dans les comptoirs. Je tiens à la fois et de l'Allemagne
» et du midi de la France, j'ai dans la pensée la rêverie tudesque,
» et dans le sang la vivacité provençale. Je suis noble, et par mon

» père et par ma mère. Par ma mère, je tiens à toutes les pages de
» l'almanach de Gotha. Enfin, mes précautions sont bien prises,
» il n'est au pouvoir d'aucun homme ni même au pouvoir de l'au-
» torité, de démasquer mon incognito. Je resterai voilée, inconnue.
» Quant à ma personne, et quant à *mes propres*, comme di-
» sent les Normands, rassurez-vous, je suis au moins aussi belle
» que la petite personne (heureuse sans le savoir) sur qui vos re-
» gards se sont arrêtés, et je ne crois pas être une pauvresse, encore
» que dix fils de pairs de France ne m'accompagnent pas dans mes
» promenades ! J'ai vu jouer déjà pour moi le vaudeville ignoble de
» l'héritière, adorée pour ses millions. Enfin, n'essayez d'aucune
» manière, même par pari, d'arriver à moi. Hélas ! quoique libre,
» je suis gardée, et par moi-même d'abord, et par des gens de
» courage qui n'hésiteraient point à vous planter un couteau dans
» le cœur, si vous vouliez pénétrer dans ma retraite. Je ne dis point
» ceci pour exciter votre courage ou votre curiosité, je crois n'a-
» voir besoin d'aucun de ces sentiments pour vous intéresser, pour
» vous attacher.

» Je réponds maintenant à la seconde édition considérablement
» augmentée de votre premier sermon.

» Voulez-vous un aveu ? Je me suis dit en vous voyant si défiant,
» et me prenant pour une Corinne, dont les improvisations m'ont tant
» ennuyée, que, déjà, beaucoup de dixièmes Muses vous avaient em-
» mené, vous tenant par la curiosité, dans leurs doubles vallons, et
» vous avaient proposé de goûter aux fruits de leurs parnasses de pen-
» sionnaire... Oh ! soyez en pleine sécurité, mon ami ; si j'aime la
» poésie, je n'ai point de *petits vers* en portefeuille, et mes
» bas sont et resteront d'une entière blancheur. Vous ne serez point
» ennuyé par des *légèretés* en un ou deux volumes. Enfin si
» je vous dis jamais : Accourez ! vous ne trouverez point, vous le
» savez maintenant, une vieille fille, pauvre et laide.

» Oh ! mon ami, si vous saviez combien je regrette que vous
» soyez venu au Hâvre ! Vous avez ainsi modifié ce que vous ap-
» pelez mon roman. Non, Dieu seul peut peser dans ses mains puis-
» santes le trésor que je réservais à un homme assez grand, assez
» confiant, assez perspicace pour partir de chez lui, sur la foi de
» mes lettres, après avoir pénétré pas à pas dans l'étendue de mon
» cœur et arriver à notre premier rendez-vous avec la simplicité
» d'un enfant ! Je rêvais cette innocence à un homme de génie.

» Le trésor, vous l'avez écorné. Je vous pardonne, cher poète,
» vous vivez à Paris; et, comme vous le dites, il y a un homme
» dans un poète. Me prendrez-vous, à cause de ceci, pour une pe-
» tite fille qui cultive le parterre enchanté des illusions? Ne vous
» amusez pas à jeter des pierres dans les vitraux cassés d'un château
» ruiné depuis long-temps. Vous, homme d'esprit, comment n'a-
» vez-vous pas deviné que la leçon de votre pédante première
» lettre, mademoiselle d'Este se l'était dite à elle-même! Non,
» cher poète, ma première lettre ne fut pas le caillou de l'enfant
» qui va gabant le long des chemins, qui se plaît à effrayer un
» propriétaire lisant la cote de ses contributions à l'abri de ses espa-
» liers; mais bien la ligne appliquée avec prudence par un pêcheur
» du haut d'une roche au bord de la mer, espérant une pêche
» miraculeuse.

» Tout ce que vous dites de beau sur la Famille a mon approba-
» tion. L'homme qui me plaira, de qui je me croirai digne, aura
» mon cœur et ma vie, de l'aveu de mes parents, je ne veux ni les af-
» fliger, ni les surprendre; j'ai la certitude de régner sur eux, ils
» sont d'ailleurs sans préjugés. Enfin, je me sens forte contre les il-
» lusions de ma fantaisie. J'ai bâti de mes mains une forteresse, et je
» l'ai laissé fortifier par le dévouement sans bornes de ceux qui veil-
» lent sur moi comme sur un trésor, non que je ne sois de force
» à me défendre en plaine; car, sachez-le, le hasard m'a revêtu
» d'une armure bien trempée, et sur laquelle est gravé le mot
» MÉPRIS. J'ai l'horreur la plus profonde de tout ce qui sent le
» calcul, de ce qui n'est pas entièrement noble, pur, désinté-
» ressé. J'ai le culte du beau, de l'idéal, sans être romanesque,
» mais après l'avoir été, pour moi seule, dans mes rêves. Aussi
» ai-je reconnu la vérité des choses, justes jusqu'à la vulgarité,
» que vous m'avez écrites sur la vie sociale.

» Pour le moment, nous ne sommes et ne pouvons être que
» deux amis. Pourquoi chercher un ami dans un inconnu? direz-
» vous. Votre personne m'est inconnue, mais votre esprit, votre
» cœur me sont connus, ils me plaisent, et je me sens des senti-
» ments infinis dans l'âme qui veulent un homme de génie pour
» unique confident. Je ne veux pas que le poème de mon cœur
» soit inutile, il brillera pour vous comme il eût brillé pour Dieu
» seul. Quelle chose précieuse qu'un bon camarade à qui l'on peut
» tout dire! Refuserez-vous les fleurs inédites de la jeune fille vraie

12.

» qui voleront vers vous comme les jolis moucherons vers les rayons
» du soleil? Je suis sûre que vous n'avez jamais rencontré cette
» bonne fortune de l'esprit : les confidences d'une jeune fille !
» Ecoutez son babil, acceptez les musiques qu'elle n'a encore chan-
» tées que pour elle? Plus tard, si nos âmes sont bien sœurs, si
» nos caractères se conviennent à l'essai, quelque jour un vieux
» domestique à cheveux blancs, placé sur le bord d'une route, vous
» attendra pour vous conduire dans un chalet, dans une villa,
» dans un castel, dans un palais, je ne sais encore de quel genre
» sera le pavillon jaune et brun de l'hyménée (les couleurs de
» l'Autriche si puissante par le mariage) ni si le dénoûment est
» possible ; mais avouez que c'est poétique et que mademoiselle
» d'Este est de bonne composition ? Ne vous laisse-t-elle pas votre
» liberté? vient-elle d'un pied jaloux jeter un coup d'œil dans les
» salons de Paris? vous impose-t-elle les devoirs d'une *emprinse*,
» les chaînes que les paladins se mettaient jadis au bras volon-
» tairement? Elle vous demande une alliance purement morale et
» mystérieuse? Allons! venez dans mon cœur quand vous serez
» malheureux, blessé, fatigué. Dites-moi bien tout alors, ne me
» cachez rien, j'aurai des élixirs pour toutes vos douleurs. J'ai
» vingt ans, mon ami, mais ma raison en a cinquante, et j'ai
» malheureusement ressenti dans un autre moi-même les horreurs
» et les délices de la passion. Je sais tout ce que le cœur humain
» peut contenir de lâchetés, d'infamies, et je suis néanmoins la
» plus honnête de toutes les jeunes filles. Non, je n'ai plus d'illusions ;
» mais j'ai mieux : j'ai des croyances et une religion. Tenez, je
» commence *le jeu* de nos confidences.

» Quel que soit le mari que j'aurai, si je l'ai choisi, cet homme
» pourra dormir tranquille, il pourra s'en aller aux Grandes Indes,
» il me retrouvera finissant la tapisserie commencée à son départ,
» sans qu'aucun regard ait plongé dans mes yeux, sans qu'une
» voix d'homme ait flétri l'air dans mon oreille ; et dans chaque
» point il reconnaîtra comme un vers du poëme dont il aura été le
» héros. Quand même je me serais trompée à quelque belle et men-
» teuse apparence, cet homme aura toutes les fleurs de mes pensées,
» toutes les coquetteries de ma tendresse, les muets sacrifices d'une
» résignation fière et non mendiante. Oui, je me suis promis de ne
» jamais suivre mon mari au dehors quand il ne le voudra pas : je
» serai la divinité de son foyer. Voilà ma religion humaine. Mais

» pourquoi ne pas éprouver et choisir l'homme à qui je serai comme
» la vie est au corps? L'homme est-il jamais gêné de la vie? Qu'est-
» ce qu'une femme contrariant celui qu'elle aime? c'est la maladie
» au lieu de la vie. Par la vie, j'entends cette heureuse santé qui
» fait de toute heure un plaisir.

» Revenons à votre lettre, qui me sera toujours précieuse. Oui,
» plaisanterie à part, elle contient ce que je souhaitais, une expres-
» sion de sentiments prosaïques aussi nécessaires à la famille que
» l'air au poumon, et sans lesquels il n'est pas de bonheur possi-
» ble. Agir en honnête homme, penser en poète, aimer comme
» aiment les femmes, voilà ce que je souhaitais à mon ami, et ce
» qui maintenant n'est, sans doute, plus une chimère.

» Adieu, mon ami. Je suis pauvre pour le moment. C'est
» une des raisons qui me font chérir mon masque, mon incognito,
» mon imprenable forteresse. J'ai lu vos derniers vers dans la Re-
» vue, et avec quelles délices! après m'être initiée aux austères
» et secrètes grandeurs de votre âme.

» Serez-vous bien malheureux de savoir qu'une jeune fille prie
» Dieu fervemment pour vous, qu'elle fait de vous son unique
» pensée, et que vous n'avez pas d'autres rivaux qu'un père et
» une mère? Y a-t-il des raisons de repousser des pages pleines de
» vous, écrites pour vous, qui ne seront lues que par vous? Ren-
» dez-moi la pareille. Je suis si peu femme encore que vos confi-
» dences, pourvu qu'elles soient entières et vraies, suffiront au
» bonheur de

» Votre O. D'ESTE-M. »

— Mon Dieu! suis-je donc amoureux déjà? s'écria le jeune Référendaire qui s'aperçut d'être resté cette lettre à la main pendant une
heure après l'avoir lue. Quel parti prendre? elle croit écrire à notre
grand Poète! dois-je continuer cette tromperie? est-ce une femme
de quarante ans ou une jeune fille de vingt ans?

Ernest demeura fasciné par le gouffre de l'inconnu. L'inconnu,
c'est l'infini obscur, et rien n'est plus attachant. Il s'élève de cette
sombre étendue des feux qui la sillonnent par moments et qui
colorent des fantaisies à la Martynn. Dans une vie occupée comme
celle de Canalis, une aventure de ce genre est emportée comme un

bleuet dans les roches d'un torrent ; mais dans celle d'un Référendaire attendant le retour aux affaires du système dont le représentant est son protecteur, et qui, par distraction, élevait Canalis au biberon pour la Tribune, cette jeune fille, en qui son imagination persistait à lui faire voir la jolie blonde, devait se loger dans le cœur et y causer les mille dégâts des romans qui entrent chez une existence bourgeoise, comme un loup dans une basse-cour. Ernest se préoccupa donc beaucoup de l'inconnue du Hâvre et il répondit la lettre que voici, lettre étudiée, lettre prétentieuse, mais où la passion commençait à se révéler par le dépit.

VIII.

A MADEMOISELLE O. D'ESTE-M.

« Mademoiselle, est-il bien loyal à vous de venir s'asseoir dans le
» cœur d'un pauvre poète avec l'arrière-pensée de le laisser là, s'il
» n'est pas selon vos désirs, en lui léguant d'éternels regrets, en lui
» montrant pour quelques instants une image de la perfection, ne
» fût-elle que jouée, ou tout au moins un commencement de bon-
» heur ? Je fus bien imprévoyant en sollicitant cette lettre où vous
» commencez à dérouler la rubannerie de vos idées. Un homme peut
» très-bien se passionner pour une inconnue qui sait allier tant de
» hardiesse à tant d'originalité, tant de fantaisie à tant de sentiment.
» Qui ne souhaiterait de vous connaître, après avoir lu cette pre-
» mière confidence ? Il me faut des efforts vraiment grands pour
» conserver ma raison en pensant à vous, car vous avez réuni tout
» ce qui peut troubler un cœur et une tête d'homme. Aussi profité-
» je du reste de sang-froid que je garde en ce moment pour vous
» faire d'humbles représentations.

» Croyez-vous donc, mademoiselle, que des lettres, plus ou moins
» vraies par rapport à la vie telle qu'elle est, plus ou moins hypo-
» crites, car les lettres que nous nous écririons seraient l'expression
» du moment où elles nous échapperaient, et non pas le sens général
» de nos caractères; croyez-vous, dis-je, que, tant belles soient-
» elles, elles remplaceront jamais l'expérience que nous ferions de

» nous-mêmes par le témoignage de la vie vulgaire ? L'homme est
» double. Il y a la vie invisible, celle du cœur à laquelle des lettres
» peuvent suffire, et la vie mécanique à laquelle on attache, hélas !
» plus d'importance qu'on ne le croit à votre âge. Ces deux existences
» doivent concorder à l'idéal que vous caressez; ce qui, soit dit en
» passant, est très-rare. L'hommage pur, spontané, désintéressé,
» d'une âme solitaire, à la fois instruite et chaste, est une de ces
» fleurs célestes dont les couleurs et le parfum consolent de tous
» les chagrins, de toutes les blessures, de toutes les trahisons que
» comporte à Paris la vie littéraire, et je vous remercie par un élan
» semblable au vôtre; mais, après ce poétique échange de mes dou-
» leurs contre les perles de votre aumône, que pouvez-vous atten-
» dre? Je n'ai ni le génie, ni la magnifique position de lord Byron;
» je n'ai pas surtout l'auréole de sa damnation postiche et de son
» faux malheur social; mais qu'eussiez-vous espéré de lui dans une
» circonstance pareille? son amitié, n'est-ce pas? Eh! bien, lui qui
» devait n'avoir que de l'orgueil était dévoré de vanités blessantes
» et maladives qui décourageaient l'amitié. Moi, mille fois plus pe-
» tit que lui, ne puis-je avoir des dissonances de caractère qui ren-
» dent la vie déplaisante, et qui font de l'amitié le fardeau le plus
» difficile ?... En échange de vos rêveries, que recevriez-vous ? les
» ennuis d'une vie qui ne serait pas entièrement la vôtre. Ce con-
» trat est insensé. Voici pourquoi.

» Tenez, votre poème projeté n'est qu'un plagiat. Une jeune fille
» de l'Allemagne, qui n'était pas, comme vous, une demi-Allemande,
» mais une Allemande tout entière, a, dans l'ivresse de ses vingt
» ans, adoré Gœthe; elle en a fait son ami, sa religion, son dieu !
» tout en le sachant marié. Madame Gœthe, en bonne allemande, en
» femme de poète, s'est prêtée à ce culte par une complaisance très-
» narquoise, et qui n'a pas guéri Bettina! Mais qu'est-il arrivé ? cette
» extatique a fini par épouser un Allemand. Entre nous, avouons
» qu'une jeune fille qui se serait faite la servante du génie, qui se
» serait égalée à lui par la compréhension, qui l'eût pieusement adoré
» jusqu'à sa mort, comme fait une de ces divines figures tracées
» par les peintres dans les volets de leurs chapelles mystiques, et
» qui, lorsque l'Allemagne perdra Gœthe, se serait retirée en quelque
» solitude pour ne plus voir personne, comme fit l'amie de lord Bo-
» lingbroke, avouons que cette jeune fille se serait incrustée dans
» la gloire du poète comme Marie Magdeleine l'est à jamais dans le

» sanglant triomphe de notre Sauveur. Si ceci est le sublime, que
» dites-vous de l'envers ?

» N'étant ni lord Byron, ni Gœthe, deux colosses de poésie et
» d'égoïsme ; mais tout simplement l'auteur de quelques poésies
» estimées, je ne saurais réclamer les honneurs d'un culte. Je suis
» très-peu martyr. J'ai tout à la fois du cœur et de l'ambition, car
» j'ai ma fortune à faire et suis encore jeune. Voyez-moi, comme
» je suis. La bonté du roi, les protections de ses ministres me
» donnent une existence convenable. J'ai toutes les allures d'un
» homme fort ordinaire. Je vais aux soirées de Paris, absolument
» comme le premier sot venu ; mais dans une voiture dont les roues
» ne portent pas sur un terrain solidifié, comme le veut le temps
» présent, par des inscriptions de rente sur le Grand-Livre. Si je
» ne suis pas riche, je n'ai donc pas non plus le relief que donnent
» la mansarde, le travail incompris, la gloire dans la misère, à cer-
» tains hommes qui valent mieux que moi, comme d'Arthez, par
» exemple. Quel dénouement prosaïque allez-vous chercher aux
» fantaisies enchanteresses de votre jeune enthousiasme ? Restons-
» en là. Si j'ai eu le bonheur de vous sembler une rareté terres-
» tre, vous aurez été, pour moi, quelque chose de lumineux et
» d'élevé, comme ces étoiles qui s'enflamment et disparaissent. Que
» rien ne ternisse cet épisode de notre vie. En continuant ainsi, je
» pourrais vous aimer, concevoir une de ces passions folles qui
» font briser les obstacles, qui vous allument dans le cœur des feux
» dont la violence est inquiétante relativement à leur durée ; et,
» supposez que je réussisse auprès de vous, nous finissons de la façon
» la plus vulgaire : un mariage, un ménage, des enfants... Oh !
» Bélise et Henriette Chrysale ensemble, est-ce possible ?... Adieu,
» donc !

IX.

A MONSIEUR DE CANALIS.

« Mon ami, votre lettre m'a fait autant de chagrin que de plaisir.
» Peut-être aurons-nous bientôt tout plaisir en nous lisant. Compre-
» nez-moi bien. On parle à Dieu, nous lui demandons une foule de

» choses, il reste muet. Moi je veux trouver en vous les réponses que
» Dieu ne nous fait pas. L'amitié de mademoiselle de Gournay et de
» Montaigne ne peut-elle se recommencer? Ne connaissez-vous
» pas le ménage de Sismonde de Sismondi à Genève, le plus tou-
» chant intérieur qu'on connaisse et dont on m'a parlé, quelque
» chose comme le marquis et la marquise de Pescaire heureux
» jusque dans leur vieillesse? Mon Dieu! serait-il impossible qu'il
» existât, comme dans une symphonie, deux harpes qui, à dis-
» tance, se répondent, vibrent, et produisent une délicieuse mé-
» lodie? L'homme, seul dans la création, est à la fois la harpe, le
» musicien et l'écouteur. Me voyez-vous inquiète à la manière des
» femmes ordinaires? Ne sais-je pas que vous allez dans le monde,
» que vous y voyez les plus belles et les plus spirituelles femmes
» de Paris? Ne puis-je présumer qu'une de ces sirènes daigne
» vous enlacer de ses froides écailles, et qu'elle a fait la réponse
» dont les prosaïques considérations m'attristent? Il est, mon ami,
» quelque chose de plus beau que ces fleurs de la coquetterie
» parisienne, il existe une fleur qui croît en haut de ces pics alpes-
» tres, nommés hommes de génie, l'orgueil de l'humanité qu'ils fé-
» condent en y versant les nuages puisés avec leurs têtes dans les
» cieux ; cette fleur, je la veux cultiver et faire épanouir, car ses sau-
» vages et doux parfums ne nous manqueront jamais, ils sont
» éternels.

» Faites-moi l'honneur de ne croire à rien de vulgaire en moi. Si
» j'eusse été Bettina, car je sais à qui vous avez fait allusion, je n'au-
» rais jamais été madame d'Arnim ; et si j'avais été l'une des fem-
» mes de lord Byron, je serais à cette heure dans un couvent. Vous
» m'avez atteinte à l'endroit sensible. Vous ne me connaissez pas, vous
» me connaîtrez. Je sens en moi quelque chose de sublime dont on
» peut parler sans vanité. Dieu a mis dans mon âme la racine de cette
» plante hybride née au sommet de ces Alpes dont je viens de par-
» ler, et que je ne veux pas mettre dans un pot de fleurs, sur ma
» croisée, pour l'y voir mourir. Non, ce magnifique calice, unique,
» aux odeurs enivrantes, ne sera pas traîné dans les vulgarités de la
» vie; il est à vous, à vous sans qu'aucun regard le flétrisse, à vous
» à jamais! Oui, cher, à vous toutes mes pensées, même les plus
» secrètes, les plus folles; à vous un cœur de jeune fille sans ré-
» serve, à vous une affection infinie. Si votre personne ne me con-
» vient pas, je ne me marierai point. Je puis vivre de la vie du

» cœur, de votre esprit, de vos sentiments ; ils me plaisent, et je
» serai toujours ce que je suis, votre amie. Il y a chez vous du
» beau dans le moral, et cela me suffit. Là, sera ma vie.

» Ne faites pas fi d'une jeune et jolie servante qui ne recule pas
» d'horreur à l'idée d'être un jour la vieille gouvernante du poète,
» un peu sa mère, un peu sa ménagère, un peu sa raison, un peu sa
» richesse. Cette fille dévouée, si précieuse à vos existences, est
» l'Amitié pure et désintéressée, à qui l'on dit tout, qui écoute
» quelquefois en hochant la tête, et qui veille en filant à la lueur
» de la lampe, afin d'être là quand le poète revient ou trempé de
» pluie ou maugréant. Voilà ma destinée si je n'ai pas celle de l'é-
» pouse heureuse et attachée à jamais : je souris à l'une comme à
» l'autre.

» Et croyez-vous que la France sera bien lésée parce que made-
» moiselle d'Este ne lui donnera pas deux ou trois enfants, parce
» qu'elle ne sera pas une madame Vilquin quelconque ? Quant à
» moi, jamais je ne serai vieille fille. Je me ferai mère par la bien-
» faisance et par ma secrète coopération à l'existence d'un homme
» grand à qui je rapporterai mes pensées et mes efforts ici bas.
» J'ai la plus profonde horreur de la vulgarité. Si je suis libre, si
» je suis riche, je me sais jeune et belle, je ne serai jamais ni à
» quelque niais sous prétexte qu'il est le fils d'un pair de France,
» ni à quelque négociant qui peut se ruiner en un jour, ni à quel-
» que bel homme qui sera la femme dans le ménage, ni à aucun
» homme qui me ferait rougir vingt fois par jour d'être à lui. Soyez
» bien tranquille à ce sujet. Mon père a trop d'adoration pour mes
» volontés, il ne les contrariera jamais. Si je plais à mon poète, s'il
» me plaît, le brillant édifice de notre amour sera bâti si haut, qu'il
» sera parfaitement inaccessible au malheur : je suis une aiglonne,
» et vous le verrez à mes yeux. Je ne vous répéterai pas ce que je
» vous ai dit déjà ; mais je le mets en moins de mots en vous avouant
» que je serai la femme la plus heureuse d'être emprisonnée par l'a-
» mour, comme je le suis en ce moment par la volonté paternelle.

» Eh ! mon ami, réduisons à la vérité du roman ce qui nous ar-
» rive par ma volonté.

» Une jeune fille, à l'imagination vive, enfermée dans une tou-
» relle, se meurt d'envie de courir dans le parc où ses yeux seule-
» ment pénètrent ; elle invente un moyen de désceller sa grille, elle
» saute par la croisée, escalade le mur du parc, et va folâtrer chez

» le voisin. C'est un vaudeville éternel!... Eh! bien, cette jeune
» fille est mon âme, le parc du voisin est votre génie. N'est-ce pas
» bien naturel? A-t-on jamais vu de voisin qui se soit plaint de son
» treillage cassé par de jolis pieds? Voilà pour le poète. Mais le su-
» blime raisonneur de la comédie de Molière veut-il des raisons!
» En voici.

» Mon cher Géronte, ordinairement les mariages se font au re-
» bours du sens commun. Une famille prend des renseignements
» sur un jeune homme. Si le Léandre fourni par la voisine ou pêché
» dans un bal, n'a pas volé, s'il n'a pas de tare visible, s'il a
» la fortune qu'on lui désire, s'il sort d'un collége ou d'une Ecole de
» Droit, ayant satisfait aux idées vulgaires sur l'éducation, et s'il
» porte bien ses vêtements, on lui permet de venir voir une jeune
» personne, lacée dès le matin, à qui sa mère ordonne de bien
» veiller sur sa langue, et recommande de ne rien laisser passer de
» son âme, de son cœur sur sa physionomie, en y gravant un sou-
» rire de danseuse achevant sa pirouette, armée des instructions
» les plus positives sur le danger de montrer son vrai caractère,
» et à qui l'on recommande de ne pas paraître d'une instruction
» inquiétante. Les parents, quand les affaires d'intérêt sont bien
» convenues entre eux, ont la bonhomie d'engager les prétendus
» à se connaître l'un l'autre, pendant des moments assez fugitifs
» où ils sont seuls, où ils causent, où ils se promènent, sans
» aucune espèce de liberté, car ils se savent déjà liés. Un homme
» se costume alors aussi bien l'âme que le corps, et la jeune fille
» en fait autant de son côté. Cette pitoyable comédie, entremêlée
» de bouquets, de parures, de parties de spectacle, s'appelle *faire*
» *la cour à sa prétendue.* Voilà ce qui m'a révoltée, et je veux
» faire succéder le mariage légitime à quelque long mariage des
» âmes. Une jeune fille n'a, dans toute sa vie, que ce moment où
» la réflexion, la seconde vue, l'expérience lui soient nécessaires.
» Elle joue sa liberté, son bonheur, et vous ne lui laissez ni le cornet,
» ni les dés; elle parie, elle fait galerie. J'ai le droit, la volonté, le
» pouvoir, la permission de faire mon malheur moi-même, et j'en
» use, comme fit ma mère qui, conseillée par l'instinct, épousa le
» plus généreux, le plus dévoué, le plus aimant des hommes, aimé
» dans une soirée pour sa beauté. Je vous sais libre, poète et beau.
» Soyez sûr que je n'aurais pas choisi pour confident l'un de vos
» confrères en Apollon déjà marié. Si ma mère fut séduite par la

» Beauté qui peut-être est le génie de la Forme, pourquoi ne se-
» rais-je pas attirée par l'esprit et la forme réunis?

» Serais-je plus instruite en vous étudiant par correspondance
» qu'en commençant par l'expérience vulgaire des quelques mois de
» *cour?* Ceci est la question, dirait Hamlet. Mais mon procédé, mon
» cher Chrysale, a du moins l'avantage de ne pas compromettre nos
» personnes. Je sais que l'amour a ses illusions, et toute illusion a son
» lendemain. Là se trouve la raison de tant de séparations entre
» amants qui se croyaient liés pour la vie. La véritable épreuve est
» la souffrance et le bonheur. Quand, après avoir passé par cette
» double épreuve de la vie, deux êtres y ont déployé leur défauts
» et leurs qualités, qu'ils y ont observé leurs caractères, alors
» ils peuvent aller jusqu'à la tombe en se tenant par la main ; mais,
» mon cher Argante, qui vous dit que notre petit drame commencé
» n'a pas d'avenir?... En tout cas, n'aurons-nous pas joui du plai-
» sir de notre correspondance?...

» J'attends vos ordres, monseigneur, et suis de grand cœur

» Votre servante,

» O. D'ESTE-M. »

X.

A MADEMOISELLE O. D'ESTE-M.

« Tenez, vous êtes un démon, je vous aime, est-ce là ce que vous
» désiriez, fille originale! Peut-être voulez-vous seulement occuper
» votre oisiveté de province par le spectacle des sottises que peut faire
» un poète? Ce serait une bien mauvaise action. Vos deux lettres ac-
» cusent précisément assez de malice pour inspirer ce doute à un Pa-
» risien. Mais je ne suis plus maître de moi, ma vie et mon avenir
» dépendent de la réponse que vous me ferez. Dites-moi si la cer-
» titude d'une affection sans bornes, accordée dans l'ignorance des
» conventions sociales, vous touchera; enfin si vous m'admettez à
» vous rechercher... Il y aura bien assez d'incertitudes et d'angoisses
» pour moi dans la question de savoir si ma personne vous plaira.
» Si vous me répondez favorablement, je change ma vie et dis

» adieu à bien des ennuis que nous avons la folie d'appeler le bon-
» heur. Le bonheur, ma chère belle inconnue, il est ce que vous
» rêvez : une fusion complète des sentiments, une parfaite concor-
» dance d'âme, une vive empreinte du beau idéal (ce que Dieu
» nous permet d'en avoir ici bas) sur les actions vulgaires de la vie
» au train de laquelle il faut bien obéir, enfin la constance du cœur
» plus prisable que ce que nous nommons la fidélité.

» Peut-on dire qu'on fait des sacrifices dès qu'il s'agit d'un bien
» suprême, le rêve des poètes, le rêve des jeunes filles, le poëme
» qu'à l'entrée de la vie, et dès que la pensée essaie ses ailes, cha-
» que belle intelligence a caressé de ses regards et couvé des yeux
» pour le voir se briser dans un achoppement aussi dur que vulgaire;
» car, pour la presque totalité des hommes, le pied du Réel se pose
» aussitôt sur cet œuf mystérieux qui n'éclôt presque jamais. Aussi
» ne vous parlerai-je pas encore de moi, ni de mon passé, ni de
» mon caractère, ni d'une affection quasi maternelle d'un côté, fi-
» liale du mien, que vous avez déjà gravement altérée, et dont l'ef-
» fet sur ma vie expliquerait le mot de sacrifice. Vous m'avez déjà
» rendu bien oublieux pour ne pas dire ingrat, est-ce assez pour
» vous? Oh! parlez, dites un mot, et je vous aimerai jusqu'à ce que
» mes yeux se ferment, comme le marquis de Pescaire aima sa femme,
» comme Roméo sa Juliette, et fidèlement. Notre vie, pour moi du
» moins, sera cette *félicité sans troubles* dont parle Dante comme
» étant l'élément de son Paradis, poëme bien supérieur à son En-
» fer. Chose étrange, ce n'est pas de moi, mais de vous que je
» doute dans les longues méditations par lesquelles je me suis
» plu, comme vous, peut-être, à embrasser le cours chimérique
» d'une existence rêvée. Oui, chère, je me sens la force d'aimer
» ainsi, d'aller vers la tombe avec une douce lenteur et d'un air
» toujours riant, en donnant le bras à une femme aimée, sans
» jamais troubler le beau temps de l'âme. Oui, j'ai le courage
» d'envisager notre double vieillesse, de nous voir en cheveux
» blancs, comme le vénérable historien de l'Italie, encore animés
» de la même affection, mais transformés selon l'esprit de chaque
» saison. Tenez, je ne puis plus n'être que votre ami. Quoi que
» Chrysale, Oronte et Argante revivent, dites-vous, en moi, je ne
» suis pas encore assez vieillard pour boire à une coupe tenue par
» les charmantes mains d'une femme voilée sans éprouver un féroce
» désir de déchirer le domino, le masque, et de voir le visage. Ou

» ne m'écrivez plus, ou donnez-moi l'espérance? que je vous en-
» trevoie ou je quitte la partie. Faut-il vous dire adieu? Me per-
» mettez-vous de signer

» Votre ami? »

XI.

A MONSIEUR DE CANALIS.

« Quelle flatterie! avec quelle rapidité le grave Anselme est devenu
» le beau Léandre? A quoi dois-je attribuer un tel changement? est-ce
» à ce noir que j'ai mis sur du blanc, à ces idées qui sont aux fleurs de
» mon âme ce qu'est une rose dessinée au crayon noir, aux roses du
» parterre? ou au souvenir de la jeune fille prise pour moi, et qui
» est à ma personne ce que la femme de chambre est à la maîtresse?
» Avons-nous changé de rôle? Suis-je la Raison? êtes-vous la Fantai-
» sie? Trêve de plaisanterie. Votre lettre m'a fait connaître d'enivrants
» plaisirs d'âme, les premiers que je ne devrai pas aux sentiments de
» la famille. Que sont, comme a dit un poète, les liens du sang qui ont
» tant de poids sur les âmes ordinaires en comparaison de ceux que
» nous forge le ciel dans les sympathies mystérieuses? Laissez-moi
« vous remercier... non, l'on ne remercie pas de ces choses... soyez
» béni du bonheur que vous m'avez causé ; soyez heureux de la
» joie que vous avez répandue dans mon âme. Vous m'avez expliqué
» quelques apparentes injustices de la vie sociale. Il y a je ne sais
» quoi de brillant dans la gloire, de mâle qui ne va bien qu'à
« l'homme, et Dieu nous a défendu de porter cette auréole en
» nous laissant l'amour, la tendresse pour en rafraîchir les fronts
» ceints de sa terrible lumière. J'ai senti ma mission, ou plutôt vous
» me l'avez confirmée.

» Quelquefois, mon ami, je me suis levée le matin dans un état
» d'inconcevable douceur. Une sorte de paix, tendre et divine, me
» donnait l'idée du ciel. Ma première pensée était comme une béné-
» diction. J'appelais ces matinées, mes petits levers d'Allemagne, en
» opposition avec mes couchers de soleil du Midi, pleins d'actions
» héroïques, de batailles, de fêtes romaines, et de poèmes ardents.
» Eh ! bien, après avoir lu cette lettre où vous ressentez une fié-

» vreuse impatience, moi j'ai eu dans le cœur la fraîcheur d'un de
» ces célestes réveils où j'aimais l'air, la nature, et me sentais des-
» tinée à mourir pour un être aimé. Une de vos poésies, le *Chant*
» *d'une jeune fille*, peint ces moments délicieux où l'allégresse
» est douce, où la prière est un besoin, et c'est mon morceau fa-
» vori. Voulez-vous que je vous dise toutes mes flatteries en une
» seule : je vous crois digne d'être moi !...

» Votre lettre, quoique courte, m'a permis de lire en vous.
» Oui, j'ai deviné vos mouvements tumultueux, votre curiosité pi-
» quée, vos projets, tous les fagots apportés (par qui ?) pour les bû-
» chers du cœur. Mais je n'en sais pas encore assez sur vous pour satis-
» faire à votre demande. Écoutez, cher, le mystère me permet cet
» abandon qui laisse voir le fond de l'âme. Une fois vue, adieu
» notre mutuelle connaissance. Voulez-vous un pacte? Le premier
» conclu vous fut-il désavantageux? vous y avez gagné mon estime.
» Et c'est beaucoup, mon ami, qu'une admiration qui se double
» de l'estime. Écrivez-moi d'abord votre vie en peu de mots; puis
» racontez-moi votre existence à Paris, au jour le jour, sans aucun
» déguisement, et comme si vous causiez avec une vieille amie;
» eh! bien, après, je ferai faire un pas à notre amitié. Je vous
» verrai, mon ami, je vous le promets. Et c'est beaucoup... Tout
» ceci, cher, n'est ni une intrigue, ni une aventure, je vous en
» préviens, il ne peut en résulter aucune espèce de galanterie,
» ainsi que vous dites entre hommes. Il s'agit de ma vie, et ce qui
» me cause parfois d'affreux remords sur les pensées que je laisse
» envoler par troupes vers vous, il s'agit de celle d'un père et d'une
» mère adorés, à qui mon choix doit plaire et qui doivent trouver
» un vrai fils dans mon ami.

» Jusqu'à quel point vos esprits superbes, à qui Dieu donne les
» ailes de ses anges sans leur en donner toujours la perfection, peu-
» vent-ils se plier à la famille, à ses petites misères ?... Quel texte
» médité déjà par moi. Oh! si j'ai dit, dans mon cœur, avant de venir
» à vous : « Allons !... » je n'en ai pas moins eu le cœur palpitant
» dans la course, et je ne me suis dissimulé ni les aridités du chemin,
» ni les difficultés de l'Alpe que j'avais à gravir. J'ai tout embrassé
» dans de longues méditations. Ne sais-je pas que les hommes émi-
» nents comme vous l'êtes, ont connu l'amour qu'ils ont inspiré,
» tout aussi bien que celui qu'ils ont ressenti, qu'ils ont eu plus
» d'un roman, et que vous surtout, en caressant ces chimères de

» race que les femmes achètent à des prix fous, vous vous êt s
» attiré plus de dénoûments que de premiers chapitres. Et néan-
» moins je me suis écriée : « Allons ! » parce que j'ai plus étudié
» que vous ne le croyez la géographie de ces grands sommets de
» l'Humanité taxés par vous de froideur. Ne m'avez-vous pas dit
» de Byron et de Gœthe qu'ils étaient deux colosses d'égoïsme et
» de poésie ? Hé ! mon ami, vous avez partagé là l'erreur dans la-
» quelle tombent les gens superficiels ; mais peut-être était-ce
» chez vous générosité, fausse modestie, ou désir de m'échapper ?
» Permis au vulgaire et non à vous de prendre les effets du travail
» pour un développement de la personnalité. Ni lord Byron, ni
» Gœthe, ni Walter Scott, ni Cuvier, ni l'inventeur ne s'appartien-
» nent, ils sont les esclaves de leur idée ; et cette puissance mysté-
» rieuse est plus jalouse qu'une femme, elle les absorbe, elle les fait
» vivre et les tue à son profit. Les développements visibles de cette
» existence cachée ressemblent en résultat à l'égoïsme ; mais com-
» ment oser dire que l'homme qui s'est vendu au plaisir, à l'instruc-
» tion ou à la grandeur de son époque est égoïste ? Une mère est-elle
» atteinte de personnalité quand elle immole tout à son enfant ?...
» eh ! bien, les détracteurs du génie ne voient pas sa féconde mater-
» nité ! voilà tout. La vie du poète est un si continuel sacrifice qu'il
» lui faut une organisation gigantesque pour pouvoir se livrer aux
» plaisirs d'une vie ordinaire ; aussi, dans quels malheurs ne tombe-
» t-il pas, quand, à l'exemple de Molière, il veut vivre de la vie des
» sentiments, tout en les exprimant dans leurs plus poignantes crises ;
» car, pour moi, superposé à sa vie privée, le comique de Molière
» est horrible. Pour moi, la générosité du génie est quasi divine,
» et je vous ai placé dans cette noble famille de prétendus égoïstes.
» Ah ! si j'avais trouvé la sécheresse, le calcul, l'ambition, là
» où j'admire toutes mes fleurs d'âme les plus aimées, vous ne
» savez pas de quelle longue douleur j'eusse été atteinte ! J'ai déjà
» rencontré le mécompte, assis à la porte de mes seize ans ! Que se-
» rais-je devenue en apprenant à vingt ans que la gloire est men-
» teuse, en voyant celui qui, dans ses œuvres, avait exprimé tant
» de sentiments cachés dans mon cœur, ne pas comprendre ce cœur
» quand il se dévoilait pour lui seul ? O mon ami, savez vous ce qui
» serait advenu de moi ? vous allez pénétrer dans l'arrière de mon
» âme. Eh ! bien, j'aurais dit à mon père : « Amenez-moi le gendre
» qui sera de votre goût, j'abdique toute volonté, mariez-moi pour

» vous !» Et cet homme eût été notaire, banquier, avare, sot, homme
» de province, ennuyeux comme un jour de pluie, vulgaire comme
» un électeur du petit collége; il eût été fabricant, ou quelque brave
» militaire sans esprit, il aurait eu la servante la plus résignée et la
» plus attentive en moi. Mais, horrible suicide de tous les mo-
» ments! jamais mon âme ne se serait dépliée au jour vivifiant
» d'un soleil aimé! Aucun murmure n'aurait révélé ni à mon
» père, ni à ma mère, ni à mes enfants, le suicide de la créature
» qui, dans ce moment, ébranle les barreaux de sa prison, qui
» lance des éclairs par mes yeux, qui vole à pleines ailes vers
» vous, qui se pose comme une Polymnie à l'angle de votre ca-
» binet en y respirant l'air, en y regardant tout d'un œil douce-
» ment curieux. Quelquefois dans les champs, où mon mari m'au-
» rait menée, en m'échappant à quelques pas de mes marmots,
» en voyant une splendide matinée, secrètement, j'eusse jeté quel-
» ques pleurs bien amers. Enfin j'aurais eu, dans mon cœur, et
» dans un coin de ma commode, un petit trésor pour toutes les filles
» abusées par l'amour, pauvres âmes poétiques, attirées dans les
» supplices par des sourires!.... Mais je crois en vous, mon ami.
» Cette croyance rectifie les pensées les plus fantasques de mon ambi-
» tion secrète; et, par moments, voyez jusqu'où va ma franchise, je
» voudrais être au milieu du livre que nous commençons, tant je
» me sens de fermeté dans mon sentiment, tant de force au cœur
» pour aimer, tant de constance par raison, tant d'héroïsme pour le
» devoir, que je me crée, si l'amour peut jamais se changer en devoir!
» S'il vous était donné de me suivre dans la magnifique retraite où
» je nous vois heureux, si vous connaissiez mes projets, il vous échap-
» perait une phrase terrible où serait le mot folie, et peut-être se-
» rais-je cruellement punie d'avoir envoyé tant de poésie à un poète.
» Oui, je veux être une source, inépuisable comme un beau pays,
» pendant les vingt ans que nous accorde la nature pour briller. Je
» veux éloigner la satiété par la coquetterie et la recherche. Je serai
» courageuse pour mon ami, comme les femmes le sont pour le
» monde. Je veux varier le bonheur, je veux mettre de l'esprit dans
» la tendresse, du piquant dans la fidélité. Ambitieuse, je veux tuer
» les rivales dans le passé, conjurer les chagrins extérieurs par la
» douceur de l'épouse, par sa fière abnégation, et avoir, pendant
» toute la vie ces soins du nid que les oiseaux n'ont que pendant
» quelques jours. Cette immense dot, elle appartenait, elle devait

» être offerte à un grand homme, avant de tomber dans la fange des
» transactions vulgaires. Trouvez-vous maintenant ma première
» lettre une faute? Le vent d'une volonté mystérieuse m'a jetée vers
» vous, comme une tempête apporte un rosier au cœur d'un saule
» majestueux. Et dans la lettre que je tiens là, sur mon cœur, vous
» vous êtes écrié, comme votre ancêtre : — Dieu le veut! quand
» il partit pour la croisade.

» Ne direz-vous pas : Elle est bien bavarde! Autour de moi, tous
» disent : — Elle est bien taciturne, mademoiselle!

» O. d'ESTE-M. »

Ces lettres ont paru très-originales aux personnes à la bienveillance de qui la Comédie Humaine les doit ; mais leur admiration pour ce duel entre deux esprits croisant la plume, tandis que le plus sévère incognito tient un masque sur les visages, pourrait ne pas être partagée. Sur cent spectateurs quatre-vingts peut-être se lasseraient de cet assaut. Le respect dû, dans tout pays de gouvernement constitutionnel, à la majorité, ne fût-elle que pressentie, a conseillé de supprimer onze lettres échangées entre Ernest et Modeste, pendant le mois de septembre; si quelque flatteuse majorité les réclame, espérons qu'elle donnera les moyens de les rétablir quelque jour ici.

Sollicités par un esprit aussi agressif que le cœur semblait adorable, les sentiments vraiment héroïques du pauvre secrétaire intime se donnèrent ample carrière dans ces lettres que l'imagination de chacun fera peut-être plus belles qu'elles ne le sont, en devinant ce concert de deux âmes libres. Aussi Ernest ne vivait-il plus que par ces doux chiffons de papier, comme un avare ne vit plus que par ceux de la Banque ; tandis qu'un amour profond succédait chez Modeste au plaisir d'agiter une vie glorieuse, d'en être, malgré la distance, le principe. Le cœur d'Ernest complétait la gloire de Canalis. Il faut souvent, hélas! deux hommes pour en faire un amant parfait, comme en littérature on ne compose un type qu'en employant les singularités de plusieurs caractères similaires. Combien de fois une femme n'a-t-elle pas dit dans un salon après des causeries intimes : Celui-ci serait mon idéal pour l'âme, et je me sens aimer celui-là qui n'est que le rêve des sens!

La dernière lettre écrite par Modeste, et que voici, permet d'apercevoir l'*île des Faisans* où les méandres de cette correspondance conduisaient ces deux amants.

XXIII.

A MONSIEUR DE CANALIS.

« Soyez, dimanche, au Hâvre; entrez à l'église, faites-en le
» tour, après la messe d'une heure, une ou deux fois, sortez
» sans rien dire à personne, sans faire aucune question à qui que
» ce soit, mais ayez une rose blanche à votre boutonnière. Puis,
» retournez à Paris, vous y trouverez une réponse. Cette réponse ne
» sera pas ce que vous croyez ; car, je vous l'ai dit, l'avenir n'est
» pas encore à moi... Mais ne serais-je pas une vraie folle, de vous
» dire oui, sans vous avoir vu ! Quand je vous aurai vu, je puis dire
» non, sans vous blesser : je suis sûre de rester inconnue. »

Cette lettre était partie la veille du jour où la lutte inutile entre Modeste et Dumay venait d'avoir lieu. L'heureuse Modeste attendait donc avec une impatience maladive le dimanche où les yeux donneraient tort ou raison à l'esprit, au cœur, un des moments les plus solennels dans la vie d'une femme et que trois mois d'un commerce d'âme à âme rendait romanesque autant que le peut souhaiter la fille la plus exaltée. Tout le monde, excepté la mère, avait pris la torpeur de cette attente pour le calme de l'innocence. Quelque puissantes que soient et les lois de la famille et les cordes religieuses, il est des Julie d'Étanges, des Clarisses, des âmes remplies comme des coupes trop pleines et qui débordent sous une pression divine. Modeste n'était-elle pas sublime en déployant une sauvage énergie à comprimer son exubérante jeunesse, en demeurant voilée ? Disons-le, le souvenir de sa sœur était plus puissant que toutes les entraves sociales ; elle avait armé de fer sa volonté pour ne manquer ni à son père ni à sa famille. Mais quels mouvements tumultueux ! et comment une mère ne les aurait-elle pas devinés ?

Le lendemain, Modeste et madame Dumay conduisirent, vers

13.

midi, madame Mignon au soleil, sur le banc, au milieu des fleurs. L'aveugle tourna sa figure blême et flétrie du côté de l'Océan, elle aspira l'odeur de la mer et prit la main à Modeste qui resta près d'elle. Au moment de questionner sa fille, la mère luttait entre le pardon et la remontrance, car elle avait reconnu l'amour, et Modeste lui paraissait, comme au faux Canalis, une exception.

— Pourvu que ton père revienne à temps! s'il tarde encore, il ne trouvera plus que toi de tout ce qu'il aime! aussi, Modeste, promets-moi de nouveau de ne jamais le quitter, dit-elle avec une câlinerie maternelle.

Modeste porta les mains de sa mère à ses lèvres et les baisa doucement en répondant : — Ai-je besoin de te le redire?

— Ah! mon enfant, c'est que moi-même j'ai quitté mon père pour suivre mon mari!... mon père était seul cependant, il n'avait que moi d'enfant... Est-ce là ce que Dieu punit dans ma vie?... Ce que je te demande, c'est de te marier au goût de ton père, de lui conserver une place dans ton cœur, de ne pas le sacrifier à ton bonheur, de le garder au milieu de la famille. Avant de perdre la vue, je lui ai écrit mes volontés, il les exécutera; je lui enjoins de retenir sa fortune en entier, non que j'aie une pensée de défiance contre toi, mais est-on jamais sûr d'un gendre? Moi, ma fille, ai-je été raisonnable? Un clin d'œil a décidé de ma vie. La beauté, cette enseigne si trompeuse, a dit vrai pour moi; mais, dût-il en être de même pour toi, pauvre enfant, jure-moi, que si, de même que ta mère, l'apparence t'entraînait, tu laisserais à ton père le soin de s'enquérir des mœurs, du cœur et de la vie antérieure de celui que tu aurais distingué, si par hasard tu distinguais un homme.

— Je ne me marierai jamais qu'avec le consentement de mon père, répondit Modeste.

La mère garda le plus profond silence après avoir reçu cette réponse, et sa physionomie quasi morte annonçait qu'elle la méditait à la manière des aveugles, en étudiant en elle-même l'accent que sa fille y avait mis.

— C'est que, vois-tu, mon enfant, dit enfin madame Mignon après un long silence, si la faute de Caroline me fait mourir à petit feu, ton père ne survivrait pas à la tienne, je le connais, il se brûlerait la cervelle, il n'y aurait plus ni vie ni bonheur sur la terre pour lui... — Modeste fit quelques pas pour s'éloigner de sa mère, et revint un moment après. — Pourquoi m'as-tu quittée? demanda madame Mignon.

— Tu m'as fait pleurer, maman, répondit Modeste.

— Eh! bien, mon petit ange, embrasse-moi. Tu n'aimes personne, ici?... tu n'as pas d'attrait? demanda-t-elle en la gardant sur ses genoux, cœur contre cœur.

— Non, ma chère maman, répondit la petite jésuite.

— Peux-tu me le jurer?

— Oh! certes!... s'écria Modeste.

Madame Mignon ne dit plus rien, elle doutait encore.

— Enfin, si tu te choisissais un mari, ton père le saurait, reprit-elle.

— Je l'ai promis, et à ma sœur, et à toi, ma mère. Quelle faute veux-tu que je commette en lisant à toute heure, à mon doigt : *pense à Bettina!* Pauvre sœur!

Au moment où sur ce mot : Pauvre sœur! dit par Modeste, une trêve de silence s'était établie entre la fille et la mère, dont les deux yeux éteints laissèrent couler des larmes que ne put sécher Modeste en se mettant aux genoux de madame Mignon et lui disant : « Pardon, pardon, maman, » l'excellent Dumay gravissait la côte d'Ingouville au pas accéléré, fait anormal dans la vie du caissier.

Trois lettres avaient apporté la ruine, une lettre ramenait la fortune. Le matin même Dumay recevait, d'un capitaine venu des mers de la Chine, la première nouvelle de son patron, de son seul ami.

A MONSIEUR ANNE DUMAY, ANCIEN CAISSIER DE LA MAISON MIGNON.

« Mon cher Dumay, je suivrai de bien près, sauf les chances de
» la navigation, le navire par l'occasion duquel je t'écris; je n'ai
» pas voulu quitter mon bâtiment auquel je suis habitué. Je t'avais
» dit : Pas de nouvelles, bonnes nouvelles! Mais, au premier mot
» de cette lettre, tu seras joyeux; car ce mot, c'est : J'ai sept mil-
» lions au moins! J'en rapporte une grande partie en indigo, un tiers
» en bonnes valeurs sur Londres et Paris, un autre tiers en bel or.
» Ton envoi d'argent m'a fait atteindre au chiffre que je m'étais
» fixé, je voulais deux millions pour chacune de mes filles, et l'ai-
» sance pour moi. J'ai fait le commerce de l'opium en gros pour
» des maisons de Canton, toutes dix fois plus riches que moi. Vous
» ne vous doutez pas, en Europe, de ce que sont les riches mar-

» chands chinois. J'allais de l'Asie-Mineure, où je me procurais l'o-
» pium à bas prix, à Canton où je livrais mes quantités aux com-
» pagnies qui en font le commerce. Ma dernière expédition a eu
» lieu dans les îles de la Malaisie, où j'ai pu échanger le produit de
» l'opium contre mon indigo, première qualité. Aussi peut-être
» aurai-je cinq à six cent mille francs de plus, car je ne compte mon
» indigo que ce qu'il me coûte.

» Je me suis toujours bien porté, pas la moindre maladie. Voilà
» ce que c'est que de travailler pour ses enfants! Dès la seconde
» année, j'ai pu avoir à moi *le Mignon*, joli brick de sept cents
» tonneaux, construit en bois de teck, doublé, chevillé en cuivre,
» et dont les emménagements ont été faits pour moi. C'est encore
» une valeur. La vie du marin, l'activité voulue pour mon com-
» merce, mes travaux pour devenir une espèce de capitaine au
» long cours, m'ont entretenu dans un excellent état de santé. Te
» parler de tout ceci, n'est-ce pas te parler de mes deux filles et
» de ma chère femme! J'espère qu'en me sachant ruiné le misé-
» rable qui m'a privé de ma Bettina l'aura laissée, et que la brebis
» égarée sera revenue au cottage. Ne faudra-t-il pas quelque chose
» de plus dans la dot de celle-là! Mes trois femmes et mon Dumay,
» tous quatre vous avez été présents à ma pensée pendant ces trois
» années. Tu es riche, Dumay. Ta part, en dehors de ma fortune,
» se monte à cinq cent soixante mille francs, que je t'envoie en un
» mandat, qui ne sera payé qu'à toi-même par la maison Mongenod,
» qu'on a prévenue de New-York. Encore quelques mois, et je vous
» reverrai tous, je l'espère, bien portants.

» Maintenant, mon cher Dumay, si je t'écris à toi seulement,
» c'est que je désire garder le secret sur ma fortune, et que je veux
» te laisser le soin de préparer mes anges à la joie de mon retour. J'ai
» assez du commerce, et je veux quitter le Hâvre. Le choix de mes
» gendres m'importe beaucoup. Mon intention est de racheter la
» terre et le château de La Bastie, de constituer un majorat de cent
» mille francs de rente au moins, et de demander au roi la faveur
» de faire succéder l'un de mes gendres à mon nom et à mon titre.
» Or, tu sais, mon pauvre Dumay, le malheur que nous avons dû
» au fatal éclat que répand l'opulence. J'y ai perdu l'honneur d'une
» de mes filles. J'ai ramené à Java le plus malheureux des pères,
» un pauvre négociant hollandais, riche de neuf millions, à qui ses
» deux filles furent enlevées par des misérables, et nous avons

» pleuré comme deux enfants, ensemble. Donc je ne veux pas que
» l'on connaisse ma fortune. Aussi n'est-ce pas au Hâvre que je
» débarquerai, mais à Marseille. Mon second est un Provençal,
» un ancien serviteur de ma famille, à qui j'ai fait faire une petite
» fortune. Castagnould aura mes instructions pour racheter La Bastie,
» et je traiterai de l'indigo par l'entremise de la maison Mongenod.
» Je mettrai mes fonds à la Banque de France, et je reviendrai vous
» trouver, en ne me donnant qu'une fortune ostensible d'environ
» un million en marchandises. Mes filles seront censées avoir deux
» cents mille francs. Choisir celui de mes gendres qui sera digne de
» succéder à mon nom, à mes armes, à mes titres, et de vivre avec
» nous, sera ma grande affaire; mais je les veux tous deux, comme
» toi et moi, éprouvés, fermes, loyaux, honnêtes gens absolument.
» Je n'ai pas douté de toi, mon vieux, un seul instant. J'ai pensé
» que ma bonne et excellente femme, la tienne et toi, vous avez
» tracé une haie infranchissable autour de ma fille, et que je pourrai
» mettre un baiser plein d'espérances sur le front pur de l'ange qui
» me reste. Bettina-Caroline, si vous avez su sauver sa faute, aura
» de la fortune. Après avoir fait la guerre et le commerce, nous
» allons faire de l'agriculture, et tu seras notre intendant. Cela te
» va-t-il? Ainsi, mon vieil ami, te voilà le maître de ta conduite
» avec ma famille, de dire ou de taire mes succès. Je m'en fie à ta
» prudence; tu diras ce que tu jugeras convenable. En quatre ans,
» il peut être survenu tant de changements dans les caractères. Je
» te laisse être le juge, tant je crains la tendresse de ma femme
» pour ses filles. Adieu, mon vieux Dumay. Dis à mes filles et à ma
» femme que je n'ai jamais manqué de les embrasser de cœur tous
» les jours, soir et matin. Le second mandat, également person-
» nel, de quarante mille francs, est pour mes filles et ma femme,
» en attendant

» Ton patron et ami,
» CHARLES MIGNON. »

— Ton père arrive, dit madame Mignon à sa fille.

— A quoi vois-tu cela, maman? demanda Modeste.

— Il n'y a que cette nouvelle à nous apporter qui puisse faire courir Dumay.

Modeste, plongée dans ses réflexions, n'avait ni vu ni entendu Dumay.

— Victoire! s'écria le lieutenant dès la porte. Madame, le colonel n'a jamais été malade, et il revient... il revient sur le Mignon, un beau bâtiment à lui, qui doit valoir, avec sa cargaison dont il me parle, huit à neuf cent mille francs; mais il vous recommande la plus profonde discrétion, il a le cœur creusé bien avant par l'accident de notre chère petite défunte.

— Il y a fait la place d'une tombe, dit madame Mignon.

— Et il attribue ce malheur, ce qui me semble probable, à la cupidité que les grandes fortunes excitent chez les jeunes gens... Mon pauvre colonel croit retrouver la brebis égarée au milieu de nous... Soyons heureux entre nous, ne disons rien à personne, pas même à Latournelle, si c'est possible. — Mademoiselle, dit-il à l'oreille de Modeste, écrivez à monsieur votre père une lettre sur la perte que la famille a faite et sur les suites affreuses que cet événement a eues, afin de le préparer au terrible spectacle qu'il aura; je me charge de lui faire tenir cette lettre avant son arrivée au Hâvre, car il est forcé de passer par Paris; écrivez-lui longuement, vous avez du temps à vous, j'emporterai la lettre lundi, lundi j'irai sans doute à Paris...

Modeste eut peur que Canalis et Dumay ne se rencontrassent, elle voulut monter pour écrire et remettre le rendez-vous.

— Mademoiselle, dites-moi, reprit Dumay de la manière la plus humble en barrant le passage à Modeste, que votre père retrouve sa fille sans autre sentiment au cœur que celui qu'elle avait à son départ pour lui, pour madame votre mère...

— Je me suis juré à moi-même, à ma sœur et à ma mère, d'être la consolation, le bonheur et la gloire de mon père, et — ce — sera! répliqua Modeste en jetant un regard fier et dédaigneux à Dumay. Ne troublez pas la joie que j'ai de savoir bientôt mon père au milieu de nous par des soupçons injurieux. On ne peut pas empêcher le cœur d'une jeune fille de battre, vous ne voulez pas que je sois une momie?-dit-elle. Ma personne est à ma famille, mon cœur est à moi. Si j'aime, mon père et ma mère le sauront. Êtes-vous content, monsieur?

— Merci, mademoiselle, répondit Dumay, vous m'avez rendu la vie; mais vous auriez toujours bien pu me dire *Dumay*, même en me donnant un soufflet!

— Jure-moi, dit la mère, que tu n'as échangé ni parole ni regard avec aucun jeune homme...

— Je puis le jurer, ma mère, dit Modeste en souriant et regardant Dumay qui l'examinait et souriait comme une jeune fille qui fait une malice.

— Elle serait donc bien fausse, s'écria Dumay quand Modeste rentra dans la maison.

— Ma fille Modeste peut avoir des défauts, répondit la mère, mais elle est incapable de mentir.

— Eh! bien, soyons donc tranquilles, reprit le lieutenant, et pensons que le malheur a soldé son compte avec nous.

— Dieu le veuille! répliqua madame Mignon. Vous *le* verrez, Dumay; moi, je ne pourrai que l'entendre... Il y a bien de la mélancolie dans mon bonheur!

En ce moment, Modeste, quoique heureuse du retour de son père, était affligée comme Perrette en voyant ses œufs cassés. Elle avait espéré plus de fortune que n'en annonçait Dumay. Devenue ambitieuse pour son poète, elle souhaitait au moins la moitié des six millions dont elle avait parlé dans sa seconde lettre. En proie à sa double joie et contrariée par le petit chagrin que lui causait sa pauvreté relative, elle se mit à son piano, ce confident de tant de jeunes filles, qui lui disent leurs colères, leurs désirs, en les exprimant par les nuances de leur jeu. Dumay causait avec sa femme en se promenant sous les fenêtres, il lui confiait le secret de leur fortune et l'interrogeait sur ses désirs, sur ses souhaits, sur ses intentions. Madame Dumay n'avait, comme son mari, d'autre famille que la famille Mignon. Les deux époux décidèrent de vivre en Provence, si le comte de La Bastie allait en Provence, et de léguer leur fortune à celui des enfants de Modeste qui en aurait besoin.

— Écoutez Modeste! leur dit madame Mignon, il n'y a qu'une fille amoureuse qui puisse composer de pareilles mélodies sans connaître la musique...

Les maisons peuvent brûler, les fortunes sombrer, les pères revenir de voyage, les empires crouler, le choléra ravager la cité, l'amour d'une jeune fille poursuit son vol, comme la nature sa marche, comme cet effroyable acide que la chimie a découvert, et qui peut trouer le globe si rien ne l'absorbe au centre.

Voici la romance que sa situation avait inspirée à Modeste sur les stances qu'il faut citer, quoiqu'elles soient imprimées au deuxième volume de l'édition dont parlait Dauriat, car pour y adapter sa musique, la jeune artiste en avait brisé les césures par quelques modifications qui pourraient étonner les admirateurs de la correction, souvent trop savante, de ce poëte.

CHANT D'UNE JEUNE FILLE.

Mon cœur, lève-toi ! Déjà l'alouette
Secoue en chantant son aile au soleil.
Ne dors plus, mon cœur, car la violette
Élève à Dieu l'encens de son réveil.

Chaque fleur vivante et bien reposée,
Ouvrant tour à tour les yeux pour se voir,
A dans son calice un peu de rosée,
Perle d'un jour qui lui sert de miroir.

On sent dans l'air pur que l'ange des roses
A passé la nuit à bénir les fleurs !
On voit que pour lui toutes sont écloses,
Il vient d'en haut raviver leurs couleurs.

Ainsi lève-toi, puisque l'alouette
Secoue en chantant son aile au soleil ;
Rien ne dort plus, mon cœur ! la violette
Élève à Dieu l'encens de son réveil.

Et voici, puisque les progrès de la Typographie le permettent, la musique de Modeste, à laquelle une expression délicieuse communiquait ce charme admiré dans les grands chanteurs, et qu'aucune typographie, fût-elle hiéroglyphique ou phonétique, ne pourra jamais rendre.

— C'est joli, dit madame Dumay, Modeste est musicienne, voilà tout...

— Elle a le diable au corps, s'écria le caissier à qui le soupçon de la mère entra dans le cœur et donna le frisson.

— Elle aime, répéta madame Mignon.

En réussissant, par le témoignage irrécusable de cette mélodie, à faire partager sa certitude sur l'amour caché de Modeste, madame Mignon troubla la joie que le retour et les succès de son patron causaient au caissier. Le pauvre Breton descendit au Hâvre y reprendre sa besogne chez Gobenheim; puis, avant de revenir dîner, il passa chez les Latournelle y exprimer ses craintes et leur demander de nouveau aide et secours.

— Oui, mon cher ami, dit Dumay sur le pas de la porte en quittant le notaire, je suis du même avis que madame : *elle* aime, c'est sûr, et le diable sait le reste! Me voilà déshonoré.

— Ne vous désolez pas, Dumay, répondit le petit notaire, nous serons bien, à nous tous, aussi forts que cette petite personne, et, dans un temps donné, toute fille amoureuse commet une imprudence qui la trahit; mais, nous en causerons ce soir.

Ainsi toutes les personnes dévouées à la famille Mignon furent en proie aux mêmes inquiétudes qui les poignaient la veille avant l'expérience que le vieux soldat avait cru être décisive. L'inutilité de tant d'efforts piqua si bien la conscience de Dumay qu'il ne voulut pas aller chercher sa fortune à Paris avant d'avoir deviné le mot de cette énigme. Ces cœurs, pour qui les sentiments étaient plus précieux que les intérêts, concevaient tous en ce moment que, sans la parfaite innocence de sa fille, le colonel pouvait mourir de chagrin en trouvant Bettina morte et sa femme aveugle. Le désespoir du pauvre Dumay fit une telle impression sur les Latournelle qu'ils en oublièrent le départ d'Exupère que, dans la matinée, ils avaient embarqué pour Paris. Pendant les moments du dîner où ils furent tous les trois seuls, monsieur, madame Latournelle et Butscha retournèrent les termes de ce problème sous toutes les faces, en parcourant toutes les suppositions possibles.

— Si Modeste aimait quelqu'un du Hâvre, elle aurait tremblé hier, dit madame Latournelle, son amant est donc ailleurs.

— Elle a juré, dit le notaire, ce matin, à sa mère et devant Dumay, qu'elle n'avait échangé ni regard, ni parole avec âme qui vive...

— Elle aimerait donc à ma manière? dit Butscha.

— Et comment donc aimes-tu, mon pauvre garçon? demanda madame Latournelle.

— Madame, répondit le petit bossu, j'aime à moi tout seul, à distance, à peu près comme d'ici aux étoiles...

— Et comment fais-tu, grosse bête? dit madame Latournelle en souriant.

— Ah! madame, répondit Butscha, ce que vous croyez une bosse, est l'étui de mes ailes.

— Voilà donc l'explication de ton cachet! s'écria le notaire.

Le cachet du clerc était une étoile sous laquelle se lisaient ces mots : *Fulgens, sequar* (brillante, je te suivrai), la devise de la maison de Chastillonest.

— Une belle créature peut avoir autant de défiance que la plus laide, dit Butscha comme s'il se parlait à lui-même. Modeste est assez spirituelle pour avoir tremblé de n'être aimée que pour sa beauté!

Les bossus sont des créations merveilleuses, entièrement dues d'ailleurs à la Société; car, dans le plan de la Nature, les êtres faibles ou mal venus doivent périr. La courbure ou la torsion de la colonne vertébrale produit chez ces hommes, en apparence disgraciés, comme un regard où les fluides nerveux s'amassent en de plus grandes quantités que chez les autres, et dans le centre même où ils s'élaborent; où ils agissent, d'où ils s'élancent ainsi qu'une lumière pour vivifier l'être intérieur. Il en résulte des forces, quelquefois retrouvées par le magnétisme, mais qui le plus souvent se perdent à travers les espaces du Monde Spirituel. Cherchez un bossu qui ne soit pas doué de quelque faculté supérieure? soit d'une gaieté spirituelle, soit d'une méchanceté complète, soit d'une bonté sublime. Comme des instruments que la main de l'Art ne réveillera jamais, ces êtres, privilégiés sans le savoir, vivent en eux-mêmes comme vivait Butscha, quand ils n'ont pas usé leurs forces, si magnifiquement concentrées, dans la lutte qu'ils ont soutenue à l'encontre des obstacles pour rester vivants. Ainsi s'expliquent ces superstitions, ces traditions populaires auxquelles on doit les gnomes, les nains effrayants, les fées difformes, toute cette race de bouteilles, a dit Rabelais, contenant élixirs et baumes rares.

Donc, Butscha devina presque Modeste. Et, dans sa curiosité d'amant sans espoir, de serviteur toujours prêt à mourir, comme ces soldats qui, seuls et abandonnés, criaient dans les neiges de la Russie : *Vive l'Empereur!* il médita de surprendre pour lui seul le secret de Modeste. Il suivit d'un air profondément soucieux ses patrons quand ils allèrent au chalet, car il s'agissait de dérober à tous ces yeux attentifs, à toutes ces oreilles tendues le piége où il prendrait la jeune fille. Ce devait être un regard échangé, quelque tressaillement surpris, comme lorsqu'un chirurgien met le doigt sur une douleur cachée. Ce soir-là, Gobenheim ne vint pas, Butscha fut le partenaire de monsieur Dumay contre monsieur et madame Latournelle.

Pendant le moment où Modeste s'absenta, vers neuf heures, afin d'aller préparer le coucher de sa mère, madame Mignon et ses amis purent causer à cœur ouvert; mais le pauvre clerc, abattu par la conviction qui l'avait gagnée, lui aussi, parut étranger à ces débats autant que la veille l'avait été Gobenheim.

— Eh! bien, qu'as-tu donc, Butscha? s'écria madame Latournelle étonnée. On dirait que tu as perdu tous tes parents...

Une larme jaillit des yeux de l'enfant abandonné par un matelot suédois, et dont la mère était morte de chagrin à l'hôpital.

— Je n'ai que vous au monde, répondit-il d'une voix troublée, et votre compassion est trop religieuse, pour que je la perde jamais, car jamais je ne démériterai vos bontés.

Cette réponse fit vibrer une corde également sensible chez les témoins de cette scène, celle de la délicatesse.

— Nous vous aimons tous, monsieur Butscha, dit madame Mignon d'une voix émue.

— J'ai six cent mille francs à moi! dit le brave Dumay, tu seras notaire au Hâvre et successeur de Latournelle.

L'Américaine, elle, avait pris et serré la main au pauvre bossu.

— Vous avez six cent mille francs!... s'écria Latournelle qui leva le nez sur Dumay dès que cette parole fut lâchée, et vous laissez ces dames ici!... Et Modeste n'a pas un joli cheval! Et elle n'a pas continué d'avoir des maîtres de musique, de peinture, de.....

— Eh! il ne les a que depuis quelques heures!... s'écria l'Américaine.

— Chut, fit madame Mignon.

Pendant toutes ces exclamations, l'auguste patronne de Butscha s'était posée, elle le regardait.

— Mon enfant, dit-elle, je te crois entouré de tant d'affection que je ne pensais pas au sens particulier de cette locution proverbiale; mais tu dois me remercier de cette petite faute, car elle a servi à te faire voir quels amis tes exquises qualités t'ont valus.

— Vous avez donc eu des nouvelles de monsieur Mignon? dit le notaire.

— Il revient, dit madame Mignon, mais gardons ce secret entre nous... Quand mon mari saura que Butscha nous a tenu compagnie, qu'il nous a montré l'amitié la plus vive et la plus désintéressée quand tout le monde nous tournait le dos, il ne vous laissera pas le commanditer à vous seul, Dumay. Aussi, mon ami, dit-elle en essayant de diriger son visage vers Butscha, pouvez-vous dès à présent traiter avec Latournelle...

— Mais il a l'âge, vingt-cinq ans et demi, dit Latournelle. Et, pour moi, c'est acquitter une dette, mon garçon, que de te faciliter l'acquisition de mon Étude.

Butscha, qui baisait la main de madame Mignon en l'arrosant de ses larmes, montra un visage mouillé quand Modeste ouvrit la porte du salon.

— Qui donc a fait du chagrin à mon nain mystérieux?... demanda-t-elle.

— Eh! mademoiselle Modeste, pleurons-nous jamais de chagrin, nous autres enfants bercés par le Malheur? On vient de me montrer autant d'attachement que je m'en sentais au cœur pour tous ceux en qui je me plaisais à voir des parents. Je serai notaire, je pourrai devenir riche. Ah! ah! le pauvre Butscha sera peut être un jour le riche Butscha. Vous ne connaissez pas tout ce qu'il y a d'audace chez cet avorton!... s'écria-t-il.

Le bossu se donna un violent coup de poing sur la caverne de sa poitrine et se posa devant la cheminée après avoir jeté sur

Modeste un regard qui glissa comme une lueur entre ses grosses paupières serrées; car il aperçut, dans cet incident imprévu, la possibilité d'interroger le cœur de sa souveraine. Dumay crut pendant un moment que le clerc avait osé s'adresser à Modeste, et il échangea rapidement avec ses amis un coup d'œil bien compris par eux et qui fit contempler le petit bossu dans une espèce de terreur mêlée de curiosité.

— J'ai mes rêves aussi, moi!.... reprit Butscha dont les yeux ne quittaient pas Modeste.

La jeune fille abaissa ses paupières par un mouvement qui fut déjà pour le clerc toute une révélation.

— Vous aimez les romans, laissez-moi, dans la joie où je suis, vous confier mon secret, et vous me direz si le dénoûment du roman, inventé par moi pour ma vie, est possible; autrement, à quoi bon la fortune? Pour moi, l'or est le bonheur plus que pour tout autre; car, pour moi, le bonheur sera d'enrichir un être aimé! Vous qui savez tant de choses, mademoiselle, dites-moi donc si l'on peut se faire aimer indépendamment de la forme, belle ou laide, et pour son âme seulement?

Modeste leva les yeux sur Butscha. Ce fut une interrogation terrible, car alors Modeste partagea les soupçons de Dumay.

— Une fois riche, je chercherai quelque belle jeune fille pauvre, une abandonnée comme moi, qui aura bien souffert, qui sera malheureuse, je lui écrirai, je la consolerai, je serai son bon génie; elle lira dans mon cœur, dans mon âme, elle aura mes deux richesses à la fois, et mon or bien délicatement offert, et ma pensée parée de toutes les splendeurs que le hasard de la naissance a refusées à ma grotesque personne! Je resterai caché, comme une cause que les savants cherchent. Dieu n'est peut-être pas beau?... Naturellement, cette enfant, devenue curieuse, voudra me voir; mais je lui dirai que je suis un monstre de laideur, je me peindrai en laid...

Là, Modeste regarda Butscha fixement, elle lui eût dit : — Que savez-vous de mes amours?... elle n'aurait pas été plus explicite.

— Si j'ai le bonheur d'être aimé pour les poésies de mon cœur!... Si, quelque jour, je ne parais être qu'un peu contrefait à cette femme, avouez que je serai plus heureux que le plus beau des hommes, qu'un homme de génie aimé par une créature aussi céleste que vous...

La rougeur qui colora le visage de Modeste apprit au bossu presque tout le secret de la jeune fille.

— Eh! bien, enrichir ce qu'on aime, et lui plaire moralement, abstraction faite de la personne, est-ce le moyen d'être aimé? Voilà le rêve du pauvre bossu, le rêve d'hier ; car, aujourd'hui, votre adorable mère vient de me donner la clef de mon futur trésor, en me promettant de me faciliter les moyens d'acheter une Étude. Mais, avant de devenir un Gobenheim, encore faut-il savoir si cette affreuse transformation est utile. Qu'en pensez-vous, mademoiselle, vous?...

Modeste était si surprise, qu'elle ne s'aperçut pas que Butscha l'interpellait. Le piége de l'amoureux fut mieux dressé que celui du soldat, car la pauvre fille stupéfaite resta sans voix.

— Pauvre Butscha! dit tout bas madame Latournelle à son mari, deviendrait-il fou?...

— Vous voulez réaliser le conte de *la Belle et la Bête*, répondit enfin Modeste, et vous oubliez que la Bête se change en prince Charmant.

— Croyez-vous? dit le nain. Moi, j'ai toujours imaginé que ce changement indiquait le phénomène de l'âme rendue visible, éteignant la forme sous sa radieuse lumière. Si je ne suis pas aimé, je resterai caché, voilà tout! Vous et les vôtres, madame, dit-il à sa patronne, au lieu d'avoir un nain à votre service, vous aurez une vie et une fortune. Butscha reprit sa place et dit aux trois joueurs en affectant le plus grand calme : — A qui à donner?... Mais en lui-même, il se disait douloureusement : — Elle veut être aimée pour elle-même, elle correspond avec quelque faux grand homme, et où en est-elle?

— Ma chère maman, neuf heures trois quarts viennent de sonner, dit Modeste à sa mère.

Madame Mignon fit ses adieux à ses amies, et alla se coucher.

Ceux qui veulent aimer en secret peuvent avoir pour espions des chiens des Pyrénées, des mères, des Dumay, des Latournelle, ils ne sont pas encore en danger ; mais un amoureux?... c'est diamant contre diamant, feu contre feu, intelligence contre intelligence, une équation parfaite et dont les termes se pénètrent mutuellement. Le dimanche matin, Butscha devança sa patronne qui venait toujours chercher Modeste pour aller à la messe, et il se mit en croisière devant le chalet, en attendant le facteur.

— Avez-vous une lettre aujourd'hui pour mademoiselle Modeste ? dit-il à cet humble fonctionnaire quand il le vit venir.

— Non, monsieur, non...

— Nous sommes, depuis quelque temps, une fameuse pratique pour le gouvernement, s'écria le clerc.

— Ah! dame! oui, répondit le facteur.

Modeste vit et entendit ce petit colloque de sa chambre, où elle se postait toujours à cette heure derrière sa persienne, pour guetter le facteur. Elle descendit, sortit dans le petit jardin où elle appela d'une voix altérée : — Monsieur Butscha ?...

— Me voilà, mademoiselle! dit le bossu en arrivant à la petite porte que Modeste ouvrit elle-même.

— Pourriez-vous me dire si vous comptez parmi vos titres à l'affection d'une femme, le honteux espionnage auquel vous vous livrez ? lui demanda la jeune fille en essayant de terrasser son esclave sous ses regards et par une attitude de reine.

— Oui, mademoiselle! répondit-il fièrement. Ah! je ne croyais pas, reprit-il à voix basse, que les vermisseaux pussent rendre service aux étoiles !... mais il en est ainsi. Souhaiteriez-vous que votre mère, que monsieur Dumay, que madame Latournelle vous eussent devinée, et non un être, quasi proscrit de la vie, qui se donne à vous comme une de ces fleurs que vous coupez pour vous en servir un moment? Ils savent tous que vous aimez ; mais, moi seul, je sais comment. Prenez-moi comme vous prendriez un chien vigilant? je vous obéirai, je vous garderai, je n'aboyerai jamais, et je ne vous jugerai point. Je ne vous demande rien que de me laisser vous être bon à quelque chose. Votre père vous a mis un Dumay dans votre ménagerie, ayez un Butscha, vous m'en direz des nouvelles!... Un pauvre Butscha qui ne veut rien, pas même un os!

— Eh! bien, je vais vous prendre à l'essai, dit Modeste qui voulut se défaire d'un gardien si spirituel. Allez sur-le-champ, d'hôtel en hôtel, à Graville, au Hâvre, savoir s'il est venu d'Angleterre un monsieur Arthur....

— Ecoutez, mademoiselle, dit Butscha respectueusement en interrompant Modeste, j'irai tout bonnement me promener au bord de la mer, et cela suffira, car vous ne me voulez pas aujourd'hui à l'église. Voilà tout.

Modeste regarda le nain en laissant voir un étonnement stupide.

— Ecoutez, mademoiselle! quoique vous vous soyez entortillé les joues d'un foulard et de ouate, vous n'avez pas de fluxion. Et, si vous avez un double voile à votre chapeau, c'est pour voir sans être vue.

— D'où vous vient tant de pénétration? s'écria Modeste en rougissant.

— Eh! mademoiselle, vous n'avez pas de corset! Une fluxion ne vous obligeait pas à vous déguiser la taille, en mettant plusieurs jupons, à cacher vos mains sous de vieux gants, et vos jolis pieds dans d'affreuses bottines, à vous mal habiller, à...

— Assez! dit-elle. Maintenant, comment serais-je certaine d'avoir été obéie?

— Mon patron veut aller à Saint-Adresse, il en est contrarié; mais comme il est vraiment bon, il n'a pas voulu me priver de mon dimanche, eh! bien, je lui proposerai d'y aller...

— Allez-y, et j'aurai confiance en vous....

— Êtes-vous sûre de ne pas avoir besoin de moi au Hâvre?

— Non. Ecoutez, nain mystérieux, regardez, dit-elle en lui montrant le temps sans nuages. Voyez-vous la trace de l'oiseau qui passait tout à l'heure? eh! bien, mes actions, pures comme l'air est pur, n'en laissent pas davantage. Rassurez Dumay, rassurez les Latournelle, rassurez ma mère, et sachez que cette main, dit-elle en lui montrant une jolie main fine, aux doigts retroussés et que le jour traversa, ne sera point accordée, elle ne sera pas même animée d'un baiser, avant le retour de mon père, par ce qu'on appelle un amant.

— Et pourquoi ne me voulez-vous pas à l'église aujourd'hui?...

— Vous me questionnez, après ce que je vous ai fait l'honneur de vous dire et de vous demander?...

Butscha salua sans rien répondre, et courut chez son patron dans le ravissement d'entrer au service de sa maîtresse anonyme.

Une heure après, monsieur et madame Latournelle vinrent chercher Modeste qui se plaignit d'un horrible mal de dents.

— Je n'ai pas eu, dit-elle, le courage de m'habiller.

— Eh! bien, restez, dit la bonne notaresse.

— Oh! non, je veux prier pour l'heureux retour de mon père, répondit Modeste, et j'ai pensé qu'en m'emmitouflant ainsi, ma sortie me ferait plus de bien que de mal.

Et mademoiselle Mignon alla seule, à côté de Latournelle. Elle refusa de donner le bras à son chaperon dans la crainte d'être questionnée sur le tremblement intérieur qui l'agitait à la pensée de voir bientôt son grand poëte. Un seul regard, le premier, n'allait-il pas décider de son avenir?

Est-il dans la vie de l'homme une heure plus délicieuse que celle du premier rendez-vous donné? Renaissent-elles jamais les sensations cachées au fond du cœur et qui s'épanouissent alors? Retrouve-t-on les plaisirs sans nom que l'on a savourés en cherchant, comme fit Ernest de La Brière, et ses meilleurs rasoirs, et ses plus belles chemises, et des cols irréprochables, et les vêtements les plus soignés? On déifie les choses associées à cette heure suprême. On fait alors à soi seul des poésies secrètes qui valent celles de la femme; et le jour où, de part et d'autre, on les devine, tout est envolé! N'en est-il pas de ces choses, comme de la fleur de ces fruits sauvages, âcre et suave à la fois, perdue au sein des forêts, la joie du soleil, sans doute; ou, comme le dit Canalis dans *le Chant d'une jeune fille*, la joie de la plante elle-même à qui l'ange des fleurs a permis de se voir? Ceci tend à rappeler que, semblable à beaucoup d'êtres pauvres pour qui la vie commence par le labeur et par les soucis de la fortune, le modeste La Brière n'avait pas encore été aimé. Venu la veille au soir, il s'était aussitôt couché comme une coquette afin d'effacer la fatigue du voyage, et il venait de faire une toilette méditée à son avantage, après avoir pris un bain. Peut-être est-ce ici le lieu de placer son portrait en pied, ne fût-ce que pour justifier la dernière lettre que devait écrire Modeste.

Né d'une bonne famille de Toulouse, alliée de loin à celle du ministre qui le prit sous sa protection, Ernest possède cet air *comme il faut* où se révèle une éducation commencée au berceau, mais que l'habitude des affaires avait rendu grave sans effort, car la pédanterie est l'écueil de toute gravité prématurée. De taille ordinaire, il se recommande par une figure fine et douce, d'un ton chaud quoique sans coloration, et qu'il relevait alors par de petites moustaches et par une virgule à la Mazarin. Sans cette attestation virile, il eût trop ressemblé peut-être à une jeune fille déguisée, tant la coupe du visage et les lèvres sont mignardes, tant on est près d'attribuer à une femme ses dents d'un émail transparent et d'une régularité quasi postiche. Joignez à ces qualités féminines un parler doux comme la physionomie, doux comme des yeux bleus à paupières turques; et vous concevrez très-bien que le ministre eut surnommé son jeune secrétaire particulier, mademoiselle de La Brière. Le front plein, pur, bien encadré de cheveux noirs abondants semble rêveur, et ne dément pas l'expression de la figure, qui est entièrement mélancolique. La proéminence de l'arcade de l'œil, quoique très-élégamment coupée, obombre le regard et ajoute encore à cette mélancolie par la tristesse, physique pour ainsi dire, que produisent les paupières quand elles sont trop abaissées sur la prunelle. Ce doute intime, que nous traduisons par le mot modestie, anime donc et les traits et la personne. Peut être comprendra-t-on bien cet ensemble en faisant observer que la logique du dessin exigerait plus de longueur dans l'ovale de cette tête, plus d'espace entre le menton qui finit brusquement et le front trop diminué par la manière dont les cheveux sont plantés. Ainsi, la figure semble écrasée. Le travail avait déjà creusé son sillon entre les sourcils un peu trop fournis et rapprochés comme chez les gens jaloux. Quoique La Brière fut alors mince, il appartient à ce genre de tempéraments qui, formés tard, prennent à trente ans un embonpoint inattendu.

Ce jeune homme eût assez bien représenté, pour les gens à qui l'histoire de France est familière, la royale et inconcevable figure de Louis XIII, mélancolique modestie, sans cause connue, pâle sous la couronne, aimant les fatigues de la chasse et haïssant le travail, timide avec sa maîtresse au point de la respecter, indifférent jusqu'à laisser trancher la tête à son ami, et que le remords d'avoir vengé son père sur sa mère peut seul expliquer : ou l'Hamlet catholique ou quelque maladie incurable. Mais le ver rongeur qui blémissait Louis XIII et détendait sa force, était alors, chez Ernest, simple défiance de soi-même, la timidité de l'homme à qui nulle femme n'a dit : « Comme je t'aime ! » et surtout le dévouement inutile. Après avoir entendu le glas d'une monarchie dans la chute d'un ministère, ce pauvre garçon avait trouvé dans Canalis un rocher caché sous d'élégantes mousses, il cherchait donc une domination à aimer ; et cette inquiétude du caniche en quête d'un maître lui donnait l'air du roi qui trouva le sien. Ces nuages, ces sentiments, cette teinte de souffrance répandue sur cette physionomie la rendaient beaucoup plus belle que ne le croyait le Référendaire, assez fâché de s'entendre classer par les femmes dans le genre des Beaux-Ténébreux ; genre passé de mode par un temps où chacun voudrait pouvoir garder pour lui seul les trompettes de l'Annonce.

Le défiant Ernest avait donc demandé tous ses prestiges au vêtement alors à la mode. Il mit pour cette entrevue, où tout dépendait du premier regard, un pantalon noir et des bottes soigneusement cirées, un gilet couleur soufre qui laissait voir une chemise d'une finesse remarquable et boutonnée d'opales, une cravate noire, une petite redingote bleue ornée de la rosette et qui semblait collée sur le dos et à la taille par un procédé nouveau. Portant de jolis gants de chevreau, couleur bronze florentin, il tenait de la main gauche une petite canne et son chapeau par un geste assez *Louis-Quatorzien*, montrant ainsi, comme le lieu l'exigeait, sa chevelure massée avec art, et où la lumière produisait des luisants satinés. Campé dès le commencement de la messe sous le porche, il examina l'église en regardant tous les chrétiens, mais plus particulièrement les chrétiennes qui trempaient leurs doigts dans l'eau sainte.

Une voix intérieure cria : — *Le voilà !* à Modeste quand elle arriva. Cette redingote et cette tournure essentiellement parisiennes, cette rosette, ces gants, cette canne, le parfum des cheveux, rien n'était du Hâvre. Aussi, quand La Brière se retourna pour examiner la grande et fière notaresse, le petit notaire et le *paquet* (expression consacrée entre femmes), sous la forme duquel Modeste s'était mise, la pauvre enfant, quoique bien préparée, reçut-elle un coup violent au cœur en voyant cette poétique figure, illuminée en plein par le jour de la porte. Elle ne pouvait pas se tromper : une petite rose blanche cachait presque la rosette. Ernest reconnaîtrait-il son inconnue affublée d'un vieux chapeau garni d'un voile mis en double?... Modeste eut si peur de la seconde vue de l'amour, qu'elle se fit une démarche de vieille femme.

— Ma femme, dit le petit Latournelle en allant à sa place, ce monsieur n'est pas du Hâvre.

— Il vient tant d'étrangers, répondit la notaresse.

— Mais les étrangers, dit le notaire, viennent-ils jamais voir notre église qui n'est pas âgée de plus de deux siècles?

Ernest resta pendant toute la messe à la porte, sans avoir vu parmi les femmes personne qui réalisât ses espérances. Modeste, elle, ne put maîtriser son tremblement que vers la fin du service. Elle éprouva des joies qu'elle seule pouvait dépeindre. Elle entendit enfin sur les dalles le bruit d'un pas d'homme comme il faut; car, la messe était dite, Ernest faisait le tour de l'église où il ne se trouvait plus que les *dilettanti* de la dévotion qui devinrent l'objet d'une savante et perspicace analyse. Ernest remarqua le tremblement excessif du paroissien dans les mains de la personne voilée à son passage ; et, comme elle était la seule qui cachât sa figure, il eut des soupçons que confirma la mise de Modeste, étudiée avec un soin d'amant curieux. Il sortit quand madame Latournelle quitta l'église, il la suivit à une distance honnête, et la vit rentrant avec Modeste, rue Royale, où, selon son habitude, mademoiselle Mignon attendait l'heure des vêpres. Après avoir toisé la maison ornée de pannonceaux, Ernest demanda le nom du notaire à un passant, qui lui nomma presque orgueilleusement monsieur Latournelle, le premier notaire du Hâvre... Quand il longea la rue Royale pour essayer de plonger dans l'intérieur de la maison, Modeste aperçut son amant, elle se dit alors si malade qu'elle n'alla pas à vêpres, et madame Latournelle lui tint compagnie. Ainsi le pauvre Ernest en fut pour ses frais de croisière. Il n'osa pas flâner à Ingouville, il se fit un point d'honneur d'obéir, et revint à Paris après avoir écrit en attendant le départ de la voiture, une lettre que Françoise Cochet devait recevoir le lendemain, timbrée du Hâvre.

Tous les dimanches, monsieur et madame Latournelle dînaient au chalet, où ils reconduisaient Modeste après vêpres. Aussi, dès que la jeune malade se trouva mieux, remontèrent-ils à Ingouville accompagnés de Butscha. L'heureuse Modeste fit alors une charmante toilette. Quand elle descendit pour dîner, elle oublia son déguisement du matin, sa prétendue fluxion, et fredonna :

> Rien ne dort plus, mon cœur ! la violette
> Élève à Dieu l'encens de son réveil.

Butscha ressentit un léger frisson à l'aspect de Modeste, tant elle lui parut changée, car les ailes de l'amour étaient comme attachées à ses épaules, elle avait l'air d'une sylphide, elle montrait sur ses joues le divin coloris du plaisir.

— De qui donc sont les paroles sur lesquelles tu as fait une si jolie musique? demanda madame Mignon à sa fille.

— De Canalis, maman, répondit-elle en devenant à l'instant du plus beau cramoisi depuis le cou jusqu'au front.

— Canalis ! s'écria le nain à qui l'accent de Modeste et sa rougeur apprirent la seule chose qu'il ignorât encore du secret. Lui, le grand poète, faire des romances ?...

— C'est, dit-elle, de simples stances sur lesquelles j'ai osé plaquer des réminiscences d'airs allemands....

— Non, non, reprit madame Mignon, c'est de la musique à toi, ma fille!

Modeste, se sentant devenir de plus en plus cramoisie, sortit en entraînant Butscha dans le petit jardin.

— Vous pouvez, lui dit-elle à voix basse, me rendre un grand service. Dumay fait le discret avec ma mère et avec moi sur la fortune que mon père rapporte, je voudrais savoir ce qui en est. Dumay, dans le temps, n'a-t-il pas envoyé cinq cent et quelques mille francs à papa? Mon père n'est pas homme à s'absenter pendant quatre ans pour seulement doubler ses capitaux. Or, il revient sur un navire à lui, et la part qu'il a faite à Dumay s'élève à près de six cent mille francs.

— Ce n'est pas la peine de questionner Dumay, dit Butscha. Monsieur votre père avait perdu, comme vous savez, quatre millions au moment de son départ, il les a sans doute regagnés; mais il aura dû donner à Dumay dix pour cent de ses bénéfices, et, par la fortune que le digne Breton avoue avoir, nous supposons, mon patron et moi, que celle du colonel monte à six ou sept millions...

— O mon père! dit Modeste en se croisant les bras sur la poitrine et levant les yeux au ciel, tu m'auras donné deux fois la vie!....

— Ah! mademoiselle, dit Butscha, vous aimez un poète! Ce genre d'homme est plus ou moins Narcisse! saura-t-il vous bien aimer? Un ouvrier en phrases occupé d'ajuster des mots est bien ennuyeux. Un poète, mademoiselle, n'est pas plus la poésie que la graine n'est la fleur.

— Butscha, je n'ai jamais vu d'homme si beau!

— La beauté, mademoiselle, est un voile qui sert souvent à cacher bien des imperfections....

— C'est le cœur le plus angélique du ciel...

— Fasse Dieu que vous ayez raison, dit le nain en joignant les mains, et soyez heureuse! Cet homme aura, comme vous, un serviteur dans Jean Butscha. Je ne serai plus notaire alors, je vais me jeter dans l'étude, dans les sciences....

— Et pourquoi?

— Eh! mademoiselle, pour élever vos enfants, si vous daignez me permettre d'être leur précepteur... Ah! si vous vouliez agréer un conseil? Tenez, laissez-moi faire: je saurai pénétrer la vie et les mœurs de cet homme, découvrir s'il est bon, s'il est colère, s'il est doux, s'il aura ce respect que vous méritez, s'il est capable d'aimer absolument, en vous préférant à tout, même à son talent....

— Qu'est-ce que cela fait, si je l'aime? dit-elle naïvement.

— Eh! c'est vrai, s'écria le bossu.

En ce moment madame Mignon disait à ses amis : — Ma fille a vu ce matin celui qu'elle aime !

— Ce serait donc ce gilet soufre qui t'a tant intrigué, Latournelle, s'écria la notaresse. Ce jeune homme avait une jolie petite rose blanche à sa boutonnière...

— Ah! dit la mère, le signe de reconnaissance.

— Il avait, reprit la notaresse, la rosette d'officier de la Légion d'Honneur. C'est un homme charmant! mais nous nous trompons! Modeste n'a pas relevé son voile, elle était fagotée comme une pauvresse, et....

— Et, dit le notaire, elle se disait malade, mais elle vient d'ôter sa marmotte et se porte comme un charme....

— C'est incompréhensible ! s'écria Dumay.

— Hélas! c'est maintenant clair comme le jour, dit le notaire.

— Mon enfant, dit madame Mignon à Modeste qui rentra suivie de Butscha, n'as-tu pas vu ce matin à l'église un petit jeune homme bien mis, qui portait une rose blanche à sa boutonnière, décoré....

— Je l'ai vu, dit Butscha vivement en apercevant à l'attention de chacun le piége où Modeste pouvait tomber, c'est Grindot, le fameux architecte avec qui la ville est en marché pour la restauration de l'église, il est venu de Paris, je l'ai trouvé ce matin examinant l'extérieur, quand je suis parti pour Sainte-Adresse.

— Ah! c'est un architecte, il m'a bien intriguée, dit Modeste à qui le nain avait ainsi donné le temps de se remettre.

Dumay regarda Butscha de travers. Modeste avertie se composa un maintien impénétrable. La défiance de Dumay fut excitée au plus haut point, et il se proposa d'aller le lendemain à la Mairie afin de savoir si l'architecte attendu s'était en effet montré au Hâvre. De son côté, Butscha, très-inquiet de l'avenir de Modeste, prit le parti d'aller à Paris espionner Canalis.

Gobenheim vint faire le wisth et comprima par sa présence tous les sentiments en fermentation. Modeste attendait avec une sorte d'impatience l'heure du coucher de sa mère; elle voulait écrire, elle n'écrivait jamais que pendant la nuit, et voici la lettre que lui dicta l'amour, quand elle crut tout le monde endormi.

XXIV.

A MONSIEUR DE CANALIS.

« Ah ! mon ami bien-aimé ! quels atroces mensonges que vos
» portraits exposés aux vitres des marchands de gravures ? Et
» moi qui faisais mon bonheur de cette horrible lithographie ! Je
» suis honteuse d'aimer un homme si beau. Non, je ne saurais ima-
» giner que les Parisiennes soient assez stupides pour ne pas avoir
» vu toutes que vous étiez leur rêve accompli. Vous délaissé ! vous
» sans amour !... Je ne crois plus un mot de ce que vous m'avez
» écrit sur votre vie obscure et travailleuse, sur votre dévouement
» à une idole, cherchée en vain jusqu'aujourd'hui. Vous avez été
» trop aimé, monsieur ; votre front, pâle et suave comme la fleur
» d'un magnolia, le dit assez, et je serai malheureuse. Que suis-je,
» moi, maintenant ?... Ah ! pourquoi m'avoir appelée à la vie ! En
» un moment j'ai senti que ma pesante enveloppe me quittait ! Mon
» âme a brisé le cristal qui la retenait captive, elle a circulé dans
» mes veines ! Enfin, le froid silence des choses a cessé tout à coup
» pour moi. Tout, dans la nature, m'a parlé. La vieille église m'a sem-
» blé lumineuse ; ses voûtes, brillant d'or et d'azur comme celles
» d'une cathédrale italienne, ont scintillé sur ma tête. Les sons
» mélodieux que les anges chantent aux martyrs et qui leur font
» oublier les souffrances ont accompagné l'orgue ! Les horribles
» pavés du Hâvre m'ont paru comme un chemin fleuri. J'ai re-
» connu dans la mer une vieille amie dont le langage plein de sym-
» pathies pour moi ne m'était pas assez connu. J'ai vu clairement
» que les roses de mon jardin et de ma serre m'adorent depuis
» long-temps et me disaient tout bas d'aimer, elles ont souri toutes
» à mon retour de l'église, et j'ai enfin entendu votre nom de
» Melchior murmuré par les cloches des fleurs, je l'ai lu écrit sur
» les nuages ! Oui, me voilà vivante, grâce à toi ! poëte plus beau

» que ce froid et compassé lord Byron, dont le visage est aussi
» terne que le climat anglais. Epousée par un seul de tes regards
» d'Orient qui a percé mon voile noir, tu m'as jeté ton sang
» au cœur, il m'a rendu brûlante de la tête aux pieds! Ah! nous
» ne sentons pas la vie ainsi, quand notre mère nous la donne.
» Un coup que tu recevrais m'atteindrait au moment même, et mon
» existence ne s'explique plus que par ta pensée. Je sais à quoi sert
» la divine harmonie de la musique, elle fut inventée par les anges
» pour exprimer l'amour. Avoir du génie et être beau, mon Mel-
» chior, c'est trop! A sa naissance, un homme devrait opter. Mais
» quand je songe aux trésors de tendresse et d'affection que vous
» m'avez montrés depuis un mois surtout, je me demande si je
» rêve! Non, vous me cachez un mystère! Quelle femme vous cé-
» dera sans mourir? Ah! la jalousie est entrée dans mon cœur
» avec un amour auquel je ne croyais pas! Pouvais-je imaginer
» un pareil incendie? Quelle inconcevable et nouvelle fantaisie!
» je te voudrais laid, maintenant! Quelles folies ai-je faites en
» rentrant! Tous les dahlias jaunes m'ont rappelé votre joli gilet,
» toutes les roses blanches ont été mes amies, et je les ai saluées
» par un regard qui vous appartenait, comme tout moi! La couleur
» des gants qui moulaient les mains du gentilhomme, tout, jus-
» qu'au bruit des pas sur les dalles, tout se représente à mon sou-
» venir avec tant de fidélité que, dans soixante ans, je reverrai les
» moindres choses de cette fête, telles que la couleur particulière
» de l'air, le reflet du soleil qui miroitait sur un pilier, j'entendrai
» la prière que vous avez interrompue, je respirerai l'encens
» de l'autel, et je croirai sentir au-dessus de nos têtes les mains
» du curé qui nous a bénis tous deux au moment où tu passais,
» en donnant sa dernière bénédiction! Ce bon abbé Marcellin nous
» a mariés déjà! Le plaisir surhumain de ressentir ce monde nou-
» veau d'émotions inattendues, ne peut-être égalé que par la joie que
» j'éprouve à vous les dire, à renvoyer tout mon bonheur à celui
» qui le verse dans mon âme avec la libéralité d'un Soleil. Aussi
» plus de voiles, mon bien-aimé! Venez! oh! revenez prompte-
» ment. Je me démasque avec plaisir.

» Vous avez dû sans doute entendre parler de la maison Mignon
» du Hâvre? Eh! bien, j'en suis, par l'effet d'un irréparable mal-
» heur, l'unique héritière. Ne faites pas fi de nous, descendant
» d'un preux de l'Auvergne! les armes des Mignon de La Bastie ne

» déshonoreront pas celles des Canalis. Nous portons *de gueules*
» *à une bande de sable chargée de quatre besants d'or, et*
» *à chaque quartier une croix d'or patriarcale, avec un*
» *chapeau de cardinal pour cimier et les* fiocchi *pour sup-*
» *ports.* Cher, je serai fidèle à notre devise : *Una fides, unus*
» *Dominus!* La vraie foi, et un seul maître.

» Peut-être, mon ami, trouverez-vous quelque sarcasme dans
» mon nom, après tout ce que je viens de faire et ce que je vous
» avoue ici. Je me nomme Modeste. Ainsi je ne vous ai jamais trompé
» en signant O. d'Este—M.

» Je ne vous ai point abusé davantage en vous parlant de ma
» fortune; elle atteindra, je crois, à ce chiffre qui vous a rendu si
» vertueux. Et je sais si bien que, pour vous, la fortune est une
» considération sans importance, que je vous en parle avec simpli-
» cité. Néanmoins, laissez-moi vous dire combien je suis heureuse
» de pouvoir donner à notre bonheur la liberté d'action, et de
» mouvements que procure la fortune, de pouvoir dire : — Al-
» lons! quand la fantaisie de voir un pays nous prendra, de voler
» dans une bonne calèche, assis à côté l'un de l'autre, sans nul
» souci d'argent; enfin heureuse de pouvoir vous donner le droit
» de dire au roi : — J'ai la fortune que vous voulez à vos pairs!...
» En ceci, Modeste Mignon vous sera bonne à quelque chose, et
» son or aura la plus noble des destinations.

» Quant à votre servante, vous l'avez vue une fois, à sa fenêtre, en
» déshabillé... Oui, la blonde fille d'Eve la blonde était votre incon-
» nue; mais combien la Modeste d'aujourd'hui ressemble peu à celle
» de ce jour-là! L'une était dans un linceul, et l'autre (vous l'ai-je
» bien dit?) a reçu de vous la vie de la vie. L'amour pur et permis,
» l'amour, que mon père enfin revenu de voyage et riche autorisera,
» m'a relevée de sa main, à la fois enfantine et puissante, du fond de
» cette tombe où je dormais! Vous m'avez éveillée comme le soleil
» éveille les fleurs. Le regard de votre aimée n'est plus le regard
» de cette petite Modeste si hardie? oh! non, il est confus, il entre-
» voit le bonheur et il se voile sous de chastes paupières. Aujourd'hui
» j'ai peur de ne pas mériter mon sort! Le roi s'est montré dans
» sa gloire, mon seigneur n'a plus qu'une sujette qui lui demande
» pardon de ses libertés grandes, comme le joueur aux dés pipés
» après avoir escroqué le chevalier de Grammont. Va, poète chéri,
» je serai ta Mignon; mais une Mignon plus heureuse que celle de

» Gœthe, car tu me laisseras dans ma patrie, n'est-ce pas? dans ton
» cœur. Au moment où je trace ce vœu de fiancée, un rossignol du
» parc Vilquin vient de me répondre pour toi. Oh! dis-moi bien
» vite que le rossignol, en filant sa note si pure, si nette, si pleine,
» qui m'a rempli le cœur de joie et d'amour, comme une Annon-
» ciation, n'a pas menti?...

» Mon père passera par Paris, il viendra de Marseille; la maison
» Mongenod, dont il a été le correspondant, saura son adresse;
» allez le voir, mon Melchior aimé, dites-lui que vous m'aimez, et
» n'essayez pas de lui dire combien je vous aime, faites que ce
» soit toujours un secret entre nous et Dieu! Moi, cher adoré, je
» vais tout dire à ma mère. La fille des Wallenrod Tustall-Bar-
» tenstild me donnera raison par des caresses, elle sera tout
» heureuse de notre poème si secret, si romanesque, humain et
» divin tout ensemble! Vous avez l'aveu de la fille, ayez le con-
» sentement du comte de La Bastie, père de

» Votre MODESTE.

» *P. S.* — Surtout ne venez pas au Hâvre sans avoir obtenu
» l'agrément de mon père; et, si vous m'aimez, vous saurez le
» trouver à son passage à Paris. »

— Que faites-vous donc à cette heure, mademoiselle Modeste?
demanda Dumay.

— J'écris à mon père, répondit-elle au vieux soldat, n'avez-
vous pas dit que vous partiez demain?

Dumay n'eut rien à répondre, il rentra se coucher, et Modeste
se mit à écrire une longue lettre à son père.

Le lendemain, Françoise Cochet, tout effrayée en voyant le timbre du Hâvre, vint au chalet remettre à sa jeune maîtresse la lettre
suivante en emportant celle que Modeste avait écrite.

A MADEMOISELLE O. D'ESTE-M.

« Mon cœur m'a dit que vous étiez la femme si soigneusement
» voilée et déguisée, placée entre monsieur et madame Latournelle

» qui n'ont qu'un enfant, un fils. Ah! chère aimée, si vous êtes
» dans une condition modeste, sans éclat, sans illustration, sans
» fortune même, vous ne savez pas quelle serait ma joie! Vous
» devez me connaître maintenant, pourquoi ne me diriez-vous pas
» la vérité? Moi, je ne suis poète que par l'amour, par le cœur,
» par vous. Oh! quelle puissance d'affection ne me faut-il pas pour
» rester ici, dans cet hôtel de Normandie, et ne pas monter à In-
» gouville que je vois de mes fenêtres! M'aimerez-vous comme je
» vous aime? S'en aller du Hâvre à Paris dans cette incertitude,
» n'est-ce pas être puni d'aimer, autant que si l'on avait commis
» un crime? J'ai obéi aveuglément. Oh! que j'aie promptement
» une lettre, car, si vous avez été mystérieuse, je vous ai rendu
» mystère pour mystère, et je dois enfin jeter le masque de l'in-
» cognito, vous dire le poète que je suis et abdiquer la gloire qui
» me fut prêtée. »

Cette lettre inquiéta vivement Modeste, elle ne put reprendre la sienne que Françoise avait déjà mise à la poste quand elle chercha la signification des dernières lignes en les relisant; mais elle monta chez elle, et fit une réponse où elle demandait des explications.

Pendant ces petits événements, il s'en passait d'aussi petits au Hâvre, et qui devaient faire oublier cette inquiétude à Modeste. Dumay, descendu de bonne heure en ville, y sut promptement que nul architecte n'était arrivé l'avant-veille. Furieux du mensonge de Butscha qui révélait une complicité dont il lui fallait raison, il courut de la Mairie chez les Latournelle.

— Où donc est votre sieur Butscha?... demanda-t-il à son ami le notaire en ne trouvant pas le clerc à l'Étude.

— Butscha, mon cher, il est sur la route de Paris, la vapeur l'emmène. Il a rencontré ce matin, de grand matin, sur le port, un matelot qui lui a dit que son père, ce matelot suédois, est riche. Le père de Bustcha serait allé dans les Indes, il aurait servi un prince, les Marhattes, et il est à Paris...

— Des contes! des infamies! des farces! Oh! je trouverai ce damné bossu, je vais alors exprès à Paris, pour ça! s'écria Dumay. Butscha nous trompe! il sait quelque chose de Modeste, et ne nous en a rien dit. S'il trempe là-dedans!... il ne sera jamais notaire; je le rendrai à sa mère, à la boue, en le...

— Voyons, mon ami, ne pendons jamais personne sans procès, répliqua Latournelle effrayé de l'exaspération de Dumay.

Après avoir expliqué sur quoi ses soupçons étaient fondés, Dumay pria madame Latournelle de tenir compagnie à Modeste au chalet pendant son absence.

— Vous trouverez le colonel à Paris, dit le notaire. Au mouvement des ports, ce matin dans le journal du Commerce, il y a, sous la rubrique de Marseille... Tenez, voyez? dit-il en présentant la feuille. « *Le Bettina-Mignon*, capitaine Mignon, entré du 6 octobre, » et nous sommes aujourd'hui le 17. Tout le Hâvre sait en ce moment l'arrivée du patron...

Dumay pria Gobenheim de se passer de lui désormais, il remonta sur-le-champ au chalet, et il entrait au moment où Modeste venait de cacheter la lettre à son père et celle à Canalis. Hormis l'adresse, ces deux lettres étaient exactement pareilles, comme enveloppe et comme volume. Modeste crut avoir posé celle de son père sur celle de son Melchior et avait fait tout le contraire. Cette erreur, si commune dans le cours des petites choses de la vie, occasionna la découverte de son secret par sa mère et par Dumay. Le lieutenant parlait avec chaleur à madame Mignon dans le salon, en lui confiant les nouvelles craintes engendrées par la duplicité de Modeste et par la complicité de Butscha.

— Allez, madame, s'écriait-il, c'est un serpent que nous avons réchauffé dans notre sein, il n'y a pas de place pour une âme chez ces bouts d'hommes-là!...

Modeste mit dans la poche de son tablier la lettre pour son père en croyant y mettre celle destinée à son amant, et descendit avec celle de Canalis à la main, en entendant Dumay parler de son départ immédiat pour Paris.

— Qu'avez-vous donc contre mon pauvre nain mystérieux, et pourquoi criez-vous? dit Modeste en se montrant à la porte du salon.

— Butscha, mademoiselle est parti pour Paris ce matin, et vous savez sans doute pourquoi!... Ce sera pour y aller intriguer avec ce soi-disant petit architecte à gilet jaune-soufre qui, par malheur pour le mensonge du bossu, n'est pas encore arrivé...

Modeste fut saisie, elle devina que le nain était parti pour procéder à une enquête sur les mœurs de Canalis, elle pâlit, et s'assit.

— Je le rejoindrai, je le trouverai, dit Dumay. C'est sans doute

MODESTE MIGNON.

Modeste remit la lettre dans son corset et tendit à Dumay celle destinée à son père.

MODESTE MIGNON.

la lettre pour monsieur votre père, dit-il en tendant la main, je l'enverrai chez Mongenod, pourvu que nous ne nous croisions pas en route, mon colonel et moi!...

Modeste donna la lettre. Le petit Dumay, qui lisait sans lunettes, regarda machinalement l'adresse.

— Monsieur le baron de Canalis, rue de Paradis-Poissonnière, nº 29!... s'écria Dumay. Qu'est-ce que cela veut dire?...

— Ah! ma fille, voilà l'homme que tu aimes! s'écria madame Mignon, les stances sur lesquelles tu as fait ta musique sont de lui...

— Et c'est son portrait que vous avez là-haut, encadré? dit Dumay.

— Rendez-moi cette lettre, monsieur Dumay?.... dit Modeste qui se dressa comme une lionne défendant ses petits.

— La voici, mademoiselle, répondit le lieutenant.

Modeste remit la lettre dans son corset et tendit à Dumay celle destinée à son père.

— Je sais ce dont vous êtes capable, Dumay, dit-elle; mais si vous faites un seul pas vers monsieur Canalis, j'en fais un dehors la maison où je ne reviendrai jamais!

— Vous allez tuer votre mère, mademoiselle, répondit Dumay qui sortit et appela sa femme.

La pauvre mère s'était évanouie, atteinte au cœur par la fatale phrase de Modeste.

— Adieu, ma femme, dit le Breton en embrassant la petite Américaine, sauve la mère, je vais aller sauver la fille.

Il laissa Modeste et madame Dumay près de madame Mignon, fit ses préparatifs de départ en quelques instants et descendit au Hâvre. Une heure après, il voyageait en poste avec cette rapidité que la passion ou la spéculation impriment seules aux roues.

Bientôt rappelée à la vie par les soins de Modeste, madame Mignon remonta chez elle sur le bras de sa fille, à qui, pour tout reproche, elle dit quand elles furent seules : — Malheureuse enfant qu'as-tu fait? pourquoi te cacher de moi? Suis-je donc si sévère?...

— Eh! j'allais tout te dire naturellement, répondit la jeune fille en pleurs.

Elle raconta tout à sa mère, elle lui lut les lettres et les réponses, elle effeuilla dans le cœur de la bonne Allemande, pétale à pétale, la rose de son poème, elle y passa la moitié de la journée.

15.

Quand la confidence fut achevée, quand elle aperçut presqu'un sourire sur les lèvres de la trop indulgente aveugle, elle se jeta sur elle tout en pleurs.

— O ma mère! dit-elle au milieu de ses sanglots, vous dont le cœur, tout or et tout poésie, est comme un vase d'élection pétri par Dieu pour contenir l'amour pur, unique et céleste qui remplit toute la vie!... vous que je veux imiter en n'aimant au monde que mon mari! vous devez comprendre combien sont amères les larmes que je répands en ce moment et qui mouillent vos mains... Ce papillon, aux ailes diaprées, cette double et belle âme élevée avec des soins maternels par votre fille, mon amour, mon saint amour, ce mystère animé, vivant, tombe en des mains vulgaires qui vont déchirer ses ailes et ses voiles sous le triste prétexte de m'éclairer, de savoir si le génie est correct comme un banquier, si mon Melchior est capable d'amasser des rentes, s'il a quelque passion à dénouer, s'il n'est pas coupable aux yeux des bourgeois de quelque épisode de jeunesse qui maintenant est à notre amour, ce qu'est un nuage au soleil... Que vont-ils faire? Tiens, voilà ma main, j'ai la fièvre! Ils me feront mourir.

Modeste, prise d'un frisson mortel, fut obligée de se mettre au lit, et donna les plus vives inquiétudes à sa mère, à madame Latournelle et à madame Dumay qui la gardèrent pendant le voyage du lieutenant à Paris, où la logique des événements transporta le drame pour un instant.

Les gens véritablement modestes, comme l'est Ernest de La Brière, mais surtout ceux qui, sachant leur valeur, ne sont ni aimés ni appréciés, comprendront les jouissances infinies dans lesquelles le Référendaire se complut en lisant la lettre de Modeste. Après l'avoir trouvé spirituel et grand par l'âme, sa jeune, sa naïve et rusée maîtresse le trouvait beau. Cette flatterie est la flatterie suprême. Et pourquoi? La beauté, sans doute, est la signature du maître sur l'œuvre où il a empreint son âme, c'est la divinité qui se manifeste; et, la voir là où elle n'est pas, la créer par la puissance d'un regard enchanté, n'est-ce point le dernier mot de l'amour? Aussi, le pauvre Référendaire, s'écria-t-il dans un ravissement d'auteur applaudi : — Enfin, je suis aimé! Quand une femme, courtisane ou jeune fille, a laissé échapper cette phrase : « Tu es beau! » fut-ce un mensonge; si un homme ouvre son crâne épais au subtil poison de ce mot, il est attaché par des liens éternels à cette menteuse charmante, à cette femme vraie ou abusée; elle devient alors son monde, il a soif de cette attestation, il ne s'en lassera jamais, fût-il prince! Ernest se promena fièrement dans sa chambre, il se mit de trois-quarts, de profil, de face devant la glace, il essaya de se critiquer; mais une voix diaboliquement persuasive lui disait : Modeste a raison! Et il revint à la lettre, il la relut, il vit sa blonde céleste, il lui parla! Puis, au milieu de son extase, il fut atteint par cette atroce pensée : — Elle me croit Canalis, et elle est millionnaire! Tout son bonheur tomba, comme tombe un homme qui parvenu somnambuliquement sur la cime d'un toit, entend une voix, avance et s'écrase sur le pavé. — Sans l'auréole de la gloire, je serais laid, s'écriat-il. Dans quelle situation affreuse me suis-je mis! La Brière était trop l'homme de ses lettres, il était trop le cœur noble et pur qu'il avait laissé voir, pour hésiter à la voix de l'honneur. Il résolut aussitôt d'aller tout avouer au père de Modeste s'il était à Paris, et de mettre Canalis au fait du dénoûment sérieux de leur plaisanterie parisienne. Pour ce délicat jeune homme, l'énormité de la fortune fut une raison déterminante. Il ne voulut pas surtout être soupçonné d'avoir fait servir à l'escroquerie d'une dot les entraînements de cette correspondance, si sincère de son côté. Les larmes lui vinrent aux yeux pendant qu'il allait de chez lui rue Chantereine, chez le banquier Mongenod dont la fortune, les alliances et les relations étaient en partie l'ouvrage du ministre, son protecteur à lui.

Au moment où La Brière consultait le chef de la maison Mongenod, et prenait toutes les informations que nécessitait son étrange position, il se passa chez Canalis une scène que le brusque départ de l'ancien lieutenant peut faire prévoir.

En vrai soldat de l'école impériale, Dumay, dont le sang breton avait bouillonné pendant le voyage, se représentait un poète comme un drôle sans conséquence, un farceur à refrains, logé dans une mansarde, vêtu de drap noir blanchi sur toutes les coutures, dont les bottes ont quelquefois des semelles, dont le linge est anonyme, qui se rince le nez avec les doigts, ayant enfin toujours l'air de tomber de la lune quand il ne griffonne pas à la manière de Butscha. Mais l'ébullition qui grondait dans sa cervelle et dans son cœur reçut comme une application d'eau froide quand il entra dans le joli hôtel habité par le poète, quand il vit dans la cour un valet nettoyant une voiture, quand il aperçut dans une magnifique salle-à-manger un valet vêtu comme un banquier et à qui le groom l'avait adressé, lequel lui répondit, en le toisant, que monsieur le baron n'était pas visible.

— Il y a, dit-il en finissant, séance pour monsieur le baron au Conseil-d'État aujourd'hui...

— Suis-je bien, ici, dit Dumay, chez monsieur Canalis, auteur de quelques poésies ?...

— Monsieur le baron de Canalis, répondit le valet de chambre, est bien le grand poète dont vous parlez ; mais il est aussi Maître des Requêtes au Conseil-d'État, et attaché au Ministère des Affaires Étrangères.

Dumay, qui venait pour souffleter un *poâcre*, selon son expression méprisante, trouvait un haut fonctionnaire de l'État. Le salon où il attendit, remarquable par sa magnificence, offrit à ses méditations la brochette de croix qui brille sur l'habit noir de Canalis laissé sur une chaise par le valet de chambre. Bientôt ses yeux furent attirés par l'éclat et la façon d'une coupe en vermeil, où ces mots : *donné par* MADAME le frappèrent. Puis en regard, sur un socle, il vit un vase de porcelaine de Sèvres sur lequel était gravé : *donné par madame la* DAUPHINE. Ces avertissements muets firent rentrer Dumay dans son bon sens, pendant que le valet de chambre demandait à son maître s'il voulait recevoir un inconnu, venu tout exprès du Hâvre pour le voir, un nommé Dumay.

— Qu'est-ce ? dit Canalis.

— Un homme propre, décoré...

Sur un signe d'assentiment, le valet de chambre sortit et revint, il annonça : — Monsieur Dumay.

Quand il s'entendit annoncer, quand il fut devant Canalis, au milieu d'un cabinet aussi riche qu'élégant, les pieds sur un tapis tout aussi beau que le plus beau de la maison Mignon, et qu'il reçut le regard apprêté du poète qui jouait avec les glands de sa somptueuse robe de chambre, Dumay fut si complétement interdit qu'il se laissa interpeller par le grand homme.

— A quoi dois-je l'honneur de votre visite, monsieur ?

— Monsieur... dit Dumay qui resta debout.

— Si vous en avez pour long-temps ? fit Canalis en interrompant, je vous prierai de vous asseoir...

Et Canalis se plongea dans son fauteuil à la Voltaire, se croisa les jambes, éleva la supérieure en la dandinant à la hauteur de l'œil, regarda fixement Dumay qui se trouva, selon son expression soldatesque, entièrement *mécanisé*.

— Je vous écoute, monsieur, dit le poète, mes moments sont précieux, le ministre m'attend...

— Monsieur, reprit Dumay, je serai bref. Vous avez séduit, je ne sais comment, une jeune demoiselle du Hâvre, belle et riche, le dernier, le seul espoir de deux nobles familles, et je viens vous demander quelles sont vos intentions?...

Canalis qui, depuis trois mois, s'occupait d'affaires graves, qui voulait être fait commandeur de la Légion-d'Honneur, et devenir ministre dans une cour d'Allemagne, avait complètement oublié la lettre du Hâvre.

— Moi! s'écria-t-il.

— Vous, répéta Dumay.

— Monsieur, répondit Canalis en souriant, je ne sais pas plus ce que vous voulez me dire, que si vous me parliez hébreu... Moi, séduire une jeune fille!... moi qui... — Un superbe sourire se dessina sur les lèvres de Canalis. — Allons donc, monsieur! je ne suis pas assez enfant pour m'amuser à voler un petit fruit sauvage, quand j'ai de beaux et bons vergers où mûrissent les plus belles pêches du monde. Tout Paris sait où mes affections sont placées. Qu'il y ait, au Hâvre, une jeune fille prise de quelque admiration, dont je ne suis pas digne, pour les vers que j'ai faits, mon cher monsieur, cela ne m'étonnerait pas! Rien de plus ordinaire. Tenez? voyez? regardez ce beau coffre d'ébène incrusté de nacre, et garni de fer travaillé comme de la dentelle... Ce coffre vient du pape Léon X, il me fut donné par la duchesse de Chaulieu qui le tenait du roi d'Espagne, je l'ai destiné à contenir toutes les lettres que je reçois, de toutes les parties de l'Europe, de femmes ou de jeunes personnes inconnues... J'ai le plus profond respect pour ces bouquets de fleurs, coupées à même l'âme, envoyés dans un moment d'exaltation vraiment respectable. Oui, pour moi, l'élan d'un cœur est une noble et sublime chose!... D'autres, des railleurs, roulent ces lettres pour en allumer leur cigare, ou les donnent à leurs femmes qui s'en font des papillotes; mais, moi, qui suis garçon, monsieur, je suis trop délicat pour ne pas conserver ces offrandes si naïves, si désintéressées dans une espèce de tabernacle; enfin, je les recueille avec une sorte de vénération; et, à ma mort,

je les ferai brûler sous mes yeux. Tant pis pour ceux qui me trouveront ridicule ! Que voulez-vous, j'ai de la reconnaissance, et ces témoignages-là m'aident à supporter les critiques, les ennuis de la vie littéraire. Quand je reçois dans le dos l'arquebusade d'un ennemi embusqué dans un journal, je regarde cette cassette, et je me dis :
— Il est, çà et là, quelques âmes dont les blessures ont été guéries, ou amusées, ou pansées par moi...

Cette poésie, débitée avec le talent d'un grand acteur, pétrifia le petit caissier dont les yeux s'agrandissaient, et dont l'étonnement amusa le grand poète.

— Pour vous, dit ce paon qui faisait la roue, et par égard pour une position que j'apprécie, je vous offre d'ouvrir ce trésor, vous verrez à y chercher votre jeune fille ; mais je sais mon compte, je retiens les noms, et vous êtes dans une erreur que....

— Et voilà donc ce que devient, dans ce gouffre de Paris, une pauvre enfant?... s'écria Dumay, l'amour de ses parents, la joie de ses amis, l'espérance de tous, caressée par tous, l'orgueil d'une maison, et à qui six personnes dévouées font de leurs cœurs et de leurs fortunes un rempart contre tout malheur... Dumay reprit après une pause. — Tenez, monsieur, vous êtes un grand poète, et je ne suis qu'un pauvre soldat... Pendant quinze ans que j'ai servi mon pays, et dans les derniers rangs, j'ai reçu le vent de plus d'un boulet dans la figure, j'ai traversé la Sibérie où je suis resté prisonnier, les Russes m'ont jeté sur un kibitt comme une chose, j'ai tout souffert ; enfin j'ai vu mourir des tas de camarades... Eh ! bien, vous venez de me donner froid dans mes os, ce que je n'ai jamais senti !...

Dumay crut avoir ému le poète, il l'avait flatté, chose presque impossible, car l'ambitieux ne se souvenait plus de la première fiole embaumée que l'Éloge lui avait cassée sur la tête.

— Hé ! mon brave ! dit solennellement le poète en posant sa main sur l'épaule de Dumay et trouvant drôle de faire frissonner un soldat impérial, cette jeune fille est tout pour vous... Mais dans la société, qu'est-ce ?... rien. En ce moment, le mandarin le plus utile à la Chine tourne l'œil en dedans, et met l'empire en deuil !... cela vous fait-il beaucoup de chagrin ? Les Anglais tuent dans l'Inde des milliers de gens qui nous valent, et l'on y brûle, à la minute où je vous parle, la femme la plus ravissante ; mais vous n'en avez pas moins déjeuné d'une tasse de café ?... En ce moment même, il se trouve dans Paris des mères de famille qui sont sur la paille et qui mettent un enfant au monde sans linge pour le recevoir!... voici du thé délicieux dans une tasse de cinq louis et j'écris des vers pour faire dire aux Parisiennes « *charmant! charmant! divin! délicieux! cela va à l'âme* ». La nature sociale, de même que la nature elle-même, est une grande oublieuse! Vous vous étonnerez, dans dix ans, de votre démarche! Vous êtes dans une ville où l'on meurt, où l'on se marie, où l'on s'idolâtre dans un rendez-vous, où la jeune fille s'asphyxie, où l'homme de génie et sa cargaison de thèmes gros de bienfaits humanitaires sombrent, les uns à côté des autres, souvent sous le même toit, sans le savoir, en s'ignorant! Et vous venez nous demander de nous évanouir de douleur à cette question vulgaire : Une jeune fille du Hâvre est-elle ou n'est-elle pas?... Oh!... mais vous êtes...

— Et vous vous dites poète, s'écria Dumay ; mais vous ne sentez donc rien!...

— Eh! si nous éprouvions les misères ou les joies que nous chantons, nous serions usés en quelques mois, comme de vieilles bottes!... dit le poète en souriant. Tenez, vous ne devez pas être venu du Hâvre à Paris, et chez Canalis, pour n'en rien rapporter. Soldat (Canalis eut la taille et le geste d'un héros d'Homère)! apprenez ceci du poète : Tout grand sentiment est un poème tellement individuel, que votre meilleur ami, lui-même, ne s'y intéresse pas. C'est un trésor qui n'est qu'à vous, c'est...

— Pardon de vous interrompre, dit Dumay qui contemplait Canalis avec horreur, êtes-vous venu au Hâvre?...

— J'y ai passé une nuit et un jour, dans le printemps de 1824, en allant à Londres.

— Vous êtes un homme d'honneur, reprit Dumay, pouvez-vous me donner votre parole de ne pas connaître mademoiselle Modeste Mignon?...

— Voici la première fois que ce nom frappe mon oreille, répondit Canalis.

— Ah! monsieur, s'écria Dumay, dans quelle ténébreuse intrigue vais-je donc mettre le pied?... Puis-je compter sur vous pour être aidé dans mes recherches, car on a, j'en suis sûr, abusé de votre nom! Vous auriez dû recevoir hier une lettre du Hâvre!...

— Je n'ai rien reçu! Soyez sûr que je ferai, monsieur, dit Canalis, tout ce qui dépendra de moi pour vous être utile...

Dumay se retira, le cœur plein d'anxiété, croyant que l'affreux Butscha s'était mis dans la peau de ce grand poète pour séduire Modeste ; tandis qu'au contraire Butscha, spirituel et fin autant qu'un prince qui se venge, plus habile qu'un espion, fouillait la vie et les actions de Canalis, en échappant par sa petitesse à tous les yeux, comme un insecte qui fait son chemin dans l'aubier d'un arbre.

A peine le Breton était-il sorti que La Brière entra dans le cabinet de son ami. Naturellement Canalis parla de la visite de cet homme du Hâvre...

— Ah ! dit Ernest, Modeste Mignon, je viens exprès à cause de cette aventure.

— Ah ! bah ! s'écria Canalis, aurais-je donc triomphé par procureur ?...

— Eh ! oui, voilà le nœud du drame. Mon ami, je suis aimé par la plus charmante fille du monde, belle à briller parmi les plus belles à Paris, du cœur et de la littérature autant qu'une Clarisse Harlowe, elle m'a vu, je lui plais, et elle me croit le grand Canalis !... Ce n'est pas tout. Modeste Mignon est de haute naissance, et Mongenod vient de me dire que le père, le comte de La Bastie, doit avoir quelque chose comme six millions... Ce père est arrivé depuis trois jours, et je viens de lui faire demander un rendez-vous à deux heures par Mongenod, qui, dans son petit mot, lui dit qu'il s'agit du bonheur de sa fille... Tu comprends, qu'avant d'aller trouver le père, je devais tout t'avouer.

— Dans le nombre de ces fleurs écloses au soleil de la gloire, dit emphatiquement Canalis, il s'en trouve une magnifique, portant, comme l'oranger, ses fruits d'or parmi les mille parfums de l'esprit et de la beauté réunis ! un élégant arbuste, une tendresse vraie, un bonheur entier, et il m'échappe !... — Canalis regarda son tapis, pour ne pas laisser lire dans ses yeux. — Comment, reprit-il après une pause où il reprit son sang-froid, comment deviner à travers les senteurs enivrantes de ces jolis papiers façonnés, de ces phrases qui portent à la tête, le cœur vrai, la jeune fille, la jeune femme chez qui l'amour prend les livrées de la flatterie et qui nous aime pour nous, qui nous apporte la félicité ?... il faudrait être un ange ou un démon, et je ne suis qu'un ambitieux maître des requêtes... Ah ! mon ami, la gloire fait de nous un but que mille flèches visent ! L'un de nous a dû son riche mariage à l'une des pièces hydrauliques de sa poésie, et moi, plus caressant, plus homme à femmes que lui, j'aurai manqué le mien... car, l'aimes-tu, cette pauvre fille?... dit-il en regardant La Brière.

— Oh! fit La Brière.

— Eh! bien, dit le poète en prenant le bras de son ami et s'y appuyant, sois heureux, Ernest! Par hasard, je n'aurai pas été ingrat avec toi! Te voilà richement récompensé de ton dévouement, car je me prêterai généreusement à ton bonheur.

Canalis enrageait; mais il ne pouvait se conduire autrement, et alors il tirait parti de son malheur en s'en faisant un piédestal. Une larme mouilla les yeux du jeune Référendaire, il se jeta dans les bras de Canalis et l'embrassa.

— Ah! Canalis, je ne te connaissais pas du tout!...

— Que veux-tu?... Pour faire le tour d'un monde, il faut du temps! répondit le poète avec son emphatique ironie.

— Songes-tu, dit La Brière, à cette immense fortune?...

— Eh! mon ami, ne sera-t-elle pas bien placée?... s'écria Canalis en accompagnant son effusion d'un geste charmant.

— Melchior, dit La Brière, c'est entre nous à la vie et à la mort....

Il serra les mains du poète et le quitta brusquement, il lui tardait de voir monsieur Mignon.

En ce moment, le comte de La Bastie était accablé de toutes les douleurs qui l'attendaient comme une proie. Il avait appris par la lettre de sa fille, la mort de Bettina-Caroline, la cécité de sa femme; et Dumay venait de lui raconter le terrible imbroglio des amours de Modeste.

— Laisse-moi seul, dit-il à son fidèle ami.

Quand le lieutenant eut fermé la porte, le malheureux père se jeta sur un divan, y resta la tête dans ses mains, pleurant de ces larmes rares, maigres qui roulent entre les paupières des gens de cinquante-six ans, sans en sortir, qui les mouillent, qui se sèchent promptement et qui renaissent, une des dernières rosées de l'automne humain. — Avoir des enfants chéris, avoir une femme adorée, c'est se donner plusieurs cœurs et les tendre aux poignards!... s'écria-t-il en faisant un bond de tigre et se promenant par la chambre. Être père, c'est se livrer pieds et poings liés au malheur. Si je rencontre ce d'Estourny, je le tuerai! — Ayez donc des filles?... L'une met la main sur un escroc, et l'autre, ma Modeste, sur quoi? sur un lâche qui l'abuse sous l'armure en papier doré d'un poète. Encore si c'était Canalis! il n'y aurait pas grand mal. Mais ce Scapin d'amoureux?... je l'étranglerai de mes deux mains... se disait-il en faisant involontairement un geste d'une atroce énergie... Et après?... se demanda-t-il, si ma fille meurt de chagrin! Il regarda machinalement par les fenêtres de l'hôtel des Princes, et vint se rasseoir sur son divan où il resta immobile. Les fatigues de six voyages aux Indes, les soucis de la spéculation, les dangers courus, évités, les chagrins avaient argenté la chevelure de Charles Mignon. Sa belle figure militaire, d'un contour si pur, s'était bronzée au soleil de la Malaisie, de la Chine et de l'Asie mineure, elle avait pris un caractère imposant que la douleur rendit sublime en ce moment. — Et Mongenod qui me dit d'avoir confiance dans le jeune homme qui va venir me parler de ma fille...

Ernest de La Brière fut alors annoncé par l'un des domestiques que le comte de La Bastie s'était attachés pendant ces quatre années et qu'il avait triés dans le nombre de ses subordonnés.

— Vous venez, monsieur, de la part de mon ami Mongenod? dit-il.

— Oui, répondit Ernest qui contempla timidement ce visage aussi sombre que celui d'Othello. Je me nomme Ernest de La Brière, allié, monsieur, à la famille du dernier premier-ministre, et son secrétaire particulier pendant son ministère. A sa chute, son Excellence me mit à la Cour des Comptes, où je suis Référendaire de première classe, et où je puis devenir Maître des Comptes...

— En quoi tout ceci peut-il concerner mademoiselle de La Bastie? demanda Charles Mignon.

— Monsieur, je l'aime, et j'ai l'inespéré bonheur d'être aimé d'elle... Écoutez-moi, monsieur, dit Ernest en arrêtant un mouvement terrible du père irrité, j'ai la plus bizarre confession à vous faire, la plus honteuse pour un homme d'honneur. La plus affreuse punition de ma conduite, naturelle peut-être, n'est pas d'avoir à vous la révéler... je crains encore plus la fille que le père...

Ernest raconta naïvement et avec la noblesse que donne la sincérité l'avant-scène de ce petit drame domestique, sans omettre les vingt et quelques lettres échangées qu'il avait apportées, ni l'entrevue qu'il venait d'avoir avec Canalis. Quand le père eut fini la lecture de ces lettres, le pauvre amant, pâle et suppliant, trembla sous les regards de feu que lui jeta le Provençal.

— Monsieur, dit Charles, il ne se trouve en tout ceci qu'une erreur, mais elle est capitale. Ma fille n'a pas six millions, elle a tout au plus deux cent mille francs de dot et des espérances très-douteuses.

— Ah! monsieur, dit Ernest en se levant, se jetant sur Charles Mignon et le serrant, vous m'ôtez un poids qui m'oppressait! Rien ne s'opposera peut être plus à mon bonheur!... J'ai des protecteurs, je serai Maître des Comptes. N'eût-elle que dix mille francs, fallût il lui reconnaître une dot, mademoiselle Modeste serait encore ma femme; et la rendre heureuse, comme vous avez rendu la vôtre, être pour vous un vrai fils.... (oui, monsieur, je n'ai plus mon père), voilà le fond de mon cœur.

Charles Mignon recula de trois pas, arrêta sur La Brière un regard qui pénétra dans les yeux du jeune homme comme un poignard dans sa gaîne, et il resta silencieux en trouvant la plus entière candeur, la vérité la plus pure sur cette physionomie épanouie, dans ces yeux enchantés. — Le sort se lasserait-il donc!... se dit-il à demi-voix, et trouverais-je dans ce garçon la perle des gendres? Il se promena très-agité par la chambre.

— Vous devez, monsieur, dit enfin Charles Mignon, la plus entière soumission à l'arrêt que vous êtes venu chercher; car, sans cela, vous joueriez en ce moment la comédie.

— Oh! monsieur...

— Écoutez-moi; dit le père en clouant sur place La Brière par un regard. Je ne serai ni sévère, ni dur, ni injuste. Vous subirez et les inconvénients et les avantages de la position fausse dans laquelle vous vous êtes mis. Ma fille croit aimer un des grands poètes de ce temps-ci, et dont la gloire, avant tout, l'a séduite. Eh! bien, moi, son père, ne dois-je pas la mettre à même de choisir entre la Célébrité qui fut comme un phare pour elle, et la pauvre Réalité que le hasard lui jette par une de ces railleries qu'il se permet si souvent? Ne faut-il pas qu'elle puisse opter entre Canalis et vous? Je compte sur votre honneur pour vous taire sur ce que je viens de vous dire relativement à l'état de mes affaires. Vous viendrez, vous et votre ami le baron de Canalis, au Hâvre passer cette dernière quinzaine du mois d'octobre. Ma maison vous sera ouverte à tous deux, ma fille aura le loisir de vous observer. Songez que vous devez amener vous-même votre rival et lui laisser croire tout ce qu'on dira de fabuleux sur les millions du comte de La Bastie. Je serai demain au Hâvre, et vous y attends trois jours après mon arrivée. Adieu, monsieur...

Le pauvre La Brière retourna d'un pied très-lent chez Canalis. En ce moment, seul avec lui-même, le poète pouvait s'abandonner au torrent de pensées que fait jaillir ce second mouvement si vanté par le prince de Talleyrand. Le premier mouvement est la voix de la Nature, et le second est celle de la Société.

— Une fille riche de six millions ! et mes yeux n'ont pas vu briller cet or à travers les ténèbres ! Avec une fortune si considérable, je serais pair de France, comte, ambassadeur. J'ai répondu à des bourgeoises, à des sottes, à des intrigantes qui voulaient un autographe ! Et je me suis lassé de ces intrigues de bal masqué, précisément le jour où Dieu m'envoyait une âme d'élite, un ange aux ailes d'or... Bah ! je vais faire un poème sublime, et ce hasard renaîtra ! Mais est-il heureux, ce petit niais de La Brière, qui s'est pavané dans mes rayons?... Quel plagiat ! Je suis le modèle, il sera la statue ! Nous avons joué la fable de Bertrand et Raton ! Six millions et un ange, une Mignon de La Bastie ! un ange aristocratique aimant la poésie et le poète... Et moi qui montre mes muscles d'homme fort, qui fais des exercices d'Alcide pour étonner par la force morale ce champion de la force physique, ce brave soldat plein de cœur, l'ami de cette jeune fille à laquelle il dira que je suis une âme de bronze ! Je joue au Napoléon quand je devais me dessiner en séraphin !... Enfin j'aurai peut-être un ami, je l'aurai payé cher ; mais l'amitié, c'est si beau ! Six millions, voilà le prix d'un ami ; l'on ne peut pas en avoir beaucoup à ce prix-là !...

La Brière entra dans le cabinet de son ami sur ce dernier point d'exclamation. Il était triste.

— Eh ! bien, qu'as-tu ? lui dit Canalis.

— Le père exige que sa fille soit mise à même de choisir entre les deux Canalis...

— Pauvre garçon, s'écria le poète en riant. Il est très-spirituel, ce père-là...

— Je suis engagé d'honneur à t'amener au Hâvre, dit piteusement La Brière.

— Mon cher enfant, répondit Canalis, du moment où il s'agit de ton honneur, tu peux compter sur moi... Je vais aller demander un congé d'un mois...

— Ah ! Modeste est bien belle ! s'écria La Brière au désespoir, et tu m'écraseras facilement! J'étais aussi bien étonné de voir le bonheur s'occupant de moi, et je me disais : Il se trompe!

— Bah! nous verrons! dit Canalis avec une atroce gaieté.

Le soir, après dîner, Charles Mignon et son caissier volaient, à raison de trois francs de guides, de Paris au Havre. Le père avait complètement rassuré le chien de garde sur les amours de Modeste, en le relevant de sa consigne et le rassurant sur le compte de Butscha.

— Tout est pour le mieux, mon vieux Dumay, dit Charles qui avait pris des renseignements auprès de Mongenod et sur Canalis et sur La Brière. Nous allons avoir deux personnages pour un rôle, s'écria-t-il gaiement!

Il recommanda néanmoins à son vieux camarade une discrétion absolue sur la comédie qui devait se jouer au chalet, la plus douce des vengeances ou, si vous le voulez, des leçons d'un père à sa fille. De Paris au Hâvre, ce fut entre les deux amis une longue causerie qui mit le colonel au fait des plus légers incidents arrivés à sa famille pendant ces quatre années, et Charles apprit à Dumay que Desplein, le grand chirurgien, devait, avant la fin du mois, venir examiner la cataracte de la comtesse, afin de dire s'il était possible de lui rendre la vue.

Un moment avant l'heure à laquelle on déjeunait au chalet, les claquements de fouet d'un postillon comptant sur un large pourboire apprirent le retour des deux soldats à leurs familles. La joie d'un père revenant après une si longue absence pouvait seule avoir de tels éclats; aussi les femmes se trouvèrent-elles toutes à la petite porte. Il y a tant de pères, tant d'enfants, et peut-être plus de pères que d'enfants, pour comprendre l'ivresse d'une pareille fête que la littérature n'a jamais eu besoin de la peindre, heureusement! car les plus belles paroles, la poésie est au-dessous de ces émotions. Peut-être les émotions douces sont-elles peu littéraires. Pas un mot qui pût troubler les joies de la famille Mignon ne fut prononcé dans cette journée. Il y eut trêve entre le père, la mère et la fille relativement au soi-disant mystérieux amour qui pâlissait Modeste levée pour la première fois. Le colonel, avec l'admirable délicatesse qui distingue les vrais soldats, se tint pendant tout le temps à côté de sa femme dont la main ne quitta pas la sienne, et il regardait Modeste sans se lasser d'admirer cette beauté fine, élégante, poétique. N'est-ce pas à ces petites choses que se reconnaissent les gens de cœur? Modeste, qui craignait de troubler la joie mélancolique de son père et de sa mère, venait, de moment en moment, embrasser le front du voyageur; et, en l'embrassant trop, elle semblait vouloir l'embrasser pour deux.

— Oh! chère petite! je te comprends! dit le colonel en serrant la main de Modeste à un moment où elle l'assaillait de caresses.

— Chut! lui répondit Modeste à l'oreille en lui montrant sa mère.

Le silence un peu finaud de Dumay rendit Modeste inquiète sur les résultats du voyage à Paris, elle regardait parfois le lieutenant à la dérobée, sans pouvoir pénétrer au delà de ce dur épiderme. Le colonel voulait, en père prudent, étudier le caractère de sa fille unique, et consulter surtout sa femme avant d'avoir une conférence d'où dépendait le bonheur de toute la famille.

— Demain, mon enfant chéri, dit-il le soir, lève-toi de bonne heure, nous irons ensemble, s'il fait beau, nous promener au bord de la mer... Nous avons à causer de vos poèmes, mademoiselle de La Bastie.

Ce mot, accompagné d'un sourire paternel qui reparut comme un écho sur les lèvres de Dumay, fut tout ce que Modeste put savoir; mais ce fut assez, et pour calmer ses inquiétudes, et pour la rendre curieuse à ne s'endormir que tard; tant elle fit de suppositions! Aussi, le lendemain était-elle tout habillée et prête avant le colonel.

— Vous savez tout, mon bon père, dit-elle aussitôt qu'elle se trouva sur le chemin de la mer.

— Je sais tout, et encore bien des choses que tu ne sais pas, répondit-il.

Sur ce mot, le père et la fille firent quelques pas en silence.

— Explique-moi, mon enfant, comment une fille adorée par sa mère a pu faire une démarche aussi capitale que celle d'écrire à un inconnu, sans la consulter?

— Hé! papa, parce que maman ne l'aurait pas permis.

— Crois-tu, ma fille, que ce soit raisonnable? Si tu t'es fatalement instruite toute seule, comment ta raison ou ton esprit, à défaut de la pudeur, ne t'ont-ils pas dit qu'agir ainsi c'était *te jeter à la tête d'un homme?* Ma fille, ma seule et unique enfant serait sans fierté, sans délicatesse?.... oh! Modeste, tu as fait passer à ton père deux heures d'enfer à Paris; car enfin, tu as tenu moralement la même conduite que Bettina, sans avoir l'excuse de la séduction; tu as été coquette à froid, et cette coquetterie-là, c'est l'amour de tête, le vice le plus affreux de la Française.

— Moi, sans fierté?... disait Modeste en pleurant, mais *il* ne m'a pas encore vue!...

— *Il* sait ton nom...

— Je ne *lui* ai dit qu'au moment où les yeux ont donné raison à trois mois de correspondance pendant lesquels nos âmes se sont parlé!

— Oui, mon cher ange égaré, vous avez mis une espèce de raison dans une folie qui compromettait et votre bonheur et votre famille...

— Eh! après tout, papa, le bonheur est l'absolution de cette témérité, dit-elle avec un mouvement d'humeur.

— Ah! c'est de la témérité seulement? s'écria le père.

— Une témérité que ma mère s'est permise, répliqua-t-elle vivement.

— Enfant mutiné! votre mère, après m'avoir vu pendant un bal, a dit le soir à son père, qui l'adorait, qu'elle croyait devoir être heureuse avec moi... Sois franche, Modeste, y a-t-il quelque similitude entre un amour conçu rapidement, il est vrai, mais sous les yeux d'un père, et la folle action d'écrire à un inconnu?...

— Un inconnu?... dites, papa, l'un de nos plus grands poètes, dont le caractère et la vie sont exposés au grand jour, à la médisance, à la calomnie, un homme vêtu de gloire, et pour qui, mon cher père, je suis restée à l'état de personnage dramatique et littéraire, une fille de Shakspeare, jusqu'au moment où j'ai voulu savoir si l'homme est aussi bien que son âme est belle...

— Mon Dieu! ma pauvre enfant, tu fais de la poésie à propos de mariage; mais, si de tout temps on a cloîtré les filles dans l'intérieur de la famille; si Dieu, si la loi sociale les mettent sous le joug sévère du consentement paternel, c'est précisément pour leur éviter tous les malheurs de ces poésies qui vous charment, qui vous éblouissent; et qu'alors vous ne pouvez apprécier à leur juste valeur. La poésie est un des agréments de la vie, elle n'est pas toute la vie.

— Papa, c'est un procès encore pendant devant le tribunal des faits, car il y a lutte constante entre nos cœurs et la famille.

— Malheur à l'enfant qui serait heureuse par cette résistance!...

dit gravement le colonel. En 1813, j'ai vu l'un de mes camarades, le marquis d'Aiglemont, épousant sa cousine contre l'avis du père, et ce ménage a payé cher l'entêtement qu'une jeune fille prenait pour de l'amour... La Famille est en ceci souveraine...

— Mon fiancé m'a dit tout cela, répondit-elle. Il s'est fait Orgon pendant quelque temps, et il a eu le courage de me dénigrer le personnel des poètes.

— J'ai lu vos lettres, dit Charles Mignon en laissant échapper un malicieux sourire qui rendit Modeste inquiète; mais, à ce propos, je dois te faire observer que ta dernière serait à peine permise à une fille séduite, à une Julie d'Etanges ! Mon Dieu, quel mal nous font les romans !...

— On ne les écrirait pas, mon cher père, nous les ferions, il vaut mieux les lire... Il y a moins d'aventures dans ce temps-ci que sous Louis XIV et Louis XV, où l'on publiait moins de romans... D'ailleurs, si vous avez lu les lettres, vous avez dû voir que je vous ai trouvé pour gendre le fils le plus respectueux, l'âme la plus angélique, la probité la plus sévère, et que nous nous aimons au moins autant que vous et ma mère vous vous aimiez..... Eh ! bien, je vous accorde que tout ne s'est pas exactement passé selon l'étiquette; j'ai fait, si vous voulez, une faute...

— J'ai lu vos lettres, répéta le père en interrompant sa fille, ainsi je sais comment il t'a justifiée à tes propres yeux d'une démarche que pourrait se permettre une femme à qui la vie est connue et qu'une passion entraînerait, mais qui chez une jeune fille de vingt ans est une faute monstrueuse....

— Une faute pour des bourgeois, pour des Gobenheim compassés, qui mesurent la vie à l'équerre... Ne sortons pas du monde artiste et poétique, papa.... Nous sommes, nous autres jeunes filles, entre deux systèmes : laisser voir par des minauderies à un homme que nous l'aimons, ou aller franchement à lui... Ce dernier parti n'est-il pas bien grand, bien noble ? Nous autres jeunes filles françaises, nous sommes livrées par nos familles comme des marchandises, à trois mois, quelquefois *fin courant*, comme mademoiselle Vilquin ; mais en Angleterre, en Suisse, en Allemagne, on se marie à peu près d'après le système que j'ai suivi... Qu'avez-vous à répondre ? Ne suis-je pas un peu Allemande ?

— Enfant ! s'écria le colonel en regardant sa fille, la supériorité de la France vient de son bon sens, de la logique à laquelle sa belle langue y condamne l'esprit; elle est la Raison du monde! l'Angleterre et l'Allemagne sont romanesques en ce point de leurs mœurs; et, encore, les grandes familles y suivent-elles nos lois. Vous ne voudrez donc jamais penser que vos parents, à qui la vie est bien connue, ont la charge de vos âmes et de votre bonheur, qu'ils doivent vous faire éviter les écueils du monde!... Mon Dieu! dit-il, est-ce leur faute, est-ce la nôtre? Doit-on tenir ses enfants sous un joug de fer? Devons-nous être punis de cette tendresse qui nous les fait rendre heureux, qui les met malheureusement à même notre cœur?...

Modeste observa son père du coin de l'œil, en entendant cette espèce d'invocation dite avec des larmes dans la voix.

— Est-ce une faute, à une fille libre de son cœur, de se choisir pour mari, non-seulement un charmant garçon, mais encore un homme de génie, noble, et dans une belle position?... Un gentilhomme doux comme moi, dit-elle.

— Tu l'aimes?... demanda le père.

— Tenez, mon père, dit-elle en posant sa tête sur le sein du colonel, si vous ne voulez pas me voir mourir...

— Assez, dit le vieux soldat, ta passion est, je le vois, inébranlable!

— Inébranlable.

— Rien ne peut te faire changer?...

— Rien au monde!

— Tu ne supposes aucun événement, aucune trahison, reprit le vieux soldat, tu l'aimes *quand même*, à cause de son charme personnel, et ce serait un d'Estourny, tu l'aimerais encore?...

— Oh! mon père... vous ne connaissez pas votre fille. Pourrais-je aimer un lâche, un homme sans foi, sans honneur, un gibier de potence?...

— Et si tu avais été trompée?...

— Par ce charmant et candide garçon, presque mélancolique?... Vous riez, ou vous ne l'avez pas vu.

— Enfin, fort heureusement ton amour n'est plus absolu, comme tu le disais. Je te fais apercevoir des circonstances qui modifieraient ton poëme... Eh! bien, comprends-tu que les pères soient bons à quelque chose...

— Vous voulez donner une leçon à votre enfant, papa. Ceci tourne au Berquin...

16.

— Pauvre égarée ! reprit sévèrement le père, la leçon ne vient pas de moi, je n'y suis pour rien, si ce n'est pour t'adoucir le coup...

— Assez, mon père ne jouez pas avec ma vie... dit Modeste en pâlissant.

— Allons, ma fille, rassemble ton courage. C'est toi qui as joué avec la vie, et la vie se joue de toi.

Modeste regarda son père d'un air hébété.

— Voyons, si le jeune homme que tu aimes, que tu as vu dans l'église du Havre, il y a quatre jours, était un misérable...

— Cela n'est pas ! dit-elle, cette tête brune et pâle, cette noble figure pleine de poésie...

— Est un mensonge ! dit le colonel en interrompant sa fille. Ce n'est pas plus monsieur de Canalis que je ne suis ce pêcheur qui lève sa voile pour partir...

— Savez-vous ce que vous tuez en moi ?... dit-elle.

— Rassure-toi, mon enfant, si le hasard a mis ta punition dans ta faute même, le mal n'est pas irréparable. Le garçon que tu as vu, avec qui tu as échangé ton cœur par correspondance, est un loyal garçon, il est venu me confier son embarras ; il t'aime et je ne le désavouerais pas pour gendre.

— Si ce n'est pas Canalis, qui est-ce donc ?... dit Modeste d'une voix profondément altérée.

— Le secrétaire !.... Il se nomme Ernest de La Brière. Il n'est pas gentilhomme ; mais c'est un de ces hommes ordinaires, à vertus positives, d'une moralité sûre, qui plaisent aux parents. Qu'est-ce que cela nous fait, d'ailleurs, tu l'as vu, rien ne peut changer ton cœur, tu l'as choisi, tu connais son âme, elle est aussi belle qu'il est joli garçon !...

Le comte de La Bastie eut la parole coupée par un soupir de Modeste. La pauvre fille, pâle, les yeux attachés sur la mer, roide comme une morte, fut atteinte, comme d'un coup de pistolet, par ces mots : *c'est un de ces hommes ordinaires, à vertus positives, d'une moralité sûre, qui plaisent aux parents.*

— Trompée !... dit-elle enfin.

— Comme ta pauvre sœur, mais moins gravement.

— Retournons, mon père ? dit-elle en se levant du tertre où tous deux ils s'étaient assis. Tiens, papa, je te jure, devant Dieu, de suivre ta volonté, quelle qu'elle soit, dans l'*affaire* de mon mariage.

— Tu n'aimes donc déjà plus ?... demanda railleusement le père.

— J'aimais un homme vrai, sans mensonge au front, probe comme vous l'êtes, incapable de se déguiser comme un acteur, de se mettre à la joue le fard de la gloire d'un autre...

— Tu disais que rien ne pouvait te faire changer? dit ironiquement le colonel.

— Oh! ne vous jouez pas de moi?... dit-elle en joignant les mains et regardant son père dans une anxiété cruelle, vous ne savez pas que vous maniez mon cœur et mes plus chères croyances avec vos plaisanteries...

— Dieu m'en garde! je t'ai dit l'exacte vérité.

— Vous êtes bien bon, mon père! répondit-elle après une pause et avec une sorte de solennité.

— Et il a tes lettres! reprit Charles Mignon. Hein?... Si ces folles caresses de ton âme étaient tombées entre les mains de ces poètes qui, selon Dumay, en font des allumettes à cigare!

— Oh!... vous allez trop loin...

— Canalis le lui a dit...

— Il a vu Canalis?...

— Oui, répondit le colonel.

Ils marchèrent tous les deux en silence.

— Voilà donc pourquoi, reprit Modeste après quelques pas, *ce monsieur* me disait tant de mal de la poésie et des poètes? pourquoi ce petit secrétaire parlait de... Mais, dit-elle en s'interrompant, ses vertus, ses qualités, ses beaux sentiments ne sont-ils pas un costume épistolaire?... Celui qui vole une gloire et un nom peut bien...

— Crocheter des serrures, voler le Trésor, assassiner sur le grand chemin!... s'écria Charles Mignon en souriant. Vous voilà bien, vous autres jeunes filles avec vos sentiments absolus et votre ignorance de la vie? un homme capable de tromper une femme descend nécessairement de l'échafaud ou doit y monter...

Cette raillerie arrêta l'effervescence de Modeste; et, de nouveau le silence régna.

— Mon enfant, reprit le colonel, les hommes dans la société, comme dans la nature d'ailleurs, doivent chercher à s'emparer de vos cœurs, et vous devez vous défendre. Tu as interverti les rôles. Est-ce bien? Tout est faux dans une fausse position. A toi donc le premier tort. Non, un homme n'est pas un monstre quand il essaie de plaire à une femme, et notre droit, à nous, nous permet l'agression dans toutes ses conséquences, hors le crime et la lâcheté. Un homme peut avoir encore des vertus, après avoir trompé une femme, ce qui veut tout bonnement dire qu'il ne reconnaît pas en elle les trésors qu'il y cherchait ; tandis qu'il n'y a qu'une reine, une actrice, ou une femme placée tellement au-dessus d'un homme qu'elle soit pour lui comme une reine, qui puissent aller au-devant de lui, sans trop de blâme. Mais une jeune fille ?... elle ment alors à tout ce que Dieu a fait fleurir de saint, de beau, de grand en elle, quelque grâce, quelque poésie quelques précautions qu'elle mette à cette faute.

— Rechercher le maître et trouver le domestique !... Avoir rejoué *les Jeux de l'Amour et du Hasard* de mon côté seulement ! dit-elle avec amertume, oh ! je ne m'en relèverai jamais...

— Folle !... Monsieur Ernest de La Brière est, à mes yeux, un personnage au moins égal à monsieur le baron de Canalis, il a été le secrétaire particulier d'un premier ministre, il est Conseiller-référendaire à la Cour des Comptes, il a du cœur, il t'adore ; mais il *ne compose pas de vers*... non, j'en conviens, il n'est pas poète ; mais il peut avoir le cœur plein de poésie. Enfin, ma pauvre enfant, dit-il à un geste de dégoût que fit Modeste, tu les verras l'un et l'autre, le faux et le vrai Canalis...

— Oh ! papa !....

— Ne m'as-tu pas juré de m'obéir en tout, dans l'*affaire* de ton mariage ? Eh ! bien, tu pourras choisir entre eux celui qui te plaira pour mari. Tu as commencé par un poème, tu finiras par une idylle bucolique en essayant de surprendre le vrai caractère de ces messieurs dans quelques aventures champêtres, la chasse ou la pêche !

Modeste baissa la tête, elle revint au chalet avec son père en l'écoutant, en répondant par des monosyllabes. Elle était tombée au fond de la boue, et humiliée, de cette Alpe où elle avait cru voler jusqu'au nid d'un aigle. Pour employer les poétiques expressions d'un auteur de ce temps : « après s'être senti la plante des pieds trop
» tendre pour cheminer sur les tessons de verre de la Réalité, la
» Fantaisie qui, dans cette frêle poitrine réunissait tout de la femme,
» depuis les rêveries semées de violettes de la jeune fille pudique
» jusqu'aux désirs insensés de la courtisane, l'avait amenée au mi-
» lieu de ses jardins enchantés, où, surprise amère ! elle voyait au
» lieu de sa fleur sublime, sortir de terre les jambes velues et en-
» tortillées de la noire mandragore. » Des hauteurs mystiques de son

amour, Modeste se trouvait dans le chemin uni, plat, bordé de fossés et de labours, sur la route pavée de la Vulgarité! Quelle fille à l'âme ardente ne se serait brisée dans une chute pareille? Aux pieds de qui donc avait-elle semé ses perles?

La Modeste qui revint au chalet ne ressemblait pas plus à celle qui sortit deux heures auparavant que l'actrice dans la rue ne ressemble à l'héroïne en scène. Elle tomba dans un engourdissement pénible à voir. Le soleil était obscur, la nature se voilait, les fleurs ne lui disaient plus rien. Comme toutes les filles à caractère extrême, elle but quelques gorgées de trop à la coupe du Désenchantement. Elle se débattit avec la Réalité sans vouloir tendre encore le cou au joug de la Famille et de la Société, elle le trouvait lourd, dur, pesant! Elle n'écouta même pas les consolations de son père et de sa mère, elle goûta je ne sais quelle sauvage volupté à se laisser aller à ses souffrances d'âme.

— Le pauvre Butscha, dit-elle un soir, a donc raison! Ce mot indique le chemin qu'elle fit en peu de temps dans les plaines arides du Réel, conduite par une morne tristesse. La tristesse, engendrée par le renversement de toutes nos espérances, est une maladie; elle donne souvent la mort. Ce ne sera pas une des moindres occupations de la Physiologie actuelle que de rechercher par quelles voies, par quels moyens *une pensée* arrive à produire la même désorganisation qu'un poison; comment le désespoir ôte l'appétit, détruit le pylore, et change toutes les conditions de la plus forte vie. Telle fut Modeste. En trois jours, elle offrit le spectacle d'une mélancolie morbide, elle ne chantait plus, on ne pouvait pas la faire sourire, elle effraya ses parents et ses amis. Charles Mignon, inquiet de ne pas voir arriver les deux amis, pensait à les aller chercher; mais le quatrième jour, monsieur Latournelle en eut des nouvelles. Voici comment.

Canalis, excessivement alléché par un si riche mariage, ne voulut rien négliger pour l'emporter sur La Brière, sans que La Brière pût lui reprocher d'avoir violé les lois de l'amitié. Le poète pensa que rien ne déconsidérait plus un amant aux yeux d'une jeune fille que de le lui montrer dans une situation subalterne, et il proposa, de la manière la plus simple à La Brière, de faire ménage ensemble et de prendre pour un mois, à Ingouville, une petite maison de campagne où ils se logeraient tous deux sous prétexte de santé délabrée. Une fois que La Brière, qui dans le premier moment n'aperçut rien que de naturel à cette proposition, y eut consenti, Canalis se chargea de mener son ami gratuitement et fit à lui seul les préparatifs du voyage; il envoya son valet de chambre au Hâvre, et lui recommanda de s'adresser à monsieur Latournelle pour la location d'une maison de campagne à Ingouville en pensant que le notaire serait bavard avec la famille Mignon. Ernest et Canalis avaient, chacun le présume, causé de toutes les circonstances de cette aventure, et le prolixe La Brière avait donné mille renseignements à son rival. Le valet de chambre, au fait des intentions de son maître, les remplit à merveille ; il trompetta l'arrivée au Hâvre du grand poète à qui les médecins ordonnaient quelques bains de mer pour réparer ses forces épuisées dans les doubles travaux de la politique et de la littérature. Ce grand personnage voulait une maison composée d'au moins tant de pièces, car il amenait son secrétaire, un cuisinier, deux domestiques et un cocher, sans compter monsieur Germain Bonnet, son valet de chambre. La calèche choisie par le poète et louée pour un mois, était assez jolie, elle pouvait servir à quelques promenades; aussi Germain chercha-t-il à louer dans les environs du Hâvre deux chevaux à deux fins, monsieur le baron et son secrétaire aimant l'exercice du cheval. Devant le petit Latournelle, Germain, en visitant les maisons de campagnes, appuyait beaucoup sur le secrétaire, et il en refusa deux, en objectant que monsieur La Brière n'y serait pas convenablement logé. — « Monsieur le baron, disait-il, a fait de son secrétaire son meilleur ami. Ah! je serais joliment grondé si monsieur de La Brière n'était pas traité comme monsieur le baron lui-même! Et, après tout, monsieur de La Brière est Référendaire à la Cour des Comptes. » Germain ne se montra jamais que vêtu tout en drap noir, des gants propres aux mains, des bottes, et costumé comme un maître. Jugez quel effet il produisit, et quelle idée on prit du grand poète, sur cet échantillon ? Le valet d'un homme d'esprit finit par avoir de l'esprit, car l'esprit de son maître finit par déteindre sur lui. Germain ne *chargea* pas son rôle, il fut simple, il fut bonhomme, selon la recommandation de Canalis.

Le pauvre La Brière ne se doutait pas du tort que lui faisait Germain, et de la dépréciation à laquelle il avait consenti; car, des sphères inférieures, il remonta vers Modeste quelques éclats de la rumeur publique. Ainsi, Canalis allait mener son ami à sa suite, dans sa voiture, et le caractère d'Ernest ne lui permettait pas de reconnaître la fausseté de sa position assez à temps pour y remédier.

Le retard contre lequel pestait Charles Mignon provenait de la peinture des armes de Canalis sur les panneaux de la calèche et des commandes au tailleur, car le poète embrassa le monde immense de ces détails dont le moindre influence une jeune fille.

— Soyez tranquille, dit Latournelle à Charles Mignon le cinquième jour, le valet de chambre de monsieur Canalis a terminé ce matin; il a loué le pavillon de madame Amaury à Sanvic, tout meublé, pour sept cents francs, et il a écrit à son maître qu'il pouvait partir, il trouverait tout prêt à son arrivée. Ainsi, ces messieurs seront ici dimanche. J'ai même reçu la lettre que voici de Butscha... Tenez, elle n'est pas longue : « Mon cher patron, je ne puis » être de retour avant dimanche. J'ai, d'ici là, quelques renseigne- » ments extrêmement importants à prendre, et qui concernent le » bonheur d'une personne à qui vous vous intéressez. »

L'annonce de l'arrivée de ces deux personnages ne rendit pas Modeste moins triste, le sentiment de sa chute, sa confusion la dominaient encore, et elle n'était pas si coquette que son père le croyait. Il est une charmante coquetterie permise, celle de l'âme, et qui peut s'appeler la politesse de l'amour; or, Charles Mignon, en grondant sa fille, n'avait pas distingué entre le désir de plaire et l'amour de tête, entre la soif d'aimer et le calcul. En vrai colonel de l'Empire, il avait vu dans cette correspondance, rapidement lue, une fille qui se jetait à la tête d'un poète; mais, dans les lettres supprimées pour éviter les longueurs, un connaisseur eût admiré la réserve pudique et gracieuse que Modeste avait promptement substituée au ton agressif et léger de ses premières lettres, par une transition assez naturelle à la femme. Le père avait eu cruellement raison sur un point. La dernière lettre où Modeste, saisie par un triple amour, avait parlé comme si déjà le mariage était conclu, cette lettre causait sa honte; aussi trouvait-elle son père bien dur, bien cruel de la forcer à recevoir un homme indigne d'elle, vers qui son âme avait volé presque à nu. Elle avait questionné Dumay sur son entrevue avec le poète; elle lui en avait finement fait raconter les moindres détails, et elle ne trouvait pas Canalis si barbare que le disait le lieutenant. Elle souriait à cette belle cassette papale qui contenait les lettres des *mille et trois* femmes de ce don Juan littéraire. Elle fut plusieurs fois tentée de dire à son père : — Je ne suis pas la seule à lui écrire, et l'élite des femmes envoie des feuilles à la couronne de laurier du poète !

Le caractère de Modeste subit pendant cette semaine une transformation. Cette catastrophe, et c'en fut une grande chez une nature si poétique, éveilla la perspicacité, la malice, latentes chez cette jeune fille en qui ses prétendus allaient rencontrer un terrible adversaire. En effet, quand, chez une jeune personne, le cœur se refroidit, la tête devient saine ; elle observe alors tout avec une certaine rapidité de jugement, avec un ton de plaisanterie que Shakspeare a très-admirablement peint dans son personnage de Béatrix de *Beaucoup de bruit pour rien.* Modeste fut saisie d'un profond dégoût pour les hommes dont les plus distingués trompaient ses espérances. En amour ce que la femme prend pour le dégoût, c'est tout simplement voir juste ; mais, en fait de sentiment, elle n'est jamais, surtout la jeune fille, dans le vrai. Si elle n'admire pas, elle méprise. Or, après avoir subi des douleurs d'âme inouïes, Modeste arriva nécessairement à revêtir cette armure sur laquelle elle avait dit avoir gravé le mot *mépris*, et elle pouvait dès lors assister, en personne désintéressée, à ce qu'elle nommait le vaudeville des prétendus, quoiqu'elle y jouât le rôle de la jeune première. Elle se proposait surtout d'humilier constamment monsieur de La Brière.

— Modeste est sauvée, dit en souriant madame Mignon à son mari. Elle veut se venger du faux Canalis, en essayant d'aimer le vrai.

Tel fut en effet le plan de Modeste. C'était si vulgaire, que sa mère, à qui elle confia ses chagrins, lui conseilla de ne marquer à monsieur de La Brière que la plus accablante bonté.

— Voilà deux garçons, dit madame Latournelle le samedi soir, qui ne se doutent pas du nombre d'espions qu'ils auront à leurs trousses, car nous serons huit à les dévisager.

— Que dis-tu, deux, bonne amie ? s'écria le petit Latournelle, ils seront trois, Gobenheim n'est pas encore venu, je puis parler.

Modeste avait levé la tête, et tout le monde, imitant Modeste, regardait le petit notaire.

— Un troisième amoureux, et il l'est, se met sur les rangs...

— Ah ! bah !... dit Charles Mignon.

— Mais il ne s'agit de rien moins, reprit fastueusement le notaire, que de Sa Seigneurie monsieur le duc d'Hérouville, marquis de Saint-Sever, duc de Nivron, comte de Bayeux, vicomte d'Essigny, Grand-Écuyer de France et Pair, chevalier de l'Ordre de l'Éperon et de la Toison d'or, Grand d'Espagne, fils du dernier gouverneur de Normandie. Il a vu mademoiselle Modeste pendant son séjour chez les Vilquin, et il regrettait alors, dit son notaire arrivé de Bayeux hier, qu'elle ne fût pas assez riche pour lui, dont le père n'a retrouvé que son château d'Hérouville, orné d'une sœur, à son retour en France. Le jeune duc a trente-trois ans. Je suis chargé positivement de vous faire des ouvertures, monsieur le comte, dit le notaire en se tournant respectueusement vers le colonel.

— Demandez à Modeste, répondit le père, si elle veut avoir un oiseau de plus dans sa volière; car, en ce qui me concerne, je consens à ce que *monssu* le Grand-Écuyer lui rende des soins...

Malgré le soin que Charles Mignon mettait à ne voir personne, à rester au chalet, à ne jamais sortir sans Modeste; Gobenheim, qu'il eût été difficile de ne plus recevoir au chalet, avait parlé de la fortune de Dumay, car Dumay, ce second père de Modeste, avait dit à Gobenheim, en le quittant : — Je serai l'intendant de mon colonel, et toute ma fortune, hormis ce qu'en gardera ma femme, sera pour les enfants de ma petite Modeste.... Chacun, au Hâvre, avait donc répété cette question si simple que déjà Latournelle s'était faite : — « Ne faut-il pas que monsieur Charles Mignon ait une fortune colossale pour que la part de Dumay soit de six cent mille francs, et pour que Dumay se fasse son intendant ? — Monsieur Mignon est arrivé sur un vaisseau à lui, chargé d'indigo, disait-on à la Bourse. Ce chargement vaut déjà plus, sans compter le navire, que ce qu'il se donne de fortune. » Le colonel ne voulut pas renvoyer ses domestiques, choisis avec tant de soin pendant ses voyages, et il fut obligé de louer pour six mois une maison au bas d'Ingouville, car il avait un valet de chambre, un cuisinier et un cocher, nègres tous deux, une mulâtresse et deux mulâtres sur la fidélité desquels il pouvait compter. Le cocher cherchait des chevaux de selle pour mademoiselle, pour son maître, et des chevaux pour la calèche dans laquelle le colonel et le lieutenant étaient revenus. Cette voiture, achetée à Paris, était à la dernière mode, et portait les armes de La Bastie, surmontées d'une couronne comtale. Ces choses, minimes aux yeux d'un homme qui, depuis quatre ans, vivait au milieu du luxe effréné des Indes, des marchands hongs et des Anglais de Canton, furent commentées par les négociants du Hâvre, par les gens de Graville et d'Ingouville. En cinq jours, ce fut une rumeur éclatante qui fit en Normandie l'effet d'une traînée de poudre quand elle prend feu. — « Monsieur Mignon est revenu de la Chine avec des millions, disait-on à Rouen, et il paraît qu'il est devenu comte en voyage? — Mais il était comte de La Bastie avant la Révolution, répondait un interlocuteur. — Ainsi, l'on appelle monsieur le comte un libéral qui s'est nommé pendant vingt-cinq ans Charles Mignon, où allons-nous? » Modeste passa donc, malgré le silence de ses parents et de ses amis, pour être la plus riche héritière de la Normandie, et tous les yeux aperçurent alors ses mérites. La tante et la sœur de monsieur le duc d'Hérouville confirmèrent, en plein salon, à Bayeux, le droit de monsieur Charles Mignon au titre et aux armes de comte dus au cardinal Mignon dont, par reconnaissance, les glands et le chapeau furent pris pour sommier et pour supports. Elles avaient entrevu, de chez les Vilquin, mademoiselle de La Bastie, et leur sollicitude pour le chef de leur maison appauvrie fut aussitôt réveillée. — « Si mademoiselle de La Bastie est aussi riche qu'elle est belle, dit la tante du jeune duc, ce serait le plus beau parti de la province. Et, elle est noble, au moins, celle-là! » Ce dernier mot fut dit contre les Vilquin avec lesquels on n'avait pas pu s'entendre, après avoir eu l'humiliation d'aller chez eux.

Tels sont les petits événements qui devaient introduire un personnage de plus dans cette scène domestique, contrairement aux lois d'Aristote et d'Horace; mais le portrait et la biographie de ce personnage, si tardivement venu, n'y causeront pas de longueur, vu son exiguïté. Monsieur le duc ne tiendra pas plus de place ici qu'il n'en tiendra dans l'Histoire. Sa Seigneurie monsieur le duc d'Hérouville, un fruit de l'automne matrimonial du dernier gouverneur de Normandie, est né pendant l'émigration, en 1796, à Vienne. Revenu avec le Roi en 1814, le vieux maréchal, père du duc actuel, mourut en 1819 sans avoir pu marier son fils, quoiqu'il fût duc de Nivron; il ne lui laissa que l'immense château d'Hérouville, le parc, quelques dépendances et une ferme assez péniblement rachetée, en tout quinze mille francs de rente. Louis XVIII donna la charge de Grand-Ecuyer au fils, qui, sous Charles X, eut les douze mille francs de pension accordés aux pairs de France pauvres. Qu'étaient les appointements de Grand-Ecuyer et vingt-sept mille francs de rente pour cette famille? A Paris, le jeune duc avait, il est vrai, les voitures du Roi, son hôtel rue Saint-Thomas-du-Louvre, à la Grande Ecurie; mais ses appointements défrayaient son hiver et les vingt-sept mille francs défrayaient l'été dans la Normandie. Si ce grand seigneur restait encore garçon, il y avait moins de sa faute que de celle de sa tante, qui ne connaissait pas les fables de La Fontaine. Mademoiselle d'Hérouville eut des prétentions énormes, en désaccord avec l'esprit du siècle, car les grands noms sans argent ne pouvaient guère trouver de riches héritières dans la haute noblesse française, déjà bien embarrassée d'enrichir ses fils ruinés par le partage égal des biens. Pour marier avantageusement le jeune duc d'Hérouville, il aurait fallu caresser les grandes maisons de Banque, et la hautaine fille des d'Hérouville les froissa toutes par des mots sanglants. Pendant les premières années de la Restauration, de 1817 à 1825, tout en cherchant des millions, mademoiselle d'Hérouville refusa mademoiselle Mongenod, fille du banquier, de qui se contenta monsieur de Fontaine. Enfin, après de belles occasions manquées par sa faute, elle trouvait en ce moment la fortune des Nucingen trop turpidement ramassée pour se prêter à l'ambition de madame de Nucingen, qui voulait faire de sa fille une duchesse. Le Roi, dans le désir de rendre aux d'Hérouville leur splendeur, avait presque ménagé ce mariage, et il taxa publiquement mademoiselle d'Hérouville de folie. La tante rendit ainsi son neveu ridicule, et le duc prêtait au ridicule. En effet, quand les grandes choses humaines s'en vont, elles laissent des miettes, des *frusteaux*, dirait Rabelais, et la Noblesse française nous montre en ce siècle beaucoup trop de restes. Certes, dans cette longue histoire des mœurs, ni le Clergé ni la Noblesse n'ont à se plaindre. Ces deux grandes et magnifiques nécessités sociales y sont bien représentées; mais ne serait-ce pas renoncer au beau titre d'historien que de n'être pas impartial, que de ne pas montrer ici la dégénérescence de la race, comme vous trouverez ailleurs la figure de l'Emigré dans le comte de Mortsauf (Voyez *le Lis dans la Vallée*), et toutes les noblesses de la Noblesse dans le marquis d'Espard (Voyez *l'Interdiction*). Comment la race des forts et des vaillants, comment la maison de ces fiers d'Hérouville, qui donnèrent le fameux maréchal à la Royauté, des cardinaux à l'Eglise, des capitaines aux Valois, des preux à Louis XIV, aboutissait-elle à un être frêle, et plus petit que Butscha? C'est une question qu'on peut se faire dans plus d'un salon de Paris, en entendant annoncer plus d'un grand nom de France et voyant entrer un homme petit, fluet, mince qui semble n'avoir que le souffle, ou de hâtifs vieillards, ou quelque création bizarre chez qui l'observateur recherche à grand'peine un trait où l'imagination puisse retrouver les signes d'une ancienne grandeur. Les dissipations du règne de Louis XV, les orgies de ce temps égoïste et funeste ont produit la génération étiolée chez laquelle les manières seules survivent aux grandes qualités évanouies. Les formes, voilà le seul héritage que conservent les nobles. Aussi, à part quelques exceptions, peut-on expliquer l'abandon dans lequel Louis XVI a péri, par le pauvre reliquat du règne de madame de Pompadour. Blond, pâle et mince, le Grand-Écuyer, jeune homme aux yeux bleus, ne manquait pas d'une certaine dignité dans la pensée ; mais sa petite taille et les fautes de sa tante qui l'avaient conduit à courtiser vainement les Vilquin, lui donnaient une excessive timidité. Déjà la famille d'Hérouville avait failli périr par le fait d'un avorton (voyez *l'Enfant Maudit*, ÉTUDES PHILOSOPHIQUES). Le Grand-Maréchal, car on appelait ainsi dans la famille celui que Louis XIII avait fait duc, s'était marié à quatre-vingt-deux ans, et naturellement la famille avait continué. Néanmoins le jeune duc aimait les femmes ; mais il les mettait trop haut, il les respectait trop, il les adorait, et il n'était à son aise qu'avec celles qu'on ne respecte pas. Ce caractère l'avait conduit à mener une vie en partie double. Il prenait sa revanche avec les femmes faciles des adorations auxquelles il se livrait dans les salons, ou, si vous voulez, dans les boudoirs du faubourg Saint-Germain. Ces mœurs et sa petite taille, sa figure souffrante, ses yeux bleus tournés à l'extase avaient ajouté, très-injustement d'ailleurs, au ridicule versé sur sa personne, car il était plein de délicatesse et d'esprit ; mais son esprit sans pétillement ne se manifestait que quand il se sentait à l'aise ; aussi Fanny-Beaupré, l'actrice qui passait pour être à prix d'or sa meilleure amie, disait-elle de lui : — « C'est un bon vin, mais si bien bouché, qu'on y casse ses tire-bouchons ! » La belle duchesse de Maufrigneuse, que le Grand-Écuyer ne pouvait qu'adorer, l'accabla par un mot qui, malheureusement, se répéta comme toutes les jolies médisances. — « Il me fait l'effet, dit-elle, d'un bijou finement travaillé qu'on montre beaucoup plus qu'on ne s'en sert, et qui reste dans du coton. » Il n'y eut pas jusqu'au nom de la charge de Grand-Écuyer qui ne fit rire, par le contraste, le bon Charles X, quoique le duc d'Hérouville fût un excellent cavalier. Les hommes sont comme les livres, ils sont quelquefois appréciés trop tard.

Modeste avait entrevu le duc d'Hérouville pendant le séjour

infructueux qu'il fit chez les Vilquin; et, en le voyant passer, toutes ces réflexions lui vinrent presque involontairement à l'esprit. Mais, dans les circonstances où elle se trouvait, elle comprit combien la recherche du duc d'Hérouville était importante pour n'être à la merci d'aucun Canalis.

— Je ne vois pas pourquoi, dit-elle à Latournelle, le duc d'Hérouville ne serait pas admis? Je passe, malgré notre indigence, reprit-elle en regardant son père avec malice, à l'état d'héritière. Aussi finirai-je par publier un programme... N'avez-vous pas vu combien les regards de Gobenheim ont changé depuis une semaine? il est au désespoir de ne pas pouvoir mettre ses parties de whist sur le compte d'une adoration muette de ma personne.

— Chut! mon cœur, dit madame Latournelle, le voici.

— Le père Althor est au désespoir, dit Gobenheim à monsieur Mignon en entrant.

— Et pourquoi?... demanda le comte de La Bastie.

— Vilquin, dit-on, va manquer, et la Bourse vous croit riche de plusieurs millions...

— On ne sait pas, répliqua Charles Mignon très-sèchement, quels sont mes engagements aux Indes, et je ne me soucie pas de mettre le public dans la confidence de mes affaires. — Dumay, dit-il à l'oreille de son ami, si Vilquin est gêné, nous pourrions rentrer dans ma campagne, en lui rendant le prix qu'il en a donné, comptant.

Telles furent les préparations dues au hasard, au milieu desquelles, le dimanche matin, Canalis et La Brière arrivèrent, un courrier en avant, au pavillon de madame Amaury. On apprit que le duc d'Hérouville, sa sœur et sa tante devaient arriver le mardi, sous prétexte de santé, dans une maison louée à Graville. Ce concours fit dire à la Bourse que, grâce à mademoiselle Mignon, les loyers allaient hausser à Ingouville. — Elle en fera, si cela continue, un hôpital, dit mademoiselle Vilquin la cadette au désespoir de ne pas être duchesse.

L'éternelle comédie de *l'Héritière*, qui devait se jouer au chalet, pourrait certes, dans les dispositions où se trouvait Modeste, et d'après sa plaisanterie, se nommer *le programme d'une jeune fille*, car elle était bien décidée, après la perte de ses illusions, à ne donner sa main qu'à l'homme dont les qualités la satisferaient pleinement.

Le lendemain de leur arrivée, les deux rivaux, encore amis intimes, se préparèrent à faire leur entrée, le soir, au chalet. Ils avaient donné tout leur dimanche et le lundi matin à leurs déballages, à la prise de possession du pavillon de madame Amaury et aux arrangements que nécessite un séjour d'un mois. D'ailleurs, autorisé par son état d'apprenti ministre, à se permettre bien des roueries, le poète calculait tout ; il voulut donc mettre à profit le tapage probable que devait faire son arrivée au Havre, et dont quelques échos retentiraient au chalet. En sa qualité d'homme fatigué, Canalis ne sortit pas. La Brière alla deux fois se promener devant le chalet, car il aimait avec une sorte de désespoir, il avait une terreur profonde d'avoir déplu, son avenir lui semblait couvert de nuages épais. Les deux amis descendirent pour dîner le lundi, tous deux habillés pour la première visite, la plus importante de toutes. La Brière s'était mis comme il l'était le fameux dimanche à l'église : mais il se regardait comme le satellite d'un astre, et s'abandonnait aux hasards de sa situation. Canalis, lui, n'avait pas négligé l'habit noir, ni ses ordres, ni cette élégance de salon, perfectionnée dans ses relations avec la duchesse de Chaulieu, sa protectrice, et avec le plus beau monde du faubourg Saint-Germain. Toutes les minuties du dandysme, Canalis les avait observées, tandis que le pauvre La Brière allait se montrer dans le laissez-aller de l'homme sans espérance.

En servant ses deux maîtres à table, Germain ne put s'empêcher de sourire de ce contraste. Au second service, il entra d'un air assez diplomatique, ou, pour mieux dire, inquiet.

— Monsieur le baron, dit-il à Canalis et à demi-voix, sait-il que monsieur le Grand-Écuyer arrive à Graville pour se guérir de la même maladie qui tient monsieur de La Brière et monsieur le baron ?

— Le petit duc d'Hérouville ? s'écria Canalis.

— Oui, monsieur.

— Il viendrait pour mademoiselle de La Bastie ? demanda La Brière en rougissant.

— Pour mademoiselle Mignon ! répondit Germain.

— Nous sommes joués, s'écria Canalis en regardant La Brière.

— Ah ! répliqua vivement Ernest, voilà le premier *nous* que tu dis depuis notre départ. Jusqu'à présent tu disais, *je* !

— Tu me connais, répondit Melchior en laissant échapper un

éclat de rire. Mais nous ne sommes pas en état de lutter contre une Charge de la couronne, contre le titre de duc et pair, ni contre les marais que le Conseil-d'État vient d'attribuer, sur mon rapport, à la maison d'Hérouville.

— Sa Seigneurie, dit La Brière avec une malice pleine de sérieux, t'offre une fiche de consolation dans la personne de sa sœur.

En ce moment on annonça monsieur le comte de La Bastie, les deux jeunes gens se levèrent en l'entendant, et La Brière alla vivement au-devant de lui pour lui présenter Canalis.

— J'avais à vous rendre la visite que vous m'avez faite à Paris, dit Charles Mignon au jeune Référendaire, et je savais en venant ici que j'aurais le double plaisir de voir l'un de nos grands poètes actuels.

— Grand?... monsieur, répondit le poète en souriant, il ne peut plus y avoir rien de grand dans un siècle à qui le règne de Napoléon sert de préface. Nous sommes d'abord une peuplade de soi-disant grands poètes!.. Puis, les talents secondaires jouent si bien le génie, qu'ils ont rendu toute grande illustration impossible.

— Est-ce la raison qui vous jette dans la politique? demanda le comte de La Bastie.

— Même chose dans cette sphère, dit le poète. Il n'y aura plus de grands hommes d'État, il y aura seulement des hommes qui toucheront plus ou moins aux événements. Tenez, monsieur, sous le régime que nous a fait la Charte qui prend la cote des contributions pour une cotte d'armes, il n'y a de solide que ce que vous êtes allé chercher en Chine, la fortune!

Satisfait de lui-même et content de l'impression qu'il faisait sur le futur beau-père, Melchior se tourna vers Germain.

— Vous servirez le café dans le salon, dit-il en invitant le négociant à quitter la salle à manger.

— Je vous remercie, monsieur le comte, dit alors La Brière, de me sauver ainsi l'embarras où j'étais pour introduire chez vous mon ami. Avec beaucoup d'âme, vous avez encore de l'esprit...

— Bah! l'esprit qu'ont tous les Provençaux, dit Charles Mignon.

— Ah! vous êtes de la Provence?... s'écria Canalis.

— Excusez mon ami, dit La Brière, il n'a pas, comme moi, étudié l'histoire des La Bastie.

A cette observation d'*ami*, Canalis jeta sur Ernest un regard profond.

— Si votre santé vous le permet, dit le Provençal au grand poète, je réclame l'honneur de vous recevoir ce soir sous mon toit, ce sera une journée à marquer, comme dit l'ancien, *albo notanda lapillo*. Quoique nous soyons assez embarrassés de recevoir une si grande gloire dans une si petite maison, vous satisferez l'impatience de ma fille dont l'admiration pour vous va jusqu'à mettre vos vers en musique.

— Vous avez mieux que la gloire, dit Canalis, vous y possédez la beauté, s'il faut en croire Ernest.

— Oh! une bonne fille que vous trouverez bien provinciale, dit Charles.

— Une provinciale recherchée, dit-on, par le duc d'Hérouville, s'écria Canalis d'un ton sec.

— Oh! reprit monsieur Mignon avec la perfide bonhomie du méridional, je laisse ma fille libre. Les ducs, les princes, les simples particuliers, tout m'est indifférent, même un homme de génie. Je ne veux prendre aucun engagement, et le garçon que ma Modeste choisira sera mon gendre, ou, plutôt, mon fils, dit-il en regardant La Brière. Que voulez-vous? madame de La Bastie est allemande, elle n'admet pas notre étiquette, et moi je me laisse mener par mes deux femmes. J'ai toujours aimé mieux être dans la voiture que sur le siége. Nous pouvons parler de ces choses sérieuses en riant, car nous n'avons pas encore vu le duc d'Hérouville, et je ne crois pas plus aux mariages faits par procuration, qu'aux prétendus imposés par les parents.

— C'est une déclaration aussi désespérante qu'encourageante pour deux jeunes gens qui veulent chercher la pierre philosophale du bonheur dans le mariage, dit Canalis.

— Ne croyez-vous pas utile, nécessaire et politique de stipuler la parfaite liberté des parents, de la fille et des prétendus! demanda Charles Mignon.

Canalis, sur un regard de La Brière, garda le silence, la conversation devint banale; et, après quelques tours de jardin, le père se retira, comptant sur la visite des deux amis.

— C'est notre congé, s'écria Canalis, tu l'as compris comme moi. D'ailleurs, à sa place, moi je ne balancerais pas entre le Grand-Écuyer et nous deux, quelque charmants que nous puissions être.

— Je ne le pense pas, répondit La Brière. Je crois que ce brave soldat est venu pour satisfaire son impatience de te voir, et nous déclarer sa neutralité, tout en nous ouvrant sa maison. Modeste, éprise de ta gloire et trompée par ma personne, se trouve tout simplement entre la Poésie et le Positif. J'ai le malheur d'être le Positif.

— Germain, dit Canalis au valet de chambre qui vint desservir le café, faites atteler. Dans une demi-heure nous partons, nous nous promènerons avant d'aller au chalet.

Les deux jeunes gens étaient aussi impatients l'un que l'autre de voir Modeste, mais La Brière redoutait cette entrevue, et Canalis y marchait avec une confiance pleine de fatuité. L'élan d'Ernest vers le père et la flatterie par laquelle il venait de caresser l'orgueil nobiliaire du négociant en faisant apercevoir la maladresse de Canalis, déterminèrent le poète à prendre un rôle. Melchior résolut, tout en déployant ses séductions, de jouer l'indifférence, de paraître dédaigner Modeste, et de piquer ainsi l'amour-propre de la jeune fille. Élève de la belle duchesse de Chaulieu, il se montrait en ceci digne de sa réputation d'homme connaissant bien les femmes, qu'il ne connaissait pas, comme il arrive à ceux qui sont les heureuses victimes d'une passion exclusive. Pendant que le pauvre Ernest, confiné dans son coin de calèche, abîmé dans les terreurs du véritable amour et pressentant la colère, le mépris, le dédain, toutes les foudres d'une jeune fille blessée et offensée, gardait un morne silence; Canalis se préparait non moins silencieusement, comme un acteur prêt à jouer un rôle important dans quelque pièce nouvelle. Certes ni l'un ni l'autre, ils ne ressemblaient à deux hommes heureux. Il s'agissait d'ailleurs pour Canalis d'intérêts graves. Pour lui, la seule velléité du mariage emportait la rupture de l'amitié sérieuse qui le liait, depuis dix ans bientôt, à la duchesse de Chaulieu. Quoiqu'il eût coloré son voyage par le vulgaire prétexte de ses fatigues auquel les femmes ne croient jamais, même quand il est vrai, sa conscience le tourmentait un peu; mais le mot conscience parut si jésuitique à La Brière, qu'il haussa les épaules quand le poète lui fit part de ses scrupules.

— Ta conscience, mon ami, me semble tout bonnement la crainte de perdre des plaisirs de vanité, des avantages très-réels et une habitude, en perdant l'affection de madame de Chaulieu; car, si tu réussis auprès de Modeste, tu renonceras sans regret aux fades regains d'une passion très-fauchée depuis huit ans. Dis que tu trembles de déplaire à ta protectrice, si elle apprend le motif de ton séjour ici, je te croirai facilement. Renoncer à la duchesse et ne

17.

pas réussir au Chalet, c'est jouer trop gros jeu. Tu prends l'effet de cette alternative pour des remords.

— Tu ne comprends rien aux sentiments, dit Canalis impatienté comme un homme à qui l'on dit la vérité quand il demande un compliment.

— C'est ce qu'un bigame devrait répondre à douze jurés, répliqua La Brière en riant.

Cette épigramme fit encore une impression désagréable sur Canalis, il trouva La Brière trop spirituel et trop libre pour un secrétaire.

L'arrivée d'une calèche splendide, conduite par un cocher à la livrée de Canalis, fit d'autant plus de sensation au chalet que l'on y attendait les deux prétendants, et que tous les personnages de cette histoire, moins le duc et Butscha, s'y trouvaient.

— Lequel est le poète? demanda madame Latournelle à Dumay dans l'embrasure de la croisée où elle vint se poster au bruit de la voiture.

— Celui qui marche en tambour-major, répondit le caissier.

— Ah! dit la notaresse en examinant Melchior qui se balançait en homme regardé.

Quoique trop sévère, l'appréciation de Dumay, homme simple s'il en fut jamais, a quelque justesse. Par la faute de la grande dame qui le flattait excessivement et le gâtait comme toutes les femmes plus âgées que leurs adorateurs les flatteront et les gâteront toujours, Canalis était alors au moral une espèce de Narcisse. Une femme d'un certain âge, qui veut s'attacher à jamais un homme, commence par en diviniser les défauts, afin de rendre impossible toute rivalité ; car une rivale n'est pas de prime abord dans le secret de cette superfine flatterie à laquelle un homme s'habitue assez facilement. Les fats sont le produit de ce travail féminin, quand ils ne sont pas fats de naissance. Canalis, pris jeune par la belle duchesse de Chaulieu, se justifia donc à lui-même ses affectations, en se disant qu'elles plaisaient à cette femme dont le goût faisait loi. Quoique ces nuances soient d'une excessive délicatesse, il n'est pas impossible de les indiquer. Ainsi, Melchior possédait un talent de lecture fort admiré que de trop complaisants éloges avaient amené dans une voie d'exagération où ni le poète ni l'acteur ne s'arrêtent, et qui fit dire de lui (toujours par de Marsay) qu'il ne déclamait pas, mais qu'il bramait ses vers, tant il allongeait les sons en s'écoutant lui-même. En argot de coulisse, Ca-

nalis *prenait des temps* un peu *longuets*. Il se permettait des œillades interrogatives à son public, des poses de satisfaction, et ces ressources de jeu appelées par les acteurs *des balançoires*, expression pittoresque comme tout ce que crée le peuple artiste. Canalis eut d'ailleurs des imitateurs et fut chef d'école en ce genre. Cette emphase de mélopée avait légèrement atteint sa conversation, il y portait un ton déclamatoire, ainsi qu'on l'a vu dans son entretien avec Dumay. Une fois l'esprit devenu comme ultra-coquet, les manières s'en ressentirent. Aussi Canalis avait-il fini par scander sa démarche, inventer des attitudes, se regarder à la dérobée dans les glaces, et faire concorder ses discours à la façon dont il se campait. Il se préoccupait tant de l'effet à produire, que plus d'une fois, un railleur, Blondet, avait parié l'interloquer, et avec succès, en dirigeant un regard obstiné sur la frisure du poète, sur ses bottes ou sur les basques de son habit. Après dix années, ces grâces, qui commencèrent par avoir pour passe-port une jeunesse florissante, étaient devenues d'autant plus vieillotes que Melchior paraissait usé. La vie du monde est aussi fatigante pour les hommes que pour les femmes, et peut-être les vingt années que la duchesse avait de plus que Canalis pesaient-elles plus sur lui que sur elle, car le monde la voyait toujours belle, sans rides, sans rouge et sans cœur. Hélas! ni les hommes ni les femmes n'ont d'ami pour les avertir au moment où le parfum de leur modestie se rancit, où la caresse de leur regard est comme une tradition de théâtre, où l'expression de leur visage se change en minauderie et où les artifices de leur esprit laissent apercevoir leurs carcasses roussies. Il n'y a que le génie qui sache se renouveler comme le serpent; et, en fait de grâce comme en tout, il n'y a que le cœur qui ne vieillisse pas. Les gens de cœur sont simples. Or, Canalis, vous le savez, a le cœur sec. Il abusait de la beauté de son regard en lui donnant, hors de propos, la fixité que la méditation prête aux yeux. Enfin, pour lui, les éloges étaient un commerce où il voulait trop gagner. Sa manière de complimenter, charmante pour les gens superficiels, pouvait aux gens délicats paraître insultante par sa banalité, par l'aplomb d'une flatterie où l'on devinait un parti pris. En effet, Melchior mentait comme un courtisan. Il avait dit sans pudeur au duc de Chaulieu qui fit peu d'effet à la tribune quand il fut obligé d'y monter comme ministre des Affaires Étrangères:
— Votre Excellence a été sublime! Combien d'hommes eussent

été, comme Canalis, opérés de leurs affectations par l'insuccès administré par petites doses!.. Ces défauts, assez légers dans les salons dorés du faubourg Saint-Germain, où chacun apporte avec exactitude sa quote part de ridicules, et où cette espèce de jactance, d'apprêt, de tension, si vous voulez, a pour cadre un luxe excessif, des toilettes somptueuses qui peut-être en sont l'excuse, devaient trancher énormément au fond de la province dont les ridicules appartiennent à un genre opposé. Canalis, à la fois tendu et maniéré, ne pouvait d'ailleurs point se métamorphoser, il avait eu le temps de se refroidir dans le moule où l'avait jeté la duchesse; et, de plus, il était très-Parisien, ou, si vous voulez, très-Français. Le Parisien s'étonne que tout ne soit pas partout comme à Paris, et le Français, comme en France. Le bon goût consiste à se conformer aux manières des étrangers sans néanmoins trop perdre de son caractère propre, comme le faisait Alcibiade, ce modèle des *gentleman*. La véritable grâce est élastique. Elle se prête à toutes les circonstances, elle est en harmonie avec tous les milieux sociaux, elle sait mettre une robe de petite étoffe, remarquable seulement par la façon, pour aller dans la rue, au lieu d'y traîner les plumes et les ramages éclatants que certaines bourgeoises y promènent. Or, Canalis, conseillé par une femme qui l'aimait plus pour elle que pour lui-même, voulait faire loi, être partout ce qu'il était. Il croyait, erreur que partagent quelques-uns des grands hommes de Paris, porter son public particulier avec lui.

Tandis que le poète accomplissait au salon une entrée étudiée, La Brière s'y glissa comme un chien qui craint de recevoir des coups.

— Eh! voilà mon soldat! dit Canalis en apercevant Dumay après avoir adressé un compliment à madame Mignon et salué les femmes. Vos inquiétudes sont calmées, n'est-ce pas? reprit-il en lui tendant la main avec emphase, mais à l'aspect de mademoiselle, on les conçoit dans toute leur étendue. Je parlais des créatures terrestres, et non des anges.

Chacun, par son attitude, demandait le mot de cette énigme.

— Ah! je compterai comme un triomphe, reprit le poète en comprenant l'explication que chacun désirait, d'avoir ému l'un de ces hommes de fer que Napoléon avait su trouver pour en faire le pilotis sur lequel il essaya de fonder un empire trop colossal pour être durable. A de telles choses, le temps seul peut servir de ciment!

Mais est-ce bien un triomphe dont je doive m'enorgueillir? Je n'y suis pour rien. Ce fut le triomphe de l'idée sur le fait. Vos batailles, mon cher monsieur Dumay, vos charges héroïques, monsieur le comte, enfin la guerre fut la forme qu'empruntait la pensée de Napoléon. De toutes ces choses, qu'en reste-t-il? l'herbe qui les couvre n'en sait rien, les moissons n'en diraient pas la place ; et, sans l'historien, sans notre écriture, l'avenir ignorerait ce temps héroïque! Ainsi vos quinze ans de luttes ne sont plus que des idées, et c'est ce qui sauvera l'Empire, les poètes en feront un poème! Un pays qui sait gagner de telles batailles doit savoir les chanter !

Canalis s'arrêta pour recueillir, par un regard jeté sur les figures, le tribut d'étonnement que lui devaient des provinciaux.

— Vous ne pouvez pas douter, monsieur, du chagrin que j'ai de ne pas vous voir, dit madame Mignon, à la manière dont vous me dédommagez par le plaisir que vous me donnez à vous écouter.

Décidée à trouver Canalis sublime, Modeste, mise comme elle l'était le jour où cette histoire commença, restait ébahie, et avait lâché sa broderie qui ne tenait plus à ses doigts que par l'aiguillée de coton.

— Modeste, voici monsieur de La Brière ; monsieur Ernest, voici ma fille, dit Charles en trouvant le secrétaire un peu trop humblement placé.

La jeune fille salua froidement Ernest, en lui jetant un regard qui devait prouver à tout le monde qu'elle le voyait pour la première fois.

— Pardon monsieur, lui dit-elle sans rougir, la vive admiration que je professe pour le plus grand de nos poètes est, aux yeux de mes amis, une excuse suffisante de n'avoir aperçu que lui.

Cette voix fraîche et accentuée comme celle, si célèbre, de mademoiselle Mars, charma le pauvre Référendaire, déjà ébloui de la beauté de Modeste, et il répondit dans sa surprise un mot sublime, s'il eût été vrai : — Mais c'est mon ami, dit-il.

— Alors, vous m'avez pardonné, répliqua-t-elle.

— C'est plus qu'un ami, s'écria Canalis en prenant Ernest par l'épaule et s'y appuyant comme Alexandre sur Éphestion, nous nous aimons comme deux frères......

Madame Latournelle coupa net la parole au grand poète, en montrant Ernest au petit notaire, et lui disant : — Monsieur n'est-il pas l'inconnu que nous avons vu à l'Église.

— Et, pourquoi pas?... répliqua Charles Mignon en voyant rougir Ernest.

Modeste demeura froide, et reprit sa broderie.

— Madame peut avoir raison, je suis venu deux fois au Hâvre, répondit La Brière qui s'assit à côté de Dumay.

Canalis, émerveillé de la beauté de Modeste, se méprit à l'admiration qu'elle exprimait, et se flatta d'avoir complétement réussi dans ses effets.

— Je croirais un homme de génie sans cœur, s'il n'avait pas auprès de lui quelque amitié dévouée, dit Modeste pour relever la conversation interrompue par la maladresse de madame Latournelle.

— Mademoiselle, le dévouement d'Ernest pourrait me faire croire que je vaux quelque chose, dit Canalis, car ce cher Pylade est rempli de talent, il a été la moitié du plus grand ministre que nous ayons eu depuis la paix. Quoiqu'il occupe une magnifique position, il a consenti à être mon précepteur en politique; il m'apprend les affaires, il me nourrit de son expérience, tandis qu'il pourrait aspirer à de plus hautes destinées. Oh! il vaut mieux que moi... A un geste que fit Modeste, Melchior dit avec grace : — La poésie que j'exprime, il l'a dans le cœur; et si je parle ainsi devant lui, c'est qu'il a la modestie d'une religieuse.

— Assez, assez, dit La Brière qui ne savait quelle contenance tenir, tu as l'air, mon cher, d'une mère qui veut marier sa fille.

— Et comment, monsieur, dit Charles Mignon en s'adressant à Canalis, pouvez-vous penser à devenir un homme politique?

— Pour un poète, c'est abdiquer, dit Modeste, la politique est la ressource des hommes positifs....

— Ah! mademoiselle, aujourd'hui la tribune est le plus grand théâtre du monde, elle a remplacé le champ-clos de la chevalerie; elle sera le rendez-vous de toutes les intelligences, comme l'armée était naguère celui de tous les courages.

Canalis enfourcha son cheval de bataille, il parla pendant dix minutes sur la vie politique : — La poésie était la préface de l'homme d'État. — Aujourd'hui, l'orateur devenait un généralisateur sublime, le pasteur des idées. — Quand le poète pouvait indiquer à son pays le chemin de l'avenir, cessait-il donc d'être lui-même? — Il cita Chateaubriand, en prétendant qu'il serait un jour plus considérable par le côté politique que par le côté littéraire. — La tribune française allait être le phare de l'Humanité. — Maintenant les luttes orales avaient remplacé celles du champ du bataille. — Telle séance de la Chambre valait Austerlitz, et les orateurs s'y montraient à la hauteur des généraux, ils y perdaient autant d'existence, de courage, de force, ils s'y usaient autant que ceux-ci à faire la guerre. — La parole n'était-elle pas une des plus effrayantes prodigalités de fluide vital que l'homme pouvait se permettre, etc., etc.

Cette improvisation composée des lieux communs modernes, mais revêtus d'expressions sonores, de mots nouveaux, et destinée à prouver que le baron de Canalis devait être un jour une des gloires de la Tribune, produisit une profonde impression sur le notaire, sur Gobenheim, sur madame de la Tournelle et sur madame Mignon. Modeste était comme à un spectacle et enthousiaste de l'acteur, absolument comme Ernest devant elle ; car, si le Référendaire savait toutes ces phrases par cœur, il écoutait par les yeux de la jeune fille en s'en éprenant à devenir fou. Pour cet amoureux vrai, Modeste venait d'éclipser les différentes Modestes qu'il avait créées en lisant ses lettres ou en y répondant.

Cette visite, dont la durée fut déterminée à l'avance par Canalis, qui ne voulait pas laisser à ses admirateurs le temps de se blaser, finit par une invitation à dîner pour le lundi suivant.

— Nous ne serons plus au chalet, dit le comte de La Bastie, il redevient l'habitation de Dumay. Je rentre dans mon ancienne maison par un contrat à réméré, de six mois de durée, que j'ai signé tout à l'heure avec monsieur Vilquin, chez mon ami Latournelle...

— Je souhaite, dit Dumay, que Vilquin ne puisse pas vous rendre la somme que vous venez de lui prêter...

— Vous serez là, dit Canalis, dans une demeure en harmonie avec votre fortune...

— Avec la fortune qu'on me suppose, répondit vivement Charles Mignon.

— Il serait malheureux, dit Canalis en se retournant vers Modeste et en faisant un salut charmant, que cette madone n'eût pas un cadre digne de ses divines perfections.

Ce fut tout ce que Canalis dit de Modeste, car il avait affecté de ne pas la regarder, et de se comporter en homme à qui toute idée de mariage était interdite.

— Ah ! ma chère madame Mignon, il a bien de l'esprit, dit la notaresse au moment où les deux Parisiens faisaient crier le sable du jardinet sous leurs pieds.

— Est-il riche? voilà la question, répondit Gobenheim.

Modeste était à la fenêtre, ne perdant pas un seul des mouvements du grand poète, et n'ayant pas un regard pour Ernest de La Brière. Quand monsieur Mignon rentra, quand Modeste, après avoir reçu le dernier salut des deux amis lorsque la calèche tourna, se fut remise à sa place, il y eut une de ces profondes discussions comme en font les gens de la province sur les gens de Paris, à une première entrevue. Gobenheim répéta son mot : — Est-il riche? au concert d'éloges que firent madame Latournelle, Modeste et sa mère.

— Riche? répondit Modeste. Et qu'importe! ne voyez-vous pas que monsieur de Canalis est un de ces hommes destinés à occuper les plus hautes places dans l'État; il a plus que de la fortune, il possède les moyens de la fortune.

— Il sera ministre ou ambassadeur, dit monsieur Mignon.

— Les contribuables pourraient tout de même avoir à payer les frais de son enterrement, dit le petit Latournelle.

— Eh! pourquoi? dit Charles Mignon.

— Il me paraît homme à manger toutes les fortunes dont les moyens lui sont si libéralement accordés par mademoiselle Modeste.

— Comment Modeste ne serait-elle pas libérale envers un poète qui la traite de madone, dit le petit Dumay fidèle à la répulsion que Canalis lui avait inspirée.

Gobenheim apprêtait la table de whist avec d'autant plus de persistance que, depuis le retour de monsieur Mignon, Latournelle et Dumay s'étaient laissés aller à jouer dix sous la fiche.

— Eh! bien, mon petit ange, dit le père à sa fille dans l'embrasure d'une fenêtre, avoue que papa pense à tout. En huit jours, si tu donnes tes ordres ce soir à ton ancienne couturière de Paris et à tous tes fournisseurs, tu pourras te montrer dans toute la splendeur d'une héritière, de même que j'aurai le temps de nous installer dans notre maison. Tu as un joli poney, songe à te faire faire un costume de cheval, le Grand-Écuyer mérite cette attention....

— D'autant plus que nous avons du monde à promener, dit Modeste sur les joues de qui reparaissaient les couleurs de la santé.

— Le secrétaire, dit madame Mignon, n'a pas dit grand'chose.

— C'est un petit sot, répondit madame Latournelle. Le poète a eu des attentions pour tout le monde. Il a su remercier Latournelle de ses soins pour la location de son pavillon en me disant qu'il semblait avoir consulté le goût d'une femme. Et l'autre restait là, sombre comme un Espagnol, les yeux fixes, ayant l'air de vouloir avaler Modeste ; s'il m'avait regardée il m'aurait fait peur.

— Il a un joli son de voix, répondit madame Mignon.

— Il sera sans doute venu prendre des renseignements sur la maison Mignon, pour le compte du poëte, dit Modeste en guignant son père, car c'est bien lui que nous avons vu dans l'église.

Madame Dumay, madame et monsieur Latournelle acceptèrent cette façon d'expliquer le voyage d'Ernest.

— Sais-tu, Ernest, s'écria Canalis à vingt pas du chalet, que je ne vois pas dans le monde, à Paris, une seule personne à marier comparable à cette adorable fille !

— Eh ! tout est dit, répliqua La Brière avec une amertume concentrée, elle t'aime, ou, si tu le veux, elle t'aimera. Ta gloire a fait la moitié du chemin. Bref, tout est à ta disposition. Tu retourneras là seul. Modeste a pour moi le plus profond mépris, elle a raison, et je ne vois pas pourquoi je me condamnerais au supplice d'aller admirer, désirer, adorer ce que je ne puis jamais posséder.

Après quelques propos de condoléance où perçait la satisfaction d'avoir fait une nouvelle édition de la phrase de César, Canalis laissa voir le désir d'en finir avec la duchesse de Chaulieu. La Brière ne pouvant supporter cette conversation, allégua la beauté d'une nuit douteuse pour se faire mettre à terre, et courut comme un insensé vers la côte où il resta jusqu'à dix heures et demie, en proie à une espèce de démence, tantôt marchant à pas précipités et se livrant à des monologues, tantôt restant debout ou s'asseyant, sans s'apercevoir de l'inquiétude qu'il donnait à deux douaniers en observation. Après avoir aimé la spirituelle instruction et la candeur agressive de Modeste, il venait de joindre l'adoration de la beauté, c'est-à-dire l'amour sans raison, l'amour inexplicable, à toutes les raisons qui l'avaient amené, dix jours auparavant, dans l'église du Hâvre. Il revint au chalet, où les chiens des Pyrénées aboyèrent tellement après lui qu'il ne put s'adonner au plaisir de contempler les fenêtres de Modeste. En amour, toutes ces choses ne comptent pas plus à l'amant que les travaux couverts par la dernière couche ne comptent au peintre ; mais elles sont tout l'amour, comme les peines enfouies sont l'art tout entier ; il en sort un grand peintre.

et un amant véritable que la femme et le public finissent, souvent trop tard, par adorer.

— Eh! bien, s'écria-t-il, je resterai, je souffrirai, je la verrai, je l'aimerai pour moi seul, égoïstement! Modeste sera mon soleil, ma vie, je respirerai par son souffle, je jouirai de ses joies, je maigrirai de ses chagrins, fût-elle la femme de cet égoïste de Canalis...

— Voilà ce qui s'appelle aimer! monsieur, dit une voix qui partit d'un buisson sur le bord du chemin. Ah! çà, tout le monde aime donc mademoiselle de La Bastie?...

Et Butscha se montra soudain, il regarda La Brière. La Brière rengaîna sa colère en toisant le nain à la clarté de la lune, et il fit quelques pas sans lui répondre.

— Entre soldats qui servent dans la même compagnie, on devrait être un peu plus camarades que ça! dit Butscha. Si vous n'aimez pas Canalis, je n'en suis pas fou non plus.

— C'est mon ami, répondit Ernest.

— Ah! vous êtes le petit secrétaire, répliqua le nain.

— Sachez, monsieur, répliqua La Brière, que je ne suis le secrétaire de personne, j'ai l'honneur d'être Conseiller à l'une des Cours suprêmes du royaume.

— J'ai l'honneur de saluer monsieur de La Brière, fit Butscha. Moi, j'ai l'honneur d'être premier clerc de maître Latournelle, conseiller suprême du Hâvre, et j'ai certes une plus belle position que la vôtre. Oui, j'ai eu le bonheur de voir mademoiselle Modeste de La Bastie presque tous les soirs, depuis quatre ans, et je compte vivre auprès d'elle comme un domestique du roi vit aux Tuileries. On m'offrirait le trône de Russie, je dirais : — J'aime trop le soleil! N'est-ce pas vous dire, monsieur, que je m'intéresse à elle plus qu'à moi-même, en tout bien, tout honneur. Croyez-vous que l'altière duchesse de Chaulieu verra d'un bon œil le bonheur de madame de Canalis, quand sa femme de chambre, amoureuse de monsieur Germain, inquiète déjà du séjour que fait au Hâvre ce charmant valet de chambre, se plaindra, tout en coiffant sa maîtresse, de...

— Comment savez-vous ces choses-là? dit La Brière en interrompant Butscha.

— D'abord, je suis clerc de notaire, répondit Butscha; mais vous n'avez donc pas vu ma bosse? elle est pleine d'inventions, monsieur. Je me suis fait le cousin de mademoiselle Philoxène

Jacmin, née à Honfleur, où naquit ma mère, une Jacmin, il y a onze branches de Jacmin à Honfleur. Donc, ma cousine, alléchée par un héritage improbable, m'a raconté bien des choses...

— La duchesse est vindicative !... dit La Brière.

— Comme une reine, m'a dit Philoxène, elle n'a pas encore pardonné à monsieur le duc de n'être que son mari, répliqua Butscha. Elle hait comme elle aime. Je suis au fait de son caractère, de sa toilette, de ses goûts, de sa religion et de ses petitesses, car Philoxène me l'a déshabillée, âme et corset. Je suis allé à l'Opéra pour voir madame de Chaulieu, je n'ai pas regretté mes dix francs (je ne parle pas du spectacle) ! Si ma prétendue cousine ne m'avait pas dit que sa maîtresse comptait cinquante printemps, j'aurais cru être bien généreux en lui en donnant trente, elle n'a pas connu d'hiver, cette duchesse-là !

— Oui, reprit La Brière, c'est un camée conservé par son caillou... Canalis serait bien embarrassé si la duchesse savait ses projets, et j'espère, monsieur, que vous en resterez là de cet espionnage indigne d'un honnête homme...

— Monsieur, reprit Butscha fièrement, pour moi, Modeste, c'est l'Etat ! Je n'espionne pas, je prévois ! La duchesse viendra, s'il le faut, ou restera dans sa tranquillité, si je le juge convenable...

— Vous?

— Moi !...

— Et par quel moyen ?... dit La Brière.

— Ah ! voilà ! dit le petit bossu qui prit un brin d'herbe. Tenez, voyez?... Ce gramen prétend que l'homme construit ses palais pour le loger, et il fait choir un jour les marbres les plus solidement assemblés, comme le peuple, introduit dans l'édifice de la Féodalité, l'a jeté par terre. La puissance du faible qui peut se glisser partout est plus grande que celle du fort qui se repose sur ses canons. Nous sommes trois Suisses qui avons juré que Modeste serait heureuse et qui vendrions notre honneur pour elle. Adieu, monsieur, si vous aimez mademoiselle de La Bastie, oubliez cette conversation, et donnez-moi une poignée de main, car vous me semblez avoir du cœur !... Il me tardait de voir le chalet, j'y suis arrivé comme *elle* soufflait sa bougie, je vous ai vu signalé par les chiens, je vous ai entendu rageant ; aussi ai-je pris la liberté de vous dire que nous servons dans le même régiment, celui de Royal-Dévouement !

— Eh! bien, répondit La Brière en serrant la main du bossu, faites-moi l'amitié de me dire si mademoiselle Modeste a jamais aimé quelqu'un d'amour avant sa correspondance secrète avec Canalis...

— Oh! s'écria sourdement Butscha. Mais le doute est une injure?... Et, maintenant encore, qui sait si elle aime? le sait-elle elle-même? Elle s'est passionnée pour l'esprit, pour le génie, pour l'âme de ce marchand de stances, de ce vendeur d'orviétan littéraire; mais elle l'étudiera, nous l'étudierons, je saurai bien faire sortir le caractère vrai de dessous la carapace de l'homme à belles manières, et nous verrons la tête menue de son ambition, de sa vanité, dit Butscha qui se frotta les mains. Or, à moins que mademoiselle n'en soit folle à en mourir...

— Oh! elle est restée en admiration devant lui comme devant une merveille! s'écria La Brière en laissant échapper le secret de sa jalousie.

— Si c'est un brave garçon, loyal, et, s'il aime, s'il est digne d'elle, reprit Butscha, s'il renonce à la duchesse, c'est la duchesse que j'entortillerai!... Tenez, mon cher monsieur, suivez ce chemin, vous allez être chez vous en dix minutes.

Butscha revint sur ses pas, et héla le pauvre Ernest qui, en sa qualité d'amoureux véritable, serait resté pendant toute la nuit à causer de Modeste.

— Monsieur, lui dit Butscha, je n'ai pas eu l'honneur de voir encore notre grand poète, je suis curieux d'observer ce magnifique phénomène dans l'exercice de ses fonctions, rendez-moi le service de venir passer la soirée après demain au chalet, restez-y longtemps, car ce n'est pas en une heure qu'un homme se développe. Je saurai, moi le premier, s'il aime, ou s'il peut aimer, ou s'il aimera mademoiselle Modeste.

— Vous êtes bien jeune pour.....

— Pour être professeur, reprit Butscha qui coupa la parole à La Brière. Eh! monsieur, les avortons naissent tous centenaires. Puis, tenez?... un malade, quand il est long-temps malade, devient plus fort que son médecin, il s'entend avec la maladie, ce qui n'arrive pas toujours aux docteurs consciencieux. Eh! bien, de même, un homme qui chérit la femme, et que la femme doit mépriser sous prétexte de laideur ou de gibbosité, finit par si bien se connaître en amour, qu'il passe séducteur, comme le malade finit par recouvrer la santé. La sottise seule est incurable... Depuis l'âge de six ans (j'en ai vingt-cinq), je n'ai ni père ni mère; j'ai la charité publique pour mère, et le procureur du roi pour père. — Soyez tranquille, dit-il à un geste d'Ernest, je suis plus gai que ma position... Eh! bien, depuis six ans que le regard insolent d'une bonne de madame Latournelle m'a dit que j'avais tort de vouloir aimer, j'aime, et j'étudie les femmes! J'ai commencé par les laides, il faut toujours attaquer le taureau par les cornes. Aussi, ai-je pris pour premier objet d'étude ma patronne qui, certes, est un ange pour moi. J'ai peut-être eu tort; mais, que voulez-vous, je l'ai passée à mon alambic, et j'ai fini par découvrir, tapie au fond de son cœur, cette pensée : — *Je ne suis pas si mal qu'on le croit!* Et, malgré sa piété profonde, en exploitant cette idée, j'aurais pu la conduire jusqu'au bord de l'abîme... pour l'y laisser!

— Et avez-vous étudié Modeste?

— Je croyais vous avoir dit, répliqua le bossu, que ma vie est à elle, comme la France est au roi! Comprenez-vous mon espionnage à Paris, maintenant? Personne que moi, ne sait tout ce qu'il y a de noblesse, de fierté, de dévouement, de grâce imprévue, d'infatigable bonté, de vraie religion, de gaieté, d'instruction, de finesse, d'affabilité dans l'âme, dans le cœur, dans l'esprit de cette adorable créature!....

Butscha tira son mouchoir pour étancher deux larmes, et La Brière lui serra la main longtemps.

— Je vivrai dans son rayonnement! ça commence à elle, et ça finit en moi, voilà comment nous sommes unis, à peu près comme l'est la nature à Dieu, par la lumière et le verbe. Adieu, monsieur! je n'ai jamais de ma vie tant bavardé; mais, en vous voyant devant ses fenêtres, j'ai deviné que vous l'aimiez à ma manière!

Sans attendre la réponse, Butscha quitta le pauvre amant à qui cette conversation avait mis je ne sais quel baume au cœur. Ernest résolut de se faire un ami de Butscha, sans se douter que la loquacité du clerc avait eu pour but principal de se ménager des intelligences chez Canalis. Dans quel flux et reflux de pensées, de résolutions, de plans de conduite, Ernest ne fut-il pas bercé avant de sommeiller!... Et son ami Canalis dormait, lui, du sommeil des triomphateurs, le plus doux des sommeils après celui des justes.

Au déjeuner, les deux amis convinrent d'aller ensemble passer, le lendemain, la soirée au chalet, et de s'initier aux douceurs d'un whist de province; mais pour brûler la journée, ils firent seller les chevaux, tous les deux pris à deux fins, et ils s'aventurèrent dans le pays qui, certes, leur était inconnu autant que la Chine; car ce qu'il y a de plus étranger en France, pour les Français, c'est la France.

En réfléchissant à sa position d'amant malheureux et méprisé, le Référendaire fit alors sur lui-même un travail quasi semblable à celui que lui avait fait faire la question posée par Modeste au commencement de leur correspondance. Quoique le malheur passe pour développer les vertus, il ne les développe que chez les gens vertueux; car ces sortes de nettoyages de conscience n'ont lieu que chez les gens naturellement propres. La Brière se promit de dévorer à la Spartiate ses douleurs, de rester digne, et de ne se laisser aller à aucune lâcheté; tandis que Canalis, fasciné par l'énormité de la dot, s'engageait lui-même à ne rien négliger pour captiver Modeste. L'égoïsme et le dévouement, le mot de ces deux caractères, arrivèrent, par une loi morale assez bizarre dans ses effets, à des moyens contraires à leur nature. L'homme personnel allait jouer l'abnégation, l'homme tout complaisance allait se réfugier sur le mont Aventin de l'orgueil. Ce phénomène s'observe également en politique. On y met fréquemment son caractère à l'envers, et il arrive souvent que le public ne sait plus quel est l'endroit.

Après dîner, les deux amis apprirent par Germain l'arrivée du Grand-Ecuyer, qui fut présenté dans cette soirée au chalet, par monsieur Latournelle. Mademoiselle d'Hérouville trouva moyen de blesser une première fois ce digne homme en le faisant prier de venir chez elle par un valet-de-pied, au lieu d'envoyer son neveu simplement chez le notaire qui, certes, aurait parlé pendant le reste de ses jours de la visite du Grand-Ecuyer. Aussi le petit notaire fit-il observer à Sa Seigneurie, quand elle lui proposa de le conduire en voiture à Ingouville, qu'il devait y mener madame Latournelle. Devinant à l'air gourmé du notaire qu'il y avait quelque faute à réparer, le duc lui dit gracieusement : — J'aurai l'honneur d'aller prendre, si vous le permettez, madame de Latournelle.

Malgré un haut-le-corps de la despotique mademoiselle d'Hérouville, le duc sortit avec le petit notaire. Ivre de joie en voyant à sa porte une calèche magnifique dont le marchepied fut abaissé par des gens à la livrée royale, la notaresse ne sut plus où prendre ses gants, son ombrelle, son ridicule et son air digne en apprenant que le Grand-Écuyer la venait chercher. Une fois dans la voiture, tout en se confondant de politesse auprès du petit duc, elle s'écria par un mouvement de bonté : — Eh ! bien, et Butscha ?

— Prenons Butscha, dit le duc en souriant.

Quand les gens du port attroupés par l'éclat de cet équipage virent ces trois petits hommes avec cette grande femme sèche, ils se regardèrent tous en riant.

— En les soudant au bout les uns des autres, ça ferait peut-être un mâle pour ste grande perche ! dit un marin bordelais.

— Avez-vous encore quelque chose à emporter, madame, demanda plaisamment le duc au moment où le valet attendit l'ordre.

— Non, monseigneur, répondit la notaresse qui devint rouge et qui regarda son mari comme pour lui dire : Qu'ai-je fait de si mal ?

— Sa Seigneurie, dit Butscha, me fait beaucoup d'honneur en me prenant pour une chose. Un pauvre clerc comme moi n'est qu'un *machin !*

Quoique ce fut dit en riant, le duc rougit et ne répondit rien. Les grands ont toujours tort de plaisanter avec leurs inférieurs. La plaisanterie est un jeu, le jeu suppose l'égalité. Aussi est-ce pour obvier aux inconvénients de cette égalité passagère que, la partie finie, les joueurs ont le droit de ne se plus connaître.

La visite du Grand-Écuyer avait pour raison ostensible une affaire colossale, la mise en valeur d'un espace immense laissé par la mer, entre l'embouchure de deux rivières, et dont la propriété venait d'être adjugée par le Conseil-d'État à la maison d'Hérouville. Il ne s'agissait de rien moins que d'appliquer des portes de flot et d'èble à deux ponts, de dessécher un kilomètre de tangues sur une largeur de trois ou quatre cents arpents, d'y creuser des canaux, et d'y pratiquer des chemins. Quand le duc d'Hérouville eut expliqué les dispositions du terrain, Charles Mignon fit observer qu'il fallait attendre que la nature eût consolidé ce sol encore mouvant par ses productions spontanées.

— Le temps qui a providentiellement enrichi votre maison, monsieur le duc, peut seul achever son œuvre, dit-il en terminant. Il serait prudent de laisser une cinquantaine d'années avant de se mettre à l'ouvrage.

— Que ce ne soit pas là votre dernier mot, monsieur le comte, dit le duc, venez à Hérouville, et voyez-y les choses par vous-même.

Charles Mignon répondit que tout capitaliste devrait examiner cette affaire à tête reposée, et donna par cette observation au duc d'Hérouville un prétexte pour venir au Chalet. La vue de Modeste fit une vive impression sur le duc, il demanda la faveur de la recevoir en disant que sa sœur et sa tante avaient entendu parler d'elle et seraient heureuses de faire sa connaissance. A cette phrase, Charles Mignon proposa de présenter lui-même sa fille en allant inviter les deux demoiselles à dîner pour le jour de sa réintégration à la villa, ce que le duc accepta. L'aspect du cordon bleu, le titre et surtout les regards extatiques du gentilhomme agirent sur Modeste ; mais elle se montra parfaite de discours, de tenue et de noblesse. Le duc se retira comme à regret en emportant une invitation de venir au Chalet tous les soirs, fondée sur l'impossibilité reconnue à un courtisan de Charles X de passer une soirée sans faire son whist. Ainsi le lendemain soir, Modeste allait voir ses trois amants réunis. Assurément, quoi qu'en disent les jeunes filles, et quoiqu'il soit dans la logique du cœur de tout sacrifier à la préférence, il est excessivement flatteur de voir autour de soi plusieurs prétentions rivales, des hommes remarquables, ou célèbres, ou d'un grand nom tâchant de briller ou de plaire. Dût Modeste y perdre, elle avoua plus tard que les sentiments exprimés dans ses lettres avaient fléchi devant le plaisir de mettre aux prises trois esprits si différents, trois hommes dont chacun, pris séparément, aurait certainement fait honneur à la famille la plus exigeante. Néanmoins cette volupté d'amour-propre fut dominée chez elle par la misanthropique malice qu'avait engendrée la blessure affreuse qui déjà lui semblait seulement un mécompte. Aussi lorsque le père dit en souriant : — Eh! bien, Modeste, veux-tu devenir duchesse?

— Le malheur m'a rendue philosophe, répondit-elle en faisant une révérence moqueuse.

— Vous ne serez que baronne?.. lui demanda Butscha.

— Ou vicomtesse, répliqua le père.

— Comment cela? dit vivement Modeste.

— Mais si tu agréais monsieur de la Brière, il aurait bien assez de crédit pour obtenir du Roi la succession de mes titres et de mes armes...

— Oh! dès qu'il s'agit de se déguiser, celui-là ne fera pas de façons, répondit amèrement Modeste.

Butscha ne comprit rien à cette épigramme dont le sens ne

pouvait être deviné que par madame et monsieur Mignon et par Dumay.

— Dès qu'il s'agit de mariage, tous les hommes se déguisent, répondit madame Latournelle, et les femmes leur en donnent l'exemple. J'entends dire depuis que je suis au monde : « monsieur ou mademoiselle une telle a fait un bon mariage ! » il faut donc que l'autre l'ait fait mauvais ?

— Le mariage, dit Butscha, ressemble à un procès ; il s'y trouve toujours une partie de mécontente ; et si l'une dupe l'autre, la moitié des mariés joue certainement la comédie aux dépens de l'autre.

— Et vous concluez, sire Butscha ? dit Modeste.

— A l'attention la plus sévère sur les manœuvres de l'ennemi, répondit le clerc.

— Que t'ai-je dit, ma mignonne, dit Charles Mignon en faisant allusion à sa scène avec sa fille au bord de la mer.

— Les hommes pour se marier, dit Latournelle, jouent autant de rôles que les mères en font jouer à leurs filles pour s'en débarrasser.

— Vous permettez alors le stratagème, dit Modeste.

— De part et d'autre, s'écria Gobenheim, la partie est alors égale.

Cette conversation se faisait, comme on dit familièrement, à bâtons rompus, à travers la partie et au milieu des appréciations que chacun se permettait de monsieur d'Hérouville qui fut trouvé très-bien par le petit notaire, par le petit Dumay, par le petit Butscha.

— Je vois, dit madame Mignon avec un sourire, que madame Latournelle et mon pauvre mari sont ici les monstruosités.

— Heureusement pour lui, le colonel n'est pas d'une haute taille, répondit Butscha pendant que son patron donnait les cartes, car un homme grand et spirituel est toujours une exception.

Sans cette petite discussion sur la légalité des ruses matrimoniales, peut-être taxerait-on de longueur le récit de la soirée impatiemment attendue par Butscha ; mais, la fortune pour laquelle tant de lâchetés secrètes se commirent, prêtera peut-être aux minutes de la vie privée l'immense intérêt que développera toujours le sentiment social si franchement défini par Ernest dans sa réponse à Modeste.

Dans la matinée, arriva Desplein qui ne resta que le temps

18.

d'envoyer chercher les chevaux de la poste du Havre et de les atteler, environ une heure. Après avoir examiné madame Mignon, il décida que la malade recouvrerait la vue, et il fixa le moment opportun pour l'opération à un mois de là. Naturellement cette importante consultation eut lieu devant les habitants du Chalet, tous palpitants et attendant l'arrêt du prince de la science. L'illustre membre de l'Académie des Sciences fit à l'aveugle une dizaine de questions brèves en en étudiant les yeux au grand jour de la fenêtre. Étonnée de la valeur que le temps avait pour cet homme si célèbre, Modeste aperçut la calèche de voyage pleine de livres que le savant se proposait de lire en retournant à Paris, car il était parti la veille au soir, employant ainsi la nuit et à dormir et à voyager. La rapidité, la lucidité des jugements que Desplein portait sur chaque réponse de madame Mignon, son ton bref, ses manières, tout donna pour la première fois à Modeste des idées justes sur les hommes de génie. Elle entrevit d'énormes différences entre Canalis, homme secondaire, et Desplein, homme plus que supérieur. L'homme de génie a dans la conscience de son talent et dans la solidité de la gloire comme une garenne où son orgueil légitime s'exerce et prend l'air sans gêner personne. Puis, sa lutte constante avec les hommes et les choses ne lui laissent pas le temps de se livrer aux coquetteries que se permettent les héros de la mode qui se hâtent de récolter les moissons d'une saison fugitive, et dont la vanité, l'amour-propre ont l'exigence et les taquineries d'une douane âpre à percevoir ses droits sur tout ce qui passe à sa portée. Modeste fut d'autant plus enchantée de ce grand praticien qu'il parut frappé de l'exquise beauté de Modeste, lui entre les mains de qui tant de femmes passaient et qui, depuis long-temps les examinait en quelque sorte à la loupe et au scalpel.

— Ce serait en vérité bien dommage, dit-il avec ce ton de galanterie qu'il savait prendre et qui contrastait avec sa prétendue brusquerie, qu'une mère fut privée de voir une si charmante fille.

Modeste voulut servir elle-même le simple déjeuner que le grand chirurgien accepta. Elle accompagna, de même que son père et Dumay, le savant attendu par tant de malades jusqu'à la calèche qui stationnait à la petite porte; et là, l'œil doré par l'espérance, elle dit encore à Desplein : — Ainsi, ma chère maman me verra!

— Oui, mon petit feu follet, je vous le promets, répondit-il en souriant, et je suis incapable de vous tromper, car moi aussi j'ai une fille !...

Les chevaux emportèrent Desplein sur ce mot qui fut plein d'une grâce inattendue. Rien ne charme plus que l'imprévu particulier aux gens de talent.

Cette visite fut l'événement du jour, elle laissa dans l'âme de Modeste une trace lumineuse. La jeune enthousiaste admira naïvement cet homme dont la vie appartenait à tous, et chez qui l'habitude de s'occuper des douleurs physiques avait détruit les manifestations de l'égoïsme. Le soir, quand Gobenheim, les Latournelle et Butscha, Canalis, Ernest et le duc d'Hérouville furent réunis, chacun complimenta la famille Mignon de la bonne nouvelle donnée par Desplein. Naturellement alors la conversation où domina la Modeste que ses lettres ont révélée, se porta sur cet homme dont le génie était, malheureusement pour sa gloire, appréciable seulement par la tribu des savants et de la Faculté. Gobenheim laissa échapper cette phrase qui, de nos jours, est la Sainte-Ampoule du génie au sens des économistes et des banquiers : — Il gagne un argent fou !

— On le dit très-intéressé, répondit Canalis.

Les louanges données à Desplein par Modeste incommodaient le poëte. La Vanité procède comme la Femme. Toutes deux elles croient perdre quelque chose à l'éloge et à l'amour accordés à autrui. Voltaire était jaloux de l'esprit d'un roué que Paris admira deux jours, de même qu'une duchesse s'offense d'un regard jeté sur sa femme de chambre. L'avarice de ces deux sentiments est telle qu'ils se trouvent volés de la part faite à un pauvre.

— Croyez-vous, monsieur, demanda Modeste en souriant, qu'on doive juger le génie avec la mesure ordinaire ?

— Il faudrait peut-être avant tout, répondit Canalis, définir l'homme de génie, et l'une de ses conditions est l'invention : invention d'une forme, d'un système ou d'une force. Ainsi Napoléon fut inventeur, à part ses autres conditions de génie. Il a inventé sa méthode de faire la guerre. Walter Scott est un inventeur, Linnée est un inventeur, Geoffroy Saint-Hilaire et Cuvier sont des inventeurs. De tels hommes sont hommes de génie au premier chef. Ils renouvellent, augmentent ou modifient la science ou l'art. Mais Desplein est un homme dont l'immense talent consiste à bien appliquer des lois déjà trouvées, à observer, par un don naturel, les désinences de chaque tempérament et l'heure marquée par la nature pour faire une opération. Il n'a pas fondé, comme Hippocrate, la science elle-même. Il n'a pas trouvé de système comme Galien, Broussais ou Rasori. C'est un génie exécutant comme Moschelès sur le piano, Paganini sur le violon, comme Farinelli sur son larynx! gens qui développent d'immenses facultés, mais qui ne créent pas de musique. Entre Beethowen et la Catalani, vous me permettrez de décerner à l'un l'immortelle couronne du génie et du martyre, et à l'autre beaucoup de pièces de cent sous; avec l'une nous sommes quittes, tandis que le monde reste toujours le débiteur de l'autre! Nous nous endettons chaque jour avec Molière, et nous avons trop payé Baron.

— Je crois, mon ami, que tu fais la part des idées trop belle, dit La Brière d'une voix douce et mélodieuse qui produisit un soudain contraste avec le ton péremptoire du poète dont l'organe flexible avait quitté le ton de la câlinerie pour le ton magistral de la Tribune. Le génie doit être estimé, surtout, en raison de son utilité. Parmentier, Jacquart et Papin, à qui l'on élèvera des statues quelque jour, sont aussi des gens de génie. Ils ont changé ou changeront la face des États en un sens. Sous ce rapport, Desplein se présentera toujours aux yeux des penseurs, accompagné d'une génération tout entière dont les larmes, dont les souffrances auront cessé sous sa main puissante...

Il suffisait que cette opinion fût émise par Ernest pour que Modeste voulût la combattre.

— A ce compte, dit-elle, monsieur, celui qui trouverait le moyen de faucher le blé sans gâter la paille, par une machine qui ferait l'ouvrage de dix moissonneurs, serait un homme de génie?

— Oh! oui, ma fille, dit madame Mignon, il serait béni du pauvre dont le pain coûterait alors moins cher, et celui que bénissent les pauvres est béni de Dieu!

— C'est donner le pas à l'utile sur l'art, répondit Modeste en hochant la tête.

— Sans l'utile, dit Charles Mignon, où prendrait-on l'art? sur quoi s'appuierait, de quoi vivrait, où s'abriterait et qui payerait le poète?

— Oh! mon cher père, cette opinion est bien capitaine au long cours, épicier, bonnet de coton !... Que Gobenheim et monsieur le Référendaire, dit-elle en montrant La Brière, qui sont intéressés à la solution de ce problème social, le soutiennent, je le conçois ; mais vous, dont la vie a été la poésie la plus inutile de ce siècle, puisque votre sang répandu sur l'Europe, et vos énormes souffrances exigées par un colosse, n'ont pas empêché la France de perdre dix départements acquis par la République, comment donnez-vous dans ce raisonnement excessivement *perruque*, comme disent les romantiques ?.... On voit bien que vous revenez de la Chine.

L'irrévérence des paroles de Modeste fut aggravée par un petit ton méprisant et dédaigneux qu'elle prit à dessein et dont s'étonnèrent également madame Latournelle, madame Mignon et Dumay. Madame Latournelle n'y voyait pas clair tout en ouvrant les yeux. Butscha, dont l'attention était comparable à celle d'un espion, regarda d'une manière significative monsieur Mignon en lui voyant le visage coloré par une vive et soudaine indignation.

— Encore un peu, mademoiselle, et vous alliez manquer de respect à votre père, dit en souriant le colonel éclairé par le regard de Butscha. Voilà ce que c'est que de gâter ses enfants.

— Je suis fille unique !.... répondit-elle insolemment.

— Unique ! répéta le notaire en accentuant ce mot.

— Monsieur, répondit sèchement Modeste à Latournelle, mon père est très-heureux que je me fasse son précepteur, il m'a donné la vie, je lui donne le savoir, il me redevra quelque chose.

— Il y a manière, et surtout l'occasion, dit madame Mignon.

— Mais mademoiselle a raison, reprit Canalis en se levant et se posant à la cheminée dans l'une des plus belles attitudes de sa collection de mines. Dieu, dans sa prévoyance, a donné des aliments et des vêtements à l'homme, et il ne lui a pas directement donné l'art ! Il a dit à l'homme : — « Pour vivre, tu te courberas vers la terre ; pour penser, tu t'élèveras vers moi ! » Nous avons autant besoin de la vie de l'âme que de celle du corps. De là, deux utilités. Ainsi, bien certainement l'on ne se chausse pas d'un livre. Un chant d'épopée ne vaut pas, au point de vue utilitaire, une soupe économique du bureau de bienfaisance. La plus belle idée remplacerait difficilement la voile d'un vaisseau. Certes, une marmite autoclave, en se soulevant de deux pouces sur elle-même, nous procure le calicot à cinq sous le mètre meilleur marché ; mais cette machine et les perfections de l'industrie ne soufflent pas la vie à un peuple, et ne diront pas à l'avenir qu'il a existé; tandis que l'art égyptien, l'art mexicain, l'art grec, l'art romain avec leurs chefs-d'œuvre taxés d'inutiles, ont attesté l'existence de ces peuples dans le vaste espace du temps, là où de grandes nations intermédiaires dénuées d'hommes de génie ont disparu, sans laisser sur le globe leur carte de visite! Toutes les œuvres du génie sont le *summum* d'une civilisation, et présupposent une immense utilité. Certes, une paire de bottes ne l'emporte pas à vos yeux sur une pièce de théâtre, et vous ne préférerez pas un moulin à l'église de Saint-Ouen? Eh! bien, un peuple est animé du même sentiment qu'un homme, et l'homme a pour idée favorite de se survivre à lui-même moralement comme il se reproduit physiquement. La survie d'un peuple est l'œuvre de ses hommes de génie. En ce moment, la France prouve énergiquement la vérité de cette thèse. Assurément, elle est primée en industrie, en commerce, en navigation par l'Angleterre; et, néanmoins, elle est, je le crois, à la tête du monde par ses artistes, par ses hommes de talent, par le goût de ses produits. Il n'est pas d'artiste ni d'intelligence qui ne vienne demander à Paris ses lettres de maîtrise. Il n'y a d'école de peinture en ce moment qu'en France, et nous règnerons par le Livre peut-être plus sûrement, plus long-temps que par le Glaive. Dans le système d'Ernest, on supprimerait les fleurs de luxe, la beauté de la femme, la musique, la peinture et la poésie, assurément la Société ne serait pas renversée, mais je demande qui voudrait accepter la vie ainsi? Tout ce qui est utile est affreux et laid. La cuisine est indispensable dans une maison; mais vous vous gardez bien d'y séjourner, et vous vivez dans un salon que vous ornez, comme l'est celui-ci, de choses parfaitement superflues. A quoi ces charmantes peintures, ces bois façonnés servent-ils? Il n'y a de beau que ce qui nous semble inutile! Nous avons nommé le Seizième siècle, la Renaissance, avec une admirable justesse d'expression. Ce siècle fut l'aurore d'un monde nouveau, les hommes en parleront encore qu'on ne se souviendra plus de quelques siècles antérieurs, dont tout le mérite sera d'avoir existé, comme ces millions d'êtres qui ne comptent pas dans une génération!

— Guenille soit, ma guenille m'est chère! répondit assez plaisamment le duc d'Hérouville pendant le silence qui suivit cette prose pompeusement débitée.

— L'art qui, selon vous, dit Butscha en s'attaquant à Canalis, serait la sphère dans laquelle le génie est appelé à faire ses évolutions, existe-t-il? N'est-ce pas un magnifique mensonge auquel l'homme social a la manie de croire? Qu'ai-je besoin d'avoir un paysage de Normandie dans ma chambre quand je puis l'aller voir très-bien réussi par Dieu? Nous avons dans nos rêves des poèmes plus beaux que l'Iliade. Pour une somme peu considérable, je puis trouver à Valognes, à Carentan, comme en Provence, à Arles, des Vénus tout aussi belles que celles de Titien. La *Gazette des Tribunaux* publie des romans autrement faits que ceux de Walter Scott, qui se dénouent terriblement, avec du vrai sang et non avec de l'encre. Le bonheur et la vertu sont au-dessus de l'art et du génie.

— Bravo! Butscha, s'écria madame Latournelle.

— Qu'a-t-il dit? demanda Canalis à La Brière en cessant de recueillir dans les yeux et dans l'attitude de Modeste les charmants témoignages d'une admiration naïve.

Le mépris qu'avait essuyé La Brière, et surtout l'irrespectueux discours de la fille au père, contristaient tellement ce pauvre jeune homme, qu'il ne répondit pas à Canalis; ses yeux, douloureusement attachés sur Modeste, accusaient une méditation profonde. L'argumentation du clerc fut reproduite avec esprit par le duc d'Hérouville, qui finit en disant que les extases de sainte Thérèse étaient bien supérieures aux créations de lord Byron.

— Oh! monsieur le duc, répondit Modeste, c'est une poésie entièrement personnelle, tandis que le génie de Byron ou celui de Molière profite au monde...

— Mets-toi donc d'accord avec monsieur le baron, répondit vivement Charles Mignon. Tu veux maintenant que le génie soit utile, absolument comme le coton; mais tu trouveras peut-être la logique aussi perruque, aussi vieille que ton pauvre bonhomme de père.

Butscha, La Brière et madame de Latournelle échangèrent des regards à demi moqueurs qui poussèrent Modeste d'autant plus avant dans la voie de l'irritation qu'elle resta court pendant un moment.

— Mademoiselle, rassurez-vous? dit Canalis en lui souriant, nous ne sommes ni battus ni pris en contradiction. Toute œuvre d'art, qu'il s'agisse de la littérature, de la musique, de la peinture, de la sculpture ou de l'architecture, implique une utilité sociale positive, égale à celle de tous les autres produits commerciaux. L'art est le commerce par excellence, il le sous-entend. Un livre, aujourd'hui, fait empocher à son auteur quelque chose comme dix mille francs, et sa fabrication suppose l'imprimerie, la papeterie, la librairie, la fonderie, c'est-à-dire des milliers de bras en action. L'exécution d'une symphonie de Beethoven ou d'un opéra de Rossini demande tout autant de bras, de machines et de fabrications. Le prix d'un monument répond encore plus brutalement à l'objection. Aussi peut-on dire que les œuvres du génie ont une base extrêmement coûteuse, et nécessairement profitable à l'ouvrier.

Établi sur cette thèse, Canalis parla pendant quelques instants avec un grand luxe d'images et en se complaisant dans sa phrase; mais il lui arriva, comme à beaucoup de grands parleurs, de se trouver dans sa conclusion au point de départ de la conversation, et du même avis que La Brière, sans s'en apercevoir.

— Je vois avec plaisir, mon cher baron, dit finement le petit duc d'Hérouville, que vous serez un grand ministre constitutionnel.

— Oh! dit Canalis avec un geste de grand homme, que prouvons-nous dans toutes nos discussions? l'éternelle vérité de cet axiome : tout est vrai et tout est faux! Il y a pour les vérités morales, comme pour les créatures, des milieux où elles changent d'aspect au point d'être méconnaissables.

— La société vit de choses jugées, dit le duc d'Hérouville.

— Quelle légèreté! dit tout bas madame Latournelle à son mari.

— C'est un poète, répondit Gobenheim qui entendit le mot.

Canalis, qui se trouvait à dix lieues au-dessus de ses auditeurs et qui peut-être avait raison dans son dernier mot philosophique, prit pour des symptômes d'ignorance l'espèce de froid peint sur toutes les figures; mais il se vit compris par Modeste, et il resta content, sans deviner combien le monologue est blessant pour des provinciaux dont la principale occupation est de démontrer aux Parisiens l'existence, l'esprit et la sagesse de la province.

— Y a-t-il long-temps que vous n'avez vu la duchesse de Chaulieu? demanda le duc à Canalis pour changer de conversation.

— Je l'ai quittée il y a six jours, répondit Canalis.

— Elle va bien? reprit le duc.

— Parfaitement bien.

— Ayez la bonté de me rappeler à son souvenir quand vous lui écrirez.

— Oh! la dit charmante, reprit Modeste en s'adressant au duc.

— Monsieur le baron, répondit le Grand-Écuyer, peut en parler plus savamment que moi.

— Plus que charmante, dit Canalis en acceptant la perfidie de monsieur d'Hérouville; mais je suis partial, mademoiselle, c'est mon amie depuis dix ans; je lui dois tout ce que je puis avoir de bon, elle m'a préservé des dangers du monde. Enfin, monsieur le duc de Chaulieu lui-même m'a fait entrer dans la voie où je suis. Sans la protection de cette famille, le roi, les princesses auraient pu souvent oublier un pauvre poète comme moi; aussi mon affection sera-t-elle toujours pleine de reconnaissance.

Ceci fut dit avec des larmes dans la voix.

— Combien nous devons aimer celle qui vous a dicté tant de chants sublimes, et qui vous inspire un si beau sentiment, dit Modeste attendrie. Peut-on concevoir un poète sans muse?

— Il serait sans cœur, il ferait des vers secs comme ceux de Voltaire qui n'a jamais aimé que Voltaire, répondit Canalis.

— Ne m'avez-vous pas fait l'honneur de me dire à Paris, demanda le Breton à Canalis, que vous n'éprouviez aucun des sentiments que vous exprimez?

— La botte est droite, mon brave soldat, répondit le poète en souriant, mais apprenez qu'il est permis d'avoir à la fois beaucoup de cœur et dans la vie intellectuelle et dans la vie réelle. On peut exprimer de beaux sentiments sans les éprouver, et les éprouver sans pouvoir les exprimer. La Brière, mon ami que voici, aime à en perdre l'esprit, dit-il avec générosité en regardant Modeste; moi, qui certes aime autant que lui, je crois, à moins de me faire illusion, que je pourrais donner à mon amour une forme littéraire en harmonie avec sa puissance; mais je ne réponds pas, mademoiselle, dit-il en se tournant vers Modeste avec une grâce un peu trop cherchée, de ne pas être demain sans esprit...

Ainsi, le poète triomphait de tout obstacle, il brûlait en l'honneur de son amour les bâtons qu'on lui jetait entre les jambes, et Modeste restait ébahie de cet esprit parisien qu'elle ne connaissait pas et qui brillantait les déclamations du discoureur.

— Quel sauteur! dit Butscha dans l'oreille du petit Latournelle après avoir entendu la plus magnifique tirade sur la religion catholique et sur le bonheur d'avoir pour épouse une femme pieuse, servie en réponse à un mot de madame Mignon.

Modeste eut sur les yeux comme un bandeau; le prestige du débit et l'attention qu'elle prêtait à Canalis, par parti pris, l'empêcha de voir ce que Butscha remarquait soigneusement, la déclamation, le défaut de simplicité, l'emphase substituée au sentiment et toutes les incohérences qui dictèrent au clerc son mot un peu trop cruel. Là où monsieur Mignon, Dumay, Butscha, Latournelle s'étonnaient de l'inconséquence de Canalis sans tenir compte de l'inconséquence d'une conversation, toujours si capricieuse en France, Modeste admirait la souplesse du poète, et se disait en l'entraînant avec elle dans les chemins tortueux de sa fantaisie : « Il m'aime ! » Butscha, comme tous les spectateurs de ce qu'il faut appeler cette *représentation,* fut frappé du défaut principal des égoïstes que Canalis laisse un peu trop voir, comme tous les gens habitués à pérorer dans les salons. Soit qu'il comprît d'avance ce que l'interlocuteur voulait dire, soit qu'il n'écoutât point, ou soit qu'il eût la faculté d'écouter tout en pensant à autre chose, Melchior offrait ce visage distrait qui déconcerte la parole autant qu'il blesse la vanité. Ne pas écouter est non-seulement un manque de politesse, mais encore une marque de mépris. Or Canalis pousse un peu loin cette habitude, car souvent il oublie de répondre à un discours qui veut une réponse, et passe sans aucune transition polie au sujet dont il se préoccupe. Si d'un homme haut placé, cette impertinence s'accepte sans protêt, elle engendre au fond des cœurs un levain de haine et de vengeance; mais d'un égal, elle va jusqu'à dissoudre l'amitié. Quand, par hasard, Melchior se force à écouter, il tombe dans un autre défaut, il ne fait que se prêter, il ne se donne pas. Sans être aussi choquant, ce demi-sacrifice indispose tout autant l'écouteur et le laisse mécontent. Rien ne rapporte plus dans *le commerce du monde* que l'aumône de l'attention. A bon entendeur, salut ! n'est pas seulement un précepte évangélique, c'est encore une excellente spéculation; observez-le, on vous passera tout, jusqu'à des vices. Canalis prit beaucoup sur lui dans l'intention de plaire à Modeste ; mais, s'il fut complaisant pour elle, il redevint souvent lui-même avec les autres.

Modeste, impitoyable pour les dix martyrs qu'elle faisait, pria Canalis de lire une de ses pièces de vers, elle voulait un échantillon du talent de lecture si vanté. Canalis prit le volume que lui tendit Modeste et roucoula, tel est le mot propre, celle de ses poésies qui passe pour être la plus belle, une imitation des *Amours des anges* de Moore, intitulée Vitalis, que mesdames Latournelle et Dumay, Gobenheim et le caissier accueillirent par quelques bâillements.

— Si vous jouez bien au whist, monsieur, dit Gobenheim en présentant cinq cartes mises en éventail, je n'aurai jamais vu d'homme aussi accompli que vous...

Cette question fit rire, car elle fut la traduction des idées de chacun.

— Je le joue assez, pour pouvoir vivre en province le reste de mes jours, répondit Canalis. Voici sans doute plus de littérature et de conversation qu'il n'en faut à des joueurs de whist, ajouta-t-il avec impertinence en jetant son volume sur la console.

Ce détail indique les dangers que court le héros d'un salon à sortir, comme Canalis, de sa sphère; il ressemble alors à l'acteur chéri d'un certain public, dont le talent se perd en quittant son cadre et abordant un théâtre supérieur.

On mit ensemble le baron et le duc; Gobenheim fut le partenaire de Latournelle. Modeste vint se placer auprès du poète, au grand désespoir du pauvre Ernest qui suivait sur le visage de la capricieuse jeune fille les progrès de la fascination exercée par Canalis. La Brière ignorait le don de séduction que possédait Melchior et que la nature a souvent refusé aux êtres vrais, assez généralement timides. Ce don exige une hardiesse, une vivacité de moyens qu'on pourrait appeler la voltige de l'esprit; il comporte même un peu de mimique; mais n'y a-t-il pas toujours, moralement parlant, un comédien dans un poète? Entre exprimer des sentiments qu'on n'éprouve pas, mais dont on conçoit toutes les variantes, et les feindre quand on en a besoin pour obtenir un succès sur le théâtre de la vie privée, la différence est grande; néanmoins, si l'hypocrisie nécessaire à l'homme du monde a gangrené le poète, il arrive à transporter les facultés de son talent dans l'expression d'un sentiment nécessaire, comme le grand homme voué à la solitude finit par transborder son cœur dans son esprit.

— Il travaille pour les millions, se disait douloureusement La Brière, et il jouera si bien la passion que Modeste y croira!

Et au lieu de se montrer plus aimable et plus spirituel que son rival, La Brière imita le duc d'Hérouville, il resta sombre, inquiet, attentif; mais là où l'homme de cour étudiait les incartades de la jeune héritière, Ernest fut en proie aux douleurs d'une jalousie noire et concentrée, il n'avait pas encore obtenu un regard de son idole. Il sortit, pour quelques instants, avec Butscha.

— C'est fini, dit-il, elle est folle de lui, je suis plus que désagréable, et d'ailleurs elle a raison ! Canalis est charmant, il a de l'esprit dans son silence, de la passion dans les yeux, de la poésie dans ses amplifications.....

— Est-ce un honnête homme ? demanda Butscha.

— Oh! oui, répondit La Brière. Il est loyal, chevaleresque, et capable de perdre, soumis à l'influence d'une Modeste, les petits travers que lui a donnés madame de Chaulieu....

— Vous êtes un brave garçon, dit le petit bossu. Mais est-il capable d'aimer, et l'aimera-t-il ?

— Je ne sais pas, répondit La Brière. A-t-elle parlé de moi ? demanda-t-il après un moment de silence.

— Oui, dit Butscha qui redit à La Brière le mot échappé à Modeste sur les déguisements.

Le Référendaire alla se jeter sur un banc, et s'y cacha la tête dans ses mains; il ne pouvait retenir ses larmes et ne voulait pas les laisser voir à Butscha ; mais le nain était homme à les deviner.

— Qu'avez-vous, monsieur ? demanda Butscha.

— Elle a raison !... dit La Brière en se relevant brusquement, je suis un misérable...

Il raconta la tromperie à laquelle l'avait convié Canalis ; mais en faisant observer à Butscha qu'il avait voulu détromper Modeste avant qu'elle ne se fût démasquée, et il se répandit en apostrophes assez enfantines sur le malheur de sa destinée. Butscha reconnut sympathiquement l'amour dans sa vigoureuse et sapide naïveté, dans ses vraies, dans ses profondes anxiétés.

— Mais pourquoi, dit-il au Référendaire, ne vous développez-vous pas devant mademoiselle Modeste, et laissez-vous votre rival faire ses exercices.....

— Ah ! vous n'avez donc pas senti, lui dit La Brière, votre gorge se serrer dès qu'il s'agit de lui parler.... Vous ne sentez donc rien dans la racine de vos cheveux, rien à la surface de la peau, quand elle vous regarde, ne fût-ce que d'un œil distrait....

— Mais vous avez eu assez de jugement pour être d'une tristesse morne quand elle a, en quelque sorte, dit à son digne père : — Vous êtes une ganache.

— Monsieur, je l'aime trop pour ne pas avoir senti comme la lame d'un poignard entrer dans mon cœur, en l'entendant ainsi donner un démenti aux perfections que je lui trouve.

— Canalis, lui, l'a justifiée, répondit Butscha.

— Si elle avait plus d'amour-propre que de cœur, elle ne serait pas regrettable, répliqua La Brière.

En ce moment Modeste, suivie de Canalis qui venait de perdre, sortit avec son père et madame Dumay, pour respirer l'air d'une nuit étoilée. Pendant que sa fille se promenait avec le poète, Charles Mignon se détacha d'elle pour venir auprès de La Brière.

— Votre ami, monsieur, aurait dû se faire avocat, dit-il en souriant et regardant le jeune homme avec attention.

— Ne vous hâtez pas de juger un poète avec la sévérité que vous pourriez avoir pour un homme ordinaire, comme moi par exemple, monsieur le comte, répondit La Brière. Le poète a sa mission. Il est destiné par sa nature à voir la poésie des questions, de même qu'il exprime celle de toute chose; aussi, là où vous le croyez en opposition avec lui-même, est-il fidèle à sa vocation. C'est le peintre, faisant également bien une madone et une courtisane. Molière a raison dans ses personnages de vieillard et dans ceux de ses jeunes gens, et Molière avait certes le jugement sain. Ces jeux de l'esprit, corrupteurs chez les hommes secondaires, n'ont aucune influence sur le caractère chez les vrais grands hommes.

Charles Mignon serra la main à La Brière, en lui disant : — Cette facilité pourrait néanmoins servir à se justifier à soi-même des actions diamétralement opposées, surtout en politique.

— Ah! mademoiselle, répondait en ce moment Canalis d'une voix câline à une malicieuse observation de Modeste, ne croyez pas que la multiplicité des sensations ôte la moindre force aux sentiments. Les poètes, plus que les autres hommes, doivent aimer avec constance et foi. D'abord ne soyez pas jalouse de ce qu'on appelle la Muse. Heureuse la femme d'un homme occupé! Si vous entendiez les plaintes des femmes qui subissent le poids de l'oisiveté des maris sans fonctions ou à qui la richesse laisse de grands loisirs, vous sauriez que le principal bonheur d'une Parisienne est la liberté, la royauté chez elle. Or, nous autres, nous laissons prendre à une femme le sceptre chez nous, car il nous est impossible de descendre à la tyrannie exercée par les petits esprits. Nous avons mieux à faire.... Si jamais je me mariais, ce qui, je vous le jure, est une catastrophe très-éloignée pour moi, je voudrais que ma femme eût la liberté morale que garde une maîtresse et qui peut-être est la source où elle puise toutes ses séductions.

Canalis déploya sa verve et ses grâces en parlant amour, mariage, adoration de la femme, en controversant avec Modeste jusqu'à ce que monsieur Mignon qui vint les rejoindre, eut trouvé, dans un moment de silence, l'occasion de prendre sa fille par le bras et de l'amener devant Ernest à qui le digne soldat avait conseillé de tenter une explication.

— Mademoiselle, dit Ernest d'une voix altérée, il m'est impossible de rester sous le poids de votre mépris. Je ne me défends pas, je ne cherche pas à me justifier, je veux seulement vous faire observer qu'avant de lire votre flatteuse lettre adressée à la personne, et non plus au poète, la dernière enfin, je voulais, et je vous l'ai fait savoir par un mot écrit du Havre, dissiper l'erreur où vous étiez. Tous les sentiments que j'ai eu le bonheur de vous exprimer sont sincères. Une espérance à lui pour moi quand, à Paris, monsieur votre père s'est dit pauvre; mais, maintenant, si tout est perdu, si je n'ai plus que des regrets éternels, pourquoi resterais-je ici où tout est supplice pour moi?... Laissez-moi donc emporter un sourire de vous, il sera gravé dans mon cœur.

— Monsieur, répondit Modeste qui parut froide et distraite, je ne suis pas la maîtresse ici; mais, certes, je serais au désespoir d'y retenir ceux qui n'y trouvent ni plaisir, ni bonheur.

Elle laissa le Référendaire en prenant le bras de madame Dumay pour rentrer. Quelques instants après tous les personnages de cette scène domestique, de nouveau réunis au salon, furent assez surpris de voir Modeste assise auprès du duc d'Hérouville, et coquetant avec lui comme aurait pu le faire la plus rusée Parisienne; elle s'intéressait à son jeu, lui donnait les conseils qu'il demandait, et trouva l'occasion de lui dire des choses flatteuses en élevant le hasard de la noblesse sur la même ligne que les hasards du talent et de la beauté. Canalis savait ou croyait savoir la raison de ce changement, il avait voulu piquer Modeste en traitant le mariage de catastrophe et en s'en montrant éloigné; mais, comme tous ceux qui jouent avec le feu, ce fut lui qui se brûla. La fierté de Modeste, son dédain alarmèrent le poète, il revint à elle en donnant le spectacle d'une jalousie d'autant plus visible qu'elle était jouée. Modeste, implacable comme les anges, savoura le plaisir que lui causait l'exercice de son pouvoir, et naturellement elle en abusa. Le duc d'Hérouville n'avait jamais connu pareille fête : une femme lui souriait! A onze heures du soir, heure indue au Chalet, les trois prétendus sortirent, le duc en trouvant Modeste charmante, Canalis en la trouvant excessivement coquette, et La Brière navré de sa dureté.

Pendant huit jours l'héritière fut avec ses trois prétendus ce qu'elle avait été durant cette soirée, en sorte que le poète parut l'emporter sur ses rivaux, malgré les boutades et les fantaisies qui donnaient de temps en temps de l'espoir au duc d'Hérouville. Les irrévérences de Modeste envers son père, les libertés excessives qu'elle prenait avec lui ; ses impatiences avec sa mère aveugle en lui rendant comme à regret ces petits services qui naguères étaient le triomphe de sa piété filiale, semblaient être l'effet d'un caractère fantasque et d'une gaîté tolérée dès l'enfance. Quand Modeste allait trop loin, elle se faisait de la morale à elle-même, et attribuait ses légèretés, ses incartades à son esprit d'indépendance. Elle avouait au duc et à Canalis son peu de goût pour l'obéissance, et le regardait comme un obstacle réel à son établissement, en interrogeant ainsi le moral de ses prétendus, à la manière de ceux qui trouent la terre pour en ramener de l'or, du charbon, du tuf ou de l'eau.

— Je ne trouverai jamais, disait-elle la veille du jour où l'installation de la famille à la Villa devait avoir lieu, de mari qui supportera mes caprices avec la bonté de mon père qui ne s'est jamais démenti, avec l'indulgence de mon adorable mère.

— Ils se savent aimés, mademoiselle, dit La Brière.

— Soyez sûre, mademoiselle, que votre mari connaîtra toute la valeur de son trésor, ajouta le duc.

— Vous avez plus d'esprit et de résolution qu'il n'en faut pour discipliner un mari, dit Canalis en riant.

Modeste sourit comme Henri IV dut sourire après avoir révélé, par trois réponses à une question insidieuse, le caractère de ses trois principaux ministres à un ambassadeur étranger.

Le jour du dîner, Modeste, entraînée par la préférence qu'elle accordait à Canalis, se promena long-temps seule avec lui sur le terrain sablé qui se trouvait entre la maison et le boulingrin orné de fleurs. Aux gestes du poète, à l'air de la jeune héritière, il était facile de voir qu'elle écoutait favorablement Canalis ; aussi, les deux demoiselles d'Hérouville vinrent-elles interrompre ce scandaleux tête-à-tête ; et, avec l'adresse naturelle aux femmes en semblable occurrence, elles mirent la conversation sur la cour, sur l'éclat d'une charge de la couronne en expliquant la différence qui existait entre les charges de la maison du roi et celles de la couronne ;

elles tâchèrent de griser Modeste en s'adressant à son orgueil et lui montrant une des plus hautes destinées à laquelle une femme pouvait alors aspirer.

— Avoir pour fils un duc, s'écria la vieille demoiselle, est un avantage positif. Ce titre est une fortune, hors de toute atteinte, qu'on donne à ses enfants.

— A quel hasard, dit Canalis assez mécontent d'avoir vu son entretien rompu, devons-nous attribuer le peu de succès que monsieur le Grand-Écuyer a eu jusqu'à présent dans l'affaire où ce titre peut le plus servir les prétentions d'un homme?

Les deux demoiselles jetèrent à Canalis un regard chargé d'autant de venin qu'en insinue la morsure d'une vipère, et furent si décontenancées par le sourire railleur de Modeste qu'elles se trouvèrent sans un mot de réponse.

— Monsieur le Grand-Écuyer, dit Modeste à Canalis, ne vous a jamais reproché l'humilité que vous inspire votre gloire, pourquoi lui en vouloir de sa modestie?

— Il ne s'est d'ailleurs pas encore rencontré, dit la vieille demoiselle, une femme digne du rang de mon neveu. Nous en avons vu qui n'avaient que la fortune de cette position; d'autres qui, sans la fortune, en avaient tout l'esprit; et j'avoue que nous avons bien fait d'attendre que Dieu nous offrît l'occasion de connaître une personne en qui se rencontrent et la noblesse et l'esprit et la fortune d'une duchesse d'Hérouville.

— Il y a, ma chère Modeste, dit Hélène d'Hérouville en emmenant sa nouvelle amie à quelques pas de là, mille barons de Canalis dans le royaume comme il y a cent poètes à Paris qui le valent; et il est si peu grand homme que, moi, pauvre fille destinée à prendre le voile faute d'une dot, je ne voudrais pas de lui! Vous ne savez d'ailleurs pas ce que c'est qu'un jeune homme exploité depuis dix ans par la duchesse de Chaulieu. Il n'y a vraiment qu'une vieille femme de soixante ans bientôt qui puisse se soumettre aux petites indispositions dont est, dit-on, affligé le grand poète, et dont la moindre fut, chez Louis XIV, un défaut insupportable; mais la duchesse n'en souffre pas autant, il est vrai, qu'en souffrirait une femme, elle ne l'a pas toujours chez elle comme on a un mari...

Et, pratiquant l'une des manœuvres particulières aux femmes entre elles, Hélène d'Hérouville répéta d'oreille à oreille les calomnies que les femmes jalouses de madame de Chaulieu colportaient sur le poète. Ce petit détail, assez commun dans les conversations des jeunes personnes, montre avec quel acharnement on se disputait déjà la fortune du comte de la Bastie.

En dix jours, les opinions du Chalet avaient beaucoup varié sur les trois personnages qui prétendaient à la main de Modeste. Ce changement, tout au désavantage de Canalis, se basait sur des considérations de nature à faire profondément réfléchir les porteurs d'une gloire quelconque. On ne peut nier, à voir la passion avec laquelle on poursuit une autographe, que la curiosité publique ne soit vivement excitée par la Célébrité. La plupart des gens de province ne se rendent évidemment pas un compte exact des procédés que les gens illustres emploient pour mettre leur cravate, marcher sur le boulevard, bayer aux corneilles ou manger une côtelette; car, lorsqu'ils aperçoivent un homme vêtu des rayons de la mode ou resplendissant d'une faveur plus ou moins passagère, mais toujours enviée, les uns disent : — « Oh! c'est ça! » ou bien : — « C'est drôle! » et autres exclamations bizarres. En un mot le charme étrange que cause toute espèce de gloire, même justement acquise, ne subsiste pas. C'est, surtout pour les gens superficiels, moqueurs ou envieux, une sensation rapide comme l'éclair et qui ne se renouvelle point. Il semble que la gloire, de même que le soleil, chaude et lumineuse à distance, est, si l'on s'en approche, froide comme la sommité d'une Alpe. Peut-être l'homme n'est-il réellement grand que pour ses pairs; peut-être les défauts inhérents à la condition humaine disparaissent-ils plutôt à leurs yeux qu'à ceux des vulgaires admirateurs. Pour plaire tous les jours, un poète serait donc tenu de déployer les grâces mensongères des gens qui savent se faire pardonner leur obscurité par leurs façons aimables et par leurs complaisants discours; car, outre le génie, chacun lui demande les plates vertus de salon et le *berquinisme* de famille. Le grand poète du faubourg Saint-Germain, qui ne voulut pas se plier à cette loi sociale, vit succéder une insultante indifférence à l'éblouissement causé par sa conversation des premières soirées. L'esprit prodigué sans mesure produit sur l'âme l'effet d'une boutique de cristaux sur les yeux; c'est assez dire que le feu, que le brillant de Canalis fatigua promptement des gens qui, selon leur mot, aimaient le solide. Tenu bientôt de se montrer homme ordinaire, le poète rencontra de nombreux écueils sur un terrain où La Brière conquit les suffrages de ceux qui d'abord l'avaient trouvé maussade. On éprouva le besoin de se venger de la réputation de Canalis en lui préférant son ami. Les meilleures personnes sont ainsi faites. Le simple et bon Référendaire n'offensait aucun amour-propre; en revenant à lui, chacun lui découvrit du cœur, une grande modestie, une discrétion de coffre-fort et une excellente tenue. Le duc d'Hérouville mit, comme valeur politique, Ernest beaucoup au-dessus de Canalis. Le poète, inégal, ambitieux et mobile comme le Tasse, aimait le luxe, la grandeur, il faisait des dettes; tandis que le jeune Conseiller, d'un caractère égal, vivait sagement, utile sans fracas, attendant les récompenses sans les quêter, et faisait des économies. Canalis avait d'ailleurs donné raison aux bourgeois qui l'observaient. Depuis deux ou trois jours, il se laissait aller à des mouvements d'impatience, à des abattements, à ces mélancolies sans raison apparente, à ces changements d'humeur, fruits du tempérament nerveux des poètes. Ces originalités (le mot de la province) engendrées par l'inquiétude que lui causaient ses torts, grossis de jour en jour, envers la duchesse de Chaulieu à laquelle il devait écrire sans pouvoir s'y résoudre, furent soigneusement remarquées par la douce américaine, par la digne madame Latournelle, et devinrent le sujet de plus d'une causerie entre elles et madame Mignon. Canalis ressentit les effets de ces causeries sans se les expliquer. L'attention ne fut plus la même, les visages ne lui offrirent plus cet air ravi des premiers jours; tandis qu'Ernest commençait à se faire écouter. Depuis deux jours, le poète essayait donc de séduire Modeste, et profitait de tous les instants où il pouvait se trouver seul avec elle pour l'envelopper dans les filets d'un langage passionné. Le coloris de Modeste avait appris aux deux filles avec quel plaisir l'héritière écoutait de délicieux concetti délicieusement dits; et, inquiètes d'un tel progrès, elles venaient de recourir à l'*ultima ratio* des femmes en pareil cas, à ces calomnies qui manquent rarement leur effet en s'adressant aux répugnances physiques les plus violentes. Aussi, en se mettant à table, le poète aperçut-il des nuages sur le front de son idole, il y lut les perfidies de mademoiselle d'Hérouville et jugea nécessaire de se proposer lui-même pour mari, dès qu'il pourrait parler à Modeste. En entendant quelques propos aigre-doux, quoique polis, échangés entre Canalis et les deux nobles filles, Gobenheim poussa le coude à Butscha son voisin pour lui montrer le poète et le Grand-Écuyer.

— Ils se démoliront l'un par l'autre! lui dit-il à l'oreille.

— Canalis a bien assez de génie pour se démolir à lui tout seul, répondit le nain.

Pendant le dîner, qui fut d'une excessive magnificence et admirablement bien servi, le duc remporta sur Canalis un grand avantage. Modeste, qui la veille avait reçu ses habits de cheval, parla de promenades à faire aux environs. Par le tour que prit la conversation, elle fut amenée à manifester le désir de voir une chasse à courre, plaisir qui lui était inconnu. Aussitôt le duc proposa de donner à mademoiselle Mignon le spectacle d'une chasse dans une forêt de la Couronne, à quelques lieues du Havre. Grâce à ses relations avec le prince de Cadignan, Grand-Veneur, il entrevit les moyens de déployer aux yeux de Modeste un faste royal, de la séduire en lui montrant le monde fascinant de la cour et lui faisant souhaiter de s'y introduire par un mariage. Des coups d'œil échangés entre le duc et les deux demoiselles d'Hérouville que surprit Canalis, disaient assez : « à nous l'héritière ! » pour que le poète, réduit à ses splendeurs personnelles, se hâtât d'obtenir un gage d'affection. Presque effrayée de s'être avancée au delà de ses intentions avec les d'Hérouville, Modeste, en se promenant après le dîner dans le parc, affecta d'aller un peu en avant de la compagnie avec Melchior. Par une curiosité de jeune fille, et assez légitime, elle laissa deviner les calomnies dites par Hélène; et, sur une exclamation de Canalis, elle lui demanda le secret qu'il promit.

— Ces coups de langue, dit-il, sont de bonne guerre dans le grand monde; votre probité s'en effarouche et moi j'en ris, j'en suis même heureux. Ces demoiselles doivent croire les intérêts de Sa Seigneurie bien en danger pour y avoir recours.

Et, profitant aussitôt de l'avantage que donne une communication de ce genre, Canalis mit à sa justification une telle verve de plaisanterie, une passion si spirituellement exprimée en remerciant Modeste d'une confidence où il se dépêchait de voir un peu d'amour, qu'elle se vit tout aussi compromise avec le poète qu'avec le Grand-Écuyer. Canalis, sentant la nécessité d'être hardi, se déclara nettement. Il fit à Modeste des serments où sa poésie rayonna comme la lune ingénieusement invoquée, où brilla la description de la beauté de cette charmante blonde admirablement habillée pour cette fête de famille. Cette exaltation de commande, à laquelle le soir, le feuillage, le ciel et la terre, la nature entière servirent de complices, entraîna cet avide amant au delà de toute raison;

car il parla de son désintéressement et sut rajeunir par les grâces de son style le fameux thème : *Quinze cents francs et ma Sophie* de Diderot, ou *Une chaumière et ton cœur !* de tous les amants qui connaissent bien la fortune d'un beau-père.

— Monsieur, dit Modeste après avoir savouré la mélodie de ce concerto si admirablement exécuté *sur un thème connu*, la liberté que me laissent mes parents m'a permis de vous entendre ; mais c'est à eux que vous devriez vous adresser.

— Eh ! bien, s'écria Canalis, dites-moi que, si j'obtiens leur aveu, vous ne demanderez pas mieux que de leur obéir.

— Je sais d'avance, répondit-elle, que mon père a des fantaisies qui peuvent contrarier le juste orgueil d'une vieille maison comme la vôtre, car il désire voir porter son titre et son nom par ses petits-fils.

— Eh ! chère Modeste, quels sacrifices ne ferait-on pas pour confier sa vie à un ange gardien tel que vous ?

— Vous me permettrez de ne pas décider en un instant du sort de toute ma vie, dit-elle en rejoignant les demoiselles d'Hérouville.

En ce moment ces deux nobles filles caressaient les vanités du petit Latournelle, afin de le mettre dans leurs intérêts. Mademoiselle d'Hérouville, à qui, pour la distinguer de sa nièce Hélène, il faut donner exclusivement le nom patrimonial, donnait à entendre au notaire que la place de président du tribunal au Havre, dont disposerait Charles X en leur faveur, était une retraite due à son talent de légiste et à sa probité. Butscha, qui se promenait avec La Brière et qui s'effrayait des progrès de l'audacieux Melchior, trouva moyen de causer pendant quelques minutes au bas du perron avec Modeste, au moment où l'on rentra pour se livrer aux taquinages de l'inévitable whist.

— Mademoiselle, j'espère que vous ne lui dites pas encore Melchior ?... lui demanda-t-il à voix basse.

— Peu s'en faut ! mon nain mystérieux, répondit-elle en souriant à faire damner un ange.

— Grand Dieu ! s'écria le clerc en laissant tomber ses mains qui frôlèrent les marches.

— Eh ! bien, ne vaut-il pas ce haineux et sombre Référendaire à qui vous vous intéressez ? reprit-elle en prenant pour Ernest un de ces airs hautains dont le secret n'appartient qu'aux jeunes filles, comme si la Virginité leur prêtait des ailes pour s'envoler si haut.

Est-ce votre petit monsieur de La Brière qui m'accepterait sans dot? dit-elle après une pause.

— Demandez à monsieur votre père? répliqua Butscha qui fit quelques pas pour emmener Modeste à une distance respectable des fenêtres. Écoutez-moi, mademoiselle? Vous savez que celui qui vous parle est prêt à vous donner non-seulement sa vie, mais encore son honneur, en tout temps, à tout moment; ainsi vous pouvez croire en lui, vous pouvez lui confier ce que peut-être vous ne diriez pas à votre père. Eh! bien, ce sublime Canalis vous a-t-il tenu le langage désintéressé qui vous fait jeter ce reproche à la face du pauvre Ernest.

— Oui.

— Y croyez-vous?

— Ceci, mau-clerc, reprit-elle en lui donnant un des dix ou douze surnoms qu'elle lui avait trouvés, m'a l'air de mettre en doute la puissance de mon amour-propre.

— Vous riez, chère mademoiselle, ainsi rien n'est sérieux, et j'espère alors que vous vous moquez de lui.

— Que penseriez-vous de moi, monsieur Butscha, si je me croyais le droit de railler quelqu'un de ceux qui me font l'honneur de me vouloir pour femme? Sachez, maître Jean, que, même en ayant l'air de mépriser le plus méprisable des hommages, une fille est toujours flattée de l'obtenir...

— Ainsi, je vous flatte?... dit le clerc en montrant sa figure illuminée comme l'est une ville pour une fête.

— Vous?... dit-elle. Vous me témoignez la plus précieuse de toutes les amitiés, un sentiment désintéressé comme celui d'une mère pour sa fille! ne vous comparez à personne, car mon père lui-même est obligé de se dévouer à moi. — Elle fit une pause. — Je ne puis pas dire que je vous aime, dans le sens que les hommes donnent à ce mot, mais ce que je vous accorde est éternel, et ne connaîtra jamais de vissicitudes.

— Eh! bien, dit Butscha qui feignit de ramasser un caillou pour baiser le bout des souliers de Modeste en y laissant une larme, permettez-moi donc de veiller sur vous, comme un dragon veille sur un trésor. Le poète vous a déployé tout à l'heure la dentelle de ses précieuses phrases, le clinquant des promesses. Il a chanté son amour sur la plus belle corde de sa lyre, n'est-ce pas?... Si dès que ce noble amant aura la certitude de votre peu de fortune, vous le voyez changeant de conduite, embarrassé, froid; en ferez-vous encore votre mari, lui donnerez-vous toujours votre estime?...

— Ce serait un Francisque Althor?... demanda-t-elle avec un geste où se peignit un amer dégoût.

— Laissez-moi le plaisir de produire ce changement de décoration, dit Butscha. Non-seulement, je veux que ce soit subit; mais, après, je ne désespère pas de vous rendre votre poète amoureux de nouveau, de lui faire souffler alternativement le froid et le chaud sur votre cœur aussi gracieusement qu'il soutient-le pour et le contre dans la même soirée, sans quelquefois s'en apercevoir.

— Si vous avez raison, dit-elle, à qui se fier?...

— A celui qui vous aime véritablement.

— Au petit duc?...

Butscha regarda Modeste. Tous deux, ils firent quelques pas en silence. La jeune fille fut impénétrable, elle ne sourcilla pas.

— Mademoiselle, me permettez-vous d'être le traducteur des pensées tapies au fond de votre cœur, comme des mousses marines sous les eaux, et que vous ne voulez pas vous expliquer.

— Eh! quoi, dit Modeste, mon conseiller-intime-privé actuel serait encore un miroir?...

— Non, mais un écho, répondit-il en accompagnant ce mot d'un geste empreint d'une sublime modestie. Le duc vous aime, mais il vous aime trop. Si j'ai bien compris, moi nain, l'infinie délicatesse de votre cœur, il vous répugnerait d'être adorée comme un Saint-Sacrement dans son tabernacle. Mais, comme vous êtes éminemment femme, vous ne voulez pas plus voir un homme sans cesse à vos pieds et de qui vous seriez éternellement sûre, que vous ne voudriez d'un égoïste, comme Canalis, qui se préférerait à vous... Pourquoi? je n'en sais rien. Je me ferai femme et vieille femme pour savoir la raison de ce programme que j'ai lu dans vos yeux, et qui peut-être est celui de toutes les filles. Néanmoins, vous avez dans votre grande âme un besoin d'adoration. Quand un homme est à vos genoux, vous ne pouvez pas vous mettre aux siens. — On ne va pas loin ainsi, disait Voltaire. Le petit duc a donc trop de génuflexions dans le moral; et Canalis pas assez, pour ne pas dire point du tout. Aussi deviné-je la malice cachée de vos sourires, quand vous vous adressez au Grand-Écuyer, quand il vous parle, quand vous lui répondez. Vous ne pouvez jamais être malheureuse avec le duc; tout le monde vous approuvera si vous le choisissez pour mari, mais vous ne l'aimerez point. Le froid de l'égoïsme et la chaleur excessive d'une extase continuelle produisent sans doute dans le cœur de toutes les femmes, une négation. Évidemment, ce n'est pas ce triomphe perpétuel qui vous prodiguera les délices infinies du mariage que vous rêvez, où il se rencontre des obéissances qui rendent fière, où l'on fait de grands petits sacrifices cachés avec bonheur, où l'on ressent des inquiétudes sans cause, où l'on attend avec ivresse des succès, où l'on plie avec joie devant des grandeurs imprévues, où l'on est compris jusque dans ses secrets, où parfois une femme protège de son amour son protecteur...

— Vous êtes sorcier! dit Modeste.

— Vous ne trouverez pas non plus cette douce égalité de sentiments, ce partage continu de la vie et cette certitude de plaire qui fait accepter le mariage, en épousant un Canalis, un homme qui ne pense qu'à lui, dont le moi est la note unique, dont l'attention ne s'est pas encore abaissée jusqu'à se prêter à votre père ou au Grand-Écuyer!.... un ambitieux du second ordre à qui votre dignité, votre obéissance importent peu, qui fera de vous une chose nécessaire dans sa maison, et qui vous insulte déjà par son indifférence en fait d'honneur! Oui, vous vous permettriez de souffleter votre mère; Canalis fermerait les yeux pour pouvoir se nier votre crime à lui-même, tant il a soif de votre fortune. Ainsi, mademoiselle, je ne pensais ni au grand poète qui n'est qu'un petit comédien, ni à Sa Seigneurie qui ne serait pour vous qu'un beau mariage et non pas un mari...

— Butscha, mon cœur est un livre blanc où vous gravez vous-même ce que vous y lisez, répondit Modeste. Vous êtes entraîné par votre haine de province contre tout ce qui vous force à regarder plus haut que la tête. Vous ne pardonnez pas au poète d'être un homme politique, de posséder une belle parole, d'avoir un immense avenir, et vous calomniez ses intentions...

— Lui?... mademoiselle. Il vous tournera le dos du jour au lendemain avec la lâcheté d'un Vilquin.

— Oh! faites-lui jouer cette scène de comédie, et...

— Sur tous les tons, dans trois jours, mercredi, souvenez-vous-en? Jusque-là, mademoiselle, amusez-vous à entendre tous les airs de cette serinette, afin que les ignobles dissonances de la contre-partie en ressortent mieux.

Modeste rentra gaiement au salon où, seul de tous les hommes, La Brière, assis dans l'embrasure d'une fenêtre, d'où, sans doute, il avait contemplé son idole, se leva comme si quelqu'huissier eût crié : La Reine ! Ce fut un mouvement respectueux plein de cette vive éloquence particulière au geste et qui surpasse celle des plus beaux discours. L'amour parlé ne vaut pas l'amour prouvé, toutes les jeunes filles de vingt ans en ont cinquante pour pratiquer cet axiome. Là est le grand argument des séducteurs. Au lieu de regarder Modeste en face, comme le fit Canalis qui la salua par un hommage public, l'amant dédaigné la suivit d'un long regard en dessous, humble à la façon de Butscha, presque craintif. La jeune héritière remarqua cette contenance en allant se placer auprès de Canalis au jeu de qui elle parut s'associer. Durant la conversation, La Brière apprit par un mot de Modeste à son père qu'elle reprendrait mercredi l'exercice du cheval ; elle lui faisait observer qu'il lui manquait une cravache en harmonie avec la somptuosité de ses habits d'écuyère. Le Référendaire lança sur le nain un regard qui pétilla comme un incendie ; et, quelques instants après, ils piétinaient tous deux sur la terrasse.

— Il est neuf heures, dit Ernest à Butscha, je pars pour Paris à franc étrier ; j'y puis être demain matin à dix heures. Mon cher Butscha, de vous elle acceptera bien un souvenir, car elle a de l'amitié pour vous ; laissez-moi lui donner, sous votre nom, une cravache, et sachez que, pour prix de cette immense complaisance, vous aurez en moi non pas un ami, mais un dévouement.

— Allez, vous êtes bien heureux, dit le clerc, vous avez de l'argent, vous !...

— Prévenez Canalis de ma part que je ne rentrerai pas, et qu'il invente un prétexte pour justifier une absence de deux jours.

Une heure après, Ernest, parti en courrier, arriva en douze heures à Paris où son premier soin fut de retenir une place à la malle-poste du Havre pour le lendemain. Puis, il alla chez les trois plus célèbres bijoutiers de Paris, comparant les pommes de cravache, et cherchant ce que l'art pouvait offrir de plus royalement beau. Il trouva, faite pour une Russe qui n'avait pu la payer après l'avoir commandée, une chasse au renard sculptée dans l'or, et terminée par un rubis d'un prix exorbitant pour les appointements d'un Référendaire ; toutes ses économies y passèrent, il s'agissait de sept mille francs. Ernest donna le dessin des armes des La

Bastie., et vingt heures pour les exécuter à la place de celles qui s'y trouvaient. Cette chasse, un chef-d'œuvre de délicatesse, fut ajustée à une cravache en caoutchouc, et mise dans un étui de maroquin rouge doublé de velours sur lequel on grava deux M entrelacés. Le mercredi matin, La Brière était arrivé par la malle, et à temps, pour déjeuner avec Canalis. Le poète avait caché l'absence de son secrétaire en le disant occupé d'un travail envoyé de Paris. Butscha, qui se trouvait à la Poste pour tendre la main au Référendaire à l'arrivée de la malle, courut porter à Françoise Cochet cette œuvre d'art, en lui recommandant de la placer sur la toilette de Modeste.

—Vous accompagnerez, sans doute, mademoiselle Modeste à sa promenade, dit le clerc qui revint chez Canalis pour annoncer par une œillade à La Brière que la cravache était heureusement parvenue à sa destination.

—Moi, répondit Ernest, je vais me coucher...

—Ah! bah! s'écria Canalis en regardant son ami, je ne te comprends plus.

On allait déjeuner, naturellement le poète offrit au clerc de se mettre à table. Butscha restait avec l'intention de se faire inviter au besoin par La Brière, en voyant sur la physionomie de Germain le succès d'une malice de bossu que doit faire prévoir sa promesse à Modeste.

—Monsieur a bien raison de garder le clerc de monsieur Latournelle, dit Germain à l'oreille de Canalis.

Canalis et Germain allèrent dans le salon sur un clignotement d'œil du domestique à son maître.

—Ce matin, monsieur, je suis allé voir pêcher, une partie proposée avant-hier par un patron de barque de qui j'ai fait la connaissance.

Germain n'avoua pas avoir eu le mauvais goût de jouer au billard dans un café du Havre où Butscha l'avait enveloppé d'amis pour agir à volonté sur lui.

—Eh! bien, dit Canalis, au fait, vivement.

—Monsieur le baron, j'ai entendu sur monsieur Mignon une discussion à laquelle j'ai poussé de mon mieux, on ne savait pas à qui j'appartenais: Ah! monsieur le baron, le bruit du port est que vous donnez dans un panneau. La fortune de mademoiselle de La Bastie est, comme son nom, très-modeste. Le vaisseau sur lequel le père est venu n'est pas à lui, mais à des marchands de la Chine.

avec lesquels il devra loyalement compter. On débite à ce sujet des choses peu flatteuses pour l'honneur du colonel. Ayant entendu dire que vous et monsieur le duc vous vous disputiez mademoiselle de La Bastie, j'ai pris la liberté de vous prévenir; car, de vous deux, il vaut mieux que ce soit Sa Seigneurie *qui la gobe*... En revenant, j'ai fait un tour sur le port, devant la salle de spectacle où se promènent les négociants parmi lesquels je me suis faufilé hardiment. Ces braves gens, voyant un homme bien vêtu, se sont mis à causer du Havre; de fil en aiguille, je les ai mis sur le compte du colonel Mignon, et ils se sont si bien trouvés d'accord avec les pêcheurs que je manquerais à mes devoirs en me taisant. Voilà pourquoi j'ai laissé monsieur s'habiller, se lever seul...

— Que faire? s'écria Canalis en se trouvant engagé de manière à ne pouvoir plus revenir sur ses promesses à Modeste.

— Monsieur connaît mon attachement, dit Germain en voyant le poète comme foudroyé, il ne s'étonnera pas de me voir lui donner un conseil. Si vous pouviez griser ce clerc, il dirait bien le fin mot là dessus; et, s'il ne se déboutonne pas à la seconde bouteille de vin de Champagne, ce sera toujours bien à la troisième. Il serait d'ailleurs singulier que monsieur, que nous verrons sans doute un jour ambassadeur, comme Philoxène l'a entendu dire à madame la duchesse, ne vînt pas à bout d'un clerc du Havre.

En ce moment, Butscha, l'auteur inconnu de cette partie de pêche invitait le Référendaire à se taire sur le sujet de son voyage à Paris, et à ne pas contrarier sa manœuvre à table. Le clerc avait tiré parti d'une réaction défavorable à Charles Mignon qui s'opérait au Havre. Voici pourquoi. Monsieur le comte de La Bastie laissait dans un complet oubli ses amis d'autrefois qui pendant son absence avaient oublié sa femme et ses enfants. En apprenant qu'il se donnait un grand dîner à la villa-Mignon, chacun se flatta d'être un des convives et s'attendit à recevoir une invitation; mais quand on sut que Gobenheim, les Latournelle, le duc et les deux Parisiens étaient les seuls invités, il se fit une clameur de haro sur l'orgueil du négociant; son affectation à ne voir personne, à ne pas descendre au Havre, fut alors remarquée et attribuée à un mépris dont se vengea le Havre en mettant en question cette soudaine fortune. En caquetant, chacun sut bientôt que les fonds nécessaires au réméré de Vilquin avaient été fournis par Dumay. Cette circonstance permit aux plus acharnés de supposer calomnieusement que Charles était venu confier au dévouement absolu de Dumay des fonds pour lesquels il prévoyait des discussions avec ses prétendus associés de Canton. Les demi-mots de Charles dont l'intention fut toujours de cacher sa fortune, les dires de ses gens à qui le mot fut donné, prêtaient un air de vraisemblance à ces fables grossières, auxquelles chacun crut en obéissant à l'esprit de dénigrement qui anime les commerçants les uns contre les autres. Autant le patriotisme de clocher avait vanté l'immense fortune d'un des fondateurs du Havre, autant la jalousie de province la diminua. Le clerc, à qui les pêcheurs devaient plus d'un service, leur demanda le secret et un coup de langue. Il fut bien servi. Le patron de la barque dit à Germain qu'un de ses cousins, un matelot, arrivait de Marseille, congédié par suite de la vente du brick sur lequel le colonel était revenu. Le brick se vendait pour le compte d'un nommé Castagnould, et la cargaison, selon le cousin, valait tout au plus trois ou quatre cent mille francs.

— Germain, dit Canalis au moment où le valet de chambre sortit, tu nous serviras du vin de Champagne et du vin de Bordeaux. Un membre de la Bazoche de Normandie doit remporter des souvenirs de l'hospitalité d'un poète... Et puis, il a de l'esprit autant que le Figaro, dit Canalis en appuyant sa main sur l'épaule du nain, il faut que cet esprit de petit journal jaillisse et mousse avec le vin de Champagne; nous ne nous épargnerons pas non plus, Ernest?... Il y a bien, ma foi! deux ans que je ne me suis grisé, reprit-il en regardant La Brière.

— Avec du vin?... cela se conçoit, répondit le clerc. Vous vous grisez tous les jours de vous-même! Vous buvez à même, en fait de louanges. Ah! vous êtes beau, vous êtes poète, vous êtes illustre de votre vivant, vous avez une conversation à la hauteur de votre génie, et vous plaisez à toutes les femmes, même à ma patronne. Aimé de la plus belle sultane Validé que j'aie vue (je n'ai encore vu que celle-là), vous pouvez, si vous le voulez, épouser mademoiselle de La Bastie... Tenez, rien qu'à faire l'inventaire du présent sans compter votre avenir, (un beau titre, la pairie, une ambassade!...) me voilà soûl, comme ces gens qui mettent en bouteilles le vin d'autrui.

— Toutes ces magnificences sociales, reprit Canalis, ne sont rien sans ce qui les met en valeur, la fortune!... Nous sommes ici entre hommes, les beaux sentiments sont charmants en stances...

— Et en circonstances, dit le clerc en faisant un geste significatif.

— Mais vous, monsieur le faiseur de contrats, dit le poète en souriant de l'interruption, vous savez aussi bien que moi que *chaumière* rime avec *misère*.

A table, Butscha se développa dans le rôle du Trigaudin de *la Maison en loterie*, à effrayer Ernest qui ne connaissait pas les *charges* d'Étude, elles valent les *charges* d'atelier. Le clerc raconta la chronique scandaleuse du Havre, l'histoire des fortunes, celle des alcôves et les crimes commis le code à la main, ce qu'on appelle, en Normandie, *se tirer d'affaire comme on peut*. Il n'épargna personne. Sa verve croissait avec le torrent de vin qui passait par son gosier, comme un orage par une gouttière.

— Sais-tu, La Brière, que ce brave garçon là, dit Canalis en versant du vin à Butscha, ferait un fameux secrétaire d'ambassade?...

— A *dégoter* son patron! reprit le nain en jetant à Canalis un regard où l'insolence se noya dans le pétillement du gaz acide carbonique. J'ai assez peu de reconnaissance et assez d'intrigue pour vous monter sur les épaules. Un poète portant un avorton!... ça se voit quelquefois, et même assez souvent... dans la librairie. Allons, vous me regardez comme un avaleur d'épées. Eh! mon cher grand génie, vous êtes un homme supérieur, vous savez bien que la reconnaissance est un mot d'imbécile, on le met dans le dictionnaire, mais il n'est pas dans le cœur humain. La reconnaissance n'a de valeur qu'à certain mont qui n'est ni le Parnasse ni le Pinde. Croyez-vous que je doive beaucoup à ma patronne pour m'avoir élevé? mais la ville entière lui a soldé ce compte en estime, en paroles, en admiration, la plus chère des monnaies. Je n'admets pas le bien dont on se constitue des rentes d'amour-propre. Les hommes font entre eux un commerce de services, le mot reconnaissance indique un débet, voilà tout. Quant à l'intrigue, elle est ma divinité. Comment! dit-il à un geste de Canalis, vous n'adoreriez pas la faculté qui permet à un homme souple de l'emporter sur l'homme de génie, qui demande une observation constante des vices, des faiblesses de nos supérieurs, et la connaissance de *l'heure du berger* en toute chose. Demandez à la diplomatie si le plus beau de tous les succès n'est pas le triomphe de la ruse sur la force? Si j'étais votre secrétaire, monsieur le baron, vous seriez bientôt premier ministre, parce que j'y aurais le plus puissant intérêt!... Tenez, voulez-vous une preuve de mes petits talents en ce genre? Oyez? Vous aimez à l'adoration mademoiselle Modeste, et vous avez raison. L'enfant a mon estime, c'est une vraie Parisienne. Il pousse, par-ci, par-là, des Parisiennes en province!... Notre Modeste est femme à lancer un homme... Elle a de ça, dit-il en donnant en l'air un tour de poignet. Vous avez un concurrent redoutable, le duc, que me donnez-vous pour lui faire quitter le Havre avant trois jours?...

— Achevons cette bouteille, dit le poète en remplissant le verre de Butscha.

— Vous allez me griser! dit le clerc en lampant un neuvième verre de vin de Champagne. Avez-vous un lit où je puisse dormir une heure? Mon patron est sobre comme un chameau qu'il est, et madame Latournelle aussi. L'un et l'autre, ils auraient la dureté de me gronder, et ils auraient raison contre moi qui n'en aurais plus, j'ai des actes à faire!... Puis, reprenant ses idées antérieures sans transition, à la manière des gens gris, il s'écria : — Et quelle mémoire!... Elle égale ma reconnaissance.

— Butscha, s'écria le poète, tout à l'heure tu te disais sans reconnaissance, tu te contredis.

— Du tout, reprit le clerc. Oublier, c'est presque toujours se souvenir! Allez! marchez! je suis taillé pour faire un fameux secrétaire...

— Comment t'y prendrais-tu pour renvoyer le duc? dit Canalis charmé de voir la conversation aller d'elle-même à son but.

— Ça, ne vous regarde pas! fit le clerc en lâchant un hoquet majeur.

Butscha roula sa tête sur ses épaules et ses yeux de Germain à La Brière, de La Brière à Canalis, à la manière des gens qui, sentant venir l'ivresse, veulent savoir dans quelle estime on les tient; car, dans le naufrage de l'ivresse, on peut observer que l'amour-propre est le seul sentiment qui surnage.

— Dites donc, grand poète, vous êtes pas mal farceur! Vous me prenez donc pour un de vos lecteurs, vous qui envoyez à Paris votre ami à franc étrier, pour aller chercher des renseignements sur la maison Mignon... Je blague, tu blagues, nous blaguons... Bon! Mais faites-moi l'honneur de croire que je suis assez calculateur pour toujours me donner la conscience nécessaire à mon état. En ma qualité de premier clerc de maître Latournelle, mon cœur est un carton à cadenas...... Ma bouche ne livre aucun papier relatif aux clients. Je sais tout et je ne sais rien. Et puis, ma passion est connue. J'aime Modeste, elle est mon élève, elle doit faire un beau mariage..... Et j'emboiserais le duc, s'il le fallait. Mais vous épousez...

— Germain, le café, les liqueurs... dit Canalis.

— Des liqueurs?... répéta Butscha levant la main comme une fausse vierge qui veut résister à une petite séduction. Ah! mes pauvres actes!... il y a justement un contrat de mariage. Tenez, mon second clerc est bête comme un avantage matrimonial et capable de f...f. flanquer un coup de canif dans les paraphernaux de la future épouse, il se croit bel homme parce qu'il a cinq pieds six pouces... un imbécile.

— Tenez, voici de la crème de thé, une liqueur des îles, dit Canalis. Vous que mademoiselle Modeste consulte...

— Elle me consulte...

— Eh! bien, croyez-vous qu'elle m'aime? demanda le poète.

— Ui, plus que le duc! répondit le nain en sortant d'une espèce de torpeur qu'il jouait à merveille. Elle vous aime à cause de votre désintéressement. Elle me disait que pour vous elle était capable des plus grands sacrifices, de se passer de toilette, de ne dépenser que mille écus par an, d'employer sa vie à vous prouver qu'en l'épousant vous auriez fait une excellente affaire, et elle est crânement (un hoquet) honnête, allez! et instruite, elle n'ignore de rien, cette fille-là!

— Ça et trois cent mille francs, dit Canalis.

— Oh! il y a peut-être ce que vous dites, reprit avec enthousiasme le clerc. Le papa Mignon... Voyez-vous, il est mignon comme père (aussi l'estimé-je..) Pour bien établir sa fille unique il se dépouillera de tout... Ce colonel est habitué par votre Restauration (un hoquet) à rester en demi-solde, il sera très-heureux de vivre avec Dumay en *carottant* au Havre, il donnera certainement ses trois cent mille francs à la petite.... Mais n'oublions pas Dumay, qui destine sa fortune à Modeste. Dumay, vous savez, est Breton, son origine est une valeur au contrat, il ne variera pas, et sa fortune vaudra celle de son patron. Néanmoins, comme ils m'écoutent, au moins autant que vous, quoique je ne parle pas tant ni si bien, je leur ai dit : « Vous mettez trop à votre habitation; si Vilquin vous la laisse, voilà deux cent mille francs qui ne rapporteront rien... Il resterait donc cent mille francs à faire *boulotter*... ce n'est pas assez, à mon avis... » En ce moment, le colonel et Dumay se consultent. Croyez-moi? Modeste est riche. Les gens du port disent des sottises en ville, ils sont jaloux... Qui donc a pareille dot dans le département? dit Butscha qui leva les doigts pour compter. — Deux à trois cent mille francs comptant, dit-il en inclinant le pouce de sa main gauche qu'il toucha de l'index de la droite, et d'un! — La nu-propriété de la villa Mignon, reprit-il en renversant l'index gauche, et de deux! — *Tertiò*, la fortune de Dumay! ajouta-t-il en couchant le doigt du milieu. Mais la petite mère Modeste est une fille d'un million, une fois que les deux militaires seront aller demander le mot d'ordre au père Éternel.

Cette naïve et brutale confidence, entremêlée de petits verres, dégrisait autant Canalis qu'elle semblait griser Butscha. Pour le clerc, jeune homme de province, évidemment cette fortune était colossale. Il laissa tomber sa tête dans la paume de sa main droite; et, accoudé majestueusement sur la table, il clignota des yeux en se parlant à lui-même.

— Dans vingt ans, au train dont va le Code, qui pile les fortunes avec le Titre des Successions, une héritière d'un million, ce sera rare comme le désintéressement chez un usurier. Vous me direz que Modeste mangera bien douze mille francs par an, l'intérêt de sa dot; mais elle est bien gentille... bien gentille... bien gentille. C'est, voyez-vous? (à un poète, il faut des images!...) c'est une hermine malicieuse comme un singe.

— Que me disais-tu donc? s'écria doucement Canalis en regardant La Brière, qu'elle avait six millions?....

— Mon ami, dit Ernest, permets-moi de te faire observer que j'ai dû me taire, je suis lié par un serment, et c'est peut-être trop en dire déjà, que de...

— Un serment à qui?

— A monsieur Mignon.

— Comment! Ernest, toi qui sais combien la fortune m'est nécessaire....

Butscha ronflait.

— ...Toi qui connais ma position, et tout ce que je perdrais, rue de Grenelle, à me marier, tu me laisserais froidement m'enfoncer?... dit Canalis en pâlissant. Mais, c'est une affaire entre amis, et notre amitié, mon cher, comporte un pacte antérieur à celui que t'a demandé ce rusé provençal...

— Mon cher, dit Ernest, j'aime trop Modeste pour....

— Imbécile! je te la laisse, cria le poète. Ainsi romps ton serment?..

— Me jures-tu, ta parole d'homme, d'oublier ce que je vais te dire, de te conduire avec moi comme si cette confidence ne t'avait jamais été faite, quoiqu'il arrive?...

— Je le jure par la mémoire de ma mère.

— Eh! bien, à Paris, monsieur Mignon m'a dit qu'il était bien loin d'avoir la fortune colossale dont m'ont parlé les Mongenod. L'intention du colonel est de donner deux cent mille francs à sa fille. Maintenant, Melchior, le père avait-il de la défiance? était-il sincère? Je n'ai pas à résoudre cette question. Si elle daignait me choisir, Modeste, sans dot, serait toujours ma femme.

— Un bas bleu! d'une instruction à épouvanter, qui a tout lu! qui sait tout... en théorie, s'écria Canalis à un geste que fit La Brière, un enfant gâté, élevée dans le luxe dès ses premières années, et qui en est sevrée depuis cinq ans?... Ah!.. mon pauvre ami, songes-y bien.

— Ode et code! dit Butscha en se réveillant, vous faites dans l'Ode et moi dans le Code, il n'y a qu'un C de différence entre nous. Or, code vient de *coda,* queue! Vous m'avez régalé, je vous aime... Ne vous laissez pas faire au code!... Tenez, un bon conseil vaut bien votre vin et votre crème de thé. Le père Mignon, c'est aussi une crème, la crème des honnêtes gens... eh! bien, montez à cheval, il accompagne sa fille, vous pouvez l'aborder franchement, parlez-lui dot, il vous répondra net, et vous verrez le fonds du sac, aussi vrai que je suis gris et que vous êtes un grand homme; mais, pas vrai, nous quittons le Havre ensemble?... Je serai votre secrétaire puisque ce petit, qui me croit gris et qui rit de moi, vous quitte... allez, marchez! laissez-lui épouser la fille.

Canalis se leva pour aller s'habiller.

— Pas un mot, il court à son suicide, dit posément à La Brière Butscha froid comme Gobenheim et qui fit à Canalis un signe familier aux gamins de Paris. — Adieu! mon maître, reprit le clerc en criant à tue-tête, vous me permettez de *renarder* dans le kiosque de mame Amaury?...

— Vous êtes chez vous, répondit le poète.

Le clerc, objet des rires des trois domestiques de Canalis, gagna le kiosque en marchant dans les plates-bandes et les corbeilles de fleurs avec la grâce têtue des insectes qui décrivent leurs interminables zig-zags quand ils essayent de sortir par une fenêtre fermée. Lorsqu'il eut grimpé dans le kiosque, et que les domestiques furent rentrés, il s'assit sur un banc de bois peint et s'abîma dans les joies de son triomphe. Il venait de jouer un homme supérieur ; il venait, non pas de lui arracher son masque, mais de lui en voir dénouer les cordons, et il riait comme un auteur à sa pièce, c'est-à-dire avec le sentiment de la valeur immense de ce *vis comica*. — Les hommes sont des toupies, il ne s'agit que de trouver la ficelle qui s'enroule à leur torse ! s'écria-t-il. Ne me ferait-on pas évanouir en me disant : Mademoiselle Modeste vient de tomber de cheval, et s'est cassé la jambe !

Quelques instants après, Modeste, vêtue d'une délicieuse amazone de casimir vert-bouteille, coiffée d'un petit chapeau à voile vert, gantée de daim, des bottines de velours aux pieds sur lesquelles badinait la garniture en dentelle de son caleçon, et montée sur un poney richement harnaché, montrait à son père et au duc d'Hérouville le joli présent qu'elle venait de recevoir, elle en était heureuse en y devinant une de ces attentions qui flattent le plus les femmes.

— Est-ce de vous, monsieur le duc ?... dit-elle en lui tendant le bout étincelant de la cravache. On a mis dessus une carte où se lisait : « Devine si tu peux » et des points. Françoise et madame Dumay prêtent cette charmante surprise à Butscha ; mais mon cher Butscha n'est pas assez riche pour payer de si beaux rubis ! Or, mon père, à qui j'ai dit, remarquez-le bien, dimanche soir, que je n'avais pas de cravache, m'a envoyé chercher celle-ci à Rouen.

Modeste montrait à la main de son père une cravache dont le bout était un semis de turquoises, une invention alors à la mode, et devenue depuis assez vulgaire.

— J'aurais voulu, mademoiselle, pour dix ans à prendre dans ma vieillesse, avoir le droit de vous offrir ce magnifique bijou, répondit courtoisement le duc.

— Ah ! voici donc l'audacieux, s'écria Modeste en voyant venir Canalis à cheval. Il n'y a qu'un poète pour savoir trouver de si belles choses... Monsieur, dit-elle à Melchior, mon père vous grondera, vous donnez raison à ceux qui vous reprochent ici vos dissipations.

— Ah ! s'écria naïvement Canalis, voilà donc pourquoi La Brière est allé du Havre à Paris à franc étrier ?

— Votre secrétaire a pris de telles libertés ? dit Modeste en pâlissant et jetant sa cravache à Françoise Cochet avec une vivacité dans laquelle on devait lire un profond mépris. Rendez-moi cette cravache, mon père.

— Pauvre garçon qui gît sur son lit, moulu de fatigue ! reprit Melchior en suivant la jeune fille qui s'était lancée au galop. Vous êtes dure, mademoiselle. « Je n'ai, m'a-t-il dit, que cette chance de me rappeler à son souvenir... »

— Et vous estimeriez une femme capable de garder des souvenirs de toutes les paroisses ? dit Modeste.

Modeste, surprise de ne pas recevoir une réponse de Canalis, attribua cette inattention au bruit des chevaux.

— Comme vous vous plaisez à tourmenter ceux qui vous aiment ! lui dit le duc. Cette noblesse, cette fierté démentent si bien vos écarts que je commence à soupçonner que vous vous calomniez vous-même en préméditant vos méchancetés.

— Ah ! vous ne faites que vous en apercevoir, monsieur le duc, dit-elle en riant. Vous avez précisément la perspicacité d'un mari !

On fit presque un kilomètre en silence. Modeste s'étonna de ne plus recevoir la flamme des regards de Canalis qui paraissait un peu trop épris des beautés du paysage pour que cette admiration fût naturelle. La veille, Modeste montrant au poète un admirable effet de coucher de soleil en mer, lui avait dit en le trouvant interdit comme un sourd : — « Eh ! bien, vous n'avez donc pas vu ? — Je n'ai vu que votre main, » avait-il répondu.

— Monsieur La Brière sait-il monter à cheval ? demanda Modeste à Canalis pour le taquiner.

— Pas très-bien ; mais il va, répondit le poète devenu froid comme l'était Gobenheim avant le retour du colonel.

Dans une route de traverse que monsieur Mignon fit prendre pour aller, par un joli vallon, sur une colline qui couronnait le cours de la Seine, Canalis laissa passer Modeste et le duc, en ralentissant le pas de son cheval de manière à pouvoir cheminer de conserve avec le colonel.

— Monsieur le comte, vous êtes un loyal militaire, aussi verrez-vous sans doute dans ma franchise un titre à votre estime. Quand les propositions de mariage, avec toutes leurs discussions sauvages, ou trop civilisées si vous voulez, passent par la bouche des tiers, tout le monde y perd. Nous sommes l'un et l'autre deux gentilshommes aussi discrets l'un que l'autre, et vous avez, tout comme moi, franchi l'âge des étonnements; ainsi parlons en camarades? Je vous donne l'exemple. J'ai vingt-neuf ans, je suis sans fortune territoriale, et je suis ambitieux. Mademoiselle Modeste me plaît infiniment, vous avez dû vous en apercevoir. Or, malgré les défauts que votre chère enfant se donne à plaisir...

— Sans compter ceux qu'elle a, dit le colonel en souriant.

— Je ferais d'elle avec plaisir ma femme, et je crois pouvoir la rendre heureuse. La question de fortune a toute l'importance de mon avenir, aujourd'hui en question. Toutes les jeunes filles à marier doivent être aimées *quand même !* Néanmoins, vous n'êtes pas homme à vouloir marier votre chère Modeste sans dot, et ma situation ne me permettrait pas plus de faire un mariage, dit d'amour, que de prendre une femme qui n'apporterait pas une fortune au moins égale à la mienne. J'ai de traitement, de mes sinécures, de l'Académie et de mon libraire, environ trente mille francs par an, fortune énorme pour un garçon. En réunissant soixante mille francs de rentes, ma femme et moi, je reste à peu près dans les termes d'existence où je suis. Donnez-vous un million à mademoiselle Modeste ?

— Ah! monsieur, nous sommes bien loin de compte, dit jésuitiquement le colonel.

— Supposons donc, répliqua vivement Canalis, qu'au lieu de parler, nous ayons sifflé. Vous serez content de ma conduite, monsieur le comte : on me comptera parmi les malheureux qu'aura faits cette charmante personne. Donnez-moi votre parole de garder le silence envers tout le monde, même avec mademoiselle Modeste; car, ajouta-t-il comme fiche de consolation, il pourrait survenir dans ma position tel changement qui me permettrait de vous la demander sans dot.

— Je vous le jure, dit le colonel. Vous savez, monsieur, avec quelle emphase le public, celui de province comme celui de Paris, parle des fortunes qui se font et se défont. On amplifie également le malheur et le bonheur, nous ne sommes jamais ni si malheureux, ni si heureux qu'on le dit. En commerce, il n'y a de sûrs que les capitaux mis en fonds de terre, après les comptes soldés. J'attends avec une vive impatience les rapports de mes agents. La vente des marchandises et de mon navire, le règlement de mes comptes en Chine, rien n'est terminé. Je ne connaîtrai ma fortune que dans dix mois. Néanmoins, à Paris, j'ai garanti deux cent mille francs de dot à monsieur de La Brière, et en argent comptant. Je veux constituer un majorat en terres, et assurer l'avenir de mes petits enfants en leur obtenant la transmission de mes armes et de mes titres.

Depuis le commencement de cette réponse, Canalis n'écoutait plus. Les quatre cavaliers, se trouvant dans un chemin assez large, allèrent de front et gagnèrent le plateau d'où la vue planait sur le riche bassin de la Seine, vers Rouen, tandis qu'à l'autre horizon les yeux pouvaient encore apercevoir la mer.

— Butscha, je crois, avait raison, Dieu est un grand paysagiste, dit Canalis en contemplant ce point de vue unique parmi ceux qui rendent les bords de la Seine si justement célèbres.

— C'est surtout à la chasse, mon cher baron, répondit le duc, quand la nature est animée par une voix, par un tumulte dans le silence, que les paysages, aperçus alors rapidement, semblent vraiment sublimes avec leurs changeants effets.

— Le soleil est une inépuisable palette, dit Modeste en regardant le poète avec une sorte de stupéfaction.

A une observation de Modeste sur l'absorption où elle voyait Canalis, il répondit qu'il se livrait à ses pensées, une excuse que les auteurs ont de plus à donner que les autres hommes.

— Sommes-nous bien heureux en transportant notre vie au sein du monde, en l'agrandissant de mille besoins factices et de nos vanités surexcitées? dit Modeste à l'aspect de cette coîte et riche campagne qui conseillait une philosophique tranquillité d'existence.

— Cette bucolique, mademoiselle, s'est toujours écrite sur des tables d'or, dit le poète.

— Et peut-être conçue dans les mansardes, répliqua le colonel.

Après avoir jeté sur Canalis un regard perçant qu'il ne soutint pas, Modeste entendit un bruit de cloches dans ses oreilles, elle vit tout sombre devant elle, et s'écria d'un accent glacial : — Ah! mais, nous sommes à mercredi!

— Ce n'est pas pour flatter le caprice, certes bien passager, de mademoiselle, dit solennellement le duc d'Hérouville à qui cette scène, tragique pour Modeste, avait laissé le temps de penser; mais je déclare que je suis si profondément dégoûté du monde, de la cour, de Paris, qu'avec une duchesse d'Hérouville, douée des grâces et de l'esprit de mademoiselle, je prendrais l'engagement de vivre en philosophe à mon château, faisant du bien autour de moi, desséchant mes langues, élevant mes enfants...

— Ceci, monsieur le duc, vous sera compté, répondit Modeste en arrêtant ses yeux assez long-temps sur ce noble gentilhomme. Vous me flattez; reprit-elle, vous ne me croyez pas frivole, et vous me supposez assez de ressources en moi-même pour vivre dans la solitude. C'est peut-être là mon sort, ajouta-t-elle en regardant Canalis avec une expression de pitié.

— C'est celui de toutes les fortunes médiocres, répondit le poète. Paris exige un luxe babylonien. Par moments, je me demande comment j'y ai jusqu'à présent suffi.

— Le roi peut répondre pour nous deux, dit le duc avec candeur, car nous vivons des bontés de Sa Majesté. Si, depuis la chute de monsieur le Grand, comme on nommait Cinq-Mars, nous n'avions pas eu toujours sa charge dans notre maison, il nous faudrait vendre Hérouville à la Bande Noire. Ah! croyez-moi, mademoiselle, c'est une grande humiliation pour moi, de mêler des questions financières à mon mariage...

La simplicité de cet aveu parti du cœur, et où la plainte était sincère, touchèrent Modeste.

— Aujourd'hui, dit le poète, personne en France, monsieur le duc, n'est assez riche pour faire la folie d'épouser une femme pour sa valeur personnelle, pour ses grâces, pour son caractère ou pour sa beauté...

Le colonel regarda Canalis d'une singulière manière après avoir examiné Modeste dont le visage ne montrait plus aucun étonnement.

— C'est pour des gens d'honneur, dit alors le colonel, un bel emploi de la richesse que de la destiner à réparer l'outrage du temps dans de vieilles maisons historiques.

— Oui, papa! répondit gravement la jeune fille.

Le colonel invita le duc et Canalis à dîner chez lui sans cérémonie, et dans leurs habits de cheval, en leur donnant l'exemple du négligé. Quand, à son retour, Modeste alla changer de toilette, elle regarda curieusement le bijou rapporté de Paris et qu'elle avait si cruellement dédaigné.

— Comme on travaille aujourd'hui? dit-elle à Françoise Cochet devenue sa femme de chambre.

— Et ce pauvre garçon, mademoiselle, qui a la fièvre...

— Qui t'a dit cela?...

— Monsieur Butscha! Il est venu me prier de vous faire observer que vous vous seriez sans doute aperçue déjà qu'il vous avait tenu parole au jour dit!

Modeste descendit au salon dans une mise d'une simplicité royale.

— Mon cher père, dit-elle à haute voix en prenant le colonel par le bras, allez savoir des nouvelles de monsieur de La Brière et reportez-lui, je vous en prie, son cadeau. Vous pouvez alléguer que mon peu de fortune autant que mes goûts m'interdisent de porter des bagatelles qui ne conviennent qu'à des reines ou à des courtisanes. Je ne puis d'ailleurs rien accepter que d'un promis. Priez ce brave garçon de garder la cravache jusqu'à ce que vous sachiez si vous êtes assez riche pour la lui racheter.

— Ma petite fille est donc pleine de bon sens, dit le colonel en embrassant Modeste au front.

Canalis profita d'une conversation engagée entre le duc d'Hérouville et madame Mignon pour aller sur la terrasse où Modeste le rejoignit, attirée par la curiosité, tandis qu'il la crut amenée par le désir d'être madame de Canalis. Effrayé de l'impudeur avec laquelle il venait d'accomplir ce que les militaires appellent un quart de conversion, et que, selon la jurisprudence des ambitieux, tout homme dans sa position aurait fait tout aussi brusquement, il chercha des raisons plausibles à donner en voyant venir l'infortunée Modeste.

— Chère Modeste, lui dit-il en prenant un ton câlin, aux termes où nous en sommes, sera-ce vous déplaire que de vous faire remarquer combien vos réponses à propos de monsieur d'Hérouville sont pénibles pour un homme qui aime, mais surtout pour un poète dont l'âme est femme, est nerveuse, et qui ressent les mille jalousies d'un amour vrai. Je serais un bien triste diplomate si je n'avais pas deviné que vos premières coquetteries, vos inconséquences calculées ont eu pour but d'étudier nos caractères...

Modeste leva la tête par un mouvement intelligent, rapide et coquet dont le type n'est peut-être que dans les animaux chez qui l'instinct produit des miracles de grâce.

— ... Aussi, rentré chez moi, n'en étais-je plus la dupe. Je m'émerveillais de votre finesse en harmonie avec votre caractère et votre physionomie. Soyez tranquille, je n'ai jamais supposé que tant de duplicité factice ne fût pas l'enveloppe d'une candeur adorable. Non, votre esprit, votre instruction n'ont rien ravi à cette précieuse innocence que nous demandons à une épouse. Vous êtes bien la femme d'un poète, d'un diplomate, d'un penseur, d'un homme destiné à connaître de chanceuses situations dans la vie, et je vous admire autant que je me sens d'attachement pour vous. Je vous en supplie, si vous n'avez pas joué la comédie avec moi, hier, quand vous acceptiez la foi d'un homme dont la vanité va se changer en orgueil en se voyant choisi par vous, dont les défauts deviendront des qualités à votre divin contact; ne heurtez pas en lui le sentiment qu'il a porté jusqu'au vice?... Dans mon âme, la jalousie est un dissolvant, et vous m'en avez révélé toute la puissance, elle est affreuse, elle y détruit tout. Oh!... il ne s'agit pas de la jalousie à l'Othello ! reprit-il à un geste que fit Modeste, fi! donc... il s'agit de moi-même! je suis gâté sur ce point. Vous connaissez l'affection unique à laquelle je suis redevable du seul bonheur dont j'aie joui, bien incomplet d'ailleurs ! (Il hocha la tête.) L'amour est peint en enfant chez tous les peuples parce qu'il ne se conçoit pas lui-même sans toute la vie à lui... Eh! bien, ce sentiment avait son terme indiqué par la nature. Il était mort-né. La maternité la plus ingénieuse a deviné, a calmé ce point douloureux de mon cœur, car une femme qui se sent, qui se voit mourir aux joies de l'amour, a des ménagements angéliques; aussi la duchesse ne m'a-t-elle pas donné la moindre souffrance en ce genre. En dix ans, il n'y a eu ni une parole, ni un regard détournés de son but. J'attache aux paroles, aux pensées, aux regards plus de valeur que ne leur en accordent les gens ordinaires. Si, pour moi, un regard est un trésor immense, le moindre doute est un poison mortel, il agit instantanément : je n'aime plus. A mon sens, et contrairement à celui de la foule qui aime à trembler, espérer, attendre, l'amour doit résider dans une sécurité complète, enfantine, infinie... Pour moi, le délicieux purgatoire que les femmes aiment à nous faire ici bas avec leur coquetterie est un bonheur atroce auquel je me refuse; pour moi, l'amour est ou le ciel, ou l'enfer. De l'enfer, je n'en veux pas, et je me sens la force de supporter l'éternel azur du paradis. Je me donne sans réserve, je n'aurai ni secret, ni doute, ni tromperie dans la vie à venir, je demande la réciprocité. Je vous offense peut-être en doutant de vous ! songez que je ne vous parle, en ceci, que de moi...

— Beaucoup; mais ce ne sera jamais trop, dit Modeste blessée par tous les piquants de ce discours où la duchesse de Chaulieu servait de massue, j'ai l'habitude de vous admirer, mon cher poëte.

— Eh bien! me promettez-vous cette fidélité canine que je vous offre, n'est-ce pas beau? n'est-ce pas ce que vous vouliez?...

— Pourquoi, cher poëte, ne recherchez-vous pas en mariage une muette qui serait aveugle et un peu sotte? Je ne demande pas mieux que de plaire en toute chose à mon mari ; mais vous menacez une fille de lui ravir le bonheur particulier que vous lui arrangez, de le lui ravir au moindre geste, à la moindre parole, au moindre regard! Vous coupez les ailes à l'oiseau, et vous voulez le voir voltigeant. Je savais bien les poëtes accusés d'inconséquence... Oh! à tort, dit-elle au geste de dénégation que fit Canalis, car ce prétendu défaut vient de ce que le vulgaire ne se rend pas compte de la vivacité des mouvements de leur esprit. Mais je ne croyais pas qu'un homme de génie inventât les conditions contradictoires d'un jeu semblable, et l'appelât la vie? Vous demandez l'impossible pour avoir le plaisir de me prendre en faute, comme ces enchanteurs qui, dans les Contes Bleus, donnent des tâches à des jeunes filles persécutées que secourent de bonnes fées...

— Ici la fée serait l'amour vrai, dit Canalis d'un ton sec en voyant sa cause de brouille devinée par cet esprit fin et délicat que Butscha pilotait si bien.

— Vous ressemblez, cher poëte, en ce moment, à ces parents qui s'inquiètent de la dot de la fille avant de montrer celle de leur fils. Vous faites le difficile avec moi, sans savoir si vous en avez le droit. L'amour ne s'établit point par des conventions sèchement débattues. Le pauvre duc d'Hérouville se laisse faire avec l'abandon de l'oncle Tobie dans Sterne, à cette différence près que je ne suis pas la veuve Wadman, quoique veuve en ce moment de beaucoup d'illusions sur la poésie. Oui! nous ne voulons rien croire, nous autres jeunes filles, de ce qui dérange notre monde fantastique!... On m'avait tout dit à l'avance! Ah! vous me faites une mauvaise querelle indigne de vous, je ne reconnais pas le Melchior d'hier.

— Parce que Melchior a reconnu chez vous une ambition avec laquelle vous comptez encore....

Modeste toisa Canalis en lui jetant un regard impérial.

— ...Mais je serai quelque jour ambassadeur et pair de France, tout comme lui.

— Vous me prenez pour une bourgeoise, dit-elle en remontant le perron. Mais elle se retourna vivement, et ajouta, perdant contenance, tant elle fut suffoquée : — C'est moins impertinent que de me prendre pour une sotte. Le changement de vos manières a sa raison dans les niaiseries que le Havre débite, et que Françoise, ma femme de chambre, vient de me répéter.

— Ah ! Modeste, pouvez-vous le croire? dit Canalis en prenant une pose dramatique. Vous me supposeriez donc alors capable de ne vous épouser que pour votre fortune?

— Si je vous fais cette injure après vos édifiants discours au bord de la Seine, il ne tient qu'à vous de me détromper, et alors je serai tout ce que vous voudrez que je sois, dit-elle en le foudroyant de son dédain.

— Si tu penses me prendre à ce piége, se dit le poète en la suivant, ma petite, tu me crois plus jeune que je ne le suis. Faut-il donc tant de façons avec une petite sournoise dont l'estime m'importe autant que celle du roi de Bornéo ! Mais, en me prêtant un sentiment ignoble, elle donne raison à ma nouvelle attitude. Est-elle rusée?... La Brière sera bâté, comme un petit sot qu'il est; et, dans cinq ans, nous rirons bien de lui avec elle !

La froideur que cette altercation avait jetée entre Canalis et Modeste fut visible le soir même à tous les yeux. Canalis se retira de bonne heure en prétextant de l'indisposition de La Brière, et il laissa le champ libre au Grand-Écuyer. Vers onze heures, Butscha, qui vint chercher sa patronne, dit en souriant tout bas à Modeste :

— Avais-je raison?

— Hélas ! oui, dit-elle.

— Mais avez-vous, selon nos conventions, entrebâillé la porte, de manière à ce qu'il puisse revenir?

— La colère m'a dominée, répondit Modeste. Tant de lâcheté m'a fait monter le sang au visage, et je lui ai dit son fait.

— Eh ! bien, tant mieux. Quand tous deux vous serez brouillés à ne plus vous parler gracieusement, je me charge de le rendre amoureux et pressant à vous tromper vous-même.

— Allons, Butscha, c'est un grand poète, un gentilhomme, un homme d'esprit.

— Les huit millions de votre père sont plus que tout cela.

— Huit millions?... dit Modeste.

— Mon patron, qui vend son Etude, va partir pour la Provence afin de diriger les acquisitions que propose Castagnould, le second de votre père. Le chiffre des contrats à faire pour reconstituer la terre de la Bastie monte à quatre millions, et votre père a consenti à tous les achats. Vous avez deux millions en dot, et le colonel en compte un pour votre établissement à Paris, un hôtel et le mobilier! Calculez?

— Ah! je puis être duchesse d'Hérouville, dit Modeste en regardant Butscha.

— Sans ce comédien de Canalis, vous auriez gardé *sa* cravache, comme venant de moi, dit le clerc en plaidant ainsi la cause de La Brière.

— Monsieur Butscha, voudriez-vous par hasard me marier à votre goût? dit Modeste en riant.

— Ce digne garçon aime autant que moi, vous l'avez aimé pendant huit jours, et c'est un homme de cœur, répondit le clerc.

— Et peut-il lutter avec une charge de la Couronne? il n'y en a que six : grand-aumônier, chancelier, grand-chambellan, grand-maître, connétable, grand-amiral; mais on ne nomme plus de connétables.

— Dans six mois, le peuple, mademoiselle, qui se compose d'une infinité de Butscha méchants, peut souffler sur toutes ces grandeurs. Et, d'ailleurs, que signifie la noblesse, aujourd'hui? Il n'y a pas mille vrais gentilshommes en France. Les d'Hérouville viennent d'un huissier à verge de Robert de Normandie. Vous aurez bien des déboires avec ces deux vieilles filles à visage laminé! Si vous tenez au titre de duchesse, vous êtes du Comtat, le Pape aura bien autant d'égards pour vous que pour des marchands, il vous vendra quelque duché en *nia* ou en *agno*. Ne jouez donc pas votre bonheur pour une charge de la Couronne.

Les réflexions de Canalis pendant la nuit furent entièrement positives. Il ne vit rien de pis au monde que la situation d'un homme marié sans fortune. Encore tremblant du danger que lui avait fait courir sa vanité mise en jeu près de Modeste, le désir de l'emporter sur le duc d'Hérouville, et sa croyance aux millions de monsieur Mignon, il se demanda ce que la duchesse de Chaulieu devait penser de son séjour au Havre aggravé par un silence épistolaire de quatorze jours, alors qu'à Paris ils s'écrivaient l'un l'autre quatre ou cinq lettres par semaine.

— Et la pauvre femme qui travaille pour m'obtenir le cordon de commandeur de la Légion et le poste de ministre auprès du grand-duc de Bade!... s'écria-t-il.

Aussitôt, avec cette vivacité de décision qui, chez les poètes comme chez les spéculateurs, résulte d'une vive intuition de l'avenir, il se mit à sa table et composa la lettre suivante.

A MADAME LA DUCHESSE DE CHAULIEU.

« Ma chère Éléonore, tu seras sans doute étonnée de ne pas
» avoir encore reçu de mes nouvelles ; mais le séjour que je fais
» ici n'a pas eu seulement ma santé pour motif, il s'agissait de
» m'acquitter en quelque sorte avec notre petit La Brière. Ce pauvre
» garçon est devenu très-épris d'une certaine demoiselle Modeste
» de La Bastie, une petite fille pâle, insignifiante et filandreuse,
» qui, par parenthèse, a le vice d'aimer la littérature et se dit poète
» pour justifier les caprices, les boutades et les variations d'un as-
» sez mauvais caractère. Tu connais Ernest, il est si facile de l'at-
» traper que je n'ai pas voulu le laisser aller seul. Mademoiselle de La
» Bastie a singulièrement coqueté avec ton Melchior, elle était très-
» disposée à devenir ta rivale, quoiqu'elle ait les bras maigres, peu
» d'épaules comme toutes les jeunes filles, la chevelure plus fade
» que celle de madame de Rochefide, et un petit œil gris fort sus-
» pect. J'ai mis le holà, peut-être trop brutalement, aux gracieu-
» setés de cette Immodeste ; mais l'amour unique est ainsi. Que
» m'importent les femmes de la terre qui, toutes ensemble, ne te
» valent pas ?
» Les gens avec qui je passe mon temps et qui forment les
» accompagnements de l'héritière sont bourgeois à faire lever le
» cœur. Plains-moi, je passe mes soirées avec des clercs de no-
» taire, des notaresses, des caissiers, un usurier de province ; et,
» certes, il y a loin de là aux soirées de la rue de Grenelle. La
» prétendue fortune du père qui revient de la Chine nous a valu
» la présence de l'éternel prétendant, le Grand-Écuyer, d'au-
» tant plus affamé de millions qu'il en faut six ou sept, dit-on,
» pour mettre en valeur les fameux marais d'Hérouville. Le roi
» ne sait pas combien est fatal le présent qu'il a fait au petit duc.
» Sa Grâce, qui ne se doute pas du peu de fortune de son désiré
» beau-père, n'est jaloux que de moi. La Brière fait son chemin
» auprès de son idole, à couvert de son ami qui lui sert de para-
» vent. Nonobstant les extases d'Ernest, je pense, moi poète, au
» solide ; et les renseignements que je viens de prendre sur la

» fortune assombrissent l'avenir de notre secrétaire, dont la fian-
» cée a des dents d'un fil inquiétant pour toute espèce de for-
» tune. Si mon ange veut racheter quelques-uns de nos pé-
» chés, elle tâchera de savoir la vérité sur cette affaire en faisant
» venir et questionnant, avec la dextérité qui la caractérise, Mon-
» genod son banquier. Monsieur Mignon, ancien colonel de cava-
» lerie dans la Garde Impériale, a été pendant sept ans le corres-
» pondant de la maison Mongenod. On parle de deux cent mille
» francs de dot au plus, et je désirerais, avant de faire la demande
» de la demoiselle pour Ernest, avoir des données positives. Une
» fois nos gens accordés, je serai de retour à Paris. Je connais
» le moyen de tout finir au profit de notre amoureux, il s'agit
» d'obtenir la transmission du titre de comte au gendre de mon-
» sieur Mignon, et personne n'est plus qu'Ernest, à raison de ses
» services, à même d'obtenir cette faveur, surtout secondé par
» nous trois, toi, le duc et moi. Avec ses goûts, Ernest, qui de-
» viendra facilement Maître des Comptes, sera très-heureux à Paris
» en se voyant à la tête de vingt-cinq mille francs par an, une place
» inamovible et une femme, le malheureux !

» Oh ! chère, qu'il me tarde de revoir la rue de Grenelle !
» Quinze jours d'absence, quand ils ne tuent pas l'amour, lui
» rendent l'ardeur des premiers jours, et tu sais mieux que moi
» peut-être, les raisons qui rendent mon amour éternel. Mes os,
» dans la tombe, t'aimeront encore ! Aussi n'y tiendrais-je pas !
» Si je suis forcé de rester encore dix jours, j'irai pour quelques
» heures à Paris.

» Le duc m'a-t-il obtenu de quoi me pendre ? Et auras-tu, ma
» chère vie, besoin de prendre les eaux de Baden l'année pro-
» chaine ? Les roucoulements de notre Beau Ténébreux, comparés
« aux accents de l'amour heureux, semblable à lui-même dans
» tous ses instants depuis dix ans bientôt, m'ont donné beaucoup
» de mépris pour le mariage, je n'avais jamais vu ces choses-là
» de si près. Ah ! chère, ce qu'on nomme *la faute* lie deux
» êtres bien mieux que *la loi*, n'est-ce pas ? »

Cette idée servit de texte à deux pages de souvenirs et d'aspirations
un peu trop intimes pour qu'il soit permis de les publier.

La veille du jour où Canalis mit cette épître à la poste, Butscha,
qui répondit sous le nom de Jean Jacmin à une lettre de sa prétendue cousine Philoxène, donna douze heures d'avance à cette ré-

ponse sur la lettre du poëte. Au comble de l'inquiétude depuis quinze jours et blessée du silence de Melchior, la duchesse, qui avait dicté la lettre de Philoxène au cousin, venait de prendre des renseignements exacts sur la fortune du colonel Mignon, après la lecture de la réponse du clerc, un peu trop décisive pour un amour-propre quinquagénaire. En se voyant trahie, abandonnée pour des millions, Éléonore était en proie à un paroxysme de rage, de haine et de méchanceté froide. Philoxène frappa pour entrer dans la somptueuse chambre de sa maîtresse, elle la trouva les yeux pleins de larmes et resta stupéfaite de ce phénomène sans précédent depuis quinze ans qu'elle la servait.

— On expie le bonheur de dix ans en dix minutes! s'écriait la duchesse.

— Une lettre du Havre, madame.

Éléonore lut la prose de Canalis sans s'apercevoir de la présence de Philoxène dont l'étonnement s'accrut en voyant renaître la sérénité sur le visage de la duchesse, à mesure qu'elle avançait dans la lecture de la lettre. Tendez à un homme qui se noie une perche grosse comme une canne, il y voit une route royale de première classe; aussi l'heureuse Éléonore croyait-elle à la bonne-foi de Canalis en lisant ces quatre pages où l'amour et les affaires, le mensonge et la vérité se coudoyaient. Elle, qui, le banquier sorti, venait de faire mander son mari pour empêcher la nomination de Melchior, s'il en était encore temps, fut prise d'un sentiment généreux qui monta jusqu'au sublime.

— Pauvre garçon! pensa-t-elle, il n'a pas eu la moindre pensée mauvaise! il m'aime comme au premier jour, il me dit tout. — Philoxène! dit-elle en voyant sa première femme de chambre debout et ayant l'air de ranger la toilette.

— Madame la duchesse?

— Mon miroir, mon enfant?

Éléonore se regarda, vit les lignes de rasoir tracées sur son front et qui disparaissaient à distance, elle soupira, car elle croyait par ce soupir dire adieu à l'amour. Elle conçut alors une pensée virile en dehors des petitesses de la femme, une pensée qui grise pour quelques moments, et dont l'enivrement peut expliquer la clémence de la Sémiramis du Nord quand elle maria sa jeune et belle rivale à Momonoff.

— Puisqu'il n'a pas failli, je veux lui faire avoir les millions et la fille, pensa-t-elle, si cette petite demoiselle Mignon est aussi laide qu'il le dit.

Trois coups, élégamment frappés, annoncèrent le duc à qui sa femme ouvrit elle-même.

— Ah ! vous allez mieux, ma chère, s'écria-t-il avec cette joie factice que savent si bien jouer les courtisans et à l'expression de laquelle les niais se prennent.

— Mon cher Henri, répondit-elle, il est vraiment inconcevable que vous n'ayez pas encore obtenu la nomination de Melchior, vous, qui vous êtes sacrifié pour le roi dans votre ministère d'un an, en sachant qu'il durerait à peine ce temps-là ?

Le duc regarda Philoxène, et la femme de chambre montra par un signe imperceptible la lettre du Havre posée sur la toilette.

— Vous vous ennuierez bien en Allemagne, et vous en reviendrez brouillée avec Melchior, dit naïvement le duc.

— Et pourquoi ?

— Mais ne serez-vous pas toujours ensemble ?... répondit cet ancien ambassadeur avec une comique bonhomie.

— Oh ! non, dit-elle, je vais le marier.

— S'il faut en croire d'Hérouville, notre cher Canalis n'attend pas vos bons offices, reprit le duc en souriant. Hier, Grandlieu m'a lu des passages d'une lettre que le Grand-Écuyer lui a écrite et qui, sans doute, était rédigée par sa tante à votre adresse, car mademoiselle d'Hérouville, toujours à l'affût d'une dot, sait que nous faisons le whist presque tous les soirs, Grandlieu et moi. Ce bon petit d'Hérouville demande au prince de Cadignan de venir faire une chasse royale en Normandie en lui recommandant d'y amener le roi pour tourner la tête à la donzelle, quand elle se verra l'objet d'une pareille chevauchée. En effet, deux mots de Charles X arrangeraient tout. D'Hérouville dit que cette fille est d'une incomparable beauté...

— Henri, allons au Havre ! cria la duchesse en interrompant son mari.

— Et sous quel prétexte ? dit gravement cet homme qui fut un des confidents de Louis XVIII.

— Je n'ai jamais vu de chasse.

— Ce serait bien si le roi y allait, mais c'est un *haria* que de chasser si loin, et il n'ira pas, je viens de lui en parler.

— MADAME pourrait y venir...

— Ceci vaut mieux, reprit le duc, et la duchesse de Maufrigneuse peut vous aider à la tirer de Rosny. Le roi ne trouverait pas alors mauvais qu'on se servît de ses équipages de chasse. N'allez pas au Havre, ma chère, dit paternellement le duc, ce serait vous afficher. Tenez, voici, je crois, un meilleur moyen. Gaspard a de l'autre côté de la forêt de Brotonne son château de Rosembray, pourquoi ne pas lui faire insinuer de recevoir tout ce monde ?

— Par qui? dit Éléonore.

— Mais sa femme, la duchesse, qui va de compagnie à la Sainte-Table avec mademoiselle d'Hérouville, pourrait, soufflée par cette vieille fille, en faire la demande à Gaspard.

— Vous êtes un homme adorable, dit Éléonore. Je vais écrire deux mots à la vieille fille et à Diane, car il faut nous faire faire des habits de chasse. Ce petit chapeau, j'y pense, rajeunit excessivement. Avez-vous gagné hier chez l'ambassadeur d'Angleterre ?...

— Oui, dit le duc, je me suis acquitté.

— Surtout, Henri, suspendez tout pour les deux nominations de Melchior...

Après avoir écrit dix lignes à la belle Diane de Maufrigneuse et un mot d'avis à mademoiselle d'Hérouville, Éléonore sangla cette réponse à travers les mensonges de Canalis.

A MONSIEUR LE BARON DE CANALIS.

« Mon cher poète, mademoiselle de La Bastie est très-belle,
» Mongenod m'a démontré que le père a huit millions, je pensais
» à vous marier avec elle, je vous en veux donc beaucoup de votre
» manque de confiance. Si vous aviez l'intention de marier La
» Brière en allant au Havre, je ne comprends pas pourquoi vous
» ne me l'avez pas dit avant d'y partir. Et pourquoi rester quinze
» jours sans écrire à une amie qui s'inquiète aussi facilement que
» moi? Votre lettre est venue un peu tard, j'avais déjà vu notre
» banquier. Vous êtes un enfant, Melchior, vous rusez avec nous.
» Ce n'est pas bien. Le duc lui-même est outré de vos procédés, il
» vous trouve peu gentilhomme, ce qui met en doute l'honneur de
» madame votre mère.

» Maintenant, je désire voir les choses par moi-même. J'aurai
» l'honneur, je crois, d'accompagner MADAME à la chasse que donne
» le duc d'Hérouville pour mademoiselle de La Bastie, je m'ar-

» rangerai pour que vous soyez invité à rester à Rosembray, car
» le rendez-vous de chasse sera probablement chez le duc de Ver-
» neuil.

» Croyez bien, mon cher poète, que je n'en suis pas moins pour
» la vie,

Votre amie,
» ÉLÉONORE DE M. »

— Tiens, Ernest, dit Canalis en jetant au nez de La Brière et à travers la table cette lettre qu'il reçut pendant le déjeuner, voici le deux millième billet doux que je reçois de cette femme, et il n'y a pas un *tu*! L'illustre Éléonore ne s'est jamais compromise plus qu'elle ne l'est là... Marie-toi, va! Le plus mauvais mariage est meilleur que le plus doux de ces licous!... Ah! je suis le plus grand Nicodème qui soit tombé de la lune. Modeste a des millions, elle est perdue à jamais pour moi, car l'on ne revient pas des pôles où nous sommes, vers le Tropique où nous étions il y a trois jours! Ainsi je souhaite d'autant plus ton triomphe sur le Grand-Écuyer que j'ai dit à la duchesse n'être venu ici que dans ton intérêt; aussi vais-je travailler pour toi.

— Hélas! Melchior, il faudrait à Modeste un caractère si grand, si formé, si noble pour résister au spectacle de la cour et des splendeurs si habilement déployées en son honneur et gloire par le duc, que je ne crois pas à l'existence d'une pareille perfection; et, cependant, si elle est encore la Modeste de ses lettres, il y aurait de l'espoir...

— Es-tu heureux, jeune Boniface, de voir le monde et ta maîtresse avec de pareilles lunettes vertes! s'écria Canalis en sortant et allant se promener dans le jardin.

Le poète, pris entre deux mensonges, ne savait plus à quoi se résoudre.

— Jouez donc les règles, et vous perdez! s'écria-t-il assis dans le kiosque. Assurément, tous les hommes sensés auraient agi comme je l'ai fait, il y a quatre jours, et se seraient retirés du piége où je me croyais pris; car, dans ces cas-là, l'on ne s'amuse pas à dénouer, l'on brise!... Allons, restons froid, calme, digne, offensé. L'honneur ne me permet pas d'être autrement. Et une raideur anglaise est le seul moyen de regagner l'estime de Modeste. Après tout, si je ne me retire de là qu'en retournant à mon vieux bonheur, ma fidélité pendant dix ans sera récompensée, Éléonore me maniera toujours bien !

La partie de chasse devait être le rendez-vous de toutes les passions mises en jeu par la fortune du colonel et par la beauté de Modeste ; aussi vit-on comme une trêve entre tous les adversaires. Pendant les quelques jours demandés par les apprêts de cette solennité forestière, le salon de la villa Mignon offrit alors le tranquille aspect que présente une famille très-unie. Canalis, retranché dans son rôle d'homme blessé par Modeste, voulut se montrer courtois ; il abandonna ses prétentions, ne donna plus aucun échantillon de son talent oratoire, et devint ce que sont les gens d'esprit quand ils renoncent à leurs affectations, charmant. Il causait finances avec Gobenheim, guerre avec le colonel, Allemagne avec madame Mignon, et ménage avec madame Latournelle en essayant de les conquérir à La Brière. Le duc d'Hérouville laissa le champ libre aux deux amis assez souvent, car il fut obligé d'aller à Rosembray se consulter avec le duc de Verneuil et veiller à l'exécution des ordres du Grand-Veneur, le prince de Cadignan. Cependant l'élément comique ne fit pas défaut. Modeste se vit entre les atténuations que Canalis apportait à la galanterie du Grand-Écuyer et les exagérations des deux demoiselles d'Hérouville qui vinrent tous les soirs. Canalis faisait observer à Modeste qu'au lieu d'être l'héroïne de la chasse, elle y serait à peine remarquée. MADAME serait accompagnée de la duchesse de Maufrigneuse, belle-fille du Grand-Veneur, de la duchesse de Chaulieu, de quelques-unes des dames de la cour, parmi lesquelles une petite fille ne produirait aucune sensation. On inviterait sans doute des officiers en garnison à Rouen, etc. Hélène ne cessait de répéter à celle en qui elle voyait déjà sa belle-sœur, qu'elle serait présentée à MADAME ; certainement le duc de Verneuil l'inviterait, elle et son père, à rester à Rosembray ; si le colonel voulait obtenir une faveur du Roi, la pairie, cette occasion serait unique, car on ne désespérait pas de la présence du Roi pour le troisième jour ; elle serait surprise par le charmant accueil que lui feraient les plus belles femmes de la cour, les duchesses de Chaulieu, de Maufrigneuse, de Lenoncourt-Chaulieu, etc. Les préventions de Modeste contre le faubourg Saint-Germain se dissiperaient, etc., etc. Ce fut une petite guerre excessivement amusante par ses marches, ses contremarches, ses stratagèmes, dont jouissaient les Dumay,

21.

les Latournelle, Gobenheim et Butscha qui, tous en petit comité, disaient un mal effroyable des nobles, en notant leurs lâchetés savamment, cruellement étudiées.

Les dires du parti d'Hérouville furent confirmés par une invitation conçue en termes flatteurs du duc de Verneuil et du Grand-Veneur de France à monsieur le comte de La Bastie et à sa fille, de venir assister à une grande chasse à Rosembray, les 7, 8, 9 et 10 novembre prochain.

La Brière, plein de pressentiments funestes, jouissait de la présence de Modeste avec ce sentiment d'avidité concentrée dont les âpres plaisirs ne sont connus que des amoureux séparés à terme et fatalement. Ces éclairs de bonheur à soi seul, entremêlés de méditations mélancoliques, sur ce thème : « Elle est perdue pour moi ! » rendirent ce jeune homme un spectacle d'autant plus touchant que sa physionomie et sa personne étaient en harmonie avec ce sentiment profond. Il n'y a rien de plus poétique qu'une élégie animée qui a des yeux, qui marche, et qui soupire sans rimes.

Enfin le duc d'Hérouville vint convenir du départ de Modeste qui, après avoir traversé la Seine, devait aller dans la calèche du duc en compagnie de mesdemoiselles d'Hérouville. Le duc fut admirable de courtoisie, il invita Canalis et La Brière, en leur faisant observer, ainsi qu'à monsieur Mignon, qu'il avait eu soin de tenir des chevaux de chasse à leur disposition. Le colonel pria les trois amants de sa fille d'accepter à déjeuner le matin du départ. Canalis voulut alors mettre à exécution un projet mûri pendant ces derniers jours, celui de reconquérir sourdement Modeste, de jouer la duchesse, le Grand-Écuyer et La Brière. Un élève en diplomatie ne pouvait pas rester engravé dans la situation où il se voyait. De son côté, La Brière avait résolu de dire un éternel adieu à Modeste. Ainsi chaque prétendant pensait à glisser son dernier mot, comme le plaideur à son juge avant l'arrêt, en pressentant la fin d'une lutte qui durait depuis trois semaines. Après le dîner, la veille, le colonel prit sa fille par le bras et lui fit sentir la nécessité de se prononcer.

— Notre position avec la famille d'Hérouville serait intolérable à Rosembray, lui dit-il. Veux-tu devenir duchesse ? demanda-t-il à Modeste.

— Non, mon père, répondit-elle.

— Aimerais-tu donc Canalis ?...

— Assurément, non, mon père, mille fois non, dit-elle avec une impatience d'enfant.

Le colonel regarda Modeste avec une espèce de joie.

— Ah! je ne t'ai pas influencée, s'écria ce bon père; je puis maintenant t'avouer que, dès Paris, j'avais choisi mon gendre quand, en lui faisant accroire que je n'avais pas de fortune, il m'a sauté au cou en me disant que je lui ôtais un poids de cent livres de dessus le cœur...

— De qui parlez-vous? demanda Modeste en rougissant.

— *De l'homme à vertus positives, d'une moralité sûre,* dit-il railleusement en répétant la phrase qui le lendemain de son retour avait dissipé les rêves de Modeste.

— Eh! je ne pense pas à lui, papa! Laissez-moi libre de refuser le duc moi-même; je le connais, je sais comment le flatter...

— Ton choix n'est donc pas fait?

— Pas encore. Il me reste encore quelques syllabes à deviner dans la charade de mon avenir; mais, après avoir vu la cour par une échappée, je vous dirai mon secret à Rosembray.

— Vous irez à la chasse, n'est-ce pas? cria le colonel en voyant de loin La Brière venant dans l'allée où il se promenait avec Modeste.

— Non, colonel, répondit Ernest. Je viens prendre congé de vous et de mademoiselle, je retourne à Paris...

— Vous n'êtes pas curieux, dit Modeste en interrompant et regardant le timide Ernest.

— Il suffirait, pour me faire rester, d'un désir que je n'ose espérer, répliqua-t-il.

— Si ce n'est que cela, vous me ferez plaisir, à moi, dit le colonel en allant au-devant de Canalis et laissant sa fille et le pauvre Ernest ensemble pour un instant.

— Mademoiselle, dit-il en levant les yeux sur elle avec la hardiesse d'un homme sans espoir, j'ai une prière à vous faire...

— À moi?

— Que j'emporte votre pardon! Ma vie ne sera jamais heureuse, j'ai le remords d'avoir perdu mon bonheur, sans doute par ma faute; mais, au moins...

— Avant de nous quitter pour toujours, répondit Modeste d'une voix émue en interrompant à la Canalis, je ne veux savoir de vous qu'une seule chose; et, si vous avez une fois pris un déguisement, je ne pense pas qu'en ceci vous auriez la lâcheté de me tromper...

Le mot lâcheté fit pâlir Ernest, qui s'écria : — Vous êtes sans pitié !

— Serez-vous franc ?

— Vous avez le droit de me faire une si dégradante question, dit-il d'une voix affaiblie par une violente palpitation.

— Eh ! bien, avez-vous lu mes lettres à monsieur de Canalis ?

— Non, mademoiselle ; et si je les ai fait lire au colonel, ce fut pour justifier mon attachement en lui montrant et comment mon affection avait pu naître, et combien mes tentatives pour essayer de vous guérir de votre fantaisie avaient été sincères.

— Mais comment l'idée de cette ignoble mascarade est-elle venue ? dit-elle avec une espèce d'impatience.

La Brière raconta dans toute sa vérité la scène à laquelle la première lettre de Modeste avait donné lieu, l'espèce de défi qui en était résulté par suite de sa bonne opinion, à lui Ernest, en faveur d'une jeune fille amenée vers la gloire, comme une plante cherchant sa part de soleil.

— Assez, répondit Modeste avec une émotion contenue. Si vous n'avez pas mon cœur, monsieur, vous avez toute mon estime.

Cette simple phrase causa le plus violent étourdissement à La Brière. En se sentant chanceler, il s'appuya sur un arbrisseau, comme un homme privé de sa raison. Modeste, qui s'en allait, retourna la tête et revint précipitamment.

— Qu'avez-vous ? dit-elle en le prenant par la main et l'empêchant de tomber.

Modeste sentit une main glacée et vit un visage blanc comme un lys, le sang était tout au cœur.

— Pardon, mademoiselle. Je me croyais si méprisé...

— Mais, reprit-elle avec une hauteur dédaigneuse, je ne vous ai pas dit que je vous aimasse.

Et elle laissa de nouveau La Brière qui, malgré la dureté de cette parole, crut marcher dans les airs. La terre mollissait sous ses pieds, les arbres lui semblaient être chargés de fleurs, le ciel avait une couleur rose, et l'air lui parut bleuâtre, comme dans ces temples d'hyménée à la fin des pièces-féerie qui finissent heureusement. Dans ces situations, les femmes sont comme Janus, elles voient ce qui se passe derrière elles, sans se retourner ; et Modeste aperçut alors dans la contenance de cet amoureux les irrécusables symptômes d'un amour à la Butscha, ce qui, certes, est le *nec plus ultrà* des désirs d'une femme. Aussi le haut prix attaché à son estime par La Brière causa-t-il à Modeste une émotion d'une douceur infinie.

— Mademoiselle, dit Canalis en quittant le colonel et venant à Modeste, malgré le peu de cas que vous faites de mes sentiments, il importe à mon honneur d'effacer une tache que j'y ai trop longtemps soufferte. Cinq jours après mon arrivée ici, voici ce que m'écrivait la duchesse de Chaulieu.

Il fit lire à Modeste les premières lignes de la lettre où la duchesse disait avoir vu Mongenod et vouloir marier Melchior à Modeste; puis il les lui remit après avoir déchiré le surplus.

— Je ne puis vous laisser voir le reste, dit-il en mettant le papier dans sa poche, mais je confie à votre délicatesse ces quelques lignes afin que vous puissiez en vérifier l'écriture. La jeune fille qui m'a supposé d'ignobles sentiments est bien capable de croire à quelque collusion, à quelque stratagème. Ceci peut vous prouver combien je tiens à vous démontrer que la querelle qui subsiste entre nous n'a pas eu chez moi pour base un vil intérêt. Ah! Modeste, dit-il avec des larmes dans la voix, votre poète, le poète de madame de Chaulieu n'a pas moins de poésie dans le cœur que dans la pensée. Vous verrez la duchesse, suspendez votre jugement sur moi jusque-là.

Et il laissa Modeste abasourdie.

— Ah! çà, les voilà tous des anges, se dit-elle, ils sont inépousables, le duc seul appartient à l'humanité.

— Mademoiselle Modeste, cette chasse m'inquiète, dit Butscha qui parut en portant un paquet sous le bras. J'ai rêvé que vous étiez emportée par votre cheval, et je suis allé à Rouen vous chercher un mors espagnol, on m'a dit que jamais un cheval ne pouvait le prendre aux dents; je vous supplie de vous en servir, je l'ai fait voir au colonel qui m'a déjà plus remercié que cela ne vaut.

— Pauvre cher Butscha! s'écria Modeste émue aux larmes par ce soin maternel.

Butscha s'en alla sautillant comme un homme à qui l'on vient d'apprendre la mort d'un vieil oncle à succession.

— Mon cher père, dit Modeste en rentrant au salon, je voudrais bien avoir la belle cravache.... si vous proposiez à monsieur de La Brière de l'échanger contre votre tableau de Van Ostade.

Modeste regarda sournoisement Ernest pendant que le colonel

lui faisait cette proposition devant ce tableau, seule chose qu'il eût comme souvenir de ses campagnes, et qu'il avait achetée d'un bourgeois de Ratisbonne. Elle se dit en elle-même en voyant avec quelle précipitation La Brière quitta le salon : — Il sera de la chasse !

Chose étrange, les trois amants de Modeste se rendirent à Rosembray, tous le cœur plein d'espérance et ravis de ses adorables perfections.

Rosembray, terre récemment achetée par le duc de Verneuil avec la somme que lui donna sa part dans le milliard voté pour légitimer la vente des biens nationaux, est remarquable par un château d'une magnificence comparable à celle de Mesnière et de Balleroy. On arrive à cet imposant et noble édifice par une immense allée de quatre rangs d'ormes séculaires, et l'on traverse une immense cour d'honneur en pente, comme celle de Versailles, à grilles magnifiques, à deux pavillons de concierge, et ornée de grands orangers dans leurs caisses. Sur la cour, le château présente, entre deux corps-de-logis en retour, deux rangs de dix-neuf hautes croisées à cintres sculptés et à petits carreaux, séparées entre elles par une colonnade engagée et cannelée. Un entablement à balustres cache un toit à l'italienne d'où sortent des cheminées en pierres de taille masquées par des trophées d'armes, Rosembray ayant été bâti, sous Louis XIV, par un fermier-général nommé Cottin. Sur le parc, la façade se distingue de celle sur la cour par un avant-corps de cinq croisées à colonnes au-dessus duquel se voit un magnifique fronton. La famille de Marigny, à qui les biens de ce Cottin furent apportés par mademoiselle Cottin, unique héritière de son père, y fit sculpter un lever de soleil par Coysevox. Au-dessous, deux anges déroulent un ruban où se lit cette devise, substituée à l'ancienne en l'honneur du Grand Roi : *Sol nobis benignus*. Le Grand Roi avait fait duc le marquis de Marigny, l'un de ses plus insignifiants favoris.

Du perron à grands escaliers circulaires et à balustres, la vue s'étend sur un immense étang, long et large comme le grand canal de Versailles, et qui commence au bas d'une pelouse digne des boulingrins les plus britanniques, bordée de corbeilles où brillaient alors les fleurs de l'automne. De chaque côté, deux jardins à la française étalent leurs carrés, leurs allées, leurs belles pages écrites du plus majestueux style Lenôtre. Ces deux jardins sont encadrés dans toute leur longueur par une marge de bois, d'environ trente arpents, où, sous Louis XV, on a dessiné des parcs à l'anglaise. De la terrasse, la vue s'arrête, au fond, sur une forêt dépendant de Rosembray et contiguë à deux forêts, l'une à l'État, l'autre à la Couronne. Il est difficile de trouver un plus beau paysage.

L'arrivée de Modeste fit une certaine sensation dans l'avenue, où l'on aperçut une voiture à la livrée de France, accompagnée du Grand-Écuyer, du colonel, de Canalis, de La Brière, tous à cheval, précédés d'un piqueur en grande livrée, suivis de dix domestiques parmi lesquels se remarquaient le mulâtre, le nègre et l'élégant briska du colonel pour les deux femmes de chambre et les paquets. La voiture à quatre chevaux était menée par des tigres mis avec une coquetterie ordonnée par le Grand-Écuyer, souvent mieux servi que le roi. En entrant et voyant ce petit Versailles, Modeste éblouie par la magnificence des grands seigneurs, pensa soudain à son entrevue avec les célèbres duchesses, elle eut peur de paraître empruntée, provinciale ou parvenue ; elle perdit complétement la tête et se repentit d'avoir voulu cette partie de chasse.

Quand la voiture eut arrêté, fort heureusement Modeste aperçut un vieillard en perruque blonde, frisée à petites boucles, dont la figure calme, pleine, lisse, offrait un sourire paternel et l'expression d'un enjouement monastique rendu presque digne par un regard à demi voilé. La duchesse, femme d'une haute dévotion, fille unique d'un premier président richissime et mort en 1800, sèche et droite, mère de quatre enfants, ressemblait à madame Latournelle, si l'imagination consent à embellir la notaresse de toutes les grâces d'un maintien vraiment abbatial.

— Eh ! bonjour, chère Hortense, dit mademoiselle d'Hérouville qui embrassa la duchesse avec toute la sympathie qui réunissait ces deux caractères hautains, laissez-moi vous présenter ainsi qu'à notre cher duc ce petit ange, mademoiselle de La Bastie.

— On nous a tant parlé de vous, mademoiselle, dit la duchesse, que nous avions grand'hâte de vous posséder ici...

— On regrettera le temps perdu, dit le duc de Verneuil en inclinant la tête avec une galante admiration.

— Monsieur le comte de La Bastie, dit le Grand-Écuyer en prenant le colonel par le bras et le montrant au duc et à la duchesse avec une teinte de respect dans son geste et sa parole.

Le colonel salua la duchesse, le duc lui tendit la main.

— Soyez le bienvenu, monsieur le comte, dit monsieur de Verneuil, vous possédez bien des trésors, ajouta-t-il en regardant Modeste.

La duchesse prit Modeste par-dessous le bras, et la conduisit dans un immense salon, où se trouvaient groupées devant la cheminée une dizaine de femmes. Les hommes, emmenés par le duc, se promenèrent sur la terrasse, à l'exception de Canalis qui se rendit respectueusement auprès de la superbe Éléonore. La duchesse, assise à un métier de tapisserie, donnait des conseils à mademoiselle de Verneuil pour nuancer.

Modeste se serait traversé le doigt d'une aiguille en mettant la main sur une pelote, elle n'aurait pas été si vivement atteinte qu'elle le fut par le coup d'œil glacial, hautain, méprisant que lui jeta la duchesse de Chaulieu. Dans le premier moment, elle ne vit que cette femme, elle la devina. Pour savoir jusqu'où va la cruauté de ces charmants êtres que nos passions grandissent tant, il faut voir les femmes entre elles. Modeste aurait désarmé toute autre qu'Éléonore par sa stupide et involontaire admiration ; car sans sa connaissance de l'âge, elle eût cru voir une femme de trente-six ans, mais elle était réservée à bien d'autres étonnements !

Le poète se heurtait alors contre une colère de grande dame. Une pareille colère est le plus atroce des sphinx : le visage est radieux, tout le reste est farouche. Les rois eux-mêmes ne savent comment faire capituler la politesse exquise de froideur qui cache une armure d'acier. La délicieuse tête de femme sourit, et en même temps l'acier mord, la main est d'acier, le bras, le corps, tout est d'acier. Canalis essayait de se cramponner à cet acier, mais ses doigts y glissaient comme ses paroles sur le cœur ; et la tête gracieuse, et la phrase gracieuse, et le maintien gracieux déguisaient à tous les regards l'acier de cette colère descendue à vingt-cinq degrés au-dessous de zéro. L'aspect de la sublime beauté de Modeste embellie par le voyage, la vue de cette jeune fille mise aussi bien que Diane de Maufrigneuse avait enflammé les poudres amassées par la réflexion dans la tête d'Éléonore. Toutes les femmes étaient venues à une croisée pour voir descendre de voiture la merveille du jour, accompagnée de ses trois amants.

— N'ayons pas l'air d'être si curieuses, avait dit madame de Chaulieu frappée au cœur par ce mot de Diane : — Elle est divine ! d'où ça sort-il ?

Et elles s'étaient envolées au salon, où chacune avait repris sa contenance, et où la duchesse de Chaulieu se sentit dans le cœur mille vipères qui toutes demandaient à la fois leur pâture.

Mademoiselle d'Hérouville dit à voix basse à la duchesse de Verneuil et avec intention : — Éléonore reçoit bien mal son grand Melchior.

— La duchesse de Maufrigneuse croit qu'il y a du froid entre eux, répondit Laure de Verneuil avec simplicité.

Cette phrase, dite si souvent dans le monde, n'est-elle pas admirable? On y sent la bise du pôle.

— Et pourquoi? demanda Modeste à cette charmante jeune fille sortie du Sacré-Cœur depuis deux mois.

— Le grand homme, répondit la dévote duchesse qui fit signe à sa fille de se taire, l'a laissée sans un mot pendant quinze jours, après son départ pour le Havre, et après lui avoir dit qu'il y allait pour sa santé...

Modeste laissa échapper un mouvement qui frappa Laure, Hélène et mademoiselle d'Hérouville.

— Et pendant ce temps, disait la dévote duchesse en continuant, elle le faisait nommer commandeur et ministre à Baden.

— Oh! c'est mal à Canalis, car il lui doit tout, dit mademoiselle d'Hérouville.

— Pourquoi madame de Chaulieu n'est-elle pas venue au Havre, demanda naïvement Modeste à Hélène.

— Ma petite, dit la duchesse de Verneuil, elle se laisserait bien assassiner sans proférer une parole, regardez-la? Quelle reine! Sa tête sur un billot sourirait encore comme fit Marie Stuart; et notre belle Éléonore a d'ailleurs de ce sang dans les veines.

— Elle ne lui a pas écrit? reprit Modeste.

— Diane, répondit la duchesse encouragée à ces confidences par un coup de coude de mademoiselle d'Hérouville, m'a dit qu'elle avait fait à la première lettre que Canalis lui a écrite, il y a dix jours environ, une bien sanglante réponse.

Cette explication fit rougir Modeste de honte pour Canalis, elle souhaita, non pas l'écraser sous ses pieds, mais se venger par une de ces malices plus cruelles que des coups de poignard. Elle regarda fièrement la duchesse de Chaulieu. Ce fut un regard doré par huit millions.

— Monsieur Melchior!... dit-elle.

Toutes les femmes levèrent le nez et jetèrent les yeux alternativement sur la duchesse qui causait à voix basse au métier avec Canalis, et sur cette jeune fille assez mal élevée pour troubler deux amants aux prises, ce qui ne se fait dans aucun monde. Diane de Maufrigneuse hocha la tête en ayant l'air de dire : « L'enfant est dans son droit ! » Les douze femmes finirent par sourire entre elles, car elles jalousaient toutes une femme de cinquante-six ans, assez belle encore pour pouvoir puiser dans le trésor commun et y voler part de jeune. Melchior regarda Modeste avec une impatience fébrile et par un geste de maître à valet, tandis que la duchesse baissa la tête par un mouvement de lionne dérangée pendant son festin ; mais ses yeux attachés au canevas, jetèrent des flammes presque rouges sur le poète en en fouillant le cœur à coups d'épigrammes, chaque mot s'expliquait par une triple injure.

— Monsieur Melchior ! répéta Modeste d'une voix qui avait le droit de se faire écouter.

— Quoi, mademoiselle ?... demanda le poète.

Obligé de se lever, il resta debout à mi-chemin du métier qui se trouvait auprès d'une fenêtre et de la cheminée près de laquelle Modeste était assise sur le canapé de la duchesse de Verneuil. Quelles poignantes réflexions ne fit pas cet ambitieux, quand il reçut un regard fixe d'Éléonore. Obéir à Modeste, tout était fini sans retour entre le poète et sa protectrice. Ne pas écouter la jeune fille, Canalis avouait son servage, il annulait le profit de ses vingt-cinq jours de lâchetés, il manquait aux plus simples lois de la Civilité puérile et honnête. Plus la sottise était grosse, plus impérieusement la duchesse l'exigeait. La beauté, la fortune de Modeste mises en regard de l'influence et des droits d'Éléonore rendirent cette hésitation entre l'homme et son honneur aussi terrible à voir que le péril d'un matador dans l'arène. Un homme ne trouve de palpitations semblables à celles qui pouvaient donner un anévrisme à Canalis, que devant un tapis vert en voyant sa ruine ou sa fortune décidées en cinq minutes.

— Mademoiselle d'Hérouville m'a fait quitter si promptement la voiture que j'y ai laissé, dit Modeste à Canalis, mon mouchoir...

Canalis fit un haut-le-corps significatif.

— Et, dit Modeste en continuant malgré ce geste d'impatience, j'y ai noué la clef d'un porte-feuille qui contient un fragment de lettre importante, ayez la bonté, Melchior, de la faire demander...

Entre un ange et un tigre irrité, Canalis, devenu blême, n'hésita plus, le tigre lui parut le moins dangereux; il allait se prononcer, lorsque La Brière apparut à la porte du salon, et lui sembla quelque chose comme l'archange Michel tombant du ciel.

— Ernest, tiens, mademoiselle de La Bastie a besoin de toi, dit le poète qui regagna vivement sa chaise auprès du métier.

Ernest, lui, courut à Modeste sans saluer personne, il ne vit qu'elle, il en reçut cette commission avec un visible bonheur, et s'élança hors du salon avec l'approbation secrète de toutes les femmes.

— Quel métier pour un poète? dit Modeste à Hélène en montrant la tapisserie à laquelle travaillait rageusement la duchesse.

— Si tu lui parles, si tu la regardes une seule fois, tout est à jamais fini, disait à voix basse à Melchior Éléonore que le *mezzo termine* d'Ernest n'avait pas satisfait. Et, songes-y bien? quand je ne serai pas là, je laisserai des yeux qui t'observeront.

Sur ce mot, la duchesse, femme de taille moyenne, mais un peu trop grasse, comme le sont toutes les femmes de cinquante ans passés qui restent belles, se leva, marcha vers le groupe où se trouvait Diane de Maufrigneuse, en avançant des pieds menus et nerveux comme ceux d'une biche. Sous sa rondeur se révélait l'exquise finesse dont sont douées ces sortes de femmes et que leur donne la vigueur de leur système nerveux qui maîtrise et vivifie le développement de la chair. On ne pouvait pas expliquer autrement sa légère démarche qui fut d'une noblesse incomparable. Il n'y a que les femmes dont les quartiers de noblesse commencent à Noé, comme Éléonore, qui savent être majestueuses, malgré leur embonpoint de fermière. Un philosophe eût peut-être plaint Philoxène en admirant l'heureuse distribution du corsage et les soins minutieux d'une toilette du matin portée avec une élégance de reine, avec une aisance de jeune personne. Audacieusement coiffée en cheveux abondants, sans teinture, et nattés sur la tête en forme de tour, Éléonore montrait fièrement son cou de neige, sa poitrine et ses épaules d'un modelé délicieux, ses bras nus et éblouissants, terminés par des mains célèbres. Modeste, comme toutes les antagonistes de la duchesse, reconnut en elle une de ces femmes dont on dit :
— C'est notre maîtresse à toutes ! Et en effet, on reconnaissait en Éléonore une des quelques grandes dames, devenues si rares maintenant en France. Vouloir expliquer ce qu'il y a d'auguste dans le

port de la tête, de fin, de délicat dans telle ou telle sinuosité du cou, d'harmonieux dans les mouvements, de digne dans un maintien, de noble dans l'accord parfait des détails et de l'ensemble, dans ces artifices devenus naturels qui rendent une femme sainte et grande, ce serait vouloir analyser le sublime. On jouit de cette poésie comme de celle de Paganini, sans s'en expliquer les moyens, car la cause est toujours l'âme qui se rend visible. La duchesse inclina la tête pour saluer Hélène et sa tante, puis elle dit à Diane d'une voix enjouée, pure, sans trace d'émotion : — N'est-il pas temps de nous habiller, duchesse ?

Et elle fit sa sortie, accompagnée de sa belle-fille et de mademoiselle d'Hérouville, qui toutes deux lui donnèrent le bras. Elle parla bas en s'en allant avec la vieille fille, qui la pressa sur son cœur en lui disant : — Vous êtes charmante. Ce qui signifiait : — Je suis toute à vous pour le service que vous venez de nous rendre.

Mademoiselle d'Hérouville rentra pour jouer son rôle d'espion, et son premier regard apprit à Canalis que le dernier mot de la duchesse n'était pas une vaine menace. L'apprenti diplomate se trouva de trop petite science pour une si terrible lutte, et son esprit lui servit du moins à se placer dans une situation franche, sinon digne. Quand Ernest reparut apportant le mouchoir à Modeste, il le prit par le bras et l'emmena sur la pelouse.

— Mon cher ami, lui dit-il, je suis l'homme, non pas le plus malheureux, mais le plus ridicule du monde ; aussi ai-je recours à toi pour me tirer du guêpier où je me suis fourré. Modeste est un démon ; elle a vu mon embarras, elle en rit, elle vient de me parler de deux lignes d'une lettre de madame de Chaulieu que j'ai fait la sottise de lui confier ; si elle les montrait, jamais je ne pourrais me raccommoder avec Éléonore. Ainsi, demande immédiatement ce papier à Modeste, et dis-lui de ma part que je n'ai sur elle aucune vue, aucune prétention. Je compte sur sa délicatesse, sur sa probité de jeune fille pour se conduire avec moi comme si nous ne nous étions jamais vus, je la prie de ne pas m'adresser la parole, je la supplie de m'accorder ses rigueurs, sans oser réclamer de sa malice une espèce de colère jalouse qui servirait à merveille mes intérêts... Va, j'attends ici...

Ernest de La Brière aperçut, en rentrant au salon, un jeune officier de la compagnie des Gardes d'Havré, le vicomte de Sérizy, qui venait d'arriver de Rosny pour annoncer que MADAME était obligée de se trouver à l'ouverture de la session. On sait de quelle importance fut cette solennité constitutionnelle, où Charles X prononça son discours environné de toute sa famille, madame la Dauphine et MADAME y assistant dans leur tribune. Le choix de l'ambassadeur chargé d'exprimer les regrets de la princesse était une attention pour Diane ; on la disait alors adorée par ce charmant jeune homme, fils d'un ministre d'État, gentilhomme ordinaire de la Chambre, promis à de hautes destinées en sa qualité de fils unique et d'héritier d'une immense fortune. La duchesse de Maufrigneuse ne souffrait les attentions du vicomte que pour bien mettre en lumière l'âge de madame de Sérizy qui, selon la chronique publiée sous l'éventail, lui avait enlevé le cœur du beau Lucien de Rubempré.

— Vous nous ferez, j'espère, le plaisir de rester à Rosembray, dit la sévère duchesse au jeune officier.

Tout en ouvrant l'oreille aux médisances, la dévote fermait les yeux sur les coquetteries de ses hôtes soigneusement appareillés par le duc, car on ne sait pas tout ce que tolèrent ces excellentes femmes, sous prétexte de ramener au bercail par leur indulgence les brebis égarées.

— Nous avons compté, dit le Grand-Écuyer, sans notre gouvernement constitutionnel, et Rosembray, madame la duchesse, y perd un grand honneur...

— Nous n'en serons que plus à notre aise ! dit un grand vieillard sec, d'environ soixante-quinze ans, vêtu de drap bleu, gardant sa casquette de chasse sur la tête par permission des dames.

Ce personnage, qui ressemblait beaucoup au duc de Bourbon, n'était rien moins que le prince de Cadignan, Grand-Veneur, un des derniers grands seigneurs français. Au moment où La Brière essayait de passer derrière le canapé pour demander un moment d'entretien à Modeste, un homme de trente-huit ans, petit, gros et commun, entra.

— Mon fils, le prince de Loudon, dit la duchesse de Verneuil à Modeste qui ne put comprimer sur sa jeune physionomie une expression d'étonnement en voyant par qui était porté le nom que le général de la cavalerie vendéenne avait rendu si célèbre, et par sa hardiesse et par le martyre de son supplice.

Le duc de Verneuil actuel était un troisième fils emmené par son père en émigration, et le seul survivant de quatre enfants.

— Gaspard! dit la duchesse en appelant son fils près d'elle. Le jeune prince vint à l'ordre de sa mère qui reprit en lui montrant Modeste : — Mademoiselle de La Bastie, mon ami.

L'héritier présomptif, dont le mariage avec la fille unique de Desplein était arrangé, salua la jeune fille sans paraître, comme l'avait été son père, émerveillé de sa beauté. Modeste put alors comparer la jeunesse d'aujourd'hui à la vieillesse d'autrefois, car le vieux prince de Cadignan lui avait déjà dit deux ou trois mots charmants en lui prouvant ainsi qu'il rendait autant d'hommages à la femme qu'à la royauté. Le duc de Rhétoré, fils aîné de madame de Chaulieu, remarquable par ce ton qui réunit l'impertinence et le sans-gêne, avait, comme le prince de Loudon, salué Modeste presque cavalièrement. La raison de ce contraste entre les fils et les pères vient peut-être de ce que les héritiers ne se sentent plus être de grandes choses comme leurs aïeux, et se dispensent des charges de la puissance en ne s'en trouvant plus que l'ombre. Les pères ont encore la politesse inhérente à leur grandeur évanouie, comme ces sommets encore dorés par le soleil quand tout est dans les ténèbres à l'entour.

Enfin Ernest put glisser deux mots à Modeste, qui se leva.

— Ma petite belle, dit la duchesse en croyant que Modeste allait s'habiller et qui tira le cordon d'une sonnette, on va vous conduire à votre appartement.

Ernest accompagna jusqu'au grand escalier Modeste en lui présentant la requête de l'infortuné Canalis, et il essaya de la toucher en lui peignant les angoisses de Melchior.

— Il aime, voyez-vous? C'est un captif qui croyait pouvoir briser sa chaîne.

— De l'amour chez ce féroce calculateur?... répliqua Modeste.

— Mademoiselle, vous êtes à l'entrée de la vie, vous n'en connaissez pas les défilés. Il faut pardonner toutes ses inconséquences à un homme qui se met sous la domination d'une femme plus âgée que lui, car il n'y est pour rien. Songez combien de sacrifices Canalis a faits à cette divinité! Maintenant il a jeté trop de semailles pour dédaigner la moisson, la duchesse représente dix ans de soins et de bonheur. Vous aviez fait tout oublier à ce poète, qui, par malheur, a plus de vanité que d'orgueil ; il n'a su ce qu'il perdait qu'en revoyant madame de Chaulieu. Si vous connaissiez Canalis, vous l'aideriez. C'est un enfant qui dérange à jamais sa vie!...

Vous l'appelez un calculateur; mais il calcule bien mal, comme tous les poètes d'ailleurs, gens à sensations, pleins d'enfance, éblouis, comme les enfants, par ce qui brille, et courant après!... Il a aimé les chevaux et les tableaux, il a chéri la gloire, il veut maintenant le pouvoir, il vend ses toiles pour avoir des armures, des meubles de la Renaissance et de Louis XV. Convenez que ses hochets sont de grandes choses?

— Assez, dit Modeste. Venez, dit-elle en apercevant son père qu'elle appela par un signe de tête pour avoir son bras, je vais vous remettre les deux lignes; vous les porterez au grand homme en l'assurant d'une entière condescendance à ses désirs; mais à une condition. Je veux que vous lui présentiez tous mes remercîments pour le plaisir que j'ai eu de voir jouer pour moi toute seule une des plus belles pièces du Théâtre allemand. Je sais maintenant que le chef-d'œuvre de Gœthe n'est ni Faust ni le comte d'Egmont... Et comme Ernest regardait la malicieuse fille d'un air hébété : — ... C'est TORQUATO TASSO ! reprit-elle. Dites à monsieur de Canalis qu'il la relise, ajouta-t-elle en souriant. Je tiens à ce que vous répétiez ceci mot pour mot à votre ami, car ce n'est pas une immense épigramme, mais la justification de sa conduite, à cette différence près qu'il deviendra, je l'espère, très-raisonnable, grâce à la folie d'Éléonore.

La première femme de la duchesse guida Modeste et son père vers leur appartement où Françoise Cochet avait déjà tout mis en ordre, et dont l'élégance, la recherche étonnèrent le colonel, à qui Françoise apprit qu'il existait trente appartements de maître dans ce goût au château.

— Voilà comme je conçois une terre, dit Modeste.

— Le comte de La Bastie te fera construire un château pareil, répondit le colonel.

— Tenez, monsieur, dit Modeste en donnant le petit papier à Ernest, allez rassurer notre ami.

Ce mot, notre ami, frappa le Référendaire. Il regarda Modeste pour savoir s'il y avait quelque chose de sérieux dans la communauté de sentiments qu'elle paraissait accepter ; et la jeune fille, comprenant cette interrogation, lui dit : — Eh! allez donc, votre ami attend.

La Brière rougit excessivement et sortit dans un état de doute, d'anxiété, de trouble plus cruel que le désespoir. Les approches du bonheur sont, pour les vrais amants, comparables à ce que la poésie catholique a si bien nommé l'entrée du paradis, pour exprimer un lieu ténébreux, difficile, étroit, et où retentissent les derniers cris d'une suprême angoisse.

Une heure après, l'illustre compagnie était réunie et au grand complet dans le salon, les uns jouant au whist, les autres causant, les femmes occupées à de menus ouvrages, en attendant l'annonce du dîner. Le Grand-Veneur fit parler monsieur Mignon sur la Chine, sur ses campagnes, sur les Portenduère, les l'Estorade et les Maucombe, familles provençales ; il lui reprocha de ne pas demander du service en l'assurant que rien n'était plus facile que de l'employer dans son grade de colonel et dans la garde.

— Un homme de votre naissance et de votre fortune n'épouse pas les opinions de l'opposition actuelle, dit le prince en souriant.

Cette société d'élite, non-seulement plut à Modeste, mais elle y devait acquérir, pendant son séjour, une perfection de manières qui, sans cette révélation, lui aurait manqué toute sa vie. Montrer une horloge à un mécanicien en herbe, ce sera toujours lui révéler la mécanique en entier ; il développe aussitôt les germes qui dorment en lui. De même Modeste sut s'approprier tout ce qui distinguait les duchesses de Maufrigneuse et de Chaulieu. Tout, pour elle, fut enseignement, là où des bourgeoises n'auraient remporté que des ridicules à l'imitation de ces façons. Une jeune fille, bien née, instruite et disposée comme Modeste, se mit naturellement à l'unisson et découvrit les différences qui séparent le monde aristocratique du monde bourgeois, la province du faubourg Saint-Germain ; elle saisit ces nuances presque insaisissables, elle reconnut enfin la grâce de la grande dame sans désespérer de l'acquérir. Elle trouva son père et La Brière infiniment mieux que Canalis au sein de cet Olympe. Le grand poète, abdiquant sa vraie et incontestable puissance, celle de l'esprit, ne fut plus qu'un maître des requêtes voulant un poste de ministre, poursuivant le collier de commandeur, obligé de plaire à toutes ces constellations. Ernest de La Brière, sans ambition, restait lui-même ; tandis que Melchior, devenu petit garçon, pour se servir d'une expression vulgaire, courtisait le prince de Loudon, le duc de Rhétoré, le vicomte de Sérisy, le duc de Maufrigneuse, en homme qui n'avait pas son franc-parler comme le colonel Mignon, comte de La Bastie, fier de ses services et de l'estime de l'empereur Napoléon.

Modeste remarqua la préoccupation continuelle de l'homme d'esprit cherchant une pointe pour faire rire, un bon mot pour étonner, un compliment pour flatter ces hautes puissances parmi lesquelles Melchior voulait se maintenir. Enfin, là, ce paon se déplora.

Au milieu de la soirée, Modeste alla s'asseoir avec le Grand-Écuyer dans un coin du salon, elle l'avait emmené là pour terminer une lutte qu'elle ne pouvait plus encourager sans se mésestimer elle-même.

— Monsieur le duc, si vous me connaissiez, lui dit-elle, vous sauriez combien je suis touchée de vos soins. Précisément, à cause de la profonde estime que j'ai conçue pour votre caractère, de l'amitié qu'inspire une âme comme la vôtre, je ne voudrais pas porter la plus légère atteinte à votre amour-propre. Avant votre arrivée au Havre, j'aimais sincèrement, profondément et à jamais une personne digne d'être aimée et pour qui mon affection est encore un secret ; mais sachez, et ici je suis plus sincère que ne le sont les jeunes filles, que si je n'avais pas eu cet engagement volontaire, vous eussiez été choisi par moi, tant j'ai reconnu de nobles et belles qualités en vous. Les quelques mots échappés à votre sœur et à votre tante m'obligent à vous parler ainsi. Si vous le jugez nécessaire, demain, avant le départ pour la chasse, ma mère m'aura, par un message, rappelée à elle sous prétexte d'une indisposition grave. Je ne veux pas, sans votre consentement, assister à une fête préparée par vos soins et où mon secret, s'il m'échappait, vous peinerait en froissant vos légitimes prétentions. Pourquoi suis-je venue ici ? me direz-vous. Je pouvais ne pas accepter. Soyez assez généreux pour ne pas me faire un crime d'une curiosité nécessaire. Ceci n'est pas ce que j'ai de plus délicat à vous dire. Vous avez dans mon père et moi des amis plus solides que vous ne le croyez ; et, comme la fortune a été le premier mobile de vos pensées quand vous êtes venu à moi ; sans vouloir me servir de ceci comme d'un calmant au chagrin que vous devez galamment témoigner, apprenez que mon père s'occupe de l'affaire d'Hérouville, son ami Dumay la trouve faisable, il a déjà tenté des démarches pour former une compagnie. Gobenheim, Dumay, mon père, offrent quinze cent mille francs et se chargent de réunir le reste par la confiance qu'ils inspireront aux capitalistes en prenant dans l'affaire cet intérêt sérieux. Si je n'ai pas l'honneur d'être la duchesse d'Hérouville, j'ai la presque certitude de vous mettre à même de la choisir un jour en toute liberté, dans la haute sphère où elle est. Oh ! laissez-moi finir, dit-elle à un geste du duc....

— A l'émotion de mon frère, disait mademoiselle d'Hérouville à sa nièce, il est facile de juger que tu as une sœur.

— ... Monsieur le duc, ceci fut décidé par moi le jour de notre première promenade à cheval en vous entendant déplorer votre situation. Voilà ce que je voulais vous révéler. Ce jour-là mon sort fut fixé. Si vous n'avez pas conquis une femme, vous aurez trouvé des amis à Ingouville, si toutefois vous daignez nous accepter à ce titre...

Ce petit discours, médité par Modeste, fut dit avec un tel charme d'âme que les larmes vinrent aux yeux du Grand-Écuyer qui saisit la main de Modeste et la baisa.

— Restez ici pendant la chasse, répondit le duc d'Hérouville, mon peu de mérite m'a donné l'habitude de ces refus; mais, tout en acceptant votre amitié et celle du colonel, laissez-moi m'assurer auprès des hommes d'art les plus compétents, que le dessèchement des laisses d'Hérouville ne fait courir aucuns risques et peut donner des bénéfices à la compagnie dont vous me parlez, avant que j'agrée le dévouement de vos amis. Vous êtes une noble fille, et quoiqu'il soit navrant de n'être que votre ami, je me glorifierai de ce titre et vous le prouverai toujours, en temps et lieu.

— Dans tous les cas, monsieur le duc, gardons-nous le secret; l'on ne saura mon choix, si toutefois je ne m'abuse pas, qu'après l'entière guérison de ma mère; car je veux que mon futur et moi nous soyons bénis de ses premiers regards...

— Mesdames, dit le prince de Cadignan au moment d'aller se coucher, il m'est revenu que plusieurs d'entre vous avaient l'intention de chasser demain avec nous ; or, je crois de mon devoir de vous avertir que, si vous tenez à faire les Dianes, vous aurez à vous lever à la diane, c'est-à-dire au jour. Le rendez-vous est pour huit heures et demie. J'ai vu, dans le cours de ma vie, les femmes déployant plus de courage souvent que les hommes, mais pendant quelques instants seulement ; et il vous faudrait à toutes une certaine dose d'entêtement pour rester pendant toute une journée à cheval, hormis la halte que nous ferons pour déjeuner, en vrais chasseurs et chasseresses, sur le pouce... Êtes-vous bien toujours toutes dans l'intention de vous montrer écuyères finies ?...

— Prince, moi j'y suis obligée, répondit finement Modeste.

— Je réponds de moi, dit la duchesse de Chaulieu.

— Je connais ma fille Diane, elle est digne de son nom, répliqua le prince. Ainsi, vous voilà toutes piquées au jeu... Néanmoins, je ferai en sorte, pour mademoiselle de Verneuil et les personnes qui resteront ici, de forcer le cerf au bout de l'étang.

— Rassurez-vous, mesdames, le déjeuner sur le pouce aura lieu sous une magnifique tente, dit le prince de Loudon quand le Grand-Veneur eut quitté le salon.

Le lendemain, au petit jour, tout présageait une belle journée. Le ciel, voilé d'une légère vapeur grise, laissait apercevoir par des espaces clairs un bleu pur, et il devait être entièrement nettoyé vers midi par une brise de nord-ouest qui balayait déjà de petits nuages floconneux. En quittant le château, le Grand-Veneur, le prince de Loudon et le duc de Rhétoré, qui n'avaient point de dames à protéger, virent, en allant les premiers au rendez-vous, les cheminées du château, ses masses blanches se dessinant sur le feuillage brun-rouge que les arbres conservent en Normandie à la fin des beaux automnes, et poindant à travers le voile des vapeurs.

— Ces dames ont du bonheur, dit au prince le duc de Rhétoré.

— Malgré leurs fanfaronnades d'hier, je crois qu'elles nous laisseront chasser sans elles, répondit le Grand-Veneur.

— Oui, si elles n'avaient pas toutes un attentif, répliqua le duc.

En ce moment, ces chasseurs déterminés, car le prince de Loudon et le duc de Rhétoré sont de la race des Nemrod et passent pour les premiers tireurs du faubourg Saint-Germain, entendirent le bruit d'une altercation, et se rendirent au galop vers le rond-point indiqué pour le rendez-vous, à l'une des entrées des bois de Rosembray, et remarquable par sa pyramide moussue. Voici quel était le sujet du débat. Le prince de Loudon, atteint d'anglomanie, avait mis aux ordres du Grand-Veneur un équipage de chasse entièrement britannique. Or, d'un côté du rond-point, vint se placer un jeune Anglais de petite taille, blond, pâle, l'air insolent et flegmatique, parlant à peu près le français, et dont le costume offrait cette propreté qui distingue tous les Anglais, même ceux des dernières classes. John Barry portait une redingote courte serrée à la taille, en drap écarlate à boutons d'argent aux armes de Verneuil, des culottes de peau blanches, des bottes à revers, un gilet rayé, un col et une cape de velours noir. Il tenait à la main un petit fouet de chasse, et l'on voyait à sa gauche, attaché par un cordon de soie, un cornet en cuivre. Ce premier piqueur était accompagné de deux grands chiens courants de race, véritables Fox-Hound, à robe blanche tachetée de brun clair, hauts sur jarrets, au nez fin, la tête menue et à petites oreilles sur la crête. Ce piqueur, l'un des plus célèbres du comté d'où le prince l'avait fait venir à grands frais, commandait un équipage de quinze chevaux et de soixante chiens de race anglaise qui coûtait énormément au duc de Verneuil, peu curieux de chasse, mais qui passait à son fils ce goût essentiellement royal. Les surbordonnés, hommes et chevaux, se tenaient à une certaine distance, dans un silence parfait.

Or, en arrivant sur le terrain, John se vit prévenu par trois piqueurs en tête de deux meutes royales, venues en voiture, les trois meilleurs piqueurs du prince de Cadignan, et dont les personnages formaient un contraste parfait par leurs caractères et leurs costumes français avec le représentant de l'insolente Albion. Ces favoris du prince tous coiffés de leurs chapeaux bordés, à trois cornes, très-plats, très-évasés, sous lesquels grimaçaient des figures hâlées, tannées, ridées et comme éclairées par des yeux pétillants, étaient remarquablement secs, maigres, nerveux, en gens dévorés par la passion de la chasse. Tous munis de ces grandes trompes à la Dampierre, garnies de cordons en serge verte qui ne laissent voir que le cuivre du pavillon, ils contenaient leurs chiens et de l'œil et de la voix. Ces dignes bêtes formaient une assemblée de sujets plus fidèles que ceux à qui s'adressait alors le roi, tous tachetés de blanc, de brun, de noir, ayant chacun leur physionomie absolument comme les soldats de Napoléon, allumant au moindre bruit leurs prunelles d'un feu qui les faisait ressembler à des diamants ; l'un, venu du Poitou, court de reins, large d'épaules, bas jointé, coiffé de longues oreilles ; l'autre, venu d'Angleterre, blanc, levretté, peu de ventre, à petites oreilles et taillé pour la course ; tous les jeunes impatients et prêts à tapager ; tandis que les vieux, marqués de cicatrices, étendus, calmes, la tête sur les deux pattes de devant, écoutaient la terre comme des sauvages.

En voyant venir les Anglais, les chiens et les gens du roi s'entre-regardèrent en se demandant ainsi sans dire un mot : — Ne chasserons-nous donc pas seuls ?... Le service de Sa Majesté n'est-il pas compromis ?

Après avoir commencé par des plaisanteries, la dispute s'était échauffée entre monsieur Jacquin La Roulie, le vieux chef des piqueurs français, et John Barry, le jeune insulaire.

De loin, les deux princes devinèrent le sujet de cette altercation, et, poussant son cheval, le Grand-Veneur fit tout finir en disant d'une voix impérative : — Qui a fait le bois ?...

— Moi, monseigneur, dit l'Anglais.

— Bien, dit le prince de Cadignan en écoutant le rapport de John Barry.

Hommes et chiens, tous devinrent respectueux pour le Grand-Veneur comme si tous connaissaient également sa dignité suprême. Le prince ordonna la journée ; car, il en est d'une chasse comme d'une bataille, et le Grand-Veneur de Charles X fut le Napoléon des forêts. Grâce à l'ordre admirable introduit dans la Vénerie par le Premier Veneur, il pouvait s'occuper exclusivement de la stratégie et de la haute science. Il sut assigner à l'équipage du prince de Loudon sa place dans l'ordonnance de la journée, en le réservant, comme un corps de cavalerie, à rabattre le cerf vers l'étang ; si, selon sa pensée, les meutes royales parvenaient à le jeter dans la forêt de la Couronne qui borde l'horizon en face le château. Le Grand-Veneur sut ménager l'amour-propre de ses vieux serviteurs en leur confiant la plus rude besogne, et celui de l'Anglais qu'il employait ainsi dans sa spécialité, en lui donnant l'occasion de montrer la puissance des jarrets de ses chiens et de ses chevaux. Les deux systèmes devaient être alors en présence et faire merveilles à l'envi l'un de l'autre.

— Monseigneur nous ordonne-t-il d'attendre encore ? dit respectueusement La Roulie.

— Je t'entends bien, mon vieux ! répliqua le prince, il est tard ; mais...

— Voici les dames, car Jupiter sent des odeurs *fétiches,* dit le second piqueur en remarquant la manière de flairer de son chien favori.

— *Fétiches ?* répéta le prince de Loudon en souriant.

— Peut-être veut-il dire fétides, reprit le duc de Rhétoré.

— C'est bien cela, car tout ce qui ne sent pas le chenil, infecte au dire de monsieur Laravine, repartit le Grand-Veneur.

En effet, les trois seigneurs virent de loin un escadron composé de seize chevaux, à la tête duquel brillaient les voiles verts de quatre dames. Modeste, accompagnée de son père, du Grand-Écuyer et du petit La Brière, allait en avant aux côtés de la duchesse de Maufrigneuse que convoyait le vicomte de Sérizy. Puis venait la duchesse de Chaulieu flanquée de Canalis à qui elle souriait sans trace de rancune. En arrivant au rond point, où ces chasseurs habillés de rouge et armés de leurs cors de chasse, entourés de chiens et de piqueurs, formèrent un spectacle digne des pinceaux d'un Van der Meulen, la duchesse de Chaulieu, qui se tenait admirablement à cheval, malgré son embonpoint, arriva près de Modeste et trouva de sa dignité de ne point bouder cette jeune personne à qui, la veille, elle n'avait pas dit une parole.

Au moment où le Grand-Veneur eut fini ses compliments sur une ponctualité fabuleuse, Éléonore daigna remarquer la magnifique pomme de cravache qui scintillait dans la petite main de Modeste, et la lui demanda gracieusement à voir.

— C'est ce que je connais de plus beau dans ce genre, dit-elle en la montrant à Diane de Maufrigneuse, c'est d'ailleurs en harmonie avec toute la personne, reprit-elle en la rendant à Modeste.

— Avouez, madame la duchesse, répondit mademoiselle de La Bastie en jetant à La Brière un tendre et malicieux regard où l'amant pouvait lire un aveu, que, de la main d'un futur, c'est un bien singulier présent...

— Mais, dit madame de Maufrigneuse, en souvenir de Louis XIV, je le prendrais comme une déclaration de mes droits.

La Brière eut des larmes dans les yeux et lâcha la bride de son cheval, il allait tomber; mais un second regard de Modeste lui rendit toute sa force en ordonnant de ne pas trahir son bonheur. On se mit en marche.

Le duc d'Hérouville dit à voix basse au jeune Référendaire : — J'espère, monsieur, que vous rendrez votre femme heureuse, et si je puis vous être utile en quelque chose, disposez de moi, car je voudrais pouvoir contribuer au bonheur de deux si charmants êtres.

Cette grande journée où tant d'intérêts de cœur et de fortune furent résolus n'offrit qu'un seul problème au Grand-Veneur, celui de savoir si le cerf traverserait l'étang pour venir mourir en haut du boulingrin devant le château; car les chasseurs de cette force sont comme ces joueurs d'échecs qui prédisent le mat à telle case. Cet heureux vieillard réussit au gré de ses souhaits, il fit une magnifique chasse et les dames le tinrent quitte de leur présence pour le surlendemain qui fut un jour de pluie.

Les hôtes du duc de Verneuil restèrent cinq jours à Rosembray. Le dernier jour, la *Gazette de France* contenait l'annonce de la nomination de monsieur le baron de Canalis au grade de commandeur de la Légion d'Honneur, et au poste de ministre à Carlsruhe.

Lorsque, dans les premiers jours du mois de décembre, madame la comtesse de La Bastie, opérée par Desplein, put enfin voir Ernest de La Brière, elle serra la main de Modeste et lui dit à l'oreille : — Je l'aurais choisi....

Vers la fin du mois de février, tous les contrats d'acquisitions furent signés par le bon et excellent Latournelle, le mandataire de monsieur Mignon en Provence. A cette époque, la famille La Bastie obtint du Roi l'insigne honneur de sa signature au contrat de mariage et la transmission du titre et des armes des La Bastie à Ernest de La Brière qui fut autorisé à s'appeler le vicomte de La Bastie-La Brière. La terre de La Bastie, reconstituée à plus de cent mille francs de rentes, était érigée en majorat par lettres patentes que la Cour Royale enregistra vers la fin du mois d'avril. Les témoins de La Brière furent Canalis et le ministre à qui, pendant cinq ans, il avait servi de secrétaire particulier. Ceux de la mariée furent le duc d'Hérouville et Desplein à qui les Mignon gardèrent une longue reconnaissance, après lui en avoir donné de magnifiques témoignages.

Plus tard, peut-être reverra-t-on dans le cours de cette longue histoire de nos mœurs, monsieur et madame de La Brière-La Bastie; les connaisseurs remarqueront alors combien le mariage est doux et facile à porter avec une femme instruite et spirituelle ; car Modeste, qui sut éviter selon sa promesse les ridicules du pédantisme, est encore l'orgueil et le bonheur de son mari comme de sa famille et de tous ceux qui composent sa société.

Paris, mars-juillet 1844.

HONORINE.

A MONSIEUR ACHILLE DEVÉRIA,

Comme un affectueux souvenir de l'auteur.

DE BALZAC.

Si les Français ont autant de répugnance que les Anglais ont de propension pour les voyages, peut-être les Français et les Anglais ont-ils raison de part et d'autre. On trouve partout quelque chose de meilleur que l'Angleterre, tandis qu'il est excessivement difficile de retrouver loin de la France les charmes de la France. Les autres pays offrent d'admirables paysages, ils présentent souvent un *comfort* supérieur à celui de la France, qui fait les plus lents progrès en ce genre. Ils déploient quelquefois une magnificence, une grandeur, un luxe étourdissants; ils ne manquent ni de grâce ni de façons nobles; mais la vie de tête, l'activité d'idées, le talent de conversation et cet atticisme si familiers à Paris; mais cette soudaine entente de ce qu'on pense et de ce qu'on ne dit pas, ce génie du sous-entendu, la moitié de la langue française, ne se rencontrent nulle part. Aussi le Français, dont la raillerie est déjà si peu comprise, se dessèche-t-il bientôt à l'étranger, comme un arbre déplanté. L'émigration est un contre-sens chez la nation française. Beaucoup de Français, de ceux dont il est ici question, avouent avoir revu les douaniers du pays natal avec plaisir, ce qui peut sembler l'hyperbole la plus osée du patriotisme.

Ce petit préambule a pour but de rappeler à ceux des Français qui ont voyagé le plaisir excessif qu'ils ont éprouvé quand, parfois, ils ont retrouvé toute la patrie, une oasis dans le salon de quelque diplomate; plaisir que comprendront difficilement ceux qui n'ont jamais quitté l'asphalte du boulevard des Italiens, et pour qui la ligne des quais, rive gauche, n'est déjà plus Paris. Retrouver Paris! savez-vous ce que c'est, ô Parisiens? C'est retrouver, non pas la cuisine du Rocher de Cancale, comme Borel la soigne pour les gourmets qui savent l'apprécier, car elle ne se fait que rue Montorgueil, mais un service qui la rappelle! C'est retrouver les vins de France qui sont à l'état mythologique hors de France, et rares comme la femme dont il sera question ici! C'est retrouver non pas la plaisanterie à la mode, car de Paris à la frontière elle s'évente; mais ce milieu spirituel, compréhensif, critique, où vivent les Français, depuis le poète jusqu'à l'ouvrier, depuis la duchesse jusqu'au gamin.

En 1836, pendant le séjour de la cour de Sardaigne à Gênes, deux Parisiens, plus ou moins célèbres, purent encore se croire à Paris, en se trouvant dans un palais loué par le Consul-Général de France, sur la colline, dernier pli que fait l'Apennin entre la porte Saint-Thomas et cette fameuse lanterne qui, dans les *kepseakes*, orne toutes les vues de Gênes. Ce palais est une de ces fameuses villas où les nobles Génois ont dépensé des millions au temps de la puissance de cette république aristocratique. Si la demi-nuit est belle quelque part, c'est assurément à Gênes, quand il a plu comme il y pleut, à torrents, pendant toute la matinée; quand la pureté de la mer lutte avec la pureté du ciel; quand le silence règne sur le quai et dans les bosquets de cette villa, dans ses marbres à bouches béantes d'où l'eau coule avec mystère; quand les étoiles brillent, quand les flots de la Méditerranée se suivent comme les aveux d'une femme à qui vous les arrachez parole à parole. Avouons-le? cet instant où l'air embaumé parfume les poumons et les rêveries, où la volupté, visible et mobile comme l'atmosphère, vous saisit sur vos fauteuils, alors qu'une cuiller à la main vous effilez des glaces ou des sorbets, une ville à vos pieds, de belles femmes devant vous; ces heures à la Boccace ne se trouvent qu'en Italie et aux bords de la Méditerranée. Supposez autour de la table le marquis di Nègro, ce frère hospitalier de tous les talents qui voyagent, et le marquis Damaso Pareto, deux Français déguisés en Génois, un Consul-Général entouré d'une femme belle comme une madone et de deux enfants silencieux, parce que le sommeil les a saisis, l'ambassadeur de France et sa femme, un premier secrétaire d'ambassade qui se croit éteint et malicieux, enfin deux Parisiens qui viennent prendre congé de la consulesse dans un dîner splendide, vous aurez le tableau que présentait la terrasse de la villa vers la mi-mai, tableau dominé par un personnage, par une femme célèbre sur laquelle les regards se concentrent par moments, et l'héroïne de cette fête improvisée. L'un des deux Français était le fameux paysagiste Léon de Lora, l'autre un célèbre critique, Claude Vignon. Tous deux, ils accompagnaient cette femme, une des illustrations actuelles du beau sexe, mademoiselle des Touches, connue sous le nom de Camille Maupin dans le monde littéraire. Mademoiselle des Touches était allée à Florence pour affaire. Par une de ces charmantes complaisances qu'elle prodigue, elle avait emmené Léon de Lora pour lui montrer l'Italie, et avait poussé jusqu'à Rome pour lui montrer la campagne de Rome. Venue par le Simplon, elle revenait par le chemin de la Corniche à Marseille. Toujours à cause du paysagiste, elle s'était arrêtée à Gênes. Naturellement le Consul-Général avait voulu faire, avant l'arrivée de la cour, les honneurs de Gênes à une personne que sa fortune, son nom et sa position recommandent autant que son talent. Camille Maupin, qui connaissait Gênes jusque dans ses dernières chapelles, laissa son paysagiste aux soins du diplomate, à ceux des deux marquis génois, et fut avare de ses instants. Quoique l'ambassadeur fût un écrivain très-distingué, la femme célèbre refusa de se prêter à ses gracieusetés, en craignant ce que les Anglais appellent une *exhibition;* mais elle rentra les griffes de ses refus dès qu'il fut question d'une journée d'adieu à la villa du consul. Léon de Lora dit à Camille que sa présence à la villa était la seule manière qu'il eût de remercier l'ambassadeur et sa femme, les deux marquis génois, le consul et la consulesse. Mademoiselle des Touches fit alors le sacrifice d'une de ces journées de liberté complète qui ne se rencontrent pas toujours à Paris pour ceux sur qui le monde a les yeux.

Maintenant, une fois la réunion expliquée, il est facile de concevoir que l'étiquette en avait été bannie, ainsi que beaucoup de femmes et des plus élevées, curieuses de savoir si la virilité du talent de Camille Maupin nuisait aux grâces de la jolie femme, et si, en un mot, le haut-de-chausses dépassait la jupe. Depuis le dîner jusqu'à neuf heures, moment où la collation fut servie, si la con-

versation avait été rieuse et grave tour à tour, sans cesse égayée par
les traits de Léon de Lora, qui passe pour l'homme le plus malicieux
du Paris actuel, par un bon goût qui ne surprendra pas d'après le
choix des convives, il avait été peu question de littérature ; mais
enfin le papillonnement de ce tournoi français devait y arriver, ne
fût-ce que pour effleurer ce sujet essentiellement national. Mais
avant d'arriver au tournant de conversation qui fit prendre la
parole au Consul-Général, il n'est pas inutile de dire un mot sur sa
famille et sur lui.

Ce diplomate, homme d'environ trente-quatre ans, marié depuis
six ans, était le portrait vivant de lord Byron. La célébrité de cette
physionomie dispense de peindre celle du consul. On peut cependant faire observer qu'il n'y avait aucune affectation dans son air
rêveur. Lord Byron était poète, et le diplomate était poétique ; les
femmes savent reconnaître cette différence qui explique, sans les
justifier, quelques-uns de leurs attachements. Cette beauté, mise
en relief par un charmant caractère, par les habitudes d'une vie
solitaire et travailleuse, avait séduit une héritière génoise. Une héritière génoise ! cette expression pourra faire sourire à Gênes où
par suite de l'exhérédation des filles, une femme est rarement
riche ; mais Onorina Pedrotti, l'unique enfant d'un banquier
sans héritiers mâles, est une exception. Malgré toutes les flatteries que comporte une passion inspirée, le Consul-Général
ne parut pas vouloir se marier. Néanmoins, après deux ans d'habitation, après quelques démarches de l'ambassadeur pendant
les séjours de la cour à Gênes, le mariage fut conclu. Le jeune
homme rétracta ses premiers refus, moins à cause de la touchante
affection d'Onorina Pedrotti qu'à cause d'un événement inconnu,
d'une de ces crises de la vie intime si promptement ensevelies sous
les courants journaliers des intérêts que, plus tard, les actions les
plus naturelles semblent inexplicables. Cet enveloppement des causes affecte aussi très-souvent les événements les plus sérieux de
l'histoire. Telle fut du moins l'opinion de la ville de Gênes, où,
pour quelques femmes, l'excessive retenue, la mélancolie du consul
français ne s'expliquaient que par le mot *passion*. Remarquons en
passant que les femmes ne se plaignent jamais d'être les victimes
d'une préférence, elles s'immolent très-bien à la cause commune.
Onorina Pedrotti, qui peut-être aurait haï le consul si elle eût été
dédaignée absolument, n'en aimait pas moins, et peut-être plus,

suo sposo, en le sachant amoureux. Les femmes admettent la préséance dans les affaires de cœur. Tout est sauvé, dès qu'il s'agit du sexe. Un homme n'est jamais diplomate impunément : le *sposo* fut discret comme la tombe, et si discret que les négociants de Gênes voulurent voir quelque préméditation dans l'attitude du jeune consul, à qui l'héritière eût peut-être échappé s'il n'eût pas joué ce rôle de Malade Imaginaire en amour. Si c'était la vérité, les femmes la trouvèrent trop dégradante pour y croire. La fille de Pedrotti fit de son amour une consolation, elle berça ces douleurs inconnues dans un lit de tendresses et de caresses italiennes. *Il signor* Pedrotti n'eut pas d'ailleurs à se plaindre du choix auquel il était contraint par sa fille bien-aimée. Des protecteurs puissants veillaient de Paris sur la fortune du jeune diplomate. Selon la promesse de l'ambassadeur au beau-père, le Consul-Général fut créé baron et fait commandeur de la Légion-d'Honneur. Enfin, *il signor* Pedrotti fut nommé comte par le roi de Sardaigne. La dot fut d'un million. Quant à la fortune de la *casa* Pedrotti, évaluée à deux millions gagnés dans le commerce des blés, elle échut aux mariés six mois après leur union, car le premier et le dernier des comtes Pedrotti mourut en janvier 1831. Onorina Pedrotti est une de ces belles Génoises, les plus magnifiques créatures de l'Italie, quand elles sont belles. Pour le tombeau de Julien, Michel-Ange prit ses modèles à Gênes. De là vient cette amplitude, cette curieuse disposition du sein dans les figures du Jour et de la Nuit, que tant de critiques trouvent exagérées, mais qui sont particulières aux femmes de la Ligurie. A Gênes, la beauté n'existe plus aujourd'hui que sous le *mezzaro*, comme à Venise elle ne se rencontre que sous les *fazzioli*. Ce phénomène s'observe chez toutes les nations ruinées. Le type noble ne s'y trouve plus que dans le peuple, comme, après l'incendie des villes, les médailles se cachent dans les cendres. Mais déjà tout exception sous le rapport de la fortune, Onorina est encore une exception comme beauté patricienne. Rappelez-vous donc la Nuit que Michel-Ange a clouée sous le *Penseur*, affublez-la du vêtement moderne, tordez ces beaux cheveux si longs autour de cette magnifique tête un peu brune de ton, mettez une paillette de feu dans ces yeux rêveurs, entortillez cette puissante poitrine dans une écharpe, voyez la longue robe blanche brodée de fleurs, supposez que la statue redressée s'est assise et s'est croisé les bras, semblables à ceux de mademoiselle Georges, et vous aurez sous les yeux la consulesse avec un enfant de six ans, beau comme le désir d'une mère, et une petite fille de quatre ans sur les genoux, belle comme un type d'enfant laborieusement cherché par David le sculpteur pour l'ornement d'une tombe. Ce beau ménage fut l'objet de l'attention secrète de Camille. Mademoiselle des Touches trouvait au Consul un air un peu trop distrait chez un homme parfaitement heureux. Quoique pendant cette journée la femme et le mari lui eussent offert le spectacle admirable du bonheur le plus entier, Camille se demandait pourquoi l'un des hommes les plus distingués qu'elle eût rencontrés, et qu'elle avait vu dans les salons à Paris, restait Consul-Général à Gênes, quand il possédait une fortune de cent et quelques mille francs de rentes! Mais elle avait aussi reconnu, par beaucoup de ces riens que les femmes ramassent avec l'intelligence du sage arabe dans Zadig, l'affection la plus fidèle chez le mari. Certes, ces deux beaux êtres s'aimeraient sans mécompte jusqu'à la fin de leurs jours. Camille se disait donc tour à tour : « — Qu'y a-t-il? — Il n'y a rien! » selon les apparences trompeuses du maintien chez le Consul-Général qui, disons-le, possédait le calme absolu des Anglais, des sauvages, des Orientaux et des diplomates consommés.

En parlant littérature, on parla de l'éternel fonds de boutique de la république des lettres : la faute de la femme! Et l'on se trouva bientôt en présence de deux opinions : qui, de la femme ou de l'homme, avait tort dans la faute de la femme? Les trois femmes présentes, l'ambassadrice, la consulesse et mademoiselle des Touches, ces femmes censées naturellement irréprochables, furent impitoyables pour les femmes. Les hommes essayèrent de prouver à ces trois belles fleurs du sexe qu'il pouvait rester des vertus à une femme après sa faute.

— Combien de temps allons-nous jouer ainsi à cache-cache? dit Léon de Lora.

— *Cara vita* (ma chère vie), allez coucher vos enfants, et envoyez-moi par Gina le petit porte-feuille noir qui est sur mon meuble de Boulle, dit le Consul à sa femme.

La consulesse se leva sans faire une observation, ce qui prouve qu'elle aimait bien son mari, car elle connaissait assez de français déjà pour savoir que son mari la renvoyait.

— Je vais vous raconter une histoire dans laquelle je joue un rôle, et après laquelle nous pourrons discuter, car il me paraît puéril de promener le scalpel sur un mort imaginaire. Pour disséquer, prenez d'abord un cadavre.

Tout le monde se posa pour écouter avec d'autant plus de complaisance que chacun avait assez parlé, la conversation allait languir, et ce moment est l'occasion que doivent choisir les conteurs. Voici donc ce que raconta le Consul-Général.

— A vingt-deux ans, une fois reçu docteur en Droit, mon vieil oncle, l'abbé Loraux, alors âgé de soixante-douze ans, sentit la nécessité de me donner un protecteur et de me lancer dans une carrière quelconque. Cet excellent homme, si toutefois ce ne fut pas un saint, regardait chaque nouvelle année comme un nouveau don de Dieu. Je n'ai pas besoin de vous dire combien il était facile au confesseur d'une Altesse Royale de placer un jeune homme élevé par lui, l'unique enfant de sa sœur. Un jour donc, vers la fin de l'année 1824, ce vénérable vieillard, depuis cinq ans curé des Blancs-Manteaux à Paris, monta dans la chambre que j'occupais à son presbytère, et me dit : — « Fais ta toilette, mon enfant, je vais te présenter à la personne qui te prend chez elle en qualité de secrétaire. Si je ne me trompe, cette personne pourra me remplacer dans le cas où Dieu m'appellerait à lui. J'aurai dit ma messe à neuf heures, tu as trois quarts d'heure à toi, sois prêt. — Ah ! mon oncle, dois-je donc dire adieu à cette chambre où je suis si heureux depuis quatre ans ?... — Je n'ai pas de fortune à te léguer, me répondit-il. — Ne me laissez-vous pas la protection de votre nom, le souvenir de vos œuvres, et... ? — Ne parlons pas de cet héritage-là, dit-il en souriant. Tu ne connais pas encore assez le monde pour savoir qu'il acquitterait difficilement un legs de cette nature ; tandis qu'en te menant ce matin chez monsieur le comte...

(Permettez-moi, dit le Consul, de vous désigner mon protecteur sous son nom de baptême seulement, et de l'appeler le comte Octave.)

— Tandis qu'en te menant chez monsieur le comte Octave, je crois te donner une protection qui, si tu plais à ce vertueux homme d'État, comme je n'en doute pas, équivaudra certes à la fortune que je t'aurais amassée, si la ruine de mon beau-frère, et la mort de ma sœur, ne m'avaient surpris comme un coup de foudre par un jour serein. — Êtes-vous le confesseur de monsieur le comte ? — Et, si je l'étais, pourrais-je t'y placer ? Quel est le prêtre capable de profiter des secrets dont la connaissance lui vient

L'ABBÉ LORAUX

HONORINE.

au tribunal de la pénitence? Non, tu dois cette protection à Sa Grandeur le Garde des Sceaux. Mon cher Maurice, tu seras là comme chez un père. Monsieur le comte te donne deux mille quatre cents francs d'appointements fixes, un logement dans son hôtel, et une indemnité de douze cents francs pour ta nourriture : il ne t'admettra pas à sa table et ne veut pas te faire servir à part, afin de ne point te livrer à des soins subalternes. Je n'ai pas accepté l'offre qu'on m'a faite avant d'avoir acquis la certitude que le secrétaire du comte Octave ne sera jamais un premier domestique. Tu seras accablé de travaux, car le comte est un grand travailleur; mais tu sortiras de chez lui capable de remplir les plus hautes places. Je n'ai pas besoin de te recommander la discrétion, la première vertu des hommes qui se destinent à des fonctions publiques. » Jugez quelle fut ma curiosité! Le comte Octave occupait alors l'une des plus hautes places de la magistrature, il possédait la confiance de madame la Dauphine qui venait de le faire nommer Ministre-d'État, il menait une existence à peu près semblable à celle du comte de Sérizy, que vous connaissez, je crois, tous; mais plus obscure car il demeurait au Marais, rue Payenne, et ne recevait presque jamais. Sa vie privée échappait au contrôle du public par une modestie cénobitique et par un travail continu. Laissez-moi vous peindre en peu de mots ma situation. Après avoir trouvé dans le grave proviseur du collége Saint-Louis un tuteur à qui mon oncle avait délégué ses pouvoirs, j'avais fini mes classes à dix-huit ans. J'étais sorti de ce collége aussi pur qu'un séminariste plein de foi sort de Saint-Sulpice. A son lit de mort, ma mère avait obtenu de mon oncle que je ne serais pas prêtre; mais j'étais aussi pieux que si j'avais dû entrer dans les Ordres. Au *déjucher* du collége, pour employer un vieux mot très-pittoresque, l'abbé Loraux me prit dans sa cure et me fit faire mon Droit. Pendant les quatre années d'études voulues pour prendre tous les grades, je travaillai beaucoup et surtout en dehors des champs arides de la jurisprudence. Sevré de littérature au collége, où je demeurais chez le proviseur, j'avais une soif à étancher. Dès que j'eus lu quelques-uns des chefs-d'œuvre modernes, les œuvres de tous les siècles précédents y passèrent. Je devins fou du théâtre, j'y allai tous les jours pendant long-temps, quoique mon oncle ne me donnât que cent francs par mois. Cette parcimonie, à laquelle sa tendresse pour les pauvres réduisait ce bon vieillard, eut pour effet de contenir les appétits du jeune homme en de justes bornes. Au moment d'entrer chez le comte Octave, je n'étais pas un innocent, mais je regardais comme autant de crimes mes rares escapades. Mon oncle était si vraiment angélique, je craignais tant de le chagriner que jamais je n'avais passé de nuit dehors durant ces quatre années. Ce bon homme attendait, pour se coucher, que je fusse rentré. Cette sollicitude maternelle avait plus de puissance pour me retenir que tous les sermons et les reproches dont on émaille la vie des jeunes gens dans les familles puritaines. Étranger aux différents mondes qui composent la société parisienne, je ne savais des femmes comme il faut et des bourgeoises que ce que j'en voyais en me promenant, ou dans les loges au théâtre, et encore à la distance du parterre où j'étais. Si, dans ce temps, on m'eût dit : « Vous allez voir Canalis ou Camille Maupin, » j'aurais eu des brasiers dans la tête et dans les entrailles. Les gens célèbres étaient pour moi comme des dieux qui ne parlaient pas, ne marchaient pas, ne mangeaient pas comme les autres autres hommes. Combien de contes des Mille et une Nuits tient-il dans une adolescence?... Combien de Lampes Merveilleuses faut-il avoir maniées avant de reconnaître que la vraie Lampe Merveilleuse est ou le hasard, ou le travail, ou le génie? Pour quelques hommes, ce rêve fait par l'esprit éveillé dure peu; le mien dure encore! Dans ce temps je m'endormais toujours grand-duc de Toscane, — millionnaire, — aimé par une princesse, — ou célèbre! Ainsi, entrer chez le comte Octave, avoir cent louis à moi par an, ce fut entrer dans la vie indépendante. J'entrevis quelques chances de pénétrer dans la société, d'y chercher ce que mon cœur désirait le plus, une protectrice qui me tirât de la voie dangereuse où s'engagent nécessairement à Paris les jeunes gens de vingt-deux ans, quelque sages et bien élevés qu'ils soient. Je commençais à me craindre moi-même. L'étude obstinée du Droit des Gens, dans laquelle je m'étais plongé, ne suffisait pas toujours à réprimer de cruelles fantaisies. Oui, parfois je m'abandonnais en pensée à la vie du théâtre; je croyais pouvoir être un grand acteur; je rêvais des triomphes et des amours sans fin, ignorant les déceptions cachées derrière le rideau, comme partout ailleurs, car toute scène a ses coulisses. Je suis quelquefois sorti, le cœur bouillant, emmené par le désir de faire une battue dans Paris, de m'y attacher à une belle femme que je rencontrerais, de la suivre jusqu'à sa porte, de l'espionner, de

lui écrire, de me confier à elle tout entier, et de la vaincre à force
d'amour. Mon pauvre oncle, ce cœur dévoré de charité, cet enfant
de soixante-dix ans, intelligent comme Dieu, naïf comme un
homme de génie, devinait sans doute les tumultes de mon âme,
car jamais il ne faillit à me dire : « Va, Maurice, tu es un pauvre
aussi! voici vingt francs, amuse-toi, tu n'es pas prêtre! » quand il
sentait la corde par laquelle il me tenait trop tendue et près de se
rompre. Si vous aviez pu voir le feu follet qui dorait alors ses yeux
gris, le sourire qui dénouait ses aimables lèvres en les tirant vers
les coins de sa bouche, enfin l'adorable expression de ce visage auguste dont la laideur primitive était rectifiée par un esprit aposto-
lique, vous comprendriez le sentiment qui me faisait, pour toute
réponse, embrasser le curé des Blancs-Manteaux, comme si c'eût
été ma mère. — « Tu n'auras pas un maître, me dit mon oncle en
allant rue Payenne, tu auras un ami dans le comte Octave; mais il
est défiant, ou, pour parler plus correctement, il est prudent. L'a-
mitié de cet homme d'État ne doit s'acquérir qu'avec le temps ;
car, malgré sa perspicacité profonde et son habitude de juger les
hommes, il a été trompé par celui à qui tu succèdes, il a failli devenir victime d'un abus de confiance. C'est t'en dire assez sur la
conduite à tenir chez lui. » En frappant à l'immense grande porte
d'un hôtel aussi vaste que l'hôtel Carnavalet et sis entre cour et
jardin, le coup retentit comme dans une solitude. Pendant que
mon oncle demandait le comte à un vieux suisse en livrée, je jetai
un de ces regards qui voient tout sur la cour où les pavés disparaissaient entre les herbes, sur les murs noirs qui offraient de petits
jardins au-dessus de toutes les décorations d'une charmante architecture, et sur des toits élevés comme ceux des Tuileries. Les balustres des galeries supérieures étaient rongés. Par une magnifique
arcade, j'aperçus une seconde cour latérale où se trouvaient les
communs dont les portes se pourrissaient. Un vieux cocher y net-
toyait une vieille voiture. A l'air nonchalant de ce domestique, il
était facile de présumer que les somptueuses écuries où tant de
chevaux hennissaient autrefois, en logeaient tout au plus deux. La
superbe façade de la cour me sembla morne, comme celle d'un
hôtel appartenant à l'État ou à la Couronne, et abandonné à quelque service public. Un coup de cloche retentit pendant que nous
allions, mon oncle et moi, de la loge du suisse (il y avait encore
écrit au-dessus de la porte : *Parlez au suisse*), vers le perron

d'où sortit un valet dont la livrée ressemblait à celle des Labranche du Théâtre-Français dans le vieux répertoire. Une visite était si rare, que le domestique achevait d'endosser sa casaque, en ouvrant une porte vitrée en petits carreaux, de chaque côté de laquelle la fumée de deux réverbères avait dessiné des étoiles sur la muraille. Un péristyle d'une magnificence digne de Versailles laissait voir un de ces escaliers comme il ne s'en construira plus en France, et qui tiennent la place d'une maison moderne. En montant des marches en pierre, froides comme des tombes, et sur lesquelles huit personnes devaient marcher de front, nos pas retentissaient sous des voûtes sonores. On pouvait se croire dans une cathédrale. Les rampes amusaient le regard par les miracles de cette orfévrerie de serrurier, où se déroulaient les fantaisies de quelque artiste du règne de Henri III. Saisis par un manteau de glace qui nous tomba sur les épaules, nous traversâmes des antichambres, des salons en enfilade, parquetés, sans tapis, meublés de ces vieilleries superbes qui, de là, retombent chez les marchands de curiosités. Enfin nous arrivâmes à un grand cabinet situé dans un pavillon en équerre dont toutes les croisées donnaient sur un vaste jardin. — « Monsieur le curé des Blancs-Manteaux et son neveu, monsieur de L'Hostal! » dit le Labranche aux soins de qui le valet de théâtre nous avait remis à la première antichambre. Le comte Octave, vêtu d'un pantalon à pieds et d'une redingote en molleton gris, se leva d'un immense bureau, vint à la cheminée, et me fit signe de m'asseoir, en allant prendre les mains à mon oncle et en les lui serrant. — « Quoique je sois sur la paroisse de Saint-Paul, lui dit-il, il est difficile que je n'aie pas entendu parler du curé des Blancs-Manteaux, et je suis heureux de faire sa connaissance. — Votre Excellence est bien bonne, répondit mon oncle. Je vous amène le seul parent qui me reste. Si je crois faire un cadeau à Votre Excellence, je pense aussi donner un second père à mon neveu. — C'est sur quoi je pourrai vous répondre, monsieur l'abbé, quand nous nous serons éprouvés l'un l'autre, votre neveu et moi, dit le comte Octave. Vous vous nommez? me demanda-t-il. — Maurice. — Il est Docteur en Droit, fit observer mon oncle. — Bien, bien, dit le comte en me regardant de la tête aux pieds. — Monsieur l'abbé, j'espère que, pour votre neveu d'abord, puis pour moi, vous me ferez l'honneur de venir dîner ici tous les lundis. Ce sera notre dîner, notre soirée de famille. » Mon oncle et le comte se mirent à causer religion au point de vue politique, œuvres de charité, répression des délits, et je pus alors examiner à mon aise l'homme de qui ma destinée allait dépendre. Le comte était de moyenne taille, il me fut impossible de juger de ses proportions à cause de son habillement; mais il me parut maigre et sec. La figure était âpre et creusée. Les traits avaient de la finesse. La bouche, un peu grande, exprimait à la fois l'ironie et la bonté. Le front, trop vaste peut-être, effrayait comme si c'eût été celui d'un fou, d'autant plus qu'il contrastait avec le bas de la figure, terminée brusquement par un petit menton très-rapproché de la lèvre inférieure. Deux yeux d'un bleu de turquoise, vifs et intelligents comme ceux du prince de Talleyrand que j'admirai plus tard, également doués, comme ceux du prince, de la faculté de se taire au point de devenir mornes, ajoutaient à l'étrangeté de cette face, non point pâle, mais jaune. Cette coloration semblait annoncer un caractère irritable et des passions violentes. Les cheveux, argentés déjà, peignés avec soin, sillonnaient la tête par les couleurs alternées du blanc et du noir. La coquetterie de cette coiffure nuisait à la ressemblance que je trouvais au comte avec ce moine extraordinaire que Lewis a mis en scène d'après le *Schedoni* du *Confessionnal des Pénitents noirs* qui, selon moi, me paraît une création supérieure à celle du *Moine*. En homme qui devait se rendre de bonne heure au Palais, le comte avait déjà la barbe faite. Deux flambeaux à quatre branches et garnis d'abat-jours, placés aux deux extrémités du bureau, et dont les bougies brûlaient encore, disaient assez que le magistrat se levait bien avant le jour. Ses mains, que je vis quand il prit le cordon de la sonnette pour faire venir son valet de chambre, étaient fort belles, et blanches comme des mains de femme...

(— En vous racontant cette histoire, dit le Consul-Général qui s'interrompit, je dénature la position sociale et les titres de ce personnage, tout en vous le montrant dans une situation analogue à la sienne. État, dignité, luxe, fortune, train de vie, tous ces détails sont vrais; mais je ne veux manquer ni à mon bienfaiteur ni à mes habitudes de discrétion.)

— Au lieu de me sentir ce que j'étais, reprit le Consul-Général après une pause, socialement parlant, un insecte devant un aigle, j'éprouvai je ne sais quel sentiment indéfinissable à l'aspect du comte, et que je puis expliquer aujourd'hui. Les artistes de génie....

(Il s'inclina gracieusement devant l'ambassadeur, la femme célèbre et les deux Parisiens.)

.... Les véritables hommes d'état, les poètes, un général qui a commandé des armées, enfin les personnes réellement grandes sont simples; et leur simplicité vous met de plain-pied avec elles. Vous qui êtes supérieurs par la pensée, peut-être avez-vous remarqué, dit-il en s'adressant à ses hôtes, combien le sentiment rapproche les distances morales qu'a créées la Société. Si nous vous sommes inférieurs par l'esprit, nous pouvons vous égaler par le dévouement en amitié. A la température (passez-moi ce mot) de nos cœurs, je me sentis aussi près de mon protecteur que j'étais loin de lui par le rang. Enfin, l'âme a sa clairvoyance, elle pressent la douleur, le chagrin, la joie, l'animadversion, la haine chez autrui. Je reconnus vaguement les symptômes d'un mystère, en reconnaissant chez le comte les mêmes effets de physionomie que j'avais observés chez mon oncle. L'exercice des vertus, la sérénité de la conscience, la pureté de la pensée avaient transfiguré mon oncle, qui de laid devint très-beau. J'aperçus une métamorphose inverse dans le visage du comte : au premier coup d'œil, je lui donnai cinquante-cinq ans; mais, après un examen attentif, je reconnus une jeunesse ensevelie sous les glaces d'un profond chagrin, sous la fatigue des études obstinées, sous les teintes chaudes de quelque passion contrariée. A un mot de mon oncle, les yeux du comte reprirent pour un moment la fraîcheur d'une pervenche, il eut un sourire d'admiration qui me le montra à un âge, que je crus le véritable, à quarante ans. Ces observations, je ne les fis pas alors, mais plus tard, en me rappelant les circonstances de cette visite. Le valet de chambre entra tenant un plateau sur lequel était le déjeuner de son maître. — « Je ne demande pas mon déjeuner, dit le comte, laissez-le cependant, et allez montrer à monsieur son appartement. » Je suivis le valet de chambre, qui me conduisit à un joli logement complet, situé sous une terrasse, entre la cour d'honneur et les communs, au-dessus d'une galerie par laquelle les cuisines communiquaient avec le grand escalier de l'hôtel. Quand je revins au cabinet du comte, j'entendis, avant d'ouvrir la porte, mon oncle prononçant sur moi cet arrêt : — « Il pourrait faire une faute, car il a beaucoup de cœur, et nous sommes tous sujets à d'honorables erreurs; mais il est sans aucun vice. — Eh! bien, me dit le comte en me jetant un regard affectueux, vous plairez-vous là ? dites ? Il se trouve tant d'appartements dans cette caserne, que si vous n'étiez pas bien je vous caserais ailleurs. — Je n'avais qu'une chambre chez mon oncle, répondis-je. — Eh! bien, vous pouvez être installé ce soir, me dit le comte, car vous avez sans doute le mobilier de tous les étudiants ; un fiacre suffit à le transporter. Pour aujourd'hui, nous dînerons ensemble, tous trois, » ajouta-t-il en regardant mon oncle. Une magnifique bibliothèque attenait au cabinet du comte, il nous y mena, me fit voir un petit réduit coquet et orné de peintures qui devait avoir jadis servi d'oratoire. — « Voici votre cellule, me dit-il, vous vous tiendrez là quand vous aurez à travailler avec moi, car vous ne serez pas à la chaîne. » Et il me détailla le genre et la durée de mes occupations chez lui ; en l'écoutant, je reconnus en lui un grand précepteur politique. Je mis un mois environ à me familiariser avec les êtres et les choses, à étudier les devoirs de ma nouvelle position, et à m'accoutumer aux façons du comte. Un secrétaire observe nécessairement l'homme qui se sert de lui. Les goûts, les passions, le caractère, les manies de cet homme deviennent l'objet d'une étude involontaire. L'union de ces deux esprits est à la fois plus et moins qu'un mariage. Pendant trois mois, le comte Octave et moi, nous nous espionnâmes réciproquement. J'appris avec étonnement que le comte n'avait que trente-sept ans. La paix purement extérieure de sa vie et la sagesse de sa conduite ne procédaient pas uniquement d'un sentiment profond du devoir et d'une réflexion stoïque; en pratiquant cet homme, extraordinaire pour ceux qui le connaissent bien, je sentis de vastes profondeurs sous ses travaux, sous les actes de sa politesse, sous son masque de bienveillance, sous son attitude résignée qui ressemblait tant au calme qu'on pouvait s'y tromper. De même qu'en marchant dans les forêts, certains terrains laissent deviner par le son qu'ils rendent sous les pas de grandes masses de pierre ou le vide; de même l'égoïsme en bloc caché sous les fleurs de la politesse, et les souterrains minés par le malheur sonnent creux au contact perpétuel de la vie intime. La douleur et non le découragement habitait cette âme vraiment grande. Le comte avait compris que l'Action, que le Fait est la loi suprême de l'homme social. Aussi marchait-il dans sa voie malgré de secrètes blessures, en regardant l'avenir d'un œil serein, comme un martyr plein de foi. Sa tristesse cachée, l'amère déception dont il souffrait ne l'avaient pas amené dans les landes philosophiques de l'Incrédulité; ce courageux homme d'État était religieux, mais sans aucune ostentation : il allait à la première messe qui se disait à Saint-Paul pour les artisans et pour les domestiques pieux. Aucun de ses amis, personne à la Cour ne savait qu'il observât si fidèlement les pratiques de la religion. Il cultivait Dieu comme certains honnêtes gens cultivent un vice, avec un profond mystère. Aussi devais-je trouver un jour le comte monté sur une Alpe de malheur bien plus élevée que celle où se tiennent ceux qui se croient les plus éprouvés, qui raillent les passions et les croyances d'autrui parce qu'ils ont vaincu les leurs, qui varient sur tous les tons l'ironie et le dédain. Il ne se moquait alors ni de ceux qui suivent encore l'Espérance dans les marais où elle vous emmène, ni de ceux qui gravissent un pic pour s'isoler, ni de ceux qui persistent dans leur lutte en rougissant l'arène de leur sang, et la jonchant de leurs illusions; il voyait le monde en son entier, il dominait les croyances, il écoutait les plaintes, il doutait des affections et surtout des dévouements; mais ce grand, ce sévère magistrat y compatissait, il les admirait, non pas avec un enthousiasme passager, mais par le silence, par le recueillement, par la communion de l'âme attendrie. C'était une espèce de Manfred catholique et sans crime, portant la curiosité dans sa foi, fondant les neiges à la chaleur d'un volcan sans issue, conversant avec une étoile que lui seul voyait! Je reconnus bien des obscurités dans sa vie extérieure. Il se dérobait à mes regards non pas comme le voyageur qui, suivant une route, disparaît au gré des caprices du terrain dans les fondrières et les ravins, mais en tirailleur épié qui veut se cacher et qui cherche des abris. Je ne m'expliquais pas de fréquentes absences faites au moment où il travaillait le plus, et qu'il ne me déguisait point, car il me disait : « Continuez pour moi, » en me confiant sa besogne. Cet homme, si profondément enseveli dans les triples obligations de l'homme d'État, du Magistrat et de l'Orateur, me plut par ce goût qui révèle une belle âme et que les gens délicats ont presque tous pour les fleurs. Son jardin et son cabinet étaient pleins des plantes les plus curieuses, mais qu'il achetait toujours fanées. Peut-être se complaisait-il dans cette image de sa destinée?... il était fané comme ces fleurs près d'expirer, et dont les parfums presque décomposés lui causaient d'étranges ivresses. Le comte aimait son pays, il se dévouait aux intérêts publics avec la furie d'un cœur qui veut tromper une autre

passion; mais l'étude, le travail où il se plongeait ne lui suffisaient
pas; il se livrait en lui d'affreux combats dont quelques éclats m'atteignirent. Enfin, il laissait entendre de navrantes aspirations vers
le bonheur; et me paraissait devoir être heureux encore; mais quel
était l'obstacle? Aimait-il une femme? Ce fut une question que je
me posai. Jugez de l'étendue des cercles de douleur que ma pensée
dut interroger avant d'en venir à une si simple et si redoutable
question! Malgré ses efforts, mon patron ne réussissait donc pas à
étouffer le jeu de son cœur. Sous sa pose austère, sous le silence du
magistrat s'agitait une passion contenue avec tant de puissance, que
personne, excepté moi, son commensal, ne devina ce secret. Sa devise semblait être : « Je souffre et je me tais. » Le cortége de respect
et d'admiration qui le suivait, l'amitié de travailleurs intrépides
comme lui, des présidents Grandville et Sérizy n'avaient aucune
prise sur le comte : ou il ne leur livrait rien, ou ils savaient tout.
Impassible, la tête haute en public, le comte ne laissait voir
l'homme qu'en de rares instants, quand, seul dans son jardin,
dans son cabinet, il ne se croyait pas observé; mais alors il devenait enfant, il donnait carrière aux larmes dévorées sous sa toge,
aux exaltations qui, peut-être mal interprétées, eussent nui à sa
réputation de perspicacité comme homme d'État. Quand toutes ces
choses furent à l'état de certitude pour moi, le comte Octave eut
tous les attraits d'un problème, et obtint autant d'affection que s'il
eût été mon propre père. Comprenez-vous la curiosité comprimée
par le respect?... Quel malheur avait foudroyé ce savant voué depuis l'âge de dix-huit ans, comme Pitt, aux études que veut le pouvoir, et qui n'avait pas d'ambition; ce juge, qui savait le Droit diplomatique, le Droit politique, le Droit civil et le Droit criminel,
et qui pouvait y trouver des armes contre toutes les inquiétudes ou
contre toutes les erreurs; ce profond législateur, cet écrivain sérieux, ce religieux célibataire dont la vie disait assez qu'il n'encou-
rait aucun reproche? Un criminel n'eût pas été puni plus sévèrement par Dieu que l'était mon patron : le chagrin avait emporté la
moitié de son sommeil, il ne dormait plus que quatre heures!
Quelle lutte existait au fond de ces heures qui passaient en apparence calmes, studieuses, sans bruit ni murmure, et pendant
lesquelles je le surpris souvent la plume tombée de ses doigts, la
tête appuyée sur une de ses mains, les yeux comme deux étoiles
fixes et quelquefois mouillées de larmes? Comment l'eau de cette

source vive courait-elle sur une grève brillante sans que le feu souterrain la desséchât?.,. Y avait-il, comme sous la mer, entre elle et le foyer du globe, un lit de granit? Enfin, le volcan éclaterait-il?... Parfois le comte me regardait avec la curiosité sagace et perspicace, quoique rapide, par laquelle un homme en examine un autre quand il cherche un complice; puis il fuyait mes yeux en les voyant s'ouvrir, en quelque sorte, comme une bouche qui veut une réponse et qui semble dire : « Parlez le premier! » Par moments, le comte Octave était d'une tristesse sauvage et bourrue. Si les écarts de cette humeur me blessaient, il savait revenir sans me demander le moindre pardon ; mais ses manières devenaient alors gracieuses jusqu'à l'humilité du chrétien. Quand je me fus filialement attaché à cet homme mystérieux pour moi, si compréhensible pour le monde à qui le mot *original* suffit pour expliquer toutes les énigmes du cœur, je changeai la face de la maison. L'abandon de ses intérêts allait, chez le comte, jusqu'à la bêtise dans la conduite de ses affaires. Riche d'environ cent soixante mille francs de rentes, sans compter les émoluments de ses places, dont trois n'étaient pas sujettes à la loi du cumul, il dépensait soixante mille francs, sur lesquels trente au moins allaient à ses domestiques. A la fin de la première année, je renvoyai tous ces fripons, et priai Son Excellence d'user de son crédit pour m'aider à trouver d'honnêtes gens. A la fin de la seconde année, le comte, mieux traité, mieux servi, jouissait du *comfort* moderne; il avait de beaux chevaux appartenant à un cocher à qui je donnais tant par mois pour chaque cheval; ses dîners, les jours de réception, servis par Chevet à prix débattus, lui faisaient honneur; l'ordinaire regardait une excellente cuisinière que me procura mon oncle et que deux filles de cuisine aidaient; la dépense, non compris les acquisitions, ne se montait plus qu'à trente mille francs; nous avions deux domestiques de plus, dont les soins rendirent à l'hôtel toute sa poésie, car ce vieux palais, si beau dans sa rouille, avait une majesté que l'incurie déshonorait. — « Je ne m'étonne plus, dit-il en apprenant ces résultats, des fortunes que faisaient mes gens. En sept ans, j'ai eu deux cuisiniers devenus de riches restaurateurs! — Vous avez perdu trois cent mille francs en sept ans, repris-je. Et vous, magistrat qui signez au Palais des réquisitoires contre le crime, vous encouragiez le vol chez vous. » Au commencement de l'année 1826, le comte avait sans doute achevé de m'observer, et nous étions aussi liés que peuvent l'être deux hommes quand l'un est le subordonné de l'autre. Il ne m'avait rien dit de mon avenir ; mais il s'était attaché, comme un maître et comme un père, à m'instruire. Il me fit souvent rassembler les matériaux de ses travaux les plus ardus, je rédigeai quelques-uns de ses rapports, et il me les corrigeait en me montrant les différences de ses interprétations de la loi, de ses vues et des miennes. Quand enfin j'eus produit un travail qu'il pût donner comme sien, il en eut une joie qui me servit de récompense, et il s'aperçut que je la prenais ainsi. Ce petit incident si rapide produisit sur cette âme, en apparence sévère, un effet extraordinaire. Le comte me jugea, pour me servir de la langue judiciaire, en dernier ressort et souverainement : il me prit par la tête et me baisa sur le front. — « Maurice, s'écria-t-il, vous n'êtes plus mon compagnon, je ne sais pas encore ce que vous me serez ; mais, si ma vie ne change pas, peut-être me tiendrez-vous lieu de fils ! » Le comte Octave m'avait présenté dans les meilleures maisons de Paris où j'allais à sa place, avec ses gens et sa voiture, dans les occasions trop fréquentes où, près de partir, il changeait d'avis et faisait venir un cabriolet de place, pour aller... où ?... Là était le mystère. Par l'accueil qu'on me faisait, je devinais les sentiments du comte à mon égard et le sérieux de ses recommandations. Attentif comme un père, il fournissait à tous mes besoins avec d'autant plus de libéralité que ma discrétion l'obligeait à toujours penser à moi. Vers la fin du mois de janvier 1827, chez madame la comtesse de Sérizy, j'éprouvai des chances si constamment mauvaises au jeu, que je perdis deux mille francs, et je ne voulus pas les prendre sur ma caisse. Le lendemain, je me disais : « Dois-je aller les demander à mon oncle ou me confier au comte ? » Je pris le dernier parti. — « Hier, lui dis-je pendant qu'il déjeunait, j'ai constamment perdu au jeu, je me suis piqué, j'ai continué ; je dois deux mille francs. Me permettez-vous de prendre ces deux mille francs en compte sur mes appointements de l'année ? — Non, me dit-il avec un charmant sourire. Quand on joue dans le monde, il faut avoir une bourse de jeu. Prenez six mille francs, payez vos dettes, nous serons de moitié à compter d'aujourd'hui, car si vous me représentez la plupart du temps, au moins votre amour-propre n'en doit-il pas souffrir. » Je ne remerciai pas le comte. Un remercîment lui aurait paru de trop entre nous. Cette nuance vous indique la nature de nos relations. Néanmoins nous n'avions pas encore l'un et l'autre une confiance illimitée, il ne m'ouvrait pas ces immenses souterrains que j'avais reconnus dans sa vie secrète, et moi je ne lui disais pas : « Qu'avez-vous ? de quel mal souffrez-vous ? » Que faisait-il pendant ses longues soirées ? Souvent, il rentrait ou à pied ou dans un cabriolet de place, quand je revenais en voiture, moi, son secrétaire ! Un homme si pieux était-il donc la proie de vices cachés avec hypocrisie ? Employait-il toutes les forces de son esprit à satisfaire une jalousie plus habile que celle d'Othello ? Vivait-il avec une femme indigne de lui ? Un matin, en revenant de chez je ne sais quel fournisseur acquitter un mémoire, entre Saint-Paul et l'Hôtel-de-Ville, je surpris le comte Octave en conversation si animée avec une vieille femme, qu'il ne m'aperçut pas. La physionomie de cette vieille me donna d'étranges soupçons, des soupçons d'autant plus fondés que je ne voyais pas faire au comte l'emploi de ses économies. N'est-ce pas horrible à penser ? je me faisais le censeur de mon patron. Dans ce moment, je lui savais plus de six cent mille francs à placer, et s'il les avait employés en inscriptions de rentes, sa confiance en moi était tellement entière en tout ce qui touchait ses intérêts, que je ne devais pas l'ignorer. Parfois le comte se promenait dans son jardin, le matin, en y tournant comme un homme pour qui la promenade est l'hippogriffe que monte une Mélancolie rêveuse. Il allait ! il allait ! il se frottait les mains à s'arracher l'épiderme ! Et quand je le surprenais en l'abordant au détour d'une allée, je voyais sa figure épanouie. Ses yeux, au lieu d'avoir la sécheresse d'une turquoise, prenaient ce velouté de la pervenche qui m'avait tant frappé lors de ma première visite à cause du contraste étonnant de ces deux regards si différents : le regard de l'homme heureux, le regard de l'homme malheureux. Deux ou trois fois, en ces moments, il m'avait saisi par le bras, il m'avait entraîné ; puis il me disait : — « Que venez-vous me demander ? » au lieu de déverser sa joie en mon cœur qui s'ouvrait à lui. Plus souvent aussi, le malheureux, surtout depuis que je pouvais le remplacer dans ses travaux et faire ses rapports, restait des heures entières à contempler les poissons rouges qui fourmillaient dans un magnifique bassin de marbre au milieu de son jardin, et autour duquel les plus belles fleurs formaient un amphithéâtre. Cet homme d'État semblait avoir réussi à passionner le plaisir machinal d'émietter du pain à des poissons. Voilà comment se découvrit le drame de cette existence intérieure si profondément ravagée, si agitée, et où, dans un cercle oublié par Dante dans son Enfer, il naissait d'horribles joies.

Le Consul-Général fit une pause.

— Par un certain lundi, reprit-il, le hasard voulut que monsieur le président de Grandville et monsieur de Sérizy, alors Vice-Président du Conseil-d'État, fussent venus tenir une séance chez le comte Octave. Ils formaient, à eux trois, une commission de laquelle j'étais le secrétaire. Le comte m'avait déjà fait nommer auditeur au Conseil-d'État. Tous les éléments nécessaires à l'examen de la question politique secrètement soumise à ces messieurs se trouvaient sur l'une des longues tables de notre bibliothèque. Messieurs de Grandville et de Sérizy s'en étaient remis au comte Octave pour le dépouillement préparatoire des documents relatifs à leur travail. Afin d'éviter le transport des pièces chez monsieur de Sérizy, président de la commission, il était convenu qu'on se réunirait d'abord rue Payenne. Le cabinet des Tuileries attachait une grande importance à ce travail, qui pesa sur moi principalement et auquel je dus, dans le cours de cette année, ma nomination de Maître des Requêtes. Quoique les comtes de Grandville et de Sérizy, dont les habitudes ressemblaient fort à celles de mon patron, ne dînassent jamais hors de chez eux, nous fûmes surpris discutant encore à une heure si avancée que le valet de chambre me demanda pour me dire : — « Messieurs les curés de Saint-Paul et des Blancs-Manteaux sont au salon depuis deux heures. » Il était neuf heures ! — « Vous voilà, messieurs, obligés de faire un dîner de curés, dit en riant le comte Octave à ses collègues. Je ne sais pas si Grandville surmontera sa répugnance pour la soutane. — C'est selon les curés. — Oh ! l'un est mon oncle, et l'autre est l'abbé Gaudron, lui répondis-je. Soyez sans crainte, l'abbé Fontanon n'est plus vicaire à Saint-Paul... — Eh ! bien, dînons, répondit le Président Grandville. Un dévot m'effraie ; mais je ne sais personne de gai comme un homme vraiment pieux ! » Et nous nous rendîmes au salon. Le dîner fut charmant. Les hommes réellement instruits, les politiques à qui les affaires donnent et une expérience consommée et l'habitude de la parole, sont d'adorables conteurs, quands ils savent conter. Il n'est pas de milieu pour eux, ou ils sont lourds, ou ils sont sublimes. A ce charmant jeu, le prince de Metternich est aussi fort que Charles Nodier. Taillée à facettes comme le diamant, la plaisanterie des hommes d'État est nette, étincelante et pleine de sens.

Sûr de l'observation des convenances au milieu de ces trois hommes supérieurs, mon oncle permit à son esprit de se déployer, esprit délicat, d'une douceur pénétrante, et fin comme celui de tous les gens habitués à cacher leurs pensées sous la robe. Comptez aussi qu'il n'y eut rien de vulgaire ni d'oiseux dans cette causerie que je comparerais volontiers, comme effet sur l'âme, à la musique de Rossini. L'abbé Gaudron était, comme le dit monsieur Grandville, un saint Pierre plutôt qu'un saint Paul, un paysan plein de foi, carré de base comme de hauteur, un bœuf sacerdotal dont l'ignorance, en fait de monde et de littérature, anima la conversation par des étonnements naïfs et par des interrogations imprévues. On finit par causer d'une des plaies inhérentes à l'état social et qui vient de nous occuper, de l'adultère ! Mon oncle fit observer la contradiction que les législateurs du Code, encore sous le coup des orages révolutionnaires, y avaient établie entre la loi civile et la loi religieuse, et d'où, selon lui, venait tout le mal. — « Pour l'église, dit-il, l'adultère est un crime ; pour vos tribunaux, ce n'est qu'un délit. L'adultère se rend en carrosse à la Police Correctionnelle au lieu de monter sur les bancs de la Cour d'Assises. Le Conseil-d'État de Napoléon, pénétré de tendresse pour la femme coupable, a été plein d'impéritie. Ne fallait-il pas accorder en ceci la loi civile et la loi religieuse, envoyer au couvent pour le reste de ses jours, comme autrefois, l'épouse coupable ? — Au couvent ! reprit monsieur de Sérizy, il aurait fallu d'abord créer des couvents, et, dans ce temps, on convertissait les monastères en casernes. Puis, y pensez-vous, monsieur l'abbé ?... donner à Dieu ce dont la Société ne veut pas !..... — Oh ! dit le comte de Grandville, vous ne connaissez pas la France. On a dû laisser au mari le droit de se plaindre ; eh ! bien, il n'y a pas dix plaintes en adultère par an. — Monsieur l'abbé prêche pour son saint, car c'est Jésus-Christ qui a créé l'adultère, reprit le comte Octave. En Orient, berceau de l'Humanité, la femme ne fut qu'un plaisir, et y fut alors une chose ; on ne lui demandait pas d'autres vertus que l'obéissance et la beauté. En mettant l'âme au-dessus du corps, la famille européenne moderne, fille de Jésus, a inventé le mariage indissoluble, elle en a fait un sacrement. — Ah ! l'Eglise en reconnaissait bien toutes les difficultés, s'écria monsieur de Grandville. — Cette institution a produit un monde nouveau, reprit le comte en souriant ; mais les mœurs de ce monde ne seront jamais celles des climats où la femme est nubile à sept ans et plus que vieille à vingt-cinq. L'Église catholique a oublié les nécessités d'une moitié du globe. Parlons donc uniquement de l'Europe? La femme nous est-elle inférieure ou supérieure? Telle est la vraie question par rapport à nous. Si la femme nous est inférieure, en l'élevant aussi haut que l'a fait l'Église, il fallait de terribles punitions à l'adultère. Aussi, jadis, a-t-on procédé ainsi. Le cloître ou la mort, voilà toute l'ancienne législation. Mais depuis, les mœurs ont modifié les lois, comme toujours. Le trône a servi de couche à l'adultère, et les progrès de ce joli crime ont marqué l'affaiblissement des dogmes de l'Église catholique. Aujourd'hui, là où l'Église ne demande plus qu'un repentir sincère à la femme en faute, la Société se contente d'une flétrissure au lieu d'un supplice. La loi condamne bien encore les coupables, mais elle ne les intimide plus. Enfin, il y a deux morales : la morale du Monde et la morale du Code. Là où le Code est faible, je le reconnais avec notre cher abbé, le Monde est audacieux et moqueur. Il est peu de juges qui ne voudraient avoir commis le délit contre lequel ils déploient la foudre assez bonasse de leurs *considérants*. Le Monde, qui dément la loi, et dans ses fêtes, et par ses usages, et par ses plaisirs, est plus sévère que le Code et l'Église : le Monde punit la maladresse après avoir encouragé l'hypocrisie. L'économie de la loi sur le mariage me semble à reprendre de fond en comble. Peut-être la loi française serait-elle parfaite si elle proclamait l'exhérédation des filles. — Nous connaissons à nous trois la question à fond, dit en riant le comte de Grandville. Moi, j'ai une femme avec laquelle je ne puis pas vivre. Sérizy a une femme qui ne veut pas vivre avec lui. Toi, Octave, la tienne t'a quitté. Nous résumons donc, à nous trois, tous les cas de conscience conjugale; aussi composerons-nous, sans doute, la commission, si jamais on revient au divorce. » La fourchette d'Octave tomba sur son verre, le brisa, brisa l'assiette. Le comte, devenu pâle comme un mort, jeta sur le Président de Grandville un regard foudroyant par lequel il me montrait, et que je surpris. — « Pardon, mon ami, je ne voyais pas Maurice, reprit le Président de Grandville. Sérizy et moi nous avons été tes complices après t'avoir servi de témoins, je ne croyais donc pas faire une indiscrétion en présence de ces deux vénérables ecclésiastiques. » Monsieur de Sérizy changea la conversation en racontant tout ce qu'il avait fait pour plaire à sa femme sans y parvenir jamais. Ce vieillard conclut à l'impossibilité de réglementer les sympathies et les antipathies humaines, il soutint que la loi sociale n'était jamais plus parfaite que quand elle se rapprochait de la loi naturelle. Or, la Nature ne tenait aucun compte de l'alliance des âmes, son but était atteint par la propagation de l'espèce. Donc le Code actuel avait été très-sage en laissant une énorme latitude aux hasards. L'exhérédation des filles, tant qu'il y aurait des héritiers mâles, était une excellente modification, soit pour éviter l'abâtardissement des races, soit pour rendre les ménages plus heureux en supprimant des unions scandaleuses, en faisant rechercher uniquement les qualités morales et la beauté. — « Mais, ajouta t-il en levant la main par un geste de dégoût, le moyen de perfectionner une législation quand un pays a la prétention de réunir sept ou huit cents législateurs !... Après tout, reprit-il, si je suis sacrifié, j'ai un enfant qui me succédera... — En laissant de côté toute question religieuse, reprit mon oncle, je ferai observer à Votre Excellence que la Nature ne nous doit que la vie, et que la Société nous doit le bonheur. Êtes-vous père? lui demanda mon oncle. — Et moi, ai-je des enfants? » dit d'une voix creuse le comte Octave dont l'accent causa de telles impressions que l'on ne parla plus ni femmes, ni mariage. Quand le café fut pris, les deux comtes et les deux curés s'évadèrent en voyant le pauvre Octave tombé dans un accès de mélancolie qui ne lui permit pas de s'apercevoir de ces disparitions successives. Mon protecteur était assis sur une bergère, au coin du feu, dans l'attitude d'un homme anéanti. — « Vous connaissez le secret de ma vie, me dit-il en s'apercevant que nous nous trouvions seuls. Après trois ans de mariage, un soir, en rentrant, on m'a remis une lettre par laquelle la comtesse m'annonçait sa fuite. Cette lettre ne manquait pas de noblesse, car il est dans la nature des femmes de conserver encore des vertus en commettant cette faute horrible... Aujourd'hui, ma femme est censée s'être embarquée sur un vaisseau naufragé, elle passe pour morte. Je vis seul depuis sept ans!... Assez pour ce soir, Maurice. Nous causerons de ma situation quand je me serai accoutumé à l'idée de vous en parler. Quand on souffre d'une maladie chronique, ne faut il pas s'habituer au mieux? Souvent le mieux paraît être une autre face de la maladie. » J'allai me coucher tout troublé, car le mystère, loin de s'éclaircir, me parut de plus en plus obscur. Je pressentis un drame étrange en comprenant qu'il ne pouvait y avoir rien de vulgaire entre une femme que le comte avait choisie et un caractère comme le sien. Enfin les événements qui avaient poussé la comtesse à quitter un homme si noble, si aimable, si parfait, si aimant, si digne d'être aimé, devaient être au moins singuliers. La phrase de monsieur de Grandville avait été comme une torche jetée dans les souterrains sur lesquels je marchais depuis si long-temps; et, quoique cette flamme les éclairât imparfaitement, mes yeux pouvaient remarquer leur étendue. Je m'expliquai les souffrances du comte sans connaître ni leur profondeur ni leur amertume. Ce masque jaune, ces tempes desséchées, ces gigantesques études, ces moments de rêverie, les moindres détails de la vie de ce célibataire marié prirent un relief lumineux pendant cette heure d'examen mental qui est comme le crépuscule du sommeil et auquel tout homme de cœur se serait livré, comme je le fis. Oh! combien j'aimai mon pauvre patron! il me parut sublime. Je lus un poème de mélancolie, j'aperçus une action perpétuelle dans ce cœur taxé par moi d'inertie. Une douleur suprême n'arrive-t-elle pas toujours à l'immobilité? Ce magistrat, qui disposait de tant de puissance, s'était-il vengé? se repaissait-il d'une longue agonie? N'est-ce pas quelque chose à Paris qu'une colère toujours bouillante pendant dix ans? Que faisait Octave depuis ce grand malheur, car cette séparation de deux époux est le grand malheur dans notre époque où la vie intime est devenue, ce qu'elle n'était pas jadis, une question sociale? Nous passâmes quelques jours en observation, car les grandes souffrances ont leur pudeur; mais enfin, un soir, le comte me dit d'une voix grave : « — Restez! » Voici quel fut à peu près son récit.

« Mon père avait une pupille, riche, belle et âgée de seize ans,
» au moment où je revins du collége dans ce vieil hôtel. Élevée par
» ma mère, Honorine s'éveillait alors à la vie. Pleine de grâces et
» d'enfantillage, elle rêvait le bonheur comme elle eût rêvé d'une
» parure, et peut-être le bonheur était-il pour elle la parure de
» l'âme? Sa piété n'allait pas sans des joies puériles, car tout, même
» la religion, était une poésie pour ce cœur ingénu. Elle entrevoyait
» son avenir comme une fête perpétuelle. Innocente et pure, aucun
» délire n'avait troublé son sommeil. La honte et le chagrin n'avaient
» jamais altéré sa joue ni mouillé ses regards. Elle ne cherchait
» même pas le secret de ses émotions involontaires par un beau
» jour de printemps. Enfin, elle se sentait faible, destinée à l'obéis-
» sance, et attendait le mariage sans le désirer. Sa rieuse imagina-

» tion ignorait la corruption, peut-être nécessaire, que la littérature
» inocule par la peinture des passions ; elle ne savait rien du monde,
» et ne connaissait aucun des dangers de la société. La chère en-
» fant avait si peu souffert qu'elle n'avait pas même déployé son
» courage. Enfin, sa candeur l'eût fait marcher sans crainte au mi-
» lieu des serpents, comme l'idéale figure qu'un peintre a créée de
» l'Innocence. Jamais front ne fut plus serein et à la fois plus riant
» que le sien. Jamais il n'a été permis à une bouche de dépouiller de
» leur sens des interrogations précises avec tant d'ignorance. Nous
» vivions comme deux frères. Au bout d'un an, je lui dis, dans le
» jardin de cet hôtel, devant le bassin aux poissons en leur jetant du
» pain : « — Veux-tu nous marier ? Avec moi, tu feras tout ce que
» tu voudras, tandis qu'un autre homme te rendrait malheureuse.
» — Maman, dit-elle à ma mère qui vint au-devant de nous, il est
» convenu entre Octave et moi que nous nous marierons... — A
» dix-sept ans ?... répondit ma mère. Non, vous attendrez dix-huit
» mois ; et si dans dix-huit mois vous vous plaisez, eh ! bien, vous
» êtes de naissance, de fortunes égales, vous ferez à la fois un ma-
» riage de convenance et d'inclination. » Quand j'eus vingt-six ans,
» et Honorine dix-neuf, nous nous mariâmes. Notre respect pour
» mon père et ma mère, vieillards de l'ancienne cour, nous empê-
» cha de mettre cet hôtel à la mode, d'en changer les ameublements,
» et nous y restâmes, comme par le passé, en enfants. Néanmoins
» j'allai dans le monde, j'initiai ma femme à la vie sociale, et je re-
» gardai comme un de mes devoirs de l'instruire. J'ai reconnu plus
» tard que les mariages contractés dans les conditions du nôtre ren-
» fermaient un écueil contre lequel doivent se briser bien des affec-
» tions, bien des prudences, bien des existences. Le mari devient
» un pédagogue, un professeur, si vous voulez ; et l'amour périt
» sous la férule qui tôt ou tard blesse ; car une épouse jeune et
» belle, sage et rieuse, n'admet pas de supériorités au-dessus de
» celles dont elle est douée par la nature. Peut-être ai-je eu des
» torts ? peut-être ai-je eu, dans les difficiles commencements d'un
» ménage, un ton magistral ? Peut-être, au contraire, ai-je commis
» la faute de me fier absolument à cette candide nature, et n'ai-je
» pas surveillé la comtesse, chez qui la révolte me paraissait im-
» possible ? Hélas ! on ne sait pas encore, ni en politique, ni en mé-
» nage, si les empires et les félicités périssent par trop de confiance
» ou par trop de sévérité. Peut-être aussi le mari n'a-t-il pas réalisé

» pour Honorine les rêves de la jeune fille? Sait-on, pendant les
» jours de bonheur, à quels préceptes on a manqué?... »

(— Je ne me rappelle que les masses dans les reproches que s'adressa le comte avec la bonne foi de l'anatomiste cherchant les causes d'une maladie qui échapperaient à ses confrères; mais sa clémente indulgence me parut alors vraiment digne de celle de Jésus-Christ quand il sauva la femme adultère.)

« Dix-huit mois après la mort de mon père, qui précéda ma mère
» de quelques mois dans la tombe, reprit-il après une pause, arriva
» la terrible nuit où je fus surpris par la lettre d'adieu d'Honorine.
» Par quelle poésie ma femme était-elle séduite? Était-ce les sens,
» était-ce les magnétismes du malheur ou du génie, laquelle de
» ces forces l'avait ou surprise ou entraînée? Je n'ai rien voulu sa-
» voir. Le coup fut si cruel que je restai comme hébété pendant
» un mois. Plus tard, la réflexion m'a dit de rester dans mon igno-
» rance, et les malheurs d'Honorine m'ont trop appris de ces cho-
» ses. Jusqu'à présent, Maurice, tout est bien vulgaire; mais tout
» va changer par un mot : j'aime Honorine! je n'ai pas cessé de
» l'adorer. Depuis le jour de l'abandon, je vis de mes souvenirs,
» je reprends un à un les plaisirs pour lesquels sans doute Hono-
» rine fut sans goût. Oh! dit-il en voyant de l'étonnement dans
» mes yeux, ne me faites pas un héros, ne me croyez pas assez
» sot, dirait un colonel de l'Empire, pour ne pas avoir cherché des
» distractions. Hélas! mon enfant, j'étais ou trop jeune, ou trop
» amoureux : je n'ai pu trouver d'autre femme dans le monde en-
» tier. Après des luttes affreuses avec moi-même, je cherchais à
» m'étourdir; j'allais, mon argent à la main, jusque sur le seuil de
» l'infidélité; mais là se dressait devant moi, comme une blanche
» statue, le souvenir d'Honorine. En me rappelant la délicatesse
» infinie de cette peau suave à travers laquelle on voit le sang cou-
» rir et les nerfs palpiter; en revoyant cette tête ingénue, aussi
» naïve la veille de mon malheur que le jour où je lui dis : — Veux-
» tu nous marier? en me souvenant d'un parfum céleste comme
» celui de la vertu; en retrouvant la lumière de ses regards, la
» *joliesse* de ses gestes, je m'enfuyais comme un homme qui va
» violer une tombe et qui en voit sortir l'âme du mort transfigurée.
» Au Conseil, au Palais, dans mes nuits, je rêve si constamment
» d'Honorine, qu'il me faut une force d'âme excessive pour être à
» ce que je fais, à ce que je dis. Voilà le secret de mes travaux.

24.

» Eh! bien, je ne me suis pas plus senti de colère contre elle que
» n'en a un père en voyant son enfant chéri dans le danger où il
» s'est précipité par imprudence. J'ai compris que j'avais fait de
» ma femme une poésie dont je jouissais avec tant d'ivresse que je
» croyais mon ivresse partagée. Ah! Maurice, un amour sans dis-
» cernement est, chez un mari, une faute qui peut préparer tous
» les crimes d'une femme! J'avais probablement laissé sans emploi
» les forces de cette enfant, chérie comme une enfant; je l'ai peut-
» être fatiguée de mon amour avant que l'heure de l'amour eût
» sonné pour elle! Trop jeune pour entrevoir le dévouement de la
» mère dans la constance de la femme, elle a pris cette première
» épreuve du mariage pour la vie elle-même, et l'enfant mutin a
» maudit la vie à mon insu, n'osant se plaindre à moi, par pudeur
» peut-être! Dans une situation si cruelle, elle se sera trouvée sans
» défense contre un homme qui l'aura violemment émue. Et moi,
» si sagace magistrat, dit-on, moi dont le cœur est bon mais dont
» l'esprit était occupé, j'ai deviné trop tard ces lois du code fémi-
» nin méconnues, je les ai lues à la clarté de l'incendie qui dévo-
» rait mon toit. J'ai fait alors de mon cœur un tribunal, en vertu
» de la loi; car la loi constitue un juge dans un mari : j'ai absous
» ma femme et je me suis condamné. Mais l'amour prit alors chez moi
» la forme de la passion, de cette passion lâche et absolue qui saisit
» certains vieillards. Aujourd'hui, j'aime Honorine absente, comme
» on aime, à soixante ans, une femme qu'on veut avoir à tout
» prix, et je me sens la force d'un jeune homme. J'ai l'audace du
» vieillard et la retenue de l'adolescent. Mon ami, la Société n'a
» que des railleries pour cette affreuse situation conjugale. Là où
» elle s'apitoie avec un amant, elle voit dans un mari je ne sais
» quelle impuissance, elle se rit de ceux qui ne savent pas con-
» server une femme qu'ils ont acquise sous le poêle de l'Église et
» par-devant l'écharpe du maire. Et il a fallu me taire! Sérizy est
» heureux. Il doit à son indulgence le plaisir de voir sa femme, il la
» protège, il la défend; et, comme il l'adore, il connaît les jouissan-
» ces excessives du bienfaiteur qui ne s'inquiète de rien, pas même
» du ridicule, car il en baptise ses paternelles jouissances. — « Je ne
» reste marié qu'à cause de ma femme! » me disait un jour Sérizy en
» sortant du Conseil. Mais moi!... moi, je n'ai rien; pas même le
» ridicule à affronter, moi qui ne me soutiens que par un amour
» sans aliment! moi qui ne trouve pas un mot à dire à une femme

» du monde! moi que la Prostitution repousse! moi, fidèle par
» incantation! Sans ma foi religieuse, je me serais tué. J'ai défié
» l'abîme du travail, je m'y suis plongé, j'en suis sorti vivant, brû-
» lant, ardent, ayant perdu le sommeil!... »

(— Je ne puis me rappeler les paroles de cet homme si éloquent,
mais à qui la passion donnait une éloquence si supérieure à celle
de la tribune, que, comme lui, j'avais en l'écoutant les joues sillonnées de larmes! Jugez de mes impressions, quand après une pause
pendant laquelle nous essuyâmes nos pleurs, il acheva son récit par
cette révélation.)

« Ceci est le drame dans mon âme, mais ce n'est pas le drame
» extérieur qui se joue en ce moment dans Paris! Le drame inté-
» rieur n'intéresse personne. Je le sais, et vous le reconnaîtrez un
» jour, vous qui pleurez en ce moment avec moi : personne ne
» superpose à son cœur ni à son épiderme la douleur d'autrui. La
» mesure des douleurs est en nous. Vous-même, vous ne compre-
» nez mes souffrances que par une analogie très-vague. Pouvez-
» vous me voir calmant les rages les plus violentes du désespoir
» par la contemplation d'une miniature où mon regard retrouve et
» baise son front, le sourire de ses lèvres, le contour de son visage,
» où je respire la blancheur de sa peau, et qui me permet presque
» de sentir, de manier les grappes noires de ses cheveux bouclés?
» M'avez-vous surpris quand je bondis d'espérance, quand je me
» tords sous les mille flèches du désespoir, quand je marche dans
» la boue de Paris pour dompter mon impatience par la fatigue?
» J'ai des énervements comparables à ceux des gens en consomp-
» tion, des hilarités de fou, des appréhensions d'assassin qui ren-
» contre un brigadier de gendarmerie. Enfin, ma vie est un con-
» tinuel paroxisme de terreurs, de joies, de désespoirs. Quant au
» drame, le voici : Vous me croyez occupé du Conseil-d'État, de
» la Chambre, du Palais, de la politique!... Eh! mon Dieu, sept
» heures de la nuit suffisent à tout, tant la vie que je mène a sur-
» excité mes facultés. Honorine est ma grande affaire. Reconquérir
» ma femme, voilà ma seule étude; la surveiller dans la cage où
» elle est, sans qu'elle se sache en ma puissance; satisfaire à ses
» besoins, veiller au peu de plaisir qu'elle se permet, être sans
» cesse autour d'elle, comme un sylphe, sans me laisser ni voir ni
» deviner, car tout mon avenir serait perdu, voilà ma vie, ma
» vraie vie! Depuis sept ans, je ne me suis jamais couché sans être

» allé voir la lumière de sa veilleuse, ou son ombre sur les rideaux
» de la fenêtre. Elle a quitté ma maison sans en vouloir emporter
» autre chose que sa toilette de ce jour-là. L'enfant a poussé la no-
» blesse des sentiments jusqu'à la bêtise ! Aussi, dix-huit mois
» après sa fuite, était-elle abandonnée par son amant qui fut
» épouvanté par le visage âpre et froid, sinistre et puant de la Mi-
» sère, le lâche ! Cet homme avait sans doute compté sur l'exis-
» tence heureuse et dorée en Suisse et en Italie, que se donnent les
» grandes dames en quittant leurs maris. Honorine a de son chef
» soixante mille francs de rentes. Ce misérable a laissé la chère
» créature enceinte et sans un sou ! En 1820, au mois de novem-
» bre, j'ai obtenu du meilleur accoucheur de Paris de jouer le rôle
» d'un petit chirurgien de faubourg. J'ai décidé le curé du quar-
» tier où se trouvait la comtesse à subvenir à ses besoins, comme
» s'il accomplissait une œuvre de charité. Cacher le nom de ma
» femme, lui assurer l'incognito, lui trouver une ménagère qui
» me fût dévouée et qui fût une confidente intelligente, bah !... ce
» fut un travail digne de Figaro. Vous comprenez que, pour dé-
» couvrir l'asile de ma femme, il me suffisait de vouloir. Après trois
» mois de désespérance plutôt que de désespoir, la pensée de me
» consacrer au bonheur d'Honorine, en prenant Dieu pour confi-
» dent de mon rôle, fut un de ces poèmes qui ne tombent qu'au
» cœur d'un amant quand même ! Tout amour absolu veut sa pâ-
» ture. Eh ! ne devais-je pas protéger cette enfant, coupable par
» ma seule imprudence, contre de nouveaux désastres ? accomplir
» enfin mon rôle d'ange gardien. Après sept mois de nourriture,
» le fils mourut, heureusement pour elle et pour moi. Ma femme
» fut entre la vie et la mort pendant neuf mois, abandonnée au
» moment où elle avait le plus besoin du bras d'un homme ; mais
» ce bras, dit-il en tendant le sien par un mouvement d'une éner-
» gie angélique, fut étendu sur sa tête. Honorine fut soignée comme
» elle l'eût été dans son hôtel. Quand, rétablie, elle demanda com-
» ment, par qui elle avait été secourue, on lui répondit : — Les
» sœurs de charité du quartier, — la Société de maternité, — le
» curé de la paroisse qui s'intéressait à elle. Cette femme, dont la
» fierté va jusqu'à être un vice, a déployé dans le malheur une
» force de résistance que, par certaines soirées, j'appelle un entê-
» tement de mule. Honorine a voulu gagner sa vie ! ma femme
» travaille !... Depuis cinq ans, je la tiens, rue Saint-Maur, dans

» un charmant pavillon où elle fabrique des fleurs et des modes.
» Elle croit vendre les produits de son élégant travail à un mar-
» chand qui les lui paie assez cher pour que la journée lui vaille
» vingt francs, et n'a pas eu depuis six ans un seul soupçon. Elle
» paie toutes les choses de la vie à peu près le tiers de ce qu'elles
» valent, en sorte qu'avec six mille francs par an, elle vit comme
» si elle avait quinze mille francs. Elle a le goût des fleurs, et donne
» cent écus à un jardinier qui me coûte à moi douze cents francs
» de gages, et qui me présente des mémoires de deux mille francs
» tous les trois mois. J'ai promis à cet homme un marais et une
» maison de maraîcher contiguë à la loge du concierge de la rue
» Saint-Maur. Cette propriété m'appartient sous le nom d'un
» commis-greffier de la Cour. Une seule indiscrétion ferait tout
» perdre au jardinier. Honorine a son pavillon, un jardin, une serre
» superbe, pour cinq cents francs de loyer par an. Elle vit là, sous
» le nom de sa femme de charge, madame Gobain, cette vieille
» d'une discrétion à toute épreuve que j'ai trouvée, et de qui elle
» s'est fait aimer. Mais ce zèle est, comme celui du jardinier, entre-
» tenu par la promesse d'une récompense au jour du succès. Le
» concierge et sa femme me coûtent horriblement cher par les
» mêmes raisons. Enfin, depuis trois ans, Honorine est heureuse,
» elle croit devoir à son travail le luxe de ses fleurs, sa toilette et
» son bien-être. Oh! je sais ce que vous voulez me dire, s'écria le
» comte en voyant une interrogation dans mes yeux et sur mes
» lèvres. Oui, oui, j'ai fait une tentative. Ma femme était précé-
» demment dans le faubourg Saint-Antoine. Un jour, quand je
» crus, sur une parole de la Gobain, à des chances de réconcilia-
» tion, j'écrivis, par la poste, une lettre où j'essayais de fléchir ma
» femme, une lettre écrite, recommencée vingt fois! Je ne vous
» peindrai pas mes angoisses. J'allai de la rue Payenne à la rue de
» Reuilly, comme un condamné qui marche du Palais à l'Hôtel-de-
» Ville; mais il est en charrette, et moi je marchais!... Il faisait nuit,
» il faisait du brouillard, j'allai au-devant de madame Gobain, qui
» devait venir me répéter ce qu'avait fait ma femme. Honorine, en
» reconnaissant mon écriture, avait jeté la lettre au feu sans la lire.
» — « Madame Gobain, avait-elle dit, je ne veux pas être ici de-
» main !... » Fut-ce un coup de poignard que cette parole pour un
» homme qui trouve des joies illimitées dans la supercherie au
» moyen de laquelle il procure le plus beau velours de Lyon à

» douze francs l'aune, un faisan, un poisson, des fruits au dixième
» de leur valeur, à une femme assez ignorante pour croire payer
» suffisamment, avec deux cent cinquante francs, madame Gobain,
» la cuisinière d'un évêque !... Vous m'avez surpris me frottant
» les mains quelquefois et en proie à une sorte de bonheur. Eh !
» bien, je venais de faire réussir une ruse digne du théâtre. Je venais
» de tromper ma femme, de lui envoyer par une marchande à la
» toilette un châle des Indes proposé comme venant d'une actrice
» qui l'avait à peine porté, mais dans lequel, moi, ce grave magis-
» trat que vous savez, je m'étais couché pendant une nuit. Enfin,
» aujourd'hui, ma vie se résume par les deux mots avec les-
» quels on peut exprimer le plus violent des supplices : j'aime
» et j'attends ! J'ai dans madame Gobain une fidèle espionne de
» ce cœur adoré. Je vais toutes les nuits causer avec cette vieille,
» apprendre d'elle tout ce qu'Honorine a fait dans sa journée,
» les moindres mots qu'elle a dits, car une seule exclamation
» peut me livrer les secrets de cette âme qui s'est faite sourde
» et muette. Honorine est pieuse; elle suit les offices, elle prie;
» mais elle n'est jamais allée à confesse et ne communie pas :
» elle prévoit ce qu'un prêtre lui dirait. Elle ne veut pas entendre
» le conseil, l'ordre de revenir à moi. Cette horreur de moi m'é-
» pouvante et me confond, car je n'ai jamais fait le moindre mal à
» Honorine; j'ai toujours été bon pour elle. Admettons que j'aie
» eu quelques vivacités en l'instruisant, que mon ironie d'homme
» ait blessé son légitime orgueil de jeune fille ?... Est-ce une raison
» de persévérer dans une résolution que la haine la plus implacable
» peut seule inspirer? Honorine n'a jamais dit à madame Gobain
» qui elle est, elle garde un silence absolu sur son mariage, en sorte
» que cette brave et digne femme ne peut pas dire un mot en ma
» faveur, car elle est la seule de la maison qui ait mon secret. Les
» autres ne savent rien ; ils sont sous la terreur que cause le nom
» du Préfet de Police et dans la vénération du pouvoir d'un minis-
» tre. Il m'est donc impossible de pénétrer dans ce cœur : la cita-
» delle est à moi, mais je n'y puis entrer. Je n'ai pas un seul moyen
» d'action. Une violence me perdrait à jamais ! Comment combattre
» des raisons qu'on ignore? Écrire une lettre, la faire copier par
» un écrivain public, et la mettre sous les yeux d'Honorine ?...
» j'y ai pensé. Mais n'est-ce pas risquer un troisième déménage-
» ment? Le dernier me coûte cent cinquante mille francs. Cette

» acquisition fut d'abord faite sous le nom du secrétaire que vous
» avez remplacé. Le malheureux, qui ne savait pas combien mon
» sommeil est léger, a été surpris par moi, ouvrant avec une fausse
» clef la caisse où j'avais mis la contre-lettre ; j'ai toussé, l'effroi
» l'a saisi ; le lendemain, je l'ai forcé de vendre la maison à mon
» prête-nom actuel, et je l'ai mis à la porte. Ah ! si je ne sentais
» pas en moi toutes les facultés nobles de l'homme satisfaites, heu-
» reuses, épanouies ; si les éléments de mon rôle n'appartenaient
» pas à la paternité divine, si je ne jouissais pas par tous les pores,
» il se rencontre des moments où je croirais à quelque monomanie.
» Par certaines nuits, j'entends les grelots de la Folie, j'ai peur de
» ces transitions violentes d'une faible espérance, qui parfois brille
» et s'élance, à un désespoir complet qui tombe aussi bas que les
» hommes peuvent tomber. J'ai médité sérieusement, il y a quel-
» ques jours, le dénoûment atroce de Lovelace avec Clarisse, en me
» disant : Si Honorine avait un enfant de moi, ne faudrait-il pas
» qu'elle revînt dans la maison conjugale ? Enfin, j'ai tellement foi
» dans un heureux avenir, qu'il y a dix mois j'ai acquis et payé
» l'un des plus beaux hôtels du faubourg Saint-Honoré. Si je re-
» conquiers Honorine, je ne veux pas qu'elle revoie cet hôtel, ni
» la chambre d'où elle s'est enfuie. Je veux mettre mon idole dans
» un nouveau temple où elle puisse croire à une vie entièrement
» nouvelle. On travaille à faire de cet hôtel une merveille de goût et
» d'élégance. On m'a parlé d'un poète qui, devenu presque fou d'a-
» mour pour une cantatrice, avait, au début de sa passion, acheté le
» plus beau lit de Paris, sans savoir le résultat que l'actrice réservait
» à sa passion. Eh ! bien, il y a le plus froid des magistrats, un
» homme qui passe pour le plus grave conseiller de la Couronne, à
» qui cette anecdote a remué toutes les fibres du cœur. L'orateur
» de la Chambre comprend ce poète qui repaissait son idéal d'une
» possibilité matérielle. Trois jours avant l'arrivée de Marie-Louise,
» Napoléon s'est roulé dans son lit de noces à Compiègne... Toutes
» les passions gigantesques ont la même allure. J'aime en poète et
» en empereur !... »

En entendant ces dernières paroles, je crus à la réalisation des craintes du comte Octave, il s'était levé, marchait, gesticulait, mais il s'arrêta comme épouvanté de la violence de ses paroles. — Je suis bien ridicule, reprit-il après une fort longue pause, en venant quêter un regard de compassion. — Non, monsieur, vous êtes bien malheureux...

« — Oh! oui, dit-il en reprenant le cours de cette confi-
» dence, plus que vous ne le pensez! Par la violence de mes
» paroles, vous pouvez et vous devez croire à la passion physique
» la plus intense, puisque depuis neuf ans elle annule toutes mes
» facultés; mais ce n'est rien en comparaison de l'adoration que
» m'inspirent l'âme, l'esprit, les manières, le cœur, tout ce qui dans
» la femme n'est pas la femme; enfin, ces ravissantes divinités du
» cortége de l'Amour avec lesquelles on passe sa vie, et qui sont la
» poésie journalière d'un plaisir fugitif. Je vois, par un phénomène
» rétrospectif, ces grâces de cœur et d'esprit d'Honorine aux-
» quelles je faisais peu d'attention au jour de mon bonheur, comme
» tous les gens heureux! J'ai, de jour en jour, reconnu l'étendue
» de ma perte en reconnaissant les qualités divines dont était doué
» cet enfant capricieux et mutin, devenu si fort et si fier sous la
» main pesante de la Misère, sous les coups du plus lâche abandon.
» Et cette fleur céleste se dessèche solitaire et cachée? Ah! la Loi
» dont nous parlions, reprit-il avec une amère ironie, la Loi, c'est
» un piquet de gendarmes, c'est ma femme saisie et amenée de
» force ici!... N'est-ce pas conquérir un cadavre? La Religion n'a
» pas prise sur elle, elle en veut la poésie, elle prie sans écouter
» les commandements de l'Église. Moi, j'ai tout épuisé comme clé-
» mence, comme bonté, comme amour... Je suis à bout. Il n'existe
» plus qu'un moyen de triomphe : la ruse et la patience avec les-
» quelles les oiseleurs finissent par saisir les oiseaux les plus défiants,
» les plus agiles, les plus fantasques et les plus rares. Aussi, Mau-
» rice, quand l'indiscrétion bien excusable de monsieur de Grand-
» ville vous a révélé le secret de ma vie, ai-je fini par voir dans
» cet incident un de ces commandements du Sort, un de ces arrêts
» qu'écoutent et que mendient les joueurs au milieu de leurs par-
» ties les plus acharnées... Avez-vous pour moi assez d'affection
» pour m'être romanesquement dévoué?... »

— « Je vous vois venir, monsieur le comte, répondis-je en
interrompant, je devine vos intentions. Votre premier secrétaire
a voulu crocheter votre caisse, je connais le cœur du second,
il pourrait aimer votre femme. Et pouvez-vous le vouer au malheur en l'envoyant au feu! Mettre sa main dans un brasier

sans se brûler, est-ce possible ? — Vous êtes un enfant, reprit le comte, je vous enverrai ganté ! Ce n'est pas mon secrétaire qui viendra se loger rue Saint-Maur, dans la petite maison de maraîcher que j'ai rendue libre, ce sera mon petit cousin, le baron de l'Hostal, maître des requêtes... » Après un moment donné à la surprise, j'entendis un coup de cloche, et une voiture roula jusqu'au perron. Bientôt le valet de chambre annonça madame de Courteville et sa fille. Le comte Octave avait une très-nombreuse parenté dans sa ligne maternelle. Madame de Courteville, sa cousine, était veuve d'un juge au Tribunal de la Seine, qui l'avait laissée avec une fille et sans aucune espèce de fortune. Que pouvait être une femme de vingt-neuf ans auprès d'une jeune fille de vingt ans, aussi belle que l'imagination pourrait le souhaiter pour une maîtresse idéale ? — « Baron, maître des requêtes, référendaire au sceau en attendant mieux, et ce vieil hôtel pour dot, aurez-vous assez de raisons pour ne pas aimer la comtesse ? » me dit-il à l'oreille en me prenant la main et me présentant à madame de Courteville et à sa fille. Je fus ébloui, non par tant d'avantages que je n'aurais pas osé rêver, mais par Amélie de Courteville dont toutes les beautés étaient mises en relief par une de ces savantes toilettes que les mères font faire à leurs filles quand il s'agit de les marier. Ne parlons pas de moi, dit le consul en faisant une pause.

— Vingt jours après, reprit-il, j'allai demeurer dans la maison du maraîcher, qu'on avait nettoyée, arrangée et meublée avec cette célérité qui s'explique par trois mots : Paris ! l'ouvrier français ! l'argent ! J'étais aussi amoureux que le comte pouvait le désirer pour sa sécurité. La prudence d'un jeune homme de vingt-cinq ans suffirait-elle aux ruses que j'entreprenais et où il s'agissait du bonheur d'un ami ? Pour résoudre cette question, je vous avoue que je comptai beaucoup sur mon oncle, car je fus autorisé par le comte à le mettre dans la confidence au cas où je jugerais son intervention nécessaire. Je pris un jardinier, je me fis fleuriste jusqu'à la manie, je m'occupai furieusement, en homme que rien ne pouvait distraire, de défoncer le marais et d'en approprier le terrain à la culture des fleurs. De même que les maniaques de Hollande ou d'Angleterre, je me donnai pour monofloriste. Je cultivai spécialement des dahlias en en réunissant toutes les variétés. Vous devinez que ma ligne de conduite, même dans ses plus légères déviations, était tracée par le comte dont toutes les forces intellectuelles furent alors attentives aux moindres événements de la tragi-comédie qui devait se jouer rue Saint-Maur. Aussitôt la comtesse couchée, presque tous les soirs, entre onze heures et minuit, Octave, madame Gobain et moi nous tenions conseil. J'entendis la vieille rendant compte à Octave des moindres mouvements de sa femme pendant la journée ; il s'informait de tout, des repas, des occupations, de l'attitude, du menu du lendemain, des fleurs qu'elle se proposait d'imiter. Je compris ce qu'est un amour au désespoir, quand il se compose du triple amour qui procède de la tête, du cœur et des sens. Octave ne vivait que pendant cette heure. Pendant deux mois que durèrent les travaux, je ne jetai pas les yeux sur le pavillon où demeurait ma voisine. Je n'avais pas demandé seulement si j'avais une voisine, quoique le jardin de la comtesse et le mien fussent séparés par un palis, le long duquel elle avait fait planter des cyprès déjà hauts de quatre pieds. Un beau matin, madame Gobain annonça comme un grand malheur à sa maîtresse l'intention manifestée par un original devenu son voisin, de faire bâtir à la fin de l'année un mur entre les deux jardins. Je ne vous parle pas de la curiosité qui me dévorait. Voir la comtesse !... ce désir faisait pâlir mon amour naissant pour Amélie de Courteville. Mon projet de bâtir un mur était une affreuse menace. Plus d'air pour Honorine dont le jardin devenait une espèce d'allée serrée entre ma muraille et son pavillon. Ce pavillon, une ancienne maison de plaisir, ressemblait à un château de cartes, il n'avait pas plus de trente pieds de profondeur sur une longueur d'environ cent pieds. La façade peinte à l'allemande figurait un treillage de fleurs jusqu'au premier étage, et présentait un charmant *specimen* de ce style Pompadour si bien nommé *rococo*. On arrivait par une longue avenue de tilleuls. Le jardin du pavillon et le marais figuraient une hache dont le manche était représenté par cette avenue. Mon mur allait rogner les trois quarts de la hache. La comtesse en fut désolée, et dit au milieu de son désespoir : — « Ma pauvre Gobain, quel homme est-ce que ce fleuriste? — Ma foi, dit-elle, je ne sais pas s'il est possible de l'apprivoiser, il paraît avoir les femmes en horreur. C'est le neveu d'un curé de Paris. Je n'ai vu l'oncle qu'une seule fois, un beau vieillard de soixante-quinze ans, bien laid, mais bien aimable. Il se peut bien que ce curé maintienne, comme on le prétend dans le quartier, son neveu dans la passion des fleurs, pour qu'il n'arrive pas pis... — Mais quoi? — Eh! bien, votre voisin est un hurluberlu... » fit la Gobain en montrant sa tête. Les fous tranquilles sont les seuls hommes de qui les femmes ne conçoivent aucune méfiance en fait de sentiment. Vous allez voir par la suite combien le comte avait vu juste en me choisissant ce rôle. — « Mais, qu'a-t-il? demanda la comtesse. — Il a trop étudié, répondit la Gobain, il est devenu sauvage. Enfin, il a des raisons pour ne plus aimer les femmes... là, puisque vous voulez savoir tout ce qui se dit. — Eh! bien, reprit Honorine, les fous m'effraient moins que les gens sages, je lui parlerai, moi! dis-lui que je le prie de venir. Si je ne réussis pas, je verrai le curé. » Le lendemain de cette conversation, en me promenant dans mes allées tracées, j'entrevis au premier étage du pavillon les rideaux d'une fenêtre écartés et la figure d'une femme posée en curieuse. La Gobain m'aborda. Je regardai brusquement le pavillon et fis un geste brutal, comme si je disais : — Eh! je me moque bien de votre maîtresse! — « Madame, dit la Gobain, qui revint rendre compte de son ambassade, le fou m'a priée de le laisser tranquille, en prétendant que charbonnier était maître chez soi, surtout quand il était sans femme. — Il a deux fois raison, répondit la comtesse. — Oui, mais il a fini par me répondre : « J'irai! » quand je lui ai répondu qu'il ferait le malheur d'une personne qui vivait dans la retraite, et qui puisait de grandes distractions dans la culture des fleurs. » Le lendemain, je sus par un signe de la Gobain qu'on attendait ma visite. Après le déjeuner de la comtesse, au moment où elle se promenait devant son pavillon, je brisai le palis et je vins à elle. J'étais mis en campagnard : vieux pantalon à pied en molleton gris, gros sabots, vieille veste de chasse, casquette en tête, méchant foulard au cou; les mains salies de terre, et un plantoir à la main. — « Madame, c'est le monsieur qui est votre voisin! » cria la Gobain. La comtesse ne s'était pas effrayée. J'aperçus enfin cette femme que sa conduite et les confidences du comte avaient rendue si curieuse à observer. Nous étions dans les premiers jours du mois de mai. L'air pur, le temps bleu, la verdeur des premières feuilles, la senteur du printemps faisaient un cadre à cette création de la douleur. En voyant Honorine, je conçus la passion d'Octave et la vérité de cette expression : une fleur céleste! Sa blancheur me frappa tout d'abord par son blanc particulier, car il y a autant de blancs que de rouges et de bleus différents. En regardant la comtesse, l'œil servait à toucher cette peau suave où le sang courait en filets bleuâtres. A la moindre émotion, ce sang se répandait sous le tissu comme une vapeur en nappes rosées. Quand nous nous rencontrâmes, les rayons du soleil en passant à travers le feuillage grêle des acacias environnaient Honorine de ce nimbe jaune et fluide que Raphaël et Titien, seuls parmi tous les peintres, ont su peindre autour de la Vierge. Des yeux bruns exprimaient à la fois la tendresse et la gaieté, leur éclat se reflétait jusque sur le visage, à travers de longs cils abaissés. Par le mouvement de ses paupières soyeuses, Honorine vous jetait un charme, tant il y avait de sentiment, de majesté, de terreur, de mépris dans sa manière de relever ou d'abaisser ce voile de l'âme. Enfin, elle pouvait vous glacer ou vous animer par un regard. Ses cheveux cendrés, rattachés négligemment sur sa tête, lui dessinaient un front de poète, large, puissant, rêveur. La bouche était entièrement voluptueuse. Enfin, privilége rare en France, mais commun en Italie, toutes les lignes, les contours de cette tête avaient un caractère de noblesse qui devait arrêter les outrages du temps. Quoique svelte, Honorine n'était pas maigre, et ses formes me semblèrent être de celles qui réveillent encore l'amour quand il se croit épuisé. Elle méritait bien l'épithète de mignonne, car elle appartenait à ce genre de petites femmes souples qui se laissent prendre, flatter, quitter et reprendre comme des chattes. Ses petits pieds que j'entendis sur le sable y faisaient un bruit léger qui leur était propre et qui s'harmoniait au bruissement de la robe ; il en résultait une musique féminine qui se gravait dans le cœur et devait se distinguer entre la démarche de mille femmes. Son port rappelait tous ses quartiers de noblesse avec tant de fierté, que dans les rues les prolétaires les plus audacieux devaient se ranger pour elle. Gaie, tendre, fière et imposante, on ne la comprenait pas autrement que douée de ces qualités qui semblent s'exclure, et qui la laissaient néanmoins enfant. Mais l'enfant pouvait devenir forte comme l'ange ; et, comme l'ange, une fois blessée dans sa nature, elle devait être implacable. La froideur sur ce visage était sans doute la mort pour ceux à qui ses yeux avaient souri, pour qui ses lèvres s'étaient dénouées, pour ceux dont l'âme avait accueilli la mélodie de cette voix qui donnait à la parole la poésie du chant par des accentuations particulières. En sentant le parfum de violette qu'elle exhalait, je compris comment le souvenir de cette femme avait cloué le comte au seuil de la Débauche, et comme on ne pouvait jamais oublier celle qui vraiment était une fleur pour le toucher, une fleur pour le regard, une fleur pour l'odorat, une fleur céleste pour l'âme.... Honorine inspirait le dévouement, un dévouement chevaleresque et sans récompense. On se disait en la voyant : « Pensez, je devinerai ; parlez, j'obéirai. Si ma vie, perdue dans un supplice, peut vous procurer un jour de bonheur, prenez ma vie : je sourirai comme les martyrs sur leurs bûchers, car j'apporterai cette journée à Dieu comme un gage auquel obéit un père en reconnaissant une fête donnée à son enfant. » Bien des femmes se composent une physionomie et arrivent à produire des effets semblables à ceux qui vous eussent saisi à l'aspect de la comtesse ; mais chez elle tout procédait d'un délicieux naturel, et ce naturel inimitable allait droit au cœur. Si je vous en parle ainsi, c'est qu'il s'agit uniquement de son âme, de ses pensées, des délicatesses de son cœur, et que vous m'eussiez reproché de ne pas vous l'avoir crayonnée. Je faillis oublier mon rôle d'homme quasi fou, brutal et peu chevaleresque. — « On m'a dit, madame, que vous aimiez les fleurs. — Je suis ouvrière fleuriste, monsieur, répondit-elle. Après avoir cultivé les fleurs, je les copie, comme une mère qui serait assez artiste pour se donner le plaisir de peindre ses enfants... N'est-ce pas assez vous dire que je suis pauvre et hors d'état de payer la concession que je veux obtenir de vous. — Et comment, repris-je avec la gravité d'un magistrat, une personne qui semble aussi distinguée que vous exerce-t-elle un pareil état ? Avez-vous donc comme moi des raisons pour occuper vos doigts afin de ne pas laisser travailler votre tête ? — Restons sur le mur mitoyen, répondit-elle en souriant. — Mais nous sommes aux fondations, dis-je. Ne faut-il pas que je sache, de nos deux douleurs, ou, si vous voulez, de nos deux manies, laquelle doit céder le pas à l'autre ?... Ah ! le joli bouquet de narcisses ! elles sont aussi fraîches que cette matinée ! » Je vous déclare qu'elle s'était créé comme un musée de fleurs et d'arbustes, où le soleil seul pénétrait, dont l'arrangement était dicté par un génie artiste et que le plus insensible des propriétaires aurait respecté. Les masses de fleurs, étagées avec une science de fleuriste ou disposées en bouquets, produisaient des effets doux à l'âme. Ce jardin recueilli, solitaire, exhalait des baumes consolateurs et n'inspirait que de douces pensées, des images gracieuses, voluptueuses même. On y reconnaissait cette ineffaçable signature que notre vrai caractère imprime en toutes choses quand rien ne nous contraint d'obéir aux diverses hypocrisies, d'ailleurs nécessaires, qu'exige la Société. Je regardais alternativement le monceau de narcisses et la comtesse, en paraissant plus amoureux des fleurs que d'elle, pour jouer mon rôle. —« Vous aimez donc bien les fleurs? me dit-elle. — C'est, lui dis-je, les seuls êtres qui ne trompent pas nos soins et notre tendresse. » Je fis une tirade si violente en établissant un parallèle entre la botanique et le monde, que nous nous trouvâmes à mille lieues du mur mitoyen, et que la comtesse dut me prendre pour un être souffrant, blessé, digne de pitié. Néanmoins, après une demi-heure, ma voisine me ramena naturellement à la question; car les femmes, quand elles n'aiment pas, ont toutes le sang-froid d'un vieil avoué. — « Si vous voulez laisser subsister le palis, lui dis-je, vous apprendrez tous les secrets de culture que je veux cacher, car je cherche le dahlia bleu, la rose bleue, je suis fou des fleurs bleues. Le bleu n'est-il pas la couleur favorite des belles âmes? Nous ne sommes ni l'un ni l'autre chez nous : autant vaudrait y mettre une petite porte à claire-voie qui réunirait nos jardins... Vous aimez les fleurs, vous verrez les miennes, je verrai les vôtres. Si vous ne recevez personne, je ne suis visité que par mon oncle, le curé des Blancs-Manteaux.—Non, dit-elle, je ne veux donner à personne le droit d'entrer dans mon jardin, chez moi, à toute heure. Venez-y, vous serez toujours reçu, comme un voisin avec qui je veux vivre en bonnes relations; mais j'aime trop ma solitude pour la grever d'une dépendance quelconque. — Comme vous voudrez ! » dis-je. Et je sautai d'un bond par-dessus le palis. —« A quoi sert une porte ? » m'écriai-je quand je fus sur mon terrain en revenant à la comtesse et la narguant par un geste, par une grimace de fou. Je restai quinze jours sans paraître penser à ma voisine. Vers la fin du mois de mai, par une belle soirée, il se trouva que nous étions chacun d'un côté du palis, nous promenant à pas lents. Arrivés au bout, il fallut bien échanger quelques paroles de politesse; elle me trouva si profondément accablé, plongé dans une rêverie si douloureuse, qu'elle me parla d'espérance en me jetant des phrases qui ressemblaient à ces chants par lesquels les nourrices endorment les enfants. Enfin je franchis la haie, et me trouvai pour la seconde fois près d'elle. La comtesse me fit entrer chez elle en voulant apprivoiser ma douleur. Je pénétrai donc enfin dans ce sanctuaire où tout était en harmonie avec la femme que j'ai tâché de vous dépeindre. Il y régnait une exquise simplicité. A l'intérieur, ce pavillon était bien la bonbonnière inventée par l'art du dix-huitième siècle pour les jolies débauches d'un grand seigneur. La salle à manger, sise au rez-de-chaussée, était couverte de peintures à fresque représentant des treillages de fleurs d'une admirable et merveilleuse exécution. La cage de l'escalier offrait de charmantes décorations en camaïeu. Le petit salon, qui faisait face à la salle à manger, était prodigieusement dégradé; mais la comtesse y avait tendu des tapisseries pleines de fantaisies et provenant d'anciens paravents. Une salle de bain y attenait. Au-dessus, il n'y avait qu'une chambre avec son cabinet de toilette et une bibliothèque métamorphosée en atelier. La cuisine était cachée dans les caves sur lesquelles le pavillon s'élevait, car il fallait y monter par un perron de quelques marches. Les balustres de la galerie et ses guirlandes de fleurs pompadour déguisaient la toiture, dont on ne voyait que les bouquets de plomb. On se trouvait dans ce séjour à cent lieues de Paris. Sans le sourire amer qui se jouait parfois sur les belles lèvres rouges de cette femme pâle, on aurait pu croire au bonheur de cette violette ensevelie dans sa forêt de fleurs. Nous arrivâmes en quelques jours à une confiance engendrée par le voisinage et par la certitude où fut la comtesse de ma complète indifférence pour les femmes. Un regard aurait tout compromis, et jamais je n'eus une pensée pour elle dans les yeux! Honorine voulut voir en moi comme un vieil ami. Ses manières avec moi procédèrent d'une sorte de compassion. Ses regards, sa voix, ses discours, tout disait qu'elle était à mille lieues des coquetteries que la femme la plus sévère se fût peut-être permises en pareil cas. Elle me donna bientôt le droit de venir dans le charmant atelier où elle faisait ses fleurs, une retraite pleine de livres et de curiosités, parée comme un boudoir, et où la richesse relevait la vulgarité des instruments du métier. La comtesse avait, à la longue, poétisé, pour ainsi dire, ce qui est l'antipode de la poésie, une fabrique. Peut-être, de tous les ouvrages que puissent faire les femmes, les fleurs artificielles sont-elles celui dont les détails leur permettent de déployer le plus de grâces. Pour colorier, une femme doit rester penchée sur une table et s'adonner, avec une certaine attention, à cette demi-peinture. La tapisserie, faite comme doit la faire une ouvrière qui veut gagner sa vie, est une cause de pulmonie ou de déviation de l'épine dorsale. La gravure des planches de musique est un des travaux les plus tyranniques par sa minutie, par le soin, par la compréhension qu'il exige. La couture, la broderie ne donnent pas trente sous par jour. Mais la fabrication des fleurs et celle des modes nécessitent une multitude de mouvements, de gestes, des idées même qui laissent une jolie femme dans sa sphère : elle est encore elle-même, elle peut causer, rire, chanter ou penser. Certes, il y avait un sentiment de l'art dans la manière dont la comtesse disposait sur une longue table de sapin jaune les myriades de pétales colorés qui servaient à composer les fleurs qu'elle avait décidées. Les godets à couleur étaient en porcelaine blanche, et toujours propres, rangés de façon à permettre à l'œil de trouver aussitôt la nuance voulue dans la gamme des tons. La noble artiste économisait ainsi son temps. Un joli meuble d'ébène, incrusté d'ivoire, aux cent tiroirs vénitiens, contenait les matrices d'acier avec lesquelles elle frappait ses feuilles ou certains pétales. Un magnifique bol japonais, contenait la colle qu'elle ne laissait jamais aigrir, et auquel elle avait fait adapter un couvercle à charnière, si léger, si mobile qu'elle le soulevait du bout du doigt. Le fil d'archal, le laiton se cachaient dans un petit tiroir de sa table de travail, devant elle. Sous ses yeux, s'élevait, dans un verre de Venise, épanoui comme un calice sur sa tige, le modèle vivant de la fleur avec laquelle elle essayait de lutter. Elle se passionnait pour les chefs-d'œuvre, elle abordait les ouvrages les plus difficiles, les grappes, les corolles les plus menues, les bruyères, les nectaires aux nuances les plus capricieuses. Ses mains, aussi agiles que sa pensée, allaient de sa table à sa fleur, comme celles d'un artiste sur les touches d'un piano. Ses doigts semblaient être *fées*, pour se servir d'une expression de Perrault, tant ils cachaient, sous la grâce du geste, les différentes forces de torsion, d'application, de pesanteur nécessaires à cette œuvre, en mesurant avec la lucidité de l'instinct chaque mouvement au résultat. Je ne me lassais pas de l'admirer montant une fleur dès que les éléments s'en trouvaient rassemblés devant elle, et cotonnant, perfectionnant une tige, y attachant les feuilles. Elle déployait le génie des peintres dans ses audacieuses entreprises, elle copiait des feuilles flétries, des feuilles jaunes ; elle luttait avec les fleurs des champs, de toutes les plus naïves, les plus compliquées dans leur simplicité. — « Cet art, me disait-elle, est dans l'enfance. Si les Parisiennes avaient un peu du génie que l'esclavage du harem exige chez les femmes de l'Orient, elles donneraient tout un langage aux fleurs posées sur leur tête. J'ai fait, pour ma satisfaction d'artiste; des fleurs fanées avec les feuilles couleur bronze florentin comme il s'en trouve après ou avant l'hiver... Cette couronne, sur une tête de jeune femme dont la vie est manquée, ou qu'un chagrin secret dévore, manquerait-elle de poésie ? Combien de choses une femme ne pourrait-elle pas dire avec sa coiffure ? N'y a-t-il pas des fleurs pour les bacchantes ivres, des fleurs pour les sombres et rigides dévotes, des fleurs soucieuses pour les femmes ennuyées ? La botanique exprime, je crois, toutes les sensations et les pensées de l'âme, même les plus délicates ! » Elle m'employait à frapper ses feuilles, à des découpages, à des préparations de fil de fer pour les tiges. Mon prétendu désir de distraction me rendit promptement habile. Nous causions tout en travaillant. Quand je n'avais rien à faire, je lui lisais les nouveautés, car je ne devais pas perdre de vue mon rôle ; et je jouais l'homme fatigué de la vie, épuisé de chagrins, morose, sceptique, âpre. Mon personnage me valait d'adorables plaisanteries sur la ressemblance purement physique, moins le pied-bot, qui se trouvait entre lord Byron et moi. Il passait pour constant que ses malheurs à elle, sur lesquels elle voulait garder le plus profond silence, effaçaient les miens, quoique déjà les causes de ma misanthropie eussent pu satisfaire Young et Job. Je ne vous parlerai pas des sentiments de honte qui me torturaient en me mettant au cœur, comme les pauvres de la rue, de fausses plaies pour exciter la pitié de cette adorable femme. Je compris bientôt l'étendue de mon dévouement en comprenant toute la bassesse des espions. Les témoignages de sympathie que je recueillis alors eussent consolé les plus grandes infortunes. Cette charmante créature, sevrée du monde, seule depuis tant d'années, ayant en dehors de l'amour des trésors d'affection à dépenser, elle me les offrit avec d'enfantines effusions, avec une pitié qui certes eût rempli d'amertume le roué qui l'aurait aimée ; car, hélas ! elle était toute charité, toute compatissante. Son renoncement à l'amour, son effroi de ce qu'on appelle le bonheur pour la femme, éclataient avec autant de force que de naïveté. Ces heureuses journées me prouvèrent que l'amitié des femmes est de beaucoup supérieure à leur amour. Je m'étais fait arracher les confidences de mes chagrins avec autant de simagrées que s'en permettent les jeunes personnes avant de s'asseoir au piano, tant elles ont la conscience de l'ennui qui s'ensuit. Comme vous le devinez, la nécessité de vaincre ma répugnance à parler avait forcé la comtesse à serrer les liens de notre

25.

intimité; mais elle retrouvait si bien en moi sa propre antipathie contre l'amour, qu'elle me parut heureuse du hasard qui lui avait envoyé dans son île déserte une espèce de *Vendredi*. Peut-être la solitude commençait-elle à lui peser. Néanmoins, elle était sans la moindre coquetterie, elle n'avait plus rien de la femme, elle ne se sentait un cœur, me disait-elle, que dans le monde idéal où elle se réfugiait. Involontairement je comparais entre elle ces deux existences, celle du comte, tout action, tout agitation, tout émotion; celle de la comtesse, tout passivité, tout inactivité, tout immobilité. La femme et l'homme obéissaient admirablement à leur nature. Ma misanthropie autorisait contre les hommes et contre les femmes de cyniques sorties que je me permettais en espérant amener Honorine sur le terrain des aveux; mais elle ne se laissait prendre à aucun piége, et je commençais à comprendre *cet entêtement de mule*, plus commun qu'on ne le pense chez les femmes. — « Les Orientaux ont raison, lui dis-je un soir, de vous renfermer en ne vous considérant que comme les instruments de leurs plaisirs. L'Europe est bien punie de vous avoir admises à faire partie du monde, et de vous y accepter sur un pied d'égalité. Selon moi, la femme est l'être le plus improbe et le plus lâche qui puisse se rencontrer. Et c'est là, d'ailleurs, d'où lui viennent ses charmes : le beau plaisir de chasser un animal domestique! Quand une femme a inspiré une passion à un homme, elle lui est toujours sacrée, elle est, à ses yeux, revêtue d'un privilége imprescriptible. Chez l'homme, la reconnaissance pour les plaisirs passés est éternelle. S'il retrouve sa maîtresse ou vieille ou indigne de lui, cette femme a toujours des droits sur son cœur; mais, pour vous autres, un homme que vous avez aimé n'est plus rien; bien plus, il a un tort impardonnable, celui de vivre !... Vous n'osez pas l'avouer; mais vous avez toutes au cœur la pensée que les calomnies populaires appelées tradition prêtent à la dame de la tour de Nesle : Quel dommage qu'on ne puisse se nourrir d'amour comme on se nourrit de fruits ! et que, d'un repas fait, il ne puisse pas ne vous rester que le sentiment du plaisir !... — Dieu, dit-elle, a sans doute réservé ce bonheur parfait pour le paradis. Mais, reprit-elle, si votre argumentation vous semble très-spirituelle, elle a pour moi le malheur d'être fausse. Qu'est-ce que c'est que des femmes qui s'adonnent à plusieurs amours? me demanda-t-elle en me regardant comme la Vierge d'Ingres regarde Louis XIII lui offrant son royaume. — Vous êtes une comédienne de bonne foi, lui répondis-je, car vous venez de me jeter de ces regards qui feraient la gloire d'une actrice. Mais, belle comme vous êtes, vous avez aimé; donc vous oubliez. — Moi, répondit-elle en éludant ma question, je ne suis pas une femme, je suis une religieuse arrivée à soixante-douze ans. — Comment alors pouvez-vous affirmer avec autant d'autorité que vous sentez plus vivement que moi? Le malheur pour les femmes n'a qu'une forme, elles ne comptent pour des infortunes que les déceptions du cœur. » Elle me regarda d'un air doux, et fit comme toutes les femmes qui, pressées entre les deux portes d'un dilemme, ou saisies par les griffes de la vérité, n'en persistent pas moins dans leur vouloir, elle me dit : — « Je suis religieuse, et vous me parlez d'un monde où je ne puis plus mettre les pieds. — Pas même par la pensée? lui dis-je. — Le monde est-il si digne d'envie? répondit-elle. Oh! quand ma pensée s'égare, elle va plus haut... L'ange de la perfection, le beau Gabriel, chante souvent dans mon cœur, fit-elle. Je serais riche, je n'en travaillerais pas moins pour ne pas monter trop souvent sur les ailes diaprées de l'Ange et aller dans le royaume de la fantaisie. Il y a des contemplations qui nous perdent, nous autres femmes! Je dois à mes fleurs beaucoup de tranquillité, quoiqu'elles ne réussissent pas toujours à m'occuper. En de certains jours j'ai l'âme envahie par une attente sans objet, je ne puis bannir une pensée qui s'empare de moi, qui semble alourdir mes doigts. Je crois qu'il se prépare un grand événement, que ma vie va changer; j'écoute dans le vague, je regarde aux ténèbres, je suis sans goût pour mes travaux, et je retrouve, après mille fatigues, la vie... la vie ordinaire. Est-ce un pressentiment du ciel, voilà ce que je me demande!... » Après trois mois de lutte entre deux diplomates cachés sous la peau d'une mélancolie juvénile, et une femme que le dégoût rendait invincible, je dis au comte qu'il paraissait impossible de faire sortir cette tortue de dessous sa carapace, il fallait casser l'écaille. La veille, dans une dernière discussion tout amicale, la comtesse s'était écriée : — « Lucrèce a écrit avec son poignard et son sang le premier mot de la charte des femmes : *liberté!* » Le comte me donna dès lors carte blanche. — « J'ai vendu cent francs les fleurs et les bonnets que j'ai faits cette semaine! » me dit joyeusement Honorine un samedi soir où je vins la trouver dans ce petit salon du rez-de-chaussée dont les dorures avaient été remises à neuf par le faux propriétaire. Il était dix heures. Un crépuscule de juillet et une lune magnifique apportaient leurs nuageuses clartés. Des bouffées de parfums mélangés caressaient l'âme, la comtesse faisait tintinuller dans sa main les cinq pièces d'or d'un faux commissionnaire en modes, autre compère d'Octave, qu'un juge, monsieur Popinot, lui avait trouvé.

— « Gagner sa vie en s'amusant, dit elle, être libre, quand les hommes, armés de leurs lois, ont voulu nous faire esclaves ! Oh! chaque samedi j'ai des accès d'orgueil. Enfin, j'aime les pièces d'or de monsieur Gaudissart autant que lord Byron, votre Sosie, aimait celles de Murray. — Ceci n'est guère le rôle d'une femme, repris-je. — Bah ! suis-je une femme ? Je suis un garçon doué d'une âme tendre, voilà tout ; un garçon qu'aucune femme ne peut tourmenter... — Votre vie est une négation de tout votre être, répondis-je. Comment, vous pour qui Dieu dépensa ses plus curieux trésors d'amour et de beauté, ne désirez-vous pas parfois... — Quoi ? dit-elle, assez inquiète d'une phrase qui, pour la première fois, démentait mon rôle. — Un joli enfant à cheveux bouclés, allant, venant parmi ces fleurs, comme une fleur de vie et d'amour, vous criant : « Maman!... » J'attendis une réponse. Un silence un peu trop prolongé me fit apercevoir le terrible effet de mes paroles que l'obscurité m'avait caché. Inclinée sur son divan, la comtesse était non pas évanouie, mais froidie par une attaque nerveuse dont le premier frémissement, doux comme tout ce qui émanait d'elle, avait ressemblé, dit-elle plus tard, à l'envahissement du plus subtil des poisons. J'appelai madame Gobain, qui vint et emporta sa maîtresse, la mit sur son lit, la délaça, la déshabilla, la rendit non pas à la vie, mais au sentiment d'une horrible douleur. Je me promenais en pleurant dans l'allée qui longeait le pavillon, en doutant du succès. Je voulais résigner ce rôle d'oiseleur, si imprudemment accepté. Madame Gobain, qui descendit et me trouva le visage baigné de larmes, remonta promptement pour dire à la comtesse : — « Madame, que s'est-il donc passé ? monsieur Maurice pleure à chaudes larmes et comme un enfant ! » Stimulée par la dangereuse interprétation que pouvait recevoir notre mutuelle attitude, elle trouva des forces surhumaines, prit un peignoir, redescendit et vint à moi. — « Vous n'êtes pas la cause de cette crise, me dit-elle ; je suis sujette à des spasmes, des espèces de crampes au cœur !... — Et vous voulez me taire vos chagrins ?... lui dis-je en essuyant mes larmes et avec cette voix qui ne se feint pas. Ne venez-vous pas de m'apprendre que vous avez été mère, que vous avez eu la douleur de perdre votre enfant? — Marie! cria-t-elle brusquement en sonnant. La Gobain se présenta. — De la lumière et le thé, » lui dit-elle avec le sang-froid d'une lady harnachée d'orgueil par cette atroce éducation britannique que vous savez. Quand la Gobain eut allumé les bougies et fermé les persiennes, la comtesse m'offrit un visage muet; déjà, son indomptable fierté, sa gravité de sauvage avaient repris leur empire; elle me dit : — « Savez-vous pourquoi j'aime tant lord Byron?... Il a souffert comme souffrent les animaux. A quoi bon la plainte quand elle n'est pas une élégie comme celle de Manfred, une moquerie amère comme celle de don Juan, une rêverie comme celle de Child-Harold? On ne saura rien de moi!... Mon cœur est un poëme que j'apporte à Dieu ! — Si je voulais.... dis-je. — Si? répéta-t-elle. — Je ne m'intéresse à rien, répondis-je, je ne puis pas être curieux; mais, si je le voulais, je saurais demain tous vos secrets. — Je vous en défie! me dit-elle avec une anxiété mal déguisée. — Est-ce sérieux? — Certes, me dit-elle en hochant la tête, je dois savoir si ce crime est possible. — D'abord, madame, répondis-je en lui montrant ses mains, ces jolis doigts, qui disent assez que vous n'êtes pas une jeune fille, étaient-ils faits pour le travail? Puis, vous nommez-vous madame Gobain? vous qui devant moi, l'autre jour, avez en recevant une lettre dit à Marie : « Tiens, c'est pour toi. » Marie est la vraie madame Gobain. Donc, vous cachez votre nom sous celui de votre intendante. Oh! madame, de moi, ne craignez rien. Vous avez en moi l'ami le plus dévoué que vous aurez jamais.... *Ami*, entendez-vous bien? Je donne à ce mot sa sainte et touchante acception, si profanée en France où nous en baptisons nos ennemis. Cet ami, qui vous défendrait contre tout, vous veut aussi heureuse que doit l'être une femme comme vous. Qui sait si la douleur que je vous ai causée involontairement n'est pas une action volontaire? — Oui, reprit-elle avec une audace menaçante, je le veux, devenez curieux, et dites-moi tout ce que vous pourrez apprendre sur moi; mais... fit-elle en levant le doigt, vous me direz aussi par quels moyens vous aurez eu ces renseignements. La conservation du faible bonheur dont je jouis ici dépend de vos démarches. — Cela veut dire que vous vous enfuirez.... — A tire d'ailes! s'écria-t-elle, et dans le Nouveau-Monde.... — Où vous serez, repris-je en l'interrompant, à la merci de la brutalité des passions que vous inspirerez. N'est-il pas de l'essence du génie et de la beauté de briller, d'attirer les regards, d'exciter les convoitises et les méchancetés? Paris est le désert sans les Bédouins, Paris est le seul lieu du monde où l'on puisse cacher sa vie quand on doit vivre de son travail. De quoi vous plaignez-vous? Que suis-je? un domestique de plus, je suis monsieur Gobain, voilà tout. Si vous avez quelque duel à soutenir, un témoin peut vous être nécessaire. — N'importe, sachez qui je suis. J'ai déjà dit : *je veux!* maintenant je vous en prie, reprit-elle avec une grâce (que vous avez à commandement, fit le consul en regardant les femmes). — Eh! bien, demain à pareille heure je vous dirai ce que j'aurai découvert, lui répondis-je. Mais n'allez pas me prendre en haine? Agiriez-vous comme les autres femmes? — Que font les autres femmes?... — Elles nous ordonnent d'immenses sacrifices, et quand ils sont accomplis, elles nous les reprochent, quelque temps après, comme une injure. — Elles ont raison, si ce qu'elles ont demandé vous a paru *des sacrifices...* reprit-elle avec malice. — Remplacez le mot sacrifice par le mot efforts, et... — Ce sera, fit-elle, une impertinence. — Pardonnez-moi, lui dis-je, j'oubliais que la femme et le pape sont infaillibles. — Mon Dieu, dit-elle après une longue pause, deux mots seulement peuvent troubler cette paix si chèrement achetée et dont je jouis comme d'une fraude... » Elle se leva, ne fit plus attention à moi. — « Où aller? dit-elle. Que devenir?... Faudra-t-il quitter cette douce retraite, arrangée avec tant de soin pour y finir mes jours? — Y finir vos jours? lui dis-je avec un effroi visible. N'avez-vous donc jamais pensé qu'il viendrait un moment où vous ne pourriez plus travailler, où le prix des fleurs et des modes baissera par la concurrence?... — J'ai déjà mille écus d'économies, dit-elle. — Mon Dieu! combien de privations cette somme ne représente-t-elle pas?... m'écriai-je. — A demain, me dit-elle, laissez-moi. Ce soir, je ne suis plus moi-même, je veux être seule. Ne dois-je pas recueillir mes forces, en cas de malheur; car, si vous saviez quelque chose, d'autres que vous seraient instruits, et alors.... adieu, dit-elle d'un ton bref et avec un geste impératif. — A demain le combat, » répondis-je en souriant, afin de ne pas perdre le caractère d'insouciance que je donnais à cette scène. Mais en sortant par la longue avenue, je répétai : A demain le combat! Et le comte que j'allai, comme tous les soirs, trouver sur le boulevard, s'écria de même : A demain le combat ! L'anxiété d'Octave égalait celle d'Honorine. Nous restâmes, le comte et moi, jusqu'à deux heures du matin à nous promener le long des fossés de la Bastille, comme deux généraux qui, la veille d'une bataille, évaluent toutes les chances, examinent le terrain, et reconnaissent qu'au milieu de la lutte la victoire dépend d'un hasard à saisir. Ces deux êtres séparés violemment allaient veiller tous deux, l'un dans l'espérance, l'autre dans l'angoisse d'une réunion. Les drames de la vie ne sont pas dans les circonstances, ils sont dans les sentiments, ils se jouent dans le cœur, ou, si vous voulez, dans ce monde immense que nous devons nommer le *Monde Spirituel*. Octave et Honorine agissaient, vivaient uniquement dans ce monde des grands esprits. Je fus exact. A dix heures du soir, pour la première fois, on m'admit dans une charmante chambre, blanche et bleue, dans le nid de cette colombe blessée. La comtesse me regarda, voulut me parler et fut atterrée par mon air respectueux. — « Madame la comtesse... » lui dis-je en souriant avec gravité. La pauvre femme, qui s'était levée, retomba sur son fauteuil et y resta plongée dans une attitude de douleur que j'aurais voulu voir saisie par un grand peintre. — « Vous êtes, dis-je en continuant, la femme du plus noble et du plus considéré des hommes, d'un homme qu'on trouve grand, mais qui l'est bien plus envers vous qu'il ne l'est aux yeux de tous. Vous et lui, vous êtes deux grands caractères. Où croyez-vous être ici ? lui demandai-je. — Chez moi, répondit-elle en ouvrant des yeux que l'étonnement rend fixes. — Chez le comte Octave ! répondis-je. Nous sommes joués. Monsieur Lenormand, le greffier de la Cour, n'est pas le vrai propriétaire, mais le prête-nom de votre mari. L'admirable tranquillité dont vous jouissez est l'ouvrage du comte, l'argent que vous gagnez vient du comte dont la protection descend aux plus menus détails de votre existence. Votre mari vous a sauvée aux yeux du monde, il a donné des motifs plausibles à votre absence, il espère ostensiblement ne pas vous avoir perdue dans le naufrage de la *Cécile*, vaisseau sur lequel vous vous êtes embarquée pour aller à la Havane, pour une succession à recueillir d'une vieille parente qui aurait pu vous oublier ; vous y êtes allée en compagnie de deux femmes de sa famille et d'un vieil intendant ! Le comte dit avoir envoyé des agents sur les lieux et avoir reçu des lettres qui lui donnent beaucoup d'espoir.... Il prend pour vous cacher à tous les regards autant de

précautions que vous en prenez vous-même.... Enfin, il vous obéit...
— Assez, répondit-elle. Je ne veux plus savoir qu'une seule chose.
De qui tenez-vous ces détails? — Eh! mon Dieu, madame, mon
oncle a placé chez le commissaire de police de ce quartier un jeune
homme sans fortune en qualité de secrétaire. Ce jeune homme m'a
tout dit. Si vous quittiez ce pavillon ce soir, furtivement, votre
mari saurait où vous iriez, et sa protection vous suivrait partout.
Comment une femme d'esprit a-t-elle pu croire que des marchands
pouvaient acheter des fleurs et des bonnets aussi cher qu'ils les
vendent? Demandez mille écus d'un bouquet, vous les aurez!
Jamais tendresse de mère ne fut plus ingénieuse que celle de votre
mari. J'ai su par le concierge de votre maison que le comte vient
souvent, derrière la haie, quand tout repose, voir la lumière de
votre lampe de nuit! Votre grand châle de cachemire vaut six
mille francs.... Votre marchande à la toilette vous vend du vieux
qui vient des meilleures fabriques.... Enfin, vous réalisez ici Vénus
dans les filets de Vulcain; mais vous êtes emprisonnée seule, et
par les inventions d'une générosité sublime, sublime depuis sept
ans et à toute heure. » La comtesse tremblait comme tremble une
hirondelle prise, et qui, dans la main où elle est, tend le cou,
regarde autour d'elle d'un œil fauve. Elle était agitée par une convulsion nerveuse et m'examinait par un regard défiant. Ses yeux
secs jetaient une lueur presque chaude; mais elle était femme!...
il y eut un moment où les larmes se firent jour, et elle pleura, non
pas qu'elle fût touchée, elle pleura de son impuissance, elle
pleura de désespoir. Elle se croyait indépendante et libre; le
mariage pesait sur elle comme la prison sur le captif. — « J'irai,
disait-elle à travers ses larmes, il m'y force, j'irai là où, certes,
personne ne me suivra! — Ah! dis-je, vous voulez vous tuer....
Tenez, madame, vous devez avoir des raisons bien puissantes
pour ne pas vouloir revenir chez le comte Octave. — Oh! certes!
— Eh! bien, dites-les-moi, dites-les à mon oncle; vous aurez
en nous deux conseillers dévoués. Si mon oncle est prêtre dans
un confessionnal, il ne l'est jamais dans un salon. Nous vous
écouterons, nous essaierons de trouver une solution aux problèmes
que vous poserez; et si vous êtes la dupe ou la victime de quelque
malentendu, peut-être pourrons-nous le faire cesser. Votre âme
me semble pure; mais si vous avez commis une faute, elle est
bien expiée.... Enfin, songez que vous avez en moi d'ami le plus

sincère. Si vous voulez vous soustraire à la tyrannie du comte, je vous en donnerai les moyens, il ne vous trouvera jamais. — Oh! il y a le couvent, dit-elle. — Oui, mais le comte, devenu Ministre d'État, vous ferait refuser par tous les couvents du monde. Quoi qu'il soit bien puissant, je vous sauverai de lui.... mais.... quand vous m'aurez démontré que vous ne pouvez pas, que vous ne devez pas revenir à lui. Oh! ne croyez pas que vous fuiriez sa puissance pour tomber sous la mienne, repris-je en recevant d'elle un regard horrible de défiance et plein de noblesse exagérée. Vous aurez la paix, la solitude et l'indépendance; enfin, vous serez aussi libre et aussi respectée que si vous étiez une vieille fille laide et méchante. Je ne pourrai pas, moi-même, vous voir sans votre consentement. — Et comment? par quels moyens? — Ceci, madame, est mon secret. Je ne vous trompe point, soyez-en certaine. Démontrez-moi que cette vie est la seule que vous puissiez mener, qu'elle est préférable à celle de la comtesse Octave, riche, honorée, dans un des plus beaux hôtels de Paris, chérie de son mari, mère heureuse.... et, je vous donne gain de cause.... — — Mais, dit-elle, est-ce jamais un homme qui me comprendra!... — Non, répondis-je. Aussi ai-je appelé la Religion pour nous juger. Le curé des Blancs-Manteaux est un saint de soixante-quinze ans. Mon oncle n'est pas le Grand Inquisiteur, il est saint Jean; mais il se fera Fénélon pour vous, le Fénélon qui disait au duc de Bourgogne : « Mangez un veau le vendredi; mais soyez chrétien, monseigneur? » — Allez, monsieur, le couvent est ma dernière ressource, et mon seul asile. Il n'y a que Dieu pour me comprendre. Aucun homme, fût-il saint Augustin, le plus tendre des pères de l'Église, ne pourrait entrer dans les scrupules de ma conscience, qui, pour moi, sont les cercles infranchissables de l'enfer de Dante. Un autre que mon mari, un autre, quelqu'indigne qu'il fût de cette offrande, a eu tout mon amour! Il ne l'a pas eu, car il ne l'a pas pris; je le lui ai donné comme une mère donne à son enfant un jouet merveilleux que l'enfant brise. Il n'y avait pas deux amours pour moi. L'amour pour certaines âmes ne s'essaie pas, ou il est, ou il n'est pas. Quand il se montre, quand il se lève, il est tout entier. Eh! bien, cette vie de dix-huit mois a été pour moi une vie de dix-huit ans, j'y ai mis toutes les facultés de mon être, elles ne se sont pas appauvries par leur effusion, elles se sont épuisées dans cette intimité trompeuse où moi seule étais franche. La coupe du bonheur n'est pas vide, monsieur; elle est vidée!... rien ne peut plus la remplir, car elle est brisée. Je suis hors de combat, je n'ai plus d'armes.... Après m'être ainsi livrée tout entière, que suis-je? le rebut d'une fête. On ne m'a donné qu'un nom, Honorine, comme je n'avais qu'un cœur. Mon mari a eu la jeune fille, un indigne amant a eu la femme, il n'y a plus rien! Me laisser aimer?.... voilà le grand mot que vous allez me dire. Oh! je suis encore quelque chose, et je me révolte à l'idée d'être une prostituée! Oui, j'ai vu clair à la lueur de l'incendie; et, tenez.... je concevrais de céder à l'amour d'un autre; mais à Octave?.... oh! jamais. — Oh! vous l'aimez, lui dis-je. — Je l'estime, je le respecte, je le vénère, il ne m'a pas fait le moindre mal; il est bon, il est tendre; mais je ne puis plus aimer... D'ailleurs, dit-elle, ne parlons plus de ceci. La discussion amoindrit tout. Je vous exprimerai par écrit mes idées à ce sujet; car, en ce moment, elles m'étouffent, j'ai la fièvre, je suis les pieds dans les cendres de mon Paraclet. Tout ce que je vois, ces choses que je croyais conquises par mon travail me rappellent maintenant tout ce que je voulais oublier. Ah! c'est à fuir d'ici, comme je me suis en allée de ma maison. — Pour aller où? dis-je. Une femme peut-elle exister sans protecteur? Est-ce à trente ans, dans toute la gloire de la beauté, riche de forces que vous ne soupçonnez pas, pleine de tendresses à donner, que vous irez vivre au désert où je puis vous cacher?.... Soyez en paix. Le comte, qui en cinq ans ne s'est pas fait apercevoir ici, n'y pénétrera jamais que de votre consentement. Vous avez sa sublime vie pendant neuf ans pour garantie de votre tranquillité. Vous pouvez donc délibérer en toute sécurité, sur votre avenir, avec mon oncle et moi. Mon oncle est aussi puissant qu'un Ministre-d'État. Calmez-vous donc, ne grossissez pas votre malheur. Un prêtre dont la tête a blanchi dans l'exercice du sacerdoce n'est pas un enfant, vous serez comprise par celui à qui toutes les passions se sont confiées depuis cinquante ans bientôt et qui pèse dans ses mains le cœur si pesant des rois et des princes. S'il est sévère sous l'étole, mon oncle sera devant vos fleurs aussi doux qu'elles, et indulgent comme son divin maître. » Je quittai la comtesse à minuit, et la laissai calme en apparence mais sombre, et dans des dispositions secrètes qu'aucune perspicacité ne pouvait deviner. Je trouvai le comte à quelques pas, dans la rue Saint-Maur, car il avait quitté l'endroit convenu sur le boulevard, attiré vers moi par une force invincible. — « Quelle nuit la pauvre enfant va passer? s'écria-t-il quand j'eus fini de lui raconter la scène qui venait d'avoir lieu. Si j'y allais, dit-il, si tout à coup elle me voyait! — En ce moment, elle est femme à se jeter par la fenêtre, lui répondis-je. La comtesse est de ces Lucrèces qui ne survivent pas à un viol, même quand il vient d'un homme à qui elles se donneraient. — Vous êtes jeune, me répondit-il. Vous ne savez pas que la volonté, dans une âme agitée par de si cruelles délibérations, est comme le flot d'un lac où se passe une tempête, le vent change à toute minute, et le courant est tantôt à une rive, tantôt à une autre. Pendant cette nuit, il y a tout autant de chances pour qu'à ma vue Honorine se jette dans mes bras, que pour la voir sauter par la fenêtre. — Et vous accepteriez cette alternative? lui dis-je. — Allons, me répondit-il, j'ai chez moi, pour pouvoir attendre jusqu'à demain soir, une dose d'opium que Desplein m'a préparée afin de me faire dormir sans danger! » Le lendemain, à midi, la Gobain m'apporta une lettre, en me disant que la comtesse, épuisée de fatigue, s'était couchée à six heures et que, grâce à un *amandé* préparé par le pharmacien, elle dormait.

— Voici cette lettre, j'en ai gardé une copie, car, mademoiselle, dit le consul en s'adressant à Camille Maupin, vous connaissez les ressources de l'art, les ruses du style et les efforts de beaucoup d'écrivains qui ne manquent pas d'habileté dans leurs compositions; mais vous reconnaîtrez que la littérature ne saurait trouver de tels écrits dans ses entrailles postiches! Il n'y a rien de terrible comme le vrai. Voilà ce qu'écrivit cette femme, ou plutôt cette douleur :

« Monsieur Maurice,

» Je sais tout ce que votre oncle pourrait me dire, il n'est pas
» plus instruit que ma conscience. La conscience est chez l'homme
» le truchement de Dieu. Je sais que si je ne me réconcilie pas
» avec Octave je serai damnée : tel est l'arrêt de la loi religieuse.
» La loi civile m'ordonne l'obéissance quand même. Si mon mari
» ne me repousse pas, tout est dit, le monde me tient pour pure,
» pour vertueuse, quoi que j'aie fait. Oui, le mariage a cela de
» sublime que la Société ratifie le pardon du mari; mais elle a ou-
» blié qu'il faut que le pardon soit accepté. Légalement, religieuse-
» ment, mondainement, je dois revenir à Octave. A ne nous en

» tenir qu'à la question humaine, n'y a-t-il pas quelque chose de
» cruel à lui refuser le bonheur, à le priver d'enfants, à effacer
» sa famille du livre d'or, de là patrie? Mes douleurs, mes ré-
» pugnances, mes sentiments, tout mon égoïsme (car je me sais
» égoïste), doit être immolé à la famille. Je serai mère, les ca-
» resses de mes enfants essuieront bien des pleurs ! Je serai bien
» heureuse, je serai certainement honorée, je passerai fière, opu-
» lente, dans un brillant équipage ! J'aurai des gens, un hôtel,
» une maison, je serai la reine d'autant de fêtes qu'il y a de se-
» maines dans l'année. Le monde m'accueillera bien. Enfin je ne
» remonterai pas dans le ciel du Patriciat, je n'en serai pas même
» descendue. Ainsi Dieu, la Loi, la Société, tout est d'accord.
» Contre quoi vous mutinez-vous? me dit-on du haut du Ciel, de la
» Chaire, du Tribunal, et du Trône dont l'auguste intervention serait
» au besoin invoquée par le comte. Votre oncle me parlera même
» au besoin d'une certaine grâce céleste qui m'inondera le cœur
» alors que j'éprouverai le plaisir d'avoir fait mon devoir. Dieu, la
» Loi, le Monde, Octave veulent que je vive, n'est-ce pas? Eh!
» bien, s'il n'y a pas d'autre difficulté, ma réponse tranche tout :
» Je ne vivrai pas ! Je redeviendrai bien blanche, bien innocente,
» car je serai dans mon linceul, parée de la pâleur irréprochable
» de la mort. Il n'y a pas là le moindre *entêtement de mule*. Cet
» entêtement de mule dont vous m'avez accusée en riant est, chez
» la femme, l'effet d'une certitude, une vision de l'avenir. Si mon
» mari, par amour, a la sublime générosité de tout oublier, je
» n'oublierai point, moi ! L'oubli dépend-il de nous? Quand une
» veuve se marie, l'amour en fait une jeune fille, elle épouse un
» homme aimé; mais je ne puis pas aimer le comte. Tout est là,
» voyez-vous? Chaque fois que mes yeux rencontreront les siens,
» j'y verrai toujours ma faute, même quand les yeux de mon mari
» seront pleins d'amour. La grandeur de sa générosité m'attestera
» la grandeur de mon crime. Mes regards, toujours inquiets, liront
» toujours une sentence invisible. J'aurai dans le cœur des souve-
» nirs confus qui se combattront. Jamais le mariage n'éveillera dans
» mon être les cruelles délices, le délire mortel de la passion ; je
» tuerai mon mari par ma froideur, par des comparaisons qui se
» devineront, quoique cachées au fond de ma conscience. Oh ! le
» jour où, dans une ride du front, dans un regard attristé, dans
» un geste imperceptible, je saisirai quelque reproche involontaire,

» réprimé même, rien ne me retiendra : je giserai la tête fracassée
» sur un pavé que je trouverai plus clément que mon mari. Ma
» susceptibilité fera peut-être les frais de cette horrible et douce
» mort. Je mourrai peut-être victime d'une impatience causée à
» Octave par une affaire, ou trompée par un injuste soupçon. Hé-
» las! peut-être prendrai-je une preuve d'amour pour une preuve
» de mépris? Quel double supplice! Octave doutera toujours de
» moi, je douterai toujours de lui. Je lui opposerai, bien involon-
» tairement, un rival indigne de lui, un homme que je méprise,
» mais qui m'a fait connaître des voluptés gravées en traits de feu,
» dont j'ai honte et dont je me souviens irrésistiblement. Est-ce
» assez vous ouvrir mon cœur? Personne, monsieur, ne peut me
» prouver que l'amour se recommence, car je ne puis et ne veux
» accepter l'amour de personne. Une jeune fille est comme une
» fleur qu'on a cueillie; mais la femme coupable est une fleur sur
» laquelle on a marché. Vous êtes fleuriste, vous devez savoir s'il
» est possible de redresser cette tige, de raviver ces couleurs flé-
» tries, de ramener la sève dans ces tubes si délicats et dont toute
» la puissance végétative vient de leur parfaite rectitude.... Si quel-
» que botaniste se livrait à cette opération, cet homme de génie effa-
» cerait-il les plis de la tunique froissée? il referait une fleur, il serait
» Dieu! Dieu seul peut me refaire! Je bois la coupe amère des ex-
» piations; mais en la buvant j'ai terriblement épelé cette sentence :
« Expier n'est pas effacer. » Dans mon pavillon, seule, je mange
» un pain trempé de mes pleurs ; mais personne ne me voit le man-
» geant, ne me voit pleurant. Rentrer chez Octave? c'est renoncer
» aux larmes, mes larmes l'offenseraient. Oh! monsieur, combien
» de vertus faut-il fouler aux pieds pour, non pas se donner, mais
» se rendre à un mari qu'on a trompé? qui peut les compter? Dieu
» seul, car lui seul est le confident et le promoteur de ces horri-
» bles délicatesses qui doivent faire pâlir ses anges. Tenez, j'irai
» plus loin. Une femme a du courage devant un mari qui ne sait
» rien; elle déploie alors dans ses hypocrisies une force sauvage,
» elle trompe pour donner un double bonheur. Mais une mutuelle
» certitude n'est-elle pas avilissante? Moi, j'échangerais des humi-
» liations contre des extases? Octave ne finirait-il point par trou-
» ver de la dépravation dans mes consentements? Le mariage est
» fondé sur l'estime, sur des sacrifices faits de part et d'autre;
» mais ni Octave ni moi nous ne pouvons nous estimer le lendemain

» de notre réunion : il m'aura déshonorée par quelque amour de
» vieillard pour une courtisane ; et moi, j'aurai la honte perpé-
» tuelle d'être une chose au lieu d'être une Dame. Je ne serai pas
» la vertu, je serai le plaisir dans sa maison. Voilà les fruits amers
» d'une faute. Je me suis fait un lit conjugal où je ne puis que me
» retourner sur des charbons, un lit sans sommeil. Ici, j'ai des
» heures de tranquillité, des heures pendant lesquelles j'oublie ;
» mais dans mon hôtel, tout me rappellera la tache qui déshonore
» ma robe d'épousée. Quand je souffre ici, je bénis mes souffran-
» ces, je dis à Dieu : Merci ! Mais chez lui, je serai pleine d'effroi,
» goûtant des joies qui ne me seront pas dues. Tout ceci, mon-
» sieur, n'est pas du raisonnement, c'est le sentiment d'une âme
» bien vaste, car elle est creusée depuis sept ans par la douleur.
» Enfin, dois-je vous faire cet épouvantable aveu ?-Je me sens tou-
» jours le sein mordu par un enfant conçu dans l'ivresse et la joie,
» dans la croyance au bonheur, par un enfant que j'ai nourri pen-
» dant sept mois, de qui je serai grosse toute ma vie. Si de nou-
» veaux enfants puisent en moi leur nourriture, ils boiront des
» larmes qui, mêlées à mon lait, le feront aigrir. J'ai l'apparence
» de la légèreté, je vous semble enfant... Oh ! oui, j'ai la mémoire
» de l'enfant, cette mémoire qui se retrouve aux abords de la
» tombe. Ainsi, vous le voyez, il n'est pas une situation dans cette
» belle vie, où le monde et l'amour d'un mari veulent me ramener,
» qui ne soit fausse, qui ne me cache des piéges, qui ne m'ouvre
» des précipices où je roule déchirée par des arêtes impitoyables.
» Voici cinq ans que je voyage dans les landes de mon avenir, sans
» y trouver une place commode à mon repentir, parce que mon
» âme est envahie par un vrai repentir. A tout ceci, la Religion a
» ses réponses, et je les sais par cœur. Ces souffrances, ces diffi-
» cultés sont ma punition, dit-elle, et Dieu me donnera la force de
» les supporter. Ceci, monsieur, est une raison pour certaines âmes
» pieuses, douées d'une énergie qui me manque. Entre l'enfer où
» Dieu ne m'empêchera pas de le bénir, et l'enfer qui m'attend
» chez le comte Octave, mon choix est fait.

» Un dernier mot. Mon mari serait encore choisi par moi, si
» j'étais jeune fille, et que j'eusse mon expérience actuelle ; mais
» là précisément est la raison de mon refus : je ne veux pas rougir
» devant cet homme. Comment, je serai toujours à genoux, il sera
» toujours debout ! Et si nous changeons de posture, je le trouve

» méprisable. Je ne veux pas être mieux traitée par lui à cause de
» ma faute. L'ange qui oserait avoir certaines brutalités qu'on se
» permet de part et d'autre quand on est mutuellement irréprocha-
» ble, cet ange n'est pas sur la terre, il est au ciel ! Octave est
» plein de délicatesse, je le sais ; mais il n'y a pas dans cette âme
» (quelque grande qu'on la fasse, c'est une âme d'homme), de garan-
» ties pour la nouvelle existence que je mènerais chez lui. Venez
» donc me dire où je puis trouver cette solitude, cette paix, ce si-
» lence amis des malheurs irréparables et que vous m'avez promis. »

Après avoir pris de cette lettre la copie que voici pour garder ce monument en entier, j'allai rue Payenne. L'inquiétude avait vaincu l'opium. Octave se promenait comme un fou dans son jardin. — « Répondez à cela, lui dis-je en lui donnant la lettre de sa femme. Tâchez de rassurer la Pudeur instruite. C'est un peu plus difficile que de surprendre la Pudeur qui s'ignore et que la Curiosité vous livre. — Elle est à moi !... » s'écria le comte dont la figure exprimait le bonheur à mesure qu'il avançait dans sa lecture. Il me fit signe de la main de le laisser seul, en se sentant observé dans sa joie. Je compris que l'excessive félicité comme l'excessive douleur obéissent aux mêmes lois, j'allai recevoir madame de Courteville et Amélie, qui dînaient chez le comte ce jour-là. Quelque belle que fût mademoiselle de Courteville, je sentis, en la revoyant, que l'amour a trois faces, et que les femmes qui nous inspirent un amour complet sont bien rares. En comparant involontairement Amélie à Honorine, je trouvais plus de charme à la femme en faute qu'à la jeune fille pure. Pour Honorine, la fidélité n'était pas un devoir, mais la fatalité du cœur ; tandis qu'Amélie allait prononcer d'un air serein des promesses solennelles, sans en connaître la portée ni les obligations. La femme épuisée, quasi morte, la pécheresse à relever me semblait sublime; elle irritait les générosités naturelles à l'homme, elle demandait au cœur tous ses trésors, à la puissance toutes ses ressources ; elle emplissait la vie, elle y mettait une lutte dans le bonheur ; tandis qu'Amélie, chaste et confiante, allait s'enfermer dans la sphère d'une maternité paisible, où le terre-à-terre devait être la poésie, où mon esprit ne devait trouver ni combat, ni victoire. Entre les plaines de la Champagne et les Alpes neigeuses, orageuses, mais sublimes, quel est le jeune homme qui peut choisir la crayeuse et paisible étendue ? Non, de telles comparaisons sont fatales et mauvaises sur le seuil de la Mairie. Hélas ! il faut avoir expérimenté la vie pour savoir que le mariage exclut la passion, que la Famille ne saurait avoir les orages de l'amour pour base. Après avoir rêvé l'amour impossible avec ses innombrables fantaisies, après avoir savouré les cruelles délices de l'Idéal, j'avais sous les yeux une modeste Réalité. Que voulez-vous, plaignez-moi ! A vingt-cinq ans, je doutai de moi ; mais je pris une résolution virile. J'allai retrouver le comte sous prétexte de l'avertir de l'arrivée de ses cousines, et je le vis redevenu jeune au reflet de ses espérances. — « Qu'avez-vous, Maurice ? me dit-il, frappé de l'altération de mes traits. — Monsieur le comte... — Vous ne m'appelez plus Octave ! vous à qui je devrai la vie, le bonheur. — Mon cher Octave, si vous réussissez à ramener la comtesse à ses devoirs, je l'ai bien étudiée... (Il me regarda comme Othello dut regarder Yago, quand Yago réussit à faire entrer un premier soupçon dans la tête du Maure.) Elle ne doit jamais me revoir, elle doit ignorer que vous avez eu Maurice pour secrétaire, ne prononcez jamais mon nom, que personne ne le lui rappelle, autrement tout serait perdu... Vous m'avez fait nommer Maître des Requêtes, eh ! bien, obtenez-moi quelque poste diplomatique à l'étranger, un consulat, et ne pensez plus à me marier avec Amélie... Oh ! soyez sans inquiétude, repris-je en lui voyant faire un haut-le-corps, j'irai jusqu'au bout de mon rôle... — Pauvre enfant !... me dit-il en me prenant la main, me la serrant et réprimant des larmes qui lui mouillèrent les yeux. — Vous m'aviez donné des gants, repris-je en riant, je ne les ai pas mis, voilà tout. » Nous convînmes alors de ce que je devais faire le soir au pavillon où je retournai dans la soirée. Nous étions en août, la journée avait été chaude, orageuse, mais l'orage restait dans l'air, le ciel ressemblait à du cuivre, les parfums des fleurs arrivaient lourds, je me trouvais comme dans une étuve, et me surpris à souhaiter que la comtesse fût partie pour les Indes ; mais elle était en redingote de mousseline blanche attachée avec des nœuds de rubans bleus, coiffée en cheveux, ses boucles crépées le long de ses joues, assise sur un banc de bois construit en forme de canapé, sous une espèce de bocage, ses pieds sur un petit tabouret de bois, et dépassant de quelques lignes sa robe. Elle ne se leva point, elle me montra de la main une place auprès d'elle en me disant : — « N'est-ce pas que la vie est sans issue pour moi ? — La vie que vous vous êtes faite, lui dis-je, mais non pas celle que je veux vous faire ; car, si vous le voulez, vous pouvez être bien heureuse... — Et comment? dit-elle. Toute sa personne interrogeait. — Votre lettre est dans les mains du comte. » Honorine se dressa comme une biche surprise, bondit à six pas, marcha, tourna dans le jardin, resta debout pendant quelques moments, et finit par aller s'asseoir seule dans son salon, où je la retrouvai quand je lui eus laissé le temps de s'accoutumer à la douleur de ce coup de poignard. — « Vous! un ami! dites un traître, un espion de mon mari, peut-être! » L'instinct, chez les femmes, équivaut à la perspicacité des grands hommes. — « Il fallait une réponse à votre lettre, n'est-ce pas? et il n'y avait qu'un seul homme au monde qui pût l'écrire... Vous lirez donc la réponse, chère comtesse, et si vous ne trouvez pas d'issue à la vie après cette lecture, l'espion vous prouvera qu'il est un ami, car je vous mettrai dans un couvent d'où le pouvoir du comte ne vous arrachera pas; mais, avant d'y aller, écoutons la partie adverse. Il est une loi divine et humaine à laquelle la haine elle-même feint d'obéir, et qui ordonne de ne pas condamner sans entendre la défense. Vous avez jusqu'à présent condamné, comme les enfants, en vous bouchant les oreilles. Un dévouement de sept années a ses droits. Vous lirez donc la réponse que fera votre mari. Je lui ai transmis par mon oncle la copie de votre lettre, et mon oncle lui a demandé quelle serait sa réponse si sa femme lui écrivait une lettre conçue en ces termes. Ainsi vous n'êtes point compromise. Le bonhomme apportera lui-même la lettre du comte. Devant ce saint homme et devant moi, par dignité pour vous-même, vous devez lire, ou vous ne seriez qu'un enfant mutin et colère. Vous ferez ce sacrifice au monde, à la loi, à Dieu. » Comme elle ne voyait en cette condescendance aucune atteinte sa volonté de femme, elle y consentit. Tout ce travail de quatre à cinq mois avait été bâti pour cette minute. Mais les pyramides ne se terminent-elles pas par une pointe sur laquelle se pose un oiseau?... Le comte plaçait toutes ses espérances dans cette heure suprême, et il y était arrivé. Je ne sais rien, dans les souvenirs de toute ma vie, de plus formidable que l'entrée de mon oncle dans ce salon Pompadour à dix heures du soir. Cette tête dont la chevelure d'argent était mise en relief par un vêtement entièrement noir, et cette figure d'un calme divin produisirent un effet magique sur la comtesse Honorine; elle éprouva la fraîcheur des baumes sur ses blessures, elle fut éclairée par un reflet de cette vertu, brillante sans le savoir. — « Monsieur le curé des Blancs-Manteaux! dit la Gobain. — Venez-vous, mon cher oncle, avec un message de paix et de bonheur? lui dis-je. — On trouve toujours le bonheur et la paix en observant les commandements de l'Église, » répondit mon oncle en présentant à la comtesse la lettre suivante.

« Ma chère Honorine,

» Si vous m'aviez fait la grâce de ne pas douter de moi, si vous
» aviez lu la lettre que je vous écrivais il y a cinq ans, vous vous
» seriez épargné cinq années de travail inutile et de privations qui
» m'ont désolé. Je vous y proposais un pacte dont les stipulations
» détruisent toutes vos craintes et rendent possible notre vie inté-
» rieure. J'ai de grands reproches à me faire et j'ai deviné toutes
» mes fautes en sept années de chagrins. J'ai mal compris le ma-
» riage. Je n'ai pas su deviner le danger quand il vous menaçait.
» Un ange était dans ma maison, le Seigneur m'avait dit : « Garde-
» le bien ! » le Seigneur a puni la témérité de ma confiance. Vous
» ne pouvez vous donner un seul coup sans frapper sur moi. Grâce
» pour moi? ma chère Honorine. J'avais si bien compris vos sus-
» ceptibilités que je ne voulais pas vous ramener dans le vieil hôtel
» de la rue Payenne où je puis demeurer sans vous, mais que je
» ne saurais revoir avec vous. J'orne avec plaisir une autre maison
» au faubourg Saint-Honoré dans laquelle je mène en espérance,
» non pas une femme due à l'ignorance de la vie, acquise par la
» loi, mais une sœur qui me permettra de déposer sur son front le
» baiser qu'un père donne à une fille bénie tous les jours. Me des-
» tituerez-vous du droit que j'ai su conquérir sur votre désespoir,
» celui de veiller de plus près à vos besoins, à vos plaisirs, à votre
» vie même? Les femmes ont un cœur à elles, toujours plein d'ex-
» cuses, celui de leur mère ; vous n'avez pas connu d'autre mère
» que la mienne qui vous aurait ramenée à moi ; mais comment
» n'avez-vous pas deviné que j'avais pour vous et le cœur de ma
» mère et celui de la vôtre! Oui, chère, mon affection n'est ni pe-
» tite ni chicanière, elle est de celles qui ne laissent pas à la contra-
» riété le temps de plisser le visage d'un enfant adoré. Pour qui pre-
» nez-vous le compagnon de votre enfance, Honorine, en le croyant
» capable d'accepter des baisers tremblants, de se partager entre la
» joie et l'inquiétude? Ne craignez pas d'avoir à subir les lamenta-
» tions d'une passion mendiante, je n'ai voulu de vous qu'après

» m'être assuré de pouvoir vous laisser dans toute votre liberté. Votre
» fierté solitaire s'est exagéré les difficultés; vous pourrez assister à
» la vie d'un frère ou d'un père sans souffrance et sans joie si vous le
» voulez; mais vous ne trouverez autour de vous ni raillerie ni indif-
» férence, ni doute sur les intentions. La chaleur de l'atmosphère
» où vous vivrez sera toujours égale et douce, sans tempêtes, sans un
» grain possible. Si, plus tard, après avoir acquis la certitude d'être
» chez vous comme vous êtes dans votre pavillon, vous voulez y
» introduire d'autres éléments de bonheur, des plaisirs, des dis-
» tractions, vous en élargirez le cercle à votre gré. La tendresse
» d'une mère n'a ni dédain ni pitié; qu'est-elle? l'amour sans le
» désir; eh! bien, chez moi, l'admiration cachera tous les senti-
» ments où vous voudriez voir des offenses. Nous pouvons ainsi
» nous trouver nobles tous deux à côté l'un de l'autre. Chez vous,
» la bienveillance d'une sœur, l'esprit caressant d'une amie peu-
» vent satisfaire l'ambition de celui qui veut être votre compagnon,
» et vous pourrez mesurer sa tendresse aux efforts qu'il fera pour
» vous la cacher. Nous n'aurons ni l'un ni l'autre la jalousie de
» notre passé, car nous pouvons nous reconnaître à l'un et à l'autre
» assez d'esprit pour ne voir qu'en avant de nous. Donc, vous voilà
» chez vous, dans votre hôtel, tout ce que vous êtes rue Saint-
» Maur : inviolable, solitaire, occupée à votre gré, vous conduisant
» par vos propres lois; mais vous avez en plus une protection lé-
» gitime que vous obligez en ce moment aux travaux de l'amour
» le plus chevaleresque, et la considération qui donne tant de
» lustre aux femmes, et la fortune qui vous permet d'accomplir
» tant de bonnes œuvres. Honorine, quand vous voudrez une ab-
» solution inutile, vous la viendrez demander; elle ne vous sera im-
» posée ni par l'Église ni par le Code; elle dépendra de votre fierté,
» de votre propre mouvement. Ma femme pouvait avoir à redouter
» tout ce qui vous effraie; mais non l'amie et la sœur envers qui je
» suis tenu de déployer les façons et les recherches de la politesse.
» Vous voir heureuse suffit à mon bonheur, je l'ai prouvé pendant
» ces sept années. Ah! les garanties de ma parole, Honorine, sont
» dans toutes les fleurs que vous avez faites, précieusement gar-
» dées, arrosées de mes larmes et qui sont, comme les quipos des
» Péruviens, une histoire de nos douleurs. Si ce pacte secret ne
» vous convenait pas, mon enfant, j'ai prié le saint homme qui se
» charge de cette lettre de ne pas dire un mot en ma faveur. Je ne

» veux devoir votre retour ni aux terreurs que vous imprimerait
» l'Église, ni aux ordres de la Loi. Je ne veux recevoir que de vous-
» même le simple et modeste bonheur que je demande. Si vous
» persistez à m'imposer la vie sombre et délaissée de tout sourire
» fraternel que je mène depuis neuf ans, si vous restez dans votre
» désert, seule et immobile, ma volonté fléchira devant la vôtre.
» Sachez-le bien : vous ne serez pas plus troublée que vous ne l'a-
» vez été jusqu'aujourd'hui. Je ferai donner congé à ce fou qui
» s'est mêlé de vos affaires, et qui peut-être vous a chagrinée.. »

— « Monsieur, dit Honorine en quittant sa lettre, qu'elle mit dans son corsage, et regardant mon oncle, je vous remercie, je profite-rai de la permission que me donne monsieur le comte de rester ici…
— Ah ! » m'écriai-je. Cette exclamation me valut de mon oncle un regard inquiet, et de la comtesse une œillade malicieuse qui m'é-claira sur ses motifs. Honorine avait voulu savoir si j'étais un co-médien, un oiseleur, et j'eus la triste satisfaction de l'abuser par mon exclamation, qui fut un de ces cris du cœur auxquelles les femmes se connaissent si bien. — « Ah ! Maurice, me dit-elle, vous savez aimer, vous ! » L'éclair qui brilla dans mes yeux était une autre réponse qui eût dissipé l'inquiétude de la comtesse si elle en avait conservé. Ainsi le comte se servait de moi jusqu'au dernier mo-ment. Honorine reprit alors la lettre du comte pour la finir. Mon oncle me fit un signe, je me levai. — « Laissons madame, me dit-il.
— Vous partez déjà, Maurice ? me dit-elle sans me regarder. Elle se leva, nous suivit en lisant toujours, et, sur le seuil du pavillon, elle me prit la main, me la serra très-affectueusement et me dit :
— Nous nous reverrons… — Non, répondis-je en lui serrant la main à la faire crier. Vous aimez votre mari ! Demain je pars. » Et je m'en allai précipitamment, laissant mon oncle à qui elle dit : — « Qu'a-t-il donc, votre neveu ? » Le pauvre abbé compléta mon ou-vrage en faisant le geste de montrer sa tête et son cœur comme pour dire : « Il est fou, excusez-le, madame ! » avec d'autant plus de vérité qu'il le pensait. Six jours après, je partis avec ma nomination de vice-consul en Espagne, dans une grande ville commerçante où je pouvais en peu de temps me mettre en état de parcourir la car-rière consulaire, à laquelle je bornai mon ambition. Après mon in-stallation, je reçus cette lettre du comte.

« Mon cher Maurice, si j'étais heureux je ne vous écrirais point ;
» mais j'ai recommencé une autre vie de douleur : je suis rede-

» venu jeune par le désir, avec toutes les impatiences d'un homme
» qui passe quarante ans, avec la sagesse du diplomate qui sait
» modérer sa passion. Quand vous êtes parti, je n'étais pas encore
» admis dans le pavillon de la rue Saint-Maur ; mais une lettre
» m'avait promis la permission d'y venir, la lettre douce et mélan-
» colique d'une femme qui redoutait les émotions d'une entrevue.
» Après avoir attendu plus d'un mois, je hasardai de me présen-
» ter, en faisant demander par la Gobain si je pouvais être reçu.
» Je m'assis sur une chaise, dans l'avenue, auprès de la loge, la
» tête dans les mains, et je restai là près d'une heure. — « Madame
» a voulu s'habiller, » me dit la Gobain afin de cacher sous une co-
» quetterie honorable pour moi les irrésolutions d'Honorine. Pen-
» dant un gros quart d'heure, nous avons été l'un et l'autre affectés
» d'un tremblement nerveux involontaire, aussi fort que celui qui
» saisit les orateurs à la tribune, et nous nous adressâmes des
» phrases effarées comme celles de gens surpris qui simulent une
» conversation. — « Tenez, Honorine, lui dis-je les yeux pleins de
» larmes, la glace est rompue, et je suis si tremblant de bonheur,
» que vous devez me pardonner l'incohérence de mon langage. Ce
» sera pendant long-temps ainsi. — Il n'y a pas de crime à être amou-
» reux de sa femme, me répondit-elle en souriant forcément. — Ac-
» cordez-moi la grâce de ne plus travailler comme vous l'avez fait. Je
» sais par madame Gobain que vous vivez depuis vingt jours de vos
» économies, vous avez soixante mille francs de rentes à vous, et si
» vous ne me rendez pas votre cœur, au moins ne me laissez pas
» votre fortune ! — Il y a long-temps, me dit-elle, que je connais
» votre bonté... — S'il vous plaisait de rester ici, lui répondis-je, et
» de garder votre indépendance ; si le plus ardent amour ne trouve
» pas grâce à vos yeux, ne travaillez plus... » Je lui tendis trois
» inscriptions de chacune douze mille francs de rentes ; elle les
» prit, les ouvrit avec indifférence, et après les avoir lues, Mau-
» rice, elle ne me jeta qu'un regard pour toute réponse. Ah ! elle
» avait bien compris que ce n'était pas de l'argent que je lui don-
» nais, mais la liberté. — « Je suis vaincue, me dit-elle en me ten-
» dant la main que je baisai, venez me voir autant que vous vou-
» drez. » Ainsi, elle ne m'avait reçu que par violence sur elle-même.
» Le lendemain je l'ai trouvée armée d'une gaieté fausse, et il a
» fallu deux mois d'accoutumance avant de lui voir son vrai carac-
» tère. Mais ce fut alors comme un mai délicieux, un printemps

» d'amour qui me donna des joies ineffables; elle n'avait plus de
» craintes, elle m'étudiait. Hélas! quand je lui proposai de passer
» en Angleterre afin de se réunir ostensiblement avec moi, dans sa
» maison, de reprendre son rang, d'habiter son nouvel hôtel, elle
» fut saisie d'effroi. — « Pourquoi ne pas toujours vivre ainsi? »
» dit-elle. Je me résignai, sans répondre un mot. Est-ce une expé-
» rience? me demandai-je en la quittant. En venant de chez moi,
» rue Saint-Maur, je m'animais, les pensées d'amour me gon-
» flaient le cœur, et je me disais comme les jeunes gens : Elle cé-
» dera ce soir... Toute cette force factice ou réelle se dissipait à
» un sourire, à un commandement de ses yeux fiers et calmes que
» la passion n'altérait point. Ce terrible mot répété par vous :
« Lucrèce a écrit avec son sang et son poignard le premier mot
» de la charte des femmes : *liberté !* » me revenait, me glaçait.
» Je sentais impérieusement combien le consentement d'Honorine
» était nécessaire, et combien il était impossible de le lui arracher.
» Devinait-elle ces orages qui m'agitaient aussi bien au retour que
» pendant l'aller? Je lui peignis enfin ma situation dans une lettre,
» en renonçant à lui en parler. Honorine ne me répondit pas, elle
» resta si triste que je fis comme si je n'avais pas écrit. Je ressen-
» tis une peine violente d'avoir pu l'affliger, elle lut dans mon
» cœur et me pardonna. Vous allez savoir comment. Il y a trois
» jours elle me reçut, pour la première fois, dans sa chambre
» bleue et blanche. La chambre était pleine de fleurs, parée, illu-
» minée, Honorine avait fait une toilette qui la rendait ravissante.
» Ses cheveux encadraient de leurs rouleaux légers cette figure
» que vous connaissez; des bruyères du Cap ornaient sa tête; elle
» avait une robe de mousseline blanche, une ceinture blanche à
» longs bouts flottants. Vous savez ce qu'elle est dans cette simpli-
» cité; mais ce jour-là, ce fut une mariée, ce fut l'Honorine des
» premiers jours. Ma joie fut glacée aussitôt, car la physionomie
» avait un caractère de gravité terrible, il y avait du feu sous cette
» glace. — « Octave, me dit-elle, quand vous le voudrez, je serai
» votre femme; mais sachez-le bien, cette soumission a ses dangers;
» je puis me résigner... (Je fis un geste.) — Oui, dit-elle, je vous
» comprends, la résignation vous offense, et vous voulez ce que je
» ne puis donner : l'amour! La religion, la pitié m'ont fait re-
» noncer à mon vœu de solitude, vous êtes ici! Elle fit une pause.
» D'abord, reprit-elle, vous n'avez pas demandé plus; maintenan

» vous voulez votre femme. Eh! bien, je vous rends Honorine
» telle qu'elle est, et sans vous abuser sur ce qu'elle sera. Que de-
» viendrai-je? mère! je le souhaite. Oh! croyez-le, je le souhaite
» vivement. Essayez de me transformer, j'y consens; mais si je
» meurs, mon ami, ne maudissez pas ma mémoire, et n'accusez
» pas d'entêtement ce que je nommerais le culte de l'Idéal, s'il
» n'était pas plus naturel de nommer le sentiment indéfinissable
» qui me tuera, le culte du Divin! L'avenir ne me regardera plus,
» vous en serez chargé, consultez-vous?... » Elle s'est alors assise,
» dans cette pose sereine que vous avez su admirer, et m'a regardé
» pâlissant sous la douleur qu'elle m'avait causée, j'avais froid
» dans mon sang. En voyant l'effet de ses paroles, elle m'a pris les
» mains, les a mises dans les siennes, et m'a dit : « Octave, je t'aime,
» mais autrement que tu veux être aimé : j'aime ton âme... Mais,
» sache-le, je t'aime assez pour mourir à ton service, comme une
» esclave d'Orient, et sans regret. Ce sera mon expiation. » Elle a
» fait plus, elle s'est mise à genoux sur un coussin, devant moi, et,
» dans un accès de charité sublime, m'a dit : — « Après tout, peut-
» être ne mourrai-je pas ?... »

» Voici deux mois que je combats. Que faire?... j'ai le cœur
» trop plein, j'ai cherché celui d'un ami pour y jeter ce cri : —
» Que faire ? »

Je ne répondis rien. Deux mois après les journaux annoncèrent l'arrivée, par un paquebot anglais, de la comtesse Octave rendue à sa famille, après des événements de voyage assez naturellement inventés pour que personne ne les contestât. A mon arrivée à Gênes, je reçus une lettre de faire part de l'heureux accouchement de la comtesse qui donnait un fils à son mari. Je tins la lettre dans mes mains pendant deux heures, sur cette terrasse, assis sur ce banc. Deux mois après, tourmenté par Octave, par messieurs de Grandville et de Sérizy, mes protecteurs, accablé par la perte que je fis de mon oncle, je consentis à me marier.

Six mois après la révolution de juillet, je reçus la lettre que voici et qui finit l'histoire de ce ménage.

« Monsieur Maurice, je meurs, quoique mère, et peut-être parce
» que je suis mère. J'ai bien joué mon rôle de femme : j'ai trompé
» mon mari, j'ai eu des joies aussi vraies que les larmes répandues
» au théâtre par les actrices. Je meurs pour la Société, pour la
» Famille, pour le Mariage, comme les premiers chrétiens mou-

» raïent pour Dieu. Je ne sais pas de quoi je meurs, je le cher-
» che avec bonne foi, car je ne suis pas entêtée ; mais je tiens à
» vous expliquer mon mal, à vous qui avez amené le chirurgien
» céleste, votre oncle, à la parole de qui je me suis rendue; il a
» été mon confesseur, je l'ai gardé dans sa dernière maladie, et il
» m'a montré le ciel en m'ordonnant de continuer à faire mon de-
» voir. Et j'ai fait mon devoir. Je ne blâme pas celles qui oublient,
» je les admire comme des natures fortes, nécessaires; mais j'ai
» l'infirmité du souvenir !... Cet amour de cœur qui nous identifie
» à l'homme aimé, je n'ai pu le ressentir deux fois. Jusqu'au
» dernier moment, vous le savez, j'ai crié dans votre cœur, au
» confessionnal, à mon mari : « Ayez pitié de moi !.... » Tout fut
» sans pitié. Eh! bien, je meurs. Je meurs en déployant un cou-
» rage inouï. Jamais courtisane ne fut plus gaie que moi. Mon
» pauvre Octave est heureux, je laisse son amour se repaître des
» mirages de mon cœur. A ce jeu terrible je prodigue mes forces,
» la comédienne est applaudie, fêtée, accablée de fleurs ; mais le
» rival invisible vient chercher tous les jours sa proie, un lambeau
» de ma vie. Déchirée, je souris ! Je souris à deux enfants, mais
» l'aîné, le mort triomphe ! Je vous l'ai déjà dit : l'enfant mort
» m'appellera, et je vais à lui. L'intimité sans l'amour est une si-
» tuation où mon âme se déshonore à toute heure. Je ne puis
» pleurer ni m'abandonner à mes rêveries que seule. Les exigen-
» ces du monde, celles de ma maison, le soin de mon enfant, celui
» du bonheur d'Octave ne me laissent pas un instant pour me re-
» tremper, pour puiser de la force comme j'en trouvais dans ma
» solitude. Le qui-vive perpétuel surprend toujours mon cœur en
» sursaut, je n'ai point su fixer dans mon âme cette vigilance à
» l'oreille agile, à la parole mensongère, à l'œil de lynx. Ce n'est
» pas une bouche aimée qui boit mes larmes et qui bénit mes
» paupières, c'est un mouchoir qui les étanche ; c'est l'eau qui ra-
» fraîchit mes yeux enflammés et non des lèvres aimées. Je suis
» comédienne avec mon âme, et voilà peut-être pourquoi je
» meurs ! J'enferme le chagrin avec tant de soin qu'il n'en paraît
» rien au dehors, il faut bien qu'il ronge quelque chose, il s'atta-
» que à ma vie. J'ai dit aux médecins qui ont découvert mon se-
» cret : — Faites-moi mourir d'une maladie plausible, autrement
» j'entraînerais mon mari. Il est donc convenu entre messieurs
» Desplein, Bianchon et moi que je meurs d'un ramollissement de

» je ne sais quel os que la science a parfaitement décrit. Octave se
» croit adoré !... Me comprenez-vous bien ? Aussi ai-je peur qu'il
» ne me suive. Je vous écris pour vous prier d'être, dans ce cas,
» le tuteur du jeune comte. Vous trouverez ci-joint un codicile où
» j'exprime ce vœu : vous n'en ferez usage qu'au moment où ce
» serait nécessaire, car peut-être ai-je de la fatuité. Mon dévoue-
» ment caché laissera peut-être Octave inconsolable, mais vivant !
» Pauvre Octave ! je lui souhaite une femme meilleure que moi,
» car il mérite bien d'être aimé. Puisque mon spirituel espion s'est
» marié, qu'il se rappelle ce que la fleuriste de la rue Saint-Maur
» lui lègue ici comme enseignement : Que votre femme soit promp-
» tement mère ! Jetez-la dans les matérialités les plus vulgaires du
» ménage ; empêchez-la de cultiver dans son cœur la mystérieuse
» fleur de l'Idéal, cette perfection céleste à laquelle j'ai cru, cette
» fleur enchantée, aux couleurs ardentes, et dont les parfums inspi-
» rent le dégoût des réalités. Je suis une sainte Thérèse qui n'a
» pu se nourrir d'extases, au fond d'un couvent avec le divin Jé-
» sus, avec un ange irréprochable, ailé, pour venir et pour s'enfuir
» à propos. Vous m'avez vue heureuse au milieu de mes fleurs
» bien-aimées. Je ne vous ai pas tout dit : je voyais l'amour fleu-
» rissant sous votre fausse folie, je vous ai caché mes pensées, mes
» poésies, je ne vous ai pas fait entrer dans mon beau royaume.
» Enfin, vous aimerez mon enfant pour l'amour de moi, s'il se
» trouvait un jour sans son pauvre père. Gardez mes secrets
» comme la tombe me gardera. Ne me pleurez pas : il y a long-
» temps que je suis morte, si saint Bernard a eu raison de dire
» qu'il n'y a plus de vie là où il n'y a plus d'amour. »

— Et, dit le Consul en serrant les lettres et refermant à clef le portefeuille, la comtesse est morte.

— Le comte vit-il encore ? demanda l'ambassadeur, car depuis la révolution de juillet il a disparu de la scène politique.

— Vous souvenez-vous, monsieur de Lora, dit le Consul-Général, de m'avoir vu reconduisant au bateau à vapeur...

— Un homme en cheveux blancs, un vieillard ? dit le peintre.

— Un vieillard de quarante-cinq ans, allant demander la santé, des distractions à l'Italie méridionale. Ce vieillard, c'était mon pauvre ami, mon protecteur qui passait par Gênes pour me dire adieu, pour me confier son testament... Il me nomme tuteur de son fils. Je n'ai pas eu besoin de lui dire le vœu d'Honorine.

— Connaissait-il sa position d'assassin? dit mademoiselle des Touches au baron de l'Hostal.

— Il soupçonne la vérité, répondit le Consul, et c'est là ce qui le tue. Je suis resté sur le bateau à vapeur qui l'emmenait à Naples, jusqu'au delà de la rade, une barque devait me ramener. Nous restâmes pendant quelque temps à nous faire des adieux qui, je le crains, sont éternels. Dieu sait combien l'on aime le confident de notre amour, quand celle qui l'inspirait n'est plus ! — « Cet homme possède, me disait Octave, un charme, il est revêtu d'une auréole. » Arrivés à la proue, le comte regarda la Méditerranée ; il faisait beau par aventure, et, sans doute, ému par ce spectacle, il me légua ces dernières paroles : — « Dans l'intérêt de la nature humaine, ne faudrait-il pas rechercher quelle est cette irrésistible puissance qui nous fait sacrifier au plus fugitif de tous les plaisirs, et malgré notre raison, une divine créature?... J'ai, dans ma conscience, entendu des cris. Honorine n'a pas crié seule. Et j'ai voulu!... Je suis dévoré de remords! Je mourais, rue Payenne, des plaisirs que je n'avais pas ; je mourrai en Italie des plaisirs que j'ai goûtés!... D'où vient le désaccord entre deux natures également nobles, j'ose le dire?

Un profond silence régna sur la terrasse pendant quelques instants.

— Était-elle vertueuse? demanda le Consul aux deux femmes.

Mademoiselle des Touches se leva, prit le Consul par le bras, fit quelques pas pour s'éloigner, et lui dit : — Les hommes ne sont-ils pas coupables aussi de venir à nous, de faire d'une jeune fille leur femme, en gardant au fond de leurs cœurs d'angéliques images, en nous comparant à des rivales inconnues, à des perfections souvent prises à plus d'un souvenir, et nous trouvant toujours inférieures ?

— Mademoiselle, vous auriez raison si le mariage était fondé sur la passion, et telle a été l'erreur des deux êtres qui bientôt ne seront plus. Le mariage, avec un amour de cœur chez les deux époux, ce serait le paradis.

Mademoiselle des Touches quitta le Consul et fut rejointe par Claude Vignon qui lui dit à l'oreille : — Il est un peu fat, monsieur de l'Hostal.

— Non, répondit-elle en glissant à l'oreille de Claude cette parole, il n'a pas encore deviné qu'Honorine l'aurait aimé. Oh! fit-elle en voyant venir la consulesse, sa femme l'a écouté, le malheureux !...

Onze heures sonnèrent aux horloges, tous les convives s'en retournèrent à pied, le long de la mer.

— Tout ceci n'est pas la vie, dit mademoiselle des Touches. Cette femme est une des plus rares exceptions et peut-être la plus monstrueuse de l'intelligence, une perle! La vie se compose d'accidents variés, de douleurs et de plaisirs alternés. Le paradis de Dante, cette sublime expression de l'Idéal, ce bleu constant ne se trouve que dans l'âme, et le demander aux choses de la vie est une volupté contre laquelle proteste à toute heure la Nature. A de telles âmes, les six pieds d'une cellule et un prie-Dieu suffisent.

— Vous avez raison, dit Léon de Lora. Mais, quelque vaurien que je sois, je ne puis m'empêcher d'admirer une femme capable, comme était celle-là, de vivre à côté d'un atelier, sous le toit d'un peintre, sans jamais en descendre, ni voir le monde, ni se crotter dans la rue.

— Ça s'est vu pendant quelques mois, dit Claude Vignon avec une profonde ironie.

— La comtesse Honorine n'est pas la seule de son espèce, répondit l'ambassadeur à mademoiselle des Touches. Un homme, voire même un homme politique, un acerbe écrivain fut l'objet d'un amour de ce genre, et le coup de pistolet qui l'a tué n'a pas atteint que lui : celle qu'il aimait s'est comme cloîtrée.

— Il se trouve donc encore de grandes âmes dans ce siècle! dit Camille Maupin qui demeura pensive, appuyée au quai, pendant quelques instants.

Paris, janvier 1843.

UN DÉBUT DANS LA VIE.

A LAURE.

Que le brillant et modeste esprit qui m'a donné le sujet de cette scène, en ait l'honneur!

SON FRÈRE.

Les chemins de fer, dans un avenir aujourd'hui peu éloigné, doivent faire disparaître certaines industries, en modifier quelques autres, et surtout celles qui concernent les différents modes de transport en usage pour les environs de Paris. Aussi, bientôt les personnes et les choses qui sont les éléments de cette Scène lui donneront-elles le mérite d'un travail d'archéologie. Nos neveux ne seront-ils pas enchantés de connaître le matériel social d'une époque qu'ils nommeront le vieux temps? Ainsi les pittoresques *coucous* qui stationnaient sur la place de la Concorde en encombrant le Cours-la-Reine, les coucous si florissants pendant un siècle, si nombreux encore en 1830, n'existent plus; et, par la plus attrayante solennité champêtre, à peine en aperçoit-on un sur la route en 1842. En 1842, les lieux célèbres par leurs sites et nommés *Environs de Paris*, ne possédaient pas tous un service de messageries régulier. Néanmoins les Touchard père et fils avaient conquis le monopole du transport pour les villes les plus populeuses, dans un rayon de quinze lieues; et leur entreprise constituait un magnifique établissement situé rue du Faubourg Saint-Denis. Malgré leur ancienneté, malgré leurs efforts, leurs capitaux et tous les avantages d'une centralisation puissante, les messageries Touchard trouvaient dans les coucous du Faubourg-Saint-Denis des concurrents pour les points situés à sept ou huit lieues à la ronde. La passion du Parisien pour la campagne est telle, que des entreprises locales luttaient aussi avec avantage contre les Petites-Messageries, nom donné à l'entreprise des Touchard par opposition à celui des Grandes-Messageries de la rue Montmartre. A cette époque le succès des Touchard stimula d'ailleurs les spéculateurs. Pour les moindres localités des environs de Paris, il s'élevait alors des entreprises de voitures belles, rapides et commodes, partant de Paris et y revenant à heures fixes, qui, sur tous les points, et dans un rayon de dix lieues, produisirent une concurrence acharnée. Battu pour le voyage de quatre à six lieues, le coucou se rabattit sur les petites distances, et vécut encore pendant quelques années. Enfin, il succomba dès que les omnibus eurent démontré la possibilité de faire tenir dix-huit personnes sur une voiture traînée par deux chevaux. Aujourd'hui le coucou, si par hasard un de ces oiseaux d'un vol si pénible existe encore dans les magasins de quelque dépeceur de voitures, serait, par sa structure et par ses dispositions, l'objet de recherches savantes, comparables à celles de Cuvier sur les animaux trouvés dans les plâtrières de Montmartre.

Les petites entreprises, menacées par les spéculateurs qui luttèrent en 1822 contre les Touchard père et fils, avaient ordinairement un point d'appui dans les sympathies des habitants du lieu qu'elles desservaient. Ainsi l'entrepreneur, à la fois conducteur et propriétaire de la voiture, était un aubergiste du pays dont les êtres, les choses et les intérêts lui étaient familiers. Il faisait les commissions avec intelligence, il ne demandait pas autant pour ses petits services et obtenait par cela même plus que les Messageries-Touchard. Il savait éluder la nécessité d'un passe-debout. Au besoin, il enfreignait les ordonnances sur les voyageurs à prendre. Enfin il possédait l'affection des gens du peuple. Aussi, quand une concurrence s'établissait, si le vieux messager du pays partageait avec elle les jours de la semaine, quelques personnes retardaient-elles leur voyage pour le faire en compagnie de l'ancien voiturier, quoique son matériel et ses chevaux fussent dans un état peu rassurant.

Une des lignes que les Touchard père et fils essayèrent de monopoliser, qui leur fut le plus disputée, et qu'on dispute encore aux Toulouse, leurs successeurs, est celle de Paris à Beaumont-sur-Oise, ligne étonnamment fertile, car trois entreprises l'exploitaient concurremment en 1822. Les Petites-Messageries baissèrent vainement leurs prix, multiplièrent vainement les heures de départ, construisirent vainement d'excellentes voitures, la concurrence subsista ; tant est productive une ligne sur laquelle sont situées de petites villes comme Saint-Denis et Saint-Brice, des villages comme Pierrefitte, Groslay, Ecouen, Poncelles, Moisselles, Baillet, Monsoult, Maffliers, Franconville, Presle, Nointel, Nerville, etc. Les Messageries-Touchard finirent par étendre le voyage de Paris à Chambly. La concurrence alla jusqu'à Chambly. Aujourd'hui les Toulouse vont jusqu'à Beauvais.

Sur cette route, celle d'Angleterre, il existe un chemin qui prend à un endroit assez bien nommé *La Cave*, vu sa topographie, et qui mène dans une des plus délicieuses vallées du bassin de l'Oise, à la petite ville de l'Isle-Adam, doublement célèbre et comme berceau de la maison éteinte de l'Isle-Adam, et comme ancienne résidence des Bourbon-Conti. L'Isle-Adam est une charmante petite ville appuyée de deux gros villages, celui de Nogent et celui de Parmain, remarquables tous deux par de magnifiques carrières qui ont fourni les matériaux des plus beaux édifices du Paris moderne et de l'étranger, car la base et les ornements des colonnes du théâtre de Bruxelles sont en pierre de Nogent. Quoique remarquable par d'admirables sites, par des châteaux célèbres que des princes, des moines ou de fameux dessinateurs ont bâtis, comme Cassan, Stors, Le Val, Nointel, Persan, etc., en 1822, ce pays échappait à la concurrence et se trouvait desservi par deux voituriers, d'accord pour l'exploiter. Cette exception se fondait sur des raisons faciles à comprendre. De La Cave, le point où commence, sur la route d'Angleterre, le chemin pavé dû à la magnificence des princes de Conti, jusqu'à l'Isle-Adam, la distance est de deux lieues; et nulle entreprise ne pouvait faire un détour si considérable, d'autant plus que l'Isle-Adam formait alors une impasse. La route qui y menait y finissait. Depuis quelques années un grand chemin a relié la vallée de Montmorency à la vallée de l'Isle-Adam. De Saint-Denis, il passe par Saint-Leu-Taverny, Méru, l'Isle-Adam, et va jusqu'à Beaumont, le long de l'Oise. Mais en 1822, la seule route qui conduisît à l'Isle-Adam était celle des princes de Conti. Pierrotin et son collègue régnaient donc de Paris à l'Isle-Adam, aimés par le pays entier. La *voiture à Pierrotin* et celle de son camarade desservaient Stors, le Val, Parmain, Champagne, Mours, Prérolles, Nogent, Nerville et Maffliers. Pierrotin était si connu, que les habitants de Monsoult, de Moisselles et de Saint-Brice, quoique situés sur la grande route, se servaient de sa voiture, où la chance d'avoir une place se rencontrait plus souvent que dans les diligences de Beaumont, toujours pleines. Pierrotin faisait bon ménage avec sa concurrence. Quand Pierrotin partait de l'Isle-Adam, son camarade revenait de Paris, et *vice versâ*. Il est inutile de parler du concurrent, Pierrotin avait les sympathies du pays. Des deux messagers, il est d'ailleurs le seul en scène dans cette véridique histoire. Qu'il vous suffise donc de savoir que les deux voituriers vivaient en bonne intelligence, se faisant une loyale guerre, et se disputant les habitants par de bons procédés. Ils avaient à Paris, par économie, la même cour, le même hôtel, la même écurie, le même hangar, le même bureau, le même employé. Ce détail dit assez que Pierrotin et son adversaire étaient, selon l'expression du peuple, de *bonnes pâtes* d'hommes.

Cet hôtel, situé précisément à l'angle de la rue d'Enghien, existe encore, et se nomme le *Lion-d'Argent*. Le propriétaire de cet établissement destiné, depuis un temps immémorial, à loger des messagers, exploitait lui-même une entreprise de voitures pour Dammartin si solidement établie que les Touchard, ses voisins, dont les Petites-Messageries sont en face, ne songeaient point à lancer de voiture sur cette ligne.

Quoique les départs pour l'Isle-Adam dussent avoir lieu à heure fixe, Pierrotin et son co-messager pratiquaient à cet égard une indulgence qui leur conciliait l'affection des gens du pays, et leur valait de fortes remontrances de la part des étrangers, habitués à la régularité des grands établissements publics; mais les deux conducteurs de cette voiture, moitié diligence, moitié coucou, trouvaient toujours des défenseurs parmi leurs habitués. Le soir, le départ de quatre heures traînait jusqu'à quatre heures et demie, et celui du matin, quoique indiqué pour huit heures, n'avait jamais lieu avant neuf heures. Ce système était d'ailleurs excessivement élastique. En été, temps d'or pour les messagers, la loi des départs, rigoureuse envers les inconnus, ne pliait que pour les gens du pays. Cette méthode offrait à Pierrotin la possibilité d'empocher le prix de deux places pour une, quand un habitant du pays venait de bonne heure demander une place appartenant à un *oiseau de passage* qui, par malheur, était en retard. Cette élasticité ne trouverait certes pas grâce aux yeux des puristes en morale; mais Pierrotin et son collègue la justifiaient par la *dureté des temps*, par leurs pertes pendant la saison d'hiver, par la nécessité d'avoir bientôt de meilleures voitures, et enfin par l'exacte observation de la loi écrite sur des bulletins dont les exemplaires excessivement rares ne se donnaient qu'aux voyageurs de passage assez obstinés pour en exiger.

Pierrotin, homme de quarante ans, était déjà père de famille. Sorti de la cavalerie à l'époque du licenciement de 1815, ce brave garçon avait succédé à son père, qui menait de l'Isle-Adam à Paris un coucou d'allure assez capricieuse. Après avoir épousé la fille d'un petit aubergiste, il donna de l'extension au service de l'Isle-Adam, le régularisa, se fit remarquer par son intelligence et par une exactitude militaire. Leste, décidé, Pierrotin (ce nom devait être un surnom) imprimait, par la mobilité de sa physionomie, à sa figure rougeaude et faite aux intempéries, une expression narquoise qui ressemblait à un air spirituel. Il ne manquait d'ailleurs pas de cette facilité de parler qui s'acquiert à force de voir le monde et différents pays. Sa voix, par l'habitude de s'adresser à des chevaux et de crier gare, avait contracté de la rudesse; mais il prenait un ton doux avec les bourgeois. Son costume, comme celui des messagers du second ordre, consistait en de bonnes grosses bottes pesantes de clous, faites à l'Isle-Adam, et un pantalon de gros velours vert-bouteille, et une veste de semblable étoffe, mais par-dessus laquelle, pendant l'exercice de ses fonctions, il portait une blouse bleue, ornée au col, aux épaules et aux poignets de broderies multicolores. Une casquette à visière lui couvrait la tête. L'état militaire avait laissé dans les mœurs de Pierrotin un grand respect pour les supériorités sociales, et l'habitude de l'obéissance aux gens des hautes classes; mais s'il se familiarisait volontiers avec les petits bourgeois, il respectait toujours les femmes à quelque classe sociale qu'elles appartinssent. Néanmoins, à force de *brouetter le monde*, pour employer une de ses expressions, il avait fini par regarder ses voyageurs comme des paquets qui marchaient, et qui dès lors exigeaient moins de soins que les autres, l'objet essentiel de la messagerie.

Pendant l'exercice de ses fonctions il portait une blouse bleue, etc., etc.

UN DÉBUT DANS LA VIE.

Averti par le mouvement général qui, depuis la paix, révolutionnait sa partie, Pierrotin ne voulait pas se laisser gagner par le progrès des lumières. Aussi, depuis la belle saison, parlait-il beaucoup d'une certaine grande voiture commandée aux Farry, Breilmann et Compagnie, les meilleurs carrossiers de diligences, et nécessitée par l'affluence croissante des voyageurs. Le matériel de Pierrotin consistait alors en deux voitures. L'une, qui servait en hiver et la seule qu'il présentât aux agents du Fisc, lui venait de son père, et tenait du coucou. Les flancs arrondis de cette voiture permettaient d'y placer six voyageurs sur deux banquettes d'une dureté métallique, quoique couvertes en velours d'Utrecht jaune. Ces deux banquettes étaient séparées par une barre de bois qui s'ôtait et se remettait à volonté dans deux rainures pratiquées à chaque paroi intérieure, à la hauteur de dos de patient. Cette barre, perfidement enveloppée de velours et que Pierrotin appelait un dossier, faisait le désespoir des voyageurs par la difficulté qu'on éprouvait à l'enlever et à la replacer. Si ce dossier donnait du mal à manier, il en causait encore bien plus aux épaules quand il était en place; mais quand on le laissait en travers de la voiture, il rendait l'entrée et la sortie également périlleuses, surtout pour les femmes. Quoique chaque banquette de ce cabriolet, au flanc courbé comme celui d'une femme grosse, ne dût contenir que trois voyageurs, on en voyait souvent huit serrés comme des harengs dans une tonne. Pierrotin prétendait que les voyageurs s'en trouvaient beaucoup mieux, car ils formaient alors une masse compacte, inébranlable ; tandis que trois voyageurs se heurtaient perpétuellement et souvent risquaient d'abîmer leurs chapeaux contre la tête de son cabriolet, par les violents cahots de la route. Sur le devant de cette voiture, il existait une banquette de bois, le siége de Pierrotin, et où pouvaient tenir trois voyageurs, qui, placés là, prennent, comme on le sait, le nom de *lapins*. Par certains voyages, Pierrotin y plaçait quatre lapins, et s'asseyait alors en côté sur une espèce de boîte pratiquée au bas du cabriolet, pour donner un point d'appui aux pieds de ses lapins, et toujours pleine de paille ou de paquets qui ne craignaient rien. La caisse de ce coucou, peinte en jaune, était embellie dans sa partie supérieure par une bande d'un bleu de perruquier où se lisaient en lettres d'un blanc d'argent sur les côtés : *l'Isle-Adam — Paris*, et derrière : *Service de l'Isle-Adam*. Nos neveux seraient dans l'erreur s'ils pouvaient croire que cette voiture ne pouvait emmener que treize personnes, y compris Pierrotin ; dans les grandes occasions, elle en admettait parfois trois autres dans un compartiment carré recouvert d'une bâche où s'empilaient les malles, les caisses et les paquets ; mais le prudent Pierrotin n'y laissait monter que ses pratiques, et seulement à trois ou quatre cents pas de la Barrière. Ces habitants du *poulailler*, nom donné par les conducteurs à cette partie de la voiture, devaient descendre avant chaque village de la route où se trouvait un poste de gendarmerie. La surcharge interdite par les ordonnances *concernant la sûreté des voyageurs* était alors trop flagrante pour que le gendarme, essentiellement ami de Pierrotin, pût se dispenser de dresser procès-verbal de cette contravention. Ainsi le cabriolet de Pierrotin brouettait, par certains samedis soir ou lundis matin, quinze voyageurs ; mais alors, pour le traîner, il donnait, à son gros cheval hors d'âge, appelé Rougeot, un compagnon dans la personne d'un cheval gros comme un poney, dont il disait un bien infini. Ce petit cheval était une jument nommée Bichette, elle mangeait peu, elle avait du feu, elle était infatigable, elle valait son pesant d'or. — « Ma femme ne la donnerait pas pour ce gros fainéant de Rougeot ! » s'écriait Pierrotin.

La différence entre l'autre voiture et celle-ci consistait en ce que la seconde était montée sur quatre roues. Cette voiture, de construction bizarre, appelée *la voiture à quatre roues,* admettait dix-sept voyageurs, et n'en devait contenir que quatorze. Elle faisait un bruit si considérable, que souvent à l'Isle-Adam on disait : Voilà Pierrotin ! quand il sortait de la forêt qui s'étale sur le coteau de la vallée. Elle était divisée en deux lobes, dont le premier, nommé *l'intérieur*, contenait six voyageurs sur deux banquettes, et le second, espèce de cabriolet ménagé sur le devant, s'appelait un coupé. Ce coupé fermait par un vitrage incommode et bizarre dont la description prendrait trop d'espace pour qu'il soit possible d'en parler. La voiture à quatre roues était surmontée d'une impériale à capote sous laquelle Pierrotin fourrait six voyageurs, et dont la clôture s'opérait par des rideaux de cuir. Pierrotin s'asseyait sur un siége presque invisible, ménagé dessous le vitrage du coupé.

Le messager de l'Isle-Adam ne payait les contributions auxquelles sont soumises les voitures publiques que sur son coucou présenté comme tenant six voyageurs, et il prenait un permis toutes les fois qu'il faisait rouler sa voiture à quatre roues. Ceci peut paraître extraordinaire aujourd'hui, mais dans ses commencements, l'impôt sur les voitures, assis avec une sorte de timidité, permit aux messagers ces petites tromperies qui les rendaient assez contents de *faire la queue* aux employés, selon un mot de leur vocabulaire. Insensiblement le Fisc affamé devint sévère, il força les voitures à ne plus rouler sans porter le double timbre qui maintenant annonce qu'elles sont jaugées et que leurs contributions sont payées. Tout a son temps d'innocence, même le Fisc; mais vers la fin de 1822, ce temps durait encore. Souvent l'été, la voiture à quatre roues et le cabriolet allaient de concert sur la route, emmenant trente-deux voyageurs, et Pierrotin ne payait de taxe que sur six. Dans ces jours fortunés, le convoi parti à quatre heures et demie du faubourg Saint-Denis arrivait bravement à dix heures du soir à l'Isle-Adam. Aussi, fier de son service, qui nécessitait un louage de chevaux extraordinaire, Pierrotin disait-il : « Nous avons joliment marché ! » Pour pouvoir faire neuf lieues en cinq heures dans cet attirail, il supprimait alors les stations que les cochers font, sur cette route, à Saint-Brice, à Moisselle et à La Cave.

L'hôtel du Lion-d'Argent occupe un terrain d'une grande profondeur. Si sa façade n'a que trois ou quatre croisées sur le faubourg Saint-Denis, il comportait alors, dans sa longue cour au bout de laquelle sont les écuries, toute une maison plaquée contre la muraille d'une propriété mitoyenne. L'entrée formait comme un couloir sous les planchers duquel pouvaient stationner deux ou trois voitures. En 1822, le bureau de toutes les messageries logées au Lion-d'Argent était tenu par la femme de l'aubergiste, qui avait autant de livres que de services; elle prenait l'argent, inscrivait les noms, et mettait avec bonhomie les paquets dans l'immense cuisine de son auberge. Les voyageurs se contentaient de ce laissez-aller patriarcal. S'ils arrivaient trop, ils s'asseyaient sous le manteau de la vaste cheminée, ou stationnaient sous le porche, ou se rendaient au café de l'Échiquier, qui fait le coin d'une rue ainsi nommée, et parallèle à celle d'Enghien, de laquelle elle n'est séparée que par quelques maisons.

Dans les premiers jours de l'automne de cette année, par un samedi matin, Pierrotin était, les mains passées par les trous de sa blouse dans ses poches, sous la porte cochère du Lion-d'Argent, d'où se voyaient en enfilade la cuisine de l'auberge, et au delà la longue cour au bout de laquelle les écuries se dessinaient en noir. La diligence de Dammartin venait de sortir, et s'élançait lourdement à la suite des diligences Touchard. Il était plus de huit heures du matin. Sous l'énorme porche, au-dessus duquel se lit sur un long tableau : *Hôtel du Lion-d'Argent*, les garçons d'écurie et les facteurs des messageries regardaient les voitures accomplissant ce *lancer* qui trompe tant le voyageur, en lui faisant croire que les chevaux iront toujours ainsi.

— Faut-il atteler, bourgeois? dit à Pierrotin son garçon d'écurie quand il n'y eut plus rien à voir.

— Voilà huit heures et quart, et je ne me vois point de voyageurs, répondit Pierrotin. Où se fourrent-ils donc? Attelle tout de même. Avec cela qu'il n'y a point de paquets. Vingt-bon-Dieu! Il ne saura où mettre ses voyageurs ce soir, puisqu'il fait beau, et moi je n'en ai que quatre d'inscrits! V'là un beau *venez-y-voir* pour un samedi! C'est toujours comme ça quand il vous faut de l'argent! Quel métier de chien! qué chien de métier!

— Et si vous en aviez, où les mettriez-vous donc, vous n'avez que votre cabriolet? dit le facteur-valet d'écurie en essayant de calmer Pierrotin.

— Et ma nouvelle voiture donc? fit Pierrotin.

— Elle existe donc? demanda le gros Auvergnat qui en souriant montra des palettes blanches et larges comme des amandes.

— Vieux propre à rien! elle roulera demain, dimanche, et il nous faudra dix-huit voyageurs!

— Ah! dame! une belle voiture, ça chauffera la route, dit l'Auvergnat.

— Une voiture comme celle qui va sur Beaumont, quoi! toute flambante! elle est peinte en rouge et or à faire crever les Touchard de dépit! Il me faudra trois chevaux. J'ai trouvé le pareil à Rougeot, et Bichette ira crânement en arbalète. Allons, tiens, attelle, dit Pierrotin qui regardait du côté de la porte Saint-Denis en pressant du tabac dans son brûle-gueule, je vois là-bas une dame et un petit jeune homme avec des paquets sous le bras; ils cherchent le Lion-d'Argent, car ils ont fait la sourde oreille aux coucous. Tiens! tiens! il me semble reconnaître la dame pour une pratique!

— Vous êtes souvent arrivé plein après être parti à vide, lui dit son facteur.

— Mais point de paquets, répondit Pierrotin, qué sort!

Et Pierrotin s'assit sur une des deux énormes bornes qui garantissaient le pied des murs contre le choc des essieux; mais il s'assit d'un air inquiet et rêveur qui ne lui était pas habituel. Cette conversation, insignifiante en apparence, avait remué de cruels soucis cachés au fond du cœur de Pierrotin. Et qui pouvait troubler le cœur de Pierrotin, si ce n'est une belle voiture? Briller sur la route, lutter avec les Touchard, agrandir son service, emmener des voyageurs qui le complimenteraient sur les commodités dues au progrès de la carrosserie, au lieu d'avoir à entendre de perpétuels reproches sur *ses sabots,* telle était la louable ambition de Pierrotin. Or, le messager de l'Isle-Adam, entraîné par son désir de l'emporter sur son camarade, de l'amener peut-être un jour à lui laisser à lui seul le service de l'Isle-Adam, avait outrepassé ses forces. Il avait bien commandé la voiture chez Farry, Breilmann et compagnie, les carrossiers qui venaient de substituer les ressorts carrés des Anglais aux cols de cygne et autres vieilles inventions françaises; mais ces défiants et durs fabricants ne voulaient livrer cette diligence que contre des écus. Peu flattés de construire une voiture difficile à placer si elle leur restait, ces sages négociants ne l'entreprirent qu'après un versement de deux mille francs opéré par Pierrotin. Pour satisfaire à la juste exigence des carrossiers, l'ambitieux messager avait épuisé toutes ses ressources et tout son crédit. Sa femme, son beau-père et ses amis s'étaient saignés. Cette superbe diligence, il était allé la voir la veille chez les peintres, elle ne demandait qu'à rouler; mais, pour la faire rouler le lendemain, il fallait accomplir le paiement. Or, il manquait mille francs à Pierrotin! Endetté pour ses loyers avec l'aubergiste, il n'avait osé lui demander cette somme. Faute de mille francs, il s'exposait à perdre les deux mille francs donnés d'avance, sans compter cinq cents francs, prix du nouveau Rougeot, et trois cents francs de harnais neufs pour lesquels il avait obtenu trois mois de crédit. Et poussé par la rage du désespoir et par la folie de l'amour-propre, il venait d'affirmer que sa nouvelle voiture roulerait demain dimanche. En donnant quinze cents francs sur deux mille cinq cents, il espérait que les carrossiers attendris lui livreraient la voiture; mais il s'écria tout haut, après trois minutes de méditation : —Non, c'est des chiens finis! des vrais carcans. — Si je m'adressais à monsieur Moreau, le régisseur de

Presle, lui qui est si bon homme? se dit-il frappé d'une nouvelle idée, il me prendrait peut-être mon billet à six mois.

En ce moment, un valet sans livrée, chargé d'une malle en cuir, et venu de l'établissement Touchard où il n'avait pas trouvé de place pour le départ de Chambly à une heure après midi, dit au messager : — Est-ce vous qu'êtes Pierrotin?

— Après? dit Pierrotin.

— Si vous pouvez attendre un petit quart d'heure, vous emmènerez mon maître ; sinon je remporte sa malle, et il en sera quitte pour aller à cheval, quoique depuis long-temps il en ait perdu l'habitude.

— J'attendrai deux, trois quarts d'heure et le pouce, mon garçon, dit Pierrotin en lorgnant la jolie petite malle en cuir bien attachée et fermant par une serrure en cuivre armoriée.

— Eh ! bien, voilà, dit le valet en se débarrassant l'épaule de la malle que Pierrotin souleva, pesa, regarda.

— Tiens, dit le messager à son facteur, enveloppe-la de foin doux, et place-la dans le coffre de derrière. Il n'y a point de nom dessus, ajouta-t-il.

— Il y a les armes de monseigneur, répondit le valet.

— Monseigneur? plus que ça d'or ! Venez donc prendre un petit verre, dit Pierrotin en clignotant et allant vers le café de l'Échiquier où il amena le valet. — Garçon, deux absinthes ! cria-t-il en entrant... Qui donc est votre maître, et où va-t-il? Je ne vous ai jamais vu, demanda Pierrotin au domestique en trinquant.

— Il y a de bonnes raisons pour cela, reprit le valet de pied. Mon maître ne va pas une fois par an chez vous, et il y va toujours en équipage. Il aime mieux la vallée d'Orge, où il a le plus beau parc des environs de Paris, un vrai Versailles, une terre de famille, il en porte le nom. Ne connaissez-vous pas monsieur Moreau?

— L'intendant de Presles, dit Pierrotin.

— Eh ! bien, monsieur le comte va passer deux jours à Presle.

— Ah ! je vais mener le comte de Sérisy, s'écria le messager.

— Oui, mon gars, rien que cela. Mais attention ? il y a une consigne. Si vous avez des gens du pays dans votre voiture, ne nommez pas monsieur le comte, il veut voyager *en cognito,* et m'a recommandé de vous le dire en vous annonçant un bon pourboire.

— Ah ! ce voyage en cachemite aurait-il par hasard rapport à l'affaire que le père Léger, fermier des Moulineaux, est venu conclure ?

— Je ne sais pas, reprit le valet ; mais le torchon brûle. Hier au soir, je suis allé donner l'ordre à l'écurie de tenir prête, à sept heures du matin, la voiture à la Daumont, pour aller à Presle ; mais, à sept heures, Sa Seigneurie l'a décommandée. Augustin, le valet de chambre, attribue ce changement à la visite d'une dame qui lui a eu l'air d'être venue du pays.

— Est-ce qu'on aurait dit quelque chose sur le compte de monsieur Moreau ! le plus brave homme, le plus honnête homme, le roi des hommes, quoi ! Il aurait pu gagner bien plus d'argent qu'il n'en a, s'il l'avait voulu, allez !...

— Il a eu tort alors, reprit le valet sentencieusement.

— Monsieur de Sérisy va donc enfin habiter Presle, puisqu'on a meublé, réparé le château ? demanda Pierrotin après une pause. Est-ce vrai qu'on y a déjà dépensé deux cent mille francs ?

— Si nous avions, vous ou moi, ce qu'on a dépensé de plus, nous serions bourgeois. Si madame la comtesse y va, ah ! dame, les Moreau n'y auront plus leurs aises, dit le valet d'un air mystérieux.

— Brave homme, monsieur Moreau ! reprit Pierrotin qui pensait toujours à demander ses mille francs au régisseur, un homme qui fait travailler, qui ne marchande pas trop l'ouvrage, et qui tire toute la valeur de la terre, et pour son maître encore ! Brave homme ! Il vient souvent à Paris, il prend toujours ma voiture, il me donne un bon pour-boire, et il vous a toujours un tas de commissions pour Paris. C'est trois ou quatre paquets par jour, tant pour monsieur que pour madame ; enfin, un mémoire de cinquante francs par mois, rien qu'en commissions. Si madame *fait un peu sa quelqu'une*, elle aime bien ses enfants, c'est moi qui vas les lui chercher au collége et qui les y reconduis. Chaque fois elle me donne cent sous, une grande *magni-magnon* ne ferait pas mieux. Oh ! toutes les fois que j'ai quelqu'un de chez eux ou pour eux, je pousse jusqu'à la grille du château... Ça se doit, pas vrai ?

— On dit que monsieur Moreau n'avait pas mille écus vaillant quand monsieur le comte l'a mis régisseur à Presle, dit le valet.

— Mais depuis 1806, en dix-sept ans, cet homme aurait fait quelque chose ! répliqua Pierrotin.

— C'est vrai, dit le valet en hochant la tête. Après ça, les maîtres sont bien ridicules, et j'espère pour Moreau qu'il a fait son beurre.

— Je suis souvent allé vous porter des bourriches, dit Pierrotin, à votre hôtel, rue de la Chaussée-d'Antin, et je n'ai jamais *évu la vatiscence* de voir ni monsieur ni madame.

— Monsieur le comte est un bon homme, dit confidentiellement le valet; mais s'il réclame votre discrétion pour assurer son *cognito*, il doit y avoir du grabuge; du moins, voilà ce que nous pensons à l'hôtel; car, pourquoi décommander la Daumont? pourquoi voyager par un coucou? Un pair de France n'a-t-il pas le moyen de prendre un cabriolet de remise?

— Un cabriolet est capable de lui demander quarante francs pour aller et venir; car apprenez que cette route-là, si vous ne la connaissez pas, est faite pour les écureuils. Oh! toujours monter et descendre, dit Pierrotin. Pair de France ou bourgeois, tout le monde est bien *regardant à ses pièces!* Si ce voyage concernait monsieur Moreau... mon Dieu, cela me vexerait-il, s'il lui arrivait malheur! Vingt-bon-Dieu! ne pourrait-on pas trouver un moyen de le prévenir? car c'est un vrai brave homme, un brave homme fini, le roi des hommes, quoi!...

— Bah! monsieur le comte l'aime beaucoup, monsieur Moreau! dit le valet. Mais, tenez, si vous voulez que je vous donne un bon conseil : chacun pour soi. Nous avons bien assez à faire de nous occuper de nous-mêmes. Faites ce qu'on vous demande, et d'autant plus qu'il ne faut pas se jouer à sa Seigneurie. Puis, pour tout dire, le comte est généreux. Si vous l'obligez de ça, dit le valet en montrant l'ongle d'un de ses doigts, il vous le rend grand comme ça, reprit-il en allongeant le bras.

Cette judicieuse réflexion et surtout l'image eurent pour effet, venant d'un homme aussi haut placé que le second valet de chambre du comte de Sérisy, de refroidir le zèle de Pierrotin pour le régisseur de la terre de Presles.

— Allons, adieu, monsieur Pierrotin, dit le valet.

Un coup d'œil rapidement jeté sur la vie du comte de Sérisy et sur celle de son régisseur est ici nécessaire pour bien comprendre le petit drame qui devait se passer dans la voiture à Pierrotin.

Monsieur Hugret de Sérisy descend en ligne directe du fameux président Hugret, anobli sous François Ier. Cette famille *porte parti d'or et de sable à un orle de l'un à l'autre et deux losanges de l'un en l'autre*, avec : I, SEMPER MELIUS ERIS, devise qui, non moins que les deux dévidoirs pris pour supports, prouve la modestie des familles bourgeoises au temps où les Ordres se tenaient à leur place dans l'État, et la naïveté de nos anciennes mœurs par le calembour de ERIS, qui, combiné avec l'I du commencement et l's final de *Melius*, représente le nom (*Sérisy*) de la terre érigée en comté. Le père du comte était Premier Président d'un Parlement avant la Révolution. Quant à lui, déjà Conseiller d'État au Grand-Conseil, en 1787, à l'âge de vingt-deux ans, il s'y fit remarquer par de très-beaux rapports sur des affaires délicates. Il n'émigra point pendant la Révolution, il la passa dans sa terre de Sérisy, d'Arpajon, où le respect qu'on portait à son père le préserva de tout malheur. Après avoir passé quelques années à soigner le président de Sérisy, qu'il perdit en 1794, il fut élu vers cette époque au Conseil des Cinq-Cents, et accepta ces fonctions législatives pour distraire sa douleur. Au Dix-Huit Brumaire, monsieur de Sérisy fut, comme toutes les vieilles familles parlementaires, l'objet des coquetteries du Premier Consul, qui le plaça dans le Conseil-d'État et lui donna l'une des administrations les plus désorganisées à reconstituer. Le rejeton de cette famille historique devint l'un des rouages les plus actifs de la grande et magnifique organisation due à Napoléon. Aussi le Conseiller-d'État quitta-t-il bientôt son administration pour un Ministère. Créé comte et sénateur par l'Empereur, il eut successivement le proconsulat de deux différents royaumes. En 1806, à quarante ans, le sénateur épousa la sœur du ci-devant marquis de Ronquerolles, veuve à vingt ans de Gaubert, un des plus illustres généraux républicains, et son héritière. Ce mariage, convenable comme noblesse, doubla la fortune déjà considérable du comte de Sérisy qui devint beau-frère du ci-devant marquis de Rouvre, nommé comte et chambellan par l'Empereur. En 1814, fatigué de travaux constants, monsieur de Sérisy, dont la santé délabrée exigeait du repos, résigna tous ses emplois, quitta le gouvernement à la tête duquel l'Empereur l'avait mis, et vint à Paris où Napoléon, forcé par l'évidence, lui rendit justice. Ce maître infatigable, qui ne croyait pas à la fatigue chez autrui, prit d'abord la nécessité dans laquelle se trouvait le comte de Sérisy pour une défection. Quoique le sénateur ne fût point en disgrâce, il passa pour avoir eu à se plaindre de Napoléon. Aussi, quand les Bourbons revinrent, Louis XVIII, en qui monsieur de Sérisy reconnut son souverain légitime, accorda-t-il au sénateur, devenu pair de France, une grande confiance en le chargeant de ses affaires privées, et le nommant Ministre d'État. Au 20 mars, monsieur de Sérisy n'alla point à Gand, il prévint Napoléon qu'il restait fidèle à la maison de Bourbon, il n'accepta point la pairie pendant les Cent-Jours, et passa ce règne si court dans sa terre de Sérisy. Après la seconde chute de l'Empereur, il redevint naturellement membre du Conseil privé, fut nommé Vice-président du Conseil d'État et liquidateur, pour le compte de la France, dans le règlement des indemnités demandées par les puissances étrangères. Sans faste personnel, sans ambition même, il possédait une grande influence dans les affaires publiques. Rien ne se faisait d'important en politique sans qu'il fût consulté; mais il n'allait jamais à la cour et se montrait peu dans ses propres salons. Cette noble existence, vouée d'abord au travail, avait fini par devenir un travail continuel. Le comte se levait dès quatre heures du matin en toute saison, travaillait jusqu'à midi, vaquait à ses fonctions de pair de France ou de Vice-président du Conseil-d'État, et se couchait à neuf heures. Pour reconnaître tant de travaux, le roi l'avait fait chevalier de ses Ordres. Monsieur de Sérisy était depuis long-temps Grand'Croix de la Légion-d'Honneur; il avait l'ordre de la Toison-d'Or, l'ordre de Saint-André de Russie, celui de l'Aigle de Prusse, enfin presque tous les ordres des cours d'Europe. Personne n'était moins aperçu ni plus utile que lui dans le monde politique. On comprend que les honneurs, le tapage de la faveur, les succès du monde étaient indifférents à un homme de cette trempe. Mais personne, excepté les prêtres, n'arrive à une pareille vie sans de graves motifs. Cette conduite énigmatique avait son mot, un mot cruel. Amoureux de sa femme avant de l'épouser, cette passion avait résisté chez le comte à tous les malheurs intimes de son mariage avec une veuve, toujours maîtresse d'elle-même avant comme après sa seconde union, et qui jouissait d'autant plus de sa liberté, que monsieur de Sérisy avait pour elle l'indulgence d'une mère pour un enfant gâté. Ses constants travaux lui servaient de bouclier contre des chagrins de cœur ensevelis avec ce soin que savent prendre les hommes politiques pour de tels secrets. Il comprenait d'ailleurs combien eût été ridicule sa jalousie aux yeux du monde qui n'eût guère admis une passion conjugale chez un vieil administrateur. Comment, dès les premiers jours de son mariage, fut-il fasciné par sa femme? Comment souffrit-il d'abord sa*c* se venger? Comment n'osa-t-il plus se venger? Comment laissa-t-il le temps s'écouler, abusé par l'espérance? Par quels moyens une femme jeune, jolie et spirituelle l'avait-elle mis en servage? La réponse à toutes ces questions exigerait une longue histoire qui nuirait au sujet de cette scène, et que, sinon les hommes, du moins les femmes pourront entrevoir. Remarquons cependant que les immenses travaux et les chagrins du comte avaient contribué malheureusement à le priver des avantages nécessaires à un homme pour lutter contre de dangereuses comparaisons. Aussi le plus affreux des malheurs secrets du comte était-il d'avoir donné raison aux répugnances de sa femme par une maladie uniquement due à ses excès de travail. Bon, et même excellent pour la comtesse, il la laissait maîtresse chez elle; elle recevait tout Paris, elle allait à la campagne, elle en revenait, absolument comme si elle eût été veuve; il veillait à sa fortune et fournissait à son luxe, comme l'eût fait un intendant. La comtesse avait pour son mari la plus grande estime, elle aimait même sa tournure d'esprit; elle savait le rendre heureux par son approbation; aussi faisait-elle tout ce qu'elle voulait de ce pauvre homme en venant causer une heure avec lui. Comme les grands seigneurs d'autrefois, le comte protégeait si bien sa femme que porter atteinte à sa considération eût été lui faire injure impardonnable. Le monde admirait beaucoup ce caractère, et madame de Sérisy devait immensément à son mari. Toute autre femme, quand même elle eût appartenu à une famille aussi distinguée que celle des Ronquerolles, aurait pu se voir à jamais perdue. La comtesse était fort ingrate; mais ingrate avec charme. Elle jetait de temps en temps du baume sur les blessures du comte.

Expliquons maintenant le sujet du brusque voyage et de l'incognito du ministre.

Un riche fermier de Beaumont-sur-Oise, nommé Léger, exploitait une ferme dont toutes les pièces faisaient enclave dans les terres du comte, et qui gâtait sa magnifique propriété de Presles. Cette ferme appartenait à un bourgeois de Beaumont-sur-Oise, appelé Margueron. Le bail fait à Léger en 1799, moment où les progrès de l'agriculture ne pouvaient se prévoir, était sur le point de finir, et le propriétaire refusa les offres de Léger pour un nouveau bail. Depuis long-temps monsieur de Sérisy, qui souhaitait se débarrasser des ennuis et des contestations que causent les enclaves, avait conçu l'espoir d'acheter cette ferme en apprenant que toute l'ambition de monsieur Margueron était de faire nommer son fils unique, alors simple percepteur, receveur particulier des finances à Senlis. Moreau signalait à son patron un dangereux adversaire dans la personne du père Léger. Le fermier, qui savait combien il pouvait vendre cher en détail cette ferme au comte, était capable d'en donner assez d'argent pour surpasser l'avantage que la recette particulière offrirait à Margueron fils. Deux jours auparavant, le comte, pressé d'en finir, avait appelé son notaire, Alexandre Crottat, et Derville, son avoué, pour examiner les circonstances de cette affaire. Quoique Derville et Crottat missent en doute le zèle du régisseur, dont une lettre inquiétante avait provoqué cette consultation, le comte défendit Moreau, qui, dit-il, le servait fidèlement depuis dix-sept ans. — « Hé ! bien, avait répondu Derville, je conseille à Votre Seigneurie d'aller elle-même à Presles, et d'inviter à dîner ce Margueron. Crottat y enverra son premier clerc avec un acte de vente tout prêt, en laissant en blanc les pages ou les lignes nécessaires aux désignations de terrain ou aux titres. Enfin, que Votre Excellence se munisse au besoin d'une partie du prix en un bon sur la Banque, et n'oublie pas la nomination du fils à la Recette de Senlis. Si vous ne terminez pas en un moment, la ferme vous échappera ! Vous ignorez, monsieur le comte, les rouéries des paysans. De paysan à diplomate, le diplomate succombe. » Crottat appuya cet avis, que, d'après la confidence du valet à Pierrotin, le pair de France avait sans doute adopté. La veille, le comte avait envoyé par la diligence de Beaumont un mot à Moreau pour lui dire d'inviter à dîner Margueron, afin de terminer l'affaire des Moulineaux. Avant cette affaire, le comte avait ordonné de restaurer les appartements de Presles, et, depuis un an, monsieur Grindot, un architecte à la mode, y faisait un voyage par semaine. Or, tout en concluant son acquisition, monsieur de Sérisy voulait examiner en même temps les travaux et l'effet des nouveaux ameublements. Il comptait faire une surprise à sa femme en l'amenant à Presles, et mettait de l'amour-propre à la restauration de ce château. Quel événement était-il survenu pour que le comte, qui la veille allait ostensiblement à Presles, voulût s'y rendre incognito dans la voiture de Pierrotin ?

Ici, quelques mots sur la vie du régisseur deviennent indispensables.

Moreau, le régisseur de la terre de Presles, était le fils d'un procureur de province, devenu à la Révolution procureur-syndic à Versailles. En cette qualité, Moreau père avait presque sauvé les biens et la vie de messieurs de Sérisy père et fils. Ce citoyen Moreau appartenait au parti Danton; Roberspierre, implacable dans ses haines, le poursuivit, finit par le découvrir et le fit périr à Versailles. Moreau fils, héritier des doctrines et des amitiés de son père, trempa dans une des conjurations faites contre le Premier Consul à son avénement au pouvoir. En ce temps, monsieur de Sérisy, jaloux d'acquitter sa dette de reconnaissance, fit évader à temps Moreau, qui fut condamné à mort; puis il demanda sa grâce en 1804, l'obtint, lui offrit d'abord une place dans ses bureaux, et définitivement le prit pour secrétaire en lui donnant la direction de ses affaires privées. Quelque temps après le mariage de son protecteur, Moreau devint amoureux d'une femme de chambre de la comtesse et l'épousa. Pour éviter les désagréments de la fausse position où le mettait cette union, dont plus d'un exemple se rencontrait à la cour impériale, il demanda la régie de la terre de Presles où sa femme pourrait faire la dame, et où dans ce petit pays ils n'éprouveraient ni l'un ni l'autre aucune souffrance d'amour-propre. Le comte avait besoin à Presles d'un homme dévoué, car sa femme préférait l'habitation de la terre de Sérisy, qui n'est qu'à cinq lieues de Paris. Depuis trois ou quatre ans, Moreau possédait la clef de ses affaires, il était intelligent; car, avant la Révolution, il avait étudié la chicane dans l'Étude de son père; monsieur de Sérisy lui dit alors : — Vous ne ferez pas fortune, vous vous êtes cassé le cou, mais vous serez heureux, car je me charge de votre bonheur. En effet, le comte donna mille écus d'appointements fixes à Moreau, et l'habitation d'un joli pavillon au bout des communs; il lui accorda de plus tant de cordes à prendre dans les coupes de bois pour son chauffage, tant d'avoine, de paille et de foin pour deux chevaux, et des droits sur les redevances en nature. Un Sous-Préfet n'a pas de si beaux appointements. Pendant les huit premières années de sa gestion, le régisseur administra Presles consciencieusement; il s'y intéressa. Le comte, en y venant examiner le domaine, décider les acquisitions ou approuver les travaux, frappé de la loyauté de Moreau, lui témoigna sa satisfaction par d'amples gratifications. Mais lorsque Moreau se vit père d'une fille, son troisième enfant, il s'était si bien établi dans toutes ses aises à Presles, qu'il ne tint plus compte à monsieur de Sérisy de tant d'avantages exorbitants. Aussi, vers 1816, le régisseur, qui jusque-là n'avait pris que ses aises à Presles, accepta-t-il volontiers d'un marchand de bois une somme de vingt-cinq mille francs pour lui faire conclure, avec augmentation d'ailleurs, un bail d'exploitation des bois dépendant de la terre de Presles, pour douze ans. Moreau se raisonna : il n'aurait pas de retraite, il était père de famille, le comte lui devait bien cette somme pour dix ans bientôt d'administration ; puis, déjà légitime possesseur de soixante mille francs d'économies, s'il y joignait cette somme, il pouvait acheter une ferme de cent vingt mille francs sur le territoire de Champagne, commune située au-dessus de l'Isle-Adam, sur la rive droite de l'Oise. Les événements politiques empêchèrent le comte et les gens du pays de remarquer ce placement fait au nom de madame Moreau, qui passa pour avoir hérité d'une vieille grand'tante, dans son pays, à Saint-Lô. Dès que le régisseur eut goûté au fruit délicieux de la Propriété, sa conduite resta toujours la plus probe du monde en apparence; mais il ne perdit plus une seule occasion d'augmenter sa fortune clandestine, et l'intérêt de ses trois enfants lui servit d'émollient pour éteindre les ardeurs de sa probité ; néanmoins il faut lui rendre cette justice, que s'il accepta des pots-de-vin, s'il eut soin de lui dans les marchés, s'il poussa ses droits jusqu'à l'abus, aux termes du Code il restait honnête homme, et aucune preuve n'eût pu justifier une accusation portée contre lui. Selon la jurisprudence des moins voleuses cuisinières de Paris, il partageait entre le comte et lui les profits dus à son savoir-faire. Cette manière d'arrondir sa fortune était un cas de conscience, voilà tout. Actif, entendant bien les intérêts du comte, Moreau guettait avec d'autant plus de soin les occasions de procurer de bonnes acquisitions, qu'il y gagnait toujours un large présent. Presles rapportait soixante-douze mille francs en sac. Aussi le mot du pays, à dix lieues à la ronde, était-il : — « Monsieur de Sérisy a dans Moreau un second lui-même! » En homme prudent, Moreau plaçait, depuis 1817, chaque année ses bénéfices et ses appointements sur le Grand-Livre, en arrondissant sa pelote dans le plus profond secret. Il avait refusé des affaires en se disant sans argent, et il faisait si bien le pauvre auprès du comte qu'il avait obtenu deux bourses entières pour ses enfants au Collége

Henri IV. En ce moment, Moreau possédait cent vingt mille francs
de capital placés dans le Tiers Consolidé, devenu le cinq pour cent
et qui montait dès ce temps à quatre-vingts francs. Ces cent vingt
mille francs inconnus, et sa ferme de Champagne augmentée par
des acquisitions, lui faisaient une fortune d'environ deux cent quatre-vingt mille francs, donnant seize mille francs de rente.

Telle était la situation du régisseur au moment où le comte voulut
acheter la ferme des Moulineaux dont la possession était indispensable à sa tranquillité. Cette ferme consistait en quatre-vingt-seize
pièces de terre bordant, jouxtant, longeant les terres de Presles, et
souvent enclavées comme des cases dans un jeu de dames, sans compter les haies mitoyennes et des fossés de séparation où naissaient les
plus ennuyeuses discussions à propos d'un arbre à couper, quand
la propriété s'en trouvait contestable. Tout autre qu'un ministre
d'État aurait eu vingt procès par an au sujet des Moulineaux. Le
père Léger ne voulait acheter la ferme que pour la revendre au
comte. Afin de parvenir plus sûrement à gagner les trente ou quarante mille francs, objet de ses désirs, le fermier avait depuis longtemps essayé de s'entendre avec Moreau. Poussé par les circonstances, trois jours auparavant ce samedi critique, au milieu des
champs, le père Léger avait démontré clairement au régisseur
qu'il pouvait faire placer au comte de Sérisy de l'argent à deux et
demi pour cent net en terres de convenance, c'est-à-dire avoir,
comme toujours, l'air de servir son patron, tout en y trouvant un
secret bénéfice de quarante mille francs qu'il lui offrit. — « Ma
foi, avait dit le soir en se couchant le régisseur à sa femme, si je
tire de l'affaire des Moulineaux cinquante mille francs, car monsieur
m'en donnera bien dix mille, nous nous retirerons à l'Isle-Adam
dans le pavillon de Nogent. » Ce pavillon est une charmante propriété jadis bâtie par le prince de Conti pour une dame, et où
toutes les recherches avaient été prodiguées. — « Ça me plairait,
lui avait répondu sa femme. Le Hollandais qui est venu s'y établir
l'a très-bien restauré, et il nous le laissera pour trente mille francs,
puisqu'il est forcé de retourner aux Indes. — Nous serons à deux
pas de Champagne, avait repris Moreau. J'ai l'espoir d'acheter
pour cent mille francs la ferme et le moulin de Mours. Nous aurions ainsi dix mille livres de rente en terres, une des plus délicieuses
habitations de la vallée, à deux pas de nos biens, et il nous resterait environ six mille livres de rente sur le Grand-Livre. — Mais

pourquoi ne demanderais-tu pas la place de Juge de paix à l'Isle-Adam ? nous y aurions de l'influence et quinze cents francs de plus.
— Oh ! j'y ai bien pensé. » Dans ces dispositions, en apprenant que son maître voulait venir à Presles et lui disait d'inviter Margueron à dîner pour samedi, Moreau s'était hâté d'envoyer un exprès qui remit au premier valet de chambre du comte une lettre à une heure trop avancée de la soirée pour que monsieur de Sérisy pût en prendre connaissance ; mais Augustin la posa sur le bureau, selon son habitude en pareil cas. Dans cette lettre, Moreau priait le comte de ne pas se déranger, et de se fier à son zèle. Or, selon lui, Margueron ne voulait plus vendre en bloc et parlait de diviser les Moulineaux en quatre-vingt-seize lots ; il fallait lui faire abandonner cette idée, et peut-être, disait le régisseur, arriver à prendre un prête-nom.

Tout le monde a ses ennemis. Or, le régisseur et sa femme avaient froissé, à Presles, un officier en retraite, appelé monsieur de Reybert, et sa femme. De coups de langue en coups d'épingle, on en était arrivé aux coups de poignard. Monsieur de Reybert ne respirait que vengeance, il voulait faire perdre à Moreau sa place et devenir son successeur. Ces deux idées sont jumelles. Aussi la conduite du régisseur, épiée pendant deux ans, n'avait-elle plus de secrets pour les Reybert. En même temps que Moreau dépêchait son exprès au comte de Sérisy, Reybert envoyait sa femme à Paris. Madame de Reybert demanda si instamment à parler au comte que, renvoyée à neuf heures du soir, moment où le comte se couchait, elle fut introduite le lendemain matin, à sept heures chez Sa Seigneurie. — « Monseigneur, avait-elle dit au Ministre-d'État, nous sommes incapables, mon mari et moi, d'écrire des lettres anonymes. Je suis madame de Reybert, née de Corroy. Mon mari n'a que six cents francs de retraite et nous vivons à Presles, où votre régisseur nous fait avanies sur avanies, quoique nous soyons des gens comme il faut. Monsieur de Reybert, qui n'est pas un intrigant, tant s'en faut ! s'est retiré capitaine d'artillerie en 1816, après avoir servi pendant vingt-cinq ans, toujours loin de l'Empereur, monsieur le comte ! Et vous devez savoir combien les militaires qui ne se trouvaient pas sous les yeux du maître avançaient difficilement ; sans compter que la probité, la franchise de monsieur de Reybert déplaisaient à ses chefs. Mon mari n'a pas cessé, depuis trois ans, d'étudier votre intendant dans le dessein de lui faire perdre sa place. Vous le voyez, nous sommes francs. Moreau nous a rendus ses ennemis, nous l'avons surveillé. Je viens donc vous dire que vous êtes joué dans l'affaire des Moulineaux. On veut vous prendre cent mille francs qui seront partagés entre le notaire, Léger et Moreau. Vous avez dit d'inviter Margueron, vous comptez aller à Presles demain; mais Margueron fera le malade, et Léger compte si bien avoir la ferme qu'il est venu réaliser ses valeurs à Paris. Si nous vous avons éclairé, si vous voulez un régisseur probe, vous prendrez mon mari; quoique noble, il vous servira comme il a servi l'État. Votre intendant a deux cent cinquante mille francs de fortune, il ne sera pas à plaindre. » Le comte avait remercié froidement madame de Reybert, et lui avait alors donné de l'eau bénite de cour, car il méprisait la délation; mais, en se rappelant tous les soupçons de Derville, il fut intérieurement ébranlé; puis tout à coup il avait aperçu la lettre de son régisseur; il l'avait lue, et, dans les assurances de dévouement, dans les respectueux reproches qu'il recevait à propos de la défiance que supposait cette envie de traiter l'affaire par lui-même, il avait deviné la vérité sur Moreau. — La corruption est venue avec la fortune, comme toujours! se dit-il. Le comte avait alors fait à madame de Reybert des questions moins pour obtenir des détails que pour se donner le temps de l'observer, et il avait écrit à son notaire un petit mot pour lui dire de ne plus envoyer son premier clerc à Presles, mais d'y venir lui-même pour dîner. — « Si monsieur le comte, avait dit madame de Reybert en terminant, m'a jugée défavorablement sur la démarche que je me suis permise à l'insu de monsieur de Reybert, il doit être maintenant convaincu que nous avons obtenu ces renseignements sur son régisseur de la manière la plus naturelle : la conscience la plus timorée n'y saurait trouver rien à redire. » Madame de Reybert, née de Corroy, se tenait droit comme un piquet. Elle avait offert aux investigations rapides du comte une figure trouée comme une écumoire par la petite vérole, une taille plate et sèche, deux yeux ardents et clairs, des boucles blondes aplaties sur un front soucieux, une capote de taffetas vert passée, doublée de rose, une robe blanche à pois violets, des souliers de peau. Le comte avait reconnu en elle la femme du capitaine pauvre, quelque puritaine abonnée au *Courrier français*, ardente de vertu, mais sensible au bien-être d'une place, et l'ayant convoitée. — « Vous dites six cents francs de retraite, avait répondu le comte en se répondant à lui-même au

23.

lieu de répondre à ce que venait de raconter madame de Reybert.
— Oui, monsieur le comte. — Vous êtes née de Corroy? — Oui, monsieur, une famille noble du pays Messin, le pays de mon mari.
— Dans quel régiment servait monsieur de Reybert? — Dans le 7e régiment d'artillerie. — Bien ! » avait répondu le comte en écrivant le numéro du régiment. Il avait pensé pouvoir donner la régie de sa terre à un ancien officier, sur le compte duquel il obtiendrait au Ministère de la Guerre les renseignements les plus exacts. — « Madame, avait-il repris en sonnant son valet de chambre, retournez à Presles avec mon notaire qui trouvera moyen d'y venir pour dîner, et à qui je vous ai recommandée; voici son adresse. Je vais moi-même en secret à Presles, et ferai dire à monsieur de Reybert de me parler... » Ainsi la nouvelle du voyage de monsieur de Sérisy par la voiture publique, et la recommandation de taire le nom du comte, n'alarmaient pas à faux le messager, il pressentait le danger près de fondre sur une de ses meilleures pratiques.

En sortant du café de l'Échiquier, Pierrotin aperçut à la porte du Lion-d'Argent la femme et le jeune homme en qui sa perspicacité lui avait fait reconnaître des chalands; car la dame, le cou tendu, le visage inquiet, le cherchait évidemment. Cette dame, vêtue d'une robe de soie noire reteinte, d'un chapeau de couleur carmélite, et d'un vieux cachemire français, chaussée en bas de filoselle et de souliers en peau de chèvre, tenait à la main un cabas en paille et un parapluie bleu de roi. Cette femme, autrefois belle, paraissait âgée d'environ quarante ans; mais ses yeux bleus, dénués de la flamme qu'y met le bonheur, annonçaient qu'elle avait depuis long-temps renoncé au monde. Aussi sa mise, autant que sa tournure, indiquait-elle une mère entièrement vouée à son ménage et à son fils. Si les brides du chapeau étaient fanées, la forme datait de plus de trois ans. Le châle tenait par une aiguille cassée, convertie en épingle au moyen d'une boule de cire à cacheter. L'inconnue attendait impatiemment Pierrotin pour lui recommander ce fils, qui sans doute voyageait seul pour la première fois, et qu'elle avait accompagné jusqu'à la voiture, autant par défiance que par amour maternel. Cette mère était en quelque sorte complétée par son fils; de même que, sans la mère, le fils n'eût pas été si bien compris. Si la mère se condamnait à laisser voir des gants reprisés, le fils portait une redingote olive dont les manches un peu courtes au poignet annonçaient qu'il grandirait encore, comme les adultes de dix-huit à dix-neuf ans. Le pantalon bleu, raccommodé par la mère, offrait aux regards un fond neuf, quand la redingote avait la méchanceté de s'entr'ouvrir par derrière.

— Ne tourmente donc pas tes gants ainsi, tu les flétris d'autant, disait-elle quand Pierrotin se montra. — Vous êtes le conducteur... Ah! mais c'est vous, Pierrotin? reprit-elle en laissant son fils pour un moment et emmenant le voiturier à deux pas.

— Ça va bien, madame Clapart? répondit le messager dont la figure eut un air qui peignit à la fois du respect et de la familiarité.

— Oui, Pierrotin. Ayez bien soin de mon Oscar, il va seul pour la première fois.

— Oh! s'il va seul chez monsieur Moreau?... s'écria le voiturier pour savoir si le jeune homme y allait effectivement.

— Oui, répondit la mère.

— Madame Moreau le veut donc bien? reprit Pierrotin d'un petit air finaud.

— Hélas! dit la mère, ce ne sera pas tout roses pour lui, pauvre enfant; mais son avenir exige impérieusement ce voyage.

Cette réponse frappa Pierrotin, qui hésitait à confier ses craintes sur le régisseur à madame Clapart, de même qu'elle n'osait nuire à son fils en faisant à Pierrotin certaines recommandations qui eussent transformé le conducteur en mentor. Pendant cette délibération mutuelle, qui se traduisait par quelques phrases sur le temps, sur la route, sur les stations du voyage, il n'est pas inutile d'expliquer quels liens rattachaient madame Pierrotin à madame Clapart, et autorisaient les deux mots confidentiels qu'ils venaient d'échanger. Souvent, c'est-à-dire trois ou quatre fois par mois, Pierrotin trouvait à La Cave, à son passage quand il allait à Paris, le régisseur qui faisait signe à un jardinier en voyant venir la voiture. Le jardinier aidait alors Pierrotin à charger un ou deux paniers pleins de fruits ou de légumes selon la saison, de poulets, d'œufs, de beurre, de gibier. Le régisseur payait toujours la commission à Pierrotin en lui donnant l'argent nécessaire pour acquitter les droits à la Barrière, si l'envoi contenait des choses sujettes à l'Octroi. Jamais ces paniers, ces bourriches, ces paquets ne portaient de suscription. Une première fois, qui avait servi pour toutes, le régisseur avait indiqué de vive voix le domicile de madame Clapart au discret voiturier, en le priant de ne jamais confier à d'autres ce précieux message. Pierrotin, rêvant une intrigue entre quelque charmante fille et le régisseur, était allé rue de la Cerisaie, 7, dans le quartier de l'Arsenal, où il avait vu la madame Clapart qui vient de vous être pourtraite, au lieu de la belle et jeune créature qu'il s'attendait à y trouver. Les messagers sont appelés par leur état à pénétrer dans beaucoup d'intérieurs et dans bien des secrets ; mais le hasard social, cette sous-providence, ayant voulu qu'ils fussent sans éducation et dénués du talent d'observation, il s'ensuit qu'ils ne sont pas dangereux. Néanmoins, après quelques mois, Pierrotin ne savait comment expliquer les relations de madame Clapart et de monsieur Moreau, sur ce qu'il lui fut permis d'entrevoir dans le ménage de la rue de la Cerisaie. Quoique les loyers ne fussent pas chers à cette époque dans le quartier de l'Arsenal, madame Clapart était logée au troisième étage, au fond d'une cour, dans une maison qui jadis fut l'hôtel de quelque grand seigneur, au temps où la haute noblesse du royaume demeurait sur l'ancien emplacement du palais des Tournelles et de l'hôtel Saint-Paul. Vers la fin du seizième siècle, les grandes familles se partagèrent ces vastes espaces, autrefois occupés par les jardins du palais de nos rois, ainsi que l'indiquent les noms des rues de la Cerisaie, Beautreillis, des Lions, etc. Cet appartement, dont toutes les pièces étaient revêtues d'antiques boiseries, se composait de trois chambres en enfilade, une salle à manger, un salon et une chambre à coucher. Au-dessus se trouvaient une cuisine et la chambre d'Oscar. En face de la porte d'entrée, sur ce qui se nomme à Paris le carré, se voyait la porte d'une chambre en retour, ménagée à chaque étage dans une espèce de bâtiment qui contenait aussi la cage d'un escalier de bois, et qui formait une tour carrée, construite en grosses pierres. Cette chambre était celle de Moreau quand il couchait à Paris. Pierrotin avait vu dans la première pièce, où il déposait les bourriches, six chaises en noyer garnies de paille, une table et un buffet ; aux fenêtres, de petits rideaux roux. Plus tard, quand il entra dans le salon, il y remarqua de vieux meubles du temps de l'Empire, mais passés. Il ne se trouvait d'ailleurs dans ce salon que le mobilier exigé par le propriétaire pour répondre du loyer. Pierrotin jugea de la chambre à coucher par le salon et par la salle à manger. Les boiseries, réchampies en grosse peinture à la colle et d'un blanc rouge qui empâte les moulures, les dessins, les figurines, loin d'être un ornement, attristaient le regard. Le parquet, qui ne se cirait jamais, était d'un ton gris comme les parquets des pensionnats. Quand le voiturier surprit monsieur et madame Clapart à table, leurs assiettes, leurs verres, les plus petites choses accusaient une effroyable gêne ; néanmoins ils se servaient de couverts d'argent ; mais les plats, la soupière, écornés et raccommodés autant que la vaisselle des plus pauvres gens, inspiraient la pitié. Monsieur Clapart, vêtu d'une méchante petite redingote, chaussé de pantoufles ignobles, ayant toujours des lunettes vertes aux yeux, lui montrait, en ôtant une affreuse casquette âgée de cinq ans, un crâne pointu du haut duquel tombaient des filaments grêles et sales auxquels un poëte aurait refusé le nom de cheveux. Cet homme au teint blafard paraissait craintif et devait être tyrannique. Dans ce triste appartement, situé au nord, sans autre vue que celle d'une vigne étalée sur le mur opposé, d'un puits dans l'encoignure de la cour, madame Clapart prenait des airs de reine et marchait en femme qui ne savait pas aller à pied. Souvent, en remerciant Pierrotin, elle lui lançait des regards qui eussent attendri un observateur ; de temps en temps, elle lui glissait des pièces de douze sous dans la main. Sa voix était charmante. Pierrotin ne connaissait pas cet Oscar, par la raison que cet enfant sortait du collége et qu'il ne l'avait jamais rencontré au logis.

Voici la triste histoire que Pierrotin n'eût jamais devinée, même en demandant, comme il le faisait depuis quelque temps, des renseignements à la portière ; car cette femme ne savait rien, si ce n'est que les Clapart payaient deux cent cinquante francs de loyer, n'avaient qu'une femme de ménage pour quelques heures le matin, que madame faisait quelquefois de petits savonnages elle-même, et payait tous les jours ses ports de lettres en paraissant hors d'état de les laisser s'accumuler.

Il n'existe pas, ou plutôt il existe rarement de criminel qui soit complétement criminel. A plus forte raison rencontrera-t-on difficilement de malhonnêteté compacte. On peut faire des comptes à son avantage avec son patron, ou tirer à soi le plus de paille possible au râtelier ; mais tout en se constituant un capital par des voies plus ou moins licites, il est peu d'hommes qui ne se permettent quelques bonnes actions. Ne fût-ce que par curiosité, par amour-propre, comme contraste, par hasard, tout homme a eu son moment de bienfaisance ; il le nomme son erreur, il ne recommence pas ; mais il sacrifie au Bien, comme le plus bourru sacrifie aux Grâces, une ou deux fois dans sa vie. Si les fautes de Moreau peuvent être excusées, ne sera-ce point par sa persistance à secourir une pauvre femme dont les bonnes grâces l'avaient jadis rendu fier, et chez laquelle il se cacha pendant ses dangers! Cette femme, célèbre sous le Directoire par ses liaisons avec un des cinq rois du moment, épousa, par cette toute-puissante protection, un fournisseur qui gagna des millions, et que Napoléon ruina en 1802. Cet homme, nommé Husson, devint fou de son passage subit de l'opulence à la misère, il se jeta dans la Seine en laissant la belle madame Husson grosse. Moreau, très-intimement lié avec madame Husson, était alors condamné à mort; il ne put donc pas épouser la veuve du fournisseur, il fut même obligé de quitter la France pour quelque temps. Agée de vingt-deux ans, madame Husson épousa, dans sa détresse, un employé nommé Clapart, jeune homme de vingt-sept ans, qui donnait, comme on dit, des espérances. Dieu garde les femmes des beaux hommes qui donnent des espérances! A cette époque les employés devenaient promptement des gens considérables, car l'Empereur recherchait les capacités. Mais Clapart, doué d'une beauté vulgaire, ne possédait aucune intelligence. En croyant madame Husson fort riche, il avait feint une grande passion pour elle; il lui fut à charge en ne satisfaisant, ni dans le présent ni dans l'avenir, aux besoins qu'elle avait contractés pendant ses jours d'opulence. Clapart remplissait assez mal au Bureau des Finances une place qui ne comportait pas plus de dix-huit cents francs d'appointements. Quand Moreau, revenu chez le comte de Sérisy, apprit l'horrible situation dans laquelle se trouvait madame Husson, il put, avant de se marier, la placer comme première femme de chambre chez MADAME, mère de l'Empereur. Malgré cette puissante protection, Clapart ne put jamais avancer, sa nullité se laissait trop promptement voir. Ruinée en 1815 par la chute de l'Empereur, la brillante Aspasie du Directoire resta sans autres ressources qu'une place de douze cents francs d'appointements qu'on eut pour Clapart, par le crédit du comte de Sérisy, dans les Bureaux de la Ville de Paris. Moreau, le seul protecteur de cette femme à laquelle il avait connu plusieurs millions, obtint pour Oscar Husson une des demi-bourses de la Ville de Paris au collége Henri IV, et il envoyait par Pierrotin, rue de la Cérisaie, tout ce qui peut décemment s'offrir pour aider un ménage en détresse. Oscar était tout l'avenir, toute la vie de sa mère. Pour unique défaut, on ne pouvait reprocher à cette pauvre femme que l'exagération de sa tendresse pour cet enfant, la bête noire du beau-père. Oscar était malheureusement doué d'une dose de sottise que ne soupçonnait pas sa mère, malgré les épigrammes de Clapart. Cette sottise, ou, pour parler plus correctement, cette outrecuidance, inquiétait tellement le régisseur, qu'il avait prié madame Clapart de lui envoyer ce jeune homme pour un mois, afin de l'étudier et deviner à quelle carrière il fallait le destiner. Moreau pensait à présenter un jour Oscar au comte comme son successeur. Mais pour donner exactement au Diable et à Dieu ce qui leur revient, peut-être n'est-il pas inutile de constater les causes du stupide amour-propre d'Oscar, en faisant observer qu'il était né dans la maison de MADAME, mère de l'Empereur. Durant sa première enfance, ses yeux furent éblouis par les splendeurs impériales. Sa flexible imagination dut conserver les empreintes de ces étourdissants tableaux, garder une image de ce temps d'or et de fêtes, avec l'espérance de le retrouver. La jactance naturelle aux collégiens, tous possédés du désir de briller les uns à l'envi des autres, appuyée sur ces souvenirs d'enfance, s'était développée outre mesure. Peut-être aussi la mère se rappelait-elle au logis avec un peu trop de complaisance les jours où elle fut une des reines du Paris directorial. Enfin, Oscar qui venait d'achever ses classes, avait eu peut-être à repousser au collège les humiliations que les élèves payants déversent à tout propos sur les boursiers, quand les boursiers ne savent pas leur imprimer un certain respect par une force physique supérieure. Ce mélange d'ancienne splendeur éteinte, de beauté passée, de tendresse acceptant la misère, d'espérance en ce fils, d'aveuglement maternel, de souffrances héroïquement supportées, faisait de cette mère une de ces sublimes figures qui, dans Paris, sollicitent les regards de l'observateur.

Incapable de deviner l'attachement profond de Moreau pour cette femme, ni celui de cette femme pour son protégé de 1797, devenu son unique ami, Pierrotin ne voulut pas communiquer le soupçon qui lui passait dans la tête relativement au danger que courait Moreau. Le terrible « Nous avons bien assez à faire de nous occuper de nous-mêmes ! » du valet de chambre revint au cœur du voiturier, ainsi que le sentiment d'obéissance à ceux qu'il appelait *les chefs de file*. D'ailleurs, en ce moment, Pierrotin se sentait dans la tête autant de pointes qu'il y a de pièces de cent sous dans mille francs ! Un voyage de sept lieues se dessinait, sans doute comme un voyage de long cours, à l'imagination de cette pauvre mère qui, dans sa vie élégante, avait rarement passé les Barrières; car ces mots : — Bien, madame! — oui, madame! répétés par Pierrotin, disaient assez que le voiturier désirait se soustraire à des recommandations évidemment trop verbeuses et inutiles.

— Vous placerez les paquets de manière à ce qu'ils ne soient pas mouillés, si par hasard le temps changeait.

— J'ai une bâche, dit Pierrotin. D'ailleurs, tenez, voyez, madame, avec quels soins on les charge?

— Oscar, ne reste pas plus de quinze jours, quelque instance qu'on te fasse, reprit madame Clapart en revenant à son fils. Quoi que tu fasses, tu ne saurais plaire à madame Moreau; d'ailleurs tu dois être revenu pour la fin de septembre. Tu sais, nous devons aller à Belleville chez ton oncle Cardot.

— Oui, maman.

— Surtout, lui dit-elle à voix basse, ne parle jamais de domesticité... Songe à tout moment que madame Moreau a été femme de chambre...

— Oui, maman...

Oscar, comme tous les jeunes gens chez qui l'amour-propre est excessivement sensible, paraissait contrarié de se voir admonester ainsi sur le seuil de l'hôtel du Lion-d'Argent.

— Eh! bien, adieu, maman; on va partir, voilà le cheval attelé.

La mère, ne se souvenant plus qu'elle se trouvait en plein faubourg Saint-Denis, embrassa son Oscar, et lui dit en sortant un joli petit pain de son cabas : — Tiens, tu allais oublier ton petit pain et ton chocolat! Mon enfant, je te le répète, ne prends rien dans les auberges, on y fait payer les moindres choses dix fois ce qu'elles valent.

Oscar aurait voulu voir sa mère bien loin, quand elle lui fourra le pain et le chocolat dans sa poche. Cette scène eut deux témoins, deux jeunes gens de quelques années plus âgés que l'échappé du collége, mieux mis que lui, venus sans leur mère, et dont la démarche, la toilette, les façons trahissaient cette complète indépendance, objet de tous les désirs d'un enfant encore sous le joug immédiat de sa mère. Ces deux jeunes gens furent alors pour Oscar le monde entier.

— Il dit *maman*, s'écria l'un des deux inconnus en riant.

Ce mot parvint à l'oreille d'Oscar et détermina un : — Adieu, ma mère! lancé dans un terrible mouvement d'impatience.

Avouons-le? madame Clapart parlait un peu trop haut, et semblait mettre les passants dans la confidence de sa tendresse.

— Qu'as-tu donc, Oscar? demanda cette pauvre mère blessée. Je ne te conçois pas, reprit-elle d'un air sévère en se croyant capable (erreur de toutes les mères qui gâtent leurs enfants) de lui imposer du respect. Écoute, mon Oscar, dit-elle en reprenant aussitôt sa voix tendre, tu as de la propension à causer, à dire tout ce que tu sais et tout ce que tu ne sais pas, et cela par bravade, par un sot amour-propre de jeune homme; je te le répète, songe à tenir ta langue en bride. Tu n'es pas encore assez avancé dans la vie, mon cher trésor, pour juger les gens avec lesquels tu vas te rencontrer, et il n'y a rien de plus dangereux que de causer dans les voitures publiques. En diligence, d'ailleurs, les gens comme il faut gardent le silence.

Les deux jeunes gens, qui sans doute étaient allés jusqu'au fond de l'établissement, firent entendre de nouveau sous la porte cochère le bruit de leurs talons de bottes; ils pouvaient avoir écouté cette semonce; aussi, pour se débarrasser de sa mère, Oscar eut-il recours à un moyen héroïque, qui prouve combien l'amour-propre stimule l'intelligence.

— Maman, dit-il, tu es ici entre deux airs, tu pourrais gagner une fluxion; et, d'ailleurs, je vais monter en voiture.

L'enfant avait touché quelque endroit sensible, car sa mère le saisit, l'embrassa comme s'il s'agissait d'un voyage de long cours, et le conduisit jusqu'au cabriolet en laissant voir des larmes dans ses yeux.

— N'oublie pas de donner cinq francs aux domestiques, dit-elle. Écris-moi trois fois au moins pendant ces quinze jours? conduis-toi bien, et songe à toutes mes recommandations. Tu as assez de linge pour n'en pas donner à blanchir. Enfin, rappelle-toi toujours les bontés de monsieur Moreau, écoute-le comme un père, et suis bien ses conseils...

En montant dans le cabriolet, Oscar laissa voir ses bas bleus par un effet de son pantalon qui remonta brusquement, et le fond neuf de son pantalon par le jeu de sa redingote qui s'ouvrit. Aussi le sourire des deux jeunes gens, à qui ces traces d'une honorable médiocrité n'échappèrent point, fit-il une nouvelle blessure à l'amour-propre du jeune homme.

— Oscar a retenu la première place, dit la mère à Pierrotin.

Mets-toi dans le fond, reprit-elle en regardant toujours Oscar avec tendresse et lui souriant avec amour.

Oh! combien Oscar regretta que les malheurs et les chagrins eussent altéré la beauté de sa mère, que la misère et le dévouement l'empêchassent d'être bien mise! L'un des deux jeunes gens, celui qui avait des bottes et des éperons, poussa l'autre par un coup de coude pour lui montrer la mère d'Oscar, et l'autre retroussa sa moustache par un geste qui signifiait : Jolie tournure !

— Comment me débarrasser de ma mère, se dit Oscar qui prit un air soucieux.

— Qu'as-tu? lui demanda madame Clapart.

Oscar feignit de n'avoir pas entendu, le monstre ! Peut-être dans cette circonstance madame Clapart manquait-elle de tact. Mais les sentiments absolus ont tant d'égoïsme.

— Aimes-tu les enfants en voyage? demanda le jeune homme à son ami.

— Oui, s'ils sont sevrés, s'ils se nomment Oscar, et s'ils ont du chocolat.

Ces deux phrases furent échangées à demi-voix pour laisser à Oscar la liberté d'entendre ou de ne pas entendre ; sa contenance allait indiquer au voyageur la mesure de ce qu'il pourrait tenter contre l'enfant pour s'égayer pendant la route. Oscar ne voulut pas avoir entendu. Il regardait autour de lui pour savoir si sa mère, qui pesait sur lui comme un cauchemar, se trouvait encore là, car il se savait trop aimé par elle pour être si promptement quitté. Non-seulement il comparait involontairement la mise de son compagnon de voyage avec la sienne, mais encore il sentait que la toilette de sa mère était pour beaucoup dans le sourire moqueur des deux jeunes gens. — S'ils pouvaient s'en aller, eux? se dit-il.

Hélas! un des deux jeunes gens venait de dire à l'autre, en donnant un léger coup de canne à la roue du cabriolet : — Et tu vas, Georges, confier ton avenir à cette barque fragile.

— Il le faut ! dit Georges d'un air fatal.

Oscar poussa un soupir en remarquant la façon cavalière du chapeau mis sur l'oreille comme pour montrer une magnifique chevelure blonde bien frisée ; tandis qu'il avait, par l'ordre de son beau-père, ses cheveux noirs coupés en brosse sur le front et ras comme ceux des soldats. Le vaniteux enfant montrait une figure ronde et joufflue, animée par les couleurs d'une brillante santé ; tandis que le visage de son compagnon de voyage était long, fin de forme et pâle. Le front de ce jeune homme avait de l'ampleur, et sa poitrine moulait un gilet façon cachemire. En admirant un pantalon collant gris de fer, une redingote à brandebourgs et à olives serrée à la taille, il semblait à Oscar que ce romanesque inconnu, doué de tant d'avantages, abusait envers lui de sa supériorité, de même qu'une femme laide est blessée par le seul aspect d'une belle femme. Le bruit du talon des bottes à fer que l'inconnu faisait un peu trop sonner au goût d'Oscar, lui retentissait jusqu'au cœur. Enfin Oscar était aussi gêné dans ses vêtements faits peut-être à la maison et taillés dans les vieux habits de son beau-père, que cet envié garçon se trouvait à l'aise dans les siens. — Ce gars-là doit avoir quelques dix francs dans son gousset, pensa Oscar. Le jeune homme se retourna. Que devint Oscar en apercevant une chaîne d'or passée autour du cou, et au bout de laquelle se trouvait sans doute une montre d'or. Cet inconnu prit alors aux yeux d'Oscar les proportions d'un personnage. Élevé rue de la Cerisaie depuis 1815, pris et reconduit au collége les jours de congé par son père, Oscar n'avait pas eu d'autres points de comparaison, depuis son âge de puberté, que le pauvre ménage de sa mère. Tenu sévèrement selon le conseil de Moreau, il n'allait pas souvent au spectacle, et il ne s'élevait pas alors plus haut que le théâtre de l'Ambigu-Comique où ses yeux n'apercevaient pas beaucoup d'élégance, si toutefois l'attention qu'un enfant prête au mélodrame lui permet d'examiner la salle. Son beau-père portait encore, selon la mode de l'Empire, sa montre dans le gousset de ses pantalons, et laissait pendre sur son abdomen une grosse chaîne d'or terminée par un paquet de breloques hétéroclites, des cachets, une clef à tête ronde et plate où se voyait un paysage en mosaïque. Oscar, qui regardait ce vieux luxe comme un *nec plus ultra*, fut donc étourdi par cette révélation d'une élégance supérieure et négligente. Ce jeune homme montrait abusivement des gants soignés, et semblait vouloir aveugler Oscar en agitant avec grâce une élégante canne à pomme d'or. Oscar arrivait à ce dernier quartier de l'adolescence où de petites choses font de grandes joies et de grandes misères, où l'on préfère un malheur à une toilette ridicule, où l'amour-propre, en ne s'attachant pas aux grands intérêts de la vie, se prend à des frivolités, à la mise, à l'envie de paraître homme. On se grandit alors, et la jactance est d'autant plus exorbitante qu'elle s'exerce sur des riens; mais si l'on jalouse un sot élégamment vêtu, l'on s'enthousiasme aussi pour le talent, on admire l'homme de génie. Ces défauts, quand ils sont sans racines dans le cœur, accusent l'exubérance de la sève, le luxe de l'imagination. Qu'un enfant de dix-neuf ans, fils unique, tenu sévèrement au logis paternel à cause de l'indigence qui atteint un employé à douze cents francs, mais adoré, et pour qui sa mère s'impose de dures privations, s'émerveille d'un jeune homme de vingt-deux ans, en envie la polonaise à brandebourgs doublée de soie, le gilet en faux cachemire et la cravate passée dans un anneau de mauvais goût, n'est-ce pas des peccadilles commises à tous les étages de la société, par l'inférieur qui jalouse son supérieur? L'homme de génie lui-même obéit à cette première passion. Rousseau de Genève n'a-t-il pas admiré Venture et Bacle? Mais Oscar passa de la peccadille à la faute, il se sentit humilié, il s'en prit à son compagnon de voyage, et il s'éleva dans son cœur un secret désir de lui prouver qu'il le valait bien. Les deux beaux fils se promenaient toujours de la porte aux écuries, des écuries à la porte, allant jusqu'à la rue; et quand ils retournaient, ils regardaient toujours Oscar, tapi dans son coin. Oscar, persuadé que les ricanements des deux jeunes gens le concernaient, affecta la plus profonde indifférence. Il se mit à fredonner le refrain d'une chanson mise alors à la mode par les Libéraux, et qui disait: *C'est la faute à Voltaire, c'est la faute à Rousseau.* Cette attitude le fit sans doute prendre pour un petit clerc d'avoué.

— Tiens, il est peut-être dans les chœurs de l'Opéra, dit le voyageur.

Exaspéré, le pauvre Oscar bondit, leva le dossier et dit à Pierrotin : — Quand partirons-nous?

— Tout à l'heure, répondit le messager qui tenait son fouet à la main et regardait dans la rue d'Enghien.

En ce moment, la scène fut animée par l'arrivée d'un jeune homme accompagné d'un vrai gamin qui se produisirent suivis d'un commissionnaire traînant une voiture à l'aide d'une bricole. Le jeune homme vint parler confidentiellement à Pierrotin qui hocha la tête et se mit à héler son facteur. Le facteur accourut pour aider à décharger la petite voiture qui contenait, outre deux malles, des seaux, des brosses, des boîtes de formes étranges, une infinité de paquets et d'ustensiles que le plus jeune des deux nouveaux voyageurs, monté sur l'impériale, y plaçait, y calait avec

OSCAR HUSSON.
Et quand ils retournaient, ils regardaient toujours Oscar, tapi dans son coin.

UN DÉBUT DANS LA VIE.

MISTIGRIS.

...... Ce joyeux élève en peinture, qu'en style d'atelier on appelle un *rapin*.

UN DÉBUT DANS LA VIE.

tant de célérité, que le pauvre Oscar, souriant à sa mère alors en faction de l'autre côté de la rue, n'aperçut aucun de ces ustensiles qui auraient pu révéler la profession de ces nouveaux compagnons de route. Le gamin, âgé d'environ seize ans, portait une blouse grise serrée par une ceinture de cuir verni. Sa casquette, *crânement* mise en travers sur sa tête, annonçait un caractère rieur, aussi bien que le pittoresque désordre de ses cheveux bruns bouclés, répandus sur ses épaules. Sa cravate de taffetas noir dessinait une ligne noire sur un cou très-blanc, et faisait ressortir encore la vivacité de ses yeux gris. L'animation de sa figure brune, colorée, la tournure de ses lèvres assez fortes, ses oreilles détachées, son nez retroussé, tous les détails de sa physionomie annonçaient l'esprit railleur de Figaro, l'insouciance du jeune âge ; de même que la vivacité de ses gestes, son regard moqueur révélaient une intelligence déjà développée par la pratique d'une profession embrassée de bonne heure. Comme s'il avait déjà quelque valeur morale, cet enfant, fait homme par l'Art ou par la Vocation, paraissait indifférent à la question du costume, car il regardait ses bottes non cirées en ayant l'air de s'en moquer, et son pantalon de simple coutil en y cherchant des taches, moins pour les faire disparaître que pour en voir l'effet.

— Je suis d'un beau ton ! fit-il en se secouant et s'adressant à son compagnon.

Le regard de celui-là révélait une autorité sur cet adepte en qui des yeux exercés auraient reconnu ce joyeux élève en peinture, qu'en style d'atelier on appelle un *rapin*.

— De la tenue, Mistigris ! répondit le maître en lui donnant le surnom que l'atelier lui avait sans doute imposé.

Ce voyageur était un jeune homme mince et pâle, à cheveux noirs, extrêmement abondants, et dans un désordre tout à fait fantasque ; mais cette abondante chevelure semblait nécessaire à une tête énorme dont le vaste front annonçait une intelligence précoce. Le visage tourmenté, trop original pour être laid, était creusé comme si ce singulier jeune homme souffrait, soit d'une maladie chronique, soit des privations imposées par la misère qui est une terrible maladie chronique, soit de chagrins trop récents pour être oubliés. Son habillement, presque analogue à celui de Mistigris, toute proportion gardée, consistait en une méchante redingote usée, mais propre, bien brossée, de couleur vert-américain, un gilet noir, boutonné jusqu'en haut, comme la redingote, et qui laissait à peine voir, autour de son cou, un foulard rouge. Un pantalon noir, aussi usé que la redingote, flottait autour de ses jambes maigres. Enfin des bottes crottées indiquaient qu'il venait à pied et de loin. Par un regard rapide, cet artiste embrassa les profondeurs de l'hôtel du Lion-d'Argent, les écuries, les différents jours, les détails, et il regarda Mistigris qui l'avait imité par un coup d'œil ironique.

— Joli ! dit Mistigris.

— Oui, c'est joli, répéta l'inconnu.

— Nous sommes encore arrivés trop tôt, dit Mistigris. Ne pourrions-nous pas chiquer *une* légume quelconque ? Mon estomac est comme la nature, il abhorre le vide !

— Pouvons-nous aller prendre une tasse de café ? demanda le jeune homme d'une voix douce à Pierrotin.

— Ne soyez pas long-temps, dit Pierrotin.

— Bon, nous avons un quart d'heure, répondit Mistigris en trahissant ainsi le génie d'observation inné chez les rapins de Paris.

Ces deux voyageurs disparurent. Neuf heures sonnèrent alors dans la cuisine de l'hôtel. Georges trouva juste et raisonnable d'apostropher Pierrotin.

— Eh ! mon ami, quand on jouit d'un sabot conditionné comme celui-là, dit-il en frappant avec sa canne sur la roue, on se donne au moins le mérite de l'exactitude. Que diable ! on ne se met pas là-dedans pour son agrément, il faut avoir des affaires diablement pressées pour y confier ses os. Puis cette rosse, que vous appelez Rougeot, ne nous regagnera pas le temps perdu.

— Nous allons vous atteler Bichette pendant que ces deux voyageurs prendront leur café, répondit Pierrotin. Va donc, toi, dit-il au facteur, voir si le père Léger veut s'en venir avec nous....

— Et où est-il, ce père Léger ? fit Georges.

— En face, au numéro 50, il n'a pas trouvé de place dans la voiture de Beaumont, dit Pierrotin à son facteur sans répondre à Georges et en disparaissant pour aller chercher Bichette.

Georges, à qui son ami pressa la main, monta dans la voiture, en y jetant d'abord d'un air important un grand portefeuille qu'il plaça sous le coussin. Il prit le coin opposé à celui que remplissait Oscar.

— Ce père Léger m'inquiète, dit-il.

— On ne peut pas nous ôter nos places, j'ai le numéro un, répondit Oscar.

— Et moi le deux, répondit Georges.

En même temps que Pierrotin paraissait avec Bichette, le facteur apparut remorquant un gros homme du poids de cent vingt kilogrammes, au moins. Le père Léger appartenait au genre du fermier à gros ventre, à dos carré, à queue poudrée, et vêtu d'une petite redingote de toile bleue. Ses guêtres blanches, montant jusqu'au-dessus du genou, y pinçaient des culottes de velours rayé, serrées par des boucles d'argent. Ses souliers ferrés pesaient chacun deux livres. Enfin, il tenait à la main un petit bâton rougeâtre et sec, luisant, à gros bout, attaché par un cordon de cuir autour de son poignet.

— Vous vous appelez le père Léger? dit sérieusement Georges quand le fermier tenta de mettre un de ses pieds sur le marchepied.

— Pour vous servir, dit le fermier en montrant une figure qui ressemblait à celle de Louis XVIII, à fortes bajoues rubicondes, où poindait un nez qui dans toute autre figure eût paru énorme. Ses yeux souriants étaient pressés par des bourrelets de graisse. — Allons, un coup de main, mon garçon, dit-il à Pierrotin.

Le fermier fut hissé par le facteur et par le messager au cri de — Haoup! là! ahé! hisse!... poussé par Georges.

— Oh! je ne vais pas loin, je ne vais que jusqu'à La Cave, dit le fermier en répondant à une plaisanterie par une autre.

En France tout le monde entend la plaisanterie.

— Mettez-vous au fond, dit Pierrotin, vous allez être six.

— Et votre autre cheval? demanda Georges, est-ce comme *un troisième* cheval de poste?

— Voilà, bourgeois, dit Pierrotin.

— Il appelle cet insecte un cheval, fit Georges étonné.

— Oh! il est bon, ce petit cheval-là, dit le fermier qui s'était assis. Salut, messieurs. Allons-nous démarrer, Pierrotin?

— J'ai deux voyageurs qui prennent leur tasse de café, répondit le voiturier.

Le jeune homme à la figure creusée et son page se montrèrent alors.

— Partons! fut un cri général.

— Nous allons partir, répondit Pierrotin. — Allons, démarrons, dit-il au facteur qui ôta les pierres avec lesquelles les roues étaient calées.

Le messager prit la bride de Rougeot, et fit ce cri guttural de kit! kit! pour dire aux deux bêtes de rassembler leurs forces, et quoique notablement engourdies, elles tirèrent la voiture que Pierrotin rangea devant la porte du Lion-d'Argent. Après cette manœuvre purement préparatoire, il regarda dans la rue d'Enghien, et disparut en laissant sa voiture sous la garde du facteur.

— Eh! bien, est-il sujet à ces attaques-là, votre bourgeois? demanda Mistigris au facteur.

— Il est allé reprendre son avoine à l'écurie, répondit l'Auvergnat au fait de toutes les ruses en usage pour faire patienter les voyageurs.

— Après tout, dit Mistigris, *le temps est un grand maigre.*

En ce moment, la mode d'estropier les proverbes régnait dans les ateliers de peinture. C'était un triomphe que de trouver un changement de quelques lettres ou d'un mot à peu près semblable qui laissait au proverbe un sens baroque ou cocasse.

— *Paris n'a pas été bâti dans un four,* répondit le maître.

Pierrotin revint amenant le comte de Sérisy venu par la rue de l'Échiquier, et avec qui sans doute il avait eu quelques minutes de conversation.

— Père Léger, voulez-vous donner votre place à monsieur le comte? ma voiture serait chargée plus également.

— Et nous ne partirons pas dans une heure, si vous continuez, dit Georges. Il va falloir ôter cette infernale barre que nous avons eu tant de peine à mettre, et tout le monde devra descendre pour un voyageur qui vient le dernier. Chacun a droit à la place qu'il a retenue, quelle est celle de monsieur? Voyons, faites l'appel? Avez-vous une feuille, avez-vous un registre? Quelle est la place de monsieur Lecomte, comte de quoi?

— Monsieur le comte... dit Pierrotin visiblement embarrassé, vous serez mal.

— Vous ne saviez donc pas votre compte? demanda Mistigris. *Les bons comtes font les bons tamis.*

— Mistigris, de la tenue, s'écria gravement son maître.

Monsieur de Sérisy fut évidemment pris par tous les voyageurs pour un bourgeois qui s'appelait Lecomte.

— Ne dérangez personne, dit le comte à Pierrotin, je me mettrai près de vous sur le devant.

— Allons, Mistigris, dit le jeune homme au rapin, souviens-toi du respect que tu dois à la vieillesse? tu ne sais pas combien tu peux être affreusement vieux, *les voyages déforment la jeunesse*, ainsi cède ta place à monsieur.

Mistigris ouvrit le devant du cabriolet et sauta par terre avec la rapidité d'une grenouille qui s'élance à l'eau.

— Vous ne pouvez pas être un lapin, auguste vieillard, dit-il à monsieur de Sérisy.

— Mistigris, *Les Arts sont l'ami de l'homme*, lui répondit son maître.

— Je vous remercie, monsieur, dit le comte au maître de Mistigris qui devint ainsi son voisin.

Et l'homme d'État jeta sur le fond de la voiture un coup d'œil sagace qui offensa beaucoup Oscar et Georges.

— Nous sommes en retard d'une heure un quart, dit Oscar.

— Quand on veut être maître d'une voiture, on arrête toutes les places, fit observer Georges.

Désormais sûr de son incognito, le comte de Sérisy ne répondit rien à ces observations, et prit l'air d'un bourgeois débonnaire.

— Vous seriez en retard, ne seriez-vous pas bien aise qu'on vous eût attendus? dit le fermier aux deux jeunes gens.

Pierrotin regardait vers la porte Saint-Denis en tenant son fouet, et il hésitait à monter sur la dure banquette où frétillait Mistigris.

— Si vous attendez quelqu'un, dit alors le comte, je ne suis pas le dernier.

— J'approuve ce raisonnement, dit Mistigris.

Georges et Oscar se mirent à rire assez insolemment.

— Le vieillard n'est pas fort, dit Georges à Oscar que cette apparence de liaison avec Georges enchanta.

Quand Pierrotin fut assis à droite sur son siége, il se pencha pour regarder en arrière sans pouvoir trouver dans la foule les deux voyageurs qui lui manquaient pour être à son grand complet.

— Parbleu! deux voyageurs de plus ne me feraient pas de mal.

— Je n'ai pas payé, je descends, dit Georges effrayé.

— Et qu'attends-tu, Pierrotin? dit le père Léger.

Pierrotin cria un certain hi! dans lequel Bichette et Rougeot reconnaissaient une résolution définitive, et les deux chevaux s'éancèrent vers la montée du faubourg d'un pas accéléré qui devait bientôt se ralentir.

Le comte avait une figure entièrement rouge, mais d'un rouge ardent sur lequel se détachaient quelques portions enflammées, et que sa chevelure entièrement blanche mettait en relief. A d'autres qu'à des jeunes gens, ce teint eût révélé l'inflammation constante du sang produite par d'immenses travaux. Ces bourgeons nuisaient tellement à l'air noble du comte, qu'il fallait un examen attentif pour retrouver dans ses yeux verts la finesse du magistrat, la profondeur du politique et la science du législateur. La figure était plate, le nez semblait avoir été déprimé. Le chapeau cachait la grâce et la beauté du front. Enfin il y avait de quoi faire rire cette jeunesse insouciante dans le bizarre contraste d'une chevelure d'un blanc d'argent avec des sourcils gros, touffus, restés noirs. Le comte, qui portait une longue redingote bleue, boutonnée militairement jusqu'en haut, avait une cravate blanche autour du cou, du coton dans les oreilles, et un col de chemise assez ample qui dessinait sur chaque joue un carré blanc. Son pantalon noir enveloppait ses bottes dont le bout paraissait à peine. Il n'avait point de décoration à sa boutonnière, enfin ses gants de daim lui cachaient les mains. Certes, pour des jeunes gens, rien ne trahissait dans cet homme un pair de France, un des hommes les plus utiles au pays. Le père Léger n'avait jamais vu le comte, qui, de son côté, ne le connaissait que de nom. Si le comte, en montant en voiture, y jeta le perspicace coup d'œil qui venait de choquer Oscar et Georges, il y cherchait le clerc de son notaire pour lui recommander le plus profond silence, dans le cas où il eût été forcé comme lui de prendre la voiture à Pierrotin ; mais rassuré par la tournure d'Oscar, par celle du père Léger et surtout par l'air quasi-militaire, par les moustaches et les façons de chevalier d'industrie qui distinguaient Georges, il pensa que son billet était arrivé sans doute à temps chez maître Alexandre Crottat.

— Père Léger, dit Pierrotin en atteignant la rude montée du faubourg Saint-Denis à la rue de la Fidélité, descendons, hein !

— Je descends aussi, dit le comte en entendant ce nom, il faut soulager vos chevaux.

— Ah ! si nous allons ainsi, nous ferons quatorze lieues en quinze jours, s'écria Georges.

— Est-ce ma faute ? dit Pierrotin, un voyageur veut descendre.

— Dix louis pour toi, si tu me gardes fidèlement le secret que je t'ai demandé, dit à voix basse le comte en prenant Pierrotin par le bras.

— Oh! mes mille francs, se dit Pierrotin en lui-même après avoir fait à monsieur de Sérisy un clignement d'yeux qui signifiait : Comptez sur moi!

Oscar et Georges restèrent dans la voiture.

— Écoutez, Pierrotin, puisque Pierrotin il y a, s'écria Georges quand après la montée les voyageurs furent replacés; si vous deviez ne pas aller mieux que cela, dites-le? je paie ma place et je prends un bidet à Saint-Denis, car j'ai des affaires importantes qu seraient compromises par un retard.

— Oh! il ira bien, répondit le père Léger. Et d'ailleurs la route n'est pas large.

— Jamais je ne suis plus d'une demi-heure en retard, répliqua Pierrotin.

— Enfin, vous ne brouettez pas le pape, n'est-ce pas? dit Georges, ainsi, marchez!

— Vous ne devez pas de préférence, et si vous craignez de trop caboter monsieur, dit Mistigris en montrant le comte, ça n'est pas bien.

— Tous les voyageurs sont égaux devant le coucou, comme les Français devant la Charte, dit Georges.

— Soyez tranquille, dit le père Léger, nous arriverons bien à la Chapelle avant midi.

La Chapelle est le village contigu à la barrière Saint-Denis.

Tous ceux qui ont voyagé savent que les personnes, réunies par le hasard dans une voiture, ne se mettent pas immédiatement en rapport; et, à moins de circonstances rares, elles ne causent qu'après avoir fait un peu de chemin. Ce temps de silence est pris aussi bien par un examen mutuel, que par la prise de possession de la place où l'on se trouve; les âmes ont tout autant besoin que le corps de se rasseoir. Quand chacun croit avoir pénétré l'âge vrai, la profession, le caractère de ses compagnons, le plus causeur commence alors, et la conversation s'engage avec d'autant plus de chaleur, que tout le monde a senti le besoin d'embellir le voyage et d'en charmer les ennuis. Les choses se passent ainsi dans les voitures françaises. Chez les autres nations, les mœurs sont bien différentes. Les Anglais mettent leur orgueil à ne pas desserrer les dents, l'Allemand est triste en voiture, et les Italiens sont trop prudents pour causer; les Espagnols n'ont plus guère de diligences, et les Russes n'ont point de routes. On ne s'amuse donc que dans les lourdes voitures de France, dans ce pays si babillard, si indiscret, où tout le monde est empressé de rire et de montrer son esprit, où la raillerie anime tout, depuis les misères des basses classes jusqu'aux graves intérêts des gros bourgeois. La Police y bride d'ailleurs peu la langue, et la Tribune y a mis la discussion à la mode. Quand un jeune homme de vingt-deux ans, comme celui qui se cachait sous le nom de Georges, a de l'esprit, il est excessivement porté, surtout dans la situation présente, à en abuser. D'abord, Georges eut bientôt décrété qu'il était l'être supérieur de cette réunion. Il vit un manufacturier de second ordre dans le comte qu'il prit pour un coutelier, un gringalet dans le garçon minable accompagné de Mistigris, un petit niais dans Oscar, et dans le gros fermier une excellente nature à mystifier. Après avoir pris ainsi ses mesures, il résolut de s'amuser aux dépens de ses compagnons de voyage.

— Voyons, se dit-il pendant que le coucou de Pierrotin descendait de la Chapelle pour s'élancer sur la plaine Saint-Denis, me ferai-je passer pour être Étienne ou Béranger?... non, ces cocos-là sont gens à ne connaître ni l'un ni l'autre. Carbonaro?... Diable! je pourrais me faire empoigner. Si j'étais un des fils du maréchal Ney?... Bah! qu'est-ce que je leur dirais? l'exécution de mon père. Ça ne serait pas drôle. Si je revenais du Champ-d'Asile?.... ils pourraient me prendre pour un espion, ils se défieraient de moi. Soyons un prince russe déguisé, je vais leur faire avaler de fameux détails sur l'empereur Alexandre... Si je prétendais être Cousin, professeur de philosophie?... oh! comme je pourrais les entortiller! Non, le gringalet à chevelure ébouriffée m'a l'air d'avoir traîné ses guêtres aux Cours de la Sorbonne. Pourquoi n'ai-je pas songé plus tôt à les faire aller? j'imite si bien les Anglais, je me serais posé en lord Byron, voyageant incognito... Sacristi! j'ai manqué mon coup. Être fils du bourreau?... Voilà une crâne idée pour se faire faire de la place à déjeuner. Oh! bon, j'aurai commandé les troupes d'Ali, pacha de Janina!....

Pendant ce monologue, la voiture roulait dans les flots de poussière qui s'élèvent incessamment des bas-côtés de cette route si battue.

— Quelle poussière! dit Mistigris.

— Henri IV est mort, lui repartit vivement son compagnon. Encore si tu disais qu'elle sent la vanille, tu émettrais une opinion nouvelle.

— Vous croyez rire, répondit Mistigris, eh! bien, ça rappelle par moments la vanille.

— Dans le Levant.... dit Georges en voulant entamer une histoire.

— Dans le vent, fit le maître à Mistigris en interrompant Georges.

— Je dis dans le Levant d'où je reviens, reprit Georges, la poussière sent très-bon; mais ici, elle ne sent quelque chose que quand il se rencontre un dépôt de poudrette comme celui-ci !

— Monsieur vient du Levant? dit Mistigris d'un air narquois.

— Tu vois bien que monsieur est si fatigué qu'il s'est mis sur le Ponant, lui répondit son maître.

— Vous n'êtes pas très-bruni par le soleil, dit Mistigris.

— Oh! je sors de mon lit après une maladie de trois mois, dont le germe était, disent les médecins, une peste rentrée.

— Vous avez eu la peste! s'écria le comte en faisant un geste d'effroi. Pierrotin, arrêtez?

— Allez, Pierrotin, répéta Mistigris. On vous dit qu'elle est rentrée, la peste, dit-il en interpellant monsieur de Sérisy. C'est une peste qui passe en conversation.

— Une peste de celles dont on dit : Peste ! s'écria le maître.

— Ou : Peste soit du bourgeois ! reprit Mistigris.

— Mistigris! reprit le maître, je vous mets à pied si vous vous faites des affaires. Ainsi, dit-il en se tournant vers Georges, monsieur est allé dans l'Orient?

— Oui, monsieur, d'abord en Égypte, et puis en Grèce où j'ai servi Ali, pacha de Janina, avec qui j'ai eu une terrible prise de bec. — On ne résiste pas à ces climats-là. — Aussi les émotions de tout genre que donne la vie orientale m'ont-elles désorganisé le foie.

— Ah! vous avez servi? dit le gros fermier. Quel âge avez-vous donc?

— J'ai vingt-neuf ans, reprit Georges que tous les voyageurs regardèrent. A dix-huit ans, je suis parti simple soldat pour la fameuse campagne de 1813; mais je n'ai vu que le combat d'Hanau et j'y ai gagné le grade de sergent-major. En France, à Montereau, je fus nommé sous-lieutenant, et j'ai été décoré par... (il n'y a pas de mouchards?) par l'Empereur.

— Vous êtes décoré, dit Oscar, et vous ne portez pas la croix?

— La croix de ceux-ci?... bonsoir. Quel est d'ailleurs l'homme comme il faut qui porte ses décorations en voyage? Voilà monsieur, dit-il en montrant le comte de Sérisy, je parie tout ce que vous voudrez...

— Parier tout ce qu'on voudra, c'est en France une manière de ne rien parier du tout, dit le maître à Mistigris.

— Je parie tout ce que vous voudrez, reprit Georges avec affectation, que ce monsieur est couvert de crachats.

— J'ai, répondit en riant le comte de Sérisy, celui de Grand'-croix de la Légion-d'Honneur, celui de Saint-André de Russie, celui de l'Aigle de Prusse, celui de l'Annonciade de Sardaigne, et la Toison-d'Or.

— Excusez du peu, dit Mistigris. Et tout ça va en coucou?

— Ah! il va bien, le bonhomme couleur de brique, dit Georges à l'oreille d'Oscar. Hein! qu'est-ce que je vous disais? reprit-il à haute voix. Moi, je ne le cache pas, j'adore l'Empereur...

— Je l'ai servi, dit le comte.

— Quel homme! n'est-ce pas? s'écria Georges.

— Un homme à qui j'ai bien des obligations, répondit le comte d'un air niais très-bien joué.

— Vos croix?... dit Mistigris.

— Et combien il prenait de tabac! reprit monsieur de Sérisy.

— Oh! il le prenait dans ses poches, à même, dit Georges.

— On m'a dit cela, demanda le père Léger d'un air presque incrédule.

— Mais bien plus, il chiquait et fumait, reprit Georges. Je l'ai vu fumant, et d'une drôle de manière, à Waterloo, quand le maréchal Soult l'a pris à bras le corps et l'a jeté dans sa voiture, au moment où il avait empoigné un fusil et allait charger les Anglais!...

— Vous étiez à Waterloo? fit Oscar dont les yeux s'écarquillaient.

— Oui, jeune homme, j'ai fait la campagne de 1815. J'étais capitaine à Mont-Saint-Jean, et je me suis retiré sur la Loire, quand on nous a licenciés. Ma foi, la France me dégoûtait, et je n'ai pas pu y tenir. Non, je me serais fait empoigner. Aussi me suis-je en allé avec deux ou trois lurons, Selves, Besson et autres, qui sont à cette heure en Égypte, au service du pacha Mohammed, un drôle de corps, allez! Jadis simple marchand de tabac à la Cavalle, il est en train de se faire prince souverain. Vous l'avez vu dans le tableau d'Horace Vernet, le massacre des mamelucks. Quel bel homme! Moi je n'ai pas voulu quitter la religion de mes pères et embrasser l'islamisme, d'autant plus que l'abjuration exige une opération chirurgicale de laquelle je ne me soucie pas du tout. Puis, personne n'estime un renégat. Ah! si l'on m'avait offert cent mille francs de rentes, peut-être... et encore?... non. Le Pacha me fit donner mille thalaris de gratification.

— Qu'est-ce que c'est? dit Oscar qui écoutait Georges de toutes ses oreilles.

— Oh! pas grand'chose. Le thalaris est comme qui dirait une pièce de cent sous. Et, ma foi, je n'ai pas gagné la rente des vices que j'ai contractés dans ce tonnerre de Dieu de pays-là, si toutefois c'est un pays. Je ne puis plus maintenant me passer de fumer le narguilé deux fois par jour, et c'est cher...

— Et comment est donc l'Égypte? demanda monsieur de Sérisy.

— L'Égypte, c'est tout sables, répondit Georges sans se déferrer. Il n'y a de vert que la vallée du Nil. Tracez une ligne verte sur une feuille de papier jaune, voilà l'Égypte. Par exemple, les Égyptiens, les fellahs ont sur nous un avantage, il n'y a point de gendarmes. Oh! vous feriez toute l'Égypte, vous n'en verriez pas un.

— Je suppose qu'il y a beaucoup d'Égyptiens, dit Mistigris.

— Pas tant que vous le croyez, reprit Georges, il y a beaucoup plus d'Abyssins, de Giaours, de Véchabites, de Bédouins et de Cophtes... Enfin, tous ces animaux-là sont si peu divertissants que je me suis trouvé très-heureux de m'embarquer sur une polacre génoise qui devait aller charger aux îles Ioniennes de la poudre et des munitions pour Ali de Tébélen. Vous savez? les Anglais vendent de la poudre et des munitions à tout le monde, aux Turcs, aux Grecs, au diable, si le diable avait de l'argent. Ainsi, de Zante nous devions aller sur la côte de Grèce en louvoyant. Tel que vous me voyez, mon nom de Georges est fameux dans ces pays-là. Je suis le petit-fils de ce fameux Czerni-Georges qui a fait la guerre à la Porte, et qui malheureusement au lieu de l'enfoncer s'est enfoncé lui-même. Son fils s'est réfugié dans la maison du consul français de Smyrne, et il est venu mourir à Paris en

1792, laissant ma mère grosse de moi, son septième enfant. Nos trésors ont été volés par un des amis de mon grand-père, en sorte que nous étions ruinés. Ma mère, qui vivait du produit de ses diamants vendus un à un, a épousé en 1799 monsieur Yung, mon beau-père, un fournisseur. Mais ma mère est morte, je me suis brouillé avec mon beau-père qui, entre nous, est un gredin ; il vit encore, mais nous ne nous voyons point. Ce chinois-là nous a laissés tous les sept sans nous dire : — Es-tu chien ? es-tu loup ? Voilà comment, de désespoir, je suis parti en 1813 simple conscrit... Vous ne sauriez croire avec quelle joie ce vieux Ali de Tébélen a reçu le petit-fils de Czerni-Georges. Ici, je me fais appeler simplement Georges. Le pacha m'a donné un sérail...

— Vous avez eu un sérail ? dit Oscar.

— Étiez-vous pacha à beaucoup de queues ? demanda Mistigris.

— Comment ne savez-vous pas, reprit Georges, qu'il n'y a que le sultan qui fasse des pachas, et que mon ami Tébélen, car nous étions amis comme Bourbons, se révoltait contre le Padischa ! Vous savez, ou vous ne savez pas, que le vrai nom du Grand-Seigneur est Padischa, et non pas Grand-Turc ou Sultan. Ne croyez pas que ce soit grand'chose, un sérail. Autant avoir un troupeau de chèvres. Ces femmes-là sont bien bêtes, et j'aime cent fois mieux les grisettes de la Chaumière, à Mont-Parnasse.

— C'est plus près, dit le comte de Sérisy.

— Les femmes de sérail ne savent pas un mot de français, et la langue est indispensable pour s'entendre. Ali m'a donné cinq femmes légitimes et dix esclaves. A Janina, c'est comme si je n'avais rien eu. Dans l'Orient, voyez-vous, avoir des femmes, c'est très-mauvais genre, on en a comme nous avons ici Voltaire et Rousseau ; mais qui jamais ouvre son Voltaire ou son Rousseau ? personne. Et cependant le grand genre est d'être jaloux. On coud une femme dans un sac et on la jette à l'eau sur un simple soupçon, d'après un article de leur code.

— En avez-vous jeté ? demanda le fermier.

— Moi, fi donc, un Français ! je les ai aimées.

Là-dessus Georges refrisa, retroussa ses moustaches et prit un air rêveur. On entrait à Saint-Denis où Pierrotin s'arrêta devant la porte de l'aubergiste qui vend les célèbres talmouses et où tous les voyageurs descendent. Intrigué par les apparences de vérité mêlées aux plaisanteries de Georges, le comte remonta promptement dans la voiture, regarda sous le coussin le portefeuille que Pierrotin lui dit y avoir été mis par ce personnage énigmatique, et lut en lettres dorées : « Maître Crottat, notaire. » Aussitôt le comte se permit d'ouvrir le portefeuille, en craignant avec raison que le père Léger ne fût pris d'une curiosité semblable ; il en ôta l'acte qui concernait la ferme des Moulineaux, le plia, le mit dans sa poche de côté de sa redingote et revint examiner les voyageurs.

— Ce Georges est tout bonnement le second clerc de Crottat. Je ferai mes compliments à son patron, qui devait m'envoyer son premier clerc, se dit-il.

A l'air respectueux du père Léger et d'Oscar, Georges comprit qu'il avait en eux deux fervents admirateurs ; il se posa naturellement en grand seigneur, il leur paya des talmouses et un verre de vin d'Alicante, ainsi qu'à Mistigris et à son maître, en profitant de cette largesse pour demander leurs noms.

— Oh ! monsieur, dit le patron de Mistigris, je ne suis pas doué d'un nom illustre comme le vôtre, je ne reviens pas d'Asie...

En ce moment le comte, qui s'était empressé de rentrer dans l'immense cuisine de l'aubergiste, afin de ne donner aucun soupçon sur sa découverte, put écouter la fin de cette réponse.

— ...Je suis tout bonnement un pauvre peintre qui reviens de Rome où je suis allé aux frais du gouvernement, après avoir remporté le grand prix, il y a cinq ans. Je me nomme Schinner...

— Hé ! bourgeois, peut-on vous offrir un verre d'Alicante et des talmouses ? dit Georges au comte.

— Merci, dit le comte, je ne sors jamais sans avoir pris ma tasse de café à la crème.

— Et vous ne mangez rien entre vos repas ? Comme c'est Marais, place Royale et île Saint-Louis ! dit Georges. Quand il a blagué tout à l'heure sur ses croix, je le croyais plus fort qu'il n'est, dit-il à voix basse au peintre ; mais nous le remettrons sur ses décorations, ce petit fabricant de chandelles. — Allons, mon brave, dit-il à Oscar, humez-moi le verre versé pour l'épicier, ça vous fera pousser des moustaches.

Oscar voulut faire l'homme, il but le second verre et mangea trois autres talmouses.

— Bon vin, dit le père Léger en faisant claquer sa langue contre son palais.

— Il est d'autant meilleur, dit Georges, qu'il vient de Bercy ! Je suis allé à Alicante, et, voyez-vous, c'est du vin de ce pays-là comme mon bras ressemble à un moulin à vent. Nos vins factices sont bien meilleurs que les vins naturels. — Allons, Pierrotin, un verre ?... Hein ! c'est bien dommage que vos chevaux ne puissent pas en siffler chacun un, nous irions mieux.

— Oh ! c'est pas la peine, j'ai déjà un cheval gris, dit Pierrotin en montrant Bichette.

En entendant ce vulgaire calembour, Oscar trouva Pierrotin un garçon prodigieux.

— En route ! Ce mot de Pierrotin retentit au milieu d'un claquement de fouet, quand les voyageurs se furent emboîtés. Il était alors onze heures. Le temps un peu couvert se leva, le vent du haut chassa les nuages, le bleu de l'éther brilla par places ; aussi quand la voiture à Pierrotin s'élança dans le petit ruban de route qui sépare Saint-Denis de Pierrefitte, le soleil avait-il achevé de boire les dernières vapeurs fines dont le voile diaphane enveloppait les fameux paysages de cette région.

— Eh ! bien, pourquoi donc avez-vous quitté votre ami le pacha ? dit le père Léger à Georges.

— C'était un singulier polisson, répondit Georges d'un air qui cachait bien des mystères. Figurez-vous, il me donne sa cavalerie à commander !... très-bien.

— Ah ! voilà pourquoi il a des éperons, pensa le pauvre Oscar.

— De mon temps, Ali de Tébélen avait à se dépêtrer de Chosrew-Pacha, encore un drôle de pistolet ! Vous le nommez ici Chaureff, mais son nom en turc se prononce Cossereu. Vous avez dû lire autrefois dans les journaux que le vieil Ali a rossé Chosrew, et solidement. Eh ! bien, sans moi, Ali de Tébélen eût été frit quelques jours plus promptement. J'étais à l'aile droite et je vois Chosrew, un vieux finaud qui vous enfonce notre centre... oh ! là ! raide et par un beau mouvement à la Murat. Bon ! Je prends mon temps, je fais une charge à fond de train et coupe en deux la colonne de Chosrew, qui avait dépassé le centre et qui restait à découvert. Vous comprenez... Ah ! dame, après l'affaire, Ali m'embrassa.....

— Ça se fait en Orient? dit le comte de Sérisy d'un air goguenard.

— Oui, monsieur, reprit le peintre, ça se fait partout.

— Nous avons ramené Chosrew pendant trente lieues de pays... comme à une chasse, quoi ! reprit Georges. C'est des cavaliers finis, les Turcs. Ali m'a donné des yatagans, des fusils et des sabres !... en veux-tu, en voilà. De retour dans sa capitale, ce satané farceur m'a fait des propositions qui ne me convenaient pas du tout. Ces Orientaux sont drôles, quand ils ont une idée.!. Ali voulait que je fusse son favori, son héritier. Moi, j'avais assez de cette vie-là ; car, après tout, Ali de Tébélen était en rébellion avec la Porte, et je jugeai convenable de la prendre, la porte. Mais je rends justice à monsieur de Tébélen, il m'a comblé de présents : des diamants, dix mille thalaris, mille pièces d'or, une belle Grecque pour groom, un petit Arnaute pour compagne, et un cheval arabe. Allez, Ali pacha de Janina est un homme incompris, il lui faudrait un historien. Il n'y a qu'en Orient qu'on rencontre de ces âmes de bronze, qui pendant vingt ans font tout pour pouvoir venger une offense un beau matin. D'abord il avait la plus belle barbe blanche qu'on puisse voir, une figure dure, sévère...

— Mais qu'avez-vous fait de vos trésors ? dit le père Léger.

— Ah ! voilà. Ces gens-là n'ont pas de Grand-Livre ni de Banque de France, j'emportai donc mes bigallions sur une tartane grecque qui fut pincée par le Capitan-Pacha lui-même ! Tel que vous me voyez, j'ai failli être empalé à Smyrne. Oui, ma foi, sans monsieur de Rivière, l'ambassadeur, qui s'y trouvait, on me prenait pour un complice d'Ali-Pacha. J'ai sauvé ma tête, afin de parler honnêtement ; mais les dix mille thalaris, les mille pièces d'or, les armes, oh ! tout a été bu par le *soifard* trésor du Capitan-Pacha. Ma position était d'autant plus difficile que ce Capitan-Pacha n'était autre que Chosrew. Depuis sa rincée, le drôle avait obtenu cette place, qui équivaut à celle de grand amiral en France.

— Mais il était dans la cavalerie, à ce qu'il paraît, dit le père Léger qui suivait avec attention le récit de Georges.

— Oh ! comme on voit bien que l'Orient est peu connu dans le département de Seine-et-Oise ! s'écria Georges. Monsieur, voilà les Turcs : vous êtes fermier, le Padischa vous nomme maréchal ; si vous ne remplissez pas vos fonctions à sa satisfaction, tant pis pour vous, on vous coupe la tête ; c'est sa manière de destituer les fonctionnaires. Un jardinier passe préfet, et un premier ministre redevient tchiaoux. Les Ottomans ne connaissent point les lois sur l'avancement ni la hiérarchie ! De cavalier, Chosrew était devenu marin. Le Padischah Mahmoud l'avait chargé de prendre Ali par mer, et il s'est en effet rendu maître de lui, mais assisté par les Anglais, qui ont eu la bonne part, les gueux! ils ont mis la main sur les trésors. Ce Chosrew, qui n'avait pas oublié la leçon d'équitation que je lui avais donnée, me reconnut. Vous comprenez que mon affaire était faite, oh! raide! si je n'avais pas eu l'idée de me réclamer en qualité de Français et de troubadour auprès de monsieur de Rivière. L'ambassadeur, enchanté de se montrer, demanda ma liberté. Les Turcs ont cela de bon dans le caractère, qu'ils vous laissent aussi bien aller qu'ils vous coupent la tête, ils sont indifférents à tout. Le consul de France, un charmant homme, ami de Chosrew, me fit restituer deux mille thalaris; aussi son nom, je puis le dire, est-il gravé dans mon cœur...

— Vous le nommez? demanda monsieur de Sérisy.

Monsieur de Sérisy laissa voir sur sa figure quelques marques d'étonnement quand Georges lui dit effectivement le nom d'un de nos plus remarquables consuls-généraux qui se trouvait alors à Smyrne.

— J'assistai, par parenthèse, à l'exécution du commandant de Smyrne, que le Padischa avait ordonné à Chosrew de mettre à mort, une des choses les plus curieuses que j'aie vues, quoique j'en aie beaucoup vu, je vous la raconterai tout à l'heure en déjeunant. De Smyrne, je passai en Espagne, en apprenant qu'il s'y faisait une révolution. Oh! je suis allé droit à Mina, qui m'a pris pour aide-de-camp, et m'a donné le grade de colonel. Je me suis battu pour la cause constitutionnelle qui va succomber, car nous allons entrer en Espagne un de ces jours.

— Et vous êtes officier français? dit sévèrement le comte de Sérisy. Vous comptez bien sur la discrétion de ceux qui vous écoutent.

— Mais il n'y a pas de mouchards, dit Georges.

— Vous ne songez donc pas, colonel Georges, dit le comte, qu'en ce moment on juge à la Cour des pairs une conspiration qui rend le gouvernement très-sévère à l'égard des militaires qui portent les armes contre la France, et qui nouent des intrigues à l'étranger dans le dessein de renverser nos souverains légitimes...

Sur cette terrible observation, le peintre devint rouge jusqu'aux oreilles, et regarda Mistigris qui parut interdit.

— Eh! bien? dit le père Léger, après?

— Si, par exemple, j'étais magistrat, mon devoir ne serait-il pas, répondit le comte, de faire arrêter l'aide-de-camp de Mina par les gendarmes de la brigade de Pierrefitte, et d'assigner comme témoins tous les voyageurs qui sont dans la voiture....

Ces paroles coupèrent d'autant mieux la parole à Georges qu'on arrivait devant la brigade de gendarmerie, dont le drapeau blanc flottait, en termes classiques, au gré du zéphyr.

— Vous avez trop de décorations pour vous permettre une pareille lâcheté, dit Oscar.

— Nous allons le repincer, dit Georges à l'oreille d'Oscar.

— Colonel, s'écria Léger que la sortie du comte de Sérisy oppressait et qui voulait changer de conversation, dans les pays où vous êtes allé, comment ces gens-là cultivent-ils? Quels sont leurs assolements?

— D'abord, vous comprenez, mon brave, que ces gens-là sont trop occupés de fumer eux-mêmes pour fumer leurs terres... (Le comte ne put s'empêcher de sourire. Ce sourire rassura le narrateur.) ... Mais ils ont une façon de cultiver qui va vous sembler drôle. Ils ne cultivent pas du tout, voilà leur manière de cultiver. Les Turcs, les Grecs, ça mange des oignons ou du riz... Ils recueillent l'opium de leurs coquelicots, qui leur donne de grands revenus ; et puis ils ont le tabac, qui croît spontanément, le fameux Lattaqui! puis les dattes! un tas de sucreries qui croissent sans culture. C'est un pays plein de ressources et de commerce. On fait beaucoup de tapis à Smyrne, et pas chers.

— Mais, dit Léger, si les tapis sont en laine, elle ne vient que des moutons; et pour avoir des moutons, il faut des prairies, des fermes, une culture...

— Il doit bien y avoir quelque chose qui ressemble à cela, répondit Georges; mais le riz vient dans l'eau, d'abord; puis, moi, j'ai toujours longé les côtes et je n'ai vu que des pays ravagés par la guerre. D'ailleurs, j'ai la plus profonde aversion pour la statistique.

— Et les impôts? dit le père Léger.

— Ah! les impôts sont lourds. On leur prend tout, mais on leur laisse le reste. Frappé des avantages de ce système, le pacha d'Égypte était en train d'organiser son administration sur ce pied-là, quand je l'ai quitté.

— Mais comment..... dit le père Léger qui ne comprenait plus rien.

— Comment?... reprit Georges. Mais il a des agents qui prennent les récoltes, en laissant aux fellahs juste de quoi vivre. Aussi, dans ce système-là, point de paperasses ni de bureaucratie, la plaie de la France... Ah! voilà!...

— Mais en vertu de quoi? dit le fermier.

— C'est un pays de despotisme, voilà tout. Ne savez-vous pas la belle définition donnée par Montesquieu du despotisme : « Comme le sauvage, il coupe l'arbre par le pied pour en avoir les fruits... »

— Et l'on veut nous ramener là, dit Mistigris; mais *chaque échaudé craint l'eau froide.*

— Et on y viendra, s'écria le comte de Sérisy. Aussi ceux qui ont des terres feront-ils bien de les vendre. Monsieur Schinner a dû voir de quel train toutes ces choses-là reviennent en Italie.

— *Corpo di Bacco,* le pape n'y va pas de main morte! reprit Schinner. Mais on y est fait. Les Italiens sont un si bon peuple! Pourvu qu'on les laisse un peu assassiner les voyageurs sur les routes, ils sont contents.

— Mais, reprit le comte, vous ne portez pas non plus la décoration de la Légion-d'Honneur que vous avez obtenue en 1819, c'est donc une mode générale?

Mistigris et le faux Schinner rougirent jusqu'aux oreilles.

— Moi! c'est différent, reprit Schinner, je ne voudrais pas être reconnu. Ne me trahissez pas, monsieur. Je suis censé être un petit peintre sans conséquence, je passe pour un décorateur. Je vais dans un château où je ne dois exciter aucun soupçon.

— Ah! fit le comte, une bonne fortune, une intrigue?... Oh! vous êtes bien heureux d'être jeune....

Oscar, qui crevait dans sa peau de n'être rien et de n'avoir rien à dire, regardait le colonel Czerni-Georges, le grand peintre Schinner, et il cherchait à se métamorphoser en quelque chose. Mais que pouvait être un garçon de dix-neuf ans, qu'on envoyait pendant quinze à vingt jours à la campagne, chez le régisseur de Presles? Le vin d'Alicante lui montait à la tête, et son amour-propre lui faisait bouillonner le sang dans les veines; aussi, lorsque le fameux Schinner laissa deviner une aventure romanesque dont le bonheur devait être aussi grand que le danger, attacha-t-il sur lui des yeux pétillants de rage et d'envie.

— Ah! dit le comte d'un air envieux et crédule, il faut bien aimer une femme pour lui faire de si énormes sacrifices....

— Quels sacrifices?... fit Mistigris.

— Ne savez-vous donc pas, mon petit ami, qu'un plafond peint par un si grand maître se couvre d'or? répondit le comte. Voyons? Si la Liste civile vous paye trente mille francs ceux de deux salles au Louvre, reprit-il en regardant Schinner; pour un bourgeois, comme vous dites de nous dans vos ateliers, un plafond vaut bien vingt mille francs; or, à peine en donnera-t-on deux mille à un décorateur obscur.

— L'argent de moins n'est pas la plus grande perte, répondit Mistigris. Songez donc que ce sera certes un chef-d'œuvre, et qu'il ne faut pas le signer pour ne point *la* compromettre!

— Ah! je rendrais bien toutes mes croix aux souverains de l'Europe pour être aimé comme l'est un jeune homme à qui l'amour inspire de tels dévouements! s'écria monsieur de Sérisy.

— Ah! voilà, fit Mistigris, on est jeune, on est aimé! on a des femmes, et comme on dit : *abondance de chiens ne nuit pas.*

— Et que dit de cela madame Schinner? reprit le comte, car vous avez épousé par amour la belle Adélaïde de Rouville, la protégée du vieil amiral de Kergarouet, qui vous a fait obtenir vos plafonds au Louvre par son neveu, le comte de Fontaine.

— Est-ce qu'un grand peintre est jamais marié en voyage? fit observer Mistigris.

— Voilà donc la morale des ateliers?... s'écria niaisement le comte de Sérisy.

— La morale des cours où vous avez eu vos décorations est-elle meilleure? dit Schinner qui recouvra son sang-froid un moment troublé par la connaissance que le comte annonçait avoir des commandes faites à Schinner.

— Je n'en ai pas demandé une seule, répondit le comte, et je crois les avoir toutes loyalement gagnées.

— Et ça vous va *comme un notaire sur une jambe de bois,* répliqua Mistigris.

Monsieur de Sérisy ne voulut pas se trahir, il prit un air de bonhomie en regardant la vallée de Groslay qui se découvre en prenant à la Patte-d'Oie le chemin de Saint-Brice, et laissant sur la droite celui de Chantilly.

— Attrape, dit en grommelant Oscar.

— Est-ce aussi beau qu'on le prétend, Rome? demanda Georges au grand peintre.

— Rome n'est belle que pour les gens qui aiment, il faut avoir une passion pour s'y plaire; mais, comme ville, j'aime mieux Venise, quoique j'aie manqué d'y être assassiné.

— Ma foi, sans moi, dit Mistigris, vous la gobiez joliment! C'est ce satané farceur de lord Byron qui vous a valu cela. Oh! ce chinois d'Anglais était-il rageur?

— Chut! dit Schinner, je ne veux pas qu'on sache mon affaire avec lord Byron.

— Avouez tout de même, répondit Mistigris, que vous avez été bien heureux que j'aie appris à tirer la savate.

De temps en temps, Pierrotin échangeait avec le comte de Sérisy des regards singuliers qui eussent inquiété des gens un peu plus expérimentés que ne l'étaient les cinq voyageurs.

— Des lords, des pachas, des plafonds de trente mille francs! Ah! çà, s'écria le messager de l'Isle-Adam, je mène donc des souverains aujourd'hui? quels pourboires!

— Sans compter que les places sont payées, dit finement Mistigris.

— Ça m'arrive à propos, reprit Pierrotin; car, père Léger, vous savez bien ma belle voiture neuve sur laquelle j'ai donné deux mille francs d'arrhes... Eh! bien, ces canailles de carrossiers, à qui je dois compter deux mille cinq cents francs demain, n'ont pas voulu accepter un à-compte de quinze cents francs et recevoir de moi un billet de mille francs à deux mois!... Ces carcans-là veulent tout. Être dur à ce point avec un homme établi depuis huit ans, avec un père de famille, et le mettre en danger de perdre tout, argent et voiture, si je ne trouve pas un misérable billet de mille francs. Hue, Bichette! Ils ne feraient pas ce tour-là aux grandes entreprises, allez.

— Ah! dam! *pas d'argent, pas de suif*, dit le rapin.

— Vous n'avez plus que huit cents francs à trouver, répondit le comte en voyant dans cette plainte adressée au père Léger une espèce de lettre de change tirée sur lui.

— C'est vrai, fit Pierrotin. Xi! Xi! Rougeot.

— Vous avez dû voir de beaux plafonds à Venise, reprit le comte en s'adressant à Schinner.

— J'étais trop amoureux pour faire attention à ce qui me semblait alors n'être que des bagatelles, répondit Schinner. Je devrais cependant être bien guéri de l'amour, car j'ai reçu précisément dans les États Vénitiens, en Dalmatie, une cruelle leçon.

— Ça peut-il se dire? demanda Georges. Je connais la Dalmatie.

— Eh! bien, si vous y êtes allé, vous devez savoir qu'au fond de l'Adriatique, c'est tous vieux pirates, forbans, corsaires retirés des affaires, quand ils n'ont pas été pendus, des...

— Les Uscoques, enfin, dit Georges.

En entendant le mot propre, le comte, que Napoléon avait envoyé jadis dans les Provinces Illyriennes, tourna la tête, tant il en fut étonné.

— C'est dans cette ville où l'on fait du marasquin, dit Schinner en paraissant chercher un nom.

— Zara! dit Georges. J'y suis allé, c'est sur la côte.

— Vous y êtes, reprit le peintre. Moi, j'allais là pour observer le pays, car j'adore le paysage. Voilà vingt fois que j'ai le désir de faire du paysage, que personne, selon moi, ne comprend, excepté Mistigris qui recommencera quelque jour Hobbéma, Ruysdaël, Claude Lorrain, Poussin et autres.

— Mais, s'écria le comte, qu'il n'en recommence qu'un de ceux-là, ce sera bien assez.

— Si vous interrompez toujours monsieur, dit Oscar, nous ne nous y reconnaîtrons plus.

— Ce n'est pas d'ailleurs à vous que monsieur s'adresse, dit Georges au comte.

— Ce n'est pas poli de couper la parole, dit sentencieusement Mistigris; mais nous en avons tous fait autant, et nous perdrions beaucoup si nous ne semions pas le discours de petits agréments en échangeant nos réflexions. Tous les Français sont égaux dans le coucou, a dit le petit-fils de Georges. Ainsi continuez, agréable vieillard?... *blaguez-nous.* Cela se fait dans les meilleures sociétés; et, vous savez le proverbe : *Il faut ourler avec les loups.*

— On m'avait dit des merveilles de la Dalmatie, reprit Schinner, j'y vais donc en laissant Mistigris à Venise, à l'auberge.

— A la *locanda!* fit Mistigris, lâchons la couleur locale.

— Zara est, comme on dit, une vilenie...

— Oui, dit Georges, mais elle est fortifiée.

— Parbleu! dit Schinner, les fortifications sont pour beaucoup dans mon aventure. A Zara, il se trouve beaucoup d'apothicaires, je me loge chez l'un d'eux. Dans les pays étrangers, tout le monde a pour principal métier de louer en garni, l'autre métier est un accessoire. Le soir, je me mets à mon balcon après avoir changé de linge. Or, sur le balcon d'en face, j'aperçois une femme, oh! mais une femme une Grecque, c'est tout dire, la plus belle créature de toute la ville : des yeux fendus en amande, des paupières qui se dépliaient comme des jalousies, et des cils comme des pinceaux; un visage d'un ovale à rendre fou Raphaël, un teint d'un coloris délicieux, les teintes bien fondues, veloutées... des mains... oh!...

— Qui n'étaient pas de beurre comme celles de la peinture de l'école de David, dit Mistigris.

— Eh! vous nous parlez toujours peinture, s'écria Georges.

— Ah! voilà, *chassez le naturel, il revient au jabot*, répliqua Mistigris.

— Et un costume! le costume pur grec, reprit Schinner. Vous comprenez, me voilà incendié. Je questionne mon Diafoirus, il m'apprend que cette voisine se nomme Zéna. Je change de linge. Pour épouser Zéna, le mari, vieil infâme, a donné trois cent mille francs aux parents, tant était célèbre la beauté de cette fille vraiment la plus belle de toute la Dalmatie, Illyrie, Adriatique, etc. Dans ce pays-là, on achète sa femme, et sans voir...

— Je n'irai pas, dit le père Léger.

— Il y a des nuits où mon sommeil est éclairé par les yeux de Zéna, reprit Schinner. Ce jeune premier de mari avait soixante-sept ans. Bon! Mais il était jaloux, non pas comme un tigre, car on dit des tigres qu'ils sont jaloux comme un Dalmate, et mon homme était pire qu'un Dalmate, il valait trois Dalmates et demi. C'était un Uscoque, un tricoque, un archicoque dans une bicoque.

— Enfin un de ces gaillards qui *n'attachent pas leurs chiens avec des Cent-Suisses...* dit Mistigris.

— Fameux, reprit Georges en riant.

— Après avoir été corsaire, peut-être pirate, mon drôle se moquait de tuer un chrétien, comme moi de cracher par terre, reprit Schinner. Voilà qui va bien. D'ailleurs, richissime à millions, le vieux gredin! et laid comme un pirate à qui je ne sais quel pacha avait pris les oreilles, et qui avait laissé un œil je ne sais où... L'Uscoque se servait joliment de celui qui lui restait, et je vous prie de me croire, quand je vous dirai qu'il avait l'œil à tout. — « Jamais, me dit le petit Diafoirus, il ne quitte sa femme. — Si elle pouvait avoir besoin de votre ministère, je vous remplacerais déguisé; c'est un tour qui a toujours du succès dans nos pièces de théâtre, » lui répondis-je. Il serait trop long de vous peindre le plus délicieux temps de ma vie, à savoir, les trois jours que j'ai passés à ma fenêtre, échangeant des regards avec Zéna et changeant de linge tous les matins. C'était d'autant plus violemment chatouilleux que les moindres mouvements étaient significatifs et dangereux. Enfin Zéna jugea, sans doute, qu'un étranger, un Français, un artiste était, seul au monde, capable de lui faire les yeux doux au milieu des abîmes qui l'entouraient; et, comme elle exécrait son affreux pirate, elle répondait à mes regards par des œillades à enlever un homme dans le cintre du paradis sans poulies. J'arrivais à la hauteur de Don Quichotte. Je m'exalte, je m'exalte ! Enfin, je m'écriai : — Eh ! bien, le vieux me tuera, mais j'irai ! Point d'études de paysage, j'étudiais la bicoque de l'Uscoque. A la nuit, ayant mis le plus parfumé de mon linge, je traverse la rue, et j'entre...

— Dans la maison ? dit Oscar.

— Dans la maison ? reprit Georges.

— Dans la maison, répéta Schinner.

— Eh ! bien, vous êtes un fier luron, s'écria le père Léger, je n'y serais pas allé, moi...

— D'autant plus que vous n'auriez pas pu passer par la porte, répondit Schinner. J'entre donc, reprit-il, et je trouve deux mains qui me prennent les mains. Je ne dis rien, car ces mains, douces comme une pelure d'oignon, me recommandaient le silence ! On me souffle à l'oreille en vénitien : « Il dort ! » Puis, quand nous sommes sûrs que personne ne peut nous rencontrer, nous allons, Zéna et moi, sur les remparts nous promener, mais accompagnés, s'il vous plaît, d'une vieille duègne, laide comme un vieux portier, et qui ne nous quittait pas plus que notre ombre, sans que j'aie pu décider madame la pirate à se séparer de cette absurde compagnie. Le lendemain soir, nous recommençons; je voulais faire renvoyer la vieille, Zéna résiste. Comme mon amoureuse parlait grec et moi vénitien, nous ne pouvions pas nous entendre; aussi nous quittâmes-nous brouillés. Je me dis en changeant de linge : — Pour sûr, la première fois, il n'y aura plus de vieille, et nous nous raccommoderons chacun dans notre langue maternelle... Eh ! bien, c'est la vieille qui m'a sauvé ! vous allez voir. Il faisait si beau, que pour ne pas donner de soupçons, je vais flâner dans le paysage, après notre raccommodement, bien entendu. Après m'être promené le long des remparts, je viens tranquillement les mains dans mes poches, et je vois la rue obstruée de monde. Une foule!... Bah! comme pour une exécution. Cette foule se rue sur moi. Je suis arrêté, garrotté, conduit et gardé par des gens de police. Non! vous ne savez pas, et je souhaite que vous ne sachiez jamais ce que c'est que de passer pour un assassin aux yeux d'une populace effrénée qui vous jette des pierres, qui hurle après vous depuis le haut jusqu'en bas de la principale rue d'une petite ville, qui vous poursuit de cris de mort!... Ah! tous les yeux sont comme autant de flammes, toutes les bouches sont une injure, et ces brandons de haine brûlante se détachent sur l'effroyable cri : « A mort! à bas l'assassin!... » qui fait de loin comme une basse-taille...

— Ils criaient donc en français, ces Dalmates? demanda le comte à Schinner, vous nous racontez cette scène comme si elle vous était arrivée d'hier.

Schinner resta tout interloqué.

— L'émeute parle la même langue partout, dit le profond politique Mistigris.

— Enfin, reprit Schinner, quand je suis au Palais de l'endroit, et en présence des magistrats du pays, j'apprends que le damné corsaire est mort empoisonné par Zéna. J'aurais bien voulu pouvoir changer de linge. Parole d'honneur, je ne savais rien de ce mélodrame. Il paraît que la Grecque mêlait de l'opium (il y a tant de coquelicots par là, comme dit monsieur!) au grog du pirate afin de voler un petit instant de liberté pour se promener, et, la veille, cette malheureuse femme s'était trompée de dose. L'immense fortune du damné pirate causait tout le malheur de ma Zéna; mais elle expliqua si naïvement les choses, que moi, d'abord, sur la déclaration de la vieille, je fus mis hors de cause avec une injonction du maire et du commissaire de police autrichien d'aller à Rome. Zéna, qui laissa prendre une grande partie des richesses de l'Uscoque aux héritiers et à la justice, en fut quitte, m'a-t-on dit, pour deux ans de réclusion dans un couvent où elle est encore. J'irai faire son portrait, car dans quelques années tout sera bien oublié. Voilà les sottises qu'on commet à dix-huit ans.

— Et vous m'avez laissé sans un sou dans la *locanda* à Venise, dit Mistigris. Je suis allé de Venise à Rome vous retrouver en brossant des portraits à cinq francs pièce, qu'on ne me payait pas; mais c'est mon plus beau temps! *le bonheur,* comme on dit, *n'habite pas sous des nombrils dorés.*

— Vous figurez-vous les réflexions qui me prenaient à la gorge dans une prison dalmate, jeté là sans protection, ayant à répondre à des Autrichiens de Dalmatie, et menacé de perdre la tête pour m'être promené deux fois avec une femme entêtée à garder sa portière. Voilà du guignon! s'écria Schinner.

— Comment, dit naïvement Oscar, ça vous est arrivé?

— Pourquoi ce ne serait-il pas arrivé à monsieur, puisque c'était arrivé déjà une fois pendant l'occupation française en Illyrie à l'un de nos plus beaux officiers d'artillerie? dit finement le comte.

— Et vous avez cru l'artilleur? dit finement Mistigris au comte.

— Et c'est tout? demanda Oscar.

— Eh! bien, dit Mistigris, il ne peut pas vous dire qu'on lui a coupé la tête. *Plus on est debout, plus on rit.*

— Monsieur, y a-t-il des fermes dans ce pays-là? demanda le père Léger. Comment y cultive-t-on?

— On cultive le marasquin, dit Mistigris, une plante qui vient à hauteur de bouche, et qui produit la liqueur de ce nom.

— Ah! dit le père Léger.

— Je ne suis resté que trois jours en ville et quinze jours en prison, je n'ai rien vu, pas même les champs où se récolte le marasquin, répondit Schinner.

— Ils se moquent de vous, dit Georges au père Léger, le marasquin vient dans des caisses.

La voiture à Pierrotin descendait alors un des versants du rapide vallon de Saint-Brice pour gagner l'auberge sise au milieu de ce gros bourg, où il s'arrêtait environ une heure pour faire souffler ses chevaux, leur laisser manger leur avoine et leur donner à boire. Il était alors environ une heure et demie.

— Eh! c'est le père Léger, s'écria l'aubergiste au moment où la voiture se rangea devant sa porte. Déjeunez-vous?

— Tous les jours une fois, répondit le gros fermier, nous casserons une croûte.

— Faites-nous donner à déjeuner, dit Georges en tenant sa canne au port d'arme d'une façon cavalière qui excita l'admiration d'Oscar.

Oscar enragea quand il vit cet insouciant aventurier tirant de sa poche de côté un étui de paille façonnée où il prit un cigare blond qu'il fuma sur le seuil de la porte en attendant le déjeuner.

— En usez-vous? dit Georges à Oscar.

— Quelquefois, répondit l'ex-collégien en bombant sa petite poitrine et prenant un certain air crâne.

Georges présenta l'étui tout ouvert à Oscar et à Schinner.

— Peste! dit le grand peintre, des cigares de dix sous!

— Voilà le reste de ce que j'ai rapporté d'Espagne, dit l'aventurier. Déjeunez-vous?

— Non, dit l'artiste, je suis attendu au château. D'ailleurs, j'ai pris quelque chose avant de partir.

— Et vous? dit Georges à Oscar.

— J'ai déjeuné, dit Oscar.

Oscar aurait donné dix ans de sa vie pour avoir des bottes et des sous-pieds. Et il éternuait, et il toussait, et il crachait, et il accueillait la fumée avec des grimaces mal déguisées.

— Vous ne savez pas fumer, lui dit Schinner, tenez?

Schinner, la figure immobile, aspira la fumée de son cigare et la rendit par le nez sans la moindre contraction. Il recommença, garda la fumée dans son gosier, s'ôta de la bouche le cigare et souffla gracieusement la fumée.

— Voilà, jeune homme, dit le grand peintre.

— Voilà, jeune homme, un autre procédé, dit Georges en imitant Schinner, mais en avalant toute la fumée et ne rendant rien.

— Et mes parents qui croient m'avoir donné de l'éducation, pensa le pauvre Oscar en essayant de fumer avec grâce.

Il éprouva une nausée si forte qu'il se laissa volontiers chipper son cigare par Mistigris qui lui dit en le fumant avec un plaisir évident : — Vous n'avez pas de maladies contagieuses?

Oscar aurait voulu être assez fort pour cogner Mistigris. — Comment! se dit-il en lui-même en pensant au colonel Georges, huit francs de vin d'Alicante et de talmouses, quarante sous de cigares, et son déjeuner qui va lui coûter...

— Ah! père Léger, nous boirons bien une bouteille de vin de Bordeaux, dit alors Georges au fermier.

— Un déjeuner qui va lui coûter dix francs! s'écria en lui-même Oscar. Ainsi voilà maintenant vingt et quelques francs.

Tué par le sentiment de son infériorité, Oscar s'assit sur la borne et se perdit dans une rêverie qui ne lui permit pas de voir que son pantalon, retroussé par l'effet de sa position, montrait le point de jonction d'un vieux haut de bas avec un pied tout neuf, un chef-d'œuvre de sa mère.

— Nous sommes confrères en bas, dit Mistigris en relevant un peu son pantalon pour montrer un effet du même genre ; mais *les cordonniers sont toujours les plus mal chauffés.*

Cette plaisanterie fit sourire monsieur de Sérisy, qui se tenait les bras croisés sous la porte cochère en arrière des voyageurs. Quelque fous que fussent ces jeunes gens, le grave homme d'État leur enviait leurs défauts, il aimait leurs jactances, il admirait la vivacité de leurs plaisanteries.

— Eh! bien, aurez-vous les Moulineaux? car vous êtes allé chercher des écus à Paris, disait au père Léger l'aubergiste qui venait de lui montrer dans ses écuries un bidet à vendre. Ce sera drôle à vous de *refaire le poil* à un pair de France, à un ministre d'État, au comte de Sérisy.

Le vieil administrateur ne laissa rien voir sur son visage, et se retourna pour examiner le fermier.

— Il est cuit, répondit à voix basse le père Léger à l'aubergiste.

— Ma foi, tant mieux, j'aime à voir les nobles *embêtés*... Et il vous faudrait une vingtaine de mille francs, je vous les prêterais ; mais François, le conducteur de la Touchard de six heures, vient de me dire que monsieur Margueron était invité par le comte de Sérisy à dîner aujourd'hui même à Presles.

— C'est le projet de Son Excellence, mais nous avons aussi nos malices, répondit le père Léger.

— Le comte placera le fils de monsieur Margueron, et vous n'avez pas de place à donner, vous! dit l'aubergiste au fermier.

— Non; mais si le comte a pour lui les ministres, moi j'ai le roi Louis XVIII, dit le père Léger à l'oreille de l'aubergiste, et quarante mille de ses portraits donnés au bonhomme Moreau me permettront d'acheter les Moulineaux deux cent soixante mille francs comptant avant monsieur de Sérisy, qui sera bien heureux de racheter la ferme trois cent soixante mille francs, au lieu de voir mettre les pièces de terre une à une en adjudication.

— Pas mal, bourgeois, s'écria l'aubergiste.

— Est-ce bien travaillé? dit le fermier.

— Après ça, dit l'aubergiste, pour lui la ferme vaut ça.

— Les Moulineaux rapportent aujourd'hui six mille francs nets d'impôts, et je renouvellerai le bail à sept mille cinq cents pour dix-huit ans. Ainsi, c'est un placement à plus de deux et demi. Monsieur le comte ne sera pas volé. Pour ne pas faire tort à monsieur Moreau, je serai proposé par lui pour fermier au comte, il aura l'air de prendre les intérêts de son maître en lui trouvant presque trois pour cent de son argent et un locataire qui paiera bien...

— Qu'aura-t-il en tout, le père Moreau ?

— Dame, si le comte lui donne dix mille francs, il aura de cette affaire-là cinquante mille francs ; mais il les aura bien gagnés.

— D'ailleurs, après tout, *il* se soucie bien de Presles ! et il est si riche ! dit l'aubergiste. Je ne l'ai jamais vu, moi.

— Ni moi, dit le père Léger ; mais il va finir par habiter, autrement il ne dépenserait pas deux cent mille francs à restaurer l'intérieur. C'est aussi beau que chez le roi.

— Ah ! bien, dit l'aubergiste, il était temps que Moreau fît son beurre.

— Oui, car une fois les maîtres là, dit Léger, ils ne mettront pas leurs yeux dans leurs poches.

Le comte ne perdit pas un mot de cette conversation tenue à voix basse.

— J'ai donc ici les preuves que j'allais chercher là-bas, pensa-t-il en regardant le gros fermier qui rentrait dans la cuisine. Peut-être, se dit-il, n'est-ce encore qu'à l'état de plan ? peut-être Moreau n'a-t-il rien accepté ?... tant il lui répugnait encore de croire son régisseur capable de tremper dans une semblable conspiration.

Pierrotin vint donner à boire à ses chevaux. Le comte pensa que le conducteur allait déjeuner avec l'aubergiste et le fermier ; or, ce qu'il venait d'entendre lui fit craindre quelque indiscrétion.

— Tous ces gens-là s'entendent contre nous, c'est pain bénit que de déjouer leurs plans, pensa-t-il.

— Pierrotin, dit-il à voix basse au voiturier en s'approchant de lui, je t'ai promis dix louis pour me garder le secret ; mais si tu veux continuer à cacher mon nom (et je saurai si tu n'as ni prononcé mon nom, ni fait le moindre signe qui puisse le révéler jusqu'à ce soir, à qui que ce soit, partout, même jusqu'à l'Isle-Adam), je te donnerai demain matin, à ton passage, les mille francs pour achever de payer ta nouvelle voiture. Ainsi, pour plus de sûreté, dit le comte en frappant sur l'épaule de Pierrotin devenu pâle de plaisir, ne déjeune pas, reste à la tête de tes chevaux.

— Monsieur le comte, je vous comprends bien, allez ! c'est par rapport au père Léger ?

— C'est vis-à-vis de tout le monde, répliqua le comte.

— Soyez paisible... — Dépêchons-nous, dit Pierrotin en entr'ouvrant la porte de la cuisine, nous sommes en retard. Écoutez, père Léger, vous savez qu'il y a la côte à monter; moi, je n'ai pas faim, j'irai doucement, vous me rattraperez bien, ça vous fera du bien de marcher.

— Est-il enragé, Pierrotin? dit l'aubergiste. Tu ne veux pas venir déjeuner avec nous? Le colonel paie du vin à cinquante sous et une bouteille de vin de Champagne.

— Je ne peux pas. J'ai un poisson qui doit être remis à Stors à trois heures pour un grand dîner, et il n'y a pas à badiner avec ces pratiques-là, ni avec les poissons.

— Eh! bien, dit le père Léger à l'aubergiste, attèle à ton cabriolet ce cheval que tu veux me vendre, tu nous feras rattraper Pierrotin, nous déjeunerons en paix, et je jugerai du cheval. Nous tiendrons bien trois dans ton tape-cul.

Au grand contentement du comte, Pierrotin vint pour rebrider lui-même ses chevaux. Schinner et Mistigris étaient partis en avant. À peine Pierrotin, qui reprit les deux artistes au milieu du chemin de Saint-Brice à Poncelles, atteignait-il à une éminence de la route d'où l'on aperçoit Écouen, le clocher du Mesnil et les forêts qui cerclent tout un paysage ravissant, que le bruit d'un cheval amenant au galop un cabriolet qui sonnait la ferraille, annonça le père Léger et le compagnon de Mina qui se réintégrèrent dans la voiture. Quand Pierrotin se jeta sur la berme pour descendre à Moisselles, Georges, qui n'avait cessé de parler de la beauté de l'hôtesse de Saint-Brice avec le père Léger, s'écria : — Tiens! le paysage n'est pas mal, grand peintre?

— Bah! il ne doit pas vous étonner, vous qui avez vu l'Orient et l'Espagne.

— Et qui en ai deux cigares encore! Si ça n'incommode personne, voulez-vous les finir, Schinner? car le petit jeune homme en a eu assez de quelques gorgées.

Le père Léger et le comte gardèrent un silence qui passa pour une approbation, ainsi les deux conteurs furent réduits au silence.

Oscar, irrité d'être appelé petit jeune homme, dit, pendant que les deux jeunes gens allumaient leurs cigares : — Si je n'ai pas été l'aide-de-camp de Mina, monsieur, si je ne suis pas allé en Orient, j'irai peut-être. La carrière à laquelle ma famille me destine m'épargnera, j'espère, le désagrément de voyager en coucou, quand j'aurai votre âge. Après avoir été un personnage, une fois en place, j'y resterai...

— *Et cœtera punctum!* fit Mistigris en contrefaisant la voix de jeune coq enroué qui rendait le discours d'Oscar encore plus ridicule, car le pauvre enfant se trouvait dans la période où la barbe pousse, où la voix prend son caractère. Après tout, ajouta Mistigris, *les extrêmes se bouchent!*

— Ma foi! fit Schinner, les chevaux ne pourront plus aller avec tant de charges.

— Votre famille, jeune homme, pense à vous lancer dans une carrière, et laquelle? dit sérieusement Georges.

— La diplomatie, répondit Oscar.

Trois éclats de rire partirent comme des fusées de la bouche de Mistigris, du grand peintre et du père Léger. Le comte, lui, ne put s'empêcher de sourire. Georges garda son sang-froid.

— Il n'y a, par Allah! point de quoi rire, dit le colonel aux rieurs. Seulement, jeune homme, reprit-il en s'adressant à Oscar, il me semble que votre respectable mère est pour le quart d'heure dans une position sociale peu convenable pour une ambassadrice... Elle avait un cabas bien digne d'estime, et un béquet à ses souliers.

— Ma mère! monsieur?... dit Oscar avec un mouvement d'indignation. Eh! c'était la femme de charge de chez nous...

— De chez nous est très-aristocratique, s'écria le comte en interrompant Oscar.

— Le roi dit *nous*, répliqua fièrement Oscar.

Un regard de Georges réprima l'envie de rire qui saisit tout le monde, il fit ainsi comprendre au peintre et à Mistigris combien il était nécessaire de ménager Oscar pour exploiter cette mine de plaisanterie.

— Monsieur a raison, dit le grand peintre au comte en lui montrant Oscar, les gens comme il faut disent nous, il n'y a que des gens sans aveu qui disent *chez moi*. On a toujours la manie de paraître avoir ce qu'on n'a pas. Pour un homme chargé de décorations...

— Monsieur est donc toujours décorateur? fit Mistigris.

— Vous ne connaissez guère le langage des cours. Je vous demande votre protection, Excellence, ajouta Schinner en se tournant vers Oscar.

— Je me félicite d'avoir voyagé, sans doute, avec trois hommes qui sont ou seront célèbres : un peintre illustre déjà, dit le comte, un futur général, et un jeune diplomate qui rendra quelque jour la Belgique à la France.

Après avoir commis le crime odieux de renier sa mère, Oscar, pris de rage en devinant combien ses compagnons de voyage se moquaient de lui, résolut de vaincre à tout prix leur incrédulité.

— Tout ce qui reluit n'est pas or, dit-il en lançant des éclairs par les yeux.

— Ça n'est pas ça, s'écria Mistigris. C'est : *tout ce qui reluit n'est pas fort*. Vous n'irez pas loin en diplomatie si vous ne possédez pas mieux vos proverbes.

— Si je ne sais pas bien les proverbes, je connais mon chemin.

— Vous devez aller loin, dit Georges, car la femme de charge de votre maison vous a glissé des provisions comme pour un voyage d'outre-mer : du biscuit, du chocolat...

— Un pain particulier et du chocolat, oui, monsieur, reprit Oscar, pour mon estomac beaucoup trop délicat pour digérer les ratatouilles d'auberge.

— Ratatouille est aussi délicat que votre estomac, dit Georges.

— Ah ! j'aime ratatouille, s'écria le grand peintre.

— Ce mot est à la mode dans les meilleures sociétés, reprit Mistigris.

— Votre précepteur est sans doute quelque professeur célèbre, M. Andrieux de l'Académie française, ou M. Royer-Collard, demanda Schinner.

— Mon précepteur se nomme l'abbé Loraux, aujourd'hui vicaire de Saint-Sulpice, reprit Oscar en se souvenant du nom du confesseur du collège.

— Vous avez bien fait de vous faire élever particulièrement, dit Mistigris, car l'*Ennui naquit un jour de l'Université;* mais vous le récompenserez, votre abbé ?

— Certes, il sera quelque jour évêque, dit Oscar.

— Par le crédit de votre famille, dit sérieusement Georges.

— Peut-être contribuerons-nous à le faire mettre à sa place, car l'abbé Frayssinous vient souvent à la maison.

— Ah ! vous connaissez l'abbé Frayssinous ? demanda le comte.

— Il a des obligations à mon père, répondit Oscar.

— Et vous allez sans doute à votre terre ? fit Georges.

— Non, monsieur; mais moi je puis dire où je vais, je vais au château de Presles, chez le comte de Sérisy.

— Ah! diantre, vous allez à Presles, s'écria Schinner en devenant rouge comme une cerise.

— Vous connaissez Sa Seigneurie le comte de Sérisy? demanda Georges.

Le père Léger se tourna pour voir Oscar, et le regarda d'un air stupéfait en s'écriant : — Monsieur de Sérisy serait à Presles?

— Apparemment, puisque j'y vais, répondit Oscar.

— Et vous avez souvent vu le comte? demanda monsieur de Sérisy à Oscar.

— Comme je vous vois, répondit Oscar. Je suis camarade avec son fils, qui est à peu près de mon âge, dix-neuf ans, et nous montons à cheval ensemble presque tous les jours.

Un clignement d'yeux de Pierrotin au père Léger rassura pleinement le fermier.

— Ma foi, dit le comte à Oscar, je suis enchanté de me trouver avec un jeune homme qui puisse me parler de ce personnage, j'ai besoin de sa protection dans une affaire assez grave, et où il ne lui en coûterait guère de me favoriser, il s'agit d'une réclamation auprès du gouvernement américain. Je serai bien aise d'avoir des renseignements sur le caractère de monsieur de Sérisy.

— Oh! si vous voulez réussir, répondit Oscar en prenant un air malicieux, ne vous adressez pas à lui, mais à sa femme; il en est amoureux-fou, personne mieux que moi ne sait à quel point, et sa femme ne peut pas le souffrir.

— Et pourquoi? dit Georges.

— Le comte a des maladies de peau qui le rendent hideux, et que le docteur Alibert s'efforce en vain de guérir. Aussi, monsieur de Sérisy donnerait-il la moitié de son immense fortune pour avoir ma poitrine, dit Oscar en écartant sa chemise et montrant une carnation d'enfant. Il vit seul retiré dans son hôtel. Aussi faut-il être bien protégé pour l'y trouver. D'abord, il se lève de fort grand matin, il travaille de trois à huit heures; à partir de huit heures il fait ses remèdes : des bains de soufre ou de vapeur. On le cuit dans des espèces de boîtes en fer, car il espère toujours guérir.

— S'il est si bien avec le Roi, pourquoi ne se fait-il pas toucher par lui? demanda Georges.

— Cette femme a donc un mari à la coque? dit Mistigris.

— Le comte a promis trente mille francs à un célèbre médecin écossais qui le traite en ce moment, dit Oscar en continuant.

— Mais alors sa femme ne saurait être blâmée de se donner du meilleur... dit Schinner qui n'acheva pas.

— Je crois bien, dit Oscar. Ce pauvre homme est si racorni, si vieux que vous lui donneriez quatre-vingts ans! Il est sec comme un parchemin, et, pour son malheur, il sent sa position...

— Il ne doit pas sentir bon, dit le facétieux père Léger.

— Monsieur, il adore sa femme et il n'ose pas la gronder, reprit Oscar, il joue avec elle des scènes à mourir de rire, absolument comme Arnolphe dans la comédie de Molière...

Le comte atterré regardait Pierrotin qui, le voyant impassible, imagina que le fils de madame Clapart débitait des calomnies.

— Aussi, monsieur, voulez-vous réussir, dit Oscar au comte, allez voir le marquis d'Aiglemont. Si vous avez ce vieil adorateur de madame pour vous, vous aurez d'un seul coup et la femme et le mari.

— C'est ce que nous appelons *faire d'une pierre deux sous,* dit Mistigris.

— Ah! ça, dit le peintre, vous avez donc vu le comte déshabillé, vous êtes donc son valet de chambre?

— Son valet de chambre? s'écria Oscar.

— Dame, on ne dit pas ces choses-là de ses amis dans les voitures publiques, reprit Mistigris, *La prudence, jeune homme, est mère de la surdité.* Moi, je ne vous écoute pas.

— C'est le cas de dire, s'écria Schinner, *dis-moi qui tu hantes, je te dirai qui tu hais !*

— Apprenez, grand peintre, répliqua Georges sentencieusement, qu'on ne peut pas dire de mal des gens qu'on ne connaît pas, et le petit vient de nous prouver qu'il sait son Sérisy par cœur. S'il nous avait seulement parlé de madame, on aurait pu croire qu'il était bien avec...

— Pas un mot de plus sur la comtesse de Sérisy, jeunes gens! s'écria le comte. Je suis l'ami de son frère, le marquis de Ronquerolles, et qui s'aviserait de mettre en doute l'honneur de la comtesse, aurait à me répondre de ses paroles.

— Monsieur a raison, s'écria le peintre, on ne doit pas *blaguer* les femmes.

— Dieu! l'Honneur et les Dames! J'ai vu ce mélodrame-là, dit Mistigris.

— Si je ne connais point Mina, je connais le Garde des Sceaux, dit le comte en continuant et regardant Georges. Si je ne porte pas mes décorations, dit-il en regardant le peintre, j'empêche d'en donner à ceux qui ne les méritent pas. Enfin, je connais tant de monde, que je connais monsieur Grindot, l'architecte de Presles... Arrêtez, Pierrotin, je veux descendre un moment.

Pierrotin poussa ses chevaux jusqu'au bout du village de Moisselles, où il se trouve une auberge à laquelle les voyageurs s'arrêtent. Ce bout de chemin se fit dans un profond silence.

— Chez qui va donc ce petit drôle-là? demanda le comte en amenant Pierrotin dans la cour de l'auberge.

— Chez votre régisseur. C'est le fils d'une pauvre dame qui demeure rue de la Cerisaie, et chez qui je porte bien souvent du fruit, du gibier, de la volaille, une madame Husson.

— Qui est ce monsieur? vint dire à Pierrotin le père Léger quand le comte eut quitté le voiturier.

— Ma foi, je n'en sais rien, répondit Pierrotin, je le conduis pour la première fois; mais il pourrait être quelque chose comme le prince à qui appartient le château de Maffliers; il vient de me dire que je le laisserai en route, il ne va pas à l'Ile-Adam.

— Pierrotin croit que c'est le bourgeois de Maffliers, dit à Georges le père Léger en rentrant dans la voiture.

En ce moment les trois jeunes gens, sots comme des voleurs pris en flagrant délit, n'osaient se regarder les uns les autres, et paraissaient préoccupés des suites de leurs mensonges.

— Voilà qui s'appelle *faire plus de fruit que de besogne*, dit Mistigris.

— Vous voyez que je connais le comte, leur dit Oscar.

— C'est possible; mais vous ne serez jamais ambassadeur, répondit Georges; quand on veut parler dans les voitures publiques, il faut avoir, comme moi, le soin de ne rien dire.

Le comte reprit alors sa place, et Pierrotin marcha dans le plus profond silence.

— Eh! bien, mes amis, dit le comte en atteignant le bois Carreau, nous voilà muets comme si nous allions à l'échafaud.

— Il faut savoir *se traire* à propos, répondit sentencieusement Mistigris.

— Il fait beau, dit Georges.

— Quel est ce pays-là? dit Oscar en montrant le château de Franconville qui produit un magnifique effet au revers de la grande forêt de Saint-Martin.

— Comment! s'écria le comte, vous qui dites aller si souvent à Presles, vous ne connaissez pas Franconville?

— Monsieur, dit Mistigris, connaît les hommes et non pas les châteaux.

— Les apprentis diplomates peuvent bien avoir des distractions, s'écria Georges.

— Souvenez-vous de mon nom? répondit Oscar furieux. Je m'appelle Oscar Husson, et dans dix ans je serai célèbre.

Après ces paroles prononcées avec forfanterie, Oscar se tapit dans un coin.

— Husson de quoi? fit Mistigris.

— Une grande famille, répondit le comte, les Husson de la Cerisaie; monsieur est né sous les marches du trône impérial.

Oscar rougit alors jusque dans la peau de ses cheveux et fut travaillé par une terrible inquiétude. On allait descendre la rapide côte de la Cave au bas de laquelle se trouve, dans un étroit vallon, à la fin de la grande forêt de Saint-Martin, le magnifique château de Presles.

— Messieurs, dit le comte, je vous souhaite bonnes chances dans vos belles carrières. Raccommodez-vous avec le roi de France, monsieur le colonel : les Czerni-Georges ne doivent pas bouder les Bourbons. Je n'ai rien à vous pronostiquer, mon cher monsieur Schinner, car pour vous la gloire est tout venue, et vous l'avez noblement conquise par d'admirables travaux; mais vous êtes tellement à craindre, que moi, qui suis marié, je n'oserais pas vous en offrir à ma campagne. Quant à monsieur Husson, il n'a pas besoin de protection, il possède les secrets des hommes d'État, il peut les faire trembler. Quant à monsieur Léger, il va plumer le comte de Sérisy, je n'ai qu'à le prier d'y aller d'une main ferme!

— *Quand on prend du talon on n'en saurait trop prendre*, dit Mistigris.

— Laissez-moi là, Pierrotin, vous m'y reprendrez demain! s'écria le comte.

Le comte descendit et se perdit dans un chemin couvert, en abandonnant ses compagnons de route à leur confusion.

— Oh! c'est ce comte qui a loué Franconville, il y va, dit le père Léger.

— Si jamais, dit le faux Schinner, il m'arrive de *blaguer* en voiture, je me bats en duel avec moi-même. C'est aussi ta faute à toi, Mistigris, ajouta-t-il en donnant à son rapin une tape sur sa casquette.

— Oh! moi qui n'ai fait que vous suivre à Venise, répondit Mistigris. Mais, *qui veut noyer son chien l'accuse de la nage!*

— Savez-vous, dit Georges à son voisin Oscar, que si par hasard c'eût été le comte de Sérisy, je n'aurais pas voulu me trouver dans votre peau, quoiqu'elle soit sans maladies.

Oscar, en pensant aux recommandations de sa mère que ce mot lui rappela, devint blême et se dégrisa.

— Vous voilà rendus, messieurs, dit Pierrotin en arrêtant à une belle grille.

— Comment, nous y voilà? dirent à la fois le peintre, Georges et Oscar.

— En voilà une sévère, dit Pierrotin. Ah! çà, messieurs, aucun de vous n'est donc venu par ici? Mais voilà le château de Presles.

— Eh! c'est bon, l'ami, dit Georges en reprenant son assurance. Je vais à la ferme des Moulineaux, ajouta-t-il en ne voulant pas laisser voir à ses compagnons de voyage qu'il allait au château.

— Hé! bien, vous venez donc chez moi? dit le père Léger.

— Comment cela?

— Mais je suis le fermier des Moulineaux. Et, colonel, que nous voulez-vous?

— Goûter à votre beurre, répondit Georges en saisissant son portefeuille.

— Pierrotin, dit Oscar, remettez mes effets chez le régisseur, je vais droit au château.

Là-dessus Oscar s'enfonça dans un petit chemin, sans savoir où il allait.

— Eh! monsieur l'ambassadeur, cria le père Léger, vous gagnez la forêt. Si vous voulez entrer au château; prenez la petite porte.

Obligé d'entrer, Oscar se perdit dans la grande cour du château que meuble une immense corbeille entourée de bornes réunies par des chaînes. Pendant que le père Léger examinait Oscar, Georges, que la qualité de fermier des Moulineaux prise par le gros cultivateur avait foudroyé, s'évada si lestement, qu'au moment où le gros homme intrigué chercha son colonel, il ne le trouva plus. La grille s'ouvrit à la demande de Pierrotin, qui entra fièrement pour déposer chez le concierge les mille ustensiles du grand peintre Schinner. Oscar fut abasourdi de voir Mistigris et l'artiste, les témoins de ses bravades, installés au château. En dix minutes Pierrotin eut fini de décharger les paquets du peintre, les affaires d'Oscar Husson et la jolie mallette en cuir qu'il confia mystérieusement à la femme du concierge; puis il retourna sur ses pas en faisant claquer son fouet, et reprit le chemin de la forêt de l'Ile-Adam en gardant sur sa figure l'air narquois d'un paysan qui calcule des bénéfices. Rien ne manquait plus à son bonheur, il devait avoir le lendemain ses mille francs.

Oscar, assez penaud, tournait autour de la corbeille en examinant ce qu'allaient devenir ses deux compagnons de route, quand il vit tout à coup monsieur Moreau sortant de la grande salle dite des gardes, en haut du perron. Vêtu d'une grande redingote bleue qui lui tombait sur les talons, le régisseur en culotte de peau jaunâtre, en bottes à l'écuyère, tenait une cravache à la main.

— Eh! bien, mon garçon, te voilà donc? comment va la chère maman? dit-il en prenant la main d'Oscar. — Bonjour, messieurs, vous êtes sans doute les peintres que monsieur Grindot, l'architecte, nous annonçait, dit-il au peintre et à Mistigris.

Il siffla deux fois en se servant du bout de sa cravache. Le concierge vint.

— Menez ces messieurs aux chambres 14 et 15, madame Moreau vous en donnera les clefs, accompagnez-les pour leur montrer le chemin, allumez du feu s'il le faut ce soir, et montez leurs effets chez eux. — J'ai l'ordre de monsieur le comte de vous offrir ma table, messieurs, reprit-il en s'adressant aux artistes, nous dînons à cinq heures comme à Paris. Si vous êtes chasseurs, vous pourrez vous bien divertir, j'ai une permission des Eaux et Forêts; ainsi, l'on chasse ici dans vingt-cinq mille arpents de bois, sans compter nos domaines.

Oscar, le peintre et Mistigris, aussi honteux les uns que les autres, échangèrent un regard; mais, fidèle à son rôle, Mistigris s'écria : — *Bah! il ne faut jamais jeter la manche après la poignée!* allons toujours.

Le petit Husson suivit le régisseur qui l'entraîna par une marche rapide dans le parc.

— Jacques, dit-il à l'un de ses enfants, va prévenir ta mère de l'arrivée du petit Husson, et dis-lui que je suis obligé d'aller aux Moulineaux pour un instant.

Alors âgé d'environ cinquante ans, le régisseur, homme de moyenne taille et brun, paraissait très-sévère. Sa figure bilieuse à laquelle les habitudes de la campagne avaient imprimé des couleurs violentes faisait supposer, à première vue, un caractère autre que le sien. Tout aidait à cette tromperie. Ses cheveux grisonnaient. Ses yeux bleus et un grand nez en bec à corbin lui donnaient un air d'autant plus sinistre que ses yeux étaient un peu trop rapprochés du nez; mais ses larges lèvres, le contour de son visage, la bonhomie de son allure eussent offert à un observateur des indices de bonté. Plein de décision, d'un parler brusque, il imposait énormément à Oscar par les effets d'une pénétration inspirée par la tendresse qu'il lui portait. Habitué par sa mère à grandir encore le régisseur, Oscar se sentait toujours petit en présence de Moreau; mais en se trouvant à Presles, il ressentit un mouvement d'inquiétude, comme s'il attendait du mal de ce paternel ami, son seul protecteur.

— Eh! bien, mon Oscar, tu n'as pas l'air content d'être ici? dit le régisseur. Tu vas cependant t'y amuser; tu apprendras à monter à cheval, à faire le coup de fusil, à chasser.

— Je ne sais rien de tout cela, dit bêtement Oscar.

— Mais je t'ai fait venir pour l'apprendre.

— Maman m'a dit de ne rester que quinze jours, à cause de madame Moreau....

— Oh! nous verrons, répondit Moreau presque blessé de ce qu'Oscar mît en doute son pouvoir conjugal.

Le fils cadet de Moreau, jeune homme de quinze ans, découplé, leste, accourut.

— Tiens, lui dit son père, mène ce camarade à ta mère.

Et le régisseur alla rapidement par le chemin le plus court à la maison du garde, située entre le parc et la forêt.

Le pavillon donné pour habitation par le comte à son régisseur avait été bâti, quelques années avant la Révolution, par l'entrepreneur de la célèbre terre de Cassan, où Bergeret, fermier-général d'une fortune colossale et qui se rendit aussi célèbre par son luxe que les Bodard, les Pâris, les Bouret, fit des jardins, des rivières, construisit des chartreuses, des pavillons chinois, et autres magnificences ruineuses.

Ce pavillon, sis au milieu d'un grand jardin dont un des murs était mitoyen avec la cour des communs du château de Pres-les, avait jadis son entrée sur la grande rue du village. Après avoir acheté cette propriété, monsieur de Sérisy le père n'eut qu'à faire abattre cette muraille et à condamner la porte sur le village, pour opérer la réunion de ce pavillon à ses communs. En supprimant un autre mur, il agrandit son parc de tous les jardins que l'entrepreneur avait acquis pour s'arrondir. Ce pavillon, bâti en pierre de taille, dans le style du siècle de Louis XV (c'est assez dire que ses ornements consistent en serviettes au-dessous des fenêtres, comme aux colonnades de la place Louis XV, en cannelures raides et sèches), se compose au rez-de-chaussée d'un beau salon communiquant à une chambre à coucher, et d'une salle à manger accompagnée de sa salle de billard. Ces deux appartements parallèles sont séparés par un escalier devant lequel une espèce de péristyle, qui sert d'antichambre, a pour décoration la porte du salon et celle de la salle à manger, en face l'une l'autre, toutes deux très-ornées. La cuisine se trouve sous la salle à manger, car on monte à ce pavillon par un perron de dix marches.

En reportant son habitation au premier étage, madame Moreau avait pu transformer en boudoir l'ancienne chambre à coucher. Le salon et ce boudoir, richement meublés de belles choses triées dans le vieux mobilier du château, n'eussent certes pas déparé l'hôtel d'une femme à la mode. Tendu de damas bleu et blanc, jadis l'étoffe d'un grand lit d'honneur, ce salon, dont le meuble en vieux bois doré était garni de la même étoffe, offrait au regard des rideaux et des portières très-amples, doublées de taffetas blanc. Des tableaux provenus de vieux trumeaux détruits, des jardinières, quelques jolis meubles modernes, et de belles lampes, outre un vieux lustre à cristaux taillés, donnaient à cette pièce un aspect grandiose. Le tapis était un ancien tapis de Perse. Le boudoir, entièrement moderne et du goût de madame Moreau, affectait la forme d'une tente avec ses câblés de soie bleue sur un fond gris de lin. Le divan classique s'y trouvait avec ses oreillers et ses coussins de pied. Enfin, les jardinières, soignées par le jardinier en chef, réjouissaient les yeux par leurs pyramides de fleurs. La salle à manger et la salle de billard étaient meublées en acajou. Autour de son pavillon, la femme du régisseur avait fait régner un parterre soigneusement cultivé qui se rattachait au grand parc. Des massifs d'arbres exotiques cachaient la vue des communs. Pour faciliter l'entrée de sa demeure aux personnes qui la venaient voir, la régisseuse avait remplacé par une grille l'ancienne porte condamnée.

La dépendance dans laquelle leur place mettait les Moreau se trouvait donc adroitement dissimulée ; et ils avaient d'autant plus l'air de gens riches gérant pour leur plaisir la propriété d'un ami, que ni le comte ni la comtesse ne venaient rabattre leurs prétentions ; puis, les concessions octroyées par monsieur de Sérisy leur permettaient de vivre dans cette abondance, le luxe de la campagne. Ainsi, laitage, œufs, volaille, gibier, fruits, fourrage, fleurs, bois, légumes, le régisseur et sa femme récoltaient tout à profusion et n'achetaient exactement que la viande de boucherie, les vins et les denrées coloniales exigées par leur vie princière. La fille de basse-cour boulangeait. Enfin, depuis quelques années, Moreau payait son boucher avec des porcs de sa basse-cour, tout en gardant le nécessaire à sa consommation. Un jour, la comtesse, toujours excellente pour son ancienne femme de chambre, lui donna, comme souvenir peut-être, une petite calèche de voyage passée de mode que Moreau fit repeindre, et dans laquelle il promenait sa femme, en se servant de deux bons chevaux, d'ailleurs utiles aux travaux du parc. Outre ces chevaux, le régisseur avait son cheval de selle. Il labourait dans le parc et cultivait assez de terrain pour nourrir ses chevaux et ses gens ; il y bottelait trois cents milliers de foin excellent, et n'en comptait que cent, en s'autorisant d'une permission vaguement accordée par le comte. Au lieu de la consommer, il vendait sa moitié dans les redevances. Il entretenait largement sa basse-cour, son pigeonnier, ses vaches, aux dépens du parc ; mais le fumier de son écurie servait aux jardiniers du château. Chacune de ces petites voleries portait son excuse avec elle. Madame était servie par la fille d'un des jardiniers, tour à tour sa femme de chambre et sa cuisinière. Une fille de basse-cour, chargée de la laiterie, aidait également au ménage. Moreau avait pris un soldat réformé, nommé Brochon, pour panser ses chevaux et faire les gros ouvrages.

A Nerville, à Chauvry, à Beaumont, à Maffliers, à Préroles, à Nointel, partout la belle régisseuse était reçue chez des personnes qui ne connaissaient pas ou feignaient d'ignorer sa première condition. Moreau rendait d'ailleurs des services. Il disposa de son maître pour des choses qui sont des babioles à Paris, mais qui sont immenses au fond des campagnes. Après avoir fait nommer le juge de paix de Beaumont et celui de l'Ile-Adam, il avait, dans la même année, empêché la destitution d'un Garde-général des forêts, et obtenu la croix de la Légion-d'Honneur pour le maréchal-des-logis-chef de Beaumont. Aussi ne se festoyait-on jamais dans la bourgeoisie sans que monsieur et madame Moreau fussent invités. Le curé de Presles, le maire de Presles venaient jouer tous les soirs chez Moreau. Il est difficile de ne pas être brave homme après s'être fait un lit si commode.

Jolie femme et minaudière comme toutes les femmes de chambre de grande dame qui, mariées, imitent leurs maîtresses, la régisseuse importait les nouvelles modes dans le pays ; elle portait des brodequins fort chers, et n'allait à pied que par les beaux jours. Quoique son mari n'allouât que cinq cents francs pour la toilette, cette somme est énorme à la campagne, surtout quand elle est bien employée ; aussi la régisseuse, blonde, éclatante et fraîche, d'environ trente-six ans, restée fluette, mignonne et gentille, malgré ses trois enfants, jouait-elle encore à la jeune fille et se donnait-elle des airs de princesse. Quand on la voyait passer dans sa calèche allant à Beaumont, si quelque étranger demandait : — Qui est-ce ? madame Moreau était furieuse, lorsqu'un homme du pays répondait : — C'est la femme du régisseur de Presles. Elle aimait être prise pour la maîtresse du château. Dans les villages, elle se plaisait à protéger les gens, comme aurait fait une grande dame. L'influence de son mari sur le comte, démontrée par tant de preuves, empêchait la petite bourgeoisie de se moquer de madame Moreau, qui, aux yeux des paysans, paraissait un personnage. Estelle (elle se nommait Estelle) ne se mêlait pas plus d'ailleurs de la régie qu'une femme d'agent de change ne se mêle des affaires de Bourse ; elle se reposait même sur son mari des soins du ménage, de la fortune. Confiante *en ses moyens*, elle était à mille lieues de soupçonner que cette charmante existence, qui durait depuis dix-sept ans, pût jamais être menacée ; cependant, en apprenant la résolution du comte relativement à la restauration du magnifique château de Presles, elle s'était sentie attaquée dans toutes ses jouissances, et avait déterminé son mari à s'entendre avec Léger, afin de pouvoir se retirer à l'Ile-Adam. Elle eût trop souffert de se retrouver dans une dépendance quasi-domestique en présence de son ancienne maîtresse qui se serait moquée d'elle en la voyant établie au pavillon de manière à singer l'existence d'une femme comme il faut.

Le sujet de la profonde inimitié qui régnait entre les Reybert et les

Moreau provenait d'une blessure faite par madame de Reybert à madame Moreau, par suite d'une première pointillerie que s'était permise la femme du régisseur à l'arrivée des Reybert, afin de ne pas laisser entamer sa suprématie par une femme née de Corroy. Madame de Reybert avait rappelé, peut-être appris à toute la contrée la première condition de madame Moreau. Le mot *femme de chambre!* vola de bouche en bouche. Les envieux que les Moreau devaient avoir à Beaumont, à l'Ile-Adam, à Maffliers, à Champagne, à Nerville, à Chauvry, à Baillet, à Moisselles glosèrent si bien que plus d'une flammèche de cet incendie tomba sur le ménage Moreau. Depuis quatre ans, les Reybert, excommuniés par la belle régisseuse, se voyaient en butte à tant d'animadversion de la part des adhérents de Moreau, que leur position dans le pays n'eût pas été tenable sans la pensée de vengeance qui les avait soutenus jusqu'à ce jour.

Les Moreau, très-bien avec Grindot, l'architecte, avaient été prévenus par lui de la prochaine arrivée d'un peintre chargé de finir les peintures d'ornement du château dont les toiles principales venaient d'être exécutées par Schinner. Le grand peintre avait recommandé pour les encadrements, arabesques et autres accessoires, le voyageur accompagné de Mistigris. Aussi, depuis deux jours, madame Moreau se mettait-elle sur le pied de guerre et faisait-elle le pied de grue. Un artiste qui devait être son commensal pendant quelques semaines exigeait des frais. Schinner et sa femme avaient eu leur appartement au château, où, d'après les ordres du comte, ils furent traités comme Sa Seigneurie elle même. Grindot, commensal des Moreau, témoignait tant de respect au grand artiste, que ni le régisseur ni sa femme n'avaient osé se familiariser avec ce grand artiste. Les plus nobles et le plus riches particuliers des environs avaient d'ailleurs, à l'envi, fêté Schinner et sa femme en se les disputant. Aussi, très-satisfaite de prendre en quelque sorte sa revanche, madame Moreau se promettait-elle de tambouriner dans le pays l'artiste qu'elle attendait, et de le présenter comme égal en talent à Schinner.

Quoique, la veille et l'avant-veille, elle eût fait deux toilettes pleines de coquetterie, la jolie régisseuse avait trop bien échelonné ses ressources pour ne pas avoir réservé la plus charmante, en ne doutant pas que l'artiste ne vînt dîner le samedi. Elle s'était donc chaussée en brodequins de peau bronzée, et en bas de fil d'Écosse. Une robe rose à mille raies, une ceinture rose à boucle d'or richement ciselée, une jeannette au cou et des bracelets de velours à ses bras nus (madame de Sérisy avait de beaux bras et les montrait beaucoup) donnaient à madame Moreau l'apparence d'une élégante Parisienne. Elle portait un magnifique chapeau de paille d'Italie, orné d'un bouquet de roses mousseuses pris chez Nattier, sous les ailes duquel ruisselaient en boucles brillantes ses beaux cheveux blonds. Après avoir commandé le plus délicat dîner et passé son appartement en revue, elle s'était promenée de manière à se trouver devant la corbeille de fleurs dans la grande cour du château, comme une châtelaine, au passage des voitures. Elle tenait au-dessus de sa tête une délicieuse ombrelle rose, doublée de soie blanche à franges. En voyant Pierrotin, qui remettait à la concierge du château les étranges paquets de Mistigris sans qu'aucun voyageur se montrât, Estelle revint désappointée avec le regret d'avoir encore fait une toilette inutile. Semblable à la plupart des personnes qui s'endimanchent, elle se sentit incapable d'une autre occupation que celle de niaiser dans son salon en attendant la voiture de Beaumont, qui passait une heure après Pierrotin, quoiqu'elle ne partît de Paris qu'à une heure après midi, et elle rentra chez elle pendant que les deux artistes procédaient à une toilette en règle. Le jeune peintre et Mistigris furent en effet si rebattus des louanges de la belle madame Moreau par le jardinier, à qui ils demandèrent des renseignements, qu'ils sentirent l'un et l'autre la nécessité de *se ficeler* (en terme d'atelier), et ils se mirent dans leur tenue superlative pour se présenter au pavillon du régisseur où les conduisit Jacques Moreau, l'aîné des enfants, un hardi garçon vêtu à l'anglaise d'une jolie veste à col rabattu, vivant pendant les vacances comme un poisson dans l'eau, dans cette terre où sa mère régnait en souveraine absolue.

— Maman, dit-il, voici les deux artistes envoyés par monsieur Schinner.

Madame Moreau, très-agréablement surprise, se leva, fit avancer des siéges par son fils, et déploya ses grâces.

— Maman, le petit Husson est avec mon père, ajouta l'enfant dans l'oreille de sa mère, je vais te l'aller chercher...

— Ne te presse pas, amusez-vous ensemble, dit la mère.

Ce seul mot, *ne te presse pas*, fit comprendre aux deux artistes le peu d'importance de leur compagnon de voyage; mais il y perçait aussi le sentiment d'une marâtre pour un beau-fils. En effet, madame Moreau, qui ne pouvait pas, au bout de dix-sept ans de mariage, ignorer l'attachement du régisseur pour madame Clapart et le petit Husson, haïssait la mère et l'enfant d'une manière si prononcée, que l'on comprendra pourquoi le régisseur ne s'était pas encore risqué à faire venir Oscar à Presles.

— Nous sommes chargés, mon mari et moi, dit-elle aux deux artistes, de vous faire les honneurs du château. Nous aimons beaucoup les arts, et surtout les artistes, ajouta-t-elle en minaudant, et je vous prie de vous regarder ici comme chez vous. A la campagne, vous savez, l'on ne se gêne pas ; il faut y avoir toute sa liberté, sans quoi tout y est insipide. Nous avons eu déjà monsieur Schinner...

Mistigris regarda malicieusement son compagnon.

— Vous le connaissez, sans doute ? reprit Estelle après une pause.

— Qui ne le connaît pas, madame ? répondit le peintre.

— Il est connu *comme le houblon*, ajouta Mistigris.

— Monsieur Grindot m'a dit votre nom, demanda madame Moreau, mais je...

— Joseph Bridau, répondit le peintre excessivement occupé de savoir à quelle femme il avait affaire.

Mistigris commençait à se rebeller intérieurement contre le ton protecteur de la belle régisseuse ; mais il attendait, ainsi que Bridau, quelque geste, quelque mot qui l'éclairât, un de ces mots de singe à dauphin que les peintres, ces cruels observateurs-nés des ridicules, la pâture de leurs crayons, saisissent avec tant de prestesse. Et d'abord, les grosses mains et les gros pieds d'Estelle, la fille de paysans des environs de Saint-Lô, frappèrent les deux artistes ; puis, une ou deux locutions de femme de chambre, des tournures de phrase qui démentaient l'élégance de la toilette, firent promptement reconnaître au peintre et à son élève leur proie ; et, par un seul coup d'œil échangé, tous deux convinrent de prendre Estelle au sérieux, afin de passer agréablement le temps de leur séjour.

— Vous aimez les arts, peut-être les cultivez-vous avec succès, madame ? dit Joseph Bridau.

— Non. Sans être négligée, mon éducation a été purement commerciale ; mais j'ai un si profond et si délicat sentiment des arts, que monsieur Schinner me priait toujours de venir, quand il avait fini un morceau, pour lui donner mon avis.

— Comme Molière consultait Laforêt, dit Mistigris.

Sans savoir que Laforêt fût une servante, madame Moreau répondit par une attitude penchée qui montrait que, dans son ignorance, elle acceptait ce mot comme un compliment.

— Comment ne vous a-t-il pas offert de vous croquer? dit Bridau. Les peintres sont assez friands de belles personnes.

— Qu'entendez-vous par ces paroles? fit madame Moreau sur la figure de laquelle se peignit le courroux d'une reine offensée.

— On appelle, en termes d'atelier, croquer une tête, en prendre une esquisse, dit Mistigris d'un air insinuant, et nous ne demandons à croquer que les belles têtes. De là le mot : *Elle est jolie à croquer!*

— J'ignorais l'origine de ce terme, répondit-elle, en lançant à Mistigris une œillade pleine de douceur.

— Mon élève, dit Bridau, monsieur Léon de Lora montre beaucoup de dispositions pour le portrait. Il serait trop heureux, *belle dame*, de vous laisser un souvenir de notre passage ici en peignant votre charmante tête.

Joseph Bridau fit un signe à Mistigris, comme pour dire : — Allons, pousse ta pointe! Elle n'est pas déjà si mal, cette femme. A ce coup d'œil, Léon de Lora se glissa sur le canapé, près d'Estelle, et lui prit une main qu'elle se laissa prendre.

— Oh! si pour faire une surprise à *votre époux*, madame, vous vouliez me donner quelques séances en secret, je tâcherais de me surpasser. Vous êtes si belle, si fraîche, si charmante!... Un homme sans talent deviendrait un génie en vous ayant pour modèle! On puiserait dans vos yeux tant de...

— Puis, nous peindrons vos chers enfants dans les arabesques, dit Joseph en interrompant Mistigris.

— J'aimerais mieux les avoir dans mon salon; mais ce serait indiscret, reprit-elle en regardant Bridau d'un air coquet.

— La beauté, madame, est une souveraine que les peintres adorent, et qui a sur eux bien des droits.

— Ils sont charmants, pensa madame Moreau. Aimez-vous la promenade le soir, après dîner, en calèche, dans les bois?...

— Oh! oh! oh! oh! oh! fit Mistigris à chaque circonstance et sur des tons extatiques; mais Presles sera le paradis terrestre.

— Avec une Ève, une blonde, une jeune et ravissante femme, ajouta Bridau.

Au moment où madame Moreau se rengorgeait et planait dans le septième ciel, elle fut rappelée, comme un cerf-volant par un coup de corde.

— Madame! s'écria sa femme de chambre en entrant comme une balle.

— Eh! bien, Rosalie, qui donc peut vous autoriser à venir ici sans être appelée?

Rosalie ne tint aucun compte de l'apostrophe, et dit à l'oreille de sa maîtresse : — Monsieur le comte est au château.

— Me demande-t-il? répliqua la régisseuse.

— Non, madame... Mais... il demande sa malle et la clef de son appartement.

— Qu'on les lui donne, fit-elle en faisant un geste d'humeur pour cacher son trouble.

— Maman, voilà Oscar Husson! s'écria le plus jeune de ses fils en amenant Oscar qui, rouge comme un coquelicot, n'osa s'avancer en retrouvant les deux peintres en toilette.

— Te voilà donc enfin, mon petit Oscar, dit Estelle d'un air pincé. J'espère que tu vas aller t'habiller, reprit-elle après l'avoir toisé de la façon la plus méprisante. Ta mère ne t'a pas, je crois, habitué à dîner en compagnie, fagotté comme te voilà.

— Oh! fit le cruel Mistigris, un futur diplomate doit être *en fonds... de culotte. Deux habits valent mieux qu'un.*

— Un futur diplomate? s'écria madame Moreau.

Là, le pauvre Oscar eut des larmes aux yeux en regardant tour à tour Joseph et Léon.

— Une plaisanterie faite en voyage, répondit Joseph qui par pitié voulut sauver Oscar de ce mauvais pas.

— Le petit a voulu rire comme nous, et il a *blagué*, dit le cruel Mistigris, maintenant le voilà *comme un âne en plaine.*

— Madame, dit Rosalie en revenant à la porte du salon, Son Excellence ordonne un dîner pour huit personnes, et veut être servie à six heures. Que faire?

Pendant la conférence d'Estelle et de sa première femme, les deux artistes et Oscar échangèrent des regards où se peignirent d'affreuses appréhensions.

— Son Excellence! qui? dit Joseph Bridau.

— Mais monsieur le comte de Sérisy, répondit le petit Moreau.

— Était-il, par hasard, dans le coucou? dit Léon de Lora.

— Oh! fit Oscar, le comte de Sérisy ne peut voyager que dans une voiture à quatre chevaux.

— Comment est-il arrivé, monsieur le comte de Sérisy? dit le peintre à madame Moreau quand elle revint assez mortifiée à sa place.

— Je n'en sais rien, dit-elle, je ne m'explique point l'arrivée de Sa Seigneurie, ni ce qu'elle vient faire. Et Moreau qui n'est pas là !

— Son Excellence prie monsieur Schinner de passer au château, dit un jardinier en s'adressant à Joseph, et il le prie de lui faire le plaisir de dîner avec lui, ainsi que monsieur Mistigris.

— Nous sommes cuits! fit le rapin en riant. Celui que nous avons pris pour un bourgeois dans la voiture à Pierrotin est le comte. On a bien raison de dire qu'*on ne trousse jamais ce qu'on cherche.*

Oscar se changea presque en statue de sel; car, à cette révélation, il sentit son gosier plus salé que la mer.

— Et vous qui lui avez parlé des adorateurs de sa femme et de sa maladie secrète, dit Mistigris à Oscar.

— Que voulez-vous dire? s'écria la femme du régisseur en regardant les deux artistes qui s'en allèrent en riant de la figure d'Oscar.

Oscar resta muet, foudroyé, stupide, n'entendant rien, quoique madame Moreau le questionnât et le remuât violemment par celui de ses bras qu'elle avait pris et qu'elle serrait avec force; mais elle fut obligée de laisser Oscar dans son salon sans en avoir obtenu de réponse, car Rosalie l'appela de nouveau pour avoir du linge, de l'argenterie, et pour qu'elle veillât par elle-même à l'exécution des ordres multipliés que le comte donnait. Les gens, les jardiniers, le concierge et sa femme, tout le monde allait et venait dans une confusion facile à concevoir. Le maître était tombé chez lui comme une bombe.

Du haut de La Cave, le comte avait en effet gagné, par un sentier à lui connu, la maison de son garde, et y arriva bien avant Moreau. Le garde fut stupéfait en voyant le vrai maître.

— Moreau est-il là, que voici son cheval? demanda monsieur de Sérisy.

— Non, monseigneur, mais comme il doit aller aux Moulineaux

avant son dîner, il a laissé son cheval ici pendant le temps de donner quelques ordres au château.

Le garde ignorait la portée de cette réponse qui, dans les circonstances présentes, aux yeux d'un homme perspicace, équivalait à une certitude.

— Si tu tiens à ta place, dit le comte à son garde, tu vas aller à fond de train à Beaumont sur ce cheval, et tu remettras à monsieur Margueron le billet que je vais écrire.

Le comte entra dans le pavillon, écrivit un mot, le plia de manière à ce qu'il fût impossible de le déplier sans qu'on s'en aperçût, et le remit à son garde, dès qu'il le vit en selle.

— Pas un mot à âme qui vive! dit-il. — Quant à vous, madame, ajouta-t-il en parlant à la femme du garde, si Moreau s'étonne de ne pas trouver son cheval, vous lui direz que je l'ai pris.

Et le comte se jeta dans son parc, dont la grille lui fut aussitôt ouverte à un geste qu'il fit. Quelque rompu que l'on soit au fracas de la politique, à ses émotions, à ses mécomptes, l'âme d'un homme assez fort pour aimer encore à l'âge du comte est toujours jeune à la trahison. Il en coûtait tant à monsieur de Sérisy de se savoir trompé par Moreau, qu'à Saint-Brice il le crut moins le collaborateur de Léger et du notaire qu'entraîné par eux. Aussi, sur le seuil de l'auberge, pendant la conversation du père Léger et de l'hôte, pensait-il encore à pardonner à son régisseur après lui avoir fait une bonne semonce. Chose étrange! la félonie de son homme de confiance ne l'occupait que comme un épisode, depuis le moment où Oscar avait révélé les glorieuses infirmités du travailleur intrépide, de l'administrateur napoléonien. Des secrets si bien gardés n'avaient pu être trahis que par Moreau qui s'était sans doute moqué de son bienfaiteur avec l'ancienne femme de chambre de madame de Sérisy ou avec l'ancienne Aspasie du Directoire. En se jetant dans le chemin de traverse, ce pair de France, ce ministre avait pleuré comme pleurent les jeunes gens. Il avait pleuré ses dernières larmes! Tous les sentiments humains étaient si bien et si vivement attaqués à la fois, que cet homme si calme marchait dans son parc comme va le fauve blessé.

Quand Moreau demanda son cheval, et que la femme du garde lui eut répondu : — Monsieur le comte vient de le prendre. — Qui, monsieur le comte? s'écria-t-il.

— Monseigneur le comte de Sérisy, notre maître, dit-elle. Il est peut-être au château, ajouta-t-elle pour se débarrasser du régisseur qui ne comprenant rien à cet événement rabattit sur le château.

Moreau revint bientôt sur ses pas pour questionner la femme du garde, car il avait fini par trouver de la gravité dans l'arrivée secrète et dans l'action bizarre de son maître. La femme du garde, épouvantée en se voyant prise comme dans un étau entre le comte et le régisseur, avait fermé le pavillon et s'y était enfermée, bien résolue de n'ouvrir qu'à son mari. Moreau, de plus en plus inquiet, alla, malgré ses bottes, au pas de course à la conciergerie où il apprit enfin que le comte s'habillait. Rosalie, que le régisseur rencontra, lui dit : — Sept personnes à dîner chez Sa Seigneurie...

Moreau se dirigea vers son pavillon, et vit alors sa fille de basse-cour en altercation avec un beau jeune homme.

— Monsieur le comte a dit l'aide-de-camp de Mina, un colonel, s'écriait la pauvre fille.

— Je ne suis pas colonel, répondait Georges.

— Eh! bien, vous nommez-vous Georges?

— Qu'y a-t-il? dit le régisseur en intervenant.

— Monsieur, je me nomme Georges Marest, je suis fils d'un riche quincaillier en gros de la rue Saint-Martin, et viens pour affaire chez monsieur le comte de Sérisy de la part de maître Crottat notaire, de qui je suis le second clerc.

— Et moi, je répète à monsieur que monseigneur vient de me dire : « Il va se présenter un colonel nommé Czerni-Georges, aide-de-camp de Mina, venu par la voiture à Pierrotin; s'il me demande, faites-le entrer dans la salle d'attente. »

— Il ne faut pas badiner avec Sa Seigneurie, dit le régisseur, allez, monsieur. Mais comment Sa Seigneurie est-elle venue ici sans m'avoir prévenu de son arrivée? Comment monsieur le comte a-t-il pu savoir que vous avez voyagé par la voiture à Pierrotin?

— Évidemment, dit le clerc, le comte est le voyageur qui sans l'obligeance d'un jeune homme allait se mettre en lapin dans la voiture à Pierrotin.

— En lapin, dans la voiture à Pierrotin?... s'écrièrent le régisseur et la fille de basse-cour.

— J'en suis sûr, précisément à cause de ce que me dit cette fille, reprit Georges Marest.

— Et comment? fit Moreau.

— Ah! voilà, s'écria le clerc. Pour mystifier les voyageurs, je leur ai raconté un tas de gausses sur l'Égypte, la Grèce et l'Espagne. J'avais des éperons, je me suis donné pour un colonel de cavalerie, histoire de rire.

— Voyons, dit Moreau. Comment est le voyageur qui, selon vous, serait monsieur le comte?

— Mais, dit Georges, il a la figure comme une brique, les cheveux entièrement blancs et les sourcils noirs.

— C'est lui!

— Je suis perdu, dit Georges Marest.

— Pourquoi?

— Je l'ai blagué sur ses décorations.

— Bah! il est bon enfant, vous l'aurez amusé. Venez promptement au château, dit Moreau, je monte chez lui. Où vous a-t-il donc quitté?

— En haut de la montagne.

— Je m'y perds, s'écria Moreau.

— Après tout, je l'ai *blagué,* mais je ne lui ai pas fait d'affront, se dit le clerc.

— Et pourquoi venez-vous? demanda le régisseur.

— Mais j'apporte l'acte de vente de la ferme des Moulineaux, tout prêt.

— Mon Dieu! s'écria le régisseur, je n'y comprends rien.

Moreau sentit son cœur battre à le gêner quand, après avoir frappé deux coups à la porte de son maître, il entendit : — Est-ce vous, *monsieur* Moreau?

— Oui, monseigneur.

— Entrez!

Le comte avait mis un pantalon blanc et des bottes fines, un gilet blanc et un habit noir sur lequel brillait, à droite, le crachat des Grand'Croix de la Légion-d'Honneur; à gauche, à une boutonnière pendait la Toison-d'Or au bout d'une chaîne d'or. Le cordon bleu ressortait vivement sur le gilet. Il avait lui-même arrangé ses cheveux, et s'était sans doute harnaché ainsi pour faire à Margueron les honneurs de Presles, et peut-être pour faire agir sur ce bonhomme les prestiges de la grandeur.

— Eh! bien, monsieur, dit le comte en restant assis et laissant Moreau debout, nous ne pouvons donc pas conclure avec Margueron?

— En ce moment il vendrait sa ferme trop cher.

— Mais pourquoi ne viendrait-il pas? dit le comte en affectant un air rêveur.

— Il est malade, monseigneur...

— Vous en êtes sûr?

— J'y suis allé...

— Monsieur, dit le comte en prenant un air sévère qui fut terrible, que feriez-vous à un homme de confiance qui vous verrait panser un mal que vous voudriez tenir secret, s'il allait en rire chez une gourgandine?

— Je le rouerais de coups.

— Et si vous aperceviez en outre qu'il trompe votre confiance et vous vole?

— Je tâcherais de le surprendre et je l'enverrais aux galères.

— Écoutez, *monsieur* Moreau? vous avez sans doute parlé de mes infirmités chez madame Clapart, et vous avez ri chez elle, avec elle, de mon amour pour la comtesse de Sérisy, car le petit Husson instruisait d'une foule de circonstances relatives à mes traitements les voyageurs d'une voiture publique, ce matin, en ma présence, et Dieu sait en quel langage! Il osait calomnier ma femme. Enfin, j'ai appris de la bouche même du père Léger, qui revenait de Paris dans la voiture de Pierrotin, le plan formé par le notaire de Beaumont, par vous et par lui, relativement aux Moulineaux. Si vous êtes allé chez monsieur Margueron, ce fut pour lui dire de faire le malade, il l'est si peu que je l'attends à dîner, et qu'il va venir. Eh! bien, monsieur, je vous pardonnais d'avoir deux cent cinquante mille francs de fortune, gagnés en dix-sept ans... Je comprends cela. Vous m'eussiez chaque fois demandé ce que vous me preniez, ou ce qui vous était offert, je vous l'aurais donné : vous êtes père de famille. Vous avez été, dans votre indélicatesse, meilleur qu'un autre, je le crois.... Mais vous qui savez mes travaux accomplis pour le pays, pour la France, vous qui m'avez vu passant des cent et quelques nuits pour l'Empereur, ou travaillant des dix-huit heures par jour pendant des trimestres entiers, vous qui connaissez combien j'aime madame de Sérisy, avoir bavardé là-dessus devant un enfant, avoir livré mes secrets, mes affections à la risée d'une madame Husson...

— Monseigneur...

— C'est impardonnable. Blesser un homme dans ses intérêts, ce n'est rien; mais l'attaquer dans son cœur?... Oh! vous ne savez pas ce que vous avez fait ! Le comte se mit la tête dans les mains et resta silencieux pendant un moment. — Je vous laisse ce que vous avez, reprit-il, et je vous oublierai. Par dignité, pour moi, pour votre propre honneur, nous nous quitterons décemment, car je me souviens en ce moment de ce que votre père a fait pour le mien. Vous vous entendrez, et bien, avec monsieur de Reybert qui vous succède. Soyez, comme moi, calme. Ne vous donnez pas en spectacle aux sots. Surtout, pas de galvaudages ni de chipoteries. Si vous n'avez plus ma confiance, tâchez de garder le décorum des gens riches. Quant à ce petit drôle qui a failli me tuer, qu'il ne couche pas à Presles ! mettez-le à l'auberge, je ne répondrais point de ma colère en le voyant.

— Je ne méritais point tant de douceur, monseigneur, dit Moreau les larmes aux yeux. Oui, si j'avais été tout à fait improbe, j'aurais cinq cent mille francs à moi ; d'ailleurs, j'offre de vous faire le compte de ma fortune, et de vous la détailler ! Mais laissez-moi vous dire, monseigneur, qu'en causant de vous avec madame Clapart, ce ne fut jamais en dérision ; mais, au contraire, pour déplorer votre état, et pour lui demander si elle ne connaissait point quelques remèdes inconnus aux médecins et que pratiquent les gens du peuple... Je me suis entretenu de vos sentiments devant le petit quand il dormait, (il paraît qu'il nous entendait !) mais ce fut toujours en des termes pleins d'affection et de respect. Le malheur veut que des indiscrétions soient punies comme des crimes. Mais en acceptant les effets de votre juste colère, sachez au moins comment les choses se sont passées. Oh ! ce fut de cœur à cœur que j'ai parlé de vous avec madame Clapart. Enfin vous pouvez interroger ma femme, nous n'avons jamais entre nous parlé de ces choses...

— Assez, dit le comte dont la conviction était entière, nous ne sommes pas des enfants, tout est irrévocable. Allez mettre ordre à vos affaires et aux miennes. Vous pouvez rester au pavillon jusqu'au mois d'octobre. Monsieur et madame de Reybert logeront au château ; surtout, tâchez de vivre avec eux en gens comme il faut, qui se haïssent, mais qui conservent les apparences.

Le comte et Moreau descendirent, Moreau blanc comme les cheveux du comte, le comte calme et digne.

Pendant cette scène, la voiture de Beaumont qui part de Paris à une heure s'était arrêtée à la grille et descendait au château maître Crottat, qui, d'après l'ordre donné par le comte, attendait dans le salon où il trouva son clerc excessivement penaud, en compagnie des deux peintres, tous trois embarrassés de leurs personnages. Monsieur de Reybert, un homme de cinquante ans à figure rébarbative, mais probe, était venu accompagné du vieux Margueron et du notaire de Beaumont qui tenait une liasse de pièces et de titres. Quand toutes ces personnes virent paraître le comte dans son costume d'homme d'État, Georges Marest eut un léger mouvement de colique, Joseph Bridau tressaillit ; mais Mistigris, qui se trouvait dans ses habits des dimanches et qui d'ailleurs n'avait rien à se reprocher, dit assez haut : — Eh ! bien, il est infiniment mieux comme ça.

— Petit drôle, dit le comte en l'amenant avec lui par une oreille, nous faisons tous deux la décoration. — Avez-vous reconnu votre ouvrage, mon cher Schinner ? dit le comte en montrant le plafond à l'artiste.

— Monseigneur, répondit l'artiste, j'ai eu le tort de m'arroger, par bravade, un nom célèbre ; mais cette journée m'oblige à vous faire de belles choses et à illustrer celui de Joseph Bridau.

— Vous avez pris ma défense, dit vivement le comte, et j'espère que vous me ferez le plaisir de dîner avec moi, ainsi que notre spirituel Mistigris.

— Votre Seigneurie ne sait pas à quoi elle s'expose, dit l'effronté rapin. *Ventre affamé n'a pas d'orteils.*

— Bridau ! s'écria le ministre frappé par un souvenir, seriez-vous parent d'un des plus ardents travailleurs de l'Empire, un Chef de Division qui a succombé victime de son zèle ?

— Son fils, monseigneur, répondit Joseph en s'inclinant.

— Vous êtes le bien venu ici, reprit le comte en prenant la main du peintre entre les siennes, j'ai connu votre père, et vous pouvez compter sur moi comme sur un... oncle d'Amérique, ajouta monsieur de Sérisy en souriant. Mais vous êtes trop jeune pour avoir des élèves, à qui donc est Mistigris ?

— A mon ami Schinner qui me l'a prêté, reprit Joseph. Mistigris se nomme Léon de Lora. Monseigneur, si vous vous souvenez de mon père, daignez penser à celui de ses fils qui se trouve accusé de complot contre l'État et traduit devant la Cour des pairs...

— Ah ! c'est vrai, dit le comte, j'y songerai, croyez-le bien. — Quant au prince Czerni-Georges, l'ami d'Ali-Pacha, l'aide-de-camp de Mina, dit le comte en s'avançant vers Georges.

— Lui ?... mon second clerc, s'écria Crottat.

— Vous êtes dans l'erreur, maître Crottat, dit le comte d'un air sévère. Un clerc qui veut être notaire un jour, ne laisse pas des pièces importantes dans les diligences à la merci des voyageurs ! Un clerc qui veut être notaire ne dépense pas vingt francs entre Paris et Moisselles ! Un clerc qui veut être notaire ne s'expose pas à être arrêté comme transfuge...

— Monseigneur, dit Georges Marest, j'ai pu m'amuser à mystifier des bourgeois en voyage ; mais...

— Laissez donc parler Son Excellence, lui dit son patron en lui donnant un grand coup de coude dans le flanc.

— Un notaire doit avoir de bonne heure de la discrétion, de la finesse, et ne pas prendre un ministre d'État pour un fabricant de chandelles...

— Je passe condamnation sur mes fautes, mais je n'ai pas laissé mes actes à la merci... dit Georges.

— Vous commettez en ce moment la faute de donner un démenti à un ministre d'État, à un pair de France, à un gentilhomme, à un vieillard, à un client. Cherchez votre projet de vente ?

Le clerc froissa tous les papiers de son portefeuille.

— Ne brouillez pas vos papiers, dit le ministre d'État en tirant l'acte de sa poche, voici ce que vous cherchez.

Crottat tourna le papier trois fois, tant il était surpris.

— Comment ! monsieur ?... dit le notaire à Georges.

— Si je ne l'avais pas pris, reprit le comte, le père Léger, qui n'est pas si niais que vous le croyez d'après ses questions sur l'agriculture, car il vous prouvait qu'il faut toujours penser à son état, le père Léger aurait pu s'en saisir et deviner mon projet..... Vous me ferez aussi le plaisir de dîner avec moi, mais à la condition de nous raconter l'exécution du *moucelim* de Smyrne, et vous nous finirez les mémoires de quelque client que vous avez sans doute lus avant le public.

— Schlague pour blague, dit Léon de Lora tout bas à Joseph Bridau.

— Messieurs, dit le comte au notaire de Beaumont, à Crottat, à messieurs Margueron et de Reybert, passons de l'autre côté, nous ne nous mettrons pas à table sans avoir conclu ; car, comme dit Mistigris, il faut savoir *se traire à propos*.

— Eh ! bien, il est bien bon enfant, dit Léon de Lora à Georges Marest.

— Oui, mais mon patron ne l'est pas, lui, bon enfant, et il me priera d'aller blaguer ailleurs.

— Bah! vous aimez à voyager, dit Bridau.

— Quel savon le petit va recevoir de monsieur et madame Moreau?... s'écria Léon de Lora.

— Un petit imbécile, dit Georges. Sans lui, le comte se serait amusé. C'est égal, la leçon est bonne, et si jamais on me reprend à parler en voiture !...

— Oh! c'est bien bête, dit Joseph Bridau.

— Et commun, fit Mistigris. *Trop parler, suit,* d'ailleurs.

Pendant que les affaires se traitaient entre monsieur Margueron et le comte de Sérisy, assistés chacun de leurs notaires, et en présence de monsieur de Reybert, l'ex-régisseur était allé d'un pas lent à son pavillon. Il y entra sans rien voir et s'assit sur le canapé du salon où le petit Husson se mit dans un coin hors de sa vue, car la figure blême du protecteur de sa mère l'épouvanta.

— Eh! bien, mon ami, dit Estelle en entrant assez fatiguée par tout ce qu'elle venait de faire, qu'as-tu donc?

— Ma chère, nous sommes perdus, et perdus sans ressources. Je ne suis plus régisseur de Presles, je n'ai plus la confiance du comte.

— Et d'où vient?

— Le père Léger, qui était dans la voiture de Pierrotin, l'a mis au fait de l'affaire des Moulineaux; mais ce n'est pas là ce qui m'a pour jamais aliéné sa protection...

— Hé! quoi?

— Oscar a mal parlé de la comtesse, et il a révélé les maladies de monsieur...

— Oscar?... s'écria madame Moreau. Tu es puni, mon cher, par où tu as péché. C'était bien la peine de nourrir ce serpent-là dans ton sein?... Combien de fois je t'ai dit...

— Assez! fit Moreau d'une voix altérée.

En ce moment, Estelle et son mari découvrirent Oscar tapi dans un coin. Moreau fondit sur le malheureux enfant comme un milan sur sa proie, l'empoigna par le collet de sa petite redingote olive et l'amena au jour d'une croisée.

— Parle, qu'as-tu donc dit à monseigneur dans la voiture? quel démon a délié ta langue, toi qui restes hébété toutes les fois que je t'interroge? Quelle était ton idée? lui dit le régisseur avec une épouvantable violence.

Trop hébété pour pleurer, Oscar garda le silence en restant immobile comme une statue.

— Viens demander pardon à Son Excellence, dit Moreau.

— Est-ce que Son Excellence s'inquiète d'une pareille vermine! s'écria la furieuse Estelle.

— Allons, viens au château, reprit Moreau.

Oscar s'affaissa comme une masse inerte et tomba par terre.

— Veux-tu venir? dit Moreau dont la colère s'alluma davantage de moments en moments.

— Non! non! grâce, s'écria Oscar qui ne voulut pas se soumettre à un supplice pour lui pire que la mort.

Moreau prit alors Oscar par son habit, le traîna comme un cadavre par les cours que l'enfant remplit de ses cris, de ses sanglots; il le traîna par le perron; et, d'un bras animé par la rage, il le jeta beuglant et roide comme un pieu, dans le salon aux pieds du comte qui venait de terminer l'acquisition des Moulineaux et qui se rendait alors dans la salle à manger avec toute la compagnie.

— A genoux! à genoux! malheureux? demande pardon à celui qui t'a donné le pain de l'âme en t'obtenant une bourse au collège? criait Moreau.

Oscar, la face contre terre, écumait de rage, sans dire un mot. Tous les spectateurs tremblaient. Moreau, qui ne se posséda plus, offrait une face sanglante à force d'être injectée.

— Ce jeune homme n'est que vanité, dit le comte après avoir vainement attendu les excuses d'Oscar. Un orgueilleux s'humilie, car il y a de la grandeur dans certains abaissements. J'ai grand'-peur que vous ne fassiez jamais rien de ce garçon.

Et le ministre d'État passa.

Moreau reprit Oscar et l'emmena chez lui. Pendant qu'on attelait les chevaux à la calèche, il écrivit à madame Clapart la lettre suivante :

« Ma chère, Oscar vient de me ruiner. Pendant son voyage
» dans la voiture à Pierrotin, ce matin, il a parlé des légèretés
» de madame la comtesse à Son Excellence elle-même qui voya-
» geait *incognito*, et lui a dit à lui-même ses secrets sur la terri-
» ble maladie qu'il a gagnée à passer tant de nuits en travaux dans
» ses diverses fonctions. Après m'avoir destitué, le comte m'a re-
» commandé de ne pas laisser coucher Oscar à Presles, et de le
» renvoyer. Aussi, pour lui obéir, fais-je en ce moment atteler mes

» chevaux à la calèche de ma femme, et Brochon, mon valet d'é-
» curie, va vous ramener ce petit misérable. Nous sommes, ma
» femme et moi, dans une désolation que vous pouvez concevoir,
» mais que je renonce à vous peindre. Sous peu de jours j'irai
» vous voir, car il faut que je prenne un parti. J'ai trois enfants,
» je dois songer à l'avenir, et je ne sais encore que résoudre, car
» mon intention est de montrer au comte ce que valent dix-sept ans
» de la vie d'un homme tel que moi. Riche de deux cent soixante
» mille francs, je veux arriver à une fortune qui me permette
» d'être quelque jour presque l'égal de S. Exc. En ce moment je
» me sens capable de soulever des montagnes, de vaincre d'in-
» surmontables difficultés. Quel levier qu'une scène d'humilia-
» tions pareilles ?... Quel sang Oscar a-t-il donc dans les veines ? je
» ne puis vous faire de compliments sur lui, sa conduite est celle
» d'une buse ; au moment où je vous écris, il n'a pas encore pu
» prononcer un mot, ni répondre à toutes les demandes de ma
» femme ou de moi... Va-t-il devenir imbécile ou l'est-il déjà ?
» Chère amie, vous ne lui aviez donc pas fait sa leçon avant de
» l'embarquer ? Combien de malheurs vous m'eussiez évités en
» l'accompagnant comme je vous en avais prié ! Si Estelle vous ef-
» frayait, vous auriez pu rester à Moisselles. Enfin tout est dit.
» Adieu, à bientôt.

» Votre dévoué serviteur et ami,

» MOREAU. »

A huit heures du soir, madame Clapart, revenue d'une petite promenade avec son mari, tricotait des bas d'hiver pour Oscar, à la lueur d'une seule chandelle. Monsieur Clapart attendait un de ses amis, nommé Poiret, qui venait parfois faire avec lui sa partie de dominos, car jamais il ne se hasardait à passer la soirée dans un café. Malgré la prudence que lui imposait la médiocrité de sa fortune, Clapart n'aurait pu répondre de sa tempérance au milieu des objets de consommation et en présence des habitués, dont les railleries l'eussent piqué.

— J'ai peur que Poiret ne soit venu, disait Clapart à sa femme.

— Mais, mon ami, la portière nous l'aurait dit, lui répondit madame Clapart.

— Elle peut bien l'avoir oublié !

— Pourquoi veux-tu qu'elle l'oublie ?

— Ce ne serait pas la première fois qu'elle aurait oublié quelque chose pour nous, car Dieu sait comme on traite les gens qui n'ont pas équipage.

— Enfin, dit la pauvre femme pour changer de conversation et tâcher d'échapper aux pointilleries de Clapart, Oscar est maintenant à Presles, il sera bien heureux dans cette belle terre, dans ce beau parc...

— Oui, attendez-en de belles choses, répondit Clapart, il y causera du grabuge.

— Ne cesserez-vous donc pas d'en vouloir à ce pauvre enfant, que vous a-t-il fait? Hé! mon Dieu, si quelque jour nous sommes à l'aise, peut-être le lui devrons-nous, car il a bon cœur...

— Quand ce garçon-là réussira dans le monde, il y aura longtemps que nos os seront en gélatine, s'écria Clapart. Il aura donc bien changé! Mais vous ne le connaissez pas, votre enfant, il est vantard, il est menteur, il est paresseux, il est incapable...

— Si vous alliez au-devant de monsieur Poiret, dit la pauvre mère atteinte au cœur par cette diatribe qu'elle s'était attirée.

— Un enfant qui n'a jamais eu de prix dans ses classes! s'écria Clapart.

Aux yeux des bourgeois, remporter des prix dans ses classes est la certitude d'un bel avenir pour un enfant.

— En avez-vous eu? lui dit sa femme. Et Oscar a obtenu le quatrième accessit de philosophie.

Cette apostrophe imposa silence pour un moment à Clapart.

— Avec cela que madame Moreau doit l'aimer comme un clou, vous savez où?... elle tâchera de le faire prendre en grippe à son mari... Oscar devenir régisseur de Presles?... mais il faut savoir l'arpentage, se connaître à la culture...

— Il apprendra.

— Lui? la chatte! Gageons que s'il était en place, il ne serait pas une semaine sans commettre quelques balourdises qui le feraient renvoyer par le comte de Sérisy?

— Mon Dieu, comment pouvez-vous vous acharner, dans l'avenir, contre un pauvre enfant plein de bonnes qualités, d'une douceur d'ange, et incapable de faire du mal à qui que ce soit?

En ce moment, les claquements de fouet d'un postillon, le bruit d'une calèche au grand trot, le piaffement de deux chevaux qui s'arrêtèrent à la porte cochère de la maison avaient mis la rue de la

Cerisaie en révolution. Clapart, qui entendit ouvrir toutes les fenêtres, sortit sur le carré.

— On vous ramène Oscar en poste, s'écria-t-il d'un air où sa satisfaction se cachait sous une inquiétude réelle.

— Oh! mon Dieu, que lui est-il arrivé? dit la pauvre mère saisie d'un tremblement qui la secoua comme une feuille est secouée par le vent d'automne.

Brochon montait suivi d'Oscar et de Poiret.

— Mon Dieu! qu'est-il arrivé? répéta la mère en s'adressant au valet d'écurie.

— Je ne sais pas, mais monsieur Moreau n'est plus régisseur de Presles, on dit que c'est monsieur votre fils qui en est cause, et Sa Seigneurie a ordonné de vous l'expédier. D'ailleurs, voilà la lettre de ce pauvre monsieur Moreau, qu'est changé, madame, à faire trembler...

— Clapart, deux verres de vin pour le postillon et pour monsieur, dit la mère qui s'alla jeter sur un fauteuil où elle lut la fatale lettre. — Oscar, dit-elle en se traînant vers son lit, tu veux donc tuer ta mère... Après tout ce que je t'avais dit ce matin.

Madame Clapart n'acheva pas sa phrase, elle s'évanouit de douleur.

Oscar resta stupide, debout. Madame Clapart revint à elle, en entendant son mari qui disait à Oscar en le remuant par le bras :
— Répondras-tu?

— Allez vous mettre au lit, monsieur, dit-elle à son fils, et laissez-le tranquille, monsieur Clapart, ne le rendez pas fou, car il est changé à faire peur.

Oscar n'entendit pas la phrase de sa mère, il était allé se coucher dès qu'il en avait reçu l'ordre.

Tous ceux qui se rappellent leur adolescence ne s'étonneront pas d'apprendre qu'après une journée si remplie d'émotions et d'événements, Oscar ait dormi du sommeil des justes, malgré l'énormité de ses fautes. Le lendemain, il ne trouva pas la nature aussi changée qu'il le croyait, et il fut étonné d'avoir faim, lui qui se regardait la veille comme indigne de vivre. Il n'avait souffert que moralement. A cet âge, les impressions morales se succèdent avec trop de rapidité pour que l'une n'affaiblisse pas l'autre, quelque profondément gravée que soit la première. Aussi, le système des punitions corporelles, quoique des philanthropes l'aient fortement attaqué dans ces derniers temps, est-il nécessaire en certains cas pour les enfants ; et d'ailleurs, il est le plus naturel, car la nature ne procède pas autrement, elle se sert de la douleur pour imprimer un durable souvenir de ses enseignements. Si, à la honte malheureusement passagère qui avait saisi Oscar la veille, le régisseur eût joint une peine afflictive, peut-être la leçon aurait-elle été complète. Le discernement avec lequel les corrections doivent être employées est le plus grand argument contre elles; car la nature ne se trompe jamais, tandis que le précepteur doit errer souvent.

Madame Clapart avait eu le soin d'envoyer son mari dehors afin de se trouver seule pendant la matinée avec son fils. Elle était dans un état à faire pitié. Ses yeux attendris par les larmes, sa figure fatiguée par une nuit sans sommeil, sa voix affaiblie, tout en elle demandait grâce en montrant une excessive douleur qu'elle n'aurait pu supporter une seconde fois. En voyant entrer Oscar, elle lui fit signe de s'asseoir à côté d'elle et lui rappela d'un ton doux, mais pénétré, les bienfaits du régisseur de Presles. Elle dit à Oscar que, depuis six ans surtout, elle vivait des ingénieuses charités de Moreau. La place de monsieur Clapart, due au comte de Sérisy aussi bien que la demi-bourse à l'aide de laquelle Oscar avait achevé son éducation, cesserait tôt ou tard. Clapart ne pouvait pas prétendre à une retraite, ne comptant point assez d'années de services au Trésor ni à la Ville pour en obtenir une. Le jour où monsieur Clapart n'aurait plus sa place, que deviendraient-ils tous?

— Moi, dit-elle, dussé-je me mettre à garder les malades ou devenir femme de charge dans une grande maison, je saurai gagner mon pain et nourrir monsieur Clapart. Mais, toi, dit-elle à Oscar, que feras-tu? Tu n'as pas de fortune et tu dois t'en faire une, car il faut pouvoir vivre. Il n'existe que quatre grandes carrières, pour vous autres jeunes gens : le commerce, l'administration, les professions privilégiées et le service militaire. Toute espèce de commerce exige des capitaux, nous n'en avons pas à te donner. A défaut de capitaux, un jeune homme apporte son dévouement, sa capacité; mais le commerce veut une grande discrétion, et ta conduite d'hier ne permet pas d'espérer que tu y réussisses. Pour entrer dans une administration publique, on doit y faire un long surnumérariat, y avoir des protections, et tu t'es aliéné le seul protecteur que nous eussions et le plus puissant de tous. D'ail-

leurs, à supposer que tu fusses doué des moyens extraordinaires
à l'aide desquels un jeune homme arrive promptement, soit dans
le commerce, soit dans l'administration, où prendre de l'argent
pour vivre et s'habiller pendant le temps qu'on emploie à apprendre son état ?

Ici la mère se livra, comme toutes les femmes, à des lamentations verbeuses : comment allait-elle faire, privée des secours en nature que la régie de Presles permettait à Moreau de lui envoyer ? Oscar avait renversé la fortune de son protecteur. Après le commerce et l'administration, carrières auxquelles son fils ne devait pas songer, faute par elle de pouvoir l'entretenir, venaient les professions privilégiées du Notariat, du Barreau, des avoués et des huissiers. Mais il fallait faire son Droit, étudier pendant trois ans, et payer des sommes considérables pour les inscriptions, pour les examens, pour les thèses et les diplômes ; le grand nombre des aspirants forçait à se distinguer par un talent supérieur ; enfin la question de l'entretien d'Oscar se représentait toujours.

— Oscar, dit-elle en terminant, j'avais mis en toi tout mon orgueil et toute ma vie. En acceptant une vieillesse malheureuse, je reposais ma vue sur toi, je te voyais embrassant une belle carrière et y réussissant. Cet espoir m'a donné le courage de dévorer les privations que j'ai subies depuis six ans pour te soutenir au collége, où tu nous coûtais encore sept à huit cents francs par an, malgré la demi-bourse. Maintenant que mon espérance s'évanouit, ton sort m'effraie ! Je ne puis pas disposer d'un sou sur les appointements de monsieur Clapart pour mon fils, à moi. Que vas-tu faire ? Tu n'es pas assez fort en mathématiques pour entrer aux Écoles Spéciales, et d'ailleurs où prendrais-je les trois mille francs de pension qu'on exige ? Voilà la vie comme elle est, mon enfant ! Tu as dix-huit ans, tu es fort, engage-toi comme soldat, ce sera la seule manière de gagner ton pain...

Oscar ne savait rien encore de la vie. Comme tous les enfants de qui l'on a pris soin en leur cachant la misère au logis, il ignorait la nécessité de faire fortune ; le mot *Commerce* ne lui apportait aucune idée, et le mot *Administration* ne lui disait pas grand'chose, car il n'en apercevait pas les résultats ; il écoutait donc d'un air soumis, qu'il essayait de rendre penaud, les remontrances de sa mère, mais elles se perdaient dans le vide. Néanmoins, l'idée d'être soldat, et les larmes qui roulaient dans les yeux de sa mère, firent pleurer cet enfant. Aussitôt que madame Clapart vit les joues d'Oscar sillonnées de pleurs, elle se trouva sans force; et, comme toutes les mères en pareil cas, elle chercha la péroraison qui termine ces espèces de crises où elles souffrent à la fois leurs douleurs et celles de leurs enfants.

— Allons, Oscar, *promets-moi* d'être discret à l'avenir, de ne plus parler à tort et à travers, de réprimer ton sot amour-propre, de, etc., etc.

Oscar promit tout ce que sa mère lui demanda de promettre, et après l'avoir attiré doucement à elle, madame Clapart finit par l'embrasser pour le consoler d'avoir été grondé.

— Maintenant, dit-elle, tu écouteras ta mère, tu suivras ses avis, car une mère ne peut donner que de bons conseils à son fils. Nous irons chez ton oncle Cardot. Là est notre dernière espérance. Cardot a dû beaucoup à ton père, qui en lui accordant sa sœur, mademoiselle Husson, avec une énorme dot pour ce temps-là, lui a permis de faire une grande fortune dans la soierie. Je pense qu'il te placera chez monsieur Camusot, son successeur et son gendre, rue des Bourdonnais... Mais, vois-tu, ton oncle Cardot a quatre enfants. Il a donné son établissement du Cocon-d'Or à sa fille aînée, madame Camusot. Si Camusot a des millions, il a aussi quatre enfants de deux lits différents, et il sait à peine que nous existons. Cardot a marié Marianne, sa seconde fille, à monsieur Protez, de la maison Protez et Chiffreville. L'Étude de son fils aîné, le notaire, a coûté quatre cent mille francs, et il vient d'associer Joseph Cardot, son second fils, à la maison de droguerie Matifat. Ton oncle Cardot aura donc bien des raisons pour ne pas s'occuper de toi, qu'il voit quatre fois par an. Il n'est jamais venu me rendre visite ici; tandis qu'il savait bien, lui, venir me voir chez Madame-mère pour obtenir les fournitures des Altesses impériales, de l'Empereur et des grands de sa cour. Maintenant les Camusot font les ultra! Camusot a marié le fils de sa première femme à la fille d'un huissier du cabinet du roi! Le monde est bien bossu quand il se baisse! Enfin, c'est habile, le Cocon-d'Or a la pratique de la Cour sous les Bourbons comme sous l'Empereur. Demain nous irons donc chez ton oncle Cardot, j'espère que tu sauras t'y tenir comme il faut; car là, je te le répète, est notre dernier espoir.

Monsieur Jean-Jérôme-Séverin Cardot était depuis six ans veuf de sa femme, mademoiselle Husson, à qui le fournisseur, au temps de sa splendeur, avait donné cent mille francs de dot en argent. Cardot, le premier commis du Cocon-d'Or, une des plus vieilles maisons de Paris, avait acheté cet établissement en 1793, au moment où ses patrons étaient ruinés par le maximum; et l'argent de la dot de mademoiselle Husson lui avait permis de faire une fortune presque colossale en dix ans. Pour établir richement ses enfants, il avait eu l'idée ingénieuse de placer en viager une somme de trois cent mille francs sur la tête de sa femme et sur la sienne, ce qui lui produisait trente mille livres de rente. Quant à ses capitaux, il les avait partagés en trois dots de chacune quatre cent mille francs pour ses enfants. Le Cocon d'Or, la dot de sa fille aînée, fut accepté pour cette somme par Camusot. Le bonhomme, presque septuagénaire, pouvait donc dépenser et dépensait ses trente mille francs par an, sans nuire aux intérêts de ses enfants, tous supérieurement établis, et dont les témoignages d'affection n'étaient alors entachés d'aucune pensée cupide. L'oncle Cardot habitait à Belleville, une des premières maisons situées au-dessus de la Courtille. Il y occupait, à un premier étage d'où l'on planait sur la vallée de la Seine, un appartement de mille francs, à l'exposition du midi, et avec la jouissance exclusive d'un grand jardin; aussi ne s'embarrassait-il guère des trois ou quatre autres locataires logés dans cette vaste maison de campagne. Assuré par un long bail de finir là ses jours, il vivait assez mesquinement, servi par sa vieille cuisinière et par l'ancienne femme de chambre de feu madame Cardot qui s'attendaient à recueillir chacune quelque six cents francs de rente à sa mort, et qui, par conséquent, ne le volaient point. Ces deux femmes prenaient de leur maître des soins inouïs et s'y intéressaient d'autant plus que personne n'était moins tracassier ni moins vétilleux que lui. L'appartement, meublé par feu madame Cardot, restait dans le même état depuis six ans, le vieillard s'en contentait; il ne dépensait pas en tout mille écus par an, car il dînait à Paris cinq fois par semaine, et rentrait tous les soirs à minuit dans un fiacre attitré dont l'établissement se trouvait à la barrière de la Courtille. La cuisinière n'avait guère à s'occuper que du déjeuner. Le bonhomme déjeunait à onze heures, puis il s'habillait, se parfumait et allait à Paris. Ordinairement les bourgeois préviennent quand ils dînent en ville, le père Cardot, lui, prévenait quand il dînait chez lui.

Ce petit vieillard, gras, frais, trapu, fort, était, comme dit le peuple, toujours tiré à quatre épingles; c'est-à-dire toujours en bas de soie noire, en culotte de pou-de-soie, gilet de piqué blanc, linge éblouissant, habit bleu-barbeau, gants de soie violette, des boucles d'or à ses souliers et à sa culotte, enfin un œil de poudre et une petite queue ficelée avec un ruban noir. Sa figure se faisait remarquer par des sourcils épais comme des buissons sous lesquels pétillaient des yeux gris, et par un nez carré, gros et long qui lui donnait l'air d'un ancien prébendier. Cette physionomie tenait parole.

Le père Cardot appartenait en effet à cette race de Gérontes égrillards qui disparaît de jour en jour et qui défrayait de Turcarets les romans et les comédies du dix-huitième siècle. L'oncle Cardot disait : *Belle dame !* il reconduisait en voiture les femmes qui se trouvaient sans protecteur ; il se mettait à leur disposition, selon son expression, avec des façons chevaleresques. Sous son air calme, sous son front neigeux, il cachait une vieillesse uniquement occupée de plaisir. Entre hommes, il professait hardiment l'épicuréisme et se permettait des gaudrioles un peu fortes. Il n'avait pas trouvé mauvais que son gendre Camusot fît la cour à la charmante actrice Coralie, car lui-même était secrètement le Mécène de mademoiselle Florentine, première danseuse du théâtre de la Gaîté. Mais de cette vie et de ces opinions, il ne paraissait rien chez lui, ni dans sa conduite extérieure. L'oncle Cardot, grave et poli, passait pour être presque froid, tant il affichait de décorum, et une dévote l'eût appelé hypocrite. Ce digne monsieur haïssait particulièrement les prêtres, il faisait partie de ce grand troupeau de niais abonnés au *Constitutionnel,* et se préoccupait beaucoup des *refus de sépultures.* Il adorait Voltaire, quoique ses préférences fussent pour Piron, Vadé, Collé. Naturellement il admirait Béranger, qu'il appelait ingénieusement *le grand prêtre de la religion de Lisette.* Ses filles, madame Camusot et madame Protez, ses deux fils, seraient, suivant une expresssion populaire, tombés de leur haut, si quelqu'un leur eût expliqué ce que leur père entendait par : *chanter la mère Godichon!* Ce sage vieillard n'avait point parlé de ses rentes viagères à ses enfants, qui, le voyant vivre si mesquinement, songeaient tous qu'il s'était dépouillé de sa fortune pour eux, et redoublaient de soins et de tendresse. Aussi, parfois disait-il à ses fils : — « Ne perdez pas votre fortune, car je n'en ai point à vous laisser. » Camusot, à qui il trouvait beaucoup de son caractère et qu'il aimait assez pour le mettre de ses parties fines, était le seul dans le secret de trente mille livres de rentes viagères. Camusot approuvait fort la philosophie du bonhomme, qui, selon lui, après avoir fait le bonheur de ses enfants et si noblement rempli ses devoirs, pouvait bien finir joyeusement la vie. — « Vois-tu, mon ami, lui disait l'ancien chef du Cocon-d'Or, je pouvais me remarier, n'est-ce pas? Une jeune femme m'aurait donné des enfants.... Oui, j'en aurais eu, j'étais dans l'âge où l'on en a toujours.... Eh! bien, Florentine ne me coûte pas si cher qu'une femme, elle ne m'ennuie pas, elle ne me donnera point d'enfants, et ne mangera jamais votre fortune. »

Camusot proclamait, dans le père Cardot, le sens le plus exquis de la famille; il le regardait comme un beau-père accompli. — « Il sait, disait-il, concilier l'intérêt de ses enfants avec les plaisirs qu'il est bien naturel de goûter dans la vieillesse, après avoir subi tous les tracas du commerce. »

Ni les Cardot, ni les Camusot ni les Protez ne soupçonnaient l'existence de leur ancienne tante madame Clapart. Les relations de famille étaient restreintes à l'envoi des billets de faire part en cas de mort ou de mariage, et des cartes au jour de l'an. La fière madame Clapart ne faisait céder ses sentiments qu'à l'intérêt de son Oscar, et devant son amitié pour Moreau, la seule personne qui lui fût demeurée fidèle dans le malheur. Elle n'avait pas fatigué le vieux Cardot de sa présence ni de ses importunités; mais elle s'était attachée à lui comme à une espérance, elle allait le voir une fois tous les trimestres, elle lui parlait d'Oscar Husson, le neveu de feu la respectable madame Cardot, et le lui amenait trois fois pendant les vacances. A chaque visite, le bonhomme avait fait dîner Oscar au Cadran-Bleu, l'avait mené le soir à la Gaîté, et l'avait ramené rue de la Cerisaie. Une fois, après l'avoir habillé tout à neuf, il lui avait donné la timbale et le couvert d'argent exigés dans le trousseau du collége. La mère d'Oscar tâchait de prouver au bonhomme qu'il était chéri de son neveu, elle lui parlait toujours de cette timbale, de ce couvert, et de ce charmant habillement dont il ne restait plus que le gilet. Mais ces petites finesses nuisaient plus à Oscar qu'elles ne le servaient auprès d'un vieux renard aussi madré que l'oncle Cardot. Le père Cardot n'avait jamais aimé beaucoup sa défunte, grande femme, sèche et rousse; il connaissait d'ailleurs les circonstances du mariage de feu Husson avec la mère d'Oscar; et, sans la mésestimer le moins du monde, il n'ignorait pas que le jeune Oscar était posthume; ainsi, son pauvre neveu lui semblait parfaitement étranger aux Cardot. En ne prévoyant pas le malheur, la mère d'Oscar n'avait pas remédié à ces défauts d'attache entre Oscar et son oncle, en inspirant au marchand de l'amitié pour son neveu dès le jeune âge. Semblable à toutes les femmes qui se concentrent dans le sentiment de la maternité, madame Clapart ne se mettait guère à la place de l'oncle Cardot, elle croyait qu'il devait s'intéresser énormément à un si délicieux enfant, et qui portait enfin le nom de feu madame Cardot.

— Monsieur, c'est la mère d'Oscar, votre neveu, dit la femme de chambre à monsieur Cardot qui se promenait dans son jardin en attendant son déjeuner après avoir été rasé, poudré par son coiffeur.

— Bonjour, belle dame, dit l'ancien marchand de soieries en saluant madame Clapart et s'enveloppant dans sa robe de chambre en piqué blanc. Eh! eh! votre petit gaillard grandit, ajouta-t-il en prenant Oscar par une oreille.

— Il a fini ses classes, et il a bien regretté que son cher oncle n'assistât pas à la distribution des prix de Henri IV, car il a été nommé. Le nom de Husson, qu'il portera dignement, espérons-le, a été proclamé...

— Diable! diable! fit le petit vieillard en s'arrêtant. Madame Clapart, Oscar et lui se promenaient sur une terrasse devant des orangers, des myrtes et des grenadiers. Et qu'a-t-il eu?

— Le quatrième accessit de philosophie, répondit glorieusement la mère.

— Oh! le gaillard a du chemin à faire pour rattraper le temps perdu, s'écria l'oncle Cardot, car finir par un accessit?... *ce n'est pas le Pérou!* Vous déjeunez avec moi? reprit-il.

— Nous sommes à vos ordres, répondit madame Clapart. Ah! mon bon monsieur Cardot, quelle satisfaction pour des pères et mères quand leurs enfants débutent bien dans la vie! Sous ce rapport, comme sous tous les autres d'ailleurs, dit-elle en se reprenant, vous êtes un des plus heureux pères que je connaisse... Sous votre vertueux gendre et votre aimable fille, le Cocon-d'Or est resté le premier établissement de Paris. Voilà votre aîné depuis dix ans à la tête de la plus belle Étude de notaire de la capitale et richement marié. Votre dernier vient de s'associer à la plus riche maison de droguerie. Enfin vous avez de charmantes petites-filles. Vous vous voyez le chef de quatre grandes familles... — Laisse-nous, Oscar, va voir le jardin sans toucher aux fleurs.

— Mais il a dix-huit ans, dit l'oncle Cardot en souriant de cette recommandation qui rajeunissait Oscar.

— Hélas! oui, mon bon monsieur Cardot, et après avoir pu l'amener jusque-là, ni tortu ni bancal, sain d'esprit et de corps, après avoir tout sacrifié pour lui donner de l'éducation, il serait bien dur de ne pas le voir sur le chemin de la fortune.

— Mais ce monsieur Moreau, par qui vous avez eu sa demi-bourse au collége Henri IV, le lancera dans une bonne voie, dit l'oncle Cardot avec une hypocrisie cachée sous un air bonhomme.

— Monsieur Moreau peut mourir, dit-elle, et d'ailleurs il est brouillé sans raccommodement possible avec monsieur le comte de Sérisy, son patron.

— Diable! diable!... Écoutez, madame, je vous vois venir...

— Non, monsieur, dit la mère d'Oscar en interrompant net le vieillard qui par égard pour une *belle dame* retint le mouvement d'humeur qu'on éprouve à se voir interrompu. Hélas! vous ne savez rien des angoisses d'une mère qui, depuis sept ans, est forcée de prendre pour son fils une somme de six cents francs par an sur les dix-huit cents francs d'appointements de son mari... Oui, monsieur, voilà toute notre fortune. Ainsi, que puis-je pour mon Oscar? Monsieur Clapart exècre tellement ce pauvre enfant, qu'il m'est impossible de le garder à la maison. Une pauvre femme, seule au monde, ne devait-elle pas dans cette circonstance venir consulter le seul parent que son fils ait sous le ciel?

— Vous avez eu raison, répondit le bonhomme Cardot. Vous ne m'aviez jamais rien dit de tout cela...

— Ah! monsieur, reprit fièrement madame Clapart, vous êtes le dernier à qui je confierais jusqu'où va ma misère. Tout est ma faute, j'ai pris un mari dont l'incapacité dépasse toute croyance. Oh! je suis bien malheureuse...

— Écoutez, madame, reprit gravement le petit vieillard, ne pleurez pas. J'éprouve un mal affreux à voir pleurer une belle dame... Après tout, votre fils se nomme Husson, et si ma chère défunte vivait, elle ferait quelque chose pour le nom de son père et de son frère...

— Elle aimait bien son frère, s'écria la mère d'Oscar.

— Mais toute ma fortune est donnée à mes enfants qui n'ont plus rien à attendre de moi, dit le vieillard en continuant, je leur ai partagé les deux millions que j'avais, car j'ai voulu les voir heureux et avec toute leur fortune de mon vivant. Je ne me suis réservé que des rentes viagères; et, à mon âge, on tient à ses habitudes... Savez-vous sur quelle route il faut pousser ce gaillard-là? dit-il en rappelant Oscar et lui prenant le bras, faites-lui faire son Droit, je paierai les inscriptions et les frais de thèse; mettez-le chez un procureur, qu'il y apprenne le métier de la chicane; s'il va bien, s'il se distingue, s'il aime l'état, si je vis encore, chacun de mes enfants lui prêtera le quart d'une charge en temps et lieu; moi, je lui prêterai son cautionnement. Vous n'avez donc, d'ici là, qu'à le nourrir et l'habiller, il mangera bien un peu de vache enragée; mais il apprendra la vie. Eh! eh! moi, je suis parti de Lyon avec deux doubles louis que m'avait donnés ma grand'mère, je suis venu à pied à Paris, et me voilà. Le jeûne entretient la santé. Jeune homme, de la discrétion, de la probité, du travail, et l'on arrive! On a bien du plaisir à gagner sa fortune; et quand on a conservé des dents, on la mange à sa fantaisie dans sa vieillesse, en chantant, comme moi, de temps à autre, la *Mère Godichon!* Souviens-toi de mes paroles : probité, travail et discrétion.

— Entends-tu, Oscar? dit la mère. Ton oncle te met en trois mots le résumé de toutes mes paroles, et tu devrais te graver le dernier en lettres de feu dans ta mémoire...

— Oh! il y est, répondit Oscar.

— Eh! bien, remercie donc ton oncle, n'entends-tu pas qu'il se charge de ton avenir. Tu peux devenir avoué à Paris.

— Il ignore la grandeur de ses destinées, répondit le petit vieillard en voyant l'air hébété d'Oscar, il sort du collége. Écoute, je ne suis pas bavard, reprit l'oncle. Souviens-toi qu'à ton âge la probité ne s'établit qu'en sachant résister aux tentations, et dans une grande ville comme Paris, il s'en trouve à chaque pas. Demeure chez ta mère, dans une mansarde; va tout droit à ton École, de là reviens à ton Étude, pioches-y soir et matin, étudie chez ta mère, deviens à vingt-deux ans second clerc, à vingt-quatre ans premier; sois savant, et ton affaire est dans le sac. Eh! bien, si l'état te déplaisait, tu pourrais entrer chez mon fils le notaire, et devenir son successeur... Ainsi, travail, patience, discrétion, probité, voilà tes jalons.

— Et Dieu veuille que vous viviez encore trente ans, pour voir votre cinquième enfant réalisant tout ce que nous attendons de lui, s'écria madame Clapart en prenant la main de l'oncle Cardot et la lui serrant par un geste digne de sa jeunesse.

— Allons déjeuner, répondit le bon petit vieillard en emmenant Oscar par une oreille.

Pendant le déjeuner, l'oncle Cardot observa son neveu sans en avoir l'air, et remarqua qu'il ne savait rien de la vie.

— Envoyez-le-moi de temps en temps, dit-il à madame Clapart en la congédiant et lui montrant Oscar, je vous le formerai.

Cette visite calma les chagrins de la pauvre femme, qui n'espérait pas un si beau succès. Pendant quinze jours, elle sortit avec Oscar pour le promener, le surveilla presque tyranniquement, et atteignit ainsi à la fin du mois d'octobre. Un matin, Oscar vit entrer le redoutable régisseur qui surprit le pauvre ménage de la rue de la Cérisaie déjeunant d'une salade de hareng et de laitue, avec une tasse de lait pour dessert.

— Nous sommes établis à Paris, et nous n'y vivons pas comme à Presles, dit Moreau qui voulait ainsi annoncer à madame Clapart le changement apporté dans leurs relations par la faute d'Oscar, mais j'y serai peu. Je me suis associé avec le père Léger et le père Margueron de Beaumont. Nous sommes marchands de biens, et nous avons commencé par acheter la terre de Persan. Je suis le chef de cette société qui a réuni un million, car j'ai emprunté sur mes biens. Quand je trouve une affaire, le père Léger et moi nous l'examinons, mes associés ont chacun un quart et moi moitié dans les bénéfices, car je me donne toute la peine ; aussi serai-je toujours sur les routes. Ma femme vit à Paris, dans le faubourg du Roule, bien modestement. Quand nous aurons réalisé quelques affaires, quand nous ne risquerons plus que des bénéfices, si nous sommes contents d'Oscar, peut-être l'employerons-nous.

— Allons, mon ami, la catastrophe due à la légèreté de mon malheureux enfant sera sans doute la cause d'une brillante fortune pour vous ; car, vraiment, vous enterriez vos moyens et votre énergie à Presles...

Puis madame Clapart raconta sa visite à l'oncle Cardot afin de montrer à Moreau qu'elle et son fils pouvaient ne plus lui être à charge.

— Il a raison, ce vieux bonhomme, reprit l'ex-régisseur, il faut maintenir Oscar dans cette voie avec un bras de fer, et il sera certainement notaire ou avoué. Mais qu'il ne s'écarte pas du sentier tracé. Ah ! j'ai votre affaire. La pratique d'un marchand de biens est importante, et l'on m'a parlé d'un avoué qui vient d'acheter un titre-nu, c'est-à-dire une Étude sans clientèle. C'est un jeune homme dur comme une barre de fer, âpre à l'ouvrage, un cheval d'une activité féroce; il se nomme Desroches, je vais lui offrir toutes nos affaires à la condition de me morigéner Oscar; je lui proposerai de le prendre chez lui moyennant neuf cents francs, j'en donnerai trois cents, ainsi votre fils ne vous coûtera que six cents francs, et je vais bien le recommander à monsieur le prieur. Si l'enfant veut devenir un homme, ce sera sous cette férule; car il sortira de là, notaire, avocat ou avoué.

— Allons, Oscar, remercie donc ce bon monsieur Moreau, tu es là comme un terme! Tous les jeunes gens qui font des sottises n'ont pas le bonheur de rencontrer des amis qui s'intéressent encore à eux après en avoir reçu du chagrin...

— La meilleure manière de faire ta paix avec moi, dit Moreau en serrant la main d'Oscar, c'est de travailler avec une application soutenue et de te bien conduire...

Dix jours après, Oscar fut présenté par l'ex-régisseur à maître Desroches, avoué, récemment établi rue de Béthisy, dans un vaste appartement au fond d'une cour étroite, et d'un prix relativement modique. Desroches, jeune homme de vingt-six ans, élevé durement par un père d'une excessive sévérité, né de parents pauvres, s'était vu dans les conditions où se trouvait Oscar; il s'y intéressa donc, mais comme il pouvait s'intéresser à quelqu'un, avec les apparences de dureté qui le caractérisent. L'aspect de ce jeune homme sec et maigre, à teint brouillé, à cheveux taillés en brosse, bref dans ses discours, à l'œil pénétrant et d'une vivacité sombre, terrifia le pauvre Oscar.

— Ici, l'on travaille jour et nuit, dit l'avoué du fond de son fauteuil et derrière une longue table où les papiers étaient amoncelés en forme d'Alpes. Monsieur Moreau, nous ne vous le tuerons pas, mais il faudra qu'il marche à notre pas. — Monsieur Godeschal! cria-t-il.

Quoique ce fût un dimanche, le premier clerc se montra, la plume à la main.

— Monsieur Godeschal, voici l'apprenti bazochien de qui je vous ai parlé, et à qui monsieur Moreau prend le plus vif intérêt; il dînera avec nous et prendra la petite mansarde à côté de votre chambre; vous lui mesurerez le temps nécessaire pour aller d'ici à l'École de Droit et revenir, de manière à ce qu'il n'ait pas cinq minutes à perdre; vous veillerez à ce qu'il apprenne le Code et devienne fort à ses Cours, c'est-à-dire que, quand il aura fini ses travaux d'Etude, vous lui donnerez des auteurs à lire ; enfin, il doit être sous votre direction immédiate, et j'y aurai l'œil. On veut faire de lui ce que vous vous êtes fait vous-même, un premier clerc habile, pour le jour où il prêtera son serment d'avocat. — Allez avec Godeschal, mon petit ami, il va vous montrer votre gîte et vous vous y emménagerez... — Vous voyez Godeschal ?... reprit Desroches en s'adressant à Moreau. C'est un garçon qui, comme moi, n'a rien ; il est le frère de Mariette, la fameuse danseuse qui lui amasse de quoi traiter dans dix ans. Tous mes clercs sont des gaillards qui ne doivent compter que sur leurs dix doigts pour gagner leur fortune. Aussi mes cinq clercs et moi, travaillons-nous autant que douze autres ! Dans dix ans, j'aurai la plus belle clientelle de Paris. Ici l'on se passionne pour les affaires et pour les clients ! et cela commence à se savoir. J'ai pris Godeschal à mon confrère Derville, il n'était que second clerc et depuis quinze jours ; mais nous nous sommes connus dans cette grande Étude. Chez moi, Godeschal a mille francs, la table et le logement. C'est un garçon qui me vaut, il est infatigable ! Je l'aime, ce garçon ! il a su vivre avec six cents francs, comme moi, quand j'étais clerc. Ce que je veux surtout, c'est une probité sans tache ; et quand on la pratique ainsi dans l'indigence, on est un homme A la moindre faute, dans ce genre, un clerc sortira de mon Etude.

— Allons, l'enfant est à la bonne école, dit Moreau.

Pendant deux ans entiers, Oscar vécut rue de Béthisy, dans l'antre de la Chicane, car si jamais cette expression surannée a pu s'appliquer à une Etude, ce fut à celle de Desroches. Sous cette surveillance à la fois méticuleuse et habile, il fut maintenu dans ses heures et dans ses travaux avec une telle rigidité, que sa vie au milieu de Paris ressemblait à celle d'un moine.

A cinq heures du matin, en tout temps, Godeschal s'éveillait. Il descendait avec Oscar à l'Etude afin d'économiser le feu en hiver, et ils trouvaient toujours le patron levé, travaillant. Oscar faisait des expéditions pour l'Etude et préparait ses leçons pour l'Ecole ; mais il les préparait sur des proportions énormes. Godeschal et souvent le patron indiquaient à leur élève les auteurs à compulser et les difficultés à vaincre. Oscar ne quittait un Titre du Code qu'après l'avoir approfondi et satisfait tour à tour son patron et Godeschal, qui lui faisaient subir des examens préparatoires plus sérieux et plus longs que ceux de l'École de Droit. Revenu du Cours où il restait peu de temps, il reprenait sa place à l'Étude, il y retravaillait, il allait au Palais parfois, il était enfin à la dévotion du terrible Godeschal, jusqu'au dîner. Le dîner, celui du patron d'ailleurs, consistait en un gros plat de viande, un plat de légumes et une salade. Le dessert se composait d'un morceau de fromage de Gruyère. Après le dîner, Godeschal et Oscar rentraient à l'Étude et y travaillaient jusqu'au soir. Une fois par mois, Oscar allait déjeuner chez son oncle Cardot, et il passait les dimanches chez sa mère. De temps en temps, Moreau, quand il venait à l'Étude pour ses affaires, emmenait Oscar dîner au Palais-Royal et le régalait en lui faisant voir quelque spectacle. Oscar avait été si bien rembarré par Godeschal et par Desroches à propos de ses velléités d'élégance, qu'il ne pensait plus à la toilette.

— Un bon clerc, lui disait Godeschal, doit avoir deux habits noirs (un neuf et un vieux), un pantalon noir, des bas noirs et des souliers. Les bottes coûtent trop cher. On a des bottes quand on est avoué. Un clerc ne doit pas dépenser en tout plus de sept cents francs. On porte de bonnes grosses chemises de forte toile. Ah! quand on part de zéro pour arriver à la fortune, il faut savoir se réduire au nécessaire. Voyez monsieur Desroches? il a fait ce que nous faisons, et le voilà arrivé.

Godeschal prêchait d'exemple. S'il professait les principes les plus stricts sur l'honneur, sur la discrétion, sur la probité, il les pratiquait sans emphase, comme il respirait, comme il marchait. C'était le jeu naturel de son âme, comme la marche et la respiration sont le jeu des organes. Dix-huit mois après l'installation d'Oscar, le second clerc eut pour la deuxième fois une légère erreur dans le compte de sa petite caisse. Godeschal lui dit devant toute l'Étude :
— Mon cher Gaudet, allez-vous-en d'ici de votre propre mouvement, pour qu'on ne dise pas que le patron vous a renvoyé. Vous êtes ou distrait ou peu exact, et le plus léger de ces défauts ne vaut rien ici. Le patron n'en saura rien, voilà tout ce que je puis pour un camarade.

A vingt ans, Oscar se vit troisième clerc de l'Etude de maître Desroches. S'il ne gagnait rien encore, il fut nourri, logé, car il faisait la besogne d'un second clerc. Desroches occupait deux maîtres-clercs, et le second clerc pliait sous le poids de ses travaux. En atteignant à la fin de sa seconde année de Droit, Oscar, déjà plus fort que beaucoup de Licenciés, faisait le Palais avec intelligence, et plaidait quelques référés. Enfin Godeschal et Desroches étaient contents de lui. Seulement, quoique devenu presque raisonnable, il laissait voir une propension au plaisir et une envie de briller que comprimaient la discipline sévère et le labeur continu de cette vie. Le marchand de biens, satisfait des progrès du clerc, se relâcha de sa rigueur. Quand, au mois de juillet 1825, Oscar passa ses derniers examens à boules blanches, Moreau lui donna de quoi s'habiller élégamment. Madame Clapart, heureuse et fière de son fils, préparait un superbe trousseau au futur Licencié, au futur second clerc. Dans les familles pauvres, les présents ont toujours l'opportunité d'une chose utile. A la rentrée, au mois de novembre, Oscar Husson eut la chambre du second clerc qu'il remplaçait enfin, il eut huit cents francs d'appointements, la table et le logement. Aussi l'oncle Cardot, qui vint secrètement chercher des informations sur son neveu auprès de Desroches, promit-il à madame Clapart de mettre Oscar en état de traiter d'une Étude, s'il continuait ainsi.

Malgré de si sages apparences, Oscar Husson se livrait de rudes combats dans son for intérieur. Il voulait par moments quitter une vie si directement contraire à ses goûts et à son caractère. Il trouvait les forçats plus heureux que lui. Meurtri par le collier de ce régime de fer, il lui prenait des envies de fuir en se comparant dans les rues à quelques jeunes gens bien mis. Souvent emporté par des mouvements de folie vers les femmes, il se résignait, mais en tombant dans un dégoût profond de la vie. Soutenu par l'exemple de Godeschal, il était entraîné plutôt que porté de lui-même à rester dans un si rude sentier. Godeschal qui observait Oscar, avait pour principe de ne pas exposer son pupille aux séductions. Le plus souvent le clerc restait sans argent, ou en possédait si peu qu'il ne pouvait se livrer à aucun excès. Dans cette dernière année, le brave Godeschal avait fait cinq ou six parties de plaisir avec Oscar en le défrayant, car il comprit qu'il fallait lâcher de la corde à ce jeune chevreau attaché. Ces frasques, comme les appelait le sévère premier clerc, aidèrent Oscar à supporter l'existence ; car il s'amusait peu chez son oncle Cardot et encore moins chez sa mère, qui vivait encore plus chichement que Desroches. Moreau ne pouvait pas, comme Godeschal, se familiariser avec Oscar, et peut-être ce sincère protecteur du jeune Husson se servit-il de Godeschal pour initier le pauvre enfant aux mystères de la vie. Oscar devenu discret avait fini par mesurer, au contact des affaires, l'étendue de la faute commise durant son fatal voyage en coucou; mais, la masse de ses fantaisies réprimées, la folie de la jeunesse pouvaient encore l'entraîner. Néanmoins, à mesure qu'il prenait connaissance du monde et de ses lois, sa raison se formait, et pourvu que Godeschal ne le perdît pas de vue, Moreau se flattait d'amener à bien le fils de madame Clapart.

— Comment va-t-il? demanda le marchand de biens au retour d'un voyage qui l'avait tenu pendant quelques mois éloigné de Paris.

— Toujours trop de vanité, répondit Godeschal. Vous lui donnez de beaux habits et du beau linge, il a des jabots d'agent de change, et mon mirliflor va le dimanche aux Tuileries, chercher des aventures. Que voulez-vous? c'est jeune. Il me tourmente pour que je le présente à ma sœur, chez laquelle il verrait une fameuse société: des actrices, des danseuses, des élégants, des gens qui mangent leur fortune... Il n'a pas l'esprit tourné à être avoué, j'en ai peur. Il parle assez bien cependant, il pourrait être avocat, il plaiderait des affaires bien préparées...

Au mois de novembre 1825, au moment où Oscar Husson prit possession de son poste et où il se disposait à soutenir sa thèse pour la Licence, il entra chez Desroches un nouveau quatrième clerc pour combler le vide produit par la promotion d'Oscar.

Ce quatrième clerc, nommé Frédéric Marest, se destinait à la magistrature, et achevait sa troisième année de Droit. C'était, d'après les renseignements obtenus par la police de l'Étude, un beau fils de vingt-trois ans, enrichi d'une douzaine de mille livres de rente par la mort d'un oncle célibataire, et fils d'une madame Marest, veuve d'un riche marchand de bois. Le futur Substitut, animé du louable désir de savoir son métier dans ses plus petits détails, se mettait chez Desroches avec l'intention d'étudier la Procédure et d'être capable de remplir la place de principal clerc en deux ans. Il comptait faire son stage d'avocat à Paris, afin d'être apte à exercer les fonctions du poste qu'on ne refuserait pas à un jeune homme riche. Se voir, à trente ans, Procureur du roi dans un tribunal quelconque, était toute son ambition. Quoique ce Frédéric fût le cousin-germain de Georges Marest, comme le mystificateur du voyage à Presles n'avait dit son nom qu'à Moreau, le jeune Husson ne le connaissait que sous le prénom de Georges, et ce nom de Frédéric Marest ne pouvait lui rien rappeler.

— Messieurs, dit Godeschal au déjeuner en s'adressant à tous les clercs, je vous annonce l'arrivée d'un nouveau bazochien ; et, comme il est richissime, nous lui ferons payer, je l'espère, une fameuse bienvenue...

— En avant, le livre ! dit Oscar en regardant le petit-clerc, et soyons sérieux.

Le petit-clerc grimpa comme un écureuil le long des casiers pour saisir un registre mis sur la dernière planche pour y recevoir des couches de poussière.

— Il s'est culotté, dit le petit-clerc en montrant un livre.

Expliquons quelle plaisanterie perpétuelle engendrait ce Livre alors en pratique dans la plupart des Études. *Il n'est que déjeuners de clercs, dîners de traitants et soupers de seigneurs*, ce vieux dicton du dix-huitième siècle est resté vrai, quant à ce qui regarde la Bazoche, pour quiconque a passé deux ou trois ans de sa vie à étudier la Procédure chez un avoué, le Notariat chez un maître quelconque. Dans la vie cléricale, où l'on travaille tant, on aime le plaisir avec d'autant plus d'ardeur qu'il est rare; mais surtout on y savoure une mystification avec délices. C'est ce qui, jusqu'à un certain point, explique la conduite de Georges Marest dans la voiture à Pierrotin. Le clerc le plus sombre est toujours travaillé par un besoin de farce et de gausserie. L'instinct avec lequel on saisit, on développe une mystification et une plaisanterie, entre clercs, est merveilleux à voir, et n'a son analogue que chez les peintres. L'Atelier et l'Étude sont, en ce genre, supérieurs aux comédiens. En achetant un titre nu, Desroches recommençait en quelque sorte une nouvelle dynastie. Cette fondation interrompit la suite des usages relatifs à la bienvenue. Aussi, venu dans un appartement où jamais il ne s'était griffonné de papiers timbrés, Desroches y avait-il mis des tables neuves, des cartons blancs et bordés de bleu, tout neufs. Son Étude fut composée de clercs pris à différentes Études, sans liens entre eux et pour ainsi dire étonnés de leur réunion. Godeschal, qui avait fait ses premières armes chez maître Derville, n'était pas clerc à laisser se perdre la précieuse tradition de la bienvenue. La bienvenue est un déjeuner que doit tout néophyte aux anciens de l'Étude où il entre. Or, au moment où le jeune Oscar vint à l'Étude, dans les six mois de l'installation de Desroches, par une soirée d'hiver où la besogne fut expédiée de bonne heure, au moment où les clercs se chauffaient avant de partir,

Godeschal inventa de confectionner un soi-disant registre architri-clino-bazochien, de la dernière antiquité, sauvé des orages de la Révolution, venu du procureur au Châtelet Bordin, prédécesseur médiat de Sauvagnest, l'avoué de qui Desroches tenait sa charge. On commença par chercher chez un marchand de vieux papiers quelque registre de papier marqué du dix-huitième siècle, bien et dûment relié en parchemin sur lequel se lirait un arrêt du Grand-Conseil. Après avoir trouvé ce livre, on le traîna dans la poussière, dans le poêle, dans la cheminée, dans la cuisine; on le laissa même dans ce que les clercs appellent la *Chambre des délibérés*, et l'on obtint une moisissure à ravir des antiquaires, des lézardes d'une vétusté sauvage, des coins rongés à faire croire que les rats s'en étaient régalés. La tranche fut roussie avec une perfection étonnante. Une fois le livre mis en état, voici quelques citations qui diront aux plus obtus l'usage auquel l'Étude de Desroches consacrait ce recueil, dont les soixante premières pages abondaient en faux procès-verbaux. Sur le premier feuillet, on lisait :

« Au nom du Père et du Fils et dv Sainct-Esprit. Ainsi soit-il.
» Ce jovrd'hui, feste de nostre dame Saincte-Geneviève, patronne de
» Paris, sous l'inuocation de laquelle se sont miz, depuis l'an 1525,
» les clercqs de ceste Estude, nous, soubssignés, clercqs et petits
» clercqs de l'Estude de maistre Jérosme-Sébastien Bordin, succes-
» seur de feu Guerbet, en son viuant procurevr au Chastelet, avons
» recogneu la nécessité où nous estions de remplacer le registre et les
» archiues d'installations des clercqs de ceste glorieuse Estude, mem-
» bre distingué du royaume de Basoche, lequel registre s'est veu
» plein par suite des actes de nos chers et bien amés prédécessevrs,
» et avons requis le Garde des Archives du Palays de le ioindre à
» iceux des autres Estudes, et sommes allés tous à la messe à la pa-
» roisse de Saint-Severin, pour solenniser l'inauguration de nostre
» nouveau registre.

» En foi de quoi nous avons tous signé : Malin, principal clercq;
» Grevin, second clercq; Athanase Feret, clercq; Jacques Huet,
» clercq; Regnauld de Saint-Jean-d'Angély, clercq; Bedeau, petit
» clercq saute-ruisseau. An 1787 de nostre Seigneur.

» Après la messe, ouïe, nous nous sommes transportés en la
» Courtille, et, à frais communs, avons fait un large déjeuner qui
» n'a fini qu'à sept heures du matin. »

C'était miraculeusement écrit. Un expert eût juré que cette écriture appartenait au dix-huitième siècle. Vingt-sept procès-verbaux de réceptions suivaient, et la dernière se rapportait à la fatale année 1792. Après une lacune de quatorze ans, le registre commençait, en 1806, à la nomination de Bordin comme avoué près le tribunal de première instance de la Seine. Et voici la glose qui signalait la reconstitution du royaume de Bazoche et autres lieux :

« Dieu, dans sa clémence, a voulu que, malgré les orages affreux
» qui ont sévi sur la terre de France, devenue un grand empire, les
» précieuses archives de la très célèbre Étude de maître Bordin aient
» été conservées ; et nous, soussignés clercs du très digne, très ver-
» tueux maître Bordin, n'hésitons pas à attribuer cette inouïe conser-
» vation, quand tant de titres, chartes, priviléges ont été perdus, à la
» protection de sainte Geneviève, patronne de cette Étude, et aussi
» au culte que le dernier des procureurs de la bonne roche a eu pour
» tout ce qui tenait aux anciens us et coutumes. Dans l'incertitude
» de savoir quelle est la part de sainte Geneviève et de maître Bor-
» din dans ce miracle, nous avons résolu de nous rendre à Saint-
» Étienne-du-Mont, pour y entendre une messe qui sera dite à
» l'autel de cette sainte Bergère, qui nous envoie tant de moutons à
» tondre, et d'offrir à déjeuner à notre patron, espérant qu'il en
» fera les frais.

» Ont signé : Oignard, premier clerc ; Poidevin, deuxième clerc ;
» Proust, clerc ; Brignolet, clerc ; Derville, clerc ; Augustin Coret,
» petit-clerc.

» En l'Étude, 10 novembre 1806.

« A trois heures de relevée, le lendemain, les clercs soussignés
» consignent ici leur gratitude pour leur excellent patron, qui les a
» régalés chez le sieur Rolland, restaurateur, rue du Hasard, de
» vins exquis de trois pays, de Bordeaux, de Champagne et Bour-
» gogne, de mets particulièrement soignés, depuis quatre heures
» de relevée jusqu'à sept heures et demie. Il y a eu café, glaces, li-
» queurs en abondance. Mais la présence du patron n'a pas permis
» de chanter laudes en chansons cléricales. Aucun clerc n'a dépassé
» les bornes d'une aimable gaieté, car le digne, respectable et gé-
» néreux patron avait promis de mener ses clercs voir Talma dans
» *Britannicus*, au Théâtre-Français. Longue vie à maître Bor-

» din!... Que Dieu répande ses faveurs sur son chef vénérable !
» Puisse-t-il vendre cher une si glorieuse Étude ! Que le client riche
» lui vienne à souhait ! Que ses mémoires de frais lui soient payés
» rubis sur l'ongle ! Puissent nos patrons à venir lui ressembler !
» Qu'il soit toujours aimé des clercs, même quand il ne sera plus ! »

Suivaient trente-trois procès-verbaux de réceptions de clercs, lesquels se distinguaient par des écritures et des encres diverses, par des phrases, par des signatures et par des éloges de la bonne chère et des vins qui semblaient prouver que le procès-verbal se rédigeait et se signait séance tenante, *inter pocula*.

Enfin, à la date du mois de juin 1822, époque de la prestation de serment de Desroches, se trouvait cette prose constitutionnelle :

« Moi, soussigné, François-Claude-Marie Godeschal, appelé par
» maître Desroches pour remplir les difficiles fonctions de premier
» clerc dans une Étude où la clientelle était à créer, ayant appris
» par maître Derville, de chez qui je sors, l'existence des fameuses
» archives architriclino-bazochiennes qui sont célèbres au Palais,
» ai prié notre gracieux patron de les demander à son prédécesseur,
» car il importait de retrouver ce document portant la date de l'an
» 1786, qui se rattache à d'autres archives déposées au Palais, dont
» l'existence nous a été certifiée par Messieurs Terrasse et Duclos,
» archivistes, et à l'aide desquels on remonte jusqu'à l'an 1525,
» en trouvant sur les mœurs et la cuisine cléricales des indications
» historiques du plus haut prix.

» Ayant été fait droit à cette requête, l'Étude a été mise en
» possession cejourd'hui de ces témoignages du culte que nos pré-
» décesseurs ont constamment rendu à la *dive* bouteille et à la
» bonne chère.

» En conséquence, pour l'édification de nos successeurs et pour
» renouer la chaîne des temps et des gobelets, j'ai invité messieurs
» Doublet, deuxième clerc ; Vassal, troisième clerc ; Hérisson et
» Grandemain, clercs, et Dumets, petit clerc, à déjeuner dimanche
» prochain, au *Cheval-Rouge*, sur le quai Saint-Bernard, où nous
» célébrerons la conquête de ce livre qui contient la charte de nos
» gueuletons.

» Ce dimanche, 27 juin, ont été bues 12 bouteilles de différents
» vins trouvés exquis. On a remarqué les deux melons, les pâtés

» au *jus romanum*, un filet de bœuf, une croûte aux champi-
» gnonibus. Mademoiselle Mariette, illustre sœur du premier clerc et
» Premier Sujet de l'Académie royale de musique et de danse, ayant
» mis à la disposition de l'Étude des places d'orchestre pour la
» représentation de ce soir, il est donné acte de cette générosité.
» De plus, il est arrêté que les clercs se rendront en corps chez cette
» noble demoiselle pour la remercier, et lui déclarer qu'à son pre-
» mier procès si le diable lui en envoye, elle ne paierait que les dé-
» boursés, dont acte.

» Godeschal a été proclamé la fleur de la Bazoche et surtout un
» bon enfant. Puisse un homme qui traite si bien traiter promp-
» tement d'une Étude. »

Il y avait des taches de vin, des pâtés et des paraphes qui ressemblaient à des feux d'artifice. Pour faire bien comprendre le cachet de vérité qu'on avait su imprimer à ce registre, il suffira de
rapporter le procès-verbal de la prétendue réception d'Oscar.

« Aujourd'hui lundi, 25 novembre 1822, après une séance te-
» nue hier rue de la Cerisaie, quartier de l'Arsenal, chez madame
» Clapart, mère de l'aspirant bazochien, Oscar Husson, nous, sous-
» signés, déclarons que le repas de réception a surpassé notre at-
» tente. Il se composait de radis noirs et roses, de cornichons, an-
» chois, beurre et olives pour hors-d'œuvre ; d'un succulent
» potage au riz qui témoigne d'une sollicitude maternelle, car nous
» y avons reconnu un délicieux goût de volaille ; et, par l'aveu du
» récipiendaire, nous avons appris qu'en effet l'abatis d'une belle
» daube préparée par les soins de madame Clapart avait été judi-
» cieusement inséré dans le pot-au-feu fait à domicile avec des soins
» qui ne se prennent que dans les ménages.

» *Item*, la daube entourée d'une mer de gelée, due à la mère dudit.

» *Item*, une langue de bœuf aux tomates qui ne nous a pas trou-
» vés automates.

» *Item*, une compote de pigeons d'un goût à faire croire que
» les anges l'avaient surveillée.

» *Item*, une timbale de macaroni devant des pots de crème au
» chocolat.

» *Item*, un dessert composé de onze plats délicats, parmi les-
» quels, malgré l'état d'ivresse où seize bouteilles de vins d'un choix

» exquis nous avaient mis, nous avons remarqué une compote
» de pêches d'une délicatesse auguste et mirobolante.

» Les vins de Roussillon et ceux de la côte du Rhône ont en-
» foncé complétement ceux de Champagne et de Bourgogne. Une
» bouteille de marasquin et une de kirsch ont, malgré du café
» exquis, achevé de nous plonger dans une extase œnologique
» telle, qu'un de nous, le sieur Hérisson, s'est trouvé dans le bois
» de Boulogne en se croyant encore au boulevard du Temple; et
» que Jacquinaut, le petit clerc, âgé de quatorze ans, s'est adressé
» à des bourgeoises âgées de cinquante-sept ans, en les prenant
» pour des femmes faciles, dont acte.

» Il est dans les statuts de notre ordre une loi sévèrement gar-
» dée, c'est de laisser les aspirants aux priviléges de la Bazoche
» mesurer les magnificences de leur bienvenue à leur fortune, car
» il est de notoriété publique que personne ne se livre à Thémis
» avec des rentes, et que tout clerc est assez sévèrement tenu par
» ses père et mère. Aussi constatons-nous avec les plus grands élo-
» ges la conduite de madame Clapart, veuve en premières noces de
» monsieur Husson, père de l'impétrant, et disons qu'il est digne
» des hourras qui ont été poussés au dessert, et avons tous signé. »

Trois clercs avaient été déjà pris à cette mystification, et trois réceptions réelles étaient constatées dans ce registre imposant.

Le jour de l'arrivée de chaque néophyte à l'Étude, le petit clerc avait mis à leur place sur leur pancarte les archives architriclino-bazochiennes, et les clercs jouissaient du spectacle que présentait la physionomie du nouveau venu pendant qu'il étudiait ces pages bouffonnes. *Inter pocula*, chaque récipiendaire avait appris le secret de cette farce bazochienne, et cette révélation leur inspira, comme on l'espérait, le désir de mystifier les clercs à venir.

Chacun maintenant peut imaginer la figure que firent les quatre clercs et le petit clerc à ce mot d'Oscar, devenu mystificateur à son tour : — En avant le livre !

Dix minutes après cette exclamation, un beau jeune homme, d'une belle taille et d'une figure agréable, se présenta, demanda monsieur Desroches, et se nomma sans hésiter à Godeschal.

— Je suis Frédéric Marest, dit-il, et viens pour occuper ici la place de troisième clerc.

— Monsieur Husson, dit Godeschal à Oscar, indiquez à monsieur sa place, et mettez-le au fait des habitudes de notre travail.

Le lendemain, le clerc trouva le livre en travers sur sa pancarte; mais, après en avoir parcouru les premières pages, il se mit à rire, n'invita point l'Étude, et le replaça devant lui.

— Messieurs, dit-il au moment de s'en aller vers cinq heures, j'ai un cousin premier clerc de notaire chez maître Léopold Hannequin, je le consulterai sur ce que je dois faire pour ma bienvenue.

— Cela va mal, s'écria Godeschal, il n'a pas l'air d'un novice, le futur magistrat !

— Nous le taonnerons, dit Oscar.

Le lendemain à deux heures, Oscar vit entrer et reconnut dans la personne du maître clerc d'Hannequin, Georges Marest.

— Hé ! voilà l'ami d'Ali-Pacha, s'écria-t-il d'un air dégagé.

— Tiens ! vous voilà ici, monsieur l'ambassadeur, répondit Georges en se rappelant Oscar.

— Eh ! vous vous connaissez donc ? demanda Godeschal à Georges.

— Je le crois bien, nous avons fait des sottises ensemble, dit Georges, il y a de cela plus de deux ans... Oui, je suis sorti de chez Crottat pour entrer chez Hannequin, précisément à cause de cette affaire...

— Quelle affaire ? demanda Godeschal.

— Oh ! rien, répondit Georges à un signe d'Oscar. Nous avons voulu mystifier un pair de France, et c'est lui qui nous a roulés.... Ah ! çà, vous voulez donc tirer une carotte à mon cousin....

— Nous ne tirons pas de carottes, dit Oscar avec dignité, voici notre charte.

Et il présenta le fameux registre à la place où se trouvait une sentence d'exclusion portée contre un réfractaire qui pour fait de ladrerie avait été forcé de quitter l'Étude en 1788.

— Je crois bien que c'est une carotte, car en voici les racines, répliqua Georges en désignant ces bouffonnes archives. Mais mon cousin et moi, nous sommes riches, nous vous flanquerons une fête comme vous n'en aurez jamais eu, et qui stimulera votre imagination au procès-verbal. A demain, dimanche, au Rocher de Cancale, à deux heures. Après, je vous mènerai passer la soirée chez madame la marquise de las Florentinas y Cabirolos, où nous jouerons et où vous trouverez l'élite des femmes de la fashion. Ainsi, messieurs de la Première Instance, reprit-il avec une morgue notariale, de la tenue, et sachez porter le vin comme les seigneurs de la Régence....

— *Hurrah!* cria l'Étude comme un seul homme. *Bravo!... Very well!... Vivat!* vive les Marest!...

— Pontins! s'écria le petit clerc.

— Hé! bien, qu'y a-t-il? demanda le patron en sortant de son cabinet. Ah! te voilà, Georges, dit-il au premier clerc, je te devine, tu viens débaucher mes clercs. Et il rentra dans son cabinet en y appelant Oscar. — Tiens, voilà cinq cents francs; lui dit-il en ouvrant sa caisse, va au Palais, et retire du greffe des Expéditions le jugement de Vandenesse contre Vandenesse, il faut le signifier ce soir, s'il est possible. J'ai promis *une prompte* de vingt francs à Simon; attends le jugement s'il n'est pas prêt, ne te laisse pas entortiller; car Derville est capable, dans l'intérêt de son client, de nous mettre des bâtons dans les roues. Le comte Félix de Vandenesse est plus puissant que son frère l'ambassadeur, notre client. Ainsi aie les yeux ouverts, et à la moindre difficulté, reviens me trouver.

Oscar partit avec l'intention de se distinguer dans cette petite escarmouche, la première affaire qui se présentait depuis son installation.

Après le départ de Georges et d'Oscar, Godeschal entama son nouveau clerc sur la plaisanterie que cachait, à son sens, cette marquise de Las Florentinas y Cabirolos; mais Frédéric, avec un sang froid et un sérieux de Procureur-Général, continua la mystification de son cousin; il persuada par sa façon de répondre et par ses manières à toute l'Étude que la marquise de Las Florentinas était la veuve d'un Grand d'Espagne, à qui son cousin faisait la cour. Née au Mexique et fille d'un créole, cette jeune et riche veuve se distinguait par le laissez-aller des femmes nées dans ces climats.

— Elle aime à rire, elle aime à boire, elle aime à chanter comme nous! dit il à voix basse en citant la fameuse chanson de Béranger. Georges, ajouta-t-il, est très-riche, il a hérité de son père qui était veuf, qui lui a laissé dix-huit mille livres de rentes, et avec les douze mille francs que notre oncle vient de nous laisser à chacun, il a trente mille francs par an. Aussi a-t-il payé ses dettes, et quitte-t-il le Notariat. Il espère être marquis de Las Florentinas, car la jeune veuve est marquise de son chef, et a le droit de donner ses titres à son mari.

Si les clercs restèrent extrêmement indécis à l'endroit de la comtesse, la double perspective d'un déjeuner au *Rocher de Cancale* et de cette soirée fashionable les mit dans une joie excessive. Ils *firent toutes réserves* relativement à l'Espagnole pour la juger *en dernier ressort*, quand ils comparaîtraient par devant elle.

Cette comtesse de Las Florentinas y Cabirolos était tout bonnement mademoiselle Agathe-Florentine Cabirolle, première danseuse du théâtre de la Gaîté, chez qui l'oncle Cardot *chantait la Mère Godichon*. Un an après la perte très-réparable de feu madame Cardot, l'heureux négociant rencontra Florentine au sortir de la classe de Coulon. Éclairé par la beauté de cette fleur chorégraphique, Florentine avait alors treize ans, le marchand retiré la suivit jusque dans la rue Pastourelle où il eut le plaisir d'apprendre que le futur ornement du Ballet devait le jour à une simple portière. En quinze jours, la mère et la fille établies rue de Crussol y connurent une modeste aisance. Ce fut donc à ce protecteur des arts, selon la phrase consacrée, que le Théâtre dut ce jeune talent. Ce généreux Mécène rendit alors ces deux créatures presque folles de joie en leur offrant un mobilier d'acajou, des tentures, des tapis et une cuisine montée; il leur permit de prendre une femme de ménage, et leur apporta deux cent cinquante francs par mois. Le père Cardot, orné de ses ailes de pigeon, parut alors être un ange, et fut traité comme devait l'être un bienfaiteur. Pour la passion du bonhomme, ce fut *l'âge d'or*.

Pendant trois ans, le chantre de la mère Godichon eut la haute politique de maintenir mademoiselle Cabirolle et sa mère dans ce petit appartement, à deux pas du théâtre; puis il donna, par amour pour la chorégraphie, Vestris pour maître à sa protégée. Aussi eut-il, vers 1820, le bonheur de voir danser à Florentine son premier pas dans le ballet d'un mélodrame à spectacle, intitulé *les Ruines de Babylone*. Florentine comptait alors seize printemps. Quelque temps après ce début, le père Cardot était déjà devenu *un vieux grigou* pour sa protégée; mais comme il eut la délicatesse de comprendre qu'une danseuse du Théâtre de la *Gaîté* avait un certain rang à garder, et qu'il porta son secours mensuel à cinq cents francs par mois, s'il ne redevint pas un ange, il fut du moins *un ami pour la vie*, un second père. Ce fut *l'âge d'argent*.

De 1820 à 1823, Florentine acquit l'expérience dont doivent jouir toutes les danseuses de dix-neuf à vingt ans. Ses amies furent les illustres Mariette et Tullia, deux Premiers Sujets de l'Opéra; Florine, puis la pauvre Coralie, sitôt ravie aux arts, à l'amour et à

Camusot. Comme le petit père Cardot avait acquis de son côté cinq ans de plus, il était tombé dans l'indulgence de cette demi-paternité que conçoivent les vieillards pour les jeunes talents qu'ils ont élevés, et dont les succès sont devenus les leurs. D'ailleurs où et comment un homme de soixante-huit ans eut-il refait un attachement semblable, retrouvé de Florentine qui connût si bien ses habitudes et chez laquelle il pût chanter avec ses amis la Mère Godichon. Le petit père Cardot se trouva donc sous un joug à demi conjugal et d'une force irrésistible. Ce fut *l'âge d'airain*.

Pendant les cinq ans de l'âge d'or et de l'âge d'argent, Cardot économisa quatre-vingt-dix mille francs. Ce vieillard, plein d'expérience, avait prévu que, lorsqu'il arriverait à soixante-dix ans, Florentine serait majeure; elle débuterait peut-être à l'Opéra, sans doute elle voudrait étaler le luxe d'un Premier Sujet. Quelques jours avant la soirée dont il s'agit, le père Cardot avait dépensé quarante-cinq mille francs afin de mettre sur un certain pied sa Florentine pour laquelle il avait repris l'ancien appartement où feu Coralie faisait le bonheur de Camusot. A Paris, il en est des appartements et des maisons, comme des rues, ils ont des prédestinations. Enrichie d'une magnifique argenterie, le Premier Sujet du Théâtre de la Gaîté donnait de beaux dîners, dépensait trois cents francs par mois pour sa toilette, ne sortait plus qu'en remise, avait femme de chambre, cuisinière et petit laquais. Enfin, on ambitionnait un ordre de début à l'Opéra. Le Cocon-d'Or fit alors hommage à son ancien chef de ses produits les plus splendides pour plaire à mademoiselle Cabirolle, dite Florentine, comme il avait, trois ans auparavant, comblé les vœux de Coralie, mais toujours à l'insu de la fille du père Cardot, car le père et le gendre s'entendaient à merveille pour garder le décorum au sein de la famille. Madame Camusot ne savait rien ni des dissipations de son mari ni des mœurs de son père. Donc, la magnificence qui éclatait rue de Vendôme chez mademoiselle Florentine eut satisfait les comparses les plus ambitieuses. Après avoir été le maître pendant sept ans, Cardot se sentait entraîné par un remorqueur d'une puissance de caprice illimitée. Mais le malheureux vieillard aimait!... Florentine devait lui fermer les yeux, il comptait lui léguer une centaine de mille francs. *L'âge de fer* avait commencé!

Georges Marest, riche de trente mille livres de rente, beau garçon, courtisait Florentine. Toutes les danseuses ont la prétention d'aimer comme les aiment leurs protecteurs, d'avoir un jeune homme qui les mène à la promenade et leur arrange de folles parties de campagne. Quoique désintéressée, la fantaisie d'un Premier Sujet est toujours une passion qui coûte quelques bagatelles à *l'heureux mortel* choisi. C'est les dîners chez les restaurateurs, les loges au spectacle, les voitures pour aller aux environs de Paris et pour en revenir, des vins exquis consommés à profusion, car les danseuses vivent comme vivaient autrefois les athlètes. Georges s'amusait comme s'amusent les jeunes gens qui passent de la discipline paternelle à l'indépendance, et la mort de son oncle, en doublant presque sa fortune, changeait ses idées. Tant qu'il n'eut que les dix-huit mille livres de rente laissées par son père et sa mère, son intention fut d'être notaire ; mais, selon le mot de son cousin aux clercs de Desroches, il fallait être stupide pour commencer un état avec la fortune que l'on a quand on le quitte. Donc, le premier clerc célébrait son premier jour de liberté par ce déjeuner qui servait en même temps à payer la bienvenue de son cousin. Plus sage que Georges, Frédéric persistait à suivre la carrière du Ministère public. Comme un beau jeune homme aussi bien fait et aussi déluré que Georges pouvait très-bien épouser une riche créole, que le marquis de Las Florentinas y Cabirolos avait bien pu, dans ses vieux jours, au dire de Frédéric à ses futurs camarades, prendre pour femme plutôt une belle fille qu'une fille noble, les clercs de l'Étude de Desroches, tous issus de familles pauvres, n'ayant jamais hanté le grand monde, se mirent dans leurs plus beaux habits, assez impatients tous de voir la marquise mexicaine de Las Florentinas y Cabirolos.

— Quel bonheur, dit Oscar à Godeschal, en se levant le matin, que je me sois commandé un habit, un pantalon, un gilet neufs, une paire de bottes, et que ma chère mère m'ait fait un nouveau trousseau pour ma promotion au grade de second clerc ! J'ai six chemises à jabot et en belle toile sur les douze qu'elle m'a données... Nous allons nous montrer ! Ah ! si l'un de nous pouvait enlever la marquise à ce Georges Marest...

— Belle occupation pour un clerc de l'Étude de maître Desroches?... s'écria Godeschal. Tu ne dompteras donc jamais ta vanité, moutard ?

— Ah ! monsieur, dit madame Clapart qui apportait à son fils des cravates et qui entendit le propos du maître clerc, Dieu veuille que mon Oscar suive vos bons avis. C'est ce que je lui dis sans cesse : Imite monsieur Godeschal, écoute ses conseils!

— Il va, madame, répondit le maître clerc; mais il ne faudrait pas faire beaucoup de maladresses comme celle d'hier pour se perdre dans l'esprit du patron. Le patron ne conçoit point qu'on ne sache pas réussir. Pour première affaire, il donne à votre fils à enlever l'expédition d'un jugement dans une affaire de succession où deux grands seigneurs, deux frères, plaident l'un contre l'autre, et Oscar s'est laissé dindonner.... Le patron était furieux. C'est tout au plus si j'ai pu réparer cette sottise en allant ce matin, dès six heures, trouver le commis-greffier, de qui j'ai obtenu d'avoir le jugement demain à sept heures et demie.

— Ah! Godeschal, s'écria Oscar en allant à son premier clerc et en lui serrant la main, vous êtes un véritable ami.

— Ah! monsieur, dit madame Clapart, une mère est bien heureuse de savoir à son fils un ami tel que vous, et vous pouvez compter sur une reconnaissance qui ne finira qu'avec ma vie. Oscar, défie-toi de ce Georges Marest, il a été déjà la cause de ton premier malheur dans la vie.

— En quoi, donc? demanda Godeschal.

La trop confiante mère expliqua succinctement au premier clerc l'aventure arrivée à son pauvre Oscar dans la voiture de Pierrotin.

— Je suis sûr, dit Godeschal, que ce *blagueur-là* nous a préparé quelque tour de sa façon pour ce soir... Moi, je n'irai pas chez la comtesse de Las Florentinas, ma sœur a besoin de moi pour les stipulations d'un nouvel engagement, je vous quitterai donc au dessert; mais, Oscar, tiens-toi sur tes gardes. On vous fera peut-être jouer, il ne faut pas que l'Étude de Desroches recule. Tiens, tu joueras pour nous deux, voilà cent francs, dit ce brave garçon en donnant cette somme à Oscar dont la bourse allait être mise à sec par le bottier et le tailleur. Sois prudent, songe à ne pas jouer au delà de nos cent francs, ne te laisse griser ni par le jeu ni par les libations. Saperlotte! un second clerc a déjà du poids, il ne doit pas jouer sur parole, ni dépasser une certaine limite en toute chose. Dès qu'on est second clerc, il faut songer à devenir avoué. Ainsi, ni trop boire, ni trop jouer, garder un maintien convenable, voilà la règle de ta conduite. Surtout n'oublie pas de rentrer à minuit, car demain tu dois être au Palais à sept heures pour y prendre ton jugement. Il n'est pas défendu de s'amuser, mais les affaires avant tout.

— Entends-tu bien, Oscar? dit madame Clapart. Vois combien monsieur Godeschal est indulgent, et comme il sait concilier les plaisirs de la jeunesse et les obligations de son état.

Madame Clapart, en voyant venir le tailleur et le bottier qui demandaient Oscar, resta seule un moment avec le premier clerc pour lui rendre les cent francs qu'il venait de donner.

— Ah! monsieur! lui dit-elle, les bénédictions d'une mère vous suivront partout et dans toutes vos entreprises.

La mère eut alors le suprême bonheur de voir son fils bien mis, elle lui apportait une montre d'or achetée de ses économies, pour le récompenser de sa conduite.

— Tu tires à la conscription dans huit jours, lui dit-elle, et comme il fallait prévoir le cas où tu aurais un mauvais numéro, je suis allée voir ton oncle Cardot, il est fort content de toi. Ravi de te savoir second clerc à vingt ans, et de tes succès à l'examen de l'École de Droit, il a promis l'argent nécessaire pour t'acheter un remplaçant. N'éprouves-tu pas un certain contentement en voyant combien une bonne conduite est récompensée? Si tu endures des privations, songe au bonheur de pouvoir, dans cinq ans d'ici, traiter d'une Étude. Enfin pense, mon bon chat, combien tu rends ta mère heureuse....

La figure d'Oscar, un peu maigrie par l'étude, avait pris une physionomie à laquelle l'habitude des affaires imprimait une expression sérieuse. Sa croissance était finie, et sa barbe avait poussé. L'adolescence enfin faisait place à la virilité. La mère ne put s'empêcher d'admirer son fils, et l'embrassa tendrement en lui disant: — Amuse-toi, mais souviens-toi des avis de ce bon monsieur Godeschal. Ah! tiens, j'oubliais! voici le cadeau de notre ami Moreau, un joli portefeuille.

— J'en ai d'autant plus besoin, que le patron m'a remis cinq cents francs pour retirer ce damné jugement Vandenesse contre Vandenesse, et que je ne veux pas les laisser dans ma chambre.

— Tu vas les garder sur toi, dit la mère effrayée. Et si tu perdais une pareille somme! ne devrais-tu pas plutôt la confier à monsieur Godeschal?

— Godeschal? cria Oscar qui trouva l'idée de sa mère excellente.

Godeschal, comme tous les clercs le dimanche, avait l'emploi de son temps entre dix heures et deux heures, il était déjà parti.

Quand sa mère le quitta, Oscar alla flâner sur les boulevarts en attendant l'heure du déjeuner. Comment ne pas promener cette belle toilette qu'il portait avec un orgueil et un plaisir que se rappelleront tous les jeunes gens qui se sont trouvés dans la gêne au début de la vie ? Un joli gilet de cachemire à fond bleu et à châle, un pantalon de casimir noir à plis, un habit noir bien fait, et une canne à pomme de vermeil achetée de ses économies causaient une joie assez naturelle à ce pauvre garçon qui pensait à la manière dont il était vêtu le jour du voyage à Presles, en se souvenant de l'effet que Georges avait alors produit sur lui. Oscar avait en perspective une journée de délices, il devait voir le soir le beau monde pour la première fois ! Avouons-le ? chez un clerc sevré de plaisirs, et qui, depuis si long-temps, aspirait à quelque débauche, les sens déchaînés pouvaient lui faire oublier les sages recommandations de Godeschal et de sa mère. A la honte de la jeunesse, jamais les conseils et les avis ne manquent. Outre les recommandations du matin, Oscar éprouvait en lui-même un mouvement d'aversion contre Georges, il se sentait humilié devant ce témoin de la scène du salon de Presles, quand Moreau l'avait jeté aux pieds du comte de Sérisy.

L'Ordre Moral a ses lois, elles sont implacables, et l'on est toujours puni de les avoir méconnues. Il en est une surtout à laquelle l'animal lui-même obéit sans discussion, et toujours. C'est celle qui nous ordonne de fuir quiconque nous a nui une première fois, avec ou sans intention, volontairement ou involontairement. La créature de qui nous avons reçu dommage ou déplaisir nous sera toujours funeste. Quel que soit son rang, à quelque dégré d'affection qu'elle nous appartienne, il faut rompre avec elle, elle nous est envoyée par notre mauvais génie. Quoique le sentiment chrétien s'oppose à cette conduite, l'obéissance à cette loi terrible est essentiellement sociale et conservatrice. La fille de Jacques II, qui s'assit sur le trône de son père, avait dû lui faire plus d'une blessure avant l'usurpation. Judas avait certainement donné quelque coup meurtrier à Jésus avant de le trahir. Il est en nous une vue intérieure, l'œil de l'âme, qui pressent les catastrophes, et la répugnance que nous éprouvons pour cet être fatal, est le résultat de cette prévision ; si la religion nous ordonne de la vaincre, il nous reste la défiance dont la voix doit être incessamment écoutée. Oscar pouvait-il, à vingt ans, avoir tant de sagesse ?

Hélas! quand, à deux heures et demie, Oscar entra dans le salon du Rocher de Cancale où se trouvaient trois invités, outre les clercs, à savoir : un vieux capitaine de dragons, nommé Giroudeau; Finot, journaliste qui pouvait faire débuter Florentine à l'Opéra; du Bruel, un auteur ami de Tullia, l'une des rivales de Mariette à l'Opéra, le second clerc sentit son hostilité secrète s'évanouir aux premières poignées de main, dans les premiers élans d'une causerie entre jeunes gens, devant une table de douze couverts splendidement servie. Georges fut d'ailleurs charmant pour Oscar.

— Vous suivez, lui dit-il, la diplomatie privée, car quelle différence y a-t-il entre un ambassadeur et un avoué? uniquement celle qui sépare une nation d'un individu. Les ambassadeurs sont les avoués des peuples! Si je puis vous être utile, venez me trouver.

— Ma foi, dit Oscar, je puis vous l'avouer aujourd'hui, vous avez été la cause d'un grand malheur pour moi....

— Bah! fit Georges après avoir écouté le récit des tribulations du clerc; mais c'est le comte de Sérisy qui s'est mal conduit. Sa femme?... je n'en voudrais pas. Et le gars a beau être Ministre d'État, pair de France, je ne voudrais pas être dans sa peau rouge. C'est un petit esprit, je me moque bien de lui maintenant.

Oscar entendit avec un vrai plaisir les plaisanteries de Georges sur le comte de Sérisy, car elles diminuaient, en quelque sorte, la gravité de sa faute; et il abonda dans le sens haineux de l'ex-clerc de notaire qui s'amusait à prédire à la Noblesse les malheurs que la Bourgeoisie rêvait alors, et que 1830 devait réaliser. A trois heures et demie, on se mit à officier. Le dessert n'apparut qu'à huit heures, chaque service exigea deux heures. Il n'y a que des clercs pour manger ainsi! Les estomacs de dix-huit à vingt ans sont, pour la Médecine, des faits inexplicables. Les vins furent dignes de Borrel, qui remplaçait à cette époque l'illustre Balaine, le créateur du premier des restaurants parisiens pour la délicatesse et la perfection de la cuisine, c'est-à-dire du monde entier.

On rédigea le procès-verbal de ce festin de Balthazar au dessert, en commençant par : *inter pocula aurea restauranti, qui vulgò dicitur Rupes Cancali*. D'après ce début, chacun peut imaginer la belle page qui fut ajoutée sur ce Livre d'Or des déjeuners bazochiens.

Godeschal disparut après avoir signé, laissant les onze convives, stimulés par l'ancien capitaine de la Garde Impériale, se livrer aux vins, aux toasts et aux liqueurs d'un dessert dont les pyramides de fruits et de primeurs ressemblaient aux obélisques de Thèbes. A dix heures et demie, le petit clerc de l'Étude fut dans un état qui ne lui permit plus de rester, Georges l'emballa dans un fiacre en donnant l'adresse de la mère et payant la course. Les dix convives, tous gris comme Pitt et Dundas, parlèrent alors d'aller à pied par les boulevarts, vu la beauté du temps, chez la marquise de Las Florentinas y Cabirolos, où, vers minuit, ils devaient trouver la plus brillante société. Tous avaient soif de respirer l'air à pleins poumons; mais, excepté Georges, Giroudeau, Du Bruel et Finot, habitués aux orgies parisiennes, personne ne put marcher. Georges envoya chercher trois calèches chez un loueur de voitures, et promena son monde pendant une heure sur les boulevarts extérieurs, depuis Montmartre jusqu'à la barrière du Trône. On revint par Bercy, les quais et les boulevarts, jusqu'à la rue de Vendôme.

Les clercs voletaient encore dans le ciel meublé de fantaisies où l'Ivresse enlève les jeunes gens, quand leur amphitryon les introduisit au milieu des salons de Florentine. Là, scintillaient des princesses de théâtre qui, sans doute instruites de la plaisanterie de Frédéric, s'amusaient à singer les femmes comme il faut. On prenait alors des glaces. Les bougies allumées faisaient flamber les candélabres. Les laquais de Tullia, de madame du Val-Noble et de Florine; tous en grande livrée, servaient des friandises sur des plateaux d'argent. Les tentures, chefs-d'œuvre de l'industrie lyonnaise, rattachées par des cordelières d'or, étourdissaient les regards. Les fleurs des tapis ressemblaient à un parterre. Les plus riches babioles, des curiosités papillotaient aux yeux. Dans le premier moment et dans l'état où Georges les avait mis, les clercs et surtout Oscar crurent à la marquise de Las Florentinas y Cabirolos. L'or reluisait sur quatre tables de jeu dressées dans la chambre à coucher. Dans le salon, les femmes s'adonnaient à un vingt-et-un tenu par Nathan, le célèbre auteur. Après avoir erré, gris et presque endormis, sur les sombres boulevarts extérieurs, les clercs se réveillaient donc dans un vrai palais d'Armide. Oscar, présenté par Georges à la prétendue marquise, resta tout hébété, ne reconnaissant pas la danseuse de la Gaîté dans cette femme aristocratiquement décolletée, enrichie de dentelles, presque semblable à une vignette de Kepseake, et qui le reçut avec des grâces et des façons sans analogie dans le souvenir ou dans l'imagination d'un clerc tenu si sévèrement. Après avoir admiré toutes les richesses de cet appartement, les belles femmes qui s'y gaudissaient, et qui toutes avaient fait assaut de toilette entre elles pour l'inauguration de cette splendeur, Oscar fut pris par la main et conduit par Florentine à la table du vingt-et-un.

— Venez, que je vous présente à la belle marquise d'Anglade, une de mes amies....

Et elle mena le pauvre Oscar à la jolie Fanny-Beaupré qui remplaçait depuis deux ans feu Coralie dans les affections de Camusot. Cette jeune actrice venait de se faire une réputation dans un rôle de marquise d'un mélodrame de la Porte-Saint-Martin, intitulé : *la Famille d'Anglade*, un succès du temps.

— Tiens, ma chère, dit Florentine, je te présente un charmant enfant que tu peux associer à ton jeu.

— Ah ! voilà qui sera gentil, répondit avec un charmant sourire l'actrice en toisant Oscar, je perds, nous allons être de moitié, n'est-ce pas ?

— Madame la marquise, je suis à vos ordres, dit Oscar en s'asseyant auprès de la jolie actrice.

— Mettez l'argent, dit-elle, je le jouerai, vous me porterez bonheur ! Tenez, voilà mes derniers cent francs...

Et elle sortit d'une bourse, dont les coulants étaient ornés de diamants, cinq pièces d'or. Oscar tira ses cent francs en pièces de cent sous, honteux déjà de mêler d'ignobles écus à des pièces d'or. En dix tours l'actrice perdit les deux cents francs.

— Allons, c'est bête, s'écria-t-elle, je vais faire la banque, moi. Nous restons ensemble, n'est-ce pas ? dit-elle à Oscar.

Fanny-Beaupré s'était levée, et le jeune clerc, qui se vit comme elle l'objet de l'attention de toute la table, n'osa pas se retirer en disant que sa bourse logeait le diable. Oscar se trouva sans voix, sa langue devenue lourde resta collée à son palais.

— Prête-moi cinq cents francs ? dit l'actrice à la danseuse.

Florentine apporta cinq cents francs qu'elle alla prendre à Georges qui venait de passer huit fois à l'écarté.

— Nathan a gagné douze cents francs, dit l'actrice au clerc, les banquiers gagnent toujours, ne nous laissons pas *embêter*, lui souffla-t-elle dans l'oreille.

Les gens qui ont du cœur, de l'imagination et de l'entraînement, comprendront comment le pauvre Oscar ouvrit son portefeuille, et en sortit le billet de cinq cents francs. Il regardait Nathan, le célèbre auteur, qui se remit avec Florine à jouer gros jeu contre la banque.

— Allons, mon petit, empoignez, lui cria Fanny-Beaupré en faisant signe à Oscar de ramasser deux cents francs que Florine et Nathan avaient pontés.

L'actrice ne ménageait pas les plaisanteries et les railleries à ceux qui perdaient. Elle animait le jeu par des lazzis qu'Oscar trouvait bien singuliers ; mais la joie étouffa ces réflexions, car les deux premiers tours produisirent un gain de deux mille francs. Oscar avait envie de feindre une indisposition et de s'enfuir en laissant là sa partenaire, mais *l'honneur* le clouait là. Trois autres tours enlevèrent les bénéfices. Oscar se sentit une sueur froide dans le dos, il se dégrisa complétement. Les deux derniers tours enlevèrent les mille francs de la mise en commun, Oscar eut soif et avala coup sur coup trois verres de punch glacé. L'actrice emmena le pauvre clerc dans la chambre à coucher en lui débitant des fariboles. Mais là le sentiment de sa faute accabla tellement Oscar, à qui la figure de Desroches apparut comme en songe, qu'il alla s'asseoir sur une magnifique ottomane, dans un coin sombre ; il se mit un mouchoir sur les yeux : il pleurait ! Florentine aperçut cette pose de la douleur qui possède un caractère sincère et qui devait frapper une mime ; elle courut à Oscar, lui ôta son bandeau, vit les larmes, et l'emmena dans un boudoir.

— Qu'as-tu, mon petit ? lui demanda-t-elle.

A cette voix, à ce mot, à l'accent, Oscar, qui reconnut une bonté maternelle dans la bonté des filles, répondit : — J'ai perdu cinq cents francs que mon patron m'a remis pour retirer demain un jugement, je n'ai plus qu'à me jeter à l'eau, je suis déshonoré...

— Êtes-vous bête ? dit Florentine, restez là, je vais vous apporter mille francs, vous tâcherez de tout regagner ; mais ne risquez que cinq cents francs, afin de conserver l'argent de votre patron. Georges joue crânement bien l'écarté, pariez pour lui...

Dans la cruelle position où se trouvait Oscar, il accepta la proposition de la maîtresse de la maison.

— Ah ! se dit-il, il n'y a que des marquises capables de ces traits-là... Belle, noble et richissime, est-il heureux, ce Georges !

Il reçut de Florentine les mille francs en or, et vint parier pour son mystificateur. Georges avait déjà passé quatre fois, quand Oscar vint se mettre de son côté. Les joueurs virent arriver ce nouveau parieur avec plaisir, car tous, avec l'instinct des joueurs, se rangèrent du côté de Giroudeau, le vieil officier de l'Empire.

— Messieurs, dit Georges, vous serez punis de votre défection, je me sens en veine, allons, Oscar, nous les enfoncerons !

Georges et son partenaire perdirent cinq parties de suite. Après avoir dissipé ses mille francs, Oscar, que la rage du jeu saisit, voulut prendre les cartes. Par l'effet d'un hasard assez commun à ceux qui jouent pour la première fois, il gagna; mais Georges lui fit tourner la tête par des conseils; il lui disait de jeter des cartes et les lui arrachait souvent des mains, en sorte que la lutte de ces deux volontés, de ces deux inspirations, nuisit au jet de la veine. Aussi, vers trois heures du matin, après des retours de fortune et des gains inespérés, en buvant toujours du punch, Oscar arriva-t-il à ne plus avoir que cent francs. Il se leva la tête lourde et perdue, fit quelques pas et tomba dans le boudoir sur un sofa, les yeux fermés par un sommeil de plomb.

— Mariette, disait Fanny-Beaupré à la sœur de Godeschal qui était arrivée à deux heures après minuit, veux-tu dîner ici demain, mon Camusot y sera avec le père Cardot, nous les ferons enrager ?...

— Comment? s'écria Florentine, mais mon vieux chinois ne m'a pas prévenue.

— Il doit venir ce matin te prévenir qu'il chante la Mère Godichon, reprit Fanny-Beaupré, c'est bien le moins qu'il étrenne son appartement, ce pauvre homme.

— Que le diable l'emporte avec ses orgies ! s'écria Florentine. Lui et son gendre, ils sont pires que des magistrats ou que des directeurs de théâtre. Après tout, on dîne très-bien ici, Mariette, dit-elle au Premier Sujet de l'Opéra, Cardot commande toujours le menu chez Chevet, viens avec ton duc de Maufrigneuse, nous rirons, nous les ferons danser en Tritons !

En entendant les noms de Cardot et de Camusot, Oscar fit un effort pour vaincre le sommeil; mais il ne put que balbutier un mot qui ne fut pas entendu, et retomba sur le coussin de soie.

— Tiens, tu as des provisions pour ta nuit, dit en riant à Florentine Fanny-Beaupré.

— Oh! le pauvre garçon ! il est ivre de punch et de désespoir, c'est le second clerc de l'Étude où est ton frère, dit Florentine à Mariette, il a perdu l'argent que son patron lui a remis pour les affaires de l'Étude. Il voulait se tuer, et je lui ai prêté mille francs que ces brigands de Finot et de Giroudeau lui ont gagnés. Pauvre innocent!

— Mais il faut le réveiller, dit Mariette, mon frère ne badine pas, ni son patron non plus.

— Oh! réveille-le si tu peux, et emmène-le, dit Florentine en retournant dans ses salons pour recevoir les adieux de ceux qui s'en allaient.

On se mit à danser des danses dites de caractère, et quand vint le jour, Florentine se coucha, fatiguée, en oubliant Oscar à qui personne ne songea, mais qui dormait du plus profond sommeil.

Vers onze heures du matin, une voix terrible éveilla le clerc qui, reconnaissant son oncle Cardot, crut se tirer d'embarras en feignant de dormir et se tenant la face dans les beaux coussins de velours jaune sur lesquels il avait passé la nuit.

— Vraiment, ma petite Florentine, disait le respectable vieillard, ce n'est ni sage ni gentil, tu as dansé hier dans *les Ruines*, et tu as passé la nuit à une orgie? Mais c'est vouloir perdre ta fraîcheur, sans compter qu'il y a vraiment de l'ingratitude à inaugurer ces magnifiques appartements sans moi, avec des étrangers, à mon insu!... Qui sait ce qui est arrivé?

— Vieux monstre! s'écria Florentine, n'avez-vous pas une clef pour entrer à toute heure et à tout moment chez moi? Le bal a fini à cinq heures et demie, et vous avez la cruauté de me réveiller à onze heures!...

— Onze heures et demie, Titine, fit humblement observer Cardot, je me suis levé de bonne heure pour commander à Chevet un dîner d'archevêque... Ils ont abîmé tes tapis, quel monde as-tu donc reçu?...

— Vous ne devriez pas vous en plaindre, car Fanny-Beaupré m'a dit que vous veniez avec Camusot, et pour vous faire plaisir j'ai invité Tullia, du Bruel, Mariette, le duc de Maufrigneuse, Florine et Nathan. Ainsi, vous aurez les cinq plus belles créatures qui jamais aient été vues à la lumière d'une rampe! et l'on vous dansera des pas de Zéphyr.

— C'est se tuer que de mener une pareille vie! s'écria le père Cardot, combien de verres cassés! Quel pillage! l'antichambre fait frémir...

En ce moment l'agréable vieillard resta stupide et comme

charmé, semblable à un oiseau qu'un reptile attire. Il apercevait le profil d'un jeune corps habillé de drap noir.

— Ah! mademoiselle Cabirolle!... dit-il enfin.

— Eh! bien, quoi? demanda-t-elle.

Le regard de la danseuse prit la direction de celui du petit père Cardot; et, quand elle eut reconnu le second clerc, elle fut prise d'un fou rire qui non-seulement interloqua le vieillard, mais qui contraignit Oscar à se montrer, car Florentine le prit par le bras et pouffa de rire en voyant les deux mines contrites de l'oncle et du neveu.

— Vous ici, mon neveu?...

— Ah! c'est votre neveu? s'écria Florentine dont le fou rire recommença. Vous ne m'aviez jamais parlé de ce neveu-là. Mariette ne vous a donc pas emmené? dit-elle à Oscar qui resta pétrifié. Que va-t-il devenir, ce pauvre garçon?

— Ce qu'il voudra, répliqua sèchement le bonhomme Cardot qui marcha vers la porte pour s'en aller.

— Un instant, papa Cardot, vous allez tirer votre neveu du mauvais pas où il est par ma faute, car il a joué l'argent de son patron, cinq cents francs, qu'il a perdus, outre mille francs à moi que je lui ai donnés pour se rattraper.

— Malheureux, tu as perdu quinze cents francs au jeu? à ton âge!

— Oh! mon oncle, mon oncle, s'écria le pauvre Oscar que ces paroles plongèrent à fond dans l'horreur de sa position et qui se jeta devant son oncle à genoux, les mains jointes. Il est midi, je suis perdu, déshonoré.... Monsieur Desroches sera sans pitié! Il s'agit d'une affaire importante à laquelle il met son amour-propre. Je devais aller chercher ce matin au Greffe le jugement Vandenesse contre Vandenesse! Qu'est-il arrivé?... Que vais-je devenir?... Sauvez-moi, par le souvenir de mon père et de ma tante!... Venez avec moi chez monsieur Desroches, expliquez-lui cela, trouvez des prétextes!...

Ces phrases étaient jetées à travers des pleurs et des sanglots qui eussent attendri les sphinx du désert de Louqsor.

— Eh! bien, vieux grigou, s'écria la danseuse qui pleurait, laisserez-vous déshonorer votre propre neveu, le fils de l'homme à qui vous devez votre fortune, car il se nomme Oscar Husson! sauvez-le, ou Titine te renie pour son milord!

— Mais comment se trouve-t-il ici? demanda le vieillard.

— Hé! pour avoir oublié l'heure d'aller chercher le jugement dont il parle, ne voyez-vous pas qu'il s'est grisé, qu'il est tombé là de sommeil et de fatigue? Georges et son cousin Frédéric ont régalé les clercs de Desroches au Rocher de Cancale, hier.

Le père Cardot regardait la danseuse en hésitant.

— Allons donc, vieux singe, est-ce que je ne l'aurais pas mieux caché s'il en était autrement? s'écria-t-elle.

— Tiens, voilà cinq cents francs, drôle! dit Cardot à son neveu, c'est tout ce que tu auras de moi jamais! Va t'arranger avec ton patron si tu peux. Je rendrai les mille francs que mademoiselle t'a prêtés; mais je ne veux plus entendre parler de toi.

Oscar se sauva sans vouloir en entendre davantage; mais, une fois dans la rue, il ne sut plus où aller.

Le hasard qui perd les gens et le hasard qui les sauve firent des efforts égaux pour et contre Oscar dans cette terrible matinée; mais il devait succomber avec un patron qui ne démordait pas d'une affaire une fois entamée. En rentrant chez elle, Mariette, épouvantée de ce qui pouvait arriver au pupille de son frère, avait écrit à Godeschal un mot dans lequel elle mit un billet de cinq cents francs, en prévenant son frère de la griserie et des malheurs advenus à Oscar. Cette bonne fille s'endormit en recommandant à sa femme de chambre d'aller porter ce petit paquet chez Desroches avant sept heures. De son côté, Godeschal, en se levant à six heures, ne trouva point Oscar. Il devina tout. Il prit cinq cents francs sur ses économies, et courut chez le greffier chercher le jugement, afin de présenter la signification à la signature de Desroches à huit heures. Desroches, toujours levé dès quatre heures, entra dans son Étude à sept heures. La femme de chambre de Mariette, ne trouvant point le frère de sa maîtresse à sa mansarde, descendit à l'Étude, et y fut reçue par Desroches à qui naturellement elle présenta le paquet.

— Est-ce pour affaire d'Étude? demanda le patron, je suis monsieur Desroches.

— Voyez, monsieur, dit la femme de chambre.

Desroches ouvrit la lettre et la lut. En y voyant un billet de cinq cents francs, il rentra dans son cabinet, furieux contre son second clerc. Il entendit, à sept heures et demie, Godeschal qui dictait la signification du jugement au deuxième premier clerc, et quelques instants après le bon Godeschal entra triomphant chez son patron.

— Est-ce Oscar Husson qui est allé ce matin chez Simon ? demanda Desroches.

— Oui, monsieur, répondit Godeschal.

— Qui donc lui a donné l'argent ? fit l'avoué.

— Vous, dit Godeschal, samedi.

— Il pleut donc des billets de cinq cents francs ? s'écria Desroches. Tenez, Godeschal, vous êtes un brave garçon; mais le petit Husson ne mérite pas tant de générosité. Je hais les imbéciles, mais je hais encore davantage les gens qui font des fautes malgré les soins paternels dont on les entoure. Il remit à Godeschal la lettre de Mariette et le billet de cinq cents francs qu'elle envoyait. — Vous m'excuserez de l'avoir ouverte, reprit-il, la soubrette de votre sœur m'a dit que c'était pour affaire d'Étude. Vous congédierez Oscar.

— Le pauvre petit malheureux m'a-t-il donné du mal ? dit Godeschal. Ce grand vaurien de Georges Marest est son mauvais génie, il faut qu'il le fuie comme la peste; car je ne sais pas ce dont il serait cause à une troisième rencontre.

— Comment cela ? dit Desroches.

Godeschal raconta sommairement la mystification du voyage à Presles.

— Ah! dit l'avoué, dans le temps Joseph Bridau m'a parlé de cette farce, c'est à cette rencontre que nous avons dû la faveur du comte de Sérisy pour monsieur son frère.

En ce moment Moreau se montra, car il se trouvait une affaire importante pour lui dans cette succession Vandenesse. Le marquis voulait vendre en détail la terre de Vandenesse, et le comte son frère s'y opposait. Le marchand de biens essuya donc le premier feu des justes plaintes, des sinistres prophéties que Desroches fulmina contre son ex-second clerc, et il en résulta chez le plus ardent protecteur de ce malheureux enfant cette opinion que la vanité d'Oscar était incorrigible.

— Faites-en un avocat, dit Desroches, il n'a plus que sa thèse à passer; et, dans ce métier-là, ses défauts deviendront peut-être des qualités.

En ce moment Clapart tombé malade, était gardé par sa femme, tâche pénible, devoir sans aucune récompense. L'employé tourmentait cette pauvre créature, qui jusqu'alors ignorait les atroces ennuis et les taquineries venimeuses que se permet, dans le tête-à-tête de toute une journée, un homme imbécile à demi et que la misère rendait sournoisement furieux. Enchanté de fourrer une pointe acérée dans le coin sensible de ce cœur de mère, il avait en quelque sorte deviné les appréhensions que l'avenir, la conduite et les défauts d'Oscar inspiraient à la pauvre femme. En effet, quand une mère a reçu de son enfant un assaut semblable à celui de l'affaire de Presles, elle est en des transes continuelles ; et, à la manière dont sa femme vantait Oscar toutes les fois qu'il obtenait un succès, Clapart reconnaissait l'étendue des inquiétudes secrètes de la mère, et il les réveillait à tout propos.

— Enfin, Oscar va mieux que je ne l'espérais ; je me le disais bien, son voyage à Presles n'était qu'une inconséquence de jeunesse. Quels sont les jeunes gens qui ne commettent pas de fautes ? Ce pauvre enfant ! il supporte héroïquement des privations qu'il n'eût pas connues si son pauvre père avait vécu. Dieu veuille qu'il sache contenir ses passions ! etc., etc.

Or, pendant que tant de catastrophes se passaient rue de Vendôme et rue de Béthisy, Clapart assis au coin du feu, enveloppé dans une méchante robe de chambre, regardait sa femme, occupée à faire à la cheminée de la chambre à coucher tout ensemble le bouillon, la tisane de Clapart et son déjeuner à elle.

— Mon Dieu, je voudrais bien savoir comment a fini la journée d'hier ! Oscar devait déjeuner au Rocher-de-Cancale et aller le soir chez une marquise...

— Oh ! soyez tranquille, tôt ou tard le *pot aux roses* se découvrira, lui dit son mari. Est-ce que vous croyez à cette marquise ? Allez ! un jeune homme qui a des sens, après tout, et des goûts de dépense, comme Oscar, trouve des marquises en Espagne, à prix d'or ? Il vous tombera quelque matin sur les bras avec des dettes...

— Vous ne savez qu'inventer pour me désespérer ! s'écria madame Clapart. Vous vous êtes plaint que mon fils mangeait vos appointements, et jamais il ne vous a rien coûté. Voici deux ans que vous n'avez aucun prétexte pour dire du mal d'Oscar, le voilà maintenant second clerc, son oncle et monsieur Moreau pourvoient à tout, et il a d'ailleurs huit cents francs d'appointements. Si nous avons du pain durant nos vieux jours, nous le devrons à ce cher enfant. En vérité, vous êtes d'une injustice...

— Vous appelez mes prévisions de l'injustice, répondit aigrement le malade.

En ce moment on sonna vivement. Madame Clapart courut ouvrir et resta dans la première pièce avec Moreau, qui venait adoucir le coup que la nouvelle légèreté d'Oscar devait porter à sa pauvre mère.

— Comment, il a perdu l'argent de l'Étude ! s'écria madame Clapart en pleurant.

— Hein ! quand je vous le disais ? s'écria Clapart qui se montra comme un spectre à la porte du salon où la curiosité l'avait attiré.

— Mais qu'allons-nous faire de lui ? demanda madame Clapart que la douleur rendit insensible à cette piqûre de Clapart.

— S'il portait mon nom, répondit Moreau, je le verrais tranquillement tirer à la conscription ; et, s'il amenait un mauvais numéro, je ne lui payerais pas un homme pour le remplacer. Voici la seconde fois que votre fils commet des sottises par vanité. Eh ! bien, la vanité lui inspirera peut-être des actions d'éclat, qui le recommanderont dans cette carrière. D'ailleurs, six ans de service militaire lui mettront du plomb dans la tête ; et, comme il n'a que sa thèse à passer, il ne sera pas si malheureux de se trouver avocat à vingt-six ans, s'il veut continuer le métier du barreau après avoir payé, comme on dit, l'impôt du sang. Cette fois, du moins, il aura été puni sévèrement, il aura pris de l'expérience, et contracté l'habitude de la subordination. Avant de faire son stage au Palais, il aura fait son stage dans la vie.

— Si c'est là votre arrêt pour un fils, dit madame Clapart, je vois que le cœur d'un père ne ressemble en rien à celui d'une mère. Mon pauvre Oscar, soldat ?...

— Aimez-vous mieux le voir se jeter la tête la première dans la Seine après avoir commis une action déshonorante ? Il ne peut plus être avoué, le trouvez-vous assez sage pour le mettre avocat ?... En attendant l'âge de raison, que deviendra-t-il ? un mauvais sujet ; au moins la discipline vous le conservera...

— Ne peut-il aller dans une autre Étude ? son oncle Cardot lui payera certainement son remplaçant, il lui dédiera sa thèse.

En ce moment, le bruit d'un fiacre, dans lequel tenait tout le mobilier d'Oscar, annonça le malheureux jeune homme qui ne tarda pas à se montrer.

— Ah ! te voilà, monsieur Joli-Cœur ? s'écria Clapart.

Oscar embrassa sa mère et tendit à monsieur Moreau une main que celui-ci refusa de serrer, Oscar répondit à ce mépris par un regard auquel le reproche donna une hardiesse qu'on ne lui connaissait pas.

— Écoutez, monsieur Clapart, dit l'enfant devenu homme, vous ennuyez diablement ma pauvre mère, et c'est votre droit; elle est, pour son malheur, votre femme. Mais moi, c'est autre chose! Me voilà majeur dans quelques mois; or, vous n'avez aucun droit sur moi, quand même je serais mineur. On ne vous a jamais rien demandé! Grâce à monsieur que voici, je ne vous ai pas coûté deux liards, je ne vous dois aucune espèce de reconnaissance; ainsi, laissez-moi tranquille.

Clapart, en entendant cette apostrophe, regagna sa bergère au coin du feu. Le raisonnement du second clerc et la fureur intérieure du jeune homme de vingt ans, qui venait de recevoir une leçon de son ami Godeschal, imposèrent pour toujours silence à l'imbécillité du malade.

— Un entraînement auquel vous eussiez succombé tout comme moi quand vous aviez mon âge, dit Oscar à Moreau, m'a fait commettre une faute que Desroches trouve grave et qui n'est qu'une peccadille. Je m'en veux bien plus d'avoir pris Florentine de la Gaîté pour une marquise, et des actrices pour des femmes comme il faut, que d'avoir perdu quinze cents francs au milieu d'une petite débauche où tout le monde, même Godeschal, était dans les vignes du seigneur. Cette fois, du moins, je n'ai nui qu'à moi. Me voici corrigé. Si vous voulez m'aider, monsieur Moreau, je vous jure que les six ans, pendant lesquels je dois rester clerc avant de pouvoir traiter, se passeront sans...

— Halte-là, dit Moreau, j'ai trois enfants, et je ne peux m'engager à rien....

— Bien, bien, dit à son fils madame Clapart en jetant un regard de reproche à Moreau, ton oncle Cardot...

— Il n'y a plus d'oncle Cardot, répondit Oscar qui raconta la scène de la rue de Vendôme.

Madame Clapart, qui sentit ses jambes se dérober sous le poids de son corps, alla tomber sur une chaise de la salle à manger, comme foudroyée.

— Tous les malheurs ensemble!... dit-elle en s'évanouissant.

Moreau prit la pauvre mère dans ses bras et la porta sur le lit dans la chambre à coucher. Oscar demeurait immobile et comme foudroyé.

— Tu n'as plus qu'à te faire soldat, dit le marchand de biens en revenant à Oscar. Ce niais de Clapart ne me paraît pas avoir trois mois à vivre, ta mère restera sans un sou de rente, ne dois-je pas réserver pour elle le peu d'argent dont je puis disposer? Voilà ce qu'il m'était impossible de te dire devant ta mère. Soldat, tu mangeras du pain, et tu réfléchiras à la vie comme elle est pour les enfants sans fortune.

— Je puis tirer un bon numéro, dit Oscar.

— Après? Ta mère a bien rempli ses devoirs de mère envers toi : elle t'a donné de l'éducation, elle t'avait mis dans le bon chemin, tu viens d'en sortir, que tenterais-tu? Sans argent, on ne peut rien, tu le sais aujourd'hui; et tu n'es pas homme à commencer une carrière en mettant habit bas et prenant la veste du manœuvre ou de l'ouvrier. D'ailleurs, ta mère t'aime, veux-tu la tuer? Elle mourrait en te voyant tombé si bas.

Oscar s'assit et ne retint plus ses larmes qui coulèrent en abondance. Il comprenait aujourd'hui ce langage, si complétement inintelligible pour lui lors de sa première faute.

— Les gens sans fortune doivent être parfaits! dit Moreau sans soupçonner la profondeur de cette cruelle sentence.

— Mon sort ne sera pas long-temps indécis, je tire après demain, répondit Oscar. D'ici là je résoudrai mon avenir.

Moreau, désolé malgré son maintien sévère, laissa le ménage de la rue de la Cerisaie dans le désespoir. Trois jours après, Oscar amena le numéro vingt-sept. Dans l'intérêt de ce pauvre garçon, l'ancien régisseur de Presles eut le courage d'aller demander à monsieur le comte de Sérisy sa protection pour faire appeler Oscar dans la cavalerie. Or, le fils du Ministre-d'État ayant été classé dans les derniers en sortant de l'École Polytechnique, était entré par faveur sous-lieutenant dans le régiment de cavalerie du duc de Maufrigneuse. Oscar eut donc, dans son malheur, le petit bonheur d'être, sur la recommandation du comte de Sérisy, incorporé dans ce beau régiment avec la promesse d'être promu fourrier au bout d'un an. Ainsi le hasard mit l'ex-clerc sous les ordres du fils de monsieur de Sérisy.

Après avoir langui pendant quelques jours, tant elle fut vivement atteinte par ces catastrophes, madame Clapart se laissa dévorer par certains remords qui saisissent les mères dont la conduite a été jadis légère et qui dans leur vieillesse inclinent au repentir. Elle se considéra comme une créature maudite. Elle attribua les misères de son second mariage et les malheurs de son fils à une vengeance de Dieu qui lui faisait expier les fautes et les plaisirs de sa jeunesse. Cette opinion fut bientôt une certitude pour elle. La pauvre mère alla se confesser, pour la première fois depuis quarante ans, au vicaire de Saint-Paul, l'abbé Gaudron, qui la jeta dans les pratiques de la dévotion. Mais une âme aussi maltraitée et aussi aimante que celle de madame Clapart devait devenir simplement pieuse. L'ancienne Aspasie du Directoire voulut racheter ses péchés pour attirer les bénédictions de Dieu sur la tête de son pauvre Oscar, elle se voua donc bientôt aux exercices et aux œuvres de la piété la plus vive. Elle crut avoir attiré l'attention du Ciel après avoir réussi à sauver monsieur Clapart, qui, grâce à ses soins, vécut pour la tourmenter; mais elle voulut voir, dans les tyrannies de cet esprit faible, des épreuves infligées par la Main qui caresse en châtiant. Oscar, d'ailleurs, se conduisit si parfaitement, qu'en 1830 il était maréchal-des-logis-chef dans la compagnie du vicomte de Sérisy, ce qui lui donnait le grade de sous-lieutenant dans la Ligne, le régiment du duc de Maufrigneuse appartenant à la Garde-Royale. Oscar Husson avait alors vingt-cinq ans. Comme la Garde-Royale tenait toujours garnison à Paris ou dans un rayon de trente lieues autour de la capitale, il venait voir sa mère de temps en temps, et lui confiait ses douleurs, car il avait assez d'esprit pour comprendre qu'il ne serait jamais officier. A cette époque, les grades dans la cavalerie étaient à peu près dévolus aux fils cadets des familles nobles, et les gens sans particule à leur nom avançaient difficilement. Toute l'ambition d'Oscar était de quitter la Garde et d'être nommé sous-lieutenant dans un régiment de cavalerie de la Ligne. Au mois de février 1830, madame Clapart obtint par l'abbé Gaudron, devenu curé de Saint-Paul, la protection de madame la Dauphine, et Oscar fut promu sous-lieutenant.

Quoiqu'au dehors l'ambitieux Oscar parût être excessivement dévoué aux Bourbons, au fond du cœur il était libéral. Aussi, dans la bataille de 1830, passa-t-il au peuple. Cette défection, qui eut une importance due au point sur lequel elle s'opéra, valut à Oscar l'attention publique. Dans l'exaltation du triomphe, au mois d'août, Oscar, nommé lieutenant, eut la croix de la Légion-d'Honneur, et obtint d'être attaché comme aide-de-camp à La Fayette qui lui fit avoir le grade de capitaine en 1832. Quand on destitua l'amateur de l meilleure des républiques de son commandement en chef des gardes nationales du royaume, Oscar Husson, dont le dévouement à la nou-

Oscar était si grièvement blessé que l'amputation du bras gauche fut jugée nécessaire.....

UN DÉBUT DANS LA VIE.

velle dynastie tenait du fanatisme, fut placé comme chef d'escadron dans un régiment envoyé en Afrique, lors de la première expédition entreprise par le prince royal. Le vicomte de Sérisy se trouvait être lieutenant-colonel de ce régiment. A l'affaire de la Macta, où il fallut laisser le champ aux Arabes, monsieur de Sérisy resta blessé sous son cheval mort. Oscar dit alors à son escadron : — Messieurs, c'est aller à la mort, mais nous ne devons pas abandonner notre colonel.... Il fondit le premier sur les Arabes, et ses gens électrisés le suivirent. Les Arabes, dans le premier étonnement que leur causa ce retour offensif et furieux, permirent à Oscar de s'emparer du vicomte qu'il prit sur son cheval en s'enfuyant au grand galop, quoique dans cette opération, tentée au milieu d'une horrible mêlée, il eût reçu deux coups de yatagan sur le bras gauche. La belle conduite d'Oscar fut récompensée par la croix d'officier de la Légion-d'Honneur et par sa promotion au grade de lieutenant-colonel. Il prodigua les soins les plus affectueux au vicomte de Sérisy que sa mère vint chercher et qui mourut, comme on sait, à Toulon, des suites de ses blessures. La comtesse de Sérisy n'avait point séparé son fils de celui qui, après l'avoir arraché aux Arabes, le soignait encore avec tant de dévouement. Oscar était si grièvement blessé que l'amputation du bras gauche fut jugée nécessaire par le chirurgien que la comtesse amenait à son fils. Le comte de Sérisy pardonna donc à Oscar ses sottises du voyage à Presles, et se regarda même comme son débiteur quand il eut enterré ce fils, devenu fils unique, dans la chapelle du château de Sérisy.

Long-temps après l'affaire de la Macta, une vieille dame vêtue de noir, donnant le bras à un homme de trente-quatre ans, et dans lequel les passants pouvaient d'autant mieux reconnaître un officier retraité qu'il avait un bras de moins et la rosette de la Légion d'Honneur à sa boutonnière, stationnaient, à huit heures du matin, au mois de mai, sous la porte cochère de l'hôtel du Lion-d'Argent, rue du faubourg Saint-Denis, en attendant sans doute le départ d'une diligence. Certes, Pierrotin, l'entrepreneur des services de la vallée de l'Oise, et qui la desservait en passant par Saint-Leu-Taverny et l'Ile-Adam jusqu'à Beaumont, devait difficilement retrouver dans cet officier au teint bronzé le petit Oscar Husson qu'il avait mené jadis à Presles. Madame Clapart, enfin veuve, était tout aussi méconnaissable que son fils. Clapart, l'une des victimes de l'attentat de Fieschi, avait plus servi sa femme par sa mort que par toute sa vie.

Naturellement, l'inoccupé, le flâneur Clapart s'était campé sur *son* boulevard du Temple à regarder *sa* légion passée en revue. La pauvre dévote avait donc été portée pour quinze cents francs de pension viagère dans la loi rendue à propos de cette machine infernale en faveur des victimes.

La voiture, à laquelle on attelait quatre chevaux gris-pommelés qui eussent fait honneur aux Messageries-Royales, était divisée en coupé, intérieur, rotonde et impériale. Elle ressemblait parfaitement aux diligences appelées Gondoles qui soutiennent aujourd'hui sur la route de Versailles la concurrence avec les deux chemins de fer. A la fois solide et légère, bien peinte et bien tenue, doublée de fin drap bleu, garnie de stores à dessins mauresques et de coussins en maroquin rouge, l'*Hirondelle de l'Oise* contenait dix-neuf voyageurs. Pierrotin, quoiqu'âgé de cinquante-six ans, avait peu changé. Toujours vêtu de sa blouse, sous laquelle il portait un habit noir, il fumait son brûle-gueule en surveillant deux facteurs en livrée qui chargeaient de nombreux paquets sur la vaste impériale de sa voiture.

— Vos places sont-elles retenues? dit-il à madame Clapart et à Oscar en les examinant comme un homme qui demande des ressemblances à son souvenir.

— Oui, deux places d'intérieur au nom de Belle-Jambe, mon domestique, répondit Oscar, il a dû les prendre en partant hier au soir.

— Ah! monsieur est le nouveau percepteur de Beaumont, dit Pierrotin, vous remplacez le neveu de monsieur Margueron...

— Oui, dit Oscar en serrant le bras de sa mère qui allait parler.

A son tour, l'officier voulait rester inconnu pendant quelque temps.

En ce moment, Oscar tressaillit en entendant la voix de Georges Marest qui cria de la rue : — Pierrotin, avez-vous encore une place ?

— Il me semble que vous pourriez bien me dire monsieur sans vous déchirer la gueule, répondit vivement l'entrepreneur des Services de la vallée de l'Oise.

Sans le son de voix, Oscar n'aurait pu reconnaître le mystificateur qui déjà deux fois lui avait été si fatal. Georges, presque chauve, ne conservait plus que trois ou quatre mèches de cheveux au-dessus des oreilles, et soigneusement ébouriffées pour déguiser le plus possible la nudité du crâne. Un embonpoint mal placé, un ventre pyriforme altéraient les proportions autrefois si élégantes de l'ex-beau jeune homme. Devenu presque ignoble de tournure et de maintien, Georges annonçait bien des désastres en amour et une vie de débauches continuelles par un teint couperosé, par des traits grossis et comme vineux. Les yeux avaient perdu ce brillant, cette vivacité de la jeunesse que les habitudes sages ou studieuses ont le pouvoir de maintenir. Georges, vêtu comme un homme insouciant de sa mise, portait un pantalon à sous-pieds, mais flétri, dont la façon voulait des bottes vernies. Ses bottes à semelles épaisses, mal cirées, étaient âgées de plus de trois trimestres; ce qui, à Paris, équivaut à trois ans ailleurs. Un gilet fané, une cravate nouée avec prétention, quoique ce fût un vieux foulard, accusaient l'espèce de détresse cachée à laquelle un ancien élégant peut se trouver en proie. Enfin Georges se montrait à cette heure matinale en habit au lieu d'être en redingote, diagnostic d'une réelle misère! Cet habit, qui devait avoir vu plus d'un bal, avait passé, comme son maître, de l'opulence qu'il représentait jadis, à un travail journalier. Les coutures du drap noir offraient des lignes blanchâtres, le col était graisseux, l'usure avait découpé les bouts de manche en dents de loup. Et Georges osait attirer l'attention par des gants jaunes, un peu salis à la vérité, sur l'un desquels une bague à la chevalière se dessinait en noir. Autour de la cravate, passée dans un anneau d'or prétentieux, se tortillait une chaîne de soie figurant des cheveux et à laquelle tenait sans doute une montre. Son chapeau, quoique mis assez crânement, révélait plus que tous ces symptômes la misère de l'homme hors d'état de donner seize francs à un chapelier, quand il est forcé de vivre au jour le jour. L'ancien amant de cœur de Florentine agitait une canne à pomme de vermeil ciselée, mais horriblement bossuée. Le pantalon bleu, le gilet en étoffe dite écossaise, la cravate en soie bleu de ciel, et la chemise en calicot rayé de bandes roses exprimaient au milieu de tant de ruines un tel désir de *paraître*, que ce contraste formait non-seulement un spectacle, mais encore un enseignement.

— Et c'est là Georges?... se dit intérieurement Oscar, un homme que j'ai laissé riche de trente mille livres de rentes.

— Monsieur *de* Pierrotin a-t-il encore une place dans le coupé? répondit ironiquement Georges.

— Non, mon coupé est pris par un pair de France, le gendre de monsieur Moreau, monsieur le baron de Canalis, sa femme et sa belle-mère. Il ne me reste qu'une place d'intérieur.

— Diable! il paraît que sous tous les gouvernements les pairs de France voyagent par les voitures à Pierrotin. Je prends la place d'intérieur, répondit Georges qui se rappelait l'aventure de monsieur de Sérisy.

Il jeta sur Oscar et sur la veuve un regard d'examen et ne reconnut ni le fils ni la mère. Oscar avait le teint bronzé par le soleil d'Afrique, ses moustaches étaient excessivement fournies et ses favoris très-amples; sa figure creusée et ses traits prononcés s'accordaient avec son attitude militaire. La rosette d'officier, le bras de moins, la sévérité du costume, tout aurait égaré les souvenirs de Georges, s'il avait eu quelque souvenir de son ancienne victime. Quant à madame Clapart, que Georges avait à peine jadis vue, dix ans consacrés aux exercices de la piété la plus sévère l'avaient transformée. Personne n'eût imaginé que cette espèce de Sœur Grise cachait une des Aspasies de 1797.

Un énorme vieillard, vêtu simplement, mais d'une façon cossue, et dans lequel Oscar reconnut le père Léger, arriva lentement et lourdement; il salua familièrement Pierrotin qui parut lui porter le respect dû, par tous pays, aux millionnaires.

— Hé! c'est le père Léger! toujours de plus en plus prépondérant, s'écria Georges.

— A qui ai-je l'honneur de parler? demanda le père Léger d'un ton sec.

— Comment? vous ne reconnaissez pas le colonel Georges, l'ami d'Ali-Pacha? Nous avons fait route ensemble un jour, avec le comte de Sérisy qui gardait l'incognito.

Une des sottises les plus habituelles aux gens tombés est de vouloir reconnaître les gens et de vouloir s'en faire reconnaître.

— Vous êtes bien changé, répondit le vieux marchand de biens, devenu deux fois millionnaire.

— Tout change, dit Georges. Voyez si l'auberge du Lion-d'Argent et si la voiture de Pierrotin ressemblent à ce qu'elles étaient il y a quatorze ans.

— Pierrotin a maintenant à lui seul les Messageries de la vallée de l'Oise, et il fait rouler de belles voitures, répondit monsieur Léger. C'est un bourgeois de Beaumont, il y tient un hôtel où descendent les diligences, il a une femme et une fille qui ne sont pas maladroites...

Un vieillard d'environ soixante-dix ans descendit de l'hôtel et se joignit aux voyageurs qui attendaient le moment de monter en voiture.

— Allons donc, papa Reybert, dit Léger, nous n'attendons plus que votre grand homme.

— Le voici, dit l'intendant du comte de Sérisy en montrant Joseph Bridau.

Ni Georges ni Oscar ne purent reconnaître le peintre illustre, car il offrait cette figure ravagée si célèbre et son maintien accusait l'assurance que donne le succès. Sa redingote noire était ornée d'un ruban de la Légion-d'Honneur. Sa mise, excessivement recherchée, indiquait une invitation à quelque fête campagnarde.

En ce moment, un commis, tenant une feuille à la main, sortit d'un bureau construit dans l'ancienne cuisine du Lion-d'Argent, et se plaça devant le coupé vide.

— Monsieur et madame de Canalis, trois places! cria-t-il. Il passa à l'intérieur et nomma successivement : — Monsieur Bellejambe, deux places. — Monsieur de Reybert, trois places. — Monsieur.... votre nom? dit-il à Georges.

— Georges Marest, répondit tout bas l'homme déchu.

Le commis alla vers la rotonde devant laquelle s'attroupaient des nourrices, des gens de la campagne et de petits boutiquiers qui se disaient adieu; après avoir empilé les six voyageurs, le commis appela par leurs noms quatre jeunes gens qui montèrent sur la banquette de l'impériale, et dit : — Roulez!... pour tout ordre de départ. Pierrotin se mit à côté de son conducteur, un jeune homme en blouse qui, de son côté, cria : — Tirez! à ses chevaux.

La voiture, enlevée par les quatre chevaux achetés à Roye, gravit au petit trot la montée du faubourg Saint-Denis; mais une fois arrivée au-dessus de Saint-Laurent, elle fila comme une malle-poste jusqu'à Saint-Denis, en quarante minutes. On ne s'arrêta point à l'auberge aux talmouses, et l'on prit à gauche de Saint-Denis la route de la vallée de Montmorency.

Ce fut en tournant là que Georges rompit le silence que les voyageurs avaient gardé jusqu'alors, en s'observant les uns les autres.

— On marche un peu mieux qu'il y a quinze ans, dit-il en tirant une montre d'argent, hein! père Léger.

— On a la condescendance de me nommer monsieur Léger, répondit le millionnaire.

— Mais c'est notre *blagueur* de mon premier voyage à Presles, s'écria Joseph-Bridau. Eh! bien, avez-vous fait de nouvelles campagnes en Asie, en Afrique, en Amérique? dit le grand peintre.

— Sacrebleu! j'ai fait la Révolution de Juillet, et c'est bien assez, car elle m'a ruiné...

— Ah! vous avez fait la Révolution de Juillet, dit le peintre. Ça ne m'étonne pas, car je n'ai jamais voulu croire, comme on me le disait, qu'elle s'était faite toute seule.

— Comme on se retrouve, dit monsieur Léger en regardant monsieur de Reybert. Tenez, papa Reybert, voilà le clerc de notaire à qui vous avez dû sans doute l'intendance des biens de la maison de Sérisy...

— Il nous manque Mistigris, maintenant illustre sous le nom de Léon de Lora, et ce petit jeune homme assez bête pour avoir parlé au comte des maladies de peau qu'il a fini par guérir, et de sa femme qu'il a fini par quitter pour mourir en paix, dit Joseph Bridau.

— Il manque aussi monsieur le comte, dit Reybert.

— Oh! je crois, dit avec mélancolie Joseph Bridau, que le dernier voyage qu'il fera sera celui de Presles à l'Ile-Adam pour assister à la cérémonie de mon mariage.

— Il se promène encore en voiture dans son parc, répondit le vieux Reybert.

— Sa femme vient-elle souvent le voir? demanda Léger.

— Une fois par mois, dit Reybert. Elle affectionne toujours Paris, elle a marié, le mois de septembre dernier, sa nièce, mademoiselle du Rouvre, sur laquelle elle a reporté toutes ses affections, à un jeune Polonais fort riche, le comte Laginski...

— Et à qui, demanda madame Clapart, iront les biens de monsieur de Sérisy?

— A sa femme qui l'enterrera, répondit Georges. La comtesse est encore très-bien pour une femme de cinquante-quatre ans, elle est toujours élégante; et, à distance, elle fait encore illusion...

— Elle vous fera long-temps illusion, dit alors Léger qui paraissait vouloir se venger de son mystificateur.

— Je la respecte, répondit Georges au père Léger. Mais, à propos, qu'est devenu ce régisseur qui, dans le temps, a été renvoyé?

— Moreau? reprit Léger; mais il est député de l'Oise.

— Ah! c'est le fameux *centrier!* Moreau de l'Oise, dit Georges.

— Oui, reprit Léger, *monsieur* Moreau de l'Oise. Il a un peu plus travaillé que vous à la Révolution de Juillet et il a fini par acheter la magnifique terre de Pointel, entre Presles et Beaumont.

— Oh! à côté de celle qu'il régissait, auprès de son ancien maître, c'est de bien mauvais goût, dit Georges.

— Ne parlez pas si haut, dit monsieur de Reybert, car madame Moreau et sa fille, la baronne de Canalis, sont, ainsi que son gendre, l'ancien ministre, dans le coupé.

— Quelle dot a-t-il donc donnée pour faire épouser sa fille à notre grand orateur?

— Mais quelque chose, comme deux millions, dit le père Léger.

— Il avait du goût pour les millions, dit Georges en souriant et à voix basse, il commençait sa pelote à Presles...

— Ne dites rien de plus sur monsieur Moreau, s'écria vivement Oscar. Il me semble que vous devriez avoir appris à vous taire dans les voitures publiques.

Joseph Bridau regarda l'officier manchot pendant quelques secondes, et s'écria : — Monsieur n'est pas ambassadeur, mais sa rosette nous dit assez qu'il a fait du chemin, et noblement, car mon frère et le général Giroudeau vous ont souvent cité dans leurs rapports...

— Oscar Husson? s'écria Georges. Ma foi! sans votre voix, je ne vous aurais pas reconnu.

— Ah! c'est monsieur qui a si courageusement arraché le vicomte Jules de Sérisy aux Arabes? demanda Reybert, et à qui monsieur le comte a fait avoir la perception de Beaumont en attendant la recette de Pontoise?...

— Oui, monsieur, dit Oscar.

— Hé! bien, dit le grand peintre, vous me ferez, monsieur, le plaisir d'assister à mon mariage à l'Isle-Adam.

— Qui épousez-vous? demanda Oscar.

— Mademoiselle Léger, répondit le peintre, la petite-fille de monsieur de Reybert. C'est un mariage que monsieur le comte de Sérisy a bien voulu préparer pour moi, je lui devais déjà beaucoup comme artiste; et, avant de mourir, il a voulu s'occuper de ma fortune, à laquelle je ne songeais point...

— Le père Léger a donc épousé... dit Georges.

— Ma fille, répondit monsieur de Reybert, et sans dot.

— Il a eu des enfants?

— Une fille. C'est bien assez pour un homme qui s'est trouvé veuf et sans enfants, répondit le père Léger. Tout comme Moreau, mon associé, j'aurai pour gendre un homme célèbre.

— Et, dit Georges en prenant un air presque respectueux avec le père Léger, vous habitez toujours l'Isle-Adam?

— Oui, j'ai acheté Cassan.

— Eh! bien, je suis heureux d'avoir pris ce jour-ci pour *faire* la vallée de l'Oise, dit Georges. Vous pouvez m'être utiles, messieurs.

— En quoi? dit monsieur Léger.

— Ah! voici, dit Georges. Je suis employé de l'Espérance, une Compagnie qui vient de se former, et dont les statuts vont être approuvés par une ordonnance du roi. Cette institution donne au bout de dix ans des dots aux jeunes filles, des rentes viagères aux vieillards; elle paye l'éducation des enfants; elle se charge enfin de la fortune de tout le monde...

— Je le crois, dit le père Léger en souriant. En un mot, vous êtes courtier d'assurances.

— Non, monsieur. Je suis inspecteur-général, chargé d'établir les correspondants et les agents de la Compagnie dans toute la France, et j'opère en attendant que les agents soient choisis, car c'est chose aussi délicate que difficile que de trouver d'honnêtes agents...

— Mais comment donc avez-vous perdu vos trente mille livres de rentes? dit Oscar à Georges.

— Comme vous avez perdu votre bras, répondit sèchement l'ancien clerc de notaire à l'ancien clerc d'avoué.

— Vous avez donc fait quelque action d'éclat avec votre fortune? dit Oscar avec une ironie mêlée d'aigreur.

— Parbleu! j'en ai malheureusement fait beaucoup trop... d'actions, j'en ai à vendre.

On était arrivé à Saint-Leu-Taverny où tous les voyageurs descendirent pendant qu'on relayait. Oscar admira la vivacité que Pierrotin déployait en décrochant les traits des palonniers pendant que son conducteur défaisait les guides des chevaux de volée.

— Ce pauvre Pierrotin, pensa-t-il, il est resté, comme moi,

pas très-avancé dans la vie. Georges est tombé dans la misère. Tous les autres, grâce à la Spéculation et au Talent, ont fait fortune... Déjeunons-nous là, Pierrotin? dit à haute voix Oscar en frappant sur l'épaule du messager.

— Je ne suis pas le conducteur, dit Pierrotin.

— Qu'êtes-vous donc? demanda le colonel Husson.

— L'entrepreneur, répondit Pierrotin.

— Allons, ne vous fâchez pas avec de vieilles connaissances, dit Oscar en montrant sa mère et sans quitter son protecteur. Ne reconnaissez-vous pas madame Clapart?

Ce fut d'autant plus beau à Oscar de présenter sa mère à Pierrotin qu'en ce moment madame Moreau de l'Oise, descendue du coupé, regarda dédaigneusement Oscar et sa mère en entendant ce nom.

— Ma foi! madame, je ne vous aurais jamais reconnue, ni vous, monsieur. Il paraît que ça *chauffe dur* en Afrique?...

L'espèce de pitié que Pierrotin inspirait à Oscar fut la dernière faute que la vanité fit commettre au héros de cette Scène, et il en fut encore puni, mais assez doucement. Voici comment.

Deux mois après son installation à Beaumont-sur-Oise, Oscar faisait la cour à mademoiselle Georgette Pierrotin, dont la dot était de cent cinquante mille francs, et il épousa la fille de l'entrepreneur des Messageries de l'Oise vers la fin de l'hiver 1838.

L'aventure du voyage à Presles avait donné de la discrétion à Oscar, la soirée de Florentine avait raffermi sa probité, les duretés de la carrière militaire lui avaient appris la hiérarchie sociale et l'obéissance au sort. Devenu sage et capable, il fut heureux. Avant sa mort le comte de Sérisy obtint pour Oscar la recette de Pontoise. La protection de monsieur Moreau de l'Oise, celle de la comtesse de Sérisy et de monsieur le baron de Canalis qui, tôt ou tard, redeviendra ministre, assurent une Recette Générale à monsieur Husson, en qui la famille Camusot reconnaît maintenant un parent.

Oscar est un homme ordinaire, doux, sans prétention, modeste et se tenant toujours, comme son gouvernement, dans un juste milieu. Il n'excite ni l'envie ni le dédain. C'est enfin le bourgeois moderne.

Paris, février 1842.

FIN DU TOME QUATRIÈME.

TABLE DES MATIÈRES.

SCÈNES DE LA VIE PRIVÉE.

BÉATRIX (deuxième et dernière partie)	1
LA GRANDE BRETÈCHE (fin de autre Étude de Femme)	95
MODESTE MIGNON	129
HONORINE	346
UN DÉBUT DANS LA VIE	414

FIN DE LA TABLE.

AVIS

AUX RELIEURS ET AUX BROCHEURS

POUR LE PLACEMENT DES GRAVURES DU TOME IX

DES OEUVRES DE M. DE BALZAC.

	Pag.
1. Ses amis, pris de vin comme lui, l'auront laissé se coucher dans la rue.	1
2. Cette femme a quelque passion, quelques vices cachés.	78
3. Il s'appuyait contre un arbre quand le cochonnet s'arrêtait.	109
4. La duchesse de Langeais avait reçu de la nature les qualités nécessaires.	150
5. Quoiqu'il eût vingt-deux ans accomplis, il paraissait en avoir à peine dix-sept.	252
6. Enfin toute sa personne explique la pension, comme la pension implique sa personne.	303
7. Sa figure, rayée par des rides prématurées, offrait des signes de dureté.	313
8. Aux uns, il faisait horreur; aux autres, il faisait pitié.	325

FURNE, rue Saint-André-des-Arts, 55; | J.-J. DUBOCHET ET Cⁱᵉ, rue de Seine, 33;
J. HETZEL ET PAULIN, rue de Seine, 33.

LA COMÉDIE HUMAINE

OEUVRES COMPLÈTES
DE M. DE BALZAC,

ÉDITION DE LUXE A TRÈS-BON MARCHÉ;

VIGNETTES PAR MM. JOHANNOT, MEISSONNIER, LORENTZ, GÉRARD-SÉGUIN, PERLET ET GAVARNI.

PROSPECTUS.

Ce prospectus aux OEuvres complètes de M. de Balzac ne saurait être suspect; car nous pourrions le composer uniquement d'extraits empruntés aux articles publiés récemment dans des journaux de toutes nuances qu'on n'accusera pas de partialité pour les œuvres qui sortent de la plume de cet écrivain, si l'on veut bien se rappeler la circonstance qui les a inspirés.

A propos de *Quinola*, on lisait dans LES DÉBATS :

« M. de Balzac, cet homme d'un esprit si fin, cet observateur délicat des plus imperceptibles mouvements du grand monde, cet écrivain d'un tact si exquis, » etc.

« Certes, s'il ne s'agissait pas d'un écrivain de ce talent et de cette puissance, d'un romancier charmant qui a tant amusé vingt années de ce siècle... — Le plus bel esprit de ce temps-ci. »

Ailleurs et à une autre époque, le même critique avait dit :

« Depuis Voltaire, personne en France n'avait eu plus d'esprit que M. de Balzac. »

Dans LA QUOTIDIENNE :

« M. de Balzac, l'un des esprits les plus élevés et des talents les plus distingués de notre époque. »

1842

Dans LE CONSTITUTIONNEL :

« M. de Balzac est au premier rang de nos romanciers ; ses ouvrages se distinguent par l'originalité, la peinture des passions, l'observation des mœurs, la vivacité du style. »

A part l'appréciation particulière qui a été faite de *Quinola*, appréciation sur laquelle nous ne pouvons être appelés à nous prononcer, la presse ayant été unanime pour reconnaître les qualités éminentes de l'écrivain dont nous annonçons les OEuvres complètes, nous croyons inutile de poursuivre nos citations.

Certes, si la valeur d'un écrivain aussi universellement connu que M. de Balzac avait besoin d'être *certifiée*, les quelques lignes que nous venons de citer feraient autorité ; car les éloges que renferment ces lignes n'ont rien de banal, et chacun sait qu'ils n'ont été arrachés ni à la faveur, ni à l'amitié.

Nous nous contenterons donc, en annonçant aujourd'hui les *OEuvres complètes* de M. de Balzac, de dire qu'il nous a semblé que les nombreux lecteurs des écrits à la fois si finement pensés et si amusants, si distingués et si populaires de cet écrivain, nous sauraient gré de réunir enfin, dans une édition une et parfaitement coordonnée, ses œuvres jusqu'à présent éparses et publiées dans tous les formats.

Après avoir revu et corrigé avec soin chacun de ses ouvrages, M. de Balzac a assigné à tous, dans notre édition, leur ordre définitif ; ce qui permettra d'embrasser enfin dans son ensemble le vaste plan par lui conçu et exécuté avec un courage et un talent qui ont pu être discutés, mais jamais contestés ; — puisque, parmi les œuvres de M. Balzac, celles sur lesquelles l'éloge n'a pas été unanime ont eu à la fois et d'ardents détracteurs et de chauds partisans, — ce qui n'appartient point aux productions médiocres.

Le plan de l'auteur consistait à tracer dans ses détails infinis la fidèle histoire, le tableau exact des mœurs de notre société moderne. Quelques-uns se sont plaints que le portrait ne fût pas toujours assez flatteur ; un physiologiste aussi sûr que M. de Balzac pouvait s'attendre à ce reproche et ne point s'y montrer sensible. Aussi l'auteur de la *Comédie humaine* a-t-il poursuivi sa tâche en observateur impitoyable.

Ce titre général, *la Comédie humaine*, sous lequel se publie l'édition que nous annonçons, résume donc parfaitement l'idée qui a inspiré chacune des parties de l'œuvre de M. de Balzac.

Les œuvres de M. de Balzac forment, dans les éditions ordinaires, environ 90 volumes in-8°. A l'aide d'un caractère nouveau, fondu exprès et parfaitement lisible, quoique compacte, il nous a été possible de renfermer ces 90 volumes in-8°, du prix de 7 fr. 50 cent. chacun, en 12 ou 15 volumes du même format et du prix de 5 fr. seulement; — c'est-à-dire qu'il ne sera guère plus coûteux d'acheter les œuvres de M. de Balzac qu'il ne l'a été jusqu'à présent de les lire en les louant volume par volume dans les cabinets de lecture.

A l'attrait d'un bon marché véritablement inouï en librairie dans les conditions d'exécution que nous offrons au public, nous avons joint l'attrait, nouveau pour les œuvres d'un écrivain moderne, d'une collection de vignettes qui renfermera les portraits et les types des principaux personnages des romans de M. de Balzac. MM. TONY JOHANNOT, GAVARNI, GÉRARD-SÉGUIN, PERLET, LORENTZ, MEISSONNIER, se sont mis à l'œuvre, et nous avons entre les mains une série de dessins qui sont autant de petits tableaux de genre.

N. B. A mesure que M. de Balzac remplira les vides qui restent à combler dans son cadre, nous imprimerons ses nouvelles productions. Cette édition renfermera donc véritablement les *Œuvres complètes* de l'auteur.

La COMÉDIE HUMAINE contiendra :

PREMIÈRE PARTIE : ÉTUDES DE MŒURS.
    Livre 1ᵉʳ. Scènes de la vie privée.
    Livre II. Scènes de la vie de province.
    Livre III. Scènes de la vie parisienne.
    Livre IV. Scènes de la vie politique.
    Livre V. Scènes de la vie militaire.
    Livre VI. Scènes de la vie de campagne.
DEUXIÈME PARTIE : ÉTUDES PHILOSOPHIQUES.
TROISIÈME PARTIE : ÉTUDES ANALYTIQUES.

OEUVRES COMPLÈTES DE M. DE BALZAC.

ÉTUDES DE MOEURS.

Scènes de la vie privée : Le bal de Sceaux. — La Maison du Chat-qui-pelote. — La Bourse. — La Vendetta. — La Paix du ménage. — Une Fille d'Ève. — Profil de marquise. — Le Message. — La Femme abandonnée. — La Grenadière. — Gobseck. — Béatrix, ou les Amours forcées. — La Femme de trente ans. — Le Contrat de mariage. — Madame Firmiani.

Scènes de la vie de province : L'abbé Troubert. — Pierrette. — La Rabouilleuse. — Eugénie Grandet. — Les Soirées du Château. — L'illustre Gaudissart. — La Vieille Fille. — Le Cabinet des Antiques. — Illusions perdues.

Scènes de la vie parisienne : Histoire des Treize : 1° Ferragus ; 2° La Duchesse de Langeais ; 3° La Fille aux yeux d'or. — Le Père Goriot. — Chabert. — Facino Cane. — La Messe de l'athée. — Sarrasine. — L'Interdiction. — La Torpille. — César Birotteau. — La Maison Nucingen. — La Princesse parisienne.

Scènes de la vie politique : Les Bureaux. — Z. Marcas, etc., etc.

Scènes de la vie militaire : Les Chouans, etc., etc., etc.

Scènes de la vie de campagne (2 vol.) : Le Lys dans la Vallée. — Le Médecin de campagne. — Le Curé de Village, etc.

ÉTUDES PHILOSOPHIQUES.

Le Phédon d'aujourd'hui. — La Peau de Chagrin. — Jésus Christ en Flandre. — Melmoth réconcilié. — L'Église. — Massimila Doni. — Gambara. — Le Chef-d'œuvre inconnu. — Balthazar Claës, ou la Recherche de l'Absolu. — L'Enfant maudit. — Adieu. — Les Marana. — Le Réquisitionnaire. — El Verdugo. — Un Drame au bord de la mer. — Maître Cornélius. — L'Auberge rouge. — Le Secret des Ruggieri. — Les Deux Rêves. — L'Élixir de Longue-vie. — Les Proscrits. — Louis Lambert. — Séraphita.

ÉTUDES ANALYTIQUES.

Physiologie du Mariage.

Conditions de la Souscription :

Chaque volume, de 30 feuilles, sera publié en 10 livraisons de trois feuilles.

Huit vignettes par volume, tirées à part du texte, seront publiées avec les livraisons.

Paris, imprimé par BETHUNE ET PLON.

www.ingramcontent.com/pod-product-compliance
Lightning Source LLC
Chambersburg PA
CBHW070404230426
43665CB00012B/1234